中咨研究系列丛书

工程咨询专业分析评价方法及应用丛书

工程项目征地安置评价理论方法及应用

主　编　李开孟

副主编　陈绍军　何志扬

中国电力出版社

CHINA ELECTRIC POWER PRESS

内 容 提 要

本书系统地阐述了工程项目征地拆迁和移民安置方案的制定及分析评价的理论方法、政策规定、法律法规及在工程咨询实践中的具体应用，内容包括工程项目选址及其土地占用的合理性分析、土地征收政策及审批程序、项目周期不同阶段移民安置规划及方案的制定、实施及监测评价、移民安置方案的组织实施和公众参与、信息公开及社会评价，以及不同类型项目移民安置应关注的重点，并介绍了世界银行、亚洲开发银行等国际组织关于征地移民的相关政策及程序，以及移民安置计划编制示范案例。

本书可作为各类工程咨询机构、发展改革部门、项目业主单位、投融资机构相关领域专业人员开展专业学习、业务进修及继续教育用书，也可作为大专院校相关专业研究生和本科生教材使用。

图书在版编目（CIP）数据

工程项目征地安置评价理论方法及应用/李开孟主编. —北京：中国电力出版社，2015.6
（工程咨询专业分析评价方法及应用丛书）
ISBN 978-7-5123-6991-7

Ⅰ. ①工… Ⅱ. ①李… Ⅲ. ①基本建设项目－土地征用－补偿－研究－中国 Ⅳ. ①D922.394

中国版本图书馆 CIP 数据核字（2014）第 309389 号

中国电力出版社出版、发行

（北京市东城区北京站西街 19 号 100005 http://www.cepp.sgcc.com.cn）
汇鑫印务有限公司印刷
各地新华书店经售

*

2015 年 6 月第一版 2015 年 6 月北京第一次印刷
787 毫米×1092 毫米 16 开本 24.5 印张 598 千字
印数 0001—3000 册 定价 72.00 元

中咨研究系列丛书

丛 书 总 序

现代咨询企业怎样才能不断提高核心竞争力？我们认为，关键在于不断提高研究水平。咨询就是参谋，如果没有对事物的深入研究、深层剖析和深刻见解，就当不好参谋，做不好咨询。

我国的工程咨询业起步较晚。以 1982 年中国国际工程咨询公司（简称中咨公司）的成立为标志，我国的工程咨询业从无到有，已经发展成具有较大影响的行业，见证了改革开放的历史进程，通过自我学习、国际合作、兼容并蓄、博采众长，为国家的社会经济发展做出了贡献，同时也促进了自身的成长与壮大。

但应该清醒地看到，我国工程咨询业与发达国家相比还有不小差距。西方工程咨询业已经有一百多年的发展历史，其咨询理念、方法、工具和手段，以及咨询机构的管理等各方面已经成熟，特别是在研究方面有着深厚的基础。而我国的工程咨询业尚处于成长期，尤其在基础研究方面显得薄弱，因而总体上国际竞争力还不强。当前，我国正处于社会经济发生深刻变革的关键时期，不断出现各种新情况、新问题，很多都是中国特定的发展阶段和转轨时期所特有的，在国外没有现成的经验可供借鉴，需要我们进行艰辛的理论探索。全面贯彻和落实科学发展观，实现中华民族伟大复兴的中国梦，对工程咨询提出了新的要求，指明了发展方向，也提供了巨大的发展空间。这更需要我们研究经济建设特别是投资建设领域的各种难点和热点问题，创新咨询理论和方法，以指导和推动咨询工作，提高咨询业整体素质，造就一批既熟悉国际规则、又了解国情的专家型人才队伍。

中咨公司重视知识资产的创造、积累，每年都投入相当的资金和人力开展研究工作，向广大客户提供具有一定的学术价值和应用价值的各类咨询研究报告。《中咨研究系列丛书》的出版，就是为了充分发挥这些宝贵的智力财富应有的效益，同时向社会展示我们的研究实力，为提高我国工程咨询业的核心竞争力做出贡献。

立言，诚如司马迁所讲"成一家之言"，"藏诸名山，传之其人"。一个人如此，一个企业也是如此。努力在社会上树立良好形象，争取为社会做出更大贡献，同时，还应当让社会倾听其声音，了解其理念，分享其思想精华。中咨公司会向着这个方向不断努力，不断将自己的研究成果献诸社会。我们更希望把《中咨研究系列丛书》这项名山事业坚持下去，让中咨的贡献持久恒长。

《中咨研究系列丛书》编委会

前　　言

中国国际工程咨询公司一直非常重视工程咨询理论方法及行业标准规范的研究制定工作。公司成立30多年来，接受国家发展改革委等有关部门的委托，以及公司自开课题开展了众多专题研究，取得了丰富的研究成果，部分成果以国家有关部委文件的方式在全国印发实施，部分成果以学术专著、论文、研究报告等方式在社会上予以推广应用，大部分成果则是以中咨公司内部咨询业务作业指导书、业务管理制度及业务操作规范等形式，用于规范和指导公司各部门及所属企业承担的各类咨询评估业务。中咨公司开展的各类咨询理论方法研究工作，为促进我国工程咨询行业健康发展发挥了重要作用。

进入新世纪新阶段，尤其是党中央、国务院提出贯彻落实科学发展观、实现中华民族伟大复兴的中国梦，并对全面深化改革进行了一系列战略部署，对我国工程咨询理念及理论方法体系的创新提出了更高要求。从2006年开始，中咨公司先后组织公司各部门及所属企业的100多位咨询专家，开展了包括10大领域咨询业务指南、39个行业咨询评估报告编写大纲、24个环节咨询业务操作规范及10个专业分析评价方法体系在内的83个课题研究工作，所取得的研究成果已经广泛应用于中咨公司各项咨询业务之中，对于推动中咨公司承担各类业务的咨询理念、理论体系及方法创新发挥了十分重要的作用，同时也有力地巩固了中咨公司在我国工程咨询行业的领先者地位，对推动我国工程咨询行业的创新发展发挥了无可替代的引领和示范作用。

工程咨询专业分析评价方法的创新，在工程咨询理念及理论方法体系创新中具有十分重要的地位。工程咨询是一项专业性要求很强的工作，咨询业务受到多种不确定性因素的影响，需要对特定领域的咨询对象进行全面系统的分析论证，往往难度很大。这就需要综合运用现代工程学、经济学、管理学等多学科理论知识，借助先进的科技手段、调查预测方法、信息处理技术，在掌握大量信息资料的基础上对未来可能发生的情况进行分析论证，因此对工程咨询从业人员的基本素质、知识积累，尤其是对其所采用的分析评价方法提出了很高的要求。

研究工程咨询专业分析评价关键技术方法，要在继承的基础上，通过方法创新，建立一套与国际接轨，并符合我国国情的工程咨询分析评价方法体系，力求在项目评价及管理的关键路径和方法层面进行创新。所提出的关键技术方法路径，应能满足工程咨询业务操作的实际需要，体现工程咨询理念创新的鲜明特征，与国际工程咨询所采用的分析评价方法接轨，并能对各领域不同环节开展工程咨询工作所采用的分析评价方法起到规范的作用。

本次纳入《工程咨询专业分析评价方法及应用丛书》范围内的各部专著，都是中咨公司过去多年开展工程咨询实践的经验总结，以及相关研究成果的积累和结晶。公司各部门及所属企业的众多专家，包括在职的和已经离退休的各位资深专家，都以不同的方式为这套丛书的编写和出版做出了重要贡献。

在丛书编写和出版过程中，我们邀请了清华大学经管学院魏林蔚教授、北京大学工业工程与管理系张宏亮教授、同济大学管理学院黄瑜祥教授、天津大学管理学院孙慧教授、中国农业大学人文学院靳乐山教授、哈尔滨工程大学管理学院郭韬教授、中央财经大学管理科学与工程学院张小利教授、河海大学中国移民研究中心陈绍军教授、国家环境保护部环境规划院大气环境规划部宁淼博士、中国科学院大学工程教育学院詹伟博士等众多国内知名专家参与相关专著的编写和修改工作，并邀请美国斯坦福大学可持续发展与全球竞争力研究中心主任、美国国家工程院 James O. Leckie 院士、执行主任王捷教授等国内外知名专家学者对丛书的修改完善提出意见和建议。

本次结集出版的《工程咨询专业分析评价方法及应用丛书》，是《中咨研究系列丛书》中的一个系列，是针对工程咨询专业分析评价方法的研究成果。中咨公司出版《中咨研究系列丛书》的目的，一是与我国工程咨询业同行交流中咨公司在工程咨询理论方法研究方面取得的成果，搭建学术交流的平台；二是推动工程咨询理论方法的创新研究，探索构建我国咨询业知识体系的基础架构；三是针对我国咨询业发展的新趋势及新经验，出版公司重大课题研究成果，推动中咨公司实现成为我国"工程咨询行业领先者"的战略目标。

纳入《工程咨询专业分析评价方法及应用丛书》中的《工程项目征地安置分析评价理论方法及应用》，是专门针对工程项目征地安置方案制定及优化评价的专著。近年来，因项目选址及工程建设所引发的征地安置问题，愈来愈受到社会各界的高度关注，工程项目征地安置方案的制定及分析评价工作已经成为工程咨询的一项重要新兴业务。本书希望从构建和谐社会、维护公共利益，为项目建设构建良好的社会环境条件的角度，阐述工程项目征地拆迁和移民安置方案的制定及分析评价的理论方法、政策规定、法律法规及在工程咨询实践中的具体应用。

本书是中咨公司工程咨询专业分析评价方法研究的重要成果，是在借鉴世界银行、亚洲开发银行等国际组织和外国经验，系统总结中咨公司开展各类工程项目征地拆迁移民安置方案制定相关咨询工作经验的基础上，结合我国关于项目征地安置的相关政策法律规定及我国工程咨询实际需要，对工程项目征地安置相关领域的咨询工作提出专业性建议。本书编写得到了河海大学中国移民研究中心陈绍军教授、何志扬教授的大力支持，殷建军、王磊等同志也为本书的出版做出了重要贡献。

本书系统地阐述了工程项目选址及其土地占用的合理性分析、土地征收政策及审批程序项目周期不同阶段移民安置规划及方案的制定、实施和监测评价，移民安置方案的组织实施和公众参与、信息公开及社会评价，以及不同类型项目移民安置应关注的重点，并介绍了世界银行、亚洲开发银行等国际组织关于征地移民的相关政策及程序，以及移民安置计划编制示范案例。可作为各类工程咨询机构、发展改革部门、项目业主单位、投融资机构相关领域专业人员开展专业学习、业务进修及继续教育用书，也可作为大专院校相关专业研究生和本科生教材使用。

　　本套丛书的编写出版工作，由研究中心具体负责。研究中心是中咨公司专门从事工程咨询基础性、专业性理论方法及行业标准制定相关研究工作的内设机构。其中，开展工程咨询理论方法研究，编写出版《中咨研究系列丛书》，是中咨公司研究中心的一项核心任务。

　　我们希望，工程咨询专业分析评价方法及应用系列丛书的出版，能够对推动我国工程咨询专业分析评价方法创新，推动我国工程咨询业的健康发展发挥积极的引领和带动作用。

编　者

二〇一四年九月一日

目　录

第一章

绪　　论

第一节　我国土地征收概况

改革开放以来，我国工业化和城镇化加速发展，尤其是进入 20 世纪 90 年代之后，城乡建设速度加快，大量的开发建设活动引起巨量的农村集体土地征收转变为国有建设用地，同时伴随着大量的失地农民需要补偿和安置。由于我国的城乡二元化的土地制度，绝大多数农地非农化和农地城镇化都是通过土地征收途径完成的。据有关资料显示，从建国之初的 1949～1983 年，我国耕地转非耕地达 10 亿亩，同期新垦耕地 8.1 亿亩，净减耕地 1.9 亿亩。在前述 10 亿亩土地中，约有 5 亿亩耕地因城市扩张而变为非耕地。另据来自国土资源部及农业部等部门的资料表明，1987～2001 年，全国用于非农建设的占用耕地达 3394.6 万亩，其中 70% 以上是征地。截至 2004 年底，我国耕地面积锐减到 18.37 亿亩，2004 年全国各地新建开发区 6015 个，占地面积达 5300 多万亩；高速公路达 8.5 万 km，占地 450 万亩。而按照《全国土地利用总体规划纲要》，2000～2030 年的 30 年间，占用耕地将超过 5450 万亩。伴随着大规模的土地征收，我国失地农民总量高达 4000 多万人，每年仍以 200 多万人的速度递增，预计到 2020 年将达到 8000 多万人。

一、我国土地征收制度变迁

根据中国的土地制度，城市土地属于国家所有，即全民所有。农村土地一般属于农村集体经济组织（村民委员会或村民小组）所有。如果发展项目建设需要永久占用土地，需要依照法律规定的程序，对国有土地办理使用权转让手续，对集体所有土地则由国家先进行土地征收然后再将土地使用权转让给建设用地单位。土地征收是指国家为了公共利益需要，依照法律规定的程序和权限将集体所有的土地转化为国有土地，并依法给予被征地的农村集体和个人合理补偿和妥善安置的法律行为。《宪法》第 10 条规定："国家为了公共利益的需要，可以依照法律规定对土地实行征收或者征用并予以补偿"，从国家根本大法的高度对土地征收制度进行了确立。相应地，《土地管理法》及其实施细则、《物权法》均对相关制度进行了细节性和可操作性的规定，构建起了我国土地征收制度。

根据冯昌中（2001 年）等对我国征地制度变迁的研究，我国土地征收（征用）补偿制度经历了一系列重要的阶段。

我国最早涉及土地征用的政策文件是中央人民政府政务院于 1950 年 6 月 24 日公布的《铁路留用土地办法》，该办法第 6 条规定："铁路因建设关系，原有土地不敷应用或有新设施需要土地时，由铁路局通过地方政府收买或征购之"。同年 9 月 16 日，政务院关于《铁路留用土地办法》的几点解释中，进一步明确："至于地价问题，凡接收国民党政府时期之路基地产，经过征用程序有案可稽者，一般不予补发地价，对确实贫困之所有权人，可酌情补助；其未办征用程序以及新占用者在未进行土改以前，应照原办法第六条由路局通过地方政府收买或收购之"。"征用公地，无需发价，如所征土地系土地改革法第3条学校、孤儿院、养老院、医院所依靠该土地收入维持费用者，应通过地方政府发给地价"。

1950年11月21日，中央人民政府政务院第58次政务会议通过并公布执行的《城市郊区土地改革条例》规定了因市政建设需要征用土地的补偿问题。该条例第14条规定："国家为市政建设及其他需要征用私人所有的农业土地时，须给予适当代价，或以相等之国有土地调换之。对于耕种该项土地的农民亦应给予适当的安置，并对其在该项土地上的生产投资（如凿井、植树等）及其他损失，应予公平合理的补偿"。

1953年在经济建设蓬勃开展和土地需求增大的情况下，中央人民政府于12月5日通过了《政务院关于国家建设征用土地办法》。这是新中国第一部比较完整的土地征用法律规定。该办法规定"征用土地应该尽量占用国有、公有土地调剂，无法调剂的或者调剂后对被征用土地者的生产、生活有影响的，应该发给补偿费或者补助费"。同时该办法首次对被征用土地的补偿标准作出了比较明确的规定："一般土地以其最近3年至5年产量的总值为标准，对于茶山、桐山、鱼塘、藕塘、桑园、竹林、果园、苇塘等特殊土地，可以根据具体情况变通办理。如另有公地调剂，也须发给被调剂土地的农民以迁移补助费。被征用土地上的房屋、水井、树木等附着物及种植的农作物，要按公平合理的代价予以补偿"。"遇有因征用土地必须拆除房屋的情况，应该在保证原来的住户有房屋居住的原则下给房屋所有人相当的房屋，或者按照公平合理的原则发给补偿费。对被征用土地上的水井、树木等物和农作物，都应该按照公平合理的原则发给补偿费"。该条例也明确指出，"被征用土地的补偿费或者补助费以及土地上房屋、水井、树木等附着农作物的补偿费，都由用地单位支付"，并对征地补偿的发放对象作了相应的规定："土地补偿费的发放，属于征用农业生产合作社土地的发给合作社，属于征用私有土地的发给所有人。对于征用农业生产合作社的土地，如果社员大会或者社员代表大会认为对社员生活没有影响，不需要补偿，经县级政府同意，也可以不发给补偿费。征用农业生产合作社使用的非社员的土地，如果土地所有人不从事农业生产，又不以土地收入维持生活，可以不发给补助费，但必须经本人同意"。条例中关于土地补偿"以其最近3年至5年产量的总值为标准"的规定，可以认为是目前仍在实行的产值倍数法的前身。

1958年1月6日经全国人大常委会第90次会议批准，国务院公布实施了经修订的《国家建设征用土地办法》。该办法将补偿标准由原来的"一般土地以其最近3年至5年产量的总值为标准"，改为"以它最近2年至4年的产量的总值为标准"。对于被征用土地的安置问题，新办法强调了被征用土地的农民在农业上安置，不要过多的要求转业。

此后，我国对于征地补偿问题一直按照1958年修订的《国家建设征用土地办法》执行。1978年改革开放以后，随着国民经济建设全面发展，建设用地需求激增，国家建设征用土地出现了一些新情况和新问题。从规范化、法制化和便于操作出发，经1982年5月4日全国人大常委会原则通过，国务院颁布并施行《国家建设征用土地条例》。该条例同1958年修订执行的《办法》相比，无论政策的深度和广度，还是内容均有大幅度增加。

该《条例》第九条、第十条明确指出征用土地的补偿费包括土地补偿费、青苗补助费、附着物补偿费和农业人口安置补助费，这些原则沿用至今；征用耕地（包括菜地）的补偿标准，为"该耕地年产值的3～6倍"，由省、自治区、直辖市人民政府在此范围内制定，征用无收益的土地，不予补偿。对于其他土地的补偿费以及青苗补偿费、附着物补偿费，该条例没有做出规范，而是规定由省、自治区、直辖市人民政府制定。征收耕地的农业人口安置补助费标准"为该耕地每亩产值的2~3倍，需要安置的农业人口数按被征地单位征地前农业人口（按农业户口计算，不包括开始协商征地方案后迁入的户口）和耕地面积的比例及征地数量计算。年产值按被征用前三年的平均年产量和国家规定的价格计算。但是，每亩耕地的安置补助费，最高不得超过其产值的十倍。"而征收其他土地的农业人口安置补助费标准则由省、自治区、直辖市人民政府自行制定。此外该条例第十二条、第十三条对因征地造成的农业剩余劳动力提出了留地安置、乡镇企业安置、农转非后招工安置等多项安置途径。

1986年6月25日，全国人大常委会16次会议通过了《中华人民共和国土地管理法》，该法律对青苗补偿费、附着物补偿费和农业人口安置补助费的标准做出了比较详细的规定："征用耕地的安置补助费，按照需要安置的农业人口计算。需要安置的农业人口数，按照被征用的耕地数量除以征地前被征地单位平均每人占用耕地的数量计算。每一个需要安置的农业人口的安置补助费标准，为该耕地被征收前3年平均每亩产值的2~3倍。但是，每亩被征收耕地的安置补助费，最高不超过被征用前3年平均年产值的10倍。征用其他土地的安置补助费标准，由省、自治区、直辖市参照征用耕地的安置补助费标准规定。按规定支付土地补偿费和安置补助费，尚不能使需要安置的农民保持原有生活水平的，经省、自治区、直辖市人民政府批准，可以增加安置补助费。但是，土地补偿费和安置补助费的总和不得超过土地被征用前3年平均年产值的20倍。"

进入90年代后，为了保护耕地，1998年8月29日，经第九届全国人大常委会第四次会议审议通过，新修订的《土地管理法》于1999年1月1日起正式施行。新的《土地管理法》也提高了征地补偿标准。"征用耕地的补偿费用包括土地补偿费、安置补助费以及地上附着物和青苗的补偿费。征用耕地的土地补偿费，为该耕地被征用前三年平均年产值的6~10倍。征用耕地的安置补助费，按照需要安置的农业人口数计算。每一个需要安置的农业人口的安置补助费标准，为该耕地被征用前3年平均年产值的4~6倍。但是，每公顷被征用耕地的安置补助费，最高不得超过被征用前3年平均年产值的15倍"。"依照本条第二款的规定支付土地补偿费和安置补助费，尚不能使需要安置的农民保持原有生活水平的，经省、自治区、直辖市人民政府批准，可以增加安置补助费。但是，土地补偿费和安置补助费的总和不得超过土地被征用前3年平均年产值的30倍"。

2004年，宪法修正案对征地条款做了一定修改，指出"国家为了公共利益的需要，可以依照法律规定对土地实行征收或者征用并给予补偿。"除了将征地补偿写入宪法外，还首次区分了"征收"和"征用"两种情况，其中"征收"是指土地由集体土地所有转为国家所有，而"征用"仅仅是使用权由国家行使，土地所有权并没有发生转移。2004年8月修订的《土地管理法》对土地征收的补偿和安置没有作出调整。

为克服土地征收过程中普遍存在的补偿标准偏低、补偿信息不公开透明、补偿标准制定随意性大、被征收土地同地不同价等突出弊端，2004年10月国务院发布《关于深化改革严格土地管理工作的决定》（国发〔2004〕28号文）首次要求"省、自治区、直辖市人民政府要制订并公布各市县征地的统一年产值标准或区片综合地价，征地补偿做到同地同价，国家重点建设项目必须将征地费用足额列入概算。"全国范围内采取了制定和实施统一年产值标准和征地区片综合地价，提供了征地补偿的统一标准，在一定程度和范围内取得成效。该项征地补偿方法是当前我国土地征地补偿的执行的基本办法。

为落实国务院上述政策要求，国土资源部于2008年6月22日发布《关于切实做好征地统一年产值标准和区片综合地价公布实施工作的通知》（国土资发〔2008〕135 号），要求全面完成征地统一年产值标准和区片综合地价的测算工作，并要求原则上全国从 2009 年 1 月 1 日起实施新的征地补偿标准，并强调"征地补偿标准原则上应每 2～3 年更新一次，逐步提高；经确认补偿标准不需要进行调整的，也要予以重新公布。新的征地补偿标准提高幅度低的地区，要适应当地经济社会发展水平及时更新。"自此，土地征收补偿中的征地统一年产值标准和区片综合地价制度在全国普遍实施。

此外，与征收农村集体土地制度相对应，我国对城市国有土地使用权的收回制度也进行了改革调整，尤其是国有土地上房屋征收制度在新世纪发生了较大的变革。2011 年 1 月 21 日，国务院发布实施了新的《国有土地上房屋征收与补偿条例》。与原有的《城市房屋拆迁管理条例》（2001 年）相比，新《条例》进行了一些重要的改革，主要包括：

1）明确只有为了公共利益的需要才能征收，并列举了公共利益的六类基本类型，这也是我国立法首次对公共利益作出具体界定。对于公共利益以外的房屋征收，只能通过市场机制解决，以避免公权力的滥用。

2）取消了房屋拆迁许可制度，明确了征收主体必须是政府，以避免用地单位和建设单位实施和参与房屋拆迁存在的各种弊端。

3）禁止暴力拆迁，取消行政强拆，明确了通过司法程序解决房屋征收中的利益分歧和矛盾纠纷，建立了司法对行政的一定程度上的审查和制约权利，以避免行政权利在房屋征收过程中的肆意作为。

4）明确以市场评估价格作为补偿标准，实行先补偿后搬迁的原则，能够有效保障被征收人获得公平合理的补偿。

5）实现征收过程程序化，并强调尊重被征收人的选择权，如对房产评估公司的选择、对安置方式的选择等。

二、我国土地征收制度改革方向

总体来说，现行的土地征收制度，对促进我国经济发展、确保重大项目顺利实施起到了关键作用。但同时也要看到，当前我国土地征收制度还存在一系列问题，容易引发各种社会矛盾与社会冲突。不断调整和改革征地补偿安置制度，是我国进一步深化改革的重点内容之一。

2013 年 11 月，党的十八届三中全会通过的《中共中央关于全面深化改革若干重大问题的决定》（以下简称《决定》）提出建立城乡统一的建设用地市场，明确了深化农村土地制度改革的方向、重点和要求。《决定》的一个亮点，就是进一步扩大了土地的权能，不仅允许土地承包经营权抵押、担保，而且赋予了农村集体经营性建设用地与国有建设用地平等的地位和相同的权能。《决定》提出："在符合规划和用途管制前提下，允许农村集体经营性建设用地出让、租赁、入股，实行与国有土地同等入市、同权同价"；"完善土地租赁、转让、抵押二级市场"，这为建立城乡统一的建设用地市场提供了保障。征地制度既是国有建设用地市场建设的基本制度，关系农村集体经营性建设用地市场发展的空间，更关系农民的切身利益。为了贯彻落实党的十八大报告提出的要求，切实解决征地中存在的突出问题，《决定》在总结征地制度改革经验的基础上，指出了深化征地制度改革的方向和重点任务就是缩小征地范围，规范征地程序，完善对被征地农民合理、规范、多元保障机制；建立兼顾国家、集体、个人的土地增值收益分配机制，合理提高个人收益。

党的十八届三中全会对我国土地制度的改革所做出的部署，必将对我国土地征收产生重大影响，尤其是缩小土地征收的适用范围，允许农村集体经营性建设用地入市。主要的利好包括：一是盘活粗放利用的农村集体建设用地；二是现状为建设用地的土地直接进入市场，不涉及耕地保护的难题；三是农民的补偿已在只转不征的前期解决，收益绝大部分情况下只在集体、企业与国家之间分配；四是可以拓展建设用地空间，地方政府、农村集体经济组织和农民可以从集体建设用地用途改变的增值收益中获得一定利益。

第二节　我国工程建设征地安置的政策与管理体系

根据现行的法律法规和政策，我国工程建设征地安置的基本体系按照不同类型来分，包括大中型水利水电工程建设项目的征地补偿和移民安置体系、国际金融组织贷款工程建设项目的征地补偿和移民安置体系，以及一般性工程建设项目的征地补偿和移民安置体系。

一、大中型水利水电项目征地安置的政策与程序

与其他工程项目相比，大中型水利水电工程的建设用地具有自身的特点，归结起来有以下几个方面：

第一，工程征地量大，占用耕地多，需要安置的移民多。大中型水利水电工程一般都需要占用和淹没大量土地。例如，已经建成的黄河小浪底水利枢纽工程在河南省总占地量超过30万亩；南水北调中线工程在河南省占地38万多亩，其中永久性占地19万多亩。在所占用和淹没的土地中，80%以上的是耕地。在移民安置方面，小浪底水利枢纽工程河南省境内移民约16万人，南水北调中线工程移民约21万人。

第二，征地移民工作时间紧，任务重。大中型水利水电工程基本属于国家或省重点基础设施建设项目，有的还是世界瞩目的工程，如三峡工程、小浪底水利枢纽工程、南水北调中线工程等，其对改善和优化区域环境，推动区域经济发展，具有十分重要意义。因此，这些项目都得到了各级政府的高度重视，有的成为省长工程、市长工程。项目一旦进入用地阶段，国家往往把征地移民任务一级一级落实到各级政府和主管部门头上，限期完成征地移民任务。各级政府和主管部门在征地、农地转用、实现占补平衡和移民安置等工作上的压力非常大。

第三，大多数工程涉及不同的行政区域，协调工作量大。大中型水利水电工程一般跨两个以上地市，涉及若干个县市。例如，小浪底水利枢纽工程河南省境内涉及洛阳、三门峡、济源3个省辖市的7个市（区）。南水北调中线工程在河南省境内穿过南阳、平顶山、许昌等8个省辖市的34个市（区）。由于涉及的地方较多，在用地和移民政策尤其是相关费用标准上不仅要考虑地市内的平衡，还要考虑地市间的平衡，增加了协调工作的难度。由于大中型水电水利工程征地移民的特殊性，根据1986年颁布的《土地管理法》规定，1991年国务院颁布了《大中型水利水电工程建设征地和移民安置条例》，这是我国第一部针对水利水电工程建设征地和移民安置制定的专项法规。但随着《土地管理法》的修改，以及国务院2004年28号文件等一系列政策的实施，原有《条例》的规定就显得比较滞后，亟需修订。2006年3月29日，国务院第130次常务会议通过了《大中型水利水电工程建设征地补偿和移民安置条例》，于2006年7月7日发布，自2006年9月1日起施行。新条例共8章63条，从保护移民合法权益、维护社会稳定的原则出发，明确了移民工作管理体制，强化了移民安置规划的法律地位，特别是对征收耕地的土地补偿费和安置补助费标准、移民安置的程序和方式、水

库移民后期扶持以及移民工作的监督管理等问题做了比较全面的规定，加大了补偿力度。

新的《条例》中对大中型水利水电工程建设引起的征地补偿进行了规定，"国家实行开发性移民方针，采取前期补偿、补助与后期扶持相结合的办法，使移民生活达到或者超过原有水平"。"大中型水利水电工程建设征收耕地的，土地补偿费和安置补助费之和为该耕地被征收前三年平均年产值的 16 倍。土地补偿费和安置补助费不能使需要安置的移民保持原有生活水平、需要提高标准的，由项目法人或者项目主管部门报项目审批或者核准部门批准。征收其他土地的土地补偿费和安置补助费标准，按照工程所在省、自治区、直辖市规定的标准执行"。"被征收土地上的附着建筑物按照其原规模、原标准或者恢复原功能的原则补偿；对补偿费用不足以修建基本用房的贫困移民，应当给予适当补助"。

为适应水电工程项目核准和水电工程建设需要，以及水电工程建设移民安置规划设计工作需要，根据《国家发展改革委办公厅关于印发 2007 年行业标准项目计划的通知》（发改委办工业〔2007〕1415 号）的要求，水电水利规划设计总院组织对 DL/T 5064—1996《水电工程水库淹没处理规范设计规定》进行了修订，并组织编制了《水电工程建设征地处理范围界定规范》、《水电工程建设征地实物指标调查规范》《水电工程农村移民安置规划设计规范》《水电工程移民专业项目规划设计规范》《水电工程移民安置城镇迁建规划设计规范》、《水电工程水库库底清理设计规范》《水电工程建设征地移民安置补偿费用估（概）算编制规范》7 项规范。2007 年 7 月 20 日，国家发展和改革委员会以 2007 年第 42 号公告发布了 DL/T 5064—2007《水电工程建设征地移民安置规划设计规范》。

2003 年，水利部颁布了 SLB 290—2003《水利水电工程建设征地移民设计规范》。2009年，按照 SL 1—2002《水利技术标准编写规定》，水利部在对上述设计规范进行修订的基础上，出台了 SL 290—2009《水利水电工程建设征地移民安置规划设计规范》、SL 440—2009《水利水电工程建设农村移民安置规划设计规范》、SL 441—2009《水利水电工程建设征地移民安置规划大纲编制导则》、SL 442—2009《水利水电工程建设征地移民实物调查规范》4 项标准为水利行业标准。

上述新的移民政策对各个设计阶段的主要工作内容、工程深度进行了调整和充实，体现在如下几个方面：

（1）明确了水库淹没影响区和枢纽区工程建设区界定技术要求。

（2）补充了影响区、扩迁人口实物指标和特殊项目的实物指标调查技术规定。

（3）增加了移民安置总体规划和移民安置规划大纲编制要求。

（4）具体细化了农村移民安置规划设计内容，详细规定了移民人口计算、环境容量分析、规划目标及安置标准拟定、安置方案确定、生产安置规划设计、搬迁安置规划设计。

（5）具体细化了城市集镇规划设计内容，补充迁建选址、迁建规划和基础设施设计等技术要求。

（6）具体细化了专业项目规划设计内容，增加企业处理规划设计的有关规定。

（7）完善了补偿费用项目划分、费用构成和补偿标准。

通过比较可以发现，新的法规政策提供了征收耕地的土地补偿费和安置补助费标准，由原来的平均年产值的 5～7 倍统一提高到 16 倍；扩大了对移民财产的补偿范围，远迁移民在水库淹没线以上属于移民个人所有的树木、房屋等，不能带走的，也纳入实物补偿范围；对于补偿费用不足以修建基本用房的贫困移民，要给予适当补助。法规政策针对水电建设的特点，还规定了各方权益的维护要求。这些规定提高了移民对安置工作的参与程度，扩大了移民的知情权、参与权和监督权。

新的法规政策还规范了移民安置规划的编制程序，强化了移民安置规划的法律地位，增强了项目法人在移民规划中的责任；国家对移民资金的使用管理实行稽查制度，对移民安置实行全过程监督评估，强化了监督管理，使得移民工作得到保障。同时，移民后期扶持力度得到提高，后期扶持政策得到完善。对移民既进行前期补偿补助，又注重后期扶持，即在输血的同时帮助完善造血功能，这是我国水库移民现行政策的一大特点。

二、国际金融组织贷款项目征地安置的政策与程序

我国参与的国际金融组织贷款项目，凡是涉及到征地移民的，需要按照该国际金融组织的非自愿移民安置政策和程序组织实施。当前建立了完整的非自愿移民政策体系的国际金融组织主要是世界银行和亚洲开发银行。如世界银行规定，凡涉及非自愿移民的项目都要向世界银行提交移民安置行动计划，经审查通过后，项目才能进入评估阶段；亚洲开发银行也采用了类似的要求。

在 20 世纪 60 年代以后的发展中国家的大型项目建设中，世界银行发挥了极其重要的作用。而大型项目的建设往往都涉及到以土地征收为基础的移民补偿与安置工作，鉴于移民问题的普遍性和重要性，在 1980 年 2 月世界银行针对世行贷款项目中出现的有关非自愿移民问题，首次发表了政策声明，此政策声明适用于利用世界银行贷款的所有移民项目。1990 年世界银行根据实际运用情况，发表了世界银行非自愿移民业务导则 OD4.30，此政策声明阐述了当开发项目有非自愿移民时，世界银行要求其工作人员及贷款国政府所要开展的工作和要求。2001 年 12 月，世界银行通过过去经验的总结，再次发布了非自愿移民业务政策和世界银行程序 OP/BP4.12，取代了非自愿移民业务导则 OD4.30，自 2002 年 1 月 1 日起实施。

根据世界银行（以下简称"世行"）相关政策文件，非自愿移民指由于工程建设强制性征收土地，导致受到以下任何一种条件影响的人：①搬迁或丧失住所；②失去资产或获取资产的渠道；③丧失收入来源或谋生手段，不论受影响的人是否必须搬迁至他处。为了防止因非自愿移民而造成新的贫困和对环境的破坏，世界银行确定了如下非自愿移民政策的整体目标：①应在可行范围内尽可能避免或减少非自愿移民，探讨一切可行的项目设计的替代方案。②如果移民不可避免，移民安置方案应考虑可持续性发展。应提供充分的资金使移民能够分享项目的效益。应与移民进行认真的协商，使他们有机会参与移民安置方案的规划和实施。③应帮助移民努力改善他们的生计和生活水平，至少使其真正恢复到搬迁前或项目开始前的相应水平。

为确保上述目标的实现，世行制定了以下保障措施：

（1）根据项目类型编制相应的移民安置文件。移民参与协商，在安置问题上有选择权和其他权利，对安置方案有选择的机会。对损失的财产要按完全重置成本给予补偿，对受影响的人除现金补偿外，还应提供其他形式的帮助，包括过渡期的帮助，以便妥善地安置移民。

（2）应特别关注移民中的弱势群体，尤其是：处于贫困线以下的人；没有土地的人；老年人、妇女、儿童；少数民族。

（3）移民安置措施落实前不得发生征收土地和搬迁居民的其他财产的活动。

（4）对于靠土地为生的移民，特别是少数民族的移民，应优先考虑依土安置战略。

（5）移民安置工作中，世行要求：向移民及其社区以及移民安置区提供及时、相关的信息，就移民安置方案与他们进行协商，并向他们提供参与规划、实施和监测移民安置的机会；在新的移民安置点或安置社区，提供必要的基础设施和公共服务；根据移民的选择建立与新环境相适应的社区组织模式，要尽可能保存移民以及安置区现有的社会和文化体制，尊重移民和安置区人群的意见。

（6）需要开展的移民活动的所有费用应计入项目的总投资。

（7）项目实施阶段，世界银行将定期督导检查。

在世界银行关于非自愿移民政策的基础上，亚洲开发银行于 1995 年制定了《非自愿移民政策》（Involuntary Resettlement），并在 1998 年对该非自愿性移民政策进行了补充，发布了《移民手册》（Summary of the Handbook on Resettlement-A Guide to Good Practice），对移民安置的运作要求、技术方法进行了细化并给出了许多具体的案例，成为规划人员与实施人员切实可行的行动指南。但是亚洲开发银行（以下简称"亚行"）援助的项目越来越复杂，这些项目必须解决与项目相关的财产问题，以及虽不搬迁但失去生活来源等问题，在城市地区还有那些非正式居民的问题。执行该非自愿移民政策的经验表明有许多方面有待改进，因此亚行于 2009 年重新修订出台了《亚行保障性政策声明》（Safaguard Policy Statement），包括非自愿移民、原住民、环境保护三个方面的政策要求。

亚行移民政策的目标为：尽可能避免非自愿移民；研究和设计替代方案，最大限度地减少非自愿移民的影响；提高或至少将移民的生活水平恢复到项目实施前的水平，并且使被迁移的贫困人口和其他弱势群体的生活水平得到提高。

亚行的移民政策的主要原则包括：

（1）尽可能早地启动对项目的影响进行梳理，识别非自愿移民的历史、现状，以及未来的影响和风险。

（2）与受影响的人群、安置区和非政府组织进行有效的协商，尤其要关注弱势群体的需求，特别是那些生活在贫困线以下的人口、失地者、老年人、妇女、儿童、原住民，以及那些对土地没有法律权利的人们，并保证他们都能参与协商。

（3）采取措施提高或至少恢复所有移民的生活水平；为受影响人提供必要的支持；改善受影响的贫困人口和弱势群体（包括妇女）的生活水平使其至少达到最低保障水平。

（4）制定详细的移民计划，详细阐述受影响人口的权利、恢复其收入和生活的策略、相关制度安排、监测和报告安排、预算以及明确的实施时间表。在批准项目之前，在合适的地点，用受影响人口可以理解的语言和方式，及时向受影响人和其他利益相关方公布移民计划草案（含协商过程的表述）。

（5）把非自愿移民工作视为开发项目或规划的一部分，计算项目的成本和收益时要包括移民计划所需要的全部费用。

（6）在受影响人口搬迁和被迫实行经济转型前，就应给予补偿和明确各项权利。在整个项目实施过程中，应密切监督移民计划的执行情况。

（7）监测和评估安置结果，考察它们对受影响人群生活水平的影响，结合基底调查和监测结果，考察移民计划是否取得了预期的效果，并公布监测报告。

三、一般性项目征地安置的政策与程序

除上述两类项目外，目前我国一般性项目的征地安置活动尚未要求编制和报批移民安置计划，也未要求对征地和移民安置活动的实施过程进行监测评估，通常的做法是由地方按照相关法律法规确定的补偿标准和安置政策组织实施。

但由于项目征地和移民安置活动是一项复杂的系统工程，其成功与否不仅关系到项目的顺利推进和实施，也关系受影响人口的生产生活和当地社会的稳定和发展，因此应在一般性项目中建立规范的、系统的移民安置规划和实施监测评估体系，相关部门正不断努力推进相关体系的建立和完善。

2007 年 5 月 28 日发布的国家发展和改革委《关于发布项目申请报告通用文本的通知》（发改投资〔2007〕1169 号）指出，为进一步完善企业投资项目核准制，指导企业做好项目申请报告的编写工作，规范项目核准机关对企业投资项目的核准行为，特编写"项目申请报告通用文本"和"关于《项目申请报告通用文本》的说明"，以供有关方面借鉴和参考。在其中的"项目申请报告通用文本"中的第五章"建设用地、征地拆迁及移民安置分析"明确了项目申请报告在该章节应当包含的内容：

（1）项目选址及用地方案。包括项目建设地点、占地面积、土地利用状况、占用耕地情况等内容。分析项目选址是否会造成相关不利影响，如是否压覆矿床和文物，是否有利于防洪和排涝，是否影响通航及军事设施等。

（2）土地利用合理性分析。分析拟建项目是否符合土地利用规划要求，占地规模是否合理，是否符合集约和有效使用土地的要求，耕地占用补充方案是否可行等。

（3）征地拆迁和移民安置规划方案。对拟建项目的征地拆迁影响进行调查分析，依法提出拆迁补偿的原则、范围和方式，制定移民安置规划方案，并对是否符合保障移民合法权益、满足移民生存及发展需要等要求进行分析论证。

2011 年 6 月 23 日，为提高市政公用设施建设项目投资决策科学化水平，规范项目社会评价工作，促进社会公平与和谐稳定发展，国家住房和城乡建设部以建标〔2011〕84 号文发布了《市政公用设施建设项目社会评价导则》，并于 2011 年 12 月 1 日起施行。在该《导则》中的第 6 部分征收补偿方案及实施明确要求：对于涉及农村集体土地征收、国有土地使用权收回、城市国有土地上房屋征收的市政项目，应根据相关规定，编制征收补偿方案，进行专项审查和批准。《导则》还对市政项目征收补偿安置工作的原则、征收补偿方案、征收补偿安置实施、征收补偿安置实施的监测评估等内容作出了具体的阐述，并以附录的形式提供了《市政项目房屋征收实物量调查要求》和《市政项目房屋征收补偿方案报告编写大纲》作为参考指南。

随着十八届三中全会《中共中央关于全面深化改革若干重大问题的决定》的逐步落实，我国的土地征收制度将进行重要的改革，在此基础上的建设项目征地移民规划和监测评估体系必将得到不断的强化和完善。本书基于我国的有关法律法规政策和改革方向，同时借鉴国际金融组织非自愿移民政策的实践经验，对工程建设项目征地安置分析评价的体系进行梳理和阐述，以便为征地移民规划者、实施管理人员提供参考借鉴。

第二章

工程项目选址

工程项目征地拆迁及移民安置方案的分析论证，是建立在工程项目选址的基础之上的。重大项目应从比较广泛的范围内选择几个被选地区，并在一个地区内详细调研几个可供选择的场址，进行综合比选。在提出具有工程可行性的选址方案的基础上，应论证土地利用、征地拆迁和移民安置方案的可行性，提出规避风险的对策措施。

第一节　项目选址概述

一、项目选址的地位和作用

可行性研究阶段的场址选择，是在初步可行性研究（项目建议书）规划选址已确定的建设地区和地点范围内，进行具体坐落位置选择，习惯上称工程性选址。由于建设项目类别不同，在建设地址上的习惯称呼也各不相同。一般来讲，对工厂企业建设地址的选择称为场址选择；对铁路、公路、强弱输电线路建设地址的选择称为路线（路径）选择；对水利、水电枢纽建设地址的选择称为坝址选择；对各种高低压变电站建设地址的选择称为站址选择；对机关、高校、医院、仓库、电台、体育馆、纪念馆、商场和火箭发射基地等建设地址的选择称为场址选择。为了把各种类型的建设项目建设地点的选择统一起来，所以采用"场址选择"的习惯叫法。在对场址进行选择时，应根据投资项目特点和要求，经过系统的调查研究，对多个可供选择地点进行对比选优，从既定的一个地点或多个可供选择的地点中对多个场址位置条件进行评估，确定具体场址位置。

场址的选择在可行性研究中占有极为重要的地位。从宏观上讲，场址选择是贯彻国家经济政策，落实发展规划，促进生产力合理布局的关键性环节。国家的长远发展规划和生产力布局一般都是通过具体的建设项目来体现的。项目建设地点的选择和确定，意味着长远规划付诸实施的开始，也还意味着全国生产力布局的确定。场址选择得当，不仅有利于建设和生产，还有利于促进所在地区的经济繁荣和城镇面貌的改善；一旦选择不当，则会影响到社会各种资源的合理配置，进而影响到国民经济协调和稳定发展。项目布局失误一旦造成，改变起来十分困难。从微观上讲，场址选择又是进行建设项目可行性研究和项目设计的前提。因为只有项目的建设地点选择和确定之后，才能比较准确地估算出项目在建设时的基建投资和生产时的产品成本，才能对项目的各种经济效益进行分析和计算，得出项目可行与否的结论。场址选择的合理与否对项目的投资效益会产生重要影响。如果场址选择不当，可能造成建设投资的加大，影响建设进度，给生产和使用留下后患，影响投资的经济效果，甚至造成严重的损失。而且场址选择不当也可能造成环境污染，破坏生态平衡。另外场址选择也是建设项目可行性研究的前提，因为只有在建设项目的场址落实后，才能进行总投资、费用、生产成本的估算，才能比较准确地分析建设项目的财务效益。因此，在场址的选择工作中一定要慎重行事。

二、项目选址的要求

（一）一般性要求

按节约用地、科学规划和可持续发展的基本原则，项目选址应满足一般性要求如下：

1. 区域位置

（1）要尽量接近原材料、燃料的产地及产品销售地区。

（2）要远离重要的铁路枢纽站、大型桥梁、大型储油库、重要军事工程、飞机场等战略目标。

（3）要避开高压输电线路，不压城市地下管线。

（4）对于可能产生工业废水的项目，应位于城镇、江河、港区、水源地等的下游。

（5）对于可能产生大量废气的项目，应位于城镇的下风向。

（6）满足当地规划要求。

（7）在文物地区或风景保护区时，应有当地主管部门同意文件。

2. 厂址面积

满足生产区、三废处理场、生活区及其他设施的用地要求和环境条件，并考虑留有适当的发展用地。

3. 地形、地貌和地质

（1）尽量平整，减少土方工程量。

（2）自然地面坡度不宜大，一般以 4%～5% 为宜。对丘陵地区，宜用山坡地。

（3）位于适当标高，避免洪水和海潮灾害。便于排水，有利于防洪排涝。

（4）不在水库下游和防洪堤附近。

4. 交通运输

运输设施（水运、公路、铁路、航空）满足拟建项目的要求，且线路便捷、方便、经济合理。

5. 原材料供应

原材料品质和数量均能够满足要求，且可靠供应。

6. 给水排水

（1）靠近水源地，满足水量、水质和水温要求，具备供水可靠性。

（2）污水排放满足当地环保机构的要求，便于将经处理的污水排入当地污水处理场或下水系统。

7. 动力供应

（1）靠近热电厂，供电、供气有可靠的来源。

（2）自设热电站或锅炉房时，燃料供应可靠，留有储煤、储灰场地。

8. 工程地质与水文地质

（1）不在熔岩、断层、滑坡、泥石流、土崩、八级以上地震区和矿藏地区。

（2）尽量避免因工程地质问题而使工程基础复杂化。地基承载力等条件满足项目要求。

（3）地下水位最好低于地下室和地下构筑物的深度，最好无侵蚀性。

9. 气象

（1）考虑了高温、高湿、云雾、风沙、暴风、落雷、滚雷区对项目的不良影响。

（2）考虑了冰冻线对建（构）筑物基础和地下管线敷设的影响。

10. 协作条件

在产品销售、原材料供应、给排水、动力、交通运输、居住区和福利设施等方面与邻近企业或城镇存在协作的可能性。

11. 环境影响

经环境影响评价，证明项目的环保措施是有效的，在该地区是可接纳的。

12. 人力资源

具备人力资源和培训条件。

13. 项目实施条件

（1）当地建筑材料充足。

（2）有较好项目实施队伍和项目实施机械设备条件，项目实施期水、电可供应。大型机器设备可运到厂址。

14. 场地价格

土地价格合理。

（二）企业指向性要求

企业指向性是指由于某种因素对某类企业生产能够起决定性影响，从而对该类企业具有特殊的吸引力，使该类企业相应地被吸引到存在该种因素的地方上。企业指向性是由投资项目的技术经济特点决定，一般可分为原料指向、市场指向、能源指向、劳动力指向和技术指向。在进行场址选择时，必须要考虑到拟建项目的指向性特点。

1. 原材料指向

原材料指向是指投资项目建厂地点应靠近原料产地。对于许多农产品、矿产品的初步加工项目，一般要靠近原料产地建厂。因为在这些企业的产品生产过程中，从原料到成品的失重程度大，单位产品原料消耗量是成品数量的数倍甚至数十倍，有些产品在原料运输和储藏过程中费用高、损失大，靠近原料产地建厂，把成品运往消费区，比在消费区建厂而大量运输原料更为经济合算。如榨糖厂、罐头厂、洗煤厂等原料体积大、运量多的企业，场址应以靠近原料产地为宜。

2. 市场指向

有的投资项目生产的产品不便运输或运输过程中损耗大，则应按市场指向性原则选择场址，在靠近消费地建厂，以减少产成品的运输费用。如玻璃厂、家具厂等成品运输困难的企业可以建在销售市场所在地。而且场址选择在产品的市场地区，还可以及时搜集对产品质量和性能的反馈信息，这对于更新换代迅速的产品尤为重要。

3. 能源指向

能源指向原则是指对于那些消耗能源的大户，为了减少运输费用和损耗，应靠近能源产地设厂；同样对于用水较大或对水质有特殊要求的投资项目，可按水源指向原则选择水源丰富或优质水源的地方。例如铝、电石厂等大都建立在动力基地，特别是能提供廉价电能的大型水电站附近。造船工业、石油化工则要求紧靠大型水源。

4. 技术指向

技术指向是指对于那些技术密集型或知识密集型项目，在选择建厂地址时，要考虑技术协作条件和技术水平的要求，多选在相关科学技术比较发达的大中城市的科技园区，例如各种生产精密仪器、精密设备的企业等。

5. 劳动力指向

劳动力指向是指投资项目建厂地点应靠近劳动力充裕的地区。例如对劳动密集型项目，如刺绣、编织、制衣等企业选择场址时应主要考虑劳动力充裕，特别是待业人员多的地方投资建厂。

应该指出的是，以上五个指向性原则只是一般的原则，实际情况往往要复杂得多。因此，在具体的场址选择上，要同时考虑到不同的指向原则，视具体情况而定。

第二节　项目选址的内容和方法

一、项目选址研究的内容

（一）项目选址应考虑的因素

1. 自然因素

自然因素包括自然资源和自然条件。自然资源包括矿产资源、水资源、土地资源、海洋资源、气象资源等。某些大中型建设项目选址主要受某种或几种资源赋存状况的影响。例如矿山采选项目的场址选择是矿产资源指向型的，水力发电站项目的选择是水资源指向型的。许多项目本身并不直接使用矿产资源，也要了解占地的矿产资源状况。用水量大的项目的选址取决于水源的开发条件、水量、水质以及可能对地区生态环境的影响。我国水资源空间分布很不平衡，限制了耗水量大的火电、钢铁、石化等工业项目选址的自由度。

自然条件包括地形、地貌及占地面积、工程地质、水文地质等，对项目选址影响很大，有时甚至是决定性的。例如，厂址的地形应力求平坦且略有坡度；地耐力要满足所建设项目的要求；应避免设在强烈地震带、断层、泥石流等不良地质地段；地下建筑物、构筑物、工程管线较多的项目应尽量选在地下水位较低的地段。

有些项目本身并无对环境的不利影响，但对环境影响的结果甚为敏感。例如，农产品加工业项目的原材料可能由于水和土壤被污染而无法使用。有的项目用水量大，对水质要求高，如果水源受污染，将受到损害。一个因环境污染而不利于健康的工厂，是留不住人才，因而也是无法盈利的。

2. 经济技术因素

经济技术因素包括拟选地的经济实力、协作条件、基础设施、技术水平、市场潜力、人口素质与数量等。它们是工业化的结果，又反过来对工业发展与项目选址产生影响。在经济实力强的地区新建、扩建企业，可以利用已有的公用设施，协作条件好，且离消费地较近，明显有集聚经济效益，但是也可能有远离原材料供应等不足。对于需要的投入品，投资前期研究不仅应当考核数量，还应注意供应的可靠性和质量等。有的项目对当地项目融资能力要求高，选址时就要对各地的融资能力加以比较。高新技术项目往往对当地某种专业人才有特别要求，就应着重研究人才的可获得性。

3. 运输和地理位置因素

运费是生产成本的重要部分。选址要在原料、燃料、产品销售地的关系中寻求最小运费点。地理位置因素是指建设项目拟选地点与资源产地、经济发达地区、水陆交通干线及港口、大中城市、消费市场等的空间关系。有利的地理位置往往有好的经济协作条件，能方便地获得原料、燃料、技术和信息。

4. 社会、政治因素和管理机构素质

国家对经济社会发展的总体战略布局、少数民族地区和贫困地区经济发展问题、保护生态环境、国防安全等因素，都影响着重大建设项目的场址选择。国家法规、投资指南、开发战略和鼓励、限制、禁止政策等，在场址选择时应首先遵循。地方法规，沿海城市、经济特区、各类开发区的项目审批权限和程序、税费减免等鼓励和优惠政策对投资项目很重要，应当列入比较。当地管理机构以及合作伙伴的素质，关系到项目能否正常运营的大问题，对选址非常重要，需要由项目业主单位通过合作协商等方式亲自体会和提出意见。境外选址时要认真研究政治、法规、税务、人文等特殊条件，要摸清合作方的资信，同时遵循项目选址的一般原则。

有的项目因业主单位明确就地安排，或者项目地址必须定在投资者选定的合作者所在地，或者改、扩建项目本来就在原址，从而使项目选址的问题变得简单。对多数大型项目而言，项目选址面临的问题比较复杂，需要组成多专业工作组进行专题研究。

（二）项目选址的研究内容

1. 场址位置

研究拟选场址坐落的位置是否符合当地发展规划，与周边（村镇、工矿企业等）的关系是否有矛盾，当地政府和群众对项目能否接受，以及场址能否满足项目建设和生产的要求。

建设项目的建设地点确定之后，具体地址位置的选择也很重要，它不仅关系到建设投资规模，而且与建成后的经济、安全和所能发挥的作用密切相关。因此在研究位置时还要考虑以下几方面：

（1）距离要求。对建设项目的具体位置选择，应对几个可供选择地址的原料和产品运输费用，生产成本，运行合理和各种销售服务费用的计算结果来综合权衡决定。比如对大型火力电厂来讲，它对煤的需求量很大，而煤炭的运输费用又高，最好的建设位置是选在煤矿附近。但因受地形、地质或供水条件的限制，选在矿区附近确有困难时，也可选在运输条件好、交通方便靠近铁路枢纽或港口的地方；但也不排除放在电力负荷中心的方案。对于公用设施项目的具体位置和距离要求，应根据其本身的作用、功能、服务半径和城市统一规划、布局来研究确定。

（2）防洪要求。对所有建设项目场址位置的确定，都需考虑以不受洪水威胁为原则。场址的高程，工业性建筑应在50年一遇的洪水水位以上，不太重要的民用建筑，也应在20年一遇的洪水水位以上，特殊大型的重要建筑，应在100年甚至更多年份一遇的洪水水位以上。因条件限制不能满足上述要求时，应采取防洪措施（如修筑防洪堤、防洪墙等），使之达到上述标准。

建设项目的具体位置不能选择在容易爆发山洪的山洪区、行洪沟及山洪易于冲刷的地方，也不能选在水库坝址的下游，如果必须选在坝址下游，则其所在位置的高程须在溃坝时所产生的最高水位以上。

（3）安全要求。对于生产、制造易燃、易爆产品的建设项目地址的选择，应远离城镇和居民密集的地区；企业之间的距离，应符合国家有关部门规定的安全要求；易燃易爆物品的储存容器或仓库，最好建设在地下或山洞中，布置上要防止过分集中，以免发生事故时相互影响。

2. 占地面积

根据项目建设规模，主要建、构筑物组成，参照同类项目，确定合理的土地利用**系数**，计算拟选场址需要占用的土地面积，研究拟选场址面积能否满足项目的要求。对分期建设的项目，应考虑留有发展裕地的土地面积。

3. 地形地貌气象条件

研究拟选场址的地形、地貌、气象（主要指标高、坡度、降水量、日照、风向等）能否满足生产工艺要求，地形上要比较平坦、开阔，构筑物之间得到合理的布局，做到物料之间输送距离短，投资少，成本低，方便合理。为了便于地面排水，可稍考虑自然坡度，坡度的大小应与场区内的运输方式和项目的特点相适应。如果采用铁路运输，其坡度以不大于 0.3%为宜，太小则不利于场地排水。一般不占用好地，在运输条件允许的情况下，不影响功能和使用，可采用阶梯式的布置方式，因地制宜地利用一些不大平坦的坡地，并计算挖填土石方工程量及所需工程费用。

气象情况主要包括气温、湿度、日照、云雾、风、降水量、气压及蒸发量。

（1）气温：一天内、一年内、十年内的最高、最低和平均温度。

（2）湿度：一天内、一年内、十年内的最大、最小和平均湿度。

（3）日照、云雾：一年内、十年内的每天日照和云雾时间。

（4）风：风向和刮风天数；风速和最大风速；破坏性风速出现的频率。

（5）降水量（雨、雪）：降水期和 1h 内、一天内、一个月内、一年内、十年内的最高、最低和平均降水量；特大降水量和降水期（季、月）。

（6）气压及蒸发量：一年中各月、季气压的变化情况及年蒸发量。

研究拟选场址的具体地址时，还必须具有关于所在国家、地区和城镇的地理位置、海拔高度等方面的资料及地形、地貌等方面的图纸。对地形图比例的要求，区域位置图为 1:25000～1:50000；厂址地形图为 1:1000～1:2000；有条件的可提供航空照片 1:13000～1:20000。

4. 地震情况

研究拟选场址所在地区及其周围的区域稳定情况和地震活动情况，包括大断裂在附近地区通过和交汇情况，地震类型，地震频率，震级烈度，以及抗震防震设施要求，拟建项目对地震情况是否有特殊要求等。

5. 工程地质水文地质条件

研究工程地质和水文地质条件能否满足项目建设的要求。工程地质主要研究拟选场址的地质构造、地层和岩层的成因及年代；地基承载能力、有无严重不良地质地段（如溶洞、断层、软土、湿陷土等）和是否处于滑坡区、熔岩区和泥石流区等，所在地区应是稳定的，不应选在有用的矿床或已开采过的矿坑上，也不要选在 9 级以上地震区、断层地区、滑坡地区、熔岩地区、泥石流地区。地基上主要是对承载能力的要求，土壤要有足够的承载能力，一般工业建筑要求 $1.5\sim3kg/cm^2$，而锻压车间要求 $3\sim4kg/cm^2$。水文地质主要研究拟选场址的水文地质构造、地下水的类型及特征、土壤含水性、地下水位、流向、流量和涌水量等。地下水位一般要低于地下室和地下管网的深度。为避免洪水威胁，一般场址应在该地区历史最高水位（按 50 年一遇）以上，对经济社会发展与国防上有重大意义的项目，其防洪标准历史最高水位可定为 100 年一遇。

6. 征地拆迁移民安置条件

研究拟选场址征地拆迁移民安置方案，计算拆迁量，并根据所在地区的征地拆迁补偿标准估算所需投资。

7. 交通运输条件

研究拟选场址的交通运输条件（港口、铁路、公路、机场、通信）能否满足项目的需要。场址位置与铁路车站、码头、公路、机场的距离是否近便；铁路、公路、水路、空运、管道的运输能力、装卸能力能否满足大宗物资的运输需要；铁路、公路的路基载重能力、桥隧净空高度能否满足超大、超高、超重设备的运输要求。

8. 电、气等动力供应条件

根据拟选场址所在地的电、气等供应（数量、质量、规格、价格）的现状及发展规划，研究其对项目的满足程度、供应的持续性和可靠性。

对耗电量特别大的电解企业（如各种方法制烧碱、电解铝等）、电炼企业（如电石、电炉炼钢等）和有机合成企业的项目建设地址，应选在库容大、调节性能好、电量充沛、电价低廉的水电站附近或大型坑口火力发电厂的周围，以减少变送电工程的投资。对其他项目建设场地的选择也应以少送变电工程投资为原则，尽可能地选在电网和电源点的附近。

对热能的供应，如果拟建项目是自备热能供应，就不存在距离问题。如果是由区域热电厂、热网或供热站供应，则距离就是址地选择的决定因素。供热距离的大小，是根据建设项目要求的蒸汽压力、热源出口压力和压降等参数来计算确定。供热半径一般为 2～4km，最大为 8km。

9. 水源条件

任何建设项目都离不开水，所以拟建项目的地址必须具有充足、可靠的水源。任何形式的水源，其可供水量必须满足项目的近期和远期发展所需的生产、生活和其他用水的水量要求，其保证率至少应在 95% 以上，重要项目须在 97% 以上，甚至 100%（如核电站），需具有备用水源。

水源条件包括自来水的供水能力及供水量、可能连接地点及管路直径、距离、水质状况、水价；河水或湖水的位置、年径流量、平均流量及水位、取水设施；水库水、地下水和海水的相关情况。在缺水地区选择项目的场址，应对水源利用的合理性和可靠性进行充分论证。

10. 环境保护条件

研究拟选场址的位置能否被当地环境容量所接受，是否符合国家环境保护法规的要求。例如，按照环境保护法规要求，不得在水源保护区、风景名胜区、自然保护区等范围内建设项目；产生严重污染的项目场址，应处于城镇的下风向；生产或使用易燃、易爆、辐射产品的项目场址，应远离城镇和居民密集区。

11. 法律支持条件

研究拟选场址所在国家和地区有关法律法规对项目建设和生存的支持程度和约束条件，在境外投资建场选址时应特别重视当地的法律、法规支持条件研究。

12. 生活设施依托条件

研究拟选场址所在地的生活福利设施满足项目需要的程度。社会基础设施投资可利用的情况，对任何项目的经营都极为重要。为充分依托场址周边的生活设施，在开展生活区的规划、位置选择时，必须了解邻近城镇的社会、经济、文化概况，当地的住房条件、教育设施、娱乐场所、商业设施、医疗设施的概况。

13．通信条件

研究拟选场址现有的电信线路、微波装置、无线电的情况和可利用性以及新建通信设施的可能性和投资成本估算。

14．项目实施条件

研究拟选场址的项目实施场地、位置、面积、地价、地方建筑材料的供应渠道和项目实施用电、用水等条件，能否满足建设项目实施的需要，建筑工人的来源、技术水平以及工资情况。

技术改造项目，应研究依托企业现有场地的可利用面积、发展可能性、公用工程和辅助工程的富余量、环境的承受能力等是否满足要求。

二、项目选址的步骤与方法

（一）项目选址的步骤

（1）成立选址工作组。在市场研究、项目战略、建设规模、工艺技术方案、总图等工作都已有阶段成果的基础上，在建设单位主持下，由承担总体咨询任务的机构选派工艺、总图、运输、地质、建筑、结构、电气、给排水、技术经济等专业工程师组成选址工作组。有条件时可邀请城市规划、建设、环境保护、交通运输、水文地质、工程地质、地质矿产、供电、地震等有关单位派员组成。

（2）由有关政府、行业协会等机构推荐一批场址。由各地推荐一批场址，建立拟选场址的长名单。取得各场址的简要社会经济和现状地形图等资料，初步比选长名单。

（3）向建设单位领导汇报长名单比选情况，确定一般不超过六个场址的短名单。进一步收集短名单场址的有关资料。

（4）现场勘察，了解厂址地形、地貌与周围环境，访问专业部门，收集：气象、水文、地质、地震、交通运输、能源、矿藏及原材料、社会经济、建筑材料、建筑企业、征地和拆迁等资料。

（5）利用已经初步建立的工艺技术、投入物分析、投资分析、财务分析模型和总图模块等，对各场址进行技术经济分析。向建设单位和主管部门领导汇报分析情况，提出倾向（或初选，或推荐）场址，编制项目选址报告。

（二）项目选址的分析方法

1．重心平衡法

重心平衡法又称最小运输费用法。在选择场址时，如果投资项目的原材料由若干个供应点供给或产品要销到若干个地区，为了使运输距离最短，节约运输费，可用物理当中的重心原理，选取建厂地理位置。

例：设一投资项目有 n 个原料基地，各自供应量 SQ_i（$i=1$，2，…，n），吨千米运费 P_i（$i=1$，2，…，n）；有 m 个产品销售市场，各自销售量为 MQ_j（$j=1$，2，…，m），吨千米运费为 P_j（$j=1$，2，…，m）；已知各原料基地，各产品销售市场距以某个中心城市为参照原点的位置分别为（X_i，Y_i）（X_j，Y_j），其中 $i=1$，2，…，n；$j=1$，2，…，m。如果场址距参照点的坐标为（X_0，Y_0），按照静力平衡原理，其中心坐标为

$$X_0 = \frac{\sum\limits_{i=1}^{n} SQ_iP_iX_i + \sum\limits_{j=1}^{m} MQ_jP_jX_j}{\sum\limits_{i=1}^{n} SQ_iP_i + \sum\limits_{j=1}^{m} MQ_jP_j}$$

$$Y_0 = \frac{\sum\limits_{i=1}^{n} SQ_iP_iY_i + \sum\limits_{j=1}^{m} MQ_jP_jY_j}{\sum\limits_{i=1}^{n} SQ_iP_i + \sum\limits_{j=1}^{m} MQ_jP_j}$$

利用这种方法确定场址位置（X_0，Y_0）时，如理论计算恰在不宜建厂的地点，比如水库、山地，或者距离交通线太远，公路、铁路投资费用较高，这就要求结合其他各方面的条件才能选择理想的场址。

2. 列表比选法

根据项目所要求的各方面条件，首先确定几个场址选择方案，然后对工程技术条件和经济条件进行列表比较选择。

工程技术条件比选，主要有占用土地种类及面积、地形地貌气候地质条件、征地拆迁移民安置条件、社会条件、环境条件、交通运输条件、通信条件、动力供应条件、项目实施条件，以及当地政府及居民对项目的接受程度等。根据以上内容，编制场址方案工程技术条件比较表，见表2-1。

表2-1　　　　　　　　　　　　　　场址方案工程技术条件比较表

序号	比较的内容名称		场址方案			
			方案1	方案2	……	方案n
1	主要气象条件（气温，雨量，海拔等）					
2	地形，地貌特征					
3	占地面积及情况	耕地（hm²）				
		荒地（hm²）				
4	土石方开挖工程量	土方（万 m³）				
		石方（万 m³）				
5	区域稳定情况及地震烈度					
6	工程地质条件及处理工程					
7	水源及供水条件	自来水				
		地表水				
		地下水				
8	交通运输条件	铁路				
		公路				
		航空				
		水运				
		管道				
9	动力供应条件	电力				

18

序号	比较的内容名称		场址方案			
			方案1	方案2	……	方案n
9	动力供应条件	热力				
		其他				
10	通信条件					
11	三废处理条件及对附近居民的影响					
12	拆迁工作量					
13	项目实施条件					
14	生活条件					

经济条件的比选，一般需要对建设投资和运营费用进行综合比较。建设投资主要有土地购置费、场地平整费、基础工程费、场（厂）外运输投资、场外公用工程投资、防洪工程投资、环境保护投资、生活福利设施投资以及临时建筑设施费用等。编制场址方案建设投资费用比较表，见表 2-2。运营费用包括原材料和燃料运输费、成品运输费、动力费、排污费和其他费用等。编制场址方案运营费用比较表，见表 2-3。

表 2-2   **场址方案建设投资费用比较表**

序号	比较内容	投资费用（万元）		
		方案1	方案2	方案3
1	土地购置费			
	土地费用			
	拆迁费用			
	⋮			
2	场地平整费			
	土方工程			
	石方工程			
	⋮			
3	基础工程费			
	基础处理费			
	防震措施费			
	⋮			
4	场外运输投资			
	铁路专用线			
	公路			
	码头			
	管道			
	⋮			

序号	比较内容	投资费用（万元）		
		方案 1	方案 2	方案 3
5	厂外公用工程投资			
	给水工程			
	排水工程			
	供电工程			
	供热工程			
	⋮			
6	防洪工程投资			
7	环境保护投资			
8	生活福利设施投资			
9	临时建筑设施费用			
	合计			

表 2-3   **场址方案运营费用比较表**

序号	比较内容	运营费用（万元）		
		方案 1	方案 2	方案 3
1	原材料及燃料运输费			
2	成品运输费			
3	动力费			
4	排污费			
5	其他			
	合计			

在方案比选中，如果该方案的建设投资和经营费用均较低，则自然是合适的方案；如果某方案建设投资高而经营费用少，或者建设投资少而经营费用高，则可用下面两个指标进行比较。

（1）投资的回收期。

$$T = \frac{K_2 - K_1}{C_1 - C_2}$$

式中 T——增加投资的回收期；

  K_1，K_2——甲乙两方案的投资费用；

  C_1，C_2——甲乙两方案的经营费用。

这个公式实质是用节省的经营费用来补偿多花的投资费用，需要多少年才能抵销完，也就是增加的投资要多少年才能通过经营费用的节约收回来。算出增加投资回收期后，与行业的基准投资回收期比较，如果小于基准投资回收期，说明增加投资的方案可取，否则不可取。

（2）年等值费用。

$$A = \frac{P}{T_0} + D = PE + D$$

式中 *A*——方案年等值费用；

　　P——方案投资费用；

　　D——方案年经营费用；

　　T_0——基准投资回收期（不含建设期）；

　　E——基准投资效果系数（T_0 的倒数）。

实质是计算不同地址的年等值费用，以年等值费用最少的选址方案为好。

3. 分级计分法

分级计分法就是将影响场址的所有因素按重要性质划分等级，计算总分，然后按总分值大小选择场址。

具体步骤如下：

（1）列出影响投资项目选择场址的各项因素。

（2）按因素重要性，定出评价每个因素的分级计分标准（评分等级及对应分值）。

（3）将被评估场址方案的每个因素按分级计分标准，分出等级，给出分值。

（4）将被评估场址方案的每个因素的分值相加得总分，总分值最高的方案为最优方案。

例如，有 A、B、C 三个备选的场址，下面根据分级计分法，对这三个方案进行比较。

1）先制定分级评分标准，见表 2-4。

表 2-4　　　　　　　　　　　　　　分 级 评 分 标 准 表

序号	选择指标	分级评分			
		最优	良好	可用	很差
1	原材料供应	60	40	25	15
2	市场需求	60	40	25	15
3	能源供应	50	30	20	10
4	劳动力供应	50	30	20	10
5	动力供应	40	20	15	8
6	气候条件	20	15	10	5
7	地质条件	20	15	10	5
8	交通便捷程度	50	30	20	10
9	通信条件	25	20	15	8
10	居住条件	25	20	15	8
	总分	400	260	175	94

2）分级评分比较，见表 2-5。

表 2-5　　　　　　　　　　　　　　分 级 评 分 比 较 表

序号	A 地区		B 地区		C 地区	
	等级	分数	等级	分数	等级	分数
1	最优	60	可用	25	良好	40
2	最优	60	良好	40	很差	15

序号	A 地区		B 地区		C 地区	
	等级	分数	等级	分数	等级	分数
3	可用	20	最优	50	良好	30
4	良好	30	很差	10	最优	50
5	良好	20	最优	40	可用	15
6	很差	5	良好	15	可用	10
7	可用	10	良好	15	最优	20
8	最优	50	可用	20	良好	30
9	良好	20	最优	25	良好	20
10	可用	15	良好	20	很差	8
	总分	270		260		238

由此可见，在三个备选方案中，A 方案的得分最高，因此，A 方案优于其他方案，可考虑选择在 A 点建厂。

4. 线性规划法

将评估场址条件的有关费用用数学表达式表示出来，并根据需要约束可能求解的范围，在可能的解答范围内找出最佳点，即建立一个模型，求解该方程在约束条件下的最优值。

假设有 m 个销售地点，有 n 个场址备选地点，建设工厂 j（$j=1, 2, \cdots, n$）所需要的投资费用为 k_j，工厂 j 向市场 i（$i=1, 2, \cdots, m$）提供的产品占市场总需求的百分比为 xij，令 y_j 为设厂参数，$y_j=1$，表示工厂设在此处；$y_j=0$，表示工厂不设在此处。C 为在建厂时，工厂满足市场需要的运输费用。

满足所有市场所需要的运输费用为：

$$\sum\sum C_{ij} \quad x_{ij}$$

为满足所有需求而需要的投资费用为：

$$\sum k_j \quad y_j$$

目标函数为全部费用最小，即：

$$\min T \quad C = \sum\sum C_{ij} \quad x_{ij} + \sum k_j \quad y_j$$

约束条件为：

（1）$\sum x_{ij} \leqslant m_{yi}$；

（2）$\sum x_{ij}=1$；

（3）$x_{ij} \geqslant 0$。

$y_j=(0,1)$。

约束条件（1）表示当工厂设在 j 时，所有市场由设于 j 地的工厂取得的产品供应数量不应超过需求总量。

约束条件（2）表示每个市场的需要必须得到满足。

约束条件（3）表示变量 x_{ij} 都大于 0，这样才有经济意义，y_j 只能取 0 或 1，这是已定的。

解该数学模型就能得出最优建厂地址。

第三节 项目选址基础资料调查的内容

一、工业项目选址

（一）地形地貌资料

（1）地理位置地形图，比例为 1:25,000 或 1:50,000。

（2）区域位置地形图，比例为 1:10,000 或 1:50,000。

（3）场址地形图（含渣场），比例为 1:500，1:1000，1:2000，1:5000。

（4）场外工程地形图（含渣场），场外铁路、公路、给水、排水、污水管线、热力管线、供电线路、原料输送路线的带状地形图，地带宽度 60～100m；比例 1:500 或 1:2000。

（5）地貌类型、海拔高度、坡度。

（6）场址土地调查。

1）土地利用总体规划。

2）土地权属。土地的所有权和使用权（国家所有、集体所有、单位和个人依法使用）。

3）土地利用现状。农用地（基本农田、一般农田）、建设用地（城乡行政区划、居住用地、公共绿地、交通运输用地、仓库用地，文教卫生用地、工业用地等）；未使用地（荒地、荒山、荒滩等）。

4）土地条件。

5）国有土地使用的方式。国有土地使用权出让、国有土地租赁、国有土地使用权作价出资或者入股。

6）征地补偿标准、农业人员安置办法、征地费、耕地开垦费等。

（二）工程地质

（1）区域地质。建厂地区地质图、剖面图、柱状图、地质构造及新构造运动的活动迹象，区域地质稳定情况。地质构造、地层、土层成因及年代等。

（2）工程地质。建厂地区已有厂矿建筑工程地质资料、土层类别性质、地基土壤容许承载力，土壤冻结深度等。在收集和分析已有资料的基础上，通过踏勘了解场地的地层、构造、岩石和土的性质。特殊性岩土，如湿陷性土、红黏土、软土、混合土、回填土、多年冻土、膨胀岩土、盐渍岩土、风化岩与残积土、污染土等。场地稳定性，如岩崩、滑坡、崩塌、泥石流、采空区、地面沉降、强震区场地与地基断裂、地震液化等资料。人为的地表破坏现象，如地下古墓、人工边坡变形等。

对于工程地质条件较复杂，已有资料不能符合要求，但其他条件较好且有可能选取的场地，应按具体情况进行工程地质测绘及必要的勘察工作。

（3）地震地质。建厂地区地震基本烈度（麦卡里烈度），要求建构筑物地震设防烈度；地震海啸；地区历史地震资料（震源、震速、频率）；厂址附近断裂构造。

（三）水文地质

（1）建厂地区水文地质构造，地下水的主要类型和特性，土壤含水性，蓄水层深度及厚度、流向、流量和涌水量。

（2）地下水补给条件及变化规律、水井涌水量、抽水试验资料，开采储量。水质分析资料，地下水对混凝土基础的侵蚀性。

（四）矿藏

矿区的矿产分布，有用矿藏及开采价值；矿区地质构造、采空区位置及尺寸和发展趋势；矿区近、远期开采规划情况；矿区地表塌陷、变形资料。

（五）气象和水文

1. 气象

（1）气温和湿度。逐月平均最高、平均最低及平均气温；各年逐月平均、最大、最小相对湿度和绝对湿度；严寒期日数（温度在–10℃以下的时期）；采暖期日数（温度在+5℃以下的时期）；一般及最大冻土深度。

（2）降水量。逐月的平均、最大、最小降水量。

（3）积雪。历年最早、最迟初雪日期，一般和最长的积雪时间；历年平均和最大积雪深度、积雪密度。

（4）风。各风向频率（全年、夏季、冬季）静风频率；风的特别情况：风暴、大风情况及其原因，山区小气候风向频率变化情况。

（5）云雾及日照。全年晴天及阴天日数；逐月阴天的平均、最多、最少日数及雾天日数。

（6）气压。逐月最高、最低平均气压；年最热3个月平均气压的平均值。

（7）其他。年、月平均蒸发量；空气污浊度；地区性气候特点；其他不良气象（如盐雾、沙暴、雪暴等）。

2. 水文

（1）河流。逐月最大、最小、平均流量及相应水位；逐月最大、最小平均含沙量及输沙量率；泥沙颗粒级配；逐月最高、最低平均水温；河床稳定性、河床、河岸变迁情况。

（2）水库。水库主要技术经济指标；水位（正常蓄水位、死水位、设计洪水位、校核洪水位等）；库容（总库容、死库容、有效库容）；灌溉面积（附水位、面积、容积曲线）；水库淤积情况、水温、水质；水库调节性能。

（3）泉水。泉水性质、成因、流量、水质、水温；泉水开发利用情况。

（4）湖泊洼淀。面积、容积、形成原因；补给来源与河流的关系；湖泊洼淀面积、蓄水量、水位、水深；工农业用水情况；工厂用水条件。

（5）滨海。潮位，历史最高、最低潮水位、发生时间及相应重现期波浪；最大波高，发生时间及相应重现期，发生原因、来向、持续时间以及对建筑物破坏情况等；近岸海流资料，应根据现场实测取得。泥沙，涨落潮时海域内泥沙运动的数量、方向、飘沙带和波浪破碎带的范围，泥沙的颗粒级配及天然容重、海岸变迁情况。海啸、水温情况。

（6）洪（枯）水。百年一遇洪水位；50年一遇洪水位；最低水位，最小流量；洪水淹没范围灾害情况。

（7）冰情。结冰和解冻日期；冰块大小，最厚冰厚；冰坝大小，危害程度和范围。

（8）泥石流。泥石流发生资料；泥石流的形成原因，形态特征及流量大小。

（六）交通运输

1. 铁路

（1）线路等级、正线数目、限制坡度、最小曲线半径、牵引种类、机车类型等，路网的设计运量和实际运量、集装箱运输条件、铁路发展规划等，运价。

（2）专用线接轨条件，如接轨的可能性、站场扩建的可能性、接轨点高程系统及标高，由于接轨引起车站或其他设施改造或增建情况，接轨站的位置、站名及里程，接轨站的站场布置、货场设施、配线的数量、用途及有效长度，接轨站邻站是否有调机，其繁忙程度如何，如无调机，能否配置。

2. 公路

（1）公路技术条件。公路等级、路面结构和宽度。

（2）运输能力及发展规划。各方向的行车密度、发展规划、运价。

（3）进厂道路连接条件。连接位置、里程、标高，专用线走向，沿线地形地貌、工程地质、占地，当地公路路基、路面、桥涵的习惯做法及造价。

3. 水运

（1）航运条件。通航河流系统、航道里程、宽度与深度、允许通行船只的吨位及吃水深度。

（2）航运情况。现通航船只吨位、型式、年运输量、航运价格、通航时间、枯水期通航情况，航运发展规划。

（3）现有码头。码头类别（化工码头、煤码头、矿石码头、散货码头、集装箱码头、专用码头等）、码头地点、泊位、装卸设施的能力、允许卸货时间、码头利用的可能性，运价。

（4）新建码头。可建码头的地点及其水文、地质资料。

4. 空运

空港位置、与工厂距离、运量、运价等。

5. 附交通位置图

（七）公用工程

1. 给排水

（1）给水。给水水源以城镇自来水为水源时应包括，水厂位置、规模、与项目距离、给水条件，给水方式，现给水量、富余水量、输水管线能力，可供本企业用水量；给水管连接地点，管道直径。

（2）排水。排水系统的组成（分流制或合流制）及能力，雨水管道敷设方式（明沟或暗沟），允许排入排水系统的水量，粪便污水处理方式，排入下水道内要求污水净化程度；排污口的位置、要求；建设地区污水处理厂的规模、处理技术、与项目距离、进水水质与排水水质。接受项目污水处理可能性。

2. 供电及通信

（1）供电。发电厂或区域电源变电所的位置及至投资项目的距离；供电电源的简单说明，如变电所的规模、现供电能力及电压等级、供电富余能力、供电可靠性，必要时还要附地区电网地理接线图。

（2）通信。厂址周围的通信网络情况。

3. 供热

供热厂名称、规模、燃料、蒸汽或热水的参数及单价、发展规划与项目距离、供热可能性。

4. 工业气体（压缩空气、氧气、乙炔及其他气体）

工厂名称、规模、可能供给的气量、气压及价格。

（八）主要原材料及燃料供应

主要原料、燃料及其来源、输送方式、运费、供应量、价格。

（九）城镇规划

（1）地区工业布局及城镇规划。现有工业布局状况、企业名称、所属单位、规模、产品、职工人数等；现有企业改建、扩建及发展规划情况；相关企业厂址相对位置；现有企业与本项目的生产协作关系。

（2）土地利用总体规划。农业用地、建设用地和未利用地情况。

（3）居住建筑情况。现有住宅的居住面积和建设面积总量及修建计划、建筑特点；投资项目依托现有生活福利设施可能性。

（4）文化福利设施。现有文化福利设施的数量、位置、面积和文教卫生设施发展规划及利用的可能性。

（5）市政工程设施。现有市政设施状况和发展计划以及消防设施的状况。

（6）搬迁工程。厂址范围内建（构）筑物类型与数量，高低压输电线路，通信线路，坟墓、渠道、果木、树林等数量，拆除与搬迁条件，赔偿投资估算。

（十）环保、特殊设施及人防

（1）环境保护。

1）当地环保部门对建厂的要求；对厂址的意见。

2）建设地区大气、地面水（淡水、海水）、地下水环境质量、噪声、生态等环境质量现状。

（2）文物古迹。地区文物情况及保护范围；当地文物部门对在附近建厂的要求，并应取得同意建厂的书面意见。

（3）自然保护区。动、植物自然保护区范围；对在其附近建厂的意见和要求。

（4）建设地区居民对建厂的意见。

（5）人防。当地人防部门对建厂的意见和要求。

（6）特殊设施。建厂地区有何特殊建（构）筑物，如机场、电台、军事设施等与厂址相对关系及对建厂的意见和要求。

（十一）项目实施条件及人力资源

（1）项目实施场地。项目实施场地可能位置、面积、地形、占地情况。

（2）项目实施运输。现有铁路、公路、水运技术条件，利用的可能性。

（3）大件运输。允许通过的大件、重件运输尺寸及质量、运输路径、运输限界及运输车辆，现有装卸车船条件。

（4）地方建筑材料。砖、瓦、灰、砂石的产量，规格，供应情况，运距及价格。

（5）地方项目实施力量。当地现有的项目实施技术力量及技术水平，建筑机械数量，最大起重能力。

（6）结构件生产企业。当地现有的加工企业、加工项目、产品规格、产量等以及利用的可能性（如预制构件及预应力构件的制作能力）。

（7）劳动力。劳动力的来源、人数及生活安排。

（8）项目实施用水、用电、用地。可提供的地点、距离、数量、可靠性。

（9）项目实施通信。现有通信设施的情况及利用的可能性。

（十二）场址优惠政策

（1）土地政策。

（2）税收政策。

（3）其他优惠政策。

（十三）其他条件

略。

二、交通运输项目选线

（一）线路走向

（1）吸引范围内经济与社会发展现状及未来趋势预测。

（2）沿线城镇发展规划。

（3）现有各种方式的运输能力及运量。

1）现有铁路状况（铁路名称，等级，年客货运能力、年运量，枢纽和站段设施）。

2）现有公路状况（公路名称，等级，里程，年客货运能力、年运量）。

3）现有水运状况（航线名称，通航里程，年客货运能力、年运量）。

（4）现有交通方式改、扩建的可能性。

1）铁路（扩大运输能力，提高运输速度，电气化，单线改双线）。

2）公路（截弯取直，改善路面，高速公路）。

3）水运（增建码头，航运整治）。

（二）地形地貌资料

（1）地形图：1:100000；1:500000；1:100000 或 1:200000 比例尺的地形图。

（2）地形的特性指标，如相对高差，地形的平均坡度等资料。

（三）地质资料

（1）大桥、隧道所处地质构造、钻探柱状图。

（2）不良地质地段的分布。如软土、膨胀土、冻土等分布范围、深度、土质及特性指标。不良地质构造，如断层等的走向、位置、发育程度。

（四）地震资料

地震带的分布及地震烈度。

（五）水文资料

路线有可能跨越的河流位置、流域面积，河流的流向、流量、流速、水深、丰水位及枯水位，汛期持续时间，有关地区降雨量及分布。寒冷地区的河流冰冻深度、冰凌汛期等对项目建设的影响。

（六）气候资料

项目所在地区的气候类型、干湿程度、季节变化、气温变化及平均气温、冰冻期、无霜期等。

（七）建筑材料

沿线可能利用的建筑材料（矿石、水泥、木材、矿渣等）的分布、品质、数量及价格。

三、水利水电项目选址

（一）当地社会经济发展情况

略。

（二）现有水利水电设施情况

（1）河流（名称、流域面积、径流量与利用情况）。

（2）水库（名称、库容和利用情况）。

（3）水电站（名称，装机容量及地区用电负荷情况）。

（4）水旱灾害情况及现有灌溉、防洪、排涝能力情况。

（三）河流、河段开发规划

略。

（四）气象水文

1. 气象

（1）流域（地区）气象台站的分布及建站年代、等级，主要观测内容。

（2）风向、风力、风速，冬夏季主导风向、频率及月平均风速，历史最大风灾及特性。

（3）气温，年、季、月平均温度最高、最低及历史极端温度。

（4）湿度，相对湿度，最冷、最热月平均湿度。

（5）蒸发，地面、水面蒸发量。

（6）冰冻及冻土深度，冬季平均冻土深度、最大冻土深度。

2. 水文

（1）降水和径流流域降水特性和旱涝规律、降水、径流资料的插补、延长和系列代表性分析，年、月的降水和径流分析以及地下水资源的特性。

（2）拟建工程河段的落差，梯级开发各河段的落差。

（3）水利水能的综合利用情况（灌溉、防洪、排涝、航运、发电）。

（4）拟建项目河流及流域的水生动、植物资源情况。

（5）历史最高水位、最低水位及不同频率的洪水水位。

（五）工程地质水文地质

1. 区域地质

（1）区域的地形、地貌，按侵蚀、剥蚀、溶蚀情况分类，有无溶洞、落水洞及潜流情况。

（2）地层岩性。区域覆盖层、河床、岸坡的岩性分层情况及特性。

（3）区域地质构造。区域地质构造变动情况、稳定性、断裂的表现，主要断层位置、类型、产状、断距、规模、特性及其与工程位置的关系等。

（4）区域水文地质情况。地下水埋藏深度、运动规律、流向露头、沼泽化区域分布。

2. 地震

工程所在地区的地震烈度及地震部门的鉴别意见。

3. 水库区工程地质

（1）严重威胁水库的大滑坡、潜在的不稳定岸坡、泥石流、大规模浸没和塌岸的分布范围和规模，以及库区淤积物的主要来源。

（2）可熔岩地区的喀斯特发育情况、含水层和隔水层的分布、河谷和分水岭的水文地质条件，发生水库严重渗漏的可能性。

（3）重要矿床和古文化遗址的分布。

4. 枢纽工程地质

（1）地形地貌、地质岩性、地质构造和水文地质条件。

（2）两岸及河床覆盖厚度、组成成分、成因类型；阶地古河道和冰川堆积物的分布；坝、闸、厂房建筑在第四纪沉积物上的枢纽工程底土的层次、厚度、级配和性状；软土、膨胀土、湿陷土、粉细砂等的分布和地下水的状态。

（3）枢纽工程区内的塌滑体，潜在的不稳定岩体的分布和规模。

（4）泥石流的分布和规模。

（5）坝区内强透水岩层和可能发生渗漏的地段，岩体透水性和隔水层深度；可熔岩地区喀斯特发育情况、地下水位高程、隔水层或相对隔水层的分布。

（6）岩体的工程地质特征，岩体中软弱岩层和软弱夹层的存在和分布情况，大断层、缓倾角断裂及第四纪断层的发育情况、风化、卸荷深度和特点。

5. 输水、排水线路、河道堤防地质

骨干输排水线路，主要河道堤线的地形、地貌、工程地质和水文地质条件。古河道、湖洼、流砂等不利地质条件。

6. 灌区、排水区内的水文地质条件和土壤

区内的地形、地貌，第四系地层分布情况和水文地质条件、地下水埋藏情况。土壤类型、分布，耕种层厚度、物理生物化学性质。

7. 天然建筑材料

枢纽工程附近各种天然建筑材料的场地、质量、储量情况。

（六）淹没损失及赔偿

（1）淹没土地，包括耕地、草场、林木、池塘水面。

（2）淹没工矿企业、事业、机关、学校、军队等单位的财产。

（3）淹没公共设施，如桥梁、涵洞、渠道、闸、井、道路、通信和输电设施。

（4）可能淹没的文物古迹。

（5）移民数量及安置渠道。

（6）损失赔偿和移民安置标准。

四、机场项目选址

（一）地形地貌资料

（1）地理位置地形图。比例为 1:10000；1:25000 或 1:50000。

（2）场址地形图。比例为 1:500；1:1000；1:2000；1:5000。

（3）地貌类型、坡度、海拔高度。

（二）工程地质和水文地质

1. 工程地质

场址、土层类别性质、地基土壤容许承载力，土壤冻结深度、地层、构造、岩石和土壤特性、场地稳定性、人为的地表破坏现象等。

2. 地震地质

场址地区地震基本烈度，要求建构筑物地震设防烈度；地震海啸；地区历史地震资料、震速、震源；场址附近断裂构造。

3. 水文地质

场址地区水文地质构造，地下水的主要类型和特性，土壤含水性，蓄水层深度及厚度、流向和流量。地下水补给条件及变化规律、水井涌水量、抽水试验资料，开采储量。水质分

析资料，地下水对混凝土基础的侵蚀性。

（三）净空条件

略。

（四）场址的障碍物环境和空域条件对飞行的限制及电磁条件

略。

（五）飞行噪声对场址周围环境的影响

略。

（六）气象条件

（1）气温和湿度。

（2）降水量和雷电日数。

（3）积雪。历年最早、最迟初雪日期，一般和最长的积雪时间。平均和最大积雪深度、积雪密度。

（4）风。历年各风向频率（全年、夏季、冬季）、静风频率；风玫瑰图；年、季、月平均及最大风速；风力；风的特别情况：风暴、大风情况及其原因。

（5）云雾及日照。全年晴天及阴天日数；逐月阴天的平均、最多、最少日数及雾天日数。

（6）气压。

（7）灾害性气候情况。如盐雾、沙暴、雪暴、雷电、台风等。

（七）地面交通条件

铁路、公路、水路、与周边城市交通关系、与邻近机场的最短距离及运输方式。

（八）机场场址所在城镇发展规划，拟建机场与临近机场关系。

略。

（九）公用工程条件

给排水、供电、通信、供气、排水等。

（十）供油条件。

燃料油来源、数量、价格。

（十一）当地军事主管部门对场址的意见

略。

第三章

项目占用土地及其合理性分析

第一节 土地利用规划概况及理念创新

项目建设用地应明确建设地点、占地面积、土地利用状况、占用耕地情况等内容，分析拟建项目是否符合土地利用规划要求，占地规模是否合理，是否符合集约和有效使用土地的要求，分析项目用地的合理性。本章阐述土地利用规划要求，我国土地利用规划的特点及理念创新要求，项目占用土地资源合理利用分析评价的目的、依据、原则、内容和方法，评价指标体系及各类土地利用分析评价的具体要求。

恩格斯曾经指出："科学的产生与发展一开始就是由生产决定的。"同其他学科一样，土地利用规划的产生也有其历史和现实的客观基础，它是现代科学技术发展的必然结果和土地利用实践提出的迫切要求。规划用地即是科学用地、合理用地、持续用地，是土地管理系统工程的核心，是在一定区域内，根据国家社会经济可持续发展的要求和自然生态、社会经济条件，对土地的开发、利用、治理、保护在时空上所作的布局和安排。新的形势下，面临新的任务、新的要求，土地利用规划要有新的发展，而理念创新是创新之本，是土地利用规划进一步发展的认识基础。

一、全国土地利用总体规划

为了深入贯彻科学发展观，切实落实十分珍惜、合理利用土地和切实保护耕地的基本国策，更好地统筹土地资源的开发、利用和保护，促进国民经济又好又快发展，依据《中华人民共和国土地管理法》等法律法规和国家有关土地利用的方针、政策，我国制定全国土地利用总体规划，主要阐明规划期内国家土地利用战略，明确政府土地利用管理的主要目标、任务和政策，引导全社会保护和合理利用土地资源，是实行最严格土地管理制度的纲领性文件，是落实土地宏观调控和土地用途管制、规划城乡建设和各项建设的重要依据。

（一）指导原则与目标任务

1. 指导原则

以邓小平理论和"三个代表"重要思想为指导，深入贯彻落实科学发展观，坚持节约资源和保护环境的基本国策，坚持保护耕地和节约集约用地的根本指导方针，实行最严格的土地管理制度。按照全面建设小康社会的目标和转变经济发展方式的要求，统筹土地利用与经济社会协调发展，充分发挥市场在土地资源配置中的基础性作用，加强宏观调控，落实共同责任，注重开源节流，推进科技创新和国际合作，构建保障和促进科学发展新机制，不断提高土地资源对经济社会全面协调可持续发展的保障能力。

基本原则是：①严格保护耕地；②节约集约用地；③统筹各业各类用地；④加强土地生态建设；⑤强化土地宏观调控。

2. 规划目标

（1）守住 18 亿亩耕地红线。全国耕地保有量到 2020 年保持在 12033.33 万 hm^2（18.05亿亩）。规划期内，确保 10400 万 hm^2（15.6 亿亩）基本农田数量不减少、质量有提高。

（2）保障科学发展的建设用地。新增建设用地规模得到有效控制，闲置和低效建设用地得到充分利用，建设用地空间不断扩展，节约集约用地水平不断提高，有效保障科学发展的用地需求。规划期间，单位建设用地二三产业产值年均提高 6%以上。到 2020 年，全国新增建设用地为 585 万 hm^2（8775 万亩）。通过引导开发未利用地形成新增建设用地 125 万 hm^2（1875 万亩）以上。

（3）土地利用结构得到优化。农用地保持基本稳定，建设用地得到有效控制，未利用地得到合理开发；城乡用地结构不断优化，城镇建设用地的增加与农村建设用地的减少相挂钩。到 2020 年，农用地稳定在 66883.55 万 hm^2（1003253 万亩），建设用地总面积控制在 3724 万hm^2（55860 万亩）以内；城镇工矿用地在城乡建设用地总量中的比例由 2005 年的 30%调整到 2020 年的 40%左右，但要从严控制城镇工矿用地中工业用地的比例。

（4）土地整理复垦开发全面推进。田水路林村综合整治和建设用地整理取得明显成效，新增工矿废弃地实现全面复垦，后备耕地资源得到适度开发。到 2020 年，全国通过土地整理复垦开发补充耕地不低于 367 万 hm^2（5500 万亩）。

（5）土地生态保护和建设取得积极成效。退耕还林还草成果得到进一步巩固，水土流失、土地荒漠化和"三化"（退化、沙化、碱化）草地治理取得明显进展，农用地特别是耕地污染的防治工作得到加强。

（6）土地管理在宏观调控中的作用明显增强。土地法制建设不断加强，市场机制逐步健全，土地管理的法律、经济、行政和技术等手段不断完善，土地管理效率和服务水平不断提高。

3. 主要任务

以严格保护耕地为前提，统筹安排农用地；以推进节约集约用地为重点，提高建设用地保障能力；以加强国土综合整治为手段，协调土地利用与生态建设；以优化结构布局为途径，统筹区域土地利用；以落实共同责任为基础，完善规划实施保障措施。

（二）保护和合理利用农用地

1. 严格控制耕地流失

（1）严格控制非农建设占用耕地。强化对非农建设占用耕地的控制和引导，建设项目选址必须贯彻不占或少占耕地的原则，确需占用耕地的，应尽量占用等级较低的耕地，扭转优质耕地过快减少的趋势。到 2020 年，新增建设占用耕地控制在 300 万 hm^2（4500 万亩）以内。

（2）严格禁止擅自实施生态退耕。切实落实国家生态退耕政策，凡不符合国家生态退耕规划和政策、未纳入生态退耕计划自行退耕的，限期恢复耕作条件或补充数量质量相当的耕地。

（3）加强对农用地结构调整的引导。合理引导种植业内部结构调整，确保不因农业结构调整降低耕地保有量。各类防护林、绿化带等生态建设应尽量避免占用耕地，确需占用的，必须按照数量质量相当的原则履行补充耕地义务。通过经济补偿机制、市场手段引导农业结构调整向有利于增加耕地的方向进行。

（4）加大灾毁耕地防治力度。加强耕地抗灾能力建设，减少自然灾害损毁耕地数量，及时复垦灾毁耕地。规划期间力争将因灾损毁减少的耕地控制在 73.33 万 hm^2（1100 万亩）以内。

2. 加大补充耕地力度

（1）严格执行建设占用耕地补偿制度。切实落实建设占用补充耕地法人责任制。按照建设占用耕地占补平衡的要求，严格落实省、自治区、直辖市补充耕地义务；支持有条件的地区在完成补充耕地义务的基础上，增加补充耕地任务，确保耕地保护目标实现。对国家重大工程建设项目的补充耕地任务，经国务院批准，通过实施土地整理复垦开发重大工程，在全国范围内统筹安排。积极推进土地整理复垦开发补充耕地，努力拓宽资金渠道，探索市场化运作模式。

（2）大力加强农村土地整理。积极稳妥地开展田水路林村综合整治，在改善农村生产生活条件和生态环境的同时，增加有效耕地面积，提高耕地质量。组织实施土地整理重大工程。到 2020 年，通过土地整理补充耕地 182 万 hm^2（2730 万亩）。

（3）积极开展工矿废弃地复垦。加快闭坑矿山、采煤塌陷、挖损压占等废弃土地的复垦，立足优先农业利用、鼓励多用途使用和改善生态环境，合理安排复垦土地的利用方向、规模和时序。组织实施土地复垦重大工程。到 2020 年，通过工矿废弃地复垦补充耕地 46 万 hm^2（690 万亩）。

（4）适度开发宜耕后备土地。在保护和改善生态环境的前提下，依据土地利用条件，有计划、有步骤地推进后备土地资源开发利用，组织实施土地开发重大工程。到 2020 年，通过开发未利用地补充耕地 139 万 hm^2（2080 万亩）。

3. 加强基本农田保护

（1）稳定基本农田数量和质量。严格按照土地利用总体规划确定的保护目标，依据基本农田划定的有关规定和标准，参照农用地分等定级成果，在规定期限内调整划定基本农田，并落实到地块和农户，调整划定后的基本农田平均质量等级不得低于原有质量等级。严格落实基本农田保护制度，除法律规定的情形外，其他各类建设严禁占用基本农田；确需占用的，须经国务院批准，并按照"先补后占"的原则，补划数量、质量相当的基本农田。

（2）加强基本农田建设。建立基本农田建设集中投入制度，加大公共财政对粮食主产区和基本农田保护区建设的扶持力度，大力开展基本农田整理，改善基本农田生产条件。积极推进基本农田保护示范区建设。

4. 强化耕地质量建设

（1）加大耕地管护力度。依据耕地等级实施差别化管护，对水田等优质耕地实行特殊保护。建立耕地保护台账管理制度，明确保护耕地的责任人、面积、耕地等级三个基本情况。加大中低产田改造力度，积极开展农田水利建设，加强坡改梯等水土保持工程建设，推广节水抗旱技术，大力实施"沃土工程"、"移土培肥"等重大工程。

（2）确保补充耕地质量。依据农用地分等定级成果，加强对占用和补充耕地的评价，从数量和产能两方面严格考核耕地占补平衡，对补充耕地质量未达到被占耕地质量的，按照质量折算增加补充耕地面积。积极实施耕作层剥离工程，鼓励剥离建设占用耕地的耕作层。

5. 统筹安排其他农用地

（1）提高园地利用效益。重点发展优质果园，建设优势果产品基地，促进品种结构调整和产品质量提高。调整园地布局，引导新建园地向立地条件适宜的丘陵、台地和荒坡地集中发展。加强对中低产园地的改造和管理，稳步提高园地单产和效益。

（2）严格保护林地。禁止毁林开垦和非法占用林地，严格控制各项建设工程征占国家重点公益林、天然林、自然保护区、森林公园以及大江大河源头等生态脆弱地区的林地。管好、用好现有林地，加强低效林地的改造，加快迹地更新及受损林地的恢复和重建。充分利用宜林荒山荒坡造林，扩大有林地面积。

（3）推进牧草地综合整治。合理利用草场资源，防止超载过牧，严禁滥挖、滥采、滥搂、滥垦。坚持用养结合，科学合理地控制载畜量。加强天然草原改良，培育、提高草地生产力。牧区逐步改变依赖天然草原放牧的生产方式，建设高产人工草地和饲草饲料地。半农半牧区发展人工种草，实行草田轮作。支持退化草场治理、退牧还草、草地生态系统恢复重建等工程的实施。

（4）合理安排畜禽养殖用地。加强畜禽养殖用地调查与规划，鼓励规模化畜禽养殖。引导新建畜禽场（小区）利用废弃地和荒山荒坡等未利用地，发展畜禽养殖。

（三）节约集均利用建设用地

1. 严格控制建设用地规模

（1）严格控制新增建设用地规模。以需求引导和供给调节合理确定新增建设用地规模，强化土地利用总体规划和年度计划对新增建设用地规模、结构和时序安排的调控。以控制新增建设用地规模特别是建设占用耕地规模，来控制建设用地的低效扩张，促进土地利用模式创新和土地利用效率提高，以土地供应的硬约束来促进经济发展方式的根本转变。

（2）加大存量建设用地挖潜力度。积极盘活存量建设用地，加强城镇闲散用地整合，鼓励低效用地增容改造和深度开发；积极推行节地型城、镇、村更新改造，重点加快城中村改造，研究和推广各类建设节地技术和模式，促进各项建设节约集约用地，提高现有建设用地对经济社会发展的支撑能力。

（3）积极拓展建设用地新空间。加强规划统筹和政策引导，在不破坏生态环境的前提下，优先开发缓坡丘陵地、盐碱地、荒草地、裸土地等未利用地和废弃地，积极引导城乡建设向地上、地下发展，拓展建设用地新空间。

2. 优化配置城镇工矿用地

（1）控制城镇工矿用地过快扩张。合理调控城镇工矿用地增长规模和时序，引导大中小城市和小城镇协调发展，防止城镇工矿用地过度扩张。严格执行国家工业项目建设用地控制指标，防止工业用地低效扩张，从严控制城镇工矿用地中工业用地比例。从严从紧控制独立选址项目的数量和用地规模，除矿山、军事等用地外，新增工矿用地必须纳入城镇建设用地规划范围。严格按照土地利用总体规划和节约集约用地指标审核开发区用地，对不符合要求的，不得扩区、升级。

（2）优化工矿用地结构和布局。依据国家产业发展政策和土地资源环境条件，合理制定产业用地政策，优先保障技术含量高、社会经济效益好的产业发展用地，重点保障与地区资源环境条件相适应的主导产业用地。科学配置不同类型和不同规模的企业用地，提高工业用地综合效益，促进地区产业链的形成。鼓励利用原有工业用地发展新兴产业，降低用地成本，促进工业产业升级。调整优化工矿用地布局，改变布局分散、粗放低效的现状。

3. 引导城镇用地内部结构调整

控制生产用地，保障生活用地，提高生态用地比例，促进城镇和谐发展。严格限定开发区内非生产性建设用地的比例，提升开发区用地效率和效益。合理调整城镇用地供应结构，优先保障基础设施、公共服务设施、廉租住房、经济适用住房及普通住宅建设用地，增加中小套型住房用地，切实保障民生用地。

4. 整合规范农村建设用地

（1）积极支持新农村建设。按照新农村建设的要求，切实搞好乡级土地利用总体规划和镇规划、乡规划、村庄规划，合理引导农民住宅相对集中建设，促进自然村落适度撤并。重点保障农业生产、农民生活必需的建设用地，支持农村道路、水利等基础设施建设和教育、卫生、人口计生等社会事业发展。

（2）加强农村宅基地管理。合理安排农村宅基地，禁止超标准占地建房，逐步解决现有住宅用地超标准问题。农民新建住宅应优先安排利用村内空间地、闲置宅基地和未利用地，村内有空闲地、原有宅基地已达标的，不再安排新增宅基地。引导和规范农村闲置宅基地合理流转，提高农村宅基地的利用效率。

（3）稳步推进农村建设用地整治。按照尊重民意、改善民生、因地制宜、循序渐进的原则，开展田水路林村综合治理，加强对"空心村"用地的改造。到 2020 年，完成农村建设废地整理 90 万 hm^2（1350 万亩）。

5. 保障必要基础设施用地

（1）保障能源产业用地。按照有序发展煤炭、积极发展电力、加快发展石油天然气、大力发展可再生能源的要求，统筹安排能源产业用地，优化用地布局，严格项目用地管理，重点保障国家大型煤炭、油气基地和电源、电网建设用地。

（2）统筹安排交通用地。按照统筹规划、合理布局、集约高效的要求，优化各类交通用地规模、结构与布局，严格工程项目建设用地标准，大力推广节地技术，促进便捷、通畅、高效、安全综合交通网络的形成和完善。新增铁路用地 26 万 hm^2（390 万亩）。新增公路用地 145 万 hm^2（2175 万亩），其中农村公路用地 30 万 hm^2（450 万亩）。新增港口码头用地 3 万 hm^2（45 万亩）。新增民用机场用地 5 万 hm^2（75 万亩）。

（3）合理安排水利设施用地。按照水资源可持续利用和节水型社会建设的要求，加强水利设施的规划选址和用地论证，优先保障具有全国和区域战略意义的重点水利设施用地。推动农村水利设施建设，保障以灌区续建配套节水改造、雨水集蓄利用和农村饮水安全为重点的农村水利设施用地，促进农业生产和农村生活条件的改善。

（4）加强矿产资源勘查开发用地管理。按照全国矿产资源规划的要求，完善矿产资源开发用地政策，支持矿业经济区建设，加大采矿用地监督和管理力度。按照全国地质勘查规划的要求，依法保障矿产资源勘查临时用地，支持矿产资源保障工程的实施。

6. 加强建设用地空间管制

（1）实行城乡建设用地扩展边界控制。各地要按照分解下达的城乡建设用地指标，严格划定城镇工矿和农村居民点用地的扩展边界，明确管制规则和监管措施，综合运用经济、行政和法律手段，控制城乡建设用地盲目无序扩张。

（2）落实城乡建设用地空间管制制度。城乡建设用地扩展边界内的农用地转用，要简化用地许可程序，完善备案制度，强化跟踪监管；城乡建设用地扩展边界外的农用地转用，只能安排交通、水利、军事等必需单独选址的建设项目，提高土地规划许可条件，严格许可程序，强化项目选址和用地论证，确保科学选址和合理用地。

（3）完善建设项目用地前期论证制度。加强建设项目用地前期论证，强化土地利用总体规划、土地利用年度计划和土地供应政策等对建设用地的控制和引导；建设项目选址应按照节约集约用地原则进行多方案比较，优先采用占地少特别是占用耕地少的选址方案。

（四）协调土地利用与生态建设

1. 加强基础性生态用地保护

（1）严格保护基础性生态用地。严格控制对天然林、天然草场和湿地等基础性生态用地的开发利用，对沼泽、滩涂等土地的开发，必须在保护和改善生态功能的前提下，严格依据规划统筹安排。规划期内，具有重要生态功能的耕地、园地、林地、牧草地、水域和部分未利用地占全国土地面积的比例保持在75%以上。

（2）构建生态良好的土地利用格局。因地制宜调整各类用地布局，逐渐形成结构合理、功能互补的空间格局。支持天然林保护、自然保护区建设、基本农田建设等重大工程，加快建设以大面积、集中连片的森林、草地和基本农田等为主体的国土生态安全屏障。在城乡用地布局中，将大面积连片基本农田、优质耕地作为绿心、绿带的重要组成部分，构建景观优美、人与自然和谐的宜居环境。

2. 加大土地生态环境整治力度

（1）巩固生态退耕成果。切实做好已退耕地的监管，巩固退耕还林成果，促进退耕地区生态改善、农民增收和经济社会可持续发展。在调查研究和总结经验基础上，严格界定生态退耕标准，科学制订和实施退耕还林工程建设规划，切实提高退耕还林的生态效益。

（2）恢复工矿废弃地生态功能。推进矿山生态环境恢复治理，加强对采矿废弃地的复垦利用，有计划、分步骤地复垦历史上形成的采矿废弃地，及时、全面复垦新增工矿废弃地。推广先进生物技术，提高土地生态系统自我修复能力。加强对持久性有机污染物和重金属污染超标耕地的综合治理。

（3）加强退化土地防治。积极运用工程措施、生物措施和耕作措施，综合整治水土流失；加快风蚀沙化土地防治，合理安排防沙治沙项目用地，大力支持沙区生态防护体系建设；综合运用水利、农业、生物以及化学措施，集中连片改良盐碱化土地；建立土壤环境质量评价和监测制度，严格禁止用未达标污水灌溉农田，综合整治土壤环境，积极防治土地污染。

3. 因地制宜改善土地生态环境

（1）快速城镇化地区，要遏制城镇建设用地盲目扩张，鼓励城镇组闭式发展，实行组团间农田与绿色隔离带有机结合，发挥耕地的生产、生态功能。严格保护农用地特别是耕地，合理调整农用地结构，大力发展城郊农业。促进产业结构升级，严格限制高耗能、高污染企业用地。

（2）平原农业地区，要把严格保护耕地特别是基本农田放在土地利用的优先地位，加强基本农田建设，大力发展生态农业。在保护生态环境前提下，重点优化交通、水利等基础设施用地结构，鼓励发展城镇集群和产业集聚。严格控制工业对土地的污染，防治农田面源污染。

（3）山地丘陵地区，要大力推进国土综合整治，严格控制非农建设活动，积极防治地质灾害。因地制宜加强植被建设，稳步推进陡坡耕地的退耕还林还草，发挥生态系统自我修复功能。以小流域为单元，积极防治水土流失。建立山区立体复合型土地利用模式，充分利用缓坡土地开展多种经营，促进山区特色产业发展。

（4）能源矿产资源开发地区，要坚持资源开发与环境保护相协调，禁止向严重污染环境的开发项目提供用地。加强对能源、矿山资源开发中土地复垦的监管，建立健全矿山生态环境恢复保证金制度，强化矿区生态环境保护监督。

（五）统筹区域土地利用

1. 明确区域土地利用方向

根据各地资源条件、土地利用现状、经济社会发展阶段和区域发展战略定位的差异，把全国划分为九个土地利用区，明确各区域土地利用管理的重点，指导各区域土地利用调控。

（1）西部地区。稳定耕地面积，提高耕地质量，确保基本口粮田。统筹安排基础设施、生态环境建设、特色优势产业发展和承接产业转移用地，重点支持依托中心城市和交通干线的开发，逐步提高集约用地水平。

西北区：保障油气和优势矿产资源开发、出境和跨区铁路、西煤东运和交通通道的建设用地，逐步提高基础设施用地比重，适当降低人均城乡建设用地面积。支持水利建设和节水农业发展，加强平原、旱地和绿洲的耕地保护和基本农田建设，适度开发耕地后备资源。严格生态用地的用途管制，重点加强农牧交错带、干旱和荒漠草原区、沙漠绿洲等地区的土地生态保护和建设，积极开展小流域综合治理和土地荒漠化防治。

西南区：保障国道、省际公路、电源基地和西电东送工程建设用地，适当增加城镇建设用地，合理安排防治地质灾害和避让搬迁用地。加强对重庆和成都市统筹城乡综合配套改革试验区用地的政策指导。加强平原、坝区耕地的保护，加大对基本农田建设的支持力度。大力开展石漠化综合治理，支持天然林及水源涵养林保护、防护林营造等工程，限制生态用地改变用途，促进生物多样性保护和以自然修复为主的生态建设。

青藏区：保障基础设施和生态移民搬迁的建设用地需求，适当增加农牧区城乡建设用地面积，支持少数民族地区和边疆地区的发展。加大西藏"一江两河"（雅鲁藏布江、拉萨河、年楚河）和青海海东等地区土地整理的支持力度，加强对青海柴达木循环经济试验区的用地政策指导。加强天然植被和高原湿地保护，支持退化草场治理、"三江源"自然保护区保护等生态环境建设。

（2）东北地区。保障先进装备、精品钢材、石化、汽车和农副产品深加工、高新技术、能源等产业发展和加强基础设施建设等用地，促进现代农业发展和资源枯竭城市转型，提高土地资源综合效益。适度增加年均新增建设用地规模，加快城镇工矿建设用地整合，盘活利用存量建设用地。重点保障东部铁路通道和跨省区公路运输通道等建设用地。开展土地利用政策与机制创新，为阜新、大庆、伊春、辽源、白山、盘锦等资源型城市经济转型和发展接续替代产业提供用地保障。加强基本农田整理和建设，强化粮食基本田地建设的支持力度。加强天然林、牧草地和湿地的保护，积极支持黑土地水土流失治理、东北西部荒漠化综合治理。加大工矿废弃地再利用力度，加强采煤沉陷区治理，改善矿区土地生态环境。

（3）中部地区。加大耕地整理力度，促进粮食生产基地建设。合理安排装备制造业、高新技术产业、新型建筑材料、农产品深加工等产业和大型煤炭能源基地、综合交通运输体系建设的用地，适度增加年均新增建设用地规模，促进中部地区崛起。

晋豫区：合理安排基础设施用地，重点保障山西、河南大型煤电基地建设和骨干通道建设的用地。适当增加城镇工矿用地，加强农村建设用地整理，逐步降低人均城乡建设用地。加强工矿废弃地复垦、污染防治和采煤沉陷区治理，积极推进农用地整理。引导农业结构合理调整，支持商品粮棉基地建设，增强大宗农产品生产能力，促进农产品加工转化增值。有序开展山西黄土山地丘陵和豫西山地生态退耕，加强豫东黄河故道沙化土地治理，大力改善区域生态环境。

湘鄂皖赣区：支持沿江铁路、主要城市间的快速交通通道等基础设施和淮北、淮南煤炭基地建设。适应城镇化和工业化加快的进程，适当提高建设用地比重。加强对武汉城市圈和长株潭城市群资源节约型和环境友好型社会建设综合配套改革试验区用地的政策指导。实施基本农田整理工程，促进稳产高产商品粮棉油基地建设。统筹协调长江、淮河及洞庭湖、鄱阳湖洪涝、污染综合治理，保障南水北调水源保护工程、长江防护林体系工程建设的用地。加强洞庭湖、鄱阳湖等地区湿地保护，禁止围湖造田。

（4）东部地区。严格保护现有耕地和基本农田，加强水田等优质耕地的保护和建设，促进现代农业发展。优化整合建设用地，降低年均新增建设用地规模，控制城镇和工业用地外延扩张，积极盘活存量土地，提高土地利用效率。

京津冀鲁区：统筹安排产业用地，控制城镇工矿建设用地低成本扩张，降低人均城镇工矿用地水平。调整区域土地利用布局，重点支持天津滨海新区开发开放、曹妃甸钢铁基地和以首都为中心的综合交通体系建设。支持发展都市农业、观光农业和平原生态农业，促进现代农业发展。加强重要水源地保护和水土资源协调利用，支持京津风沙源治理区的生态退耕、长城沿线风沙带治理和黄河故道沙化治理等生态环境建设。保护和合理利用沿海滩涂资源，防止非农建设盲目侵占滩涂资源。

苏浙沪区：创新土地利用模式，形成工业集聚、居住集中、城乡协调的建设用地空间格局。控制建设用地总量，适度降低人均城镇工矿用地面积，提高集约用地水平，促进产业结构升级。统筹安排区域性基础设施用地，防止重复建设。积极防治上海及苏锡常地区地面沉降、地裂缝等缓变性地质灾害。严格保护水田等优质耕地，加强太湖、杭州湾等地区污染土地治理，加大湿地保护力度，合理开发沿海滩涂资源。

闽粤琼区：加速建设用地的内涵挖潜和优化整合，从严控制珠江三角洲等城市密集地区新增建设用地规模，防止城乡建设用地无序蔓延。适当提高基础设施配套程度。严格保护现有耕地和基本农田。统筹安排产业和生态建设用地，保障海峡西岸经济区和海南及其他海岛生态旅游建设的用地。加强珠江三角洲、福建沿海等地区污染土地的治理，支持河口湿地、红树林和滩涂等生态用地的保护。

2. 实施差别化的区域土地利用政策

根据资源环境承载能力、土地利用现状和开发潜力，统筹考虑未来我国人口分布、经济产业布局和国土开发格局，按照不同主体功能区的功能定位和发展方向，实施差别化的土地利用政策。

（1）大力推进优化开发区域土地利用转型。严控建设用地增量，积极盘活建设用地存量，鼓励土地利用模式和方式创新，促进优化开发区域经济发展方式转变和产业结构升级，促进国家竞争力的提升。严格控制建设用地特别是城镇工矿用地规模扩大，逐步降低人均城镇工矿用地面积，适度增加城镇居住用地；整合优化交通、能源、水利等基础设施用地，支持环保设施建设；限制占地多、耗能高的工业用地，支持高新技术、循环经济和现代服务业发展；探索实施城镇建设用地增加与农村建设用地减少相挂钩的政策，推进农村建设用地整理。严格保护耕地，加强区内集中连片、高标准基本农田的建设，切实加大耕地污染的防治力度。保留城市间开敞的绿色空间，保护好水系、林网、自然文化遗产等用地，促进区域生态环境改善。

（2）有效保障重点开发区域集聚人口及经济的用地需求。适当扩大建设用地供给，提高存量建设用地利用强度，拓展建设用地新空间，促进重点开发区域支柱产业的培育和经济总量的提升，促进人口和经济集聚能力的进一步提高。合理安排中心城市的建设用地，提高城市综合承载能力，促进城市人口和经济集聚效益的发挥；加强城镇建设用地扩展边界控制，鼓励城市存量用地深度开发；统筹安排基础设施建设用地，促进公路、铁路、航运等交通体系的完善，推动和加快基础设施建设；优先保障承接优化开发区域产业转移的用地需求，支持资金密集型、劳动密集型产业发展用地，促进主导产业的培育和发展，积极引导产业集群发展和用地的集中布局。积极推进农用地和农村建设用地的整理，加大基本农田建设力度，严格保护生态用地，切实发挥耕地特别是基本农田在优化城镇、产业用地结构中的生态支撑作用，促进人口、经济的集聚与资源、环境的统筹协调。

（3）切实发挥限制开发区域土地对国家生态安全的基础屏障作用。严格土地用途管制，加强农用地特别是耕地保护，坚持土地资源保护性开发，统筹土地资源开发与土地生态建设，促进限制开发区域生态功能的恢复和提高，切实维护国家生态安全。禁止可能威胁生态系统稳定的各类土地利用活动，严禁改变生态用地用途；积极支持区域内各类生态建设工程，促进区域生态环境的修复与改良。按照区域资源环境承载能力，严格核定区域建设用地规模，严格限制增加建设用地；新增建设用地主要用于发展特色产业以及基础设施、公共设施等的建设，严格禁止对破坏生态、污染环境的产业供地，引导与主体功能定位相悖的产业向区外有序转移。严格保护农用地特别是耕地、林地、草地，构建耕地、林草、水系、绿带等生态廊道，加强各生态用地之间的有机联系。

（4）严格禁止在自然文化遗产保护区域土地的开发建设。按照法律法规规定和相关规划，对依法设立的国家级自然保护区、世界文化自然遗产、国家级风景名胜区、国家森林公园、国家地质公园等禁止开发区域，必须实行强制性保护，严禁任何不符合主体功能定位的各类土地利用活动，确保生态功能的稳定发挥。

3．加强省级土地利用调控

根据各土地利用分区的调控方向和差别化的区域土地利用政策，综合经济社会发展水平、发展趋势、资源、环境条件、土地利用现状和潜力等因素，分别确定各省、自治区、直辖市的耕地保有量、基本农田保护面积、城乡建设用地规模、人均城镇工矿用地、新增建设占用耕地规模等土地利用约束性指标，以及园地面积、林地面积、牧草地面积等预期性指标，强化省级政府的土地利用调控责任。将耕地保有量、基本农田保护面积等约束性指标分解下达到各省、自治区、直辖市，严格落实，不得突破。

（六）保障措施

1．强化土地利用总体规划自上而下的控制

地方各级人民政府应按照下级规划服从上级规划的原则，组织修编土地利用总体规划，落实各项目标和任务。省级土地利用总体规划要强化战略性和政策性，重点确定本行政区域土地利用的目标、指标和任务。地级和县级土地利用总体规划要突出空间性和结构性，合理调整土地利用结构和布局，重点明确中心城区和城镇建设用地区的范围。乡级土地利用总体规划要提高针对性和操作性，重点将土地用途落实到地块。

2. 严格建设项目用地预审

加强和改进建设项目用地预审，强化建设项目批准（核准）前的土地规划审查和许可，凡不符合土地利用总体规划的，不得通过建设项目用地预审。项目建设单位申报审批或核准需要申请使用土地的建设项目时，必须附具土地预审意见，没有预审意见或预审未通过的，不得审批或核准建设项目。

3. 强化节约集约用地的价格调节机制

积极推进征地制度改革，合理确定土地征收补偿标准，逐步建立有利于节约集约用地的征地价格形成机制；健全和完善土地协议出让和招标拍卖挂牌出让制度，发挥地价杠杆调控作用，规范经营性基础设施用地地价管理，提高工业用地出让最低价标准，规范土地出让价格。

4. 从严制定用地标准和供地政策

按照节约集约用地的原则，完善能源、交通和公用设施、公共设施等各类建设用地标准，严格按标准审核各类建设项目用地。适时调整划拨用地，控制并减少划拨地数量，除军事、社会保障性住房和特殊用地外，对其他土地要加快实行有偿使用。

二、土地利用规划理念创新

经济全球化是市场经济发展到一定时期的必然结果。新形势下，土地利用规划既要接受国民经济发展战略和长远规划的指导，又要服从世界贸易规则和国际准则，在注重比较利益的原则下，根据区域内的经济和自然条件，对区域内的社会—土地—生态复合系统统筹分析、综合考虑，以统筹人与自然的协调发展，实现区域内自然资源、人力、物力、财力和信息的最佳利用，人民物质生活与精神生活的同步发展。新时期，土地利用规划面临着新的机遇和挑战，土地利用规划编制必须在理念和方法上实现突破和创新。

（一）规划理念创新的必要性

1. 是同国际惯例接轨的需要

中国和全球经济、资源的进一步融合，使得原本区域性的规划也踏上了国际舞台。国际贸易规划的基本宗旨是通过实施非歧视原则，削减贸易壁垒，促进贸易自由化。这就意味着，必须打开国门，参与全球竞争。我国至力于对现行的一些政策、法律法规进行相应调整，并加快政府职能的转变，以便适应新形势下长足发展的要求。各项产业政策、措施都在积极参与调整，与之有密切联系的土地政策也势必要加快修整的步伐。土地利用规划是保障各项土地政策有效实施的依据，是合理用地、保护土地资源的前提。可以看出，从立足本国到放眼世界，土地利用规划编制的依据发生了重大改变。土地利用规划不仅要依据本国经济发展政策，也要根据国际规则和市场分工，在讲求机会成本的前提下，寻求土地资源的最佳组合配置，做好与国际惯例的接轨工作。

2. 是体现公正、公平的需要

经济全球化进程加快，我国最大的实质性变化是进一步降低关税，进一步减少非关税壁垒，实施市场准入和提高透明度。这一规则同样适用于土地市场。新型规划要求区域土地必须按规划的用途进行开发和利用，各级政府必须按规划用途来供地、批地；用途确实需要变更的，要办理变更申请，进行审核，实行审核许可制度。对同一等级的地块，不论国内、国外的投资商，一律实行国民同等待遇，享受同等的优惠政策。应力求创造一个公平、公正的土地运营氛围，择优选取规划方案，只有这样，才能使土地的用途最合理，发挥最佳的运营效益。

3. 是合理进行土地利用结构调整的需要

近年来，我国为加快发展、积极应对经济全球化，以结构调整为主线，产业结构调整的步伐加快。现代农业得到较快发展，结合生态环境保护和建设，立体农业、生态农业已是农业区域规划的重点。同时，通信、金融、服务等第三产业发展迅速，需要占用更多更好的土地，这对目前我国土地利用规划侧重考虑一二产业用地，对第三产业的发展考虑不足的现状提出了挑战。随着社会的快速发展，以市场为导向，按照比较优势参与全球竞争，产业结构调整将进一步加快，土地利用结构的重新组合不可避免。虽然当前的规划也对产业结构调整进行了分析预测，但由于当时条件下，不确定性因素多，多方面预计不足，因而改革规划理念、进行多规合一，进一步统筹规划是十分必要的。

4. 是适时转变原有规划思路的需要

伴随着世界经济的快速增长，全球生态系统由于人类的种种不正当行为而越加脆弱，世界各国引发了一系列生态问题。人们终于认识到，不能以牺牲环境为代价换取经济一时的增长，这样的增长是没有后劲的增长，这样的发展是走向灭亡的发展。我们所追求的应该是自然一经济一社会复合系统的持续、稳定、健康发展。由于我国过去没有一个完整、系统、科学的土地资源持续利用规划，各部门不尽合理的土地利用，造成了资源浪费、生态恶化等一系列环境问题，对人类的生存和发展构成了威胁，严重影响了我国社会经济的可持续发展。因此，规划工作从指导思想上必须观念更新，由资源开发利用转向开发利用与保护相结合，由主要追求经济发展转向追求社会、经济、环境持续协调发展。

5. 是巩固规划导向作用的需要

静态的土地利用规划与动态的经济发展之间本来就存在一定的矛盾。长期以来，我国的土地利用规划所采用的方法基本上是沿用计划经济时期的方法，就更加剧了这个矛盾。我国土地管理中实行了用途管制制度。用途管制的依据是土地利用总体规划，但现实中规划的科学性不高、操作性不强，许多方面滞后不足以作为审批用地的依据。有相当一部分地区由于城镇化加快和基础设施建设加强，建设用地扩展已突破规划。规划对项目用地预期不足，造成规划限制；更有甚者把规划"束之高阁"，规划的权威性难以发挥。如何去除规划存在的种种弊端，使各级国土资源行政主管部门充分认识规划在土地管理工作中的基础地位和"龙头"作用，充分认识做好规划实施管理工作的重要意义，保障土地利用和管理目标的实现，这一问题将日益突出。

（二）土地利用规划创新的举措

未来的土地利用规划将会以各种不同途径沿着可预见的方向发展，规划必须更加有效的协调人地关系，解决人地纠纷。规划理念的创新势必会引发规划工作的全新发展，同时，只有规划中各环节的进一步完善，规划理念的新成果才能得以体现。

1. 技术方法创新

土地规划是一项专业性和技术性都很强的工作，将先进的科学技术手段运用于规划研究，可以极大地提高规划的科学性、准确性和工作效率。要积极探索运用计算机及 3S 技术，建立土地规划实施监测、分析、调控运行系统，实现土地规划业务办公高效化、评价系统智能化、土地决策科学化、动态监测现代化、信息管理网络化，实现土地利用规划向模型化、信息化和数字化方向发展。

2. 管理体制创新

建立健全规划管理领导责任制、规划公示制度、规划审核许可证制度、规划动态监测制度、征收、转用会审制度，专家咨询评议制度，提高各项制度的科学性和可操作性。设立部门协调制度，做好相关规划的衔接。要制定和完善有关调整土地收益分配的规定，建立控制建设用地、保护耕地的政策和激励机制。要结合机构改革，积极推动体制创新，探索适应新时期土地规划的管理体制。

3. 研究内容创新

要对新形势下对土地利用规划的新要求进行深入研究，研究土地利用变化和土地利用结构调整的新趋势，研究土地利用重大战略和政策问题。同时，要根据土地利用规划存在的基础研究薄弱的问题，加强规划实施情况的调查研究、规划理论方法和体系研究、规划编制的技术规范和标准体系研究。

4. 行政理念创新

树立新的行政理念，是真正实践"科学发展观"的集中体现。新理念的核心，就是政府土地管理部门要转变职能，依法行政，从以管理为主转向以服务为主，把提高行政效率与提供优质服务有机结合起来。同时，土地行政部门要正确处理好管理与服务的关系，在强化管理中积极树立并强化服务意识，实现依法管理与主动服务的有机统一。

5. 理性发展理念

20 世纪 80 年代以来，针对经济加快发展过程中出现的建设用地规模扩张过快、耕地大量减少等情况，我国先后组织开展了两轮土地利用总体规划编制和实施工作。目前，我国工业化、城市化进程不断加快，产业结构调整和生态环境建设也对土地资源管理提出新挑战。因此，土地规划必须吸取发达国家在实践中总结的"理性发展"理念，如控制城市向外扩张、保护农田、合理高效持续利用土地等。在土地规划中引入理性发展理念，有助于解决城市无序扩张、优质农田严重流失等一系列资源和环境问题。我国土地利用总体规划修编工作将在全国全面展开，充分借鉴国际上理性发展的理念，有利于树立科学的发展观和正确的政绩观。

第二节　项目土地资源合理利用的分析评价

一、目的和依据

（一）土地资源利用分析评价的目的

合理利用土地和切实保护耕地是我国现阶段的基本国策。各地区以经济发展为中心，人类活动不断加强，土地资源承受的压力加大，人地矛盾日益尖锐，土地资源综合利用的问题凸现出来，只有实现了土地资源的综合利用，整个社会的可持续发展才有可能。合理评价是实现土地资源综合利用的前提，因此，土地资源综合利用评价有十分重要的现实性和紧迫性。对我国的土地资源综合利用进行评价可为国土整治、土地利用规划和土地利用制度制定等方面提供科学依据，有利于实现土地资源的高效利用，促进土地资源的可持续发展。

（二）土地资源利用分析评价的依据

1. 国家相关法律法规

（1）《宪法》第十条第五款规定："一切使用土地的组织和个人必须合理地利用土地"。

（2）《中华人民共和国土地管理法》，2004年8月28日修订并实施。

（3）《中华人民共和国农村土地承包法》，2003年3月1日起施行。

（4）《土地利用总体规划编制审批规定》，1997年10月28日颁布，1997年10月28日起实施。

（5）《中华人民共和国城市房地产管理法》，1994年7月5日颁布，1995年1月1日起实施。

（6）《中华人民共和国水土保持法》，1991年6月29日实施。

2. 国家有关标准、规范、规定

（1）关于《风电场工程建设用地和环境保护管理暂行办法》的通知，2005年8月9日实施。

（2）《国务院关于深化改革严格土地管理的决定》，2004年10月21日实施。

（3）《中华人民共和国农村土地承包经营权证管理办法》，2004年1月1日起施行。

（4）《国家投资土地开发整理项目实施管理暂行办法》，2003年4月16日实施。

（5）《中华人民共和国土地管理法实施条例》，1998年12月27日实施。

（6）《自然保护区土地管理办法》，1995年7月24日实施。

3. 行业相关法律法规、标准、规范、规定

（1）外商投资开发土地管理办法。

（2）股份有限公司土地使用权管理暂行规定。

（3）招标拍卖挂牌出让国有土地使用权规定。

（4）经济适用住房管理办法。

（5）国家税务总局关于房产税、城镇土地使用税有关政策规定的通知。

（6）土地监察暂行规定。

（7）华侨申请使用国有的荒山荒地条例。

（8）房产测绘管理办法。

（9）耕地占用税契税减免管理办法。

（10）中华人民共和国土地增值税暂行条例。

4. 其他参考依据

（1）地方相关法律法规、标准、规范、规定。

（2）土地资源综合利用的国内外先进水平相关指标。

（3）科学理论依据：系统科学理论、科学发展观理论、人地关系理论、可持续发展理论、生态经济学理论。

二、思路和方法

（一）投资项目土地利用合理性分析评价的基本思路

按照国家有关规定，固定资产投资项目的可行性研究报告或项目申请报告必须包括土地资源综合利用分析篇章，咨询评估单位的评估报告中必须包括对土地资源综合利用分析篇章的评估意见。投资项目土地资源综合利用评价是在咨询评估过程中，依据国家、行业以及地方的

相关法律法规、标准、规范、规定，并适当参考同类项目的国内外先进水平，对投资项目待评资料（项目可行性研究报告、申请报告等）中的有关土地资源综合利用内容进行分析评价。

土地资源综合利用分析评价主要包括项目土地资源综合利用方案及措施分析评价、项目环境效益分析评价、土地综合利用效果分析评价、土地资源优化配置建议等内容，采用定性定量相结合方式进行分析评价。原则上，投资项目土地资源综合利用分析评价的结论和建议，应集中在咨询评估报告的土地资源综合利用评价章节中体现。

（二）投资项目土地资源综合利用评价的通用要求和方法

1. 项目土地资源综合利用方案及措施分析评价

分析项目是否采取了技术上先进可行、经济上合理以及环境和社会上可以承受的措施，从各个环节减少土地资源的滥用、提高土地资源的利用效率，实现有效、合理地利用土地资源。

2. 项目环境效益分析评价

分析评价项目的土地资源利用水平和指标是否符合国家有关规定要求，如有条件与同类项目的国内外先进水平进行对比分析。对于不符合强制性综合利用标准要求的项目，对土地资源中的生态环境以及水环境或者其他人类环境造成一定破坏的，要明确提出项目不能建设的咨询评估意见。

3. 土地综合利用效果分析评价

采用定性定量相结合方式，对项目综合利用的效果进行分析评价。如有可能，尽量采用对比方法进行量化分析，如建设前后对比、与标准规范要求指标对比、与国内外先进水平对比等。

4. 土地资源优化配置建议

针对项目在土地综合利用方面存在的问题和不足之处，提出改进优化的意见和建议。

（三）农用地综合利用评价要求及方法

农用地评价要求及方法适用于所有直接用于农业生产的土地投资项目，包括耕地、园地、林地、牧草地及其他农用地。主要根据农用地自然属性和经济属性，对农用地的质量优劣进行综合评定，并划分等级。其评价可采用定量评价的方法，应用相关理论建立评价的数学模型，可以使定性的评价指标定量化，定量的评价指标向精确性逼近，使评价方法更具科学性、实用性。

1. 农用地项目土地资源综合利用方案及措施分析评价

（1）项目是否符合土地资源结构调整方向，是否符合国家土地资源利用政策及有关规定对合理综合利用的要求。项目产品是否属于国家明令禁止生产或不符合强制性土地高效综合利用的农产品。

（2）项目是否符合国家节水高效农业的发展要求，是否采用了先进的、现代化的耕作方式及流程，是否采用了先进节能的耕作设备和材料。项目禁止使用国家明令淘汰的低效高能耗设备和生产工艺。

（3）项目是否应用构建节约型社会理念实现资源能源的节约和循环利用，是否采用了节水节能技术和措施。

2. 农用地项目环境效益分析评价

（1）项目是否符合国家生态环境健康指标的有关要求，是否符合整体景观布局要求。

（2）分析评价项目的土地资源利用水平和指标是否符合国家有关规定要求，如有条件，与同类项目的国内外先进水平进行对比，如比较单位产品耗水指标等。通过比较，可以直观地反映出项目的耗水水平是否先进，是否还有进一步节水的潜力和改进的余地。

3. 农用地综合利用效果分析评价

尽量采用对比方法对农用地项目综合利用效果进行量化分析。如建设前后对比、与标准规范要求指标对比、与国内外先进水平对比等。通过对比分析得出综合利用效果评价结论，农用地综合利用能产生效果显著的环境和经济效益。

4. 农业土地资源优化配置建议

针对项目在土地综合利用方面存在的问题和不足之处，例如，农业种植结构不合理或不够优化，土地政策和产业政策配合不力等，提出改进优化的意见和建议。

（四）建设用地评价要求及方法

建设用地评价要求及方法适用于居民点及独立工矿用地、交通用地和水利设施用地等建设用地投资项目。

建设用地现状评价对象以各地市为基本单位。评价可基于现状数据资料，采用科学合理的方法确立建设用地合理现状评价体系。利用该体系对建设用地进行定性和定量分析，找出制约建设用地合理利用的主要因素，明确建设用地利用的方向和重点，得出各地市的建设用地现状利用等级，提出相应的对策措施，为未来建设用地利用提出合理的方向。

1. 建设用地项目土地资源综合利用方案及措施分析评价

（1）项目是否符合土地资源结构调整方向，是否符合国家土地资源利用政策及有关规定对合理综合利用的要求。项目产品是否属于国家明令禁止生产或不符合强制性土地高效综合利用的产品。

（2）项目是否有利于构建节约型社会理念实现资源能源的节约和循环利用，是否采用了低耗节能技术和措施。项目禁止使用国家明令淘汰的低效高能耗设备和生产工艺。

2. 建设用地项目环境效益分析评价

（1）项目是否符合国家建设用地环境评价标准的要求，是否符合整体景观布局要求。

（2）分析评价项目的土地资源利用水平和指标是否符合国家有关规定要求，如有条件与同类项目的国内外先进水平进行对比，如比较单位产品能耗指标等。通过比较，可以直观地反映出项目的能耗水平是否先进，是否还有进一步节能的潜力和改进的余地。

3. 建设用地综合利用效果分析评价

尽量采用对比方法对建设用地项目综合利用效果进行量化分析。如建设前后对比、与标准规范要求指标对比、与国内外先进水平对比等。通过对比分析得出综合利用效果评价结论。

4. 建设用地土地资源优化配置建议

针对项目在土地综合利用方面存在的问题和不足之处，例如，建设用地规模不合理或不够优化，土地政策和产业政策配合不力等，提出改进优化的意见和建议。

（五）土地生态环境质量评价

土地合理利用评价具有系统的复杂性、多因素关联性、实现机制的多元性，以及区域的差异性与特殊性。所以，土地合理利用指标体系和评价方法的理论架构是关键的科学技术问题。为此，以土地利用的目标—土地利用的方式—影响土地利用的要素—可持续利用的指标—诊断标准为主线，突出土地利用对生态经济社会过程的影响的评价。土地资源作为人类基本需求—食物的根本来源，是人类生存最基本的自然资源，所以土地资源承载力评价研究就成为土地合理利用中生态环境研究的重点。

（六）土地生态安全评价

近年来开展生态地球化学调查为土地生态安全评价开辟了新思路和新方法，为土地合理利用提供了新信息和新途径。土地生态安全评价通过项目的实施，研究区域生态系统中元素的地球化学分布分配规律及其空间分布特征；研究各类区域的地球化学问题的成因、从整体上对农业生态系统、城市生态系统、湿地生态系统等进行区域生态地球化学特征评价，在各层次的调查与评价的基础上，阐明区域性生态地球化学场的变化规律，提出区域性优质无公害农产品基地的选址方案，综合地质、水体、土壤和生物等生态因子特征，分层次对生态地球化学环境进行总体综合评价。

其基本思路可以根据综合评价的目标，对客观事物的影响因素进行分解，以构造不同层次的统计指标体系，然后对这些指标进行指标赋值并确定其权重系数，最后采用综合评价模型进行综合，得到综合评价值，以此进行排序和评价。

（七）土地利用效率评价

对土地利用效率进行总体评价，再对影响土地利用效率的主要因素进行回归分析，最后根据各类因素的指标系数分析其对土地利用效率的影响程度。通过一组实际观测数据，分析系统变量之间的因果关系，建立数学模型，并用该模型预测系统的发展趋势，可为控制系统作出最优决策。

三、评价的原则和内容

（一）评价原则

1. 合规性

任何单位、组织和社会团体从事项目建设凡涉及征地拆迁和居民安置，必须遵守国家有关法律、法规和地方政府有关规定，符合土地利用总体规划，年度建设用地计划和城市规划、年度计划的要求；按照国家有关规定需要经规划主管部门批准的，还应报主管部门批准，并纳入年度固定资产投资计划后方可进行征地拆迁和居民安置工作。

2. 适用性

符合城市总体规划要求，按照经济效益、社会效益、环境效益相统一原则，实行全面规划、合理布局、综合开发、配套建设方针，适用建设项目的需求和相关的技术规范、标准、指标，在土地利用总体规划前提下，要合理利用土地，改善生态环境，促进经济和社会可持续发展。

3. 和谐性

征地拆迁工作政策性强，涉及面广，影响重大，要严格依法办事，处理好各方利益。社会建设与人民幸福安康息息相关，必须着力保障和改善民生，扩大公共服务，完善社会管理，促进社会公平正义，使人们学有所教，病有所医，老有所养，住有所居。按照党中央国务院落实科学发展观，构建和谐社会的要求，各级地方政府和建设单位应依法、合规进行征地和居民拆迁工作，维护拆迁当事人和被占地使用权人的合法权益，维护社会和谐稳定，保障城市建设顺利进行，本着"公开、公正、公平"原则处理好征地拆迁和移民安置工作，切实维护好征地拆迁当事人的合法权益，保证建设项目的顺利进行。

（二）评价内容

1. 拟征建设用地相关资料内容与真实性的评价

（1）建设用地是否符合国家和地方政府及相关部门的法律法规和文件的规定。

（2）建设用地审批文件及竣工文件是否符合国家和地方政府及相关部门的法律法规和文件的规定。

（3）建设用地归档的文件、资料是否齐全、完整、规范，是否符合归档的要求。

（4）建设用地总图是否符合国务院或其行政主管部门的绘制要求。

（5）建设项目用地是否存在重复或漏征土地相关税费情况。

（6）依国家供地政策要求是否符合法定用地要求（划拨、有偿使用）。

（7）建设项目征地时，是否按照国家规定缴纳各种税费（如耕地占用税，土地使用税，土地增值税，土地登记费，新增建设用地有偿使用费等）。

（8）建设项目征地时，各相关财务归档手续是否合法、合规、齐全、完整。

（9）建设项目用地内建筑物、构筑物是否超出用地范围。

（10）建设项目用地内有无与设计范围以外的非交接的建筑物、构筑物、种植物等。

（11）建设项目临时用地及建筑、施工单位所签订的有关协议是否得到履行。

（12）建设单位是否完成建设用地"国有土地使用证"领取工作。

总之，为确保建设项目用地资料的真实性，确保交接完整、准确、规范进行，必须达到权属合法、界址清楚、面积准确、资料齐全、手续完备标准。

2. 居民搬迁入户实物调查的评价

（1）受建设单位委托代办的地方土地行政主管部门所负责征地拆迁补偿款是否拨付到位（按时、足额）。

（2）受建设单位委托代办的地方劳动保障行政主管部门所负责转非劳动力就业和社会保险的安置落实情况。

（3）地方民政部门负责超转人员的管理安置落实情况。

（4）建设单位依据所在地人民政府的规定是否在补偿标准上执行了最低保护价格。

（5）建设单位拆迁非住宅房屋和其他建筑物、构筑物，是否按重置成新价格予以补偿。

（6）建设单位对公益公共设施需拆迁的，是否迁建。

（7）建设单位对拆迁经营性房屋造成停产停业经济损失，是否依规定给予一次性停产停业补偿费。

（8）建设单位对拆迁临时建筑物补偿标准掌握的标准原则是：未超批准期限应予补偿，超批准期限原则上不予补偿。

（9）建设单位对居民搬迁入户的相关合同书，是否依法、合规、有效，安置房是否按规定标准落实。

（10）对"拆迁结案原始资料"建设单位在完成拆迁后一个月内向区、县国土房管部门移交拆迁档案等资料并办理有关手续工作是否落实。

（11）建设单位对"提前搬迁奖励费"的标准是否依区、县政府规定标准执行。

（12）建设单位对特殊群体的拆迁补偿标准可按地方政府的相关规定办理。

3. 符合性的评价

（1）对拆迁征地工作过程及结果处理意见的评价，是否依法、合规，是否符合居民回访满意率。

（2）对建设项目程序、内容、结论的评价，是否符合国家和地方人民政府相关政策要求。

（3）对拆迁实施方案的评价。主要包括以下内容：

1）项目基本情况。

2）拆迁范围、拆迁方式、搬迁期限、委托拆迁和评价等内容。

3）被拆除房屋及其附属物基本情况。

4）补偿安置方式及其主要内容。

5）拆迁补助办法。

6）其他应当在拆迁实施方案中明确的内容。

（4）提交的安置房屋证明评价，包括建设工程竣工验收备案表，土地使用权证明文件和房屋所有权证等。

（5）对委托拆迁单位的评价，包括拆迁资质、委托拆迁合同书、房屋征收决定及公告等证明材料。

（6）对委托拆迁评估结果评价，包括营业执照、资质证书、评估结果等。

（7）对拆迁安置房评估（原则为现房），具备合法审批手续，包括市政配套设施和生活服务配套设施应具备使用条件。

四、土地资源综合利用评价指标体系

土地资源综合利用是一个相当复杂的系统，根据科学性、系统性、可操作性和动态性等原则，主要从农用地、建设用地和生态环境等内容来构建土地资源综合利用评价指标体系。

（一）农用地综合利用评价指标体系

1. 内部效应指标

主要包括：农用地综合利用系统结构指数，其表现为农用地在景观类型水平上的效应，是对农用地景观组成要素、格局及整体规模的响应的一种衡量，具体指标可选取：农用地总量平衡指数，破碎度，连接度，分维数等；农用地综合利用系统功能指数。景观功能是景观元素之间相互作用的体现，各农用地斑块之间、农用地斑块与其他生态系统要素间的物流、能流等的流通从根本上决定了农用地对人类的服务效应，具体指标可选取：各功能流流量和速度；土壤条件指数。土壤条件指数是微观层面上的内部效应，是土壤维持或发挥其功能的能力，体现了农用地生态系统服务功能的基础，具体指标可选取：有效土层厚度、表层土壤质地、剖面构型、盐渍化程度、土壤污染状况、土壤有机质含量、土壤酸碱度（pH 值）、土壤障碍层次、排水条件、地形坡度、灌溉保证率、地表岩石露头状况、灌溉水源。

2. 外部效应指标

包括：社会效应指标，涉及文化、休闲娱乐和社会保障，具体可选取：生态旅游净收益、粮食保证率，农业就业劳动力比重等；经济指标，主要指产品提供，具体可选取：单位面积净产值，单位面积固定资产投入，农村居民人均纯收入等；生态环境指标，在气体、水及污染物的控制方面，指标包括单位面积农用地固碳量、释放 O_2 量、释放甲烷 CH_4 量、释放 SO_2 吸收量、滞尘量、农用地邻近水源水质指数、水资源盈亏。在生物多样性的产生和维持方面，指标包括物种多样性指数、农用地综合利用结构多样性指数。在传粉方面，指标包括需动物传粉的作物种植比例。

（二）建设用地主要评价指标体系

1. 建设用地开发利用程度评价指标

建设用地包括居民点及独立工矿用地、交通用地和水利设施用地，其开发利用程度的评价指标选择较为复杂。从土地利用层面、城市层面和开发区层面对建设用地开发利用程度进行指标选择。从土地利用层面来看，土地建设利用率、水库水面利用率、人均农村居民点用地面积、建制镇面积比例和土地闲置率是能反映开发程度的较好指标，而城市建筑密度、人均城市用地面积是反映城市开发利用程度的较好指标。对开发区而言，选择开发区土地开发率、开发区土地批租率、开发区土地建成率来反映开发区用地的开发利用程度。

2. 建设用地集约经营程度评价指标

建设用地的集约经营主要是指城市的集约经营和开发区的集约经营。影响土地集约经营的主要因素有土地投入程度（包括固定资产投入和基础设施水平投入）、土地利用效果反映、土地利用强度和土地集约利用发展趋势，因此可以选择城镇化水平、城市土地利用系数（建成区内总建筑面积与建成区面积的比）、单位面积建设用地就业人数（非农人口/建设用地总面积）、单位面积建设用地固定资产投资、对外交通便利程度（每平方千米范围内的等级公路长度）、城市用地扩展系数（年均城市用地增长率/年均城市人口增长率）等指标来说明。

3. 建设用地效益评价指标

建设用地效益主要有资源效益、经济效益、社会效益和生态效益。从短期看，这四种效益之间存在着一定的矛盾，比如某建设用地经济效益最好时，其生态环境效益可能会最差。但从长远看，这些效益是统一的。因此，正确处理建设用地利用中的资源效益、经济效益、社会效益和生态效益对立统一关系，是效益评价成败的关键。

建设用地的经济效益可由同级别的土地基本地价水平、城市商业用地的比例、工业用地产出率、单位建设用地产值、非农产业占地系数、开发区土地产出指标、开发区土地收益指标来衡量；建设用地的社会效益主要由城市人均居住面积、社会人文环境（如城市高校数量）、在岗职工人均工资、单位建设用地的从业人员（非农从业人员/建设用地）、城市基础设施条件、用地布局分散程度等指标来说明；建设用地的生态效益体现了公众对人居环境质量的追求，可用绿化率、单位面积工业废水量、单位面积废气排放量等指标来反映，这些指标从不同方面反映了建设用地利用对生态环境的干扰程度；建设用地的资源效益是指建设用地本身的资源特性和利用过程中资源配置的合理程度，如建设用地占用农用地水平、后备资源满足程度、重点项目、基础设施项目的用地保障程度和区位条件等评价指标。

（三）土地生态主要评价指标体系

单位农用地产值是农业总产值与农用地面积的比值。由统计资料中的农林牧及淡水渔业四部分产值之和近似反映农用地产值，并且通过该区单位面积的农用地产值，与全国平均的单位面积农用地产值相比较，评价该区农用地方面的收益水平。粮食耕地年单产是指粮食总产量与粮食作物播种面积乘以复种指数的比值，主要反映了耕地的生产力，也间接反映了耕地的质量，具有普适性。复种指数是一年内耕地上农作物播种面积与耕地面积之比，反映耕地复种程度的高低。土地产出率是单位土地面积的 GDP。通过单位土地面积的 GDP，则反映剔除区域面积大小影响的相对水平和状况。人均耕地面积反映了所评价区域耕地的人均占有水平，是从社会经济角度反映耕地资源丰富程度的指标。

森林覆盖率是反映森林资源总量的最重要指标之一，也是反映林地可持续合理利用的物质条件指标，森林覆盖率低，分布不均，往往是造成各类自然灾害的直接原因。根据区域自然—社会—经济复合系统的状况确定合理的森林覆盖率。森林覆盖率的标准为：主要林区的深山区应在 60%以上，低山区在 40%以上，丘陵区在 20%～30%，在非林区的深山区应在 50%以上，低山区在 40%左右，丘陵区在 20%左右，平原区 10%左右。

自然灾害受灾面积比率是受灾面积与土地总面积的比值，反映区域的用地安全状况，是直接关系到区域土地利用系统质量的重要指标。如果该指标过高，说明区域用地安全的保障程度低，土地质量受到自然灾害的限制，不利于合理利用；反之，如果该指标低，说明区域用地安全保障的程度高，土地质量没有受到限制，有利于合理利用。

单位播种面积化肥施用量是化肥施用量与播种总面积的比值，主要反映了单位播种面积上化肥的使用情况。在当前推行生态农业的背景下，它的采用主要考虑当前化肥对地下水和地表水的污染，对环境的影响日趋严重。

单位耕地农药施用量是指农药使用量与土地总面积的比值。主要反映了单位耕地面积上农药的使用情况。它的采用主要是考虑了农药的使用常常是破坏了自然界生物系统的平衡，对环境造成了极大的污染和破坏，也危害了人体健康。

养殖水面利用率是已养殖水面面积占水面总面积的比重，反映在土地利用系统中水面养殖情况，主要适用于水面较广的区域，如湖区等。

林业用地比例是林地面积占土地总面积的比重，反映林地资源总体格局的变化。同时它也是反映林地可持续合理利用的物质条件指标。

农村人口密度是农村人口占总人口的比重，反映农村人口的密集程度以及土地的承载水平。

草地载畜量是实际生产中的载畜量，反映某一地区畜牧业的现有水平和对草地的开发利用程度。

水土协调度为本区占全省水资源量的比例与本区与全省耕地规模比率之比。

土地灌溉率是耕地中有效灌溉面积所占的比重，反映土地基础设施建设水平，集约化方式利用耕地和水资源的程度，以及土地利用向高投入农业转化的水平。但这一指标的变化与水资源供应和土地对灌溉的适宜性有关。一般而言，其比值越高，则整个农业系统受干旱威胁越小，主要适应于需要灌溉的地区。

土地垦殖率是耕地面积占土地面积的比重，反映在土地利用结构中农用地被开发成耕地的数量以及粮食安全程度水平。

第三节　各类土地利用的分析评价

一、城市建设用地土地节约利用评价

（一）评价原则

1. 综合性原则

为了使城市土地的利用更好的满足可持续发展的要求，所选择的评价方法和指标，必须从多方面反映城市土地集约利用的内涵，反映土地利用追求综合效益的思想，这样才能有利于城市土地利用过程中，获得良好的经济、社会和环境效益。

2. 以人为本原则

城市土地利用归根到底是为人服务的。城市是一个以人为主体、以空间利用和自然环境

利用为特点，以集聚经济效益、社会效益为目的，集中人口、经济、技术和文化的空间地域大系统，评价指标的选择和评价标准的确定要充分考虑城市土地利用适宜人们居住的特点。

3. 可操作性原则

评价方法与选取的指标要简单明确，易于收集，统计口径一致；指标要具备较强的独立性；另外，要优先采用容易获取的统计数据作为评价指标。

（二）评价指标体系的设计

以某省 17 个地级市建成区范围内的土地评价为例，以城市建设用地为评价对象，主要反映所选择地级市的土地节约利用水平和土地利用效率。在考虑城市土地集约利用特点、影响因素的基础上，设计出包括目标层、准则层和元素层的城市土地集约利用宏观评价指标体系，选择了四个层次，十个因子。

1. 目标层

目标层设为城市建设用地土地节约利用水平。从城市土地可持续利用的角度出发，该目标层应反映土地的集约程度、利用程度、经济效益、生态效益、社会效益等方面。根据资料的获取情况，该目标层设计为包含建设用地集约经营程度 B_1、建设用地经济效益 B_2、建设用地开发利用程度 B_3、建设用地生态效益 B_4 四个准则层指标。

2. 准则层

（1）集约经营程度 B_1：单位土地投入大小在相当程度上决定和反映了土地的集约经营程度，考虑到资料的可获得性和数据处理的工作量，在此以土地投入水平来反映土地的集约经营程度。土地投入是一个非常广泛的概念，虽然土地投入存在报酬递减规律，但考虑到我国目前城市投入水平普遍偏低，没有资料显示我国城市存在过度投入现象，所以土地报酬规律暂不考虑。土地投入，一般包括固定资产总投入、基础设施投入、劳动投入等多方面。由于劳动投入对土地集约的影响很难用指标来衡量，最终选择了固定资产投入和基础设施投入两方面来代表土地投入程度。地均固定资产投入反映城市土地的投入强度。其数值越高，表明单位面积上城市土地的投入量越大，城市土地利用效率越高。选取指标地均固定资产投入来作为集约经营程度的一个表征，用 C_1 表示。基础设施状况是一个城市功能正常发挥的重要基础和支撑，其投入量越大，配套设施越完善，城市各项功能发挥地越好。通常选择用水普及率、地均道路铺装等指标，其数值越大表明城市基础设施投入量越大，城市的各项功能都可以充分发挥；反之，表明基础设施配套落后，从而影响城市整体功能的充分发挥，使土地处于粗放利用状态。由于是对城市建成区进行评价，用水普及率皆为 100%，因此选择地均道路铺装 C_2 作为集约经营程度的另一个表征。

（2）建设用地经济效益 B_2：土地作为生产要素之一，其经济产出是对资本、土地和工人劳动的综合回报。由于土地的贡献部分很难从经济产出中剥离出来，评价时通常把土地经济产出全部看作土地报酬。建设用地经济效益具体评价指标选择地均 GDP 即 C_3、地均社会消费品零售额 C_4 和地均工业生产总值 C_5 来反映城市用地的产出水平。

（3）建设用地开发利用程度 B_3：土地利用强度的评价指标选择通常从两方面考虑：反映土地人口负荷和建筑物负荷的指标：如人均城市用地指标、人均居住用地指标等；反映城市各类用地相对比重的指标。由于城市用地分为居住用地、公共设施用地、工业用地、仓储用地、绿地等多种功能用地，通常选择某类城市用地的比率作为评价指标。这里选择人均城市用地 C_6、人均居住面积 C_7 和道路用地比率 C_8 来对城市建设用地开发利用程度进行评价。在一定限度内，人均城市用地越少，表明土地利用越高。但如果低于合理的限度，又会造成城市基础设施、公共服务设施相对紧张，城市环境质量下降，甚至影响到居民的生活质量。因此，人均城市用地 C_6 在合理限度内是正指标，低于合理限度范围则是负指标。人均居住面积 C_7 是反映城市人口居住舒适度的指标。在一定城市区域内，人均居住面积越大，表明该城市土地开发利用强度越大，土地利用集约度高；反之，表明土地开发利用强度小，土地集约度低。但是城市的发展不能一味的追求人均居住面积的增加，根据我国人多地少的国情，合理的规划居住面积既能使人们居住舒适，更能节约利用土地资源。道路用地比率 C_8 是指道路用地总面积与建成区总面积的比值，一般最能反映城市土地的集约利用水平。交通的便捷程度通常反映了城市的发展水平，交通用地比例高的地区一般都具有较高的经济发展水平，其土地利用水平也很高。国外发达国家道路面积占城市面积的比例一般为 20%～30%。

（4）建设用地生态效益 B_4：良好的城市生态环境状况有助于城市土地综合效益的提升；相反，污染严重，生态环境恶化，将会导致城市土地综合效益的加速恶化。通常生态环境状况用污染指数和城市绿化状况两方面来反映。具体评价指标选择工业废水达标率 C_9 和城市建成区绿化率 C_{10}。

3. 元素层

元素层指标是指标体系中最低一级单位，该层面共选取了 10 个指标。

（1）地均固定资产投入（C_1）：固定资产总投入与城市建成区面积之比，属于正相关指标，反映城市土地利用的总体投入强度。该比值越大，说明单位面积城市总投入越高。

（2）地均道路铺装（C_2）：道路铺装总面积与城市建成区面积之比，属于正相关指标，反映土地基础设施的投入强度。该比值越大，说明单位面积基础设施投入越高。

（3）地均 GDP（C_3）：城市国内生产总值与城市建成区面积之比，属于正相关指标，反映土地利用的产出强度。该比值越大，说明单位面积总产出越高。

（4）地均社会消费品零售额（C_4）：城市社会消费品零售额与城市建成区面积之比，属于正相关指标，反映土地对商业产出的贡献。该比值越大，说明单位面积商业产出越高。

（5）地均工业生产总值（C_5）：城市工业总产值与城市建成区面积之比，属于正相关指标，反映土地对工业生产的贡献。该比值越大，说明单位面积工业产值越高。

（6）人均城市用地（C_6）：城市建成区面积与城市建成区总人口之比，属于负相关指标，反映城市土地的集约利用程度。该比值越小，说明城市用地越集约。

（7）人均居住面积（C_7）：城市住宅总建筑面积与城市建成区面积之比，属于正相关指标，反映城市土地的利用强度。在一定限度内，该比值越大，说明城市居民居住越舒适，城市土地越集约。

（8）道路用地比率（C_8）：道路铺装总面积与城市建成区面积之比，属于正相关指标，反映城市土地利用结构的合理性。由于我国大多数城市道路铺设还不完善，该比值越大，说明城市用地结构越合理。

（9）工业废水达标率（C_9）：城市工业废水达标的程度，属于正相关指标，反映城市的环境污染状况。该指标属于环境保护的最基础指标，其分值越接近 100%，说明城市越不受工业污染侵害。

（10）城市建成区绿化率（C_{10}）：城市建成区绿地面积与城市建成区面积之比，属于正相关指标，反映城市居民生活环境的舒适程度。该指标数值越大，说明城市越适宜居住。

（三）数据标准化和指标权重确定

城市土地集约利用宏观评价指标体系是一个由多因素构成的复合系统，各评价指标的计量单位都不同，并且数据差异大，原始数据无法建立统一的综合评价模型。为了消除数据间的单位和量纲，需要对每个指标数据进行标准化处理。指标分为正相关指标、负相关指标和双向相关指标，不同类型指标的标准化处理方法不尽相同。

正相关指标数据标准化的计算公式为 $X_i=a_i/A_i\times100$，X_i 为某城市第 i 个指标标准化后的数值；a_i 为某城市第 i 个指标的实际值；A_i 为某城市第 i 个指标的标准值。负相关指标数据标准化的计算公式为：$X_i=A_i/a_i\times100$。对双向相关指标，当 $A_i>a_i$ 时，$X_i=(1-a_i/A_i)\times100$；当 $A_i<a_i$ 时，$X_i=(1-A_i/a_i)\times100$。现实中并不存在唯一的城市土地高效利用状态标准，因此确定评价指标标准值时并不容易。通常情况，评价标准可以参照国家及地方相关标准、城市现代化指标标准、理想值标准、专家认同标准和国内同类城市最高值或平均值标准等多项标准来确定，但具体评价时选择什么样的标准，不仅要考虑城市的特点，更要考虑指标自身的特点。本例中某省17 个地级市的评价指标主要以各城市中每项指标的最优值作为评价指标的标准值。工业废水达标率 C_9 的标准则取理想值 100%，城市建成区绿化率 C_{10} 为双相关指标，取建设部于 1992 年开展创建全国"园林城市"活动的绿化覆盖率指标 35% 为标准。

采用层次分析法进行指标权重的确定，步骤为：

（1）建立判断矩阵。根据各地市土地管理部门、城市规划部门、环境保护部门等多个职能部门专家的意见，给出各个指标相对重要性判断，并引入合适的标准，将判断矩阵量化，构造比较判断矩阵。

（2）权重计算。计算判断矩阵的特征向量和特征值，利用同一层次所有指标的排序结果，计算针对上一层次而言，本层次所有元素重要性的权重值。层次总排序需要从上到下逐层顺序进行。

（3）进行一致性检验。

各层判断矩阵及最终计算的结果见表 3-1。

表 3-1　　　　　　　　　　A-B 层指标权重计算

项　　目	集约经营程度 B_1	建设用地经济效益 B_2	建设用地开发利用程度 B_3	建设用地生态效益 B_4	权重
集约经营程度 B_1	1	7/8	5/8	2/3	0.1907
建设用地经济效益 B_2	8/7	1	5/7	16/21	0.2180
建设用地开发利用程度 B_3	8/5	7/5	1	16/15	0.3052
建设用地生态效益 B_4	3/2	21/16	15/16	1	0.2861

注　一致性检验结果：$\lambda_{max}=4$，$C_I=0.0000$，$R_I=0.9000$，$C_R=0.0000<0.1$，$C_R=C_I/R_I$。λ_{max} 为最大特征根，C_I 为一致性检验指标，R_I 为平均随机一致性比例。当 $C_R<0.1$ 时，则认为判断矩阵具有满意的一致性。下同。

表 3-2　　　　　　　　　　C 层指标权重计算

项　　目	地均固定资产投入 C_1	地均道路铺装 C_2	权重
地均固定资产投入 C_1	1	5/3	0.6250
地均道路铺装 C_2	3/5	1	0.3750

注　一致性检验结果：$\lambda_{max}=2$，$C_I=0.0000$，$R_I=0.0000$，$C_R=0.0000$。

表 3-3   **B2-C 层指标权重计算**

项　　目	地均 GDP C_3	地均社会消费品零售额 C_4	地均工业总产值 C_5	权重
地均 GDP C_3	1	5/3	5/4	0.4167
地均社会消费品零售额 C_4	3/5	1	3/4	0.2500
地均工业总产值 C_5	4/5	4/3	1	0.3333

注　一致性检验结果：$\lambda_{max}=3$，$C_I=0.0000$，$R_I=0.5800$，$C_R=0.0000$。

表 3-4   **B3-C 层指标权重计算**

项　　目	人均城市用地面积 C_6	人均居住面积 C_7	道路用地比率 C_8	权重
人均城市用地面积 C_6	1	7/5	7/6	0.3889
人均居住面积 C_7	5/75	1	5/6	0.2978
道路用地比率 C_8	6/7	6/5	1	0.3333

注　一致性检验结果：$\lambda_{max}=3$，$C_I=0.0000$，$R_I=0.5800$，$C_R=0.0000$。

表 3-5   **B4-C 层指标权重计算**

项　　目	城市绿化率 C_9	工业废水排放达标率 C_{10}	权重
城市绿化率 C_9	1	4/5	0.4444
工业废水排放达标率 C_{10}	5/4	1	0.5556

注　一致性检验结果：$\lambda_{max}=2$，$C_I=0.0000$，$R_I=0.0000$，$C_R=0.0000$。

（四）综合评价分值的计算

该省 17 个城市的原始数据采用了该省统计年鉴数据，通过标准化处理后，代入评价模型，最终得到某省 17 个城市的土地节约利用综合分值见表 3-6。

表 3-6   **某省城市土地节约利用综合分值**

城市	集约经营程度 B_1	建设用地经济效益 B_2	建设用地开发利用程度 B_3	建设用地生态效益 B_4	综合分值
1	0.1382	0.0691	0.1212	0.0962	0.8530
2	0.0691	0.0696	0.2124	0.2562	0.6073
3	0.1212	0.1914	0.2183	0.2494	0.7803
4	0.0962	0.1376	0.1819	0.2339	0.6496
5	0.0853	0.1311	0.2019	0.2535	0.6718
6	0.0854	0.0819	0.2232	0.2446	0.6352
7	0.0801	0.0877	0.2001	0.2815	0.6494
8	0.1088	0.0793	0.2401	0.2734	0.7016
9	0.1658	0.1973	0.2005	0.2447	0.8083
10	0.0981	0.1051	0.2618	0.2696	0.7346
11	0.0910	0.0993	0.2821	0.2747	0.7470
12	0.0825	0.0931	0.2020	0.2334	0.6110
13	0.1267	0.1434	0.2187	0.2353	0.7241

续表

城市	集约经营程度 B_1	建设用地经济效益 B_2	建设用地开发利用程度 B_3	建设用地生态效益 B_4	综合分值
14	0.1038	0.0994	0.2032	0.1741	0.5804
15	0.0928	0.1255	0.1533	0.2314	0.6030
16	0.0862	0.0747	0.1951	0.2399	0.5969
17	0.0711	0.0910	0.1927	0.2120	0.5668

按照以上的城市土地节约利用综合分值，该省城市按照土地利用综合分值可以分为 4 个级别。综合分值>0.8 的为处于土地高效利用状态，如城市 1 和 9；综合分值在 0.7～0.8 之间的为土地利用效率和节约水平较高，如 3、8、10、11 和 13；综合分值在 0.6～0.7 之间的为处于土地利用效率较低的状态，如 5、2、4、6、7、12、15；综合分值在 0.5～0.6 之间的为处于低土地利用效率状态，如 16、14 和 17。

（五）某省城市土地资源节约与高效利用的对策

1. 加大城市建成区土地监察力度，盘活市区内闲置土地

该省的地级市多数处于利用效率低或较低程度利用状态，因此有必要对各城市的土地利用状况进行彻底的调查，处理城市中的闲置土地。通过土地监察、清理拖欠土地款项等措施，切实盘活城区内部存量土地等，具体可以从以下几方面着手：

（1）对已签订土地使用合同后，已付清地价款却迟迟不开工的，应收取其土地闲置费，督促其限期开工。自批准占地之日起两年之后仍未开工的，收回其土地使用权，已交纳的土地出让金及闲置费不予退回。

（2）对未付清地价款的开发商，应使其限期付清地价款，对土地出让金迟迟不能到位的应当依照合同规定予以处罚。

（3）对于一些未批先用项目，符合城市土地利用总体规划的，应督促其办理相关手续和补交出让金；不符合规划的，予以取缔，依法收回土地使用权。

（4）对于其他闲置土地，要结合项目的具体情况，能利用闲置土地的，尽量不新占用土地。对于一些多占少用，用地粗放，建设容积率和规模达不到标准的用地单位，应通过经济法律手段，使其出让多余用地，提高城区的土地利用强度。

（5）政府将清理出来的闲置土地，按照城市规划的用地性质择情况处理。对于居住用地，优先安排城市的经济适用房用地；对于工业用地，应优先安排给那些有资金、有技术、发展潜力大的项目，避免土地的再次闲置与浪费。对于已经投入大量资金开发而无力进行后续开发的半截子项目，在审批新的类似项目时可以考虑在原有项目的基础上进行再投资，这样既可以盘活半载子工程，又能缩短新项目的建设周期。

2. 实施土地利用结构调整与置换产业用地，提高低效地利用效率

该省城市中存在着大量低效用地，这些用地往往被一些传统工业企业占据。一方面，这些工业企业占用土地数量大，土地利用的效益差；另一方面，有些工业企业还产生严重的环境污染。占据的区域位置虽好，但土地区位优势并没有完全利用，工业污染反而降低了所在区域的土地利用综合效益。为了提高城市土地利用的综合效益，挖掘土地结构性潜力，需要有目的、有计划地对该省的城市进行产业结构调整，把区位条件优越而综合效益差的产业实行产业置换，采用经济杠杆和行政干预相结合的方法，为其他优势产业的发展和城市基础设

施建设提供大量土地资源。优化土地利用结构，促进城市土地利用功能的提升，从而提高整个城市的土地集约利用水平。

3. 科学编制各项城市用地规划标准，提高新增城市用地利用效率

科学编制各项城市用地规划标准是集约利用城市土地的关键，新增城市用地如果有详细的用地标准并严格执行，不会出现低效用地的现象。在编制规划标准时，必须统筹考虑区域经济差异、产业结构特征等，统筹安排各业、各城市用地。要根据国家建设用地指标和面积定额，参照国家和该省建设项目用地标准，综合考虑各地经济发展水平、发展政策、自然条件等情况，相应制定城市不同区域、各产业合理的用地标准，使新增城市用地可以有规定遵循，杜绝城市土地的低效使用。

4. 根据城市经济发展阶段，合理制定城市发展规划

城市土地集约利用在特定时段、特定区域内是一个动态的、相对的概念，它与城市的经济发展阶段密切相关。由该省城市土地集约利用评价结果分析可知，该省城市土地的集约利用水平与经济发展水平呈正相关。因此政府在制定城市发展规划时，不仅要因地制宜，更要因时制宜。充分考虑所在城市的经济发展阶段，恰当制定项目建设标准，统筹安排各类建设项目，提高城市生态环境质量，合理制定城市的发展规划，推动城市土地利用的可持续发展。

5. 做好"两个规划"，为城市土地集约利用提供依据

该省城市要实现土地集约利用，必须制定科学合理的土地利用总体规划和城市利用总体规划。用地规划的编制要根据当地的实际情况（如产业结构、区位特点、环境保护要求等），经过充分的论证，确定明确的土地利用总体规划和城市总体规划。坚持"两先两后"，即先规划后建设，先地下后地上的开发程序，有效避免开发建设的盲目性和随机性。城市的规划要遵循近期规划与远期规划相结合的原则。土地利用规划和城市规划既要立足现有的发展水平、功能定位和自身特色，又要具有足够的预测性。在作近期规划时，要以各城市现状为框架，向新城区方向发展，形成新老城区的和谐统一；在作远期规划时，要以新城区为中心向周围扩展，根据新城区的区位条件、发展状况、各城市的经济基础和基础设施等状况确定规划面积，提高开发的边际效应和对周围地区的经济辐射力，新城区的土地开发要严格按照规划进行。存量土地未充分利用之前，绝不新征占用土地。确定合理的土地开发时间、开发顺序和开发规模及强度，做到不早征地，不多征少用，规划一片则开发一片，使用一片则收效一片，以减少土地的闲置和低效率开发。

二、生态建设用地合理性的分析评价

（一）评价指标的选取

根据生态用地维持碳氧平衡、调节温度、净化空气、降噪防尘、保持水土和维护生物多样性等功能，分析影响其功能的指标因素；结合研究区域生态用地的背景特征、主要问题以及现有资料和技术条件下，进行分析、比较综合选择那些针对性较强的指标，部分指标说明如下。

（1）森林覆盖率：根据《森林资源规划设计调查主要技术规定》，森林覆盖率=（有林地面积+国家特别规定灌木林面积）/研究区域土地总面积。

（2）人均林木绿化地面积：根据森林资源规划设计调查主要技术规定，林木绿化地包括有林地、灌木林、四旁乔木、四旁毛竹、四旁杂竹、四旁特灌林折算和其他灌木，其面积之和除以研究区域内总人口（除特别说明外，人口一般指户籍人口）等于人均林木绿化

地面积。

（3）绿化绿地空间占有率：指不同类型绿地在可达高度范围内的绿色植被实际体积与最大体积之比。一般根据所处地区森林建设主要绿化植被的平均高度来确定。比如以乔木 15m 为准，灌木 3m，草本 30cm，分别乘以不同类型绿地的覆盖面积，算出不同类型绿地的体积之和，其中乔灌草复合结构的绿地按乔木层计算，最大绿化体积指整个研究区域面积乘以 15m（一般城市林木的平均高度）的体积。

（4）研究区域的人均公共绿地面积：指企事业单位、城镇居民点、乡村居民点范围内的各种绿地面积与户籍人口和流动人口之和的比值。

（5）生态公益林比率：指水涵林、水保林、护岸林和护路林等防护林的面积与环保林、风景林等特殊用途林的面积之和占森林面积的比值。

（6）乔木林年龄结构指数：指幼龄林、中龄林、近熟龄林和熟龄林的面积比例结构合理程度。分为 4 个等级，良好、合理、不合理、很不合理，分别赋值为 0.8～1.0、0.6～0.8、0.4～0.6、0～0.4。

（7）森林健康指数：指森林生长状况的良好程度。通过对森林脱叶和病虫害程度的实地调查得出，以数值 0.9～1.0 表示良好，0.8～0.9 表示轻微，0.6～0.8 表示中等、0.6 以下表示严重。

（8）水域健康指数：指水域水体达到国家有关标准的等级，通过实地考察得出。

（9）大型森林斑块类型指数：指林分郁闭度 0.2 以上且面积在 1.5hm^2 以上的核心林地占绿地总面积的比例。

（二）数据来源和指标基准值的确定

以某市为例，以国家林业局华东林业调查规划设计院对该市森林调查成果和在此基础上建立的该市森林资源管理信息系统，作为基础研究平台，利用该市数字化基础数据 02～03 航空遥感平台更新航片、1:10000 比例尺扫描航片后的工作底图等资料，获取生态用地建设指标评价数据，并对该市某区的其他有关专项内容进行了外业调查和相关资料收集。

指标基准值的确定主要采用如下方法：人均湿地面积采用国际或国家标准；森林覆盖率、绿化绿地空间占有率、生态公益林比率采用 2020 年某区的规划目标值；主要林网水网结合度、主要林网路网结合度、人均公共绿地面积和乔灌草结合度，采用先进城市生态建设的目标值；乔木林年龄结构指数、森林健康指数和水域健康指数，通过实地考查与主观评判确定；人均林木绿化地面积、优势乡土乔木树种比率、森林景观破碎度、森林景观多样性指数、森林类型均匀性指数和大型森林斑块类型指数，结合有关专家的研究成果提出。

（三）生态用地等级划分标准

根据建立评价指标体系的目的，参照国内外综合指数的分组方法，按 5 级分级标准对计算结果进行评价（见表 3-7）。参照该表，可以判断在生态环境建设中，生态用地结构和布局是否合理，功能上能否满足生态环境和农业可持续发展的实际需要。

表 3-7　　　　　　　　　　　　生态用地建设等级划分标准

综合得分	评价等级	基 本 含 义
0.8～1.0	Ⅰ	优良，生态用地布局合理，生态效能高
0.7～0.8	Ⅱ	良好，生态用地布局合理，生态效能较高

综合得分	评价等级	基 本 含 义
0.5～0.7	III	一般，生态用地布局较不合理，生态效能一般
0.4～0.5	IV	较差，生态用地布局不合理，生态效能较低
0.0～0.4	V	极差，生态用地布局很不合理，生态效能很低

（四）计算结果及分析讨论

经咨询相关专家，确定选取的 18 个单项指标的权重（见表 3-8）。某区生态用地评价指数计算结果为 0.5546，参照表 3-7 可知该市某区生态用地建设评价等级处于III级。表明该区生态用地布局较不合理，生态效能一般。其主要原因是森林覆盖率、主要林网路结合度和主要林网水结合度以及森林破碎度等指标值过低，与规划目标值相差太大。假定到 2020 年，这几项规划指标达到基准值，代入评价体系计算得出 2020 年该区生态用地建设综合评价目标值至少达到 0.8512，评价等级上升到 I 级。这表明从这几个方面入手，该区生态用地建设有较大的优化潜力。

表 3-8　　　　　某市某区生态用地建设评价指标的基准值与评价值情况

单项指标层	权重 W_{ij}	单位	实际值 N_{ij}	基准值 M_{ij}	评价值 P_{ij}
森林覆盖率	0.1934	%	7.98	21.4	0.3729
人均湿地面积	0.0252	hm²/人	0.027	0.213	0.1268
人均林木绿化地面积	0.1298	m²/人	146.8	227	0.6467
乔灌木优势树种丰富度	0.0165	种	71	140	0.5071
绿化绿地空间占有率	0.0532	%	8.6	16.9	0.5089
人均公共绿地面积	0.0820	m²/人	10.09	12	0.8408
生态公益林比率	0.1314	%	86.9	94.7	0.9176
乔灌草结合度	0.0705	等级	0.65	0.9	0.7222
优势乡土乔木树种比率	0.0272	%	47.5	70	0.6786
乔木林年龄结构指数	0.0428	等级	0.5	1.0	0.5000
森林健康指数	0.0168	等级	0.95	1.0	0.9500
水域健康指数	0.0113	等级	III	I	0.5000
主要林网路结合度	0.0566	等级	0.135	≥0.9	0.1499
主要林网水结合度	0.0566	等级	0.118	≥0.9	0.1321
森林破碎度	0.0275	FN	0.5671	≤0.15	0.2645
森林景观多样性指数	0.0130	Shannon-weiner	2.120	≥1.0	0.5569
森林类型均匀性指数	0.0090	Pielou	0.7252	≥0.9	0.8058
大型森林斑块类型指数	0.0371	%	0.2722	≥50.0	0.5444

三、农业用地节约利用的分析评价

（一）不同时期农用地利用效率变化

农用地利用效率随工业化水平提高而提高，主要表现在两方面：一是单位面积土地的产出效率提高，二是土地利用结构不断优化。这里对某省的农业用地利用效率情况进行分析。

首先是表现在耕地利用效率的变化上。从粮食生产看，在全省耕地面积不变甚至减少的情况下，全省粮食产量保持了长期增长。粮食产量由 1949 年的 640.45 万 t，增长到 2003 年的 2442.73 万 t，1949 年人均粮食占有量为 220kg，1997 年一度增加到 446kg。粮食产量的增加除农业技术水平的提高和农业投入的加大之外，耕地复种指数是一个十分重要的因素。1949 年耕地复种指数为 114.3%，1978 年一度上升到 245.1%，2003 年耕地的复种指数为 201.66%。

其次是表现为农用地的利用结构不断优化。该省土地利用结构调整效果显著，第一产业的总产值不断增加。自 1980 年以来，农作物的播种粮食与经济作物的内部比例由 1980 年的 9.33:1，下降到 2002 年的 3.67:1，农作物播种面积与造林用地的面积比例由 1980 年的 32.3:1，下降到 2003 年的 18.9:1。农作物播种面积与造林面积的比重由 1980 年的 14:1，下降到 2003 年的 9.4:1，各种用地结构的比例关系更趋合理。

农用地利用结构的变化改变了原来单一偏重种植业的现状。改革开放以来，农林牧渔总产值共增长 2.15 倍，其中农业增长 1.59 倍，林业增长 5.02 倍，渔业增长 15.53 倍，农、林、牧、渔的比例由 1978 年的 77.08:3.8:15.4:0.9 变为 2003 年的 46.2:5.6:39.6:6.7。这种结构的优化进一步提升了该省农用地的利用效率。

（二）评价步骤

1. 指标区的划分

分等因素指标区是农用地推荐分等因素指标和自选分等因素指标所构成的分等指标体系的适用区。以该省为例，全省山丘平湖齐备，三面环山，由南向北逐渐倾斜呈马蹄形盆地。东有罗霄山脉，南有五岭（萌诸、都庞、大瘦、骑田、越城）和诸广山、八面山、阳明山组成的南岭山脉，西有武陵山、雪峰山脉，它们大多在海拔 1000m 左右；中部大都为丘陵与盆地相间，海拔 200～500m；北部有成带连片的滨湖平原和河谷平原及外围低山，海拔多在 50m 以下。全省山区面积约占 64.6%，丘陵区约占 28.7%，湖区占 6.7%。

按照全国耕作制度分区，该省处于长江中下游区和江南区，在此基础上又细分为沿江平原区、西部丘陵山地区、南岭丘陵山地区三个省二级区，根据该省的地形特点和耕作实际情况，在省二级分区的基础上可进一步细化成八个三级区。

2. 指标体系的确定

根据该省农用地的具体情况，参照国家农用地分等规程，确定湖南省农用地分等指标，见表 3-9。

表 3-9　　　　　　　　　　　　某省农用地指标体系

自然因素	水田	距障碍层深度
		剖面构型
		土壤有机质含量
		土壤酸碱度
		障碍层次
		排水条件
		灌溉保证率

续表

		有效土层厚度
自然因素	旱地	表层土壤质地
		土壤有机质含量
		土壤酸碱度
		地形坡度
		地表岩石露头状况
		灌溉保证率
利用因素	土地利用系数	产量
经济因素	土地经济系数	产量—成本

3. 因素权重值的确定

该省地形区由长江中下游一级区、沿江平原二级区与江南一级区，西部丘陵山地二级区、南岭丘陵山地二级区组成。通过专家学者进行打分，确定该省各三级指标区旱地和水田分等因素权重，见表 3-10 和表 3-11。整理列入基础资料汇编，存入档案。

经过相关领域专家讨论与论证，该省最终确定的分等因素为：

水田：表层土壤质地、剖面构型、土壤有机质含量、土壤酸碱度、障碍层次、排水条件、灌溉保证率。

旱地：有效土层厚度、表层土壤质地、土壤有机质含量、土壤酸碱度、地形坡度、灌溉保证率、地表岩石露头状况。

表 3-10   某省平原耕地影响因素权重值

因素权重	距障碍层深度	剖面构型	表层质地	有机质含量	pH 值	灌溉保证率	土壤排水
长江中下游一级区平原耕地	0.05	0.18	0.14	0.09	0.07	0.27	0.2
江南一级区平原耕地	0.05	0.18	0.14	0.08	0.09	0.26	0.2

表 3-11   某省山地丘陵坡耕地影响因素权重值

因素权重	有效土层厚度	表层土壤质地	土壤有机质含量	土壤酸碱度	地形坡度	灌溉保证率	地表岩石露头状况
长江中下游一级区平原耕地	0.29	0.08	0.06	0.06	0.26	0.15	0.10
江南一级区平原耕地	0.28	0.08	0.07	0.07	0.26	0.13	0.11

4. 分等评价单元的划分

农用地分等评价单元的划分遵循以下原则：①单元内土地质量相对均一；②主导因素差异原则；③相似性原则；④边界完整性原则。根据《农用地分等规程》要求，以地理信息系统技术为手段，应用 GIS 软件，对全省行政区划图（行政界线到村界）、土地利用现状图和分等市县土壤图进行叠置分析，对生成图层按照以上划分原则进行处理，主要是在不打破村界的前提下，将小于单元最小面积（$0.6mm^2$）的图斑与相邻的多边形合并，重建拓扑关系。经叠置分析，获得了全省农用地分等的评价单元图，将全省农用地划分为 10205 个分等评价单元。

5. 分等评价因素属性值的获取

地面坡度的数据通过从地形数据中提取坡度图；岩石露头度主要是从分等全省第二次土壤普查报告中获得部分信息，结合土壤地理专家的经验获得，并在土壤图上赋上属性值；土层厚度、表层土壤质地、剖面构型、距障碍层深度、地下水位等评价指标的数据从分等全省第二次土壤普查报告中查得，并在分等全省土壤图上赋予相应的属性值；土壤有机质含量和土壤 pH 值数据则通过数字化的全省土壤有机质含量图和全省土壤酸碱度图获得；地下水位灌溉保证率及土壤排水等评价指标数据根据全国第二次土壤普查资料、分等全省土地利用现状图及当地水利资料等获得。将带有分等评价因素属性值的图层与分等单元图进行叠置分析，即可获得各评价单元的分等评价因素属性值。

6. 空间指标量化

分指定作物、分指标区逐一将空间指标值量化。

7. 分等步骤

对所选因素的专题地图，经过图形预处理，应用地理信息系统软件进行数字化，生成空间数据图层，经叠置分析获取各因素对应于各分区单元的图形和属性数据。将这些数据导入到模糊 SOFM-GIS 空间聚类模型进行分析，可以得到全省农用地自然质量评价结果。

8. 农用地分等结果

全省农用地以水田为主，水田面积为 2515046.92hm²，占全省农用地面积的 65.6%。旱土面积 1318691hm²，占农用地面积的 34.4%。从等别来看，全省水田总体质量比旱地高。

如果按 1～3 等、4～6 等、7～8 等划分为劣、中、优三类，则劣等地中水田与旱土所占的比例分别为 64%、36%，中等地中水田与旱土所占的比例分别为 74%、26%，优等地中水田与旱土所占的比例分别为 84%、16%，旱土在劣等地中所占比例高于中等地，旱土在优等地中所占比例最低。水田恰恰相反，优等地中水田所占比例高于中等地，中等地高于劣等地。

从各地类中劣、中、优等水田所占比例来看，水田中劣等地、中等地、优等地面积所占比例分别为 87.3%、12.48%、0.22%，旱土中劣等地、中等地、优等地面积所占比例分别为 91.69%、8.23%、0.08%。总体看来，水田与旱土整体质量水平均不高，劣等地占了很大比例，耕地主要为劣等地或中等地，优等地所占比例极小。水田与旱土比较而言，水田劣等地所占比例低于旱土，水田中等地及优等地所占比例高于旱土。以水浇地质量最差，全省水浇地全部为劣等地。

最优水田为 8 等，主要分布在沿江平原区的 CD 市，较优的 7 等地主要分布在 CD 市、TY 县、WC 县、YY 市、JH 县、CL 县、SP 县等地，劣等地主要分布在西部丘陵山地区。旱土最优等分为 7 等，主要分布在沿江平原区的 JS 市等地。

（三）评价结果

（1）农用地比重大，利用类型多样，林地和耕地居绝对优势。

省域农用地有 5 个二级类型，27 个三级类型。2003 年全省农用地面积 17927969.52hm²，占全省总土地面积的 84.62%。林地和耕地占全省土地总面积的 73.99%，其中林地 11860591.83hm²，耕地 833737.98hm²，分别占农用地面积的 66.16% 和 21.38%，均高于全国平均水平，表明该省种植业和林业生产比较发达。

（2）农用地自然质量高，节约利用水平一般，综合质量差。

农用地自然质量高。全省农用地共分为 11 个自然质量等级，其中以优等地为主，占到了

57.21%，中等地占 39.28%，劣等地较少，只占 3.51%。

农用地节约利用水平一般。按省级标准样地计算的平均利用系数为 0.5354，土地节约利用系数不高。全省共分为 9 个利用等，主要以中等地为主，占到了 71.2%，劣等地占 22.78%，利用水平较高的优等地面积很少，只占 6.02%。

农用地等别低，综合质量差。全省农用地投入产出效益较差，按省级标准样地计算的平均土地经济系数为 0.2079，经济系数明显偏低。全省农用地共分为 8 个等，其中绝大部分为质量差的劣等地，占到了 88.81%，质量一般的中等地比例较少，占 11.02%，质量较高的优等地面积极少，只占 0.17%。

（3）农用地质量区域差异明显，利用水平不平衡。

滨湖平原、河谷平原及平原缘的丘岗地，土地资源开发利用程度和水平较高，耕地集中连片，耕地质量较高。边远山地、丘陵区域土地资源开发程度和利用水平则较低，质量较差。

自然质量等、利用等及等别均是沿江平原区最高，南岭丘陵山地区次之，西部丘陵山地区最低。土地利用系数为沿江平原区最高，西部丘陵山地区次之，南岭丘陵山地区最低。土地经济系数为沿江平原区最高，南岭丘陵山地区次之，西部丘陵山地区最低。

沿江平原区地势平坦，农用地具有集中连片，垦殖指数高，土地利用系数、土地经济系数高，自然质量等、利用等及等别高等特点。中东部丘陵山地区开发历史悠久，大部分地域地势较缓，区内垦殖指数较高，土地利用系数及土地利用水平较高。区域经济发展水平较高，但投入产出效益差，经济系数低，土地等别低，土地质量差。西部山地区和南岭山地区山高坡陡，地势高低悬殊，自然条件相对较差，自然质量等较低，土地利用率明显低于全省平均水平，土地利用系数及土地经济系数低，土地质量差。

（4）农用地产量与利用水平及投入产出水平相关，与自然质量相关性不强。

利用等指数、等指数与实际标准粮产量相关性较强，而自然质量等指数与实际标准粮产量的相关性不强。决定农用地产量高低的因素主要是土地利用水平，其次是经济发展水平，即投入产出水平，而与自然质量的高低关系不大。旱土的产量与利用等指数、等指数的相关水平普遍比水田显著。沿江平原区水田与南岭丘陵山地区的旱土产量与利用水平及投入产出水平的相关性最强，西部丘陵山地区相关性最差。

（5）旱土数量与质量均低于水田。

全省农用地以水田为主，水田面积为 2515046.92hm^2，占全省农用地面积的 65.6%。从等别来看，全省水田总体质量比旱土高。水田中优等地及中等地面积所占比例均高于旱土。旱土中以水浇地质量最差，全省水浇地全部为劣等地。

第四章

土地征收政策及审批程序

我国土地实行社会主义公有制，包括全民所有制和集体所有制两种形式。作为土地所有制的法律表现形式，土地所有权也相应存在国家土地所有权和农村集体土地所有权两种类型。土地征收是发生在国家和农民集体之间的所有权转移，是指国家为了社会公共利益的需要，按照法律规定的批准权限和程序批准，并给农村集体和个人补偿后，将农村集体所有土地转变为国有土地。土地征收是保证国家公共设施和公益事业建设所需土地的一项重要措施。无论是资本主义国家还是社会主义国家，为了发展社会公共事业，都设置了土地征收法律制度，我国《宪法》第 10 条规定，国家为了公共利益的需要，可以依照法律规定对土地实行征收或征用并予以补偿，这是我国实行土地征收的宪法依据。

第一节　建设项目征地概况及特征分析

一、土地征收的主要特征

（一）国家是征收土地的主体

只有国家才能在建设征收土地法律关系中充当征收主体，因为只有国家才能享有因建设需要依法征收集体土地的权利，尽管直接需要土地的并非国家，而是具体的国家机关，企事业单位，社会团体以及个人。但是他们作为土地需求方，只能根据用地的实际需要，依照法律规定的程序向土地机关提出用地申请，并在申请批准后获得土地的使用权。另外，还要明确国家虽是征收土地的主体，但是实际行使征收土地权的是各级土地管理机关和人民政府，他们代表国家具体行使此权。

（二）土地征收具有强制性

国家建设征收土地并非民事行为，而是国家授权的并依照法律规定的依据和程序所实施的行政行为。这是因为征收土地法律关系的主体——国家，同土地被征收的集体组织（农村集体经济组织或者村民委员会）的地位是不平等的。土地征收法律关系的产生并非基于双方的自愿和一致，而是基于国家的单方面的意思表示，无需被征收土地的所有人同意。国家征收土地的指令，是行政命令。对此，土地被征收的集体经济组织必须服从。而且在这种法律关系中也不遵循等价原则。

（三）征收土地必须基于公共利益的需要

国家建设征收土地的原因是国家建设之需要，即宪法第 10 条所指的公共利益的需要。2011 年 1 月 21 日公布实施的《国有土地上房屋征收与补偿条例》第八条列举了保障国家安全、促进国民经济和社会发展等公共利益的情形，即：

（1）国防和外交的需要。

（2）由政府组织实施的能源、交通、水利等基础设施建设的需要。

（3）由政府组织实施的科技、教育、文化、卫生、体育、环境和资源保护、防灾减灾、文物保护、社会福利、市政公用等公共事业的需要。

（4）由政府组织实施的保障性安居工程建设的需要。

（5）由政府依照城乡规划法有关规定组织实施的对危房集中、基础设施落后等地段进行旧城区改建的需要。

（6）法律、行政法规规定的其他公共利益的需要。这些情况都可作为国家建设征收土地的原因。

（四）征收土地必须以依法补偿为必备条件

国家建设征收土地与没收土地不同，它不是无偿地强制地进行，而是有偿地强制进行。土地被征收的集体经济组织应当依法取得经济上的补偿。国家建设征收土地与土地征购不同。它并不是等价的特种买卖，而是有补偿条件的征收，但是，对被征收土地的适当补偿，则是国家建设征收土地所必不可少的条件。所谓适当补偿，就是严格依据土地管理法的规定给予补偿，征地补偿以使被征地农民原有生活水平不降低的原则。应当指出的是，尽管土地为国家征收，但是土地补偿费以及其他费用并不是由国家直接支付，而是由用地单位支付，这是因为国家并不直接使用这些土地。用地单位支付这些费用的义务是直接产生于国家征收土地行政行为和国家批准用地单位用地申请及被征收土地使用权的行为。

（五）征地的标的只能是集体所有土地

国家建设征收土地的标的，新中国成立以来经历了一个发展变化的过程，随着农业合作社在全国范围内的实现，农村土地都变成了农村合作经济组织集体所有以后，到了1986年土地管理法规定的征收土地的标的就只能是集体土地了。应当指出的是，国家建设用地需要用集体所有的土地来满足，也需要用国家所有的土地来满足，用集体所有的土地满足国家建设用地的法定办法是征收，用国有土地来满足国家建设用地之需要的法定办法是出让、划拨等方式而非征收方式，因为国有土地本来就是国家的，不需要再通过其他方式取得所有权，国家可直接行使处分权利。

二、国外土地征收制度的比较及借鉴

（一）各国土地征收制度的相似点

1. 土地征收权是政府的特有权力，征地的主体只能是国家

世界上大多数国家（地区）都以法律形式规定土地征收权是政府的特有权力，土地征收的主体只能是国家。虽然有的国家（地区）根据具体情况有时可将土地征收权授予某些公用事业团体或公司，如日本土地征收除可由国家实施外，也可由地方的公共团体、各种法律确定的事业主体实施。但是，既然土地征收是转移土地所有权的一种强制性的行政处理，其效力涉及到被征收土地的所有一切权利关系，故土地征收权是国家行使土地最高所有权的结果，对被征地土地所有者来说，是一种义务，而创办事业人因为兴办公共事业，根据法律规定需征收土地，只能求助国家行使土地征收权，经国家核准后，才能征收土地，由国家执行土地征收，方可避免滥用征地权与不必要的侵害。因此，土地征收权只能由国家行使，不宜授予需用土地者或他人。

2. 必须是因"公共目的"实施土地征收

各国（地区）土地制度都规定，国家只有为"公共目的"才能行使土地征收权。由于土地征收权的核心在于不需要土地所有人的同意而强制取得其土地，因而土地征收权法律规则同土地所有权受法律保护规则的冲突，便引起土地征收权是否合宪及是否滥用的长期的理论争论。土地征收权的"公共目的"，不仅在这场争论中使土地征收权合宪性得以成立，而且它也成为评判一项具体土地征收权是否合法行使的惟一标准，以及防止土地征收权滥用的重要措施。

值得注意的是，随着时间的推移和经济的发展，土地征收目的的范围在不断变化。例如，随着美国工业化的加快，其土地征收"公共目的"的内容从以前的用于公共使用土地的征收扩大到用于公共利益土地的征收。随着政府干预经济的加强，土地征收逐渐成为政府指导社会土地资源利用的重要手段。

3. 土地征收必须给予一定补偿

虽然土地征收带有一定强制性，但它给原土地权利人造成了事实上的损失，为公平起见，世界各国（地区）都规定土地征收后必须给原土地权利人一定的经济补偿。它与民法上基于侵权行为的赔偿性质不同，不是由于违法行为所引起而是基于合法的公法上的原因所致，且民法上损害赔偿是损害在先，赔偿在后。因此土地征收补偿可解释为"需用土地人就征收取得土地后对权利人的损失的补偿，是对国家所履行的公法上的经济负担"。

（二）各国土地征收制度的不同点

1. 对"公共目的"解释的差异

对于"公共目的"，各国（地区）解释不尽相同。日本解释为"解决公共事业建设"，如根据城市规划确定的道路、公园建设，根据河川法进行的堤防等建设，根据港湾法进行的港湾建设等。韩国解释为"公益事业需要"，所谓"公益事业"是指：

（1）有关国防、军事建设事业。

（2）铁路、公路、河川、港口、上下水道、电气、煤气、广播、气象观测、航空等建设事业。

（3）国家或地方公共团体设立的办公场所、工厂、研究所、公园、市场等建设事业。

（4）国家或地方公共团体指派的建设者，由他们所进行的住宅建设事业或住宅用地开发事业。

（5）其他根据法律可以征收或使用土地的事业。

由此可见，对"公共目的"的解释有很大的弹性，在一些国家（地区），"政府的意图都被看成是公共目的，并可为此而征收土地。"可以说，如何准确界定"公共目的"的范围是各国（地区）土地征收制度建设中的主要难题之一。

2. 土地征收补偿的差异

首先，关于土地征收补偿项目，各国（地区）规定不大相同，以地价补偿和地上物（土地改良物）补偿为主，各国（地区）基本统一，只是具体包括的范围大同小异。此外，各国（地区）还规定了其他补偿，且各国（地区）差别较大，例如日本此项包括"少数残存者补偿"、"离职者赔偿"、"事业损失赔偿"等3项。

其次，关于土地征收补偿标准，从各国（地区）情况来看，大致可分为三类：①按市场价格补偿，即以被征收土地征收时在公开市场上能得到的出售价格为补偿标准，例如英国、美国、我国香港地区等；②按裁定价格补偿，指按法定征收裁判所或土地估价机构裁定或估定的价格补偿，如法国以征收土地周围土地的交易价格或所有者纳税时的申报价格为参考，由征收裁判所裁定补偿标准；③按法定价格补偿，指按法律规定的基准地价或法律条文直接规定的标准补偿，前者例如韩国，在执行公示地价的地域，土地补偿额以公示的基准地价为准（有时要根据实际情况予以修正）；后者如瑞典有关法律规定：对土地征收补偿价格的计算，是以 10 年前该土地的价格为准。

再次，关于土地征收补偿的计价时期，各国（地区）也略有不同，例如英国以征收者实际占有该土地的当日市价计算。

（三）对我国的借鉴

1. 必须明确界定"公共目的"内容和范围

在市场经济条件下，为了既不破坏土地市场的竞争规则，又保证有足够的公共用地来源，各国（地区）政府都将"非公共目的"用地和"公共目的"用地区别对待：对前者的流动不过多地干预，对后者，政府则充分运用特权，保证在需要时能获得土地。但是，这样做必须有一定的前提条件，即在法律法规上明确界定"公共目的"的内容和范围，否则就无法将两类用地区分开来，从而采取不同政策。

2. 必须严格控制征地权

各国（地区）都规定征地权是政府特有的行政权力，政府行使征地权的具体表现通常是控制征地审批权，我国也是如此。新修订的《土地管理法》规定了征地审批的权限，征收土地视其是否基本农田或面积分别由国务院、省、自治区、直辖市人民政府审批。但是，问题的关键不在于审批权在哪一级政府，而在于是否能严格控制征地审批权。借鉴国外的经验，可行的做法是建立征地审批责任制，从政府首脑到职能部门负责人再到具体经办人员，责任层层落实；如违反政策，则予从重处理。

3. 必须合理补偿

其一是制定合理的补偿标准。从各国（地区）情况来看，征地补偿标准与土地制度、经济发达程度有密切关系。我国实行土地公有制，按法定价格补偿，由法律条文直接规定补偿标准，这是符合现阶段基本国情的。其二是确定合理的补偿项目。《土地管理法》明确规定了补偿项目，但因我国幅员辽阔，地区差异大，全国统一的补偿项目无法体现地区差别，主要表现在现有补偿项目已经不能满足经济发达地区的需要。因此，国家可只规定基本的补偿项目，允许各地根据实际情况增加必要的项目，但必须报国家审批。

4. 必须加强法制建设

一是要加强土地征收立法。世界许多国家（地区）都有专门的土地征收法律法规，这对于规范土地征收行为、保护土地资源及合理利用土地都有着重要意义。建议尽快制定《农村集体土地征收条例》，明确土地征收的性质、主体和客体，明确"公共目的"的内容和范围，确定合理的土地征收补偿标准，制定关于土地征收补偿费科学管理和使用的原则及办法，明确土地征收涉及各方的权利、义务和责任等等。二是要加强土地征收执法。要组建强有力的执法队伍，严格依法规范土地征收行为，要加大执法监察力度，采取强有力的措施，严肃查处各类违法用地现象，促进我国的土地征收走上法制化轨道。

三、我国土地利用的现状及特点

（一）现阶段我国土地利用的分类

中华人民共和国质量监督检验检疫总局和中国国家标准化管理委员会于 2007 年 8 月 10 日联合发布 GB/T 21010—2007《土地利用现状分类》，标志着我国土地资源分类第一次拥有了全国统一的国家标准。《土地利用现状分类》国家标准采用一级、二级两个层次的分类体系，共分 12 个一级类、57 个二级类。其中一级类包括：耕地、园地、林地、草地、商服用地、工矿仓储用地、住宅用地、公共管理与公共服务用地、特殊用地、交通运输用地、水域及水利设施用地、其他土地，详见表 4-1、表 4-2。

表 4-1 第二次全国土地调查分类和编码

一级		二级		含 义	三大类
类别编码	类别名称	类别编码	类别名称		
01	耕地			指种植农作物的土地，包括熟地、新开发、复垦、整理地、休闲地（轮歇地、轮作地）；以种植农作物（含蔬菜）为主，间有零星果树、桑树或其他树木的土地；平均每年能保证收获一季的已垦滩地和海涂。耕地中还包括南方宽度<1.0m、北方宽度<2.0m固定的沟、渠、路和地坎（埂）；临时种植药材、草皮、花卉、苗木等的耕地，以及其他临时改变用途的耕地	农用地
		011	水田	指用于种植水稻、莲藕等水生农作物的耕地。包括实行水生、旱生农作物轮种的耕地	
		012	水浇地	指有水源保证和灌溉设施，在一般年景能正常灌溉，种植旱生农作物的耕地。包括种植蔬菜等的非工厂化的大棚用地	
		013	旱地	指无灌溉设施，主要靠天然降水种植旱生家作物的耕地，包括没有灌溉设施，仅靠引洪淤灌的耕地	
02	园地			指种植以采集果、叶、根、茎、枝、汁等为主的集约经营的多年生木本和草本作物，覆盖度大于50%或每亩株数大于合理株数70%的土地，包括用于育苗的土地	
		021	果园	指种植果树的园地	
		022	茶园	指种植茶树的园地	
		023	其他园地	指种植桑树、橡胶、可可、咖啡、油棕、胡椒、药材等其他多年生作物的园地	
03	林地			指生长乔木、竹类、灌木的土地，及沿海生长红树林的土地。包括迹地，不包括居民点内部的绿化林木用地，以及铁路、公路、征地范围内的林木，以及河流、沟渠的护堤林	
		031	有林地	指树木郁闭度≥树木郁的乔木林地，包括红树林地和竹林地	
		032	灌木林地	指灌木覆盖度≥灌木覆的林地	
		033	其他林地	包括疏林地（指树木郁闭度≥括疏林、<0.2的林地）、未成林地、迹地、苗圃等林地	
04	草地			指生长草本植物为主的土地	
		041	天然牧草地	指以天然草本植物为主，用于放牧或割草的草地	
		042	人工牧草地	指人工种牧草的草地	
		043	其他草地	指树林郁闭度<0.1，表层为土质，生长草本植物为主，不用于畜牧业的草地	未利用地
05	商服用地			指主要用于商业、服务业的土地	建设用地
		051	批发零售用地	指主要用于商品批发、零售的用地。包括商场、商店、超市、各类批发（零售）市场，加油站等及其附属的小型仓库、车间、工场等的用地	

一级		二级		含　义	三大类
类别编码	类别名称	类别编码	类别名称		
05	商服用地	052	住宿餐饮用地	指主要用于提供住宿、餐饮服务的用地。包括宾馆、酒店、饭店、旅馆、招待所、度假村、餐厅、酒吧等	
		053	商务金融用地	指企业、服务业等办公用地，以及经营性的办公场所用地。包括写字楼、商业性办公场所、金融活动场所和企业厂区外独立的办公场所等用地	
		054	其他商服用地	指上述用地以外的其他商业、服务业用地。包括洗车场、洗染店、废旧物资回收站、维修网点、照相馆、理发美容店、洗浴场所等用地	
06	工矿仓储用地			指主要用于工业生产、物资存放场所的土地	
		061	工业用地	指工业生产及直接为工业生产服务的附属设施用地	
		062	采矿用地	指采矿、采石、采砂（沙）场，盐田，砖瓦窑等地面生产用地及尾矿堆放地	
		063	仓储用地	指用于物资储备、中转的场所用地	
07	住宅用地			指主要用于人们生活居住的房基地及其附属设施的土地	
		071	城镇住宅用地	指城镇用于居住的各类房屋用地及其附属设施用地。包括普通住宅、公寓、别墅等用地	
		072	农村宅基地	指农村用于生活居住的宅基地	
08	公共管理与公共服务用地			指用于机关团体、新闻出版、科教文卫、风景名胜、公共设施等的土地	建设用地
		081	机关团体用地	指用于党政机关、社会团体、群众自治组织等的用地	
		082	新闻出版用地	指用于广播电台、电视台、电影厂、报社、杂志社、通信社、出版社等的用地	
		083	科教用地	指用于各类教育，独立的科研、勘测、设计、技术推广、科普等的用地	
		084	医卫慈善用地	指用于医疗保健、卫生防疫、急救康复、医检药检、福利救助等的用地	
		085	文体娱乐用地	指用于各类文化、体育、娱乐及公共广场等的用地	
		086	公共设施用地	指用于城乡基础设施的用地，包括给排水、供电、供热、供气、邮政、电信、消防、环卫、公用设施维修等用地	
		087	公园与绿地	指城镇、村庄内部的公园、动物园、植物园、街心花园和用于休憩及美化环境的绿化用地	
		088	风景名胜设施用地	指风景名胜（包括名胜古迹、旅游景点、革命遗址等）景点及管理机构的建筑用地。景区内的其他用地按现状归入相应地类	
09	特殊用地			指用于军事设施、涉外、宗教、监教、殡葬等的土地	
		091	军事设施用地	指直接用于军事目的的设施用地	
		092	使领馆用地	指用于外国政府及国际组织驻华使领馆、办事处等的用地	
		093	监教场所用地	指用于监狱、看守所、劳改场、劳教所、戒毒所等的建筑用地	
		094	宗教用地	指专门用于宗教活动的庙宇、寺院、道观、教堂等宗教自用地	
		095	殡葬用地	指陵园、墓地、殡葬场所用地	

续表

一级		二级		含 义	三大类
类别编码	类别名称	类别编码	类别名称		
10	交通运输用地			指用于运输通行的地面线路、场站等的土地，包括民用机场、港口、码头、地面运输管道和各种道路用地	建设用地
		101	铁路用地	指用于铁道线路、轻轨、场站的用地，包括设计内的路堤、路堑、道沟、桥梁、林木等用地	
		102	公路用地	指用于国道、省道、县道和乡道的用地，包括设计内的路堤、路堑、道沟、桥梁、汽车停靠站、林木及直接为其服务的附属用地	
		103	街巷用地	指用于城镇、村庄内部公用道路（含立交桥）及行道树的用地，包括公共停车场，汽车客货运输站点及停车场等用地	
		104	农村道路	指公路用地以外的南方宽度≥1.0m、北方宽度≥2.0m 的村间、田间道路（含机耕道）	农用地
		105	机场用地	指用于民用机场的用地	
		106	港口码头用地	指用于人工修建的客运、货运、捕捞及工作船舶停靠的场所及其附属建筑物的用地，不包括常水位以下部分	建设用地
		107	管道运输用地	指用于运输煤炭、石油、天然气等管道及其相应附属设施的地上部分用地	
11	水域及水利设施用地			指陆地水域，海涂，沟渠、水工建筑物等用地，不包括滞洪区和已垦滩涂中的耕地、园地、林地、居民点、道路等用地	
		111	河流水面	指天然形成或人工开挖河流常水位岸线之间的水面，不包括被堤坝拦截后形成的水库水面	未利用地
		112	湖泊水面	指天然形成的积水区常水位岸线所围成的水面	
		113	水库水面	指人工拦截汇积而成的总库容≥人工万 m³ 的水库正常蓄水位岸线所围成的水面	建设用地
		114	坑塘水面	指人工开挖或天然形成的蓄水量<10 万 m³ 的坑塘常水位岸线所围成的水面	农用地
		115	沿海滩涂	指沿海大潮高潮位与低潮位之间的潮侵地带，包括海岛的沿海滩涂。不包括已利用的滩涂	建设用地
		116	内陆滩涂	指河流、湖泊常水位至洪水位间的滩地；时令湖、河洪水位以下的滩地；水库、坑塘的正常蓄水位与洪水位间的滩地，包括海岛的内陆滩地，不包括已利用的滩地	
		117	沟渠	指人工修建，南方宽度≥1.0m、北方宽度≥2.0m 用于引、排、灌的渠道，包括渠槽、渠堤、取土坑、护堤林	农用地
		118	水工建筑用地	指人工修建的闸、坝、堤路林、水电厂房、扬水站等常水位岸线以上的建筑物用地	建设用地
		119	冰川及永久积雪	指表层被冰雪常年覆盖的土地	未利用地
12	其他土地			指上述地类以外的其他类型的土地	
		121	空闲地	指城镇、村庄、工矿内部尚未利用的土地	建设用地
		122	设施农业用地	指直接用于经营性养殖的畜禽舍、工厂化作物栽培或水产养殖的生产设施用地及其相应附属用地，农村宅基地以外的晒晒场等农业设施用地	农用地

续表

一级		二级		含　义	三大类
类别编码	类别名称	类别编码	类别名称		
12	其他土地	123	田坎	主要指耕地中南方宽度≥1.0m、北方宽度≥2.0m 的地坎	农用地
		124	盐碱地	指表层盐碱聚集，生长天然耐盐植物的土地	未利用地
		125	沼泽地	指经常积水或渍水，一般生长沼生、湿生植物的土地	
		126	沙地	指表层为沙覆盖、基本无植被的土地，不包括滩涂中的沙漠	
		127	裸地	指表层为土质，基本无植被覆盖的土地；或表层为岩石、石砾，其覆盖面积≥表层的土地	

表 4-2　　　　　　　　　　　　城 镇 村 级 工 矿 用 地

一级		二级		含　义
编码	名称	编码	名称	
20	城镇村及工矿用地			指城乡居民点、独立居民点以及居民点以外的工矿、国防、名胜古迹等企事业单位用地，包括其内部交通、绿化用地
		201	城市	指城市居民点，以及与城市连片的和区政府、县级市政府所在地镇级辖区内的商服、住宅、工业、仓储、机关、学校等单位用地
		202	建制镇	指建制镇居民点，以及辖区内的商服、住宅、工业、仓储、学校等企事业单位用地
		203	村庄	指农村居民点，以及所属的商服、住宅、工矿、工业、仓储、学校等用地
		204	采矿用地	指采矿、采石、采砂（沙）场，盐田，砖瓦窑等地面生产用地及尾矿堆放地
		205	风景名胜及特殊用地	指城镇村用地以外用于军事设施、涉外、宗教、监教、殡葬等的土地，以及风景名胜（包括名胜古迹、旅游景点、革命遗址等）景点及管理机构的建筑用地

注　开展农村土地调查时，对《土地利用现状分类》中 05、06、07、08、09 一级类和 103、121 二级类按本表进行归并。

（二）我国建设用地的要求

（1）在生产建设过程中，因挖损、塌陷、占压等造成破坏的土地，要采取综合治理措施，使其恢复到可供利用状态的活动，简称"土地复垦"。目的是合理利用土地，改善生态环境。要求从事开采矿产资源、烧制砖瓦、燃煤发电等生产建设活动、造成土地破坏的企事业单位在建设用地活动结束后恢复土地原貌。

（2）各级地方人民政府要严格按照提交土地利用率，占用城市建设用地、农村集体耕地与开发建设、复垦挂钩的原则，以集约、节约、利用土地为重点，统筹安排企业的用地要求，对项目用地要科学论证，严密测算，切实可行。

（3）严格控制城市建设用地规模，对用地现状要从实际出发，量力而行，分步实施，严格按照建设用地定额指标和技术规范设计用地范围和用地面积。

（4）评估及设计单位对用地应做好以下内容的审查工作

1）建设用地是否在需报国家及地方政府批准的范围之内。

2）建设项目目前工作是否执行了国家规定的有关建设程序。

3）建设用地是否在项目可行性研究阶段经过预审。

4）建设用地是否符合当地土地利用总体规划，是否列入土地利用年度计划。

5）农用地转用、补充耕地、征地和供地方案是否符合国家法律法规的规定和有关政策。

6）用地面积是否符合国家规定的建设用地定额指标。

7）补充耕地措施是否已经落实或能够落实。

8）土地权属、地类、面积是否清楚、准确。

9）建设项目选址压覆重要矿床的，是否经有权机关批准。

10）建设用地位于地质灾害易发区的，是否提供了地质灾害危险性评估报告。

11）占用林地是否已经林业主管部门审核同意。

12）存在违法用地行为的，是否已依法查处。

13）其他内容是否符合国家法律、法规的规定和有关政策。

四、集体土地征收应遵循的原则

（一）最大限度切实保护耕地的原则

我国人口多，耕地少并且在某些地区耕地又浪费严重。随着人口的逐年增长，耕地将继续减少，这是一个不争的事实，因此土地管理法规定："十分珍惜，合理利用土地和切实保护耕地"是我国的基本国策。各级人民政府应当采取措施，全面规划，严格管理，保护开发土地资源，制止非法占用土地的行为。在国家建设征收土地中要做到这一要求，必须坚持：1）加强规划，严格管理，严格控制各项建设用地；2）要优先利用荒地、非农业用地，尽量不用耕地；3）要优先利用劣地，尽量不用良田；4）加大土地监察和土地违法行为打击力度，切实制止乱占耕地和滥用土地行为。

（二）满足国家建设用地需要的原则

国家建设征收土地，被征地单位必须无条件服从，这不但因为征收土地是国家政治权力的行使，还因为国家权力的行使是为了维护社会的公共利益。社会公共利益是一国的最高利益，是全体人民的共同利益体现，私人行使权利不得违背社会公共利益，而且在与社会公共利益相抵触时就应对私人利益加以限制以维护社会公共利益。国家建设即是社会公共利益的体现，因此应在贯彻节约土地，保护土地的前提下保证国家建设用地。

（三）妥善安置被征地单位和农民的原则

集体土地征收意味着农民集体土地所有权的丧失，意味着农民对土地的使用利益的丧失，故用地单位应当根据国家法律规定，妥善安排被征地单位和农民的生产和生活：1）对被征收土地的生产单位要妥善安排生产；2）对征地范围内的拆迁户要妥善安置；3）征收的耕地要适当补偿；4）征地给农民造成的损失要适当补助。

（四）征收程序和补偿法定的原则

土地征收活动是一项政策性强、敏感性高的活动，在实施过程中应当严格遵行国家的相关法律法规，尤其是在实施程序上需要严格按照法定程序执行，保证土地征收活动于法有据；同时在确定补偿内容和补偿标准时，也应当严格遵循国家相关法律法规和政策确定的补偿办法和补偿标准，切实保证土地被征收单位和农民的合法权益。

五、我国土地征收中存在的问题

我国现行的土地征收制度是20世纪50年代在高度集中的计划经济体制时期形成的，当时对于保证国家建设起到了积极作用。随着社会主义市场经济的发展，这个制度的缺陷就日益凸现，目前主要存在如下一些问题亟待解决：

（一）"公共利益"的明确界定

我国《宪法》规定："国家为了公共利益的需要，可以依照法律规定对土地实行征收或征用"，《土地管理法》规定："国家为公共利益的需要，可以依法对集体所有的土地实行征收或征用"。这些规定都强调了征收的前提必须是为"社会公共利益的需要"，也就是说，只为某个或某些经济组织或者个人利益需要，是不能征收集体土地的。2011 年 1 月 21 日公布实施的《国有土地上房屋征收与补偿条例》第八条列举了保障国家安全、促进国民经济和社会发展等公共利益的主要情形，可以对土地征收过程中界定公共利益提供参考。根据《土地管理法实施条例》对征地审批程序的规定，可以间接推断出：在土地利用总体规划规定的城市用地范围内，为实施城市规划需要占用土地，以及能源、交通、水利、矿山、军事设施等建设项目确需使用土地利用总体规划确定的城市建设用地范围外的土地，应当属于为"公共利益"需要使用土地。事实上，为实施城市规划分批次征收土地后，由哪些具体的建设项目来使用具有很大的随意性，往往是谁申请使用，就由市、县人民政府按照规定出让或划拨给谁使用。这里面的"公共利益需要"尺度很难把握。

严格限定公益性用地范围，土地征收权只能为公共利益的需要而行使。我国《宪法》和《土地管理法》均明确规定，"国家为了公共利益的需要"，可以征收农村集体所有的土地。依据国外经验和我国实际，我们认为，"公共利益"应严格限定在以下几类：1）军事用地；2）国家政府机关及公益性事业研究单位用地；3）能源、交通用地，如煤矿、道路、机场等；4）公共设施用地，如水、电、气等管道、站场用地；5）国家重点工程用地，如三峡工程、储备粮库等；6）公益及福利事业用地，如学校、医院、敬老院等；7）水利、环境保护用地，如水库、防护林等；8）其他公认或法院裁定的公共利益用地。在合理界定"公共利益用地"的前提下，要确保土地征收权只能为公共利益的需要而行使。其他非公益性用地，不能依靠征收农地，应当主要依靠盘活城市土地存量市场以及开放农村集体非农建设用地市场来解决。党的十八届三中全会公报也明确提出了"建立城乡统一的建设用地市场，推进城乡要素平等交换和公共资源均衡配置"，并提出"在符合规划和用途管制前提下，允许农村集体经营性建设用地出让、租赁、入股，实行与国有土地同等入市、同权同价"，进一步明确了我国深化农村土地制度改革的方向、重点和要求。

（二）土地征收的补偿

土地征收是政府强制性取得集体土地所有权的一种方式。这种所有权的转移是在有偿的方式下发生的。在此过程中，土地权利的转移不是一种市场行为，而是一种行政行为。为了国家建设的需要，农民集体不得以任何理由阻碍政府。此时农民集体所有权表现为一种不完全的所有权，其收益权受到削弱。我国《土地管理法》中明确规定了土地征收的补偿标准，这种补偿标准虽在原来的基础上有所提高，但仍存在一定的不足。它难以正确体现地块的区位差异及各地不同的经济发展水平等，进而难以维持农民现有的生活水平，导致农民对征地的不满；政府低价获得土地所有权、高价出让土地使用权的行为，也难以为农民所接受。

应以农用地市场价格作为确定土地征收费的基本依据。现行《土地管理法》尽管提高了根据土地产值补偿的倍数，还远未消除低成本征地的不合理状况。耕地的常年产量因为不能反映土地的位置、地区经济发展水平、人均耕地面积等影响土地价格的经济因素，也不能反映同一宗土地在不同投资水平下出现产量差别的真实价值，目前世界大多经济发达国家或地区将土地市场价格作为征地补偿依据。在计划经济年代，土地没有价格，征地补偿依其常年产量未尝不可。在市场经济条件下，继续这样执行就不利于保护农村集体经济组织和村民利益。为了切实保护农民利益，也为了建立我国完善的土地市场，征地补偿必须以土地的市场价格为依据，实行公平补偿。在公平补偿原则下，征收补偿金包括两部分：土地的市场价格和相关补助金。土地的市场价格是指某一宗特定土地处于现状土地利用条件下，在公开市场中所有权形态所具有的无限年期的正常市场价格。在我国目前农村，集体土地具有多重功能，即为农业生产服务的生产资料功能和对农民进行生存保障的社会保障功能及发展功能，农地所有权的市场价格要体现这三重功能。相关补助金是指因征地而导致搬迁费用、新的工作的前期费用以及农地中一些尚未折旧完毕的投资，对农村建设用地（如宅基地）则还包括建筑物的补偿费。

（三）土地征收权的行使

从世界各国对土地征收权力的行使来看，大多是为了公共利益。一些经济比较发达的国家，政府更多的是采用通过与所有者合作或商议的形式获得土地，实行土地先买为主，征收为辅。当收买发生困难时，才实行土地征收。在我国，宪法明确规定为了公共利益的需要征收土地，《土地管理法》规定任何单位或个人使用土地，必须使用国有土地。即凡是不属于该集体经济组织的用地单位或个人需要使用土地，都必须请求政府动用征地权，从而满足其用地的需要。我国自实行土地有偿使用制度以来，各级地方政府为增加财政收入，对征地权的行使乐此不疲。有的地方往往通过建立开发区、科技园等向投资单位提供优惠政策，而土地使用费往往作为其优惠的条件之一。尽管现行的《土地管理法》规定征收审批权由国务院及省级人民政府行使，但各级地方政府仍拥有一定的权力，加之监督机制不完善，便在征地申报过程中出现了一些弄虚作假的行为。

（四）土地收益分配和管理问题

土地征收过程中，土地收益为土地的所有权及使用权收益，因此这部分收益应该在失去土地所有权及使用权的产权主体之间进行分配，即在集体经济组织及农民个人之间进行合理的分配。然而在实际中，一些县、乡镇政府也参与补偿收益的分配，从而导致集体经济组织及农民个人获取的补偿收益减少。统计数据表明，地方政府占了补偿收益的大部分，而农民作为集体土地的直接使用者和经营者，在补偿中往往处于劣势，掌握在集体经济组织手中的征地补偿费也往往被少数村干部所侵吞。我国《土地管理法》实施条例第二十六条规定，土地补偿费归农村集体经济组织所有，地上附着物及青苗补偿费归地上附着物及青苗的所有者所有，从而使农民的土地使用权成为虚置。加之我国社会保障体系很不健全，农民的社会保障水平较低，因此尽管在征地中对完全失去土地的农民进行相应的安置，但这种安置方式是在计划经济的背景下产生的，随着我国从计划经济向市场经济转变并趋向成熟的过程中，企业地位及用工制度发生了巨大变化，竞争上岗，能者上，弱者下，农民即使通过安置获得一份非农职业，但受其自身素质的限制难以适应企业的需要，往往成为下岗的首选对象。

要合理分配土地征收补偿收益，明确界定产权是实现征地补偿费合理分配的关键。我国法律明确规定农村土地属集体所有，农民享有本集体土地的承包经营权。这些权利可以通过土地登记，并发放相应的土地权利证书，在法律上得到有效的确认和保护。在权利证书中应明确规定集体土地权利主体的权利和义务，通过土地利用现状调查或地籍调查查清各权利主体的土地边界、面积、位置、四至等基本情况，使权利的行使能够对应特定标的物，从而防止权利的虚化，使其不被他人侵害，真正享有土地的所有权或使用权。由于我国特殊的国情，集体土地对农民而言不单是生产资料，还是保障资料。土地征收是对集体土地所有权和使用权的永久性转移，农民将永远失去土地的经营权，失去生活的可靠来源和保障。因此在土地补偿中应考虑这一特殊性，使补偿收益更多地偏向失地农民，并指导他们合理使用这部分收益，用于再就业及改善和提高生活水平。农村集体经济组织所得份额应用于本集体经济组织内的生产建设，如兴修农田水利建设，购置农机具，帮助农民引进先进的农业科学技术，更新品种，提高农业单产，同时还可进行乡镇企业的建设，为失地农民提供更多的就业机会。总之，土地补偿收益必须进行合理的分配和使用，真正体现农民的利益。只有这样才能真正体现产权工作的经济利益。

（五）公众参与问题

《土地管理法》第四十八条规定，征地补偿安置方案确定后，有关地方人民政府应当公告，并听取被征土地的农村集体经济组织和农民的意见。事实上，集体尤其是农民在征地过程中参与的程度非常有限。在现行体制下，国家征地面对的是集体，而不是农户；农户不参与征地补偿谈判，有权去谈补偿条件的只是集体，实际上的集体常常不过是几个乡村权力人物；能不能完成征地任务，是乡村权力人物能不能继续居于权力位置的条件。作为农民个人，其赖以生存的就是承包经营的土地，土地征收恰好使其基本的经营基础丧失。征地过程中的各项补偿最终要落实到农民，但农民无法以独立权利主体的地位参与到征收协商谈判中来，征地过程中又缺乏畅通的申诉渠道，其财产权利的保障就更成为问题；征收过程的全程管理和有效的监督反馈机制也就无法真正建立起来。

（六）城乡差别对待问题

在我国，根据《宪法》和《土地管理法》的相关规定，财产征收的标的仅为"集体土地"，虽然在理论上意味着征收权受到严格限制，实际上却造成法律规范与社会现实脱节，不利于防止政府过度干预。目前，建设用地占用城市国有土地使用权，虽然在本质上也是借助国家行政权力对公民土地财产权利的强制取得，但并未归入征收范畴，而是由房屋征收条例加以调整。2011 年我国新发布的《国有土地上房屋征收与补偿条例》，重点转向保障被征收房屋所有权人的合法权益，并提出"决策民主、程序正当、结果公开"原则，强调了"对被征收房屋价值的补偿，不得低于房屋征收决定公告之日被征收房屋类似房地产的市场价格"。数据显示，城市道路总投资当中，拆迁费用要占 30%～50%甚至更高的比例，北京曾有建设投资10 亿，拆迁费用 30 亿的记录。农民对土地的依赖性更强，但在征收中却无法享受同等的待遇。另外，目前农村的存量建设用地依法不能进入一二级土地市场，同样是土地的所有权、使用权，国家与集体之间却存在产权歧视，这不仅制约了农村经济结构调整，也在客观上促成了国家土地征收权的超范围使用和集体非农建设用地的灰色流转。十八届三中全会公报提出的"在符合规划和用途管制前提下，允许农村集体经营性建设用地出让、租赁、入股，实行与国有土地同等入市、同权同价"，但具体实施细节尚待进一步细化和明确。

第二节　我国建设项目用地政策及调整变化趋势

我国目前人均耕地不足 1.5 亩，不到世界平均水平的一半。如此宝贵的耕地，每年还以近千万亩的速度在减少。据 2008 年国土资源部统计，仅过去 7 年我国耕地总量已减少 1 亿亩，600 多个县市的人均耕地面积在世界公认的警戒线 0.8 亩以下。我国土地资源严重匮乏，节约集约利用土地和保护耕地是我国的一项基本国策。对建设项目进行用地审批是宏观调控的一项重要手段，是对投资规模和结构进行调控的一个"闸门"，要求项目选址和用地必须严格遵守国家有关土地管理的法律法规，切实做到依法、科学、合理、节约用地。

一、项目建设用地管理的相关政策

（一）近年我国有关建设用地的新政策

我国先后出台了一系列针对严格土地管理、加强宏观调控的土地管理政策法规及文件规定，如《土地管理法》、《基本农田保护条例》、《土地复垦规定》、《建设用地计划管理办法》、《大中型水利水电工程建设征地补偿和移民安置条例》等法律法规，并建立了土地用途管制制度、土地利用总体规划制度、占用耕地补偿制度、基本农田保护制度等。

我国近年来出台的土地管理政策主要有：

（1）《招标拍卖挂牌出让国有土地使用权规定》（2002 年 5 月），对国有土地出让制度进行了规范，要求所有经营性用地一律实行招标拍卖挂牌出让，明确规定出让的范围、组织实施程序等，力求优化土地资源配置，建立公开、公平、公正的土地使用制度。

（2）《关于清理各类园区用地加强土地供应调控的紧急通知》（2003 年 2 月），提出要清理违规设立的各类园区，严禁违法下放土地审批权，严禁任何单位和个人使用农民集体土地进行商品房开发，严格控制土地供应总量，优化土地供应布局和结构，加大土地管理的监管力度等。

（3）《关于深入开展土地市场治理整顿严格土地管理的紧急通知》（2004 年 4 月），要求深入开展土地市场治理整顿，实施"三个暂停"，即全国暂停审批农用地转非农建设用地，暂停涉及基本农田保护区调整的各类规划修改，对新批的县改市（区）和乡改镇，暂停修改涉及土地利用的各类规划。

（4）《关于深化改革严格土地管理的决定》（2004 年 10 月），提出要切实保护耕地特别是保护好基本农田；强化土地用途管制制度；完善征地补偿和安置制度；健全土地节约利用和收益分配机制；严格土地管理责任追究制度。

（5）《关于基本农田保护中有关问题的整改意见》（2004 年 10 月）：解决基本农田保护中基础工作有关问题，落实规划确定的基本农田；处理基本农田用途变化中的有关问题，稳定基本农田面积和质量；针对基本农田保护的薄弱环节，建立健全有关保护制度。

（6）《土地利用年度计划管理办法》（2004 年 11 月），提出农用地转用计划指标实行分类设置和下达；农用地转用计划实行指令性管理，并强调严格计划执行的法律效力；明确对计划执行情况进行考核。

（7）《建设项目用地预审管理办法》（2004 年 11 月），提出对建设项目用地实行分级预审和分类管理，通过预审从源头上对项目用地进行总量控制和管理，从而把住农用地转用、土地征收的关口。

（8）《关于做好稳定住房价格工作的意见》（2005 年 4 月），提出严格执行土地利用总体规划和土地利用计划；加大非高档住房土地供应力度，停止别墅类用地供应，严控高档住房用地供应；进一步完善土地收购储备制度；加强和完善土地市场信息监测及披露制度。

（9）《关于调整住房供应结构稳定住房价格的意见》（2006 年 5 月），明确中低价位、中小套型普通商品住房应占居住用地供应总量的比例，停止别墅类用地供应，严格控制高档住房的土地供应；土地供应采取竞地价、竞房价的招标方式确定开发建设单位；加大对闲置土地的处置力度；完善土地市场统计及信息披露制度。

（10）《关于当前进一步从严土地管理的紧急通知》（2006 年 6 月），强调要严格执行土地利用总体规划和年度计划，控制建设用地规模；从严审批各类非农建设用地，发挥土地调查、登记在建设用地审批中的基础作用；建立健全土地市场动态监测制度；加大查处土地违法违规案件的力度。

（11）《关于开展制订征地统一年产值标准和征地区片综合地价工作的通知》（2005 年 7 月），国土资源部要求各地力争在 2005 年年底完成本地区征地统一年产值标准和区片综合地价的制订及公布工作，并发布了《征地统一年产值标准测算指导性意见》。

（12）《招标拍卖挂牌出让国有土地使用权规范》和《协议出让国有土地使用权规范》（2006 年 8 月），提出严格控制国有土地出让范围，建立用地预申请制度；提高土地出让公开程度，建立国有土地出让的协调决策机构和价格争议裁决机制；建立国有土地出让公示制度，推进土地资源合理配置。

（13）《国务院关于加强土地调控有关问题的通知》（2006 年 9 月），进一步明确了土地管理和耕地保护的责任，切实保障被征地农民的长远生计，规范土地出让收支管理，调整建设用地有关税费政策，建立工业用地出让最低价标准统一公布制度；提出城市建设用地的审批，在土地利用总体规划确定的用地范围内，依法由国务院分批次审批的农用地转用和土地征收，调整为每年由省级人民政府汇总后一次申报，经国土资源部审核，报国务院批准后由省级人民政府具体组织实施。

（14）《关于切实做好被征地农民社会保障工作有关问题的通知》（2007 年 4 月），要求进一步明确被征地农民社会保障工作责任，确保被征地农民社会保障所需资金，再次强调"对没有出台被征地农民社会保障实施办法、被征地农民社会保障费用不落实、没有按规定履行征地报批前有关程序的，一律不予报批征地"。

（15）《耕地占用税暂行条例》（2007 年 12 月）对耕地占用税的税额、计税依据、征收方式、免征耕地占用税的情形等进行了规范。

（16）《土地调查条例》（2008 年 2 月）对土地调查的组织实施、调查内容、调查方法、调查标准、组织实施、调查成果处理和质量控制、调查成果公布和应用等进行了规定。

（17）《国土资源部关于切实做好征地统一年产值标准和区片综合地价公布实施工作的通知》（2008 年 6 月）部署了征地统一年产值的公布实施工作，要求在原则上全国从 2009 年 1 月 1 日起实施新的征地补偿标准，新的征地补偿标准公布后，要坚持同地同价、协调平衡、公开透明的原则实施征地标准，不得随意改变和降低补偿标准，在实施征地中，考虑到地类、土地质量、人口密度差异等实际情况，可按公布的征地统一年产值补偿倍数调整幅度、区片综合地价修正因素及修正系数，对征地补偿标准进行适当调整，调整后不得低于公布的标准。

（18）《建设项目用地预审管理办法》（2009 年 1 月）明确了建设项目用地分级预审办法和所需提交的材料，以及审查内容和程序要求。

（19）《土地复垦条例》（2011 年 3 月）。

（20）《土地复垦条例实施办法》（2013 年 3 月）生效实施。

（二）我国土地管理的重要制度

上述有关政策法规，可以概括为我国建设项目用地管理应遵循以下制度：

1. 土地产权与登记制度

我国规定国家依法实行土地登记发证制度。只有依法登记的土地所有权和使用权才受法律保护。土地登记资料可以公开查询。对于国有土地使用权，包括划拨、出让、租赁、作价入股、授权经营等，均应进行登记。对于农民集体所有土地，其所有权、集体建设用地使用权和农民宅基地使用权均应进行登记。土地登记的种类包括初始土地登记（总登记）和变更土地登记。建设项目用地登记应领取土地登记卡及土地证书等土地登记文件。

2. 土地用途管制制度

我国强调依据有关规划来规范土地用途管理。通过编制土地利用总体规划，规定土地用途，将土地分为农用地、建设用地和未利用地；严格限制农用地转为建设用地，控制建设用地总量，对耕地实行特殊保护；使用土地的单位和个人必须严格按照土地利用总体规划确定的用途使用土地；严格土地利用总体规划、城市总体规划、村庄和集镇规划修改的管理。

3. 土地利用计划管理制度

建设项目用地应纳入土地利用年度计划，对农用地转用计划指标、耕地保有量计划指标和土地开发整理计划指标进行管理；把新增建设用地控制指标（包括农用地和未利用地转为建设用地）纳入土地利用年度计划；农用地转为建设用地应依法报批；农用地转为建设用地，必须符合土地利用总体规划、城市总体规划、村庄和集镇规划，纳入年度土地利用计划，并依法办理农用地转用审批手续，禁止擅自将农用地转为建设用地；禁止通过"以租代征"等方式使用农民集体所有农用地进行非农业建设，擅自扩大建设用地规模。

4. 耕地保护制度

强调严格执行耕地总量动态平衡制度和耕地占补平衡制度，要求省、自治区、直辖市人民政府应严格执行土地利用总体规划和年度土地利用计划，采取措施确保本行政区域内耕地不减少；非农业建设经批准占用耕地，要按照"占多少、垦多少"的原则，由占用耕地的单位负责开垦与所占用耕地的数量和质量相当的耕地；没有条件开垦的或者开垦的耕地不符合要求的，应当按照省、自治区、直辖市的规定缴纳耕地开垦费，专款用于开垦新的耕地；实行基本农田保护制度。基本农田是指按照一定时期人口和社会经济发展对农产品的需求，依据土地利用总体规划确定的不得占用的耕地。各省、自治区、直辖市划定的基本农田应当占本行政区域内耕地的百分之八十以上。要求基本农田数量不减少，质量不降低；经依法批准占用的，应进行补划；基本农田一经划定，任何单位和个人不得擅自占用或者擅自改变用途，并强调这是一条不可逾越的"红线"；实行耕地保护目标责任制度，要求县级以上地方各级人民政府应当将基本农田保护工作纳入当地经济社会发展规划，作为政府领导任期目标责任制的一项内容，并由上级人民政府监督实施。地方各级人民政府主要负责人应对本行政区域内耕地保有量和基本农田保护区面积、土地利用总体规划和年度计划执行情况负总责；建立耕地保护责任的考核体系，国务院定期向各省、自治区、直辖市下达耕地保护责任考核目标，各省、自治区、直辖市人民政府每年要向国务院报告耕地保护责任目标的履行情况。国土资源部会同农业部、监察部、审计署、统计局等部门定期对各省、自治区、直辖市耕地保护责任目标履行情况进行检查和考核，并向国务院报告；实行土地开发整理复垦制度，国家鼓励单位和个人按照土地利用总体规划，在保护和改善生态环境、防止水土流失和土地荒漠化的前提下，开发未利用的土地；适宜开发为农用地的，应当优先开发成农用地；国家鼓励土地整理，县、乡（镇）人民政府应当组织农村集体经济组织，按照土地利用总体规划，对山、水、田、林、路、村综合整治，提高耕地质量，增加有效耕地面积，改善农业生产条件和生态环境。因挖损、塌陷、压占等造成土地破坏的土地，用地单位和个人应按照国家有关规定负责复垦；没有条件复垦或者复垦不符合要求的，应当缴纳土地复垦费，专项用于土地复垦。复垦的土地应当优先用于农业。

5. 节约集约利用土地制度

我国规定不仅要通过规划和计划管理等措施节约利用，而且要通过产业组织、技术进步等手段集约利用土地。非农业建设必须节约使用土地，可以利用荒地的，不得占用耕地；可以利用劣地的，不得占用好地。

6. 项目建设用地正式报批制度

包括农用地转用审批、土地征收审批和土地供应审批。在农用地转用审批方面，省、自治区、直辖市人民政府批准的道路、管线工程和大型基础设施建设项目、国务院批准的建设项目占用土地，涉及农用地转为建设用地的，由国务院批准。在土地利用总体规划确定的城市和村庄、集镇建设用地规模范围内，为实施该规划而将农用地转为建设用地的，按土地利用年度计划分批次由原批准土地利用总体规划的机关批准。上述规定以外的建设项目占用土地，涉及农用地转为建设用地的，由省、自治区、直辖市人民政府批准。在土地征收审批方面，涉及基本农田的，基本农田以外的耕地超过 $35hm^2$ 的，或者其他土地超过 $70hm^2$ 的，由国务院审批。低于 $35hm^2$ 面积的耕地（不包括基本农田），或低于 $70hm^2$ 面积的其他土地，由省、自治区、直辖市人民政府批准，并报国务院备案。

二、土地征收征用制度

根据我国宪法及土地管理法律规定，项目占用土地分为征收和征用两种情形。征用针对的是临时用地，一般是指农村集体经济组织的土地所有权不发生转移，但使用权暂时让渡给项目使用，并在一定期限内归还所有权人。土地征收则是土地所有权的转移，属于永久性占地。我国对土地征收征用实行严格的审批制度。农用地转用审批和土地征收审批的审批权由国务院和省级人民政府行使。在农用地转用审批方面，国务院批准的建设项目和省级人民政府批准的道路、管线工程及大型基础设施建设占用耕地（单独选址），在土地利用总体规划确定的直辖市、计划单列市和省、自治区人民政府所在地的城市以及人口在50万人以上的城市建设用地规模范围内，为实施该土地利用总体规划，按照土地利用年度计划申请城市分批次建设占用耕地，由国务院审批。除国务院审批权限以外的建设项目占用土地，涉及农用地转为建设用地的，需报省、自治区、直辖市人民政府审批。在土地征收审批方面，涉及基本农田，基本农田以外的耕地超过 $35hm^2$ 的，以及其他土地超过 $70hm^2$ 的，由国务院审批。低于 $35hm^2$ 面积的耕地（不包括基本农田），低于 $70hm^2$ 面积的其他土地，以及耕地（含基本农田）以外的其他土地，由省、自治区、直辖市人民政府批准。

土地征收必须予以合理补偿。根据有关规定，征地拆迁补偿的原则概括为：1）既要维护公共利益，又要维护被征地农民合法权益；2）原有生活水平不降低，长远生计有保障；3）对于大中型水利水电项目，移民要达到或超过原有生活水平；4）依法、足额、及时予以补偿，国家重点工程建设项目应足额概算，将补偿费用充足纳入工程预算；5）被征地农民的社会保障费用的不足部分，由当地政府用国有土地使用权有偿使用收入予以补贴；6）要在土地和财产被征收之前支付补偿费；7）省级人民政府要制订并公布征地的统一年产值标准和区片综合地价，作为核算补偿费用的依据；8）同地同价，所有受项目影响而损失所拥有财产者，均应有同等权利得到补偿和安置，以在项目完成前提高或恢复他们的生活水平，不会因为他们所有权状况的不同受到区别对待；9）对于所有受影响的财产，要以该财产的重置价格予以补偿，不应扣除折旧；10）关注项目区内经济能力脆弱的人口，包括孤老人口、残疾人口、女户主家庭和贫困家庭，应为他们提供额外的培训和物质支持。

土地征收征用的补偿费用包括：1）土地补偿费；2）安置补助费；3）地上附着物和青苗的补偿费。

项目业主除需要支付有关补偿费之外，还要缴纳有关税费。《土地管理法》及其实施条例等规定了耕地开垦费、耕地闲置费、土地复垦费、征地补偿费、土地有偿使用费、新菜地开发基金等费用的缴纳制度；《耕地占用税暂行条例》、《城镇土地使用税暂行条例》、《土地增值税暂行条例》等则分别对耕地占用税、城镇土地使用税、土地增值税的课税主体、课税客体、税基、税率以及缴纳办法做出了明确规定。

三、土地供应及国有土地使用权出让政策

建设项目的供地方案批准后，由市、县人民政府向建设单位颁发《建设用地批准书》。对于通过划拨方式获得土地的，应颁发"国有土地划拨决定书"。对于采用有偿方式获得土地的，应签署国有土地有偿使用合同。以划拨的方式获得土地的供地对象为：1）国家机关用地和军事用地；2）城市基础设施用地和公益事业用地；3）国家重点扶持的能源、交通、水利等基础设施用地；4）法律、行政法规规定的其他用地。以有偿方式供地的渠道为：1）国有土地使用权出让；2）国有土地租赁；3）国有土地使用权作价出资或入股。

国有土地使用权出让是指国家以土地所有者的身份将土地使用权在一定年限内让与土地使用者，并由土地使用者向国家支付土地使用权出让金的行为。土地使用权出让合同由市、县人民政府土地管理部门与土地使用者签订。土地使用权出让的最高年限为：1）居住用地 70 年；2）工业用地 50 年；3）科教文卫体用地 50 年；4）商业、旅游、娱乐用地 40 年；5）综合或者其他用地 50 年。土地使用权出让的方式包括协议、招标、拍卖。以协议方式出让国有土地使用权的出让金不得低于按国家规定所确定的最低价。工业用地出让最低价标准不得低于土地取得成本、土地前期开发成本和按规定收取的相关费用之和。商业、旅游、娱乐和商品住宅等各类经营性用地，必须以招标、拍卖或者挂牌方式出让。《国务院关于加强土地调控有关问题的通知》进一步明确，工业用地必须采用招标拍卖挂牌方式出让，并要求建立工业用地出让最低价标准统一公布制度；依法不属于招标拍卖挂牌出让范围的工业用地，方可按照《协议出让国有土地使用权规范》（国土资发〔2006〕114 号）规定的程序，办理协议出让。国有土地使用权出让总价款全额纳入地方预算，缴入地方国库，实行"收支两条线"管理。土地出让总价款必须首先按规定足额安排支付土地补偿费、安置补助费、地上附着物和青苗补偿费、拆迁补偿费以及补助被征地农民社会保障所需资金的不足，其余资金应逐步提高用于农业土地开发和农村基础设施建设的比重，以及用于廉租住房建设和完善国有土地使用功能的配套设施建设。

四、我国建设项目用地政策调整的主要趋势

（一）紧缩地根，发挥土地作为宏观调控手段的作用

在继续发挥信贷闸门作为宏观调控的手段的同时，强调通过土地这道闸门进行经济结构调整。包括控制建设用地供应总量、结构和时序；严格房地产市场宏观调控与供地政策，包括适当提高居住用地在土地供应中的比例，着重增加中低价位普通商品住房和经济适用住房建设用地供应量，停止别墅类用地供应，严格控制高档住房用地供应，停止、放缓建设用地审批。

进一步强调建设用地的供应与国家产业政策和区域政策相协调，控制高耗能、高污染行

业过快增长。严格执行《限制用地项目目录》、《禁止用地项目目录》，项目开工建设必须符合用地预审、环境影响评价审批等必要条件，把好建设项目用地审批关。对不符合国家产业政策和土地供应政策的项目，不受理用地报批。对违规出台的在地价、税费等方面给予高耗能高污染行业的优惠政策，要会同有关部门清理和纠正。

深入推进节约集约用地，完善并严格执行节约集约用地政策和标准。在满足功能和安全要求前提下，重点审改现有各类工程项目建设用地标准；提高新增建设用地土地有偿使用费缴纳标准和城镇土地使用税、耕地占用税征收标准；稳步推进城镇建设用地增加与农村建设用地减少相挂钩的改革试点；继续严格土地审批与供应管理。根据《工业项目建设用地控制指标》规定，工业项目建筑系数应不低于30%，投资强度标准比原来普遍提高15%，工业项目所需行政办公及生活服务设施用地面积不得超过总用地面积的 7%，严禁在工业项目用地范围内建造成套住宅、专家楼、宾馆、招待所和培训中心等。

（二）强化土地管理和耕地保护责任

地方各级人民政府主要负责人应对本行政区域内耕地保有量和基本农田保护面积、土地利用总体规划和年度计划执行情况负总责，强调要严格实行问责制。根据权责一致的原则，调整城市建设用地审批方式，依法由国务院分批次审批的农用地转用和土地征收，调整为每年由省级人民政府汇总后一次申报，经国土资源部审核，报国务院批准后由省级人民政府具体组织实施。

（三）提高用地成本，严控土地乱占滥用

提高新增建设用地土地有偿使用费的缴纳标准，调整城镇土地使用税征收标准，通过加大用地成本，利用经济杠杆引导减少建设用地，提高土地使用效率。

（四）切实保障被征地农民的长远生计

征地补偿安置必须以确保被征地农民原有生活水平不降低、长远生计有保障为原则。今后将更加强调各地要做好被征地农民就业培训和社会保障工作，要求被征地农民的社会保障费用应按有关规定纳入征地补偿安置费用，不足部分由当地政府从国有土地有偿使用收入中解决，并强调社会保障费用不落实的不得批准征地。

（五）建立工业用地出让最低价标准统一公布制度

国家要根据土地等级、区域土地利用政策等，统一制订并公布各地的工业用地出让最低价标准，建立工业用地出让最低价标准统一公布制度；除特殊情况，工业用地必须采取招标拍卖挂牌方式出让，其出让价格不得低于公布的最低价。工业用地出让最低价标准不得低于土地取得成本、土地前期开发成本和按规定收取的相关费用之和。

（六）规范土地出让收支管理

国有土地使用权出让总价款全额纳入地方预算，缴入地方国库，实行"收支两条线"管理。土地出让总价款必须首先按规定足额安排支付土地补偿费、安置补助费、地上附着物和青苗补偿费、拆迁补偿费以及补助被征地农民社会保障所需资金的不足，其余资金应逐步提高用于农业土地开发和农村基础设施建设的比重，以及用于廉租住房建设和完善国有土地使用功能的配套设施建设。

（七）建立土地督察制度，严格土地管理行为监督检查

2006 年 7 月，国务院办公厅印发了《关于建立国家土地督察制度有关问题的通知》，明确国务院授权国土资源部代表国务院对各省、自治区、直辖市，以及计划单列市人民政府土

地利用和管理情况进行监督检查；明确了国家土地督察的机构设置、职能配置和人员编制；明确了国家土地督察机构的监督检查方式和具体工作要求，以进一步发挥土地督察制度对建设用地违规查处方面的监督作用。

（八）建立城乡统一的建设用地市场

党的十八届三中全会通过的《中共中央关于全面深化改革若干重大问题的决定》（以下简称《决定》）提出建立城乡统一的建设用地市场，明确了深化农村土地制度改革的方向、重点和要求。《决定》提出："在符合规划和用途管制前提下，允许农村集体经营性建设用地出让、租赁、入股，实行与国有土地同等入市、同权同价"；"完善土地租赁、转让、抵押二级市场"，这为建立城乡统一的建设用地市场提供了保障。

第三节　建设项目的用地审批

一、建设项目用地预审

（一）建设项目用地预审的相关规定

建设项目用地预审，是指国土资源管理部门在建设项目审批、核准、备案阶段，依法对项目涉及的土地利用事项所进行的审查。为保证土地利用总体规划的实施，充分发挥土地供应的宏观调控作用，控制建设用地总量，2008 年 11 月国土资源部发布《建设项目用地预审管理办法》（2008 年第 42 号令修正），提出根据《中华人民共和国土地管理法》及其实施条例，以及《国务院关于深化改革严格土地管理的决定》要求，依法实施建设项目用地预审制度，规定土地预审是项目审批、核准必经的前置性审查程序。《国务院关于加强土地调控有关问题的通知》进一步要求，凡不符合土地利用总体规划、没有农用地转用计划指标的建设项目，不得通过项目用地预审。预审应当遵循下列原则：1）符合土地利用总体规划；2）保护耕地，特别是基本农田；3）合理和集约利用土地；4）符合国家供地政策。

规定建设项目用地实行分级预审。需人民政府或有批准权的人民政府发展和改革等部门审批的建设项目，由该人民政府的国土资源管理部门预审。需核准和备案的建设项目，由与核准、备案机关同级的国土资源管理部门预审。需审批的建设项目在可行性研究阶段，由建设用地单位提出预审申请。需核准的建设项目在项目申请报告核准前，由建设单位提出用地预审申请。需备案的建设项目在办理备案手续后，由建设单位提出用地预审申请。按规定应当由国土资源部预审的建设项目，国土资源部委托项目所在地的省级国土资源管理部门受理，但建设项目占用规划确定的城市建设用地范围内土地的，委托市级国土资源管理部门受理；受理后提出初审意见，转报国土资源部。涉密军事项目和国务院批准的特殊建设项目用地，建设用地单位可直接向国土资源部提出预审申请。应由国土资源部负责预审的输电线塔基、钻探井位、通信基站等小面积零星分散建设项目用地，由省级国土资源管理部门预审，并报国土资源部备案。

向国土资源主管部门申请土地预审所需申报材料无明确统一规定，一般需要提交下列材料：①建设项目用地预审申请表；②建设项目用地预审申请报告，内容包括拟建项目的基本情况、拟选址占地情况、拟用地面积确定的依据和适用建设用地指标情况、补充耕地初步方案、征地补偿费用和矿山项目土地复垦资金的拟安排情况等；③项目建议书批复文件或者项目备案批准文件；④单独选址建设项目拟选址位于地质灾害防治规划确定的地质灾害易发区内的，提交地质灾害危险性评估报告；⑤单独选址建设项目所在区域的国土资源管理部门出具是否压覆重要矿产资源的证明材料。直接审批可行性研究报告的审批类建设项目与需核准的建设项目，申请用地预审的不提交前款第③～⑤项材料。

根据《建设项目用地预审管理办法》规定，国土资源部门对建设项目用地预审的主要内容是：①建设项目选址是否符合土地利用总体规划，是否符合国家供地政策和土地管理法律、法规规定的条件；②建设项目用地规模是否符合有关建设用地指标的规定；③建设项目占用耕地的，补充耕地初步方案是否可行；④征地补偿费用和矿山项目土地复垦资金的拟安排情况；⑤属《土地管理法》第二十六条规定情形，建设项目用地需修改土地利用总体规划的，规划的修改方案、规划修改对规划实施影响评估报告等是否符合法律、法规的规定。国土资源管理部门应当自受理预审申请或者收到转报材料之日起二十日内，完成审查工作，并出具预审意见。二十日内不能出具预审意见的，经负责预审的国土资源管理部门负责人批准，可以延长十日。建设项目用地预审文件有效期为两年，自批准之日起计算。已经预审的项目，如需对土地用途、建设项目选址等进行重大调整的，应当重新申请预审。未经预审或者预审未通过的，不得批复可行性研究报告、核准项目申请报告；不得批准农用地转用、土地征收，不得办理供地手续。预审审查的相关内容在建设用地报批时，未发生重大变化的，不再重复审查。

（二）土地预审制度实施存在的问题

将土地预审作为建设项目用地审查的第一道"闸门"，是加强土地管理的一项重要制度，但实际执行效果并不理想。现在大多数项目都需要按规定进行用地预审，相当一部分预审还停留在形式上，有些项目虽然经过了预审，但在用地过程中却被随意调整。预审在某种程度上还没有真正起到把关的作用，存在重形式、轻实质的倾向。许多地方的预审主要是看是否符合规划、是否有计划指标、是否符合产业政策，但是对于用地规模本身是否合理，缺乏实质性的审查把关。一些项目是在城市规划部门出具选址意见书之后再去办理用地预审，或者项目在不正常的干预下，完成发展改革部门的审批、核准或备案程序后，再回过头到国土资源部门补办履行预审手续。同时，不少地方在通过预审之后，在施工过程中，明显改变项目的线路布置和建设方案，存在自行修改规划的问题。因此，预审的权威性和严肃性受到挑战。地方政府以牺牲资源环境谋求快速经济增长的思维定式是土地预审制度起不到实质作用的根本原因。因此，应进一步强调用地预审作为严格土地管理的一项基本制度，是发挥土地参与宏观调控作用的重要体现。应通过法律制度的不断完善，进一步巩固土地预审的法律地位，明确预审的具体要求，规范预审的程序和方法，做到所有建设用地项目都必须进行预审，强调城市规划区内建设的项目必须在出具规划选址意见书之前完成土地预审，土地预审必须作为发展改革部门对项目进行审批、核准或备案的前置性条件之一，强调发挥专家咨询在土地预审中进行实质性审查的作用，通过专家的实地调查和专业论证，为土地预审提供专业咨询意见。

二、项目审批或核准对节约用地分析评价的要求

项目建设单位在取得国土资源行业主管部门出具的土地预审文件之后，向投资主管部门报送的可行性研究报告或项目申请报告中，应按有关规定反映项目用地的有关内容，作为对投资项目进行总体评价和审批、核准或备案的重要依据。根据国家发展改革委发布的《企业投资项目核准办法》规定，项目申报单位在报送项目申请报告时，应附送国土资源行政主管部门出具的项目用地预审意见。国家发展改革委发布的《项目申请报告通用文本》（发改投资〔2007〕1169 号文）强调，土地是极其宝贵的稀缺资源，节约土地是我国的基本国策；项目选址和土地利用应严格贯彻国家有关土地管理的法律法规，切实做到依法、科学、合理、节

约用地；为有效使用土地资源，应对项目建设用地的合理性进行分析评价。在可行性研究报告或项目申请报告的编写及评估中，应重点关注以下内容。

（一）项目选址及用地方案

项目选址在建设项目前期论证中占有极为重要的地位。在宏观上，场址选择是落实产业政策、优化产业布局的重要环节。在微观上，场址选择方案是建设项目其他方案论证的前提。只有项目的建设地点选择和确定之后，才能比较准确地分析项目建设方案，并对其经济、社会及环境影响等进行分析评价。

项目选址和用地方案应严格贯彻国家有关土地管理的法律法规，切实做到依法、科学、合理、节约用地。在可行性研究报告或项目申请报告中，应阐述项目建设地点、占地面积、土地利用状况、占用耕地情况等内容。项目选址方案的确定，要关注是否压覆矿床和文物，是否有利于防洪和排涝，是否影响通航及军事设施等情况。应根据行业管理部门的要求，对于需要进行矿床压覆、影响文物、影响防洪排涝、影响通航、影响军事设施安全进行专题论证的，应阐述相关论证结论，必要时应将相关专题论证报告作为可行性研究报告或项目申请报告的附件。对于生产、制造易燃、易爆产品的建设项目地址的选择，应远离城镇和居民密集的地区；企业之间的距离，应符合国家有关部门规定的安全要求。

（二）土地利用合理性分析

土地利用合理性分析是可行性研究报告和项目申请报告论证的重要内容之一。要重点关注我国建设用地无序和粗放利用的情况，主要表现为开发区混乱纷杂，土地闲置严重；城镇建设脱离实际，偏重外延扩张；农村居民点蔓延无序，与非农化趋势相背；以及基础设施建设缺乏规划，超前建设与重复建设普遍存在等。粗放用地造成资源短缺，并破坏了土地资源持续利用的基础，加剧了土地生态环境恶化，影响了可持续发展战略的实施。强化土地利用的合理性分析，不是对发展用地的刻意限制，而是从经济社会发展大局出发对土地利用进行统筹协调和优化配置分析。《国务院关于加强土地调控有关问题的通知》特别强调要加强与土地利用有关的制度建设，通过土地利用合理性论证，分析评价调整土地利用利益分配格局，健全社会保障体系，更好地促进和谐社会建设。

根据我国建设项目用地的有关规定，投资项目的土地利用合理性分析应重点关注下列内容：①项目建设用地是否符合土地利用规划要求，如需要调整规划，应有专题报告并经政府主管部门批准；②占地规模是否合理；③是否符合保护耕地的要求；④耕地占用补充方案是否可行；⑤是否符合因地制宜、集约用地、少占耕地、减少拆迁移民的原则；⑥是否符合有关土地管理的政策法规的要求；⑦是否根据项目特点，研究提出节约土地所采取的措施，并进行分析评价。

三、项目建设用地审批程序

（一）项目建设用地正式报批所需材料

《国务院办公厅关于加强和规范新开工项目管理的通知》（国办发〔2007〕64号）规定，新开工项目必须符合土地供应政策和市场准入标准。需要申请使用土地的项目必须依法取得用地批准手续，并已经签订国有土地有偿使用合同或取得国有土地划拨决定书。其中，工业、商业、旅游、娱乐和商品住宅等经营性投资项目，应依法以招标、拍卖或挂牌出让方式取得土地。因此，对于已经获得审批、核准或备案的投资项目，在正式开工之前还应向国土资源管理部门申请办理项目建设用地正式审批。

建设项目用地正式报批一般需要提交以下资料：①向当地政府申请建设用地的请示文

件；②建设项目用地预审材料审查意见；③建设用地申请表及建设单位有关资质证明；④建设用地项目农用地转用方案、补充耕地方案、征收土地方案等；⑤关于补偿费用合法性，安置途径可行性及妥善安置被征地农牧民生产、生活保障措施情况说明；⑥建设项目的审批、核准或备案文件；⑦初步设计批准文件或其他设计批准文件；⑧是否压覆已查明重要矿产资源的有关文件或意见；⑨地质灾害危险性评估审查意见书及备案表；⑩拟征地块书面告知文书及所证材料；⑪拟征土地现状调查结果的确认书、土地权属证明材料；⑫补充耕地协议书或验收文件；⑬建设项目用地现场查看记录表；⑭项目用地审查表；⑮林地审核同意书；⑯土地估价报告、草签土地使用权出让合同；⑰建设用地勘测定界技术报告和勘测定界图；⑱土地利用现状图（1:1 万）；⑲补充耕地位置图、补划基本农田位置图（1:1 万）；⑳土地利用总体规划图；㉑建设项目平面布置图或线形工程平面图。

（二）城市建设项目征地工作程序

目前，在我国城镇范围的工程项目征地审批工作大体程序如下：

（1）市、县人民政府按照土地利用年度计划拟定农用地转用方案、补充耕地方案、征地方案，分批次逐级上报有批准权的人民政府。

（2）有批准权的人民政府土地行政主管部门对农用地转用方案、征地方案进行审查，提出审查意见，报有批准权的人民政府批准。其中，补充耕地方案由批准农用地转用方案的人民政府在批准农用地转用方案时一并批准。

（3）农用地转用方案、补充耕地方案、征地方案经批准后，由市、县人民政府组织实施，按具体项目供地。

在土地利用总体规划确定的村庄、集镇建设用地范围内，为实施村庄、集镇规划占用土地的，由市、县人民政府拟定农用地转用方案、补充耕地方案，按照上述程序办理。

1. 单独选址项目

（1）向市、县政府提出用地申请。

（2）市、县国土资源管理部门拟定"一书四方案"，经同级人民政府审核同意后，报上级国土资源管理部门审查。

（3）有关国土资源管理部门收到上报的材料后，报经同级人民政府审核同意后，逐级上报有批准权的人民政府，并将材料及时送该级国土资源管理部门。

（4）有批准权的国土资源管理部门会审，报同级人民政府批准。

单独选址项目用地组卷报批程序见图 4-1。

一书四方案的具体构成：

建设项目用地呈报说明书：包括项目用地安排情况、拟使用土地情况等，并应附具相关材料。

（1）农用地转用方案：农用地的种类、位置、面积、质量等。

（2）补充耕地方案：补充耕地或者补划基本农田的位置、面积、质量，补充的期限，资金落实情况等，并附具相应的图件。

（3）征收土地方案：征收土地的范围、种类、面积、权属，土地补偿费和安置补助费标准，需要安置人员的安置途径等。

（4）供地方案：供地方式、面积、用途，土地有偿使用费的标准、数额等。

文字申报材料：

（1）省级人民政府建设用地请示文件。

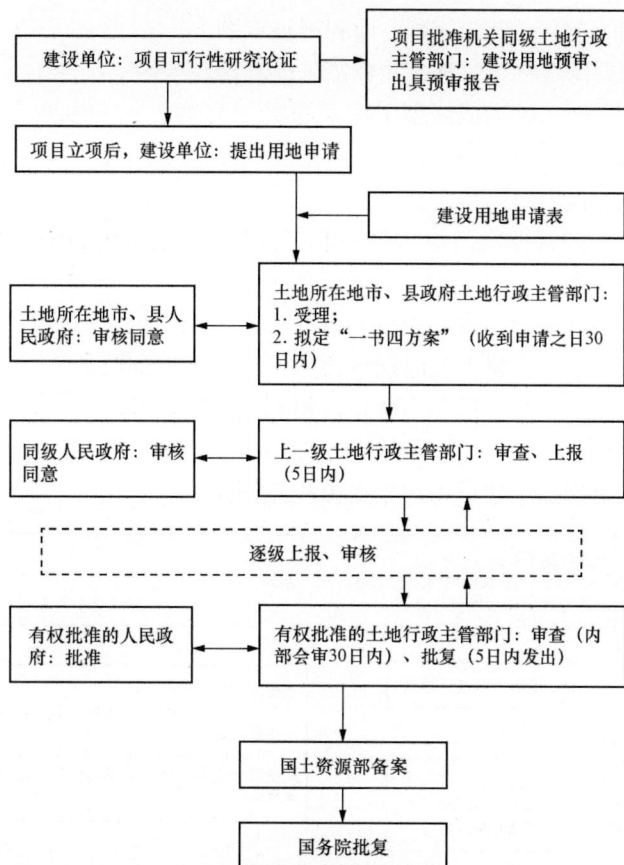

图 4-1　单独选址项目用地组卷报批程序图

（2）省级国土资源管理部门的用地审查意见。

（3）建设用地申请表。

（4）建设用地项目呈报说明书、农用地转用方案、补充耕地方案、征收土地方案、供地方案。

（5）建设拟征（占）土地分类面积汇总表（用地涉及两个以上县市提供）。

（6）建设拟征（占）土地权属情况汇总表（表中"土地证号"栏内可填写土地登记卡号）。

（7）建设项目用地预审意见。

（8）建设用地项目可行性研究报告批复文件或其他立项批准文件。

（9）建设用地项目初步设计批准文件或其他设计批准文件。

（10）市县人民政府关于建设项目征地补偿费用标准合法性、安置途径可行性及履行法定征地程序的说明。

（11）是否压覆矿产资源的有关材料（涉及压覆矿产资源的，提供省级以上国土资源主管部门出具的审批文件及压覆登记书）。

（12）是否位于地质灾害易发区的有关材料。

（13）其他有关说明。

图件申报材料：

（1）建设用地勘测定界技术报告书和勘测定界图。

（2）拟占用土地的 1:1 万标准分幅土地利用现状图。

（3）补充耕地位置图（在 1:1 万标准分幅土地利用现状图上标注）。

（4）建设项目总平面布置图或线型工程平面图。

2. 城市批次项目（省级批准）

（1）向市、县政府提出用地申请。

（2）市、县国土资源管理部门拟定"一书三方案"，经同级人民政府审核同意后，报上级国土资源管理部门审查。

（3）有关国土资源管理部门收到上报的材料后，报经同级人民政府审核同意后，逐级上报有批准权的人民政府，并将材料及时送该级国土资源管理部门。

（4）有批准权的国土资源管理部门会审，报同级政府批准。

（5）未按规定缴纳新增建设用地土地有偿使用费的，不予批准。

报国务院审批城市的批次建设用地报批流程见图 4-2。

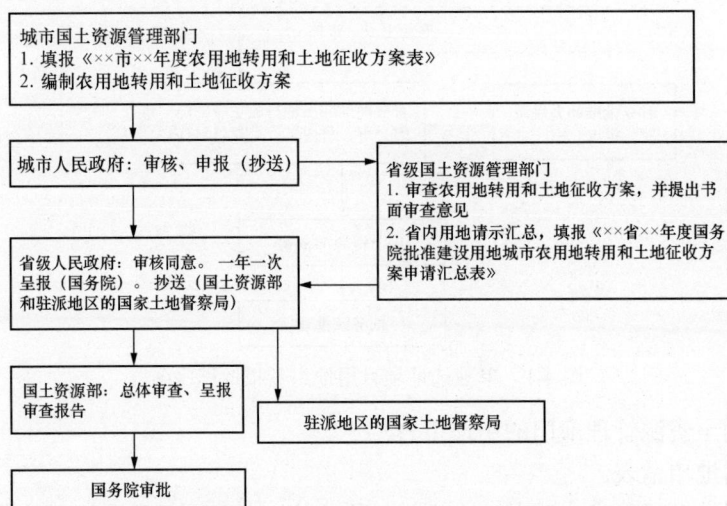

图 4-2　报国务院审批城市批次建设用地报批流程图

报国土资源部备案的城市批次建设用地报批流程见图 4-3。

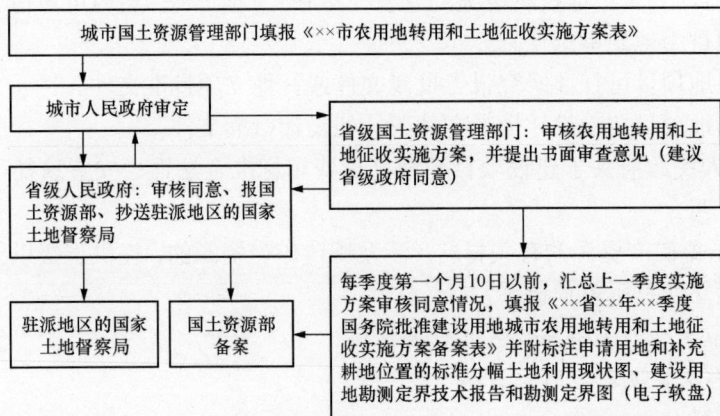

图 4-3　报国土资源部备案的城市批次建设用地报批流程图

分批次城市建设用地审批流程见图 4-4。

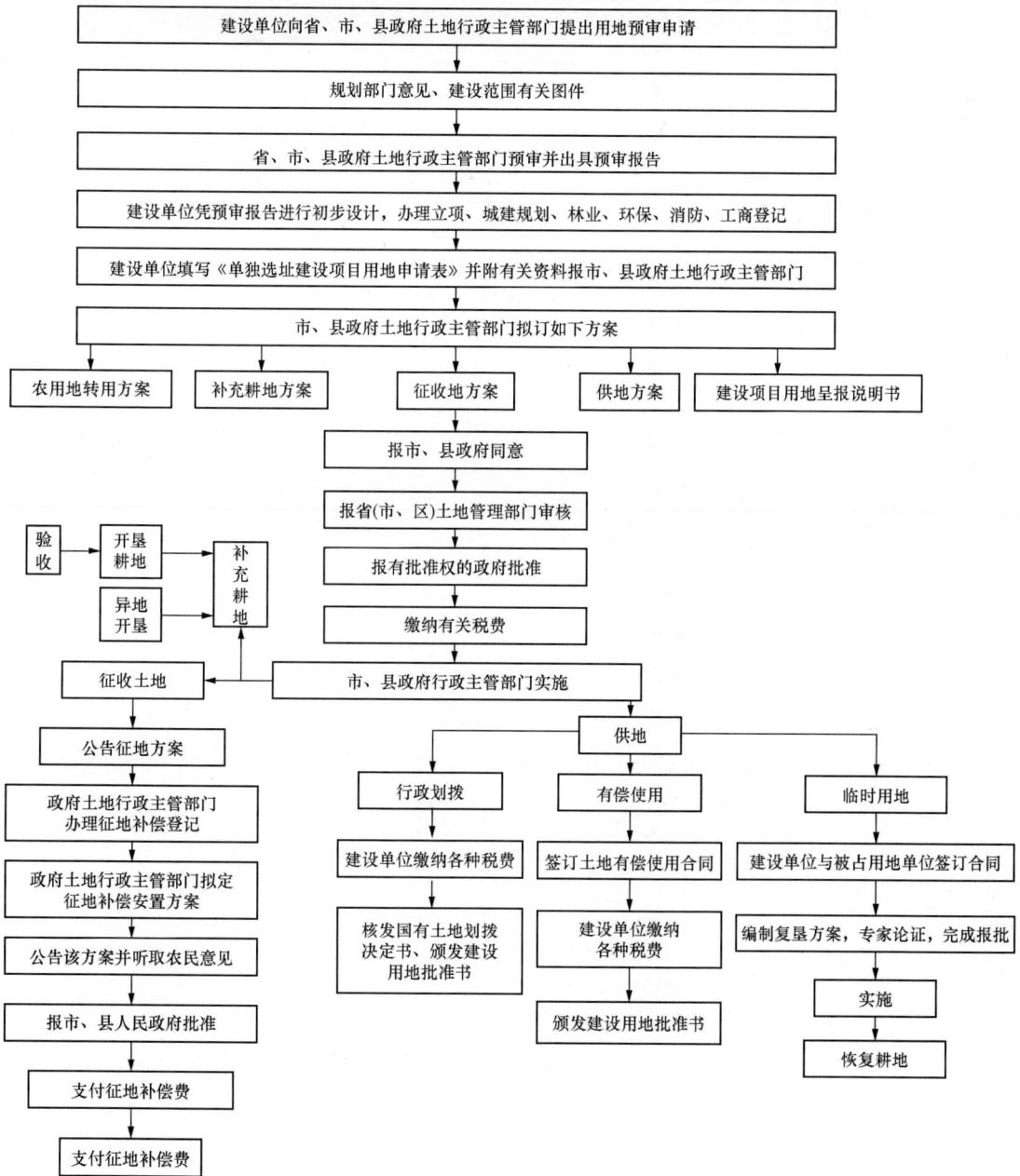

图 4-4　分批次城市建设用地审批流程图

城镇建设用地报批流程见图 4-5。

土地出让审批流程见图 4-6。

乡镇企业用地审批流程见图 4-7。

土地划拨审批流程见图 4-8。

农村宅基地审批流程见图 4-9。

市、县政府土地行政主管部门根据年度计划分批次编制

农用地转用方案 ── 补充耕地方案 ──┤ ├── 征地方案 ── 项目用地呈报说明书

报市、县政府同意

报省国土资源厅审核

报省政府批准

缴纳税费

市、县政府土地行政主管部门实施

补充耕地

开垦耕地　异地开垦

验收

征收土地

公告征地方案

公告征地方案

政府土地行政主管部门按项目供地

政府土地行政主管部门办理征地补偿登记

政府土地行政主管部门拟定征地补偿安置方案

公告该方案并听取农民意见

报政府同意

支付征地补偿费

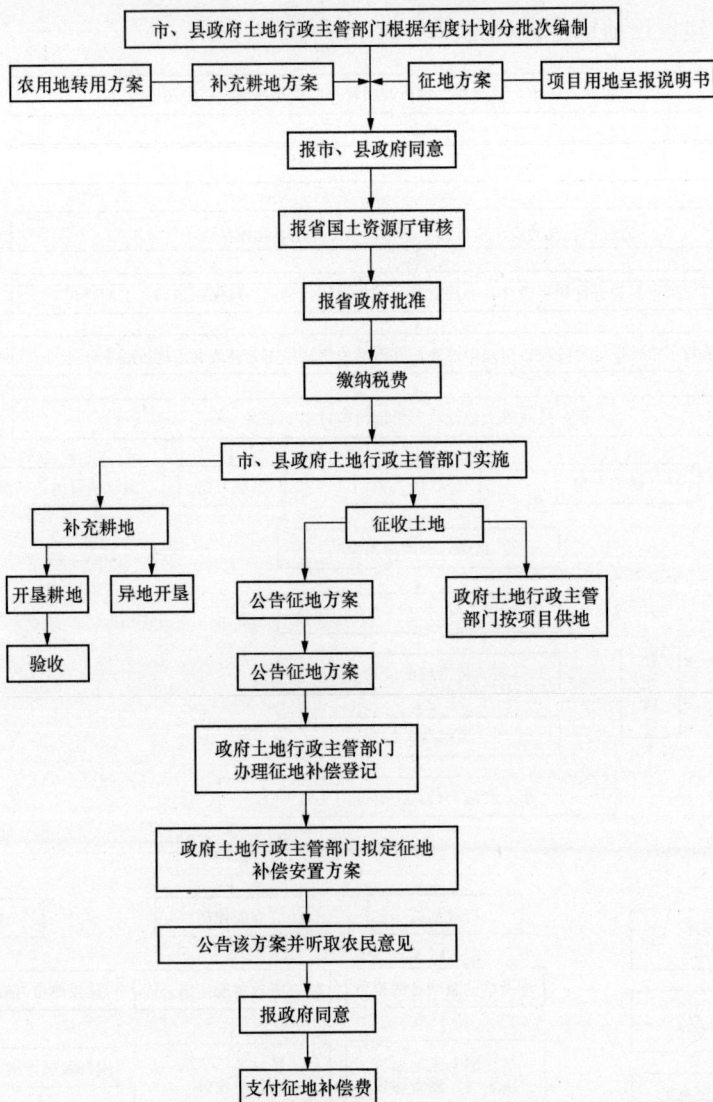

图 4-5　城镇建设用地报批流程图

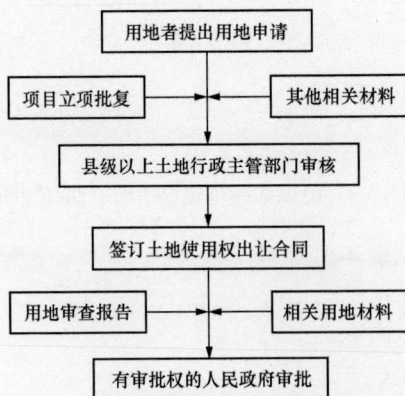

用地者提出用地申请

项目立项批复 ──┤ ├── 其他相关材料

县级以上土地行政主管部门审核

签订土地使用权出让合同

用地审查报告 ──┤ ├── 相关用地材料

有审批权的人民政府审批

图 4-6　土地出让审批流程图

用地单位提出用地申请

项目批复文件　　其他相关材料

县级以上土地行政主管部门审核

用地审查报告　　其他相关材料

有审批权的人民政府审批

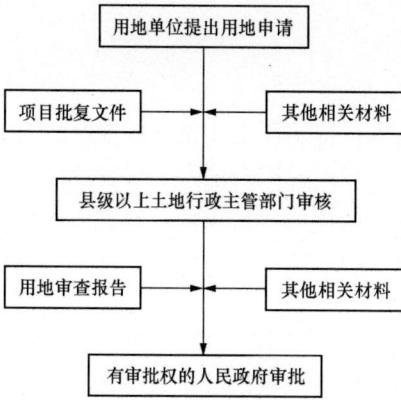

图 4-7　乡镇企业用地审批流程图

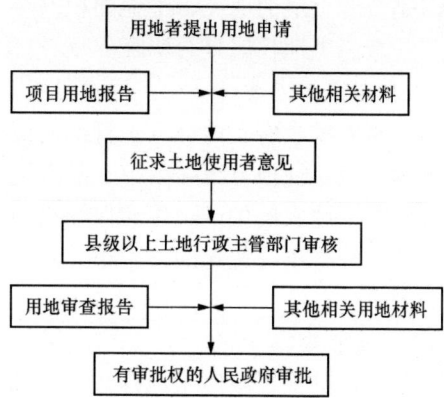

用地者提出用地申请

项目用地报告　　其他相关材料

征求土地使用者意见

县级以上土地行政主管部门审核

用地审查报告　　其他相关用地材料

有审批权的人民政府审批

图 4-8　土地划拨审批流程图

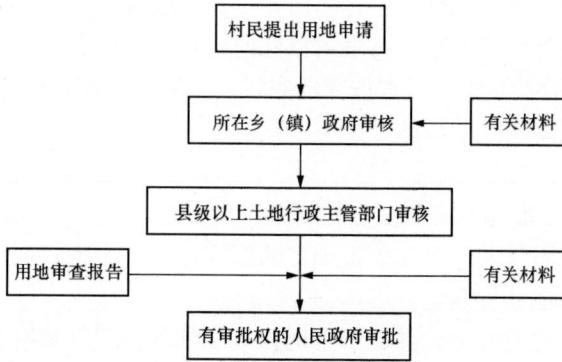

村民提出用地申请

所在乡（镇）政府审核　　有关材料

县级以上土地行政主管部门审核

用地审查报告　　有关材料

有审批权的人民政府审批

图 4-9　农村宅基地审批流程图

临时用地审批流程见图 4-10。

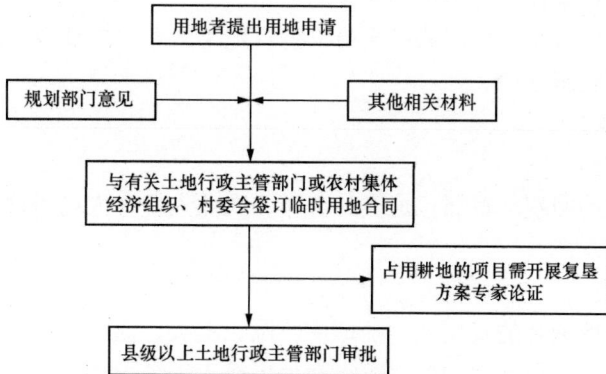

用地者提出用地申请

规划部门意见　　其他相关材料

与有关土地行政主管部门或农村集体经济组织、村委会签订临时用地合同

占用耕地的项目需开展复垦方案专家论证

县级以上土地行政主管部门审批

图 4-10　临时用地审批流程图

（三）征地的工作程序

1. 征地情况调查

一是查清拟征地的村、组的农业人口、人均耕地、年产值；

二是查清土地的地类、土地面积；

三是查清土地权属是否明晰。

2. 拟定征地方案

市、县人民政府土地行政主管部门应在建设用地单位提出用地申请后的 30 个工作日内，拟定征地方案。征地方案需附市、县人民政府关于补偿费用标准合法性、安置途径可行性及妥善安置被征地农民生产、生活保障措施的说明材料。被征地农村集体和农民对征地补偿标准和安置途径有不同意见的，由市、县土地行政主管部门据实汇呈，填写在征地方案的备注栏中或附页。

3. 审查批准

一是市、县人民政府土地行政主管部门将拟定的征地方案报地级市人民政府土地行政主管部门进行复核。对符合报批条件和报批材料齐全的，地级市土地主管行政部门应在收到报批材料后的 5 个工作日审查完毕，报同级人民政府审核后上报审批。

二是国土资源部和省级土地行政主管部门在审查征地方案时，应对补偿标准是否合理，安置途径是否可行等进行严格审查。对重大特殊的建设项目或者审查中发现群众反映强烈的补偿安置问题，可以举行听证会，征求被征地农村集体经济组织、农民和其他权利人的意见；对不符合法律规定，脱离实际的征地方案不予批准。

4. 批复实施

一是征地方案公告。征地方案依法定程序批准后，由县级以上人民政府在当地予以公告，被征地的所有权人和使用权人应当在公告规定的期限内，持土地权属证书到当地人民政府土地行政主管部门办理征地补偿登记。

二是制定征地补偿安置方案。县、市土地行政主管部门根据批准的征地方案对土地所有权人、土地使用人及地上附着物和青苗等进行进一步核实，制定征地补偿、人员安置及地上附着物拆迁等具体方案。

三是公告征地补偿安置方案并组织实施。征地的补偿方案确定后，有关人民政府应当公告，听取被征地的农村集体经济组织和农民的意见，对征地补偿安置方案进行修改，并向被征地的单位和农民支付有关费用，满足人员安置及地上附着物拆迁方案。

四是清理土地和实施征地。

（四）征地审批程序

1. 征地情况调查

着重摸清被征地的面积、权属、地类、分布、农业人口、人均耕地、平均年产值的基本情况。

2. 拟定征地方案

征地方案包括征地的目的及用途，征地的范围、地类、面积、地上附着物和青苗补偿费的补偿、劳动力的安置、原土地的所有权人和使用权人的情况等。

3. 征地方案的审查批准

征地方案拟定后，由县、市人民政府按照《土地管理法》规定的批准权限，经土地行政主管部门审查后，报人民政府批准。其中，征收农用地，农用地转用批准权属于国务院的，经国务院批准农用地转用同时办理征批手续，农用地转用和征地批准权属于省级人民政府的，省级人民政府同时批准农用地转用和征地；农用地转用批准权属于省级，而征地批准权属于国务院的，先办理农用地转用审批，后报国务院批准征地。

（五）单独选址建设项目农用地转用审批程序

能源、交通、水利、矿山、军事设施等建设项目需要使用土地利用总体规划确定的城市建设用地范围的土地，涉及农用地转用的，依照下列程序办理：

（1）建设项目可行性研究论证时，由土地行政主管部门对建设项目用地有关事项进行审查，提出建设项目用地预审报告；可行性研究报告报批时，必须附具土地行政主管部门出具的建设项目用地预审报告。

（2）建设单位持建设项目的有关批准文件，向市、县人民政府土地行政主管部门提出用地申请，由市、县土地行政主管部门审查，拟订农用地转用方案、补充耕地方案、征地方案和供地方案（涉及国有农用地的，不拟订征收土地方案）经市、县人民政府同意后，逐级上报有批准权的人民政府批准；其中，补充耕地方案由批准农用地转用方案的人民政府批准农用地转用方案时一并批准。

（3）农用地转用方案、补充耕地方案、征地方案和供地方案经批准后，由市、县人民政府组织实施，向建设单位颁发建设用地审批书。有偿使用国有土地的，由市、县人民政府土地行政主管部门与土地使用者签订国有土地有偿使用合同；划拨使用国有土地的，由市、县土地行政主管部门向土地使用者核发国有土地划拨决定书。

（4）土地使用者依法申请土地登记。建设项目需使用土地利用总体规划确定的城市建设用地范围外的土地，涉及农民集体所有的未利用地的，只报批征收土地方案和供地方案。

（六）临时用地审批的程序

（1）临时用地单位与土地的所有者或者土地使用者就临时用地的补偿和使用后土地的恢复等事项达成初步协议。

（2）临时用地单位向当地市、县土地行政主管部门提出用地申请。

（3）市、县土地行政主管部门对用地申请进行调查，做出是否批准的决定。

（4）临时用地批准后，临时用地单位与土地所有者或者使用者正式签订临时使用土地合同，并按照合同的约定向土地所有者或者使用者支付临时使用的土地补偿费。

（5）临时用地单位按照批准的用途和期限合理使用土地。使用期满，按规定要求将临时使用的土地交回原土地的所有者或使用者，并负责恢复原土地的原使用条件。

（七）城市分批次建设用地的报批程序

（1）市、县人民政府按照土地利用年度计划拟定农用地转用方案、补充耕地方案、征地方案，分批次逐级上报有批准权的人民政府。

（2）有批准权的人民政府土地行政主管部门对农用地转用方案、补充耕地方案、征地方案进行审查，提出审查意见，报有批准权的人民政府批准。其中，补充耕地方案由批准农用地转用方案的人民政府在批准农用地转用方案时一并批准。

（3）农用地转用方案、补充耕地方案、征地方案经批准后，由市、县人民政府组织实施，按照具体建设项目分别供地。

在土地利用总体规划确定的村庄、集镇建设用地范围内，为实施该村庄、集镇规划占用土地的，由市、县人民政府拟定农用地转用方案、补充耕地方案，依照上述程序办理。

第五章

项目周期中的移民规划

参考世界银行对工程移民的定义，移民是指受强制性征收土地导致（i）搬迁或丧失住所；（ii）失去资产或获取资产的渠道；或（iii）丧失收入来源或者谋生手段的人口，无论受影响的人是否必须迁至它处；或者因强制性限制利用法定公园和保护区，从而对生活造成不利影响的人口。对于涉及移民影响的项目，世行等国际金融组织要求编制项目《移民安置计划》，并建立监测评估机制，对移民安置计划的实施情况进行内部和外部监测和评估。

我国也正建立项目周期不同阶段的移民规划体系。

第一节　工程项目移民规划体系

一、移民规划体系概述

（一）我国移民规划现状

我国在水利水电行业建立了移民规划和移民实施监理监测制度。根据《大中型水利水电工程建设征地补偿和移民安置条例》，已经成立项目法人的大中型水利水电工程，由项目法人编制移民安置规划大纲，省、自治区、直辖市人民政府或者国务院移民管理机构在审批前应当征求移民区和移民安置区县级以上地方人民政府的意见。没有成立项目法人的大中型水利水电工程，项目主管部门应当会同移民区和移民安置区县级以上地方人民政府编制移民安置规划大纲。已经成立项目法人的，由项目法人根据经批准的移民安置规划大纲编制移民安置规划；没有成立项目法人的，项目主管部门应当会同移民区和移民安置区县级以上地方人民政府，根据经批准的移民安置规划大纲编制移民安置规划。大中型水利水电工程的移民安置规划，按照审批权限经省、自治区、直辖市人民政府移民管理机构或者国务院移民管理机构审核后，由项目法人或者项目主管部门报项目审批或者核准部门，与可行性研究报告或者项目申请报告一并审批或者核准。经批准的移民安置规划是组织实施移民安置工作的基本依据，应当严格执行，不得随意调整或者修改；确需调整或者修改的，应当依照相关规定重新报批。

目前我国除了大中型水利水电项目和世行、亚行等国际金融机构贷款项目需要按照要求编制移民安置规划或移民安置计划，其他一般性项目尚未建立移民安置规划这一制度。从趋势上看，逐步建立项目移民安置规划制度将是政策发展的方向。如2011年国家住房和城乡建设部出台的《市政公用设施建设项目社会评价导则》中已经要求"对于涉及农村集体土地征收、国有土地使用权收回、城市国有土地上房屋征收的市政项目，应根据相关规定，编制征收补偿方案，进行专项审查和批准"，并以附录形式发布了《市政项目房屋征收补偿方案报告编制大纲》。

在上述政策覆盖范围内的项目当中，每一个有移民影响的项目都需要一份包含行动方案、资金预算与进度安排的移民规划。投入移民活动中的资源、时间和精力应与项目产生的全部移民影响规模和程度相适应。只要存在移民影响，项目的前期论证工作都应该包括移民规划的编制。当投资项目涉及非自愿移民时，就要求为促进移民项目的有效设计和灵活实施而采取有效的行动安排。移民安置政策的首要原则就是要尽可能避免或减少移民安置。如果移民安置不可避免，规划较差的移民安置工作很少能取得令人满意的实施效果；如果移民安置工作规划目标定得过高，并把移民规划视为蓝图去遵循，而不考虑当地情况的变化，其结果也会较差。

（二）移民规划体系基本架构

《国家发展改革委关于发布项目申请报告通用文本的通知》（发改投资〔2007〕1169 号）中，明确在项目申请时需要对征地拆迁及移民安置设置独立篇章进行论述。主要包括：项目选址及用地方案，包括项目建设地点、占地面积、土地利用状况、占用耕地情况等内容，分析项目选址是否造成不利影响，是否压覆矿床和文物，是否有利于防洪和排涝，是否影响通航及军事设施等；土地利用合理性分析，应分析拟建项目是否符合土地利用规划的要求，耕地占用方案是否可行等；征地拆迁及移民规划方案，应对拟建项目的征地拆迁影响，进行调查分析，依法提出拆迁补偿的原则，范围和方式，制定移民安置规划方案，并对是否保障移民合法权益，满足移民生存及发展需要等要求进行分析论证。

全国项目众多，目标各异，规模大小不同，投资渠道不同，技术上有很大差异，但对于征地及移民具有共性的要求。在项目评审阶段重视对移民安置的分析，这是一种项目审核的进步，是符合我国实际情况的。由于项目涉及的领域很多，在我国水利水电项目和水电工程项目均有移民安置规划的规程和规范，而且比较成熟。在其他专业领域对征地移民并没有相应的规范，国家发展改革委员会出台项目申请报告通用文本，明确了对征地移民的要求，无疑为整合全国从事征地及移民的政府专业部门、专业人士、工程咨询公司、高等院校、研究机构等共同探讨适合我国国情的征地及移民的规程和规范提供了契机。随着我国经济社会的发展，法制体系的建立和健全，尤其是《中华人民共和国物权法》的实施对我国的征地及移民的实施提出了新的更高要求。为了落实国家发展改革委关于发布项目申请报告通用文本的通知（发改投资〔2007〕1169 号）关于建设用地、征地及移民安置分析的要求，应建立我国工程移民规划体系。

工程移民规划是移民安置实施的基础，是科学实施移民安置的依据。工程移民安置的成败在于规划的科学性、合理性和可操作性，并为移民和安置区的居民及有关各方所接受。工程移民规划的程序及行为主体见表 5-1。

表 5-1 工程移民规划程序及行为主体

步骤	工 作 内 容	行 为 主 体
第一步	确定工程影响的范围	工程设计部门
第二步	委托开展工程移民安置规划	项目法人单位
第三步	收集并研究移民安置相关资料	移民专家和地方政府
第四步	调查复核实物量	移民专家和地方政府
第五步	环境容量分析	移民专家
第六步	移民安置途径的选择确定	移民和安置区居民

步骤	工 作 内 容	行 为 主 体
第七步	移民安置点选择确定	移民专家、移民和地方政府
第八步	拟定移民安置方案	移民专家、移民和地方政府
第九步	编制移民安置规划	移民专家、地方政府
第十步	补偿概算	移民专家、地方政府
第十一步	移民安置规划评估	地方政府组织
第十二步	移民安置规划审批	移民管理机构
第十三步	转入实施管理阶段	移民实施机构

二、移民规划的主要关注要素

在制订移民规划时，必须考虑以下主要规划要素：

（1）政策框架——它是否早已存在或还需新的政策。

（2）明确资格和权利——谁将获得补偿和安置？而这些措施又如何构成。

（3）性别规划——妇女的需求是否获得考虑。

（4）社会准备——少数民族和脆弱群体的需求是否得到满足。

（5）预算——征地和移民如何筹集资金。

（6）时间安排——征地和移民的进度如何适应整个开发项目计划。

（一）避免或最大限度减少移民

有些项目能够在设计时避免移民的影响。例如，应用水库水源的供水项目规划可能用抽取地下水，或河流的引水来代替，这就可避免对环境易脆弱地区的村镇和居民社区带来的广泛破坏。项目能够通过精心的技术设计来减少移民影响，可以调整公路、铁路、输电网、修渠筑堤的线路，以减少在人口稠密地区或生产性农地上的移民影响；有时能够缩窄路面设计。基础设施的选址或征收的土地可以选择使用价值低的土地，供水和排水管道可以铺设在现有道路的地下。水库项目在确保蓄水量的同时可降低大坝高度以减少淹没地区。可被利用消力隔离墙来减少噪音或其他环境影响，否则这些影响可能导致迁移。

（二）政策框架

亚行贷款项目《社会保障声明》中对于移民安置计划中的政策框架的要求具有重要参考价值。亚行的政策包括所有受影响的人，并且要求借贷者（实施机构，或其他的项目主持者）在采取收入恢复和安置措施的同时，向受项目影响的土地和所有其他财产作出补偿。但是，土地的补偿和移民政策在发展中成员国中各不相同。亚行的每一个发展中成员国都有反映其历史、社会和经济因素的私有财产征收权和其他管理措施来征收土地的框架。这种框架由政策、法律和指导原则组成。在大部分国家，这种框架规定了土地征收和补偿的程序。在中国和越南，土地集体化是形成这类框架的一个基础。在这类国家中，私人没有土地所有权，受影响人根据"土地使用者权利"的原则获得补偿，而土地补偿通常是向集体支付的。

亚行的政策强调的不仅仅是按迁移标准来补偿损失的财产，而且还有恢复生活水平和生计的措施，以使受影响人不会因移民而受到利益损失。许多发展中成员国缺乏明确的移民法律来规定这类措施。这个问题也经常在移民项目准备期间提出。

（三）制订移民政策

在移民补偿安置的资格和权利方面缺乏国家法律和政策框架的情况下，可能需要拟定新的政策。在项目准备阶段，亚行要求项目组经理应该评估现行的政策，以决定是否需要制订一套新的移民资格和权利措施来满足亚行政策目标。

表 5-2　　　　　　　　　　　项目准备阶段确认移民政策和增强能力的要求

问　题	是	否	要　求
• 借贷者/实施机构是否已有一项移民政策？		☆	审查现行的征地和补偿政策
• 现行的征地和补偿政策是否包括所有受影响人和所有的损失？		☆	提出具体项目政策以便包含该项目已证实的损失和类别
• 这些政策是否符合相关标准？		☆	必需的政策和机构建立
• 现行的政策是否需要修订？	★		确认问题并与实施机构讨论
• 政府和实施机构是否愿意采纳解决具体项目问题的政策？	★		检讨政策条款，讨论和获得保证，以期具体解决项目中的问题
• 实施机构以前是否有移民规划及其实施的经验？		☆	检讨移民规划和实施中的机构能力
• 是否需要增强制度化的能力？	★		在增强能力方面提供技术援助
• 除实施机构外，是否有其他部门涉及移民规划及其实施？	★		确定其他机构、地方和中央的非政府组织和社区组织以及它们在移民规划和实施中的作用。若需要，确定另外的增强能力的措施
• 借贷者/实施机构是否有充足的预算资源应付涉及移民规划和实施的所有开支？		☆	讨论预算条款和资金来源。考虑在亚行财政援助情况下增加资金

在项目立项和调查阶段，亚行项目组经理应该为援助所有的受征地影响人制订一项全面的政策。这将要求：①评估恢复生计和生活水平所需的措施；②评估受影响人在没有正式土地权利情况下的可能的影响；③制订一项新的移民资格和权利政策供借贷者或实施机构考虑和批准。

没有征收土地权利时对受影响人的可能影响包括：①佃户/佃耕农：由于征地丧失土地租赁中的利益：土地上的作物和投资的损失；②无地/工资收入劳动者：丧失从受影响土地所得到的就业机会；③占地者和摊贩：因迁移而丧失工作或收入；④少数民族：丧失传统的土地所有权和赖以生存的收入；⑤妇女和特别是女户主家庭：丧失对家庭成员所拥有的土地与资产的使用权。

无正式土地权利者所受影响的性质将来自人口普查和调查。现行征地和移民政策的评估包括审查下列内容：①基于重置价值的土地补偿；②建筑物，商业楼宇和其他不动产的补偿；③作物，包括树木的补偿；④对就业和收入影响的补偿，包括收入恢复；⑤土地和其他创收来源的替代性安排；⑥在移民安置区的房屋设计和建房计划；⑦移民安置区的社会服务，商业服务和基础设施的开发建设；⑧安置和搬迁的费用和生计重建的补贴；⑨若适用，还包含特殊群体收入恢复计划。

（四）确定移民资格和权利

在规划阶段的初期，必须定义一些主要的概念，以确定受影响人享有资格和权利的标准。这将减少资料收集中的混乱和便于向有资格的移民提供支持和服务。

1. 受影响者

受影响者的定义为：由于项目而经受所有或者部分有形和无形的财产损失的人。所损失的财产包括住宅、社区、生产性土地、资源（如森林、牧地、捕鱼区域）或者重要的文化遗址、商业财产、租赁关系、创收的机会，以及社会和文化网络与活动。这种影响可能是长久的或暂时的，这最可能在征地，运用财产征收权或其他法规措施时发生。受影响人口别无选择，只好迁移到别处重建家园。有些人同时也可能是因受到健康和安全的威胁而被迫迁移。

2. 享有资格的单位

享有资格的单位可以是个人，一个家庭或一个社区。亚行的政策承认家庭作为资料收集和受影响评估的一个单位。通常损失的单位应该决定享有资格的单位。但是一个以上的人对一种资源（如共同财产）拥有习惯上的权利，补偿可能要由所有人分享。女户主家庭得到承认，且享有与男户主家庭同样的补偿。生活在男户主大家庭内的丧偶妇女或离婚者在没有土地的合法权时可被视为独立的单位以便迁移。习惯上，家庭中的大龄儿童不是完全资格和权利的拥有者，但可获得任何财产损失的补偿，并且获得恢复任何丧失生计的援助。

3. 损失和资格的影响

确定损失和资格的影响是重要的，因为有些损失比其他的损失更为可见或者说更为有形。例如，耕地、建筑物和农作物的损失不需要任何的解释。但是，其他的损失，如生活来源（如佃农或租户损失他们的土地使用权，工薪劳动者丧失在土地上的工作机会），需要调查以确定移民的影响。

4. 确定移民资格标准

非自愿移民的三项重要因素是：（1）财产损失、收入和生计的补偿；（2）安置的协助；（3）为恢复至少实现没有项目时同样生活水平的援助。亚行政策要求通过调查和普查对每一案例的损失作分析。移民资格与影响截止日期常常用于最大限度地减少和限制抢种抢建等欺诈行为。在受影响人没有耕地正式权利的情况下，项目管理方应让他们获得收入恢复和移民的资格。

5. 资格和申诉方法的评估

除了受影响者至少应该保持与项目实施之前一样的收入和生活水平的总原则之外，亚行政策不考虑评估折旧的问题，换句话说，他们财产的价值评估应为重置价值。亚行的做法也确认这种原则，以确保受影响人的利益和福利。在没有列入受影响人名单，或补偿不足的情况下，受影响人必须有解决争议的追索权和申诉程序。

6. 补偿的选择

亚行的政策提及受影响人的补偿、安置和重建，但没有讨论现金作为一个补偿方式。然而，亚行的做法不鼓励用现金对土地补偿，仅影响有限的例子除外，例如，一小块不影响到生计的需要通行权的土地，许多项目经常运用置换土地、或者给予另外的现金用于购买土地、创造就业和这些措施的综合运用。受影响人应该有多种选择机会，以恢复生计。

7. 收入恢复方案

收入恢复方案应该根据受影响人在项目建设之前的创收活动作出以土地和非土地为基础的两项选择。参见本书收入恢复章节更详细的讨论。

三、移民基本情况调查

（一）工程影响范围的确定

工程影响范围由工程设计部门依据工程项目的经济社会分析论证后最终确定。尽量避免和减少移民，将工程移民对工程项目的影响纳入整个项目进行分析，这是工程设计部门应该考虑的一个重要问题。有些工程项目移民的因素直接影响到工程的规模。

（二）委托开展工程移民安置规划

工程移民安置规划是一项技术性很强的工作，需要专业部门的移民专家来承担，一般由项目法人利用市场行为来择优选择专业部门。

（三）收集并研究移民安置的资料

通过充分调查移民生产生活水平和移民区社会经济发展现状、资源状况和今后的发展潜力和方向，为移民安置规划提供详实可靠的基础资料和规划的总体思路，为移民安置实施、监测评估提供基础数据。社会经济调查是一项涉及面很广的复杂的社会工作，因此调查人员应首先明确调查目的、内容和任务，掌握社会经济调查的理论、方法和途径，使调查得到的社会经济资料详实、准确、简明、实用。调查的主要内容包括：①移民和有关部门对移民安置的设想、意见和建议；②影响区征地前后的自然条件与资源情况；③人口与社会情况；④经济情况；⑤生产开发的资源情况；⑥生活安置的资料；⑦房屋建设的资料；⑧拆迁企事业单位情况；⑨安置区原有居民情况；⑩各类图、报告、统计年鉴（报）、调查表等。收集到这些资料后，要对资料进行分析整理、建立信息库，在此基础上，初步制定移民安置的标准，作为移民环境容量分析的依据。

（四）调查复核实物量

调查分农村调查，城（集）镇调查，工矿企事业调查，专项设施调查。农村部分包括乡（镇）政府辖区、城（镇）郊区和分散于乡（村）的国营农、林、牧、渔场。调查项目包括人口、房屋、耕地（含园地）、林地、特种园地、小型水利电力设施、工副业设施、零星树木与果树等。

城（集）镇调查，包括县（市）政府所在地的城镇和建制镇。对于城（集）镇征地拆迁对象的调查，属于郊区的农村和市（街）区的人口、房屋等项，其调查要求和方法大体与农村调查相同。城（集）镇中较为独特的市政工程（如给排水、道路、桥涵、人防、环卫、绿地等）与公共设施（学校、影剧院、体育场、农贸市场等），需分类进行详细调查。

对于工矿企事业调查，分为企业名称、经济性质、所在地点、主管部门、建厂及投产时间、厂区总面积、生产生活用地面积与房屋面积、主要建筑物、固定资产原值和净值、产品产量与产值、原料来源、职工人数与收入、利税、交通运输、"三废"处理以及不可搬迁物资的损失。

专项设施调查，主要包括交通（铁路、公路、航运）、电信线（长途电话、农话、市话）、广播线、输电线、水利电力设施、各类管道（水、油、气、排水等）、文物古迹。

实物损失调查必须由项目法人、设计单位、地方各级政府、移民群众的相互配合，并对调查成果进行核实。如发现调查的精度不够或失实，应再重新调查复核，直到满足精度要求，各方意见一致并签字为止，实物量调查是规划的依据。

（五）环境容量分析

移民环境容量研究的总体目标是把移民安置与区域经济建设、生态与环境保护治理结合起来，使社会、经济、生态系统向良性循环发展，并在此基础上计算经过合理开发后，在保证移民和当地居民长治久安前提下，可能容纳的移民人口数量。环境容量宏观定性分析包括：①安置区土地资源与自然条件，分析工程影响区、安置区人均耕地及人口密度变化情况；②移民特点及人与土地的关系，分析移民的民族、文化、风俗习惯、商品意识、价值观念、主要从事的行业及其生产活动，移民对土地的依赖程度；③生产生活的基础设施条件，包括用水、用电、医疗卫生、教育等；④经济发展水平潜力等。环境容量微观定量分析主要采用人均占有生产资料或人均占有经济指标，估算人口数量。移民环境容量分析是移民安置规划的前提。

四、移民安置方案制定

（一）移民安置途径的选择确定

由于农村移民自身条件的多样性和安置环境的多样性，农村移民可采取多渠道、多产业、多形式等多元安置途径。从安置渠道上，可以分为农村安置和城镇安置；从安置地点上，可采用后靠安置、近迁安置、远迁安置；从安置产业上有农业安置和非农安置；从安置形式上有统一安置和自谋出路安置。农村移民安置方式的确定要在充分调查和环境容量分析的基础上确定。对于城市移民采用实物安置（产权调换）和货币安置两种方式。城市移民采用何种安置方式，需据所在城市房屋拆迁政策和移民的意愿来确定。移民安置途径的选择遵循：最小风险原则；最大相似原则；最大社会安全感原则；自主自愿原则；经济原则；发展原则。

（二）移民安置点选择确定

对于农村移民安置点位置选择的基本原则是有利生产、方便生活、节约用地、供水方便。选择新居民点应进行地理和地质勘查，注意避开滑坡、泥石流及洪水易发生的地方。注重环境卫生与防疫问题，尽量避开工业污染源和疾病多发区。同时居民点选择还要考虑移民从事农业生产距离的远近，对外交通的便捷程度。移民安置点选择时，考虑适度集中，这样可以降低供电、供水、广播电视等基础设施建设的成本，同时也有利于学生就学、就医及一些公共服务设施的建设和利用。居民点建设用地尽量占用闲散的非农业用地或低产农田，降低土地占用成本。对居民点进行总体规划，首先考虑居民点内街道布局，居民点之间以及它们与外界交往联系的道路、桥梁、涵洞、渡江码头及渡船等。街道与道路要考虑到机动车辆通行、车流、人流等因素，既通畅便捷，又节约用地。对供水、供电、通信、广播以及公共活动场地进行合理布局。在移民广泛参与的前提下，对移民宅基地进行分配。移民居民点选择合理与否，对移民安置实施关系重大。在移民安置实践中移民居民点选择（含城（集）镇新址选择）尤为重要。

（三）拟定移民安置方案

在选定了移民安置点（或安置形式）后，应该编制移民安置方案，根据移民生产开发方案确定移民进点人数，进行移民生产安置人口平衡，移民搬迁安置人口平衡。对于农村移民安置规划，应在多方案比较的基础上，经综合分析论证后，提出推荐方案。对于城市移民根据移民所在城市的总体规划，推荐移民安置方案。

（四）编制移民安置规划

不同的项目不同的设计阶段编制移民安置规划的格式并不一致。主要包括：

（1）项目简要描述：工程概况，工程影响区自然环境和社会经济概况，规划设计过程。

（2）工程征地范围。

（3）工程影响损失：工程影响实物指标；实物指标调查的依据和方法以及调查成果评价；工程影响分析。

（4）农村移民安置规划：规划的基本依据、安置的方针、原则；安置区的自然环境和社会经济概况；移民不同群体的偏好与需求；移民安置区环境容量分析；移民安置规划方案的比选及移民安置人口平衡；移民生产安置人口与搬迁人口的数量；移民生产规划（开发项目、规模、配套工程技术、管理措施、工程量）；移民生产规划投资概算；移民生产规划项目的投入产出分析；移民生产开发方案的比选；移民以安置点为单位的平衡分析；居民点规划原则与标准；集中居民点的选址与总体规划；移民安置区基础设施规划设计；移民安置区社区服务设施规划；移民可享有的基本权益；移民在移民工作中应尽的义务；移民合法权益保障机制的运作方式。

（5）城（集）镇规划任务和原则；城（集）镇迁建规模（人口规模、用地规模）；新址选择（新址的自然环境状况和社会经济条件分析比较）；集镇的总体规划和建设规划；城镇总体规划和详细规划以及专业工程设计；各类主要工程的规模与工程量及投资概算（包括根据原规模、原标准、原功能原则提出投资的分摊意见）。

（6）工业企业迁建规划设计，企业影响情况及影响程度；企业迁建原则；企业迁建规划方案及设计。

（7）专业项目恢复改建规划设计：专业项目影响程度；迁建、改建的原则；迁建、改建规划设计。

（8）工程区清理规划：工程区清理范围、对象与技术要求；清理工作量及调查成果；清理投资概算。

（9）移民实施总进度及分年计划：移民实施总进度；分项实施计划；分年实施计划。

（10）实施与管理：移民实施管理体制与机构设置建议；移民实施行为计划；监理监测评估。

（11）移民补偿投资及概算：概算编制的依据、原则和标准；分项概算；总投资；分年投资计划。

（五）补偿概算

征地移民补偿投资概算是工程设计概算的重要组成部分，必须坚持高度负责、实事求是的科学态度，深入调查研究，依据国家和省、自治区、直辖市的有关法规以及可靠的基础资料，进行合理编制。移民补偿投资概算编制的基本原则：以影响实物指标为基础，结合移民安置迁建规划设计进行编制；移民补偿补助标准必须执行国家及省、自治区、直辖市的有关法规。安置农村移民的居民点，集（城）镇迁建、工业企业迁建和专业项目恢复改建的补偿投资，应根据规划设计成果，按原规模、原标准（等级），恢复原功能的补偿投资列入工程指标，结合迁建以及技术改造、转产等原因提高标准或扩大规模所增加的投资，应由项目法人或有关部门自己承担；不需要或难以恢复、改建的对象，可合理给予拆卸及运输费和补偿费。

五、移民安置规划方案的评估论证和执行

（一）移民安置规划评估

所编制的移民安置规划，需要组织移民专家进行评估，根据专家评估意见，对移民安置规划报告进行修改。

（二）移民安置规划报告的审批

将修编的移民安置规划报告报有关主管部门审批。经审批的移民安置规划作为实施移民安置的依据。

（三）移民规划方案实施

上面阐述了移民规划的步骤，但需要特别强调的是：对于移民规划来说，最重要的问题是如何将规划变为行动。移民安置规划面临的最大问题，是规划方案能否实施的问题。事实上，从事移民规划工作的人，很多人都想找出一种固定的模式，或是设计一个程序，剩下的就是往模式里填充数据的问题了，然而这是不可能的。其实所谓模式只是一种经验，而不是一种克隆的工具。移民安置规划需要调查、研究和设计，要使移民规划真正具有科学性，要将移民规划变成移民安置的决策，那么从一开始就要树立一种目标：规划为用。

第二节　移民资格的确认

本节结合世界银行的相关政策，阐述移民资格确认的国际通行做法。

一、移民资格标准的确定原则

移民可分为以下三种类型：①拥有正式合法土地权利的人（包括国家法律认可的习惯和传统权利）；②在普查开始时并不拥有正式合法土地权利但对该幅土地或财产提出所有权要求的人。前提是此类要求为国家法律所认可，或可以通过移民安置规划中确定的过程得到认可；③对占用的土地没有被认可的合法权利或要求的人。

（一）土地所有权

移民政策应对合法所有权和不具备合法所有权的占用权给予明确区分，后者通常被称为擅自占用或占住。合法所有权既包括通过合法地契（或租契）获得的所有权，也包括按照被法律认可或可以被法律认可的习惯和传统权利获得的占用权或使用权。

土地所有权，包括注册所有权以及习惯和传统权利构成了第一项资格标准土地所有权，表现为多种形式。其中，最简单的一种情形是，某个人或集体对某区域拥有自由保有权，即该区域是以该个人、公司或集体的名义登记的。在其他情况下，相关方可以通过租借方式拥有土地，并因此拥有合法权利。这种情况在城市地区尤为普遍。在这些地区土地为国家所有，但可被长期租让给个人使用。根据世行业务政策《非自愿移民》（OP4.12）的规定，国家法律认可的习惯或传统权利与正式合法所有权具有同等效力。世行政策指出，移民包括"拥有正式合法土地权利的人（包括国家法律认可的习惯和传统权利）"（第15a段）。

即便在显而易见的情况下，如自由保有权，土地所有权问题也会很复杂：土地记录可能会不全、过期、遗失或遭损毁；表面上已登记的地块也可能由于一种或多种原因引起争议；所有者们可能非正式地再次对土地进行了划分；注册所有者可能是大片土地所有者的代理人；因所有者去世而对土地的继承可能并没有记录在案。

在其他情况下，即使人们认可了使用某地域的习惯和传统权利，但其正式所有权可能并不存在。例如，在非洲，村里的宗族可以对村中的长者分配给农民们用于发展刀耕火种农业的周围地区实施掌控。同样，在南太平洋地区，土地由社区掌管，没有社区的同意，不得转让。

在很多特殊情况下，习惯所有权也会出现。在一些国家，即便少数民族人口世世代代居住在一些地区，但殖民列强仍公开将它们划为森林或自然保护区。这些人群通常留在新划界的地区生活，继续以其习惯的方式利用当地资源。在一些地区，即使在划界前占用该地区的群体对其仍拥有法律上认可的权利，但政府为正式转让所有权而采取的行动往往得不到完成。这一状况会带来诸多困难，因为在当今一些因素的共同作用下，人们不得不采取措施限制利用人们视为己有的当地土地资源，这些因素包括通信条件的改善、人口密度的增大以及人们对自然资源管理敏感和重视程度的不断变化等。

城市的情况有所不同，商人和小商贩在原则上属于国家的场所做生意。国家可能默认了此类占用，甚至对占用者征收税费，因此有效地确立了占用者对其土地的非正式或习惯权利。

在其他地区，各群体可能拥有季节性土地使用权。例如，游牧人群可能拥有在收获后的田地里放牧的传统权利；流动渔民可能具有在特定河岸或沿海地区从事季节性捕鱼的权利；农工可能拥有在收获后的地里捡拾残穗的传统权利。

鉴于土地所有权问题的复杂性，人口普查和财产登记不仅应记录每幅即将被征收的土地，而且也应记录该幅土地的所有者或占用者、所有权类型以及记录所有权或占用权的相关文件。

征地可以使非土地所有者有资格得到帮助。征地会对国家所征土地的一切所有者、居住者或劳动者产生影响。尽管只有合法或习惯所有者能够得到失地补偿，但占用权丧失或其他财产损失也可能直接影响到其他人，这些人也可以有资格享受替代形式的援助。

非土地所有者主要有三种类型，他们是承租人、企业以及工人和雇员。如果承租人居住的住宅被征收，他们就有资格享受搬迁援助，因为他们需要搬迁。典型的搬迁援助包括用于寻找替代房屋的援助、包装和搬家援助、搬家费和可能的新家装修费以及在人们新居住地提供的后续服务。

不管企业是否对财产或建筑物拥有所有权，它们同样有资格享受搬迁援助和其他援助。使用租用财产的企业将获得用于寻找新场所的援助、按重置价值计算的不动产补偿、过渡期收入损失补偿、财产转让援助以及后续服务。与此同时，工人和雇员可以享受过渡期工资待遇。此外，有几类非正式占用者，通常被称为擅自占住者和占用者，可以有资格享受特定援助。

（二）影响的严重程度

土地面积受影响的严重程度随移民人数的多少而变化，但由于土地的大小、用途和生产能力各有不同，因此经济可行性便决定实际影响的严重程度。一般规律是，如果一户受项目影响家庭失去的土地面积不足其原有土地面积的10%，影响程度即为轻微，因为其余土地还可能具有经济可行性。如果土地面积很小，这一规律可能就不适用了，因为即便是范围很小的征地也可能使整个地块失去经济可行性，此时，农户可以得到现金补偿。如果土地面积很小，而且其余土地不具备经济可行性，农户既可以得到损失财产补偿，也可以得到其余非生产性财产补偿。此外，土地可能仅仅是收入来源之一，农户可以从一个或多个渠道获得收入，如次生林产品采集、农产品销售、手工业品生产、季节性外出打工以及得到汇款等。在决定影响的严重程度时，不仅要考虑土地面积，也要考虑移民的收入来源。因为拥有同等土地面积且失去等量土地的农户可能具有不同的收入和生活水平，并因此可能遭受不同程度的影响。

移民安置规划工作涉及到两种工具，它们有助于对影响的严重程度进行评估。一种是土地调查，另一种是社会经济调查。前者被用来确定每户的征地比例及项目对土地面积潜在影响的严重程度，后者被用来评估其他收入来源及项目对农户总收入影响的严重程度。

土地所有权制度的性质，尤其是集体土地所有权制度的性质与影响的严重程度密切相关。如果土地归个人所有，个人或家庭就会成为征地影响的对象，而土地的集体所有则不同，损失可以由全体社区成员共同承担，这样影响的严重程度就会所有降低。例如，在中国农村地区，土地归农户集体所有，村民小组（在公社体制下称生产队）是土地所有权单位。每逢国家征收村里的土地，其余土地将可以在全体村民间进行重新分配（如果该村的平均土地面积低于地区平均水平，政府将采取其他措施，如签发外迁许可证和农转非就业，以确保其余所有村民拥有不低于平均面积的地块）。这种集体分担土地损失的做法降低了单个农户必须承担的损失，也就意味着要在集体层面衡量影响的严重程度。

如果地块被当地确定为自留地，集体所有权也许不能保证土地损失由集体分担。例如，越南和中国南方的部分地区就出现了这一情况。在这些地区，集体是土地的合法所有者，但在有些地方，特定地块实际上被看成是个人财产。在此类情况下，征地影响在理论上由集体承担，但实际上却由个人承担，因此，需要单独对移民权益进行识别和评价。

总收入（土地面积和收入的多样化）会对影响的严重程度产生影响。如上所述，评价影响的严重程度以移民的总收入为依据，土地面积和农业收入占家庭总收入的比例都是评价的因素。为了更准确地评价实际征地影响，较好的做法是，在进行财产登记时，既要登记一个家庭的土地总面积（而不仅仅是拟征收的面积），也要登记该家庭可以获得的非农收入。对于土地活动收入仅占其家庭收入一小部分的移民而言，征地影响可能不会严重。

在农民完全依靠务农获得收入的情况下（只针对农村），如果他们失去十分之一（含）以上的土地，根据世行业务政策《非自愿移民》（OP4.12）的规定，此时的影响就是严重的，因此，应优先考虑以土地为基础的安置战略，因为移民们以土地为生。

很多家庭，尤其是人口稠密的农村地区和城市周边地区的家庭，通常都具有农业和非农收入来源。在这些地区，仅凭土地损失的程度不足以评价征地影响。要测算这些地区的家庭总收入，还要分析家庭就业模式和收入结构。此外，在收入来源多样化的地区，向移民提供一套他们认为合适的可选方案有助于他们保持（或增加）其收入。土地置换方案或现金补偿以及恢复援助方案都是此类情况下可以考虑的合适方案。例如，世行业务政策《非自愿移民》（OP4.12）对下列情况下的现金补偿方案表示认可："（1）（移民）以土地为生，但项目所征收的土地仅占受影响财产的一小部分，剩余部分在经济上能够维持；（2）存在活跃的土地、房产和劳动力市场，移民可利用此类市场，土地和住房供应充足；（3）（移民）不以土地为生"。

对于失地面积低于其土地面积20%的移民，一般采用现金补偿方法。一般情况下，对这部分移民可按照重置成本支付失地现金补偿。当然，设计或土地整合方面的考虑可能会使政府提供高于这一最低移民权益的补偿。

表5-3　　　　　　　　征地影响的严重程度和建议移民权益方案

	征地面积	土地置换方案	或者	按比例支付现金补偿	整套恢复方案	外加	出售剩余土地方案
剩余土地仍具有经济可行性	低于20%	√		√			
	超过20%	√		√	√		
	超过80%			√	√		√
剩余土地不再具有经济可行性	不论比例大小	√		√	√		√

如果移民的失地面积大于其农用地总面积的20%，他们将有权选择土地置换方案。一般情况下，这部分移民被认为是受到了严重影响。如果他们以土地为生，并且其失地面积超过了其生产性农用地总面积的20%，就要制定一项方案，使他们获得具有可比性的置换土地。他们也可以自行选择现金补偿和经济恢复方案，以代替土地置换方案。对于那些受到严重影响但并非依靠土地获得收入的人而言，他们可以只得到现金补偿和恢复援助，从而使其有能力恢复或增加收入。

对于那些失地面积超过其农用地总面积80%（含）的人而言，一种较好的做法是给他们提供一项方案，使之能够以重置成本价放弃剩余土地，或获得与其全部土地的大小或生产价值相当的置换土地，或酌情选择其他恢复措施。但是，如果征地面积不足80%，并且征地致使剩余部分不再具有经济可行性，应建议征收整块土地。

失地劳动力可以选择再就业方案。如果土地所有者非自愿地放弃其财产并搬至他处，失地劳动力就不会有很好的再就业机会。此类情况下，一种较好的做法是，制定相关安排，使他们在经济上得以恢复。

（三）无限制性地利用与其他财产

征地移民安置通常还会考虑对土地权利或其他资源权利未得到法律认可的人们产生影响。此类项目尤其有可能在正式财产合法化工作尚未完成的地区实施。有些家庭依靠无限制地使用非管制区的资源谋生，有些社区拥有集体管理共同财产的传统权利或祖传习惯权利，一些个人或家庭也可以声明对财产拥有习惯所有权。例如，世行业务政策—《非自愿移民》（OP4.12）承认，搬迁最具破坏力的影响可能由三类个人或群体承担，他们中的有些人依靠无限制地使用资源为生，有些人的习惯权利未得到法律认可，有些人利用资源的方式有别于主流方式。

移民安置规划要求对所有直接受项目影响土地的现有使用情况进行调查，移民安置规划应详细说明项目区所有受影响土地的使用情况和所有权。为了确保移民安置不造成二次移民，项目组应在项目评估时确认有关方面已对所征收土地的现有使用情况和建议移民安置点进行了调查，也应将确认的范围拓展到为项目划拨的公有土地，因为它可能被私人所用。一种较好的做法是，召开公众协商会，弄清是否有人对当前未被使用的公有土地提出业已存在的私有权要求。这种名义上的公有权不能阻碍对资源拥有习惯权利的人们给予补偿或恢复援助。

（四）共同财产的置换财产也归社区所有

当受影响的土地归社区所有时，置换土地的所有权仍应属于该社区。由于搬迁可使生产方式和社区及家族内部的社会关系解体，因此，较好的做法是对社区确定的再分配安排进行审查。

1. 住宅

对于部分受影响的宅基地，搬迁的必要性常被用来确定影响的严重程度。

2. 农村

如果部分征地使得所剩土地不足以容纳现有住宅建筑，也不足以供家庭开展农作活动，其影响就被视为严重，受影响家庭也就相应有选择地获得同等面积的置换土地，或者获得的土地可以容纳受影响建筑，并且可用于恢复小规模农作活动，如修建鱼塘、鸡舍或菜地。同时，对于需要搬迁或重建的建筑或设施，也要按重置成本价给予补偿。如果征地没有直接对住宅建筑造成影响，只要按重置成本价对被征收的土地（或土地附着财产）给予补偿，条件是，仍留有可以接受且适合于农作活动的土地。

3. 城市

在城市地区，项目所需场地可以采用现金补偿的方式征收，征收时要与土地所有者进行协商。如果部分住宅必须拆除，一种较好的做法是征收整个建筑，除非所有者希望保留该建筑，而且这样做不会对公共安全构成威胁。

4. 企业

对于企业，其搬迁的必要性常被用来确定影响的严重程度。如果工业或商业活动由于部分征地而无法继续，受影响企业有资格获得在其他地方恢复其活动的费用。这就意味着该企业可以获得同等面积的置换土地，或者获得的土地可以供其用于搬迁。此外，该企业还可以享受建筑物重置成本补偿、过渡期纯收入损失补偿以及机械设备转运和重新安装所需费用补偿。如果企业可以在现有土地范围内搬迁，就必须对受影响的部分土地支付重置成本补偿，也须支付转运或重建和安装受影响的建筑物和机械设备所需的全部费用补偿。

（五）部分受影响建筑物的实用性决定影响的严重程度

对于整体受影响的建筑物，要求按照重置成本价（包括所有搬迁费用）给予全额补偿。如果部分受影响的建筑物能继续发挥其现有用途，或者只需对受影响的部分进行重建就可以恢复其现有用途，要求按照重置成本价对这部分给予补偿。如果这部分建筑物再也不能发挥其正常功能，要求按照重置成本价给予补偿（包括提供具有可比性的建筑用地），或对完全恢复所需的全部费用给予补偿。

1. 对于雇佣工人，持续失业时间决定影响的严重程度

如果项目直接扰乱了雇用工人的正常工作秩序或致使其工作中断而暂时失去收入，但可能最终实现再就业，他们可以获得过渡期补助，额度相当于其失业期内所损失的工资额。如果他们没有很好的机会（以同等或更高的工资）获得再就业，一种较好的做法是给他们提供替代性工作，或采取其他恢复措施，使其能够恢复收入。如果不能确保工人们获得替代性工作，通常向他们支付至少相当于其三年工资额的补偿。

2. 临时许可

如果人们拥有有效临时许可证或使用权，他们就可以享受补偿或其他援助。如果人们拥有临时使用或占用土地或建筑物的有效许可证，他们就可以享受补偿或同等形式的援助。这类补偿或援助应在许可证剩余有效期内按比例支付。此外，人们也应得到农作物损失或发生的其他损失补偿。如果人们的临时使用权已过期，或者他们获准在被公认为项目预留的地区临时使用土地，这些人一般不享受补偿。然而，这方面一种较好的做法是向此类人提供搬迁援助或过渡期援助。

3. 临时性非自愿征收

基础设施项目通常需要临时占用私有土地或建筑物，用于修筑进场道路、储存材料和挖坑取土，用作施工场地或其他目的。很多情况下，通过租用或租借，可以在自愿的前提下获得临时使用权。有些情况下，借款人可能会认为有必要行使法律权力或监管权力。由于临时性丧失土地或建筑物会对收入或生活水平造成不利影响，项目组必须确保：①尽可能减少临时性非自愿征收；②项目计划对任何临时性非自愿征收提供补偿。

（六）临时受影响人应被视为移民

项目移民规划的首要目标就是力争缓解不利影响，包括临时影响（如搬迁过程的影响）。

那些非自愿地承担直接由项目造成的临时征收损失的人们应被视为移民。因此，移民安置规划应解决临时征收问题。

应制定针对临时征收延期的监管机制。由于项目实施期间存在不可预见因素，因此，临时占用土地或建筑物的期限在评估时不能准确确定。但是，如果移民临时搬迁的时间不定或被延长，他们恢复其生活和规划未来的能力就会降低。一种较好的做法是，与相关方就临时征收安排和征收期限达成一致；如果超出这一期限，可以向土地所有者和占用者提供额外补助，这样做的目的部分在于促使官方机构加快项目进度。如果项目单位最终决定征收财产，项目已支付的临时补偿款不应从按照重置成本核算的补偿费中扣除。

临时征收财产补偿建议：

（1）土地。较好的做法建议，移民应得到相当于临时征收期间本应获得的平均纯收入补偿，以及使土地恢复到其原有生产用途的机会或对恢复成本的全额补偿。另一种较好的做法是，在与承包商签订的协议中，明确说明承包商为使土地恢复到其原有生产用途所应负的责任。

（2）建筑物。较好的做法建议，移民得到的补偿应按照剩余土地的可用范围或使用范围来确定。如果临时征地仅产生轻微不便（如使用的间歇性中断），可以支付补偿，使建筑物恢复到原有状态，也可以支付不便补助；如果建筑物自身被临时征收，或者该建筑不能再用，可以提供具有可比性的替代住房、临时租用同等住房的租金补助或新建标准合理的临时住房所需的费用。同时，对任何搬迁或恢复费用也应给予补偿。

（3）企业。如果企业临时无法使用设施及失去供货商或顾客，其收入会大幅降低。一种较好的做法是，向企业所有者支付相当于其估算损失净额的补偿。由于规划人员在确定损失（或收入）时不可避免地要进行估算，因此，需要与企业所有者进行协商，确定补偿金额。如果受影响企业在现驻地不能继续其业务，另一种较好的做法是向该企业提供新厂房或新厂房租用补助（包括企业员工和设备搬进和搬出新厂房所需费用）。

（七）合适的移民权益单位

"移民权益单位"包括有资格获得补偿或恢复待遇的个人、家庭及社区。要确保移民权益面向受到不利影响的所有人口，明确补偿和恢复管理机构的职责，就有必要确定合适的移民权益单位，特别是在移民过程致使现有家族关系解体的情况下更是如此。

通常情况下，遭受损失的单位应为移民权益单位。一般说来，失去财产的人们应得到补偿，以弥补其损失。如果某个人失去了小本生意或无法使用创收资源，此人就有资格获得补偿或恢复待遇；如果不止一个人对被征收的资源拥有所有权或习惯使用权，他们就有资格分享补偿。例如，如果一个八口之家失去了一处住房和两公顷土地，而这些财产登记于一位家庭成员的名下，其他成员就有权共享具有可比价值的至少一处住房和两公顷土地，或共享经其认可的另一种形式的补偿或恢复待遇。

如果移民权益的单位为集体，移民安置工作安排应考虑所有受影响个人的利益。在一些国家，如中国，农村土地归集体所有，补偿款一般支付给作为移民权益单位的集体，集体补偿款使用的具体情况也各有不同，但主要用于集体利益。移民安置规划工作应确定集体中的哪些个人实际上受到了失地影响，也应确保制定充分措施（通过重新分配集体土地或其他方法）来恢复这些人的经济水平。

家庭移民权益待遇一般支付给户主。在实践中，置换土地、建筑物及其他所有家庭财产所有权一般都属于户主。原则上，作为一个整体，家庭应共同决定如何对移民权益进行公平分配。为了确定家庭现有做法的公平性以及移民安置对家庭内部机会和移民权益分配造成的影响，可能需要开展社会评价。

（1）如果将习惯使用权变为隶属于户主的合法财产权，可能会削弱妇女的地位。可能需要开展社会评价，确定是否应鼓励或要求共有权，特别是在创收或财产转让过程中可能产生性别歧视时更应如此。

（2）农村地区从农业向工资型就业转移的户主而言，可能会逐步减少其他家庭劳动力成员的生产机会和生产潜力。可能需要开展社会评价，确定这些成员是否具有可以在移民安置区发挥的技能，或是否应鼓励或需要提供替代性移民权益，如培训、教育、小生意补助或其他机会。

（3）项目识别时应进行的搬迁被拖至项目实际实施时进行，这种长时间的拖延也会打破正常的家庭格局（如缺乏投资、失去土地或遗产）。更新人口普查资料有助于确定哪些孩子在过渡期已长大成人，哪些家庭成员可能由于项目而失去了生产性机会，但这项工作必须远在移民搬迁前进行。

已成人子女可以享受归其所有的财产损失补偿。家中居住在一起的已成人子女可以享受补偿，以弥补记于其名下的任何生产性财产的损失，但先决条件是，这些损失是由项目直接造成的。已成人子女有资格获得恢复援助，以弥补其工作收入。如果已成人子女与家人住在一起，就可以享受恢复援助，以弥补工作收入的任何直接损失，但如果家庭应得的各种移民权益足以使其恢复工作（如一个农户得到了替代农用地），他们就不自动享受替代性恢复援助。如果直接置换家庭财产不可行，或者家庭收入来源有望因移民安置项目而发生改变，一种较好的做法是给予恢复援助资格。

二、不同类型项目的移民

移民的影响会因项目类型不同而异。为建学校或保健中心征收的小块土地所产生的移民影响是有限的。修建公路、铁路、输电线或运河可能会在狭窄的通道沿途，造成移民影响，或是破坏社区网络、分离公路、小路、灌溉系统和土地拥有权。建造用于供水、灌溉或发电的水库可能会造成大规模的破坏。如表 5-4 所示，大多数项目类型都可能产生移民影响。

表5-4 不同类型项目中的移民

行业部门	可能造成移民影响的项目	移民影响种类
交通	• 公路或铁路 • 车站、桥梁 • 机场、海港、河港	• 线型移民影响。因为线路较窄，破坏通常发生在现存社区单位之内。但如果线路很长，穿越行政边界，那么责任区分就不甚清晰，并且不同部门的权益将不同。线路也许会分割土地所有权、当地的公路和道路、灌溉系统、经济与社会网络、或获得资源的途径。也许需要暂时借用土地。 • 可能会造成局部的移民影响，必须要暂借土地以供建设。 • 对目前占用土地的社区可能产生严重的移民影响。可能迁移整个社区、或破坏通讯、土地持有权、社会与经济系统以及使用资源的模式。暂借土地以供建设
电力	• 输电 • 发电厂、变电所、输电站、进出通道 • 水力发电水库	• 建铁塔所引起的移民影响不大。土地持有量较小，可能会较严重。若不征地，通行权的约束可能会影响输电线路沿线人们的土地使用。建设时可能需要暂借土地。 • 在建设期内可能引起严峻的局部影响，并要暂借土地。发电厂可能会因污染土地、空气或水而造成移民。 • 兴建水库可以造成严重的并常常是广泛的影响，要从施工区和淹没区迁出整个社区，并破坏通讯、土地持有权、社会与经济体系和资源使用的模式。暂借土地建设

续表

行业部门	可能造成移民影响的项目	移 民 影 响 种 类
供水与环境卫生	• 管网系统 • 泵站、处理地 • 供水水库	• 暂借土地。使用现有的通行权（例如道路）使破坏减少到最低限度。长久地征收狭长土地以减少破坏。 • 可能会造成较为严重的局部影响。暂借土地建设 • 兴建水库可以造成严重且常常是广泛的影响
固体废物	• 转运站、堆埋场	• 可能会造成严重的局部影响
城市更新	• 城市基础设施	• 可能会造成严重的局部影响
卫生保健	• 医院、诊所、培训设施	• 可能会造成严重的局部影响。社区也许要自愿准备出小块场所用于社区服务
教育	• 学校、培训机构等	• 可能会造成严重局部影响。社区也许要自愿准备出小块场所用于社区服务
灌溉与防洪	• 运河、护岸及相关工程 • 水坝	• 狭长线路的移民影响 • 兴建水坝可以造成严重且常常是广泛的影响
采矿	• 露天采矿	• 可以造成严重的局部影响，或是因环境质量（如土地与水的污染）严重下降而影响移民。 • 森林开发，重新造林、工业种植、森林封闭。 • 可能会引起不再能用森林产品换取现金与物资的损失。失去放牧权。迁移社区
公园、资源保护区	• 国家公园或多样化生态区	• 可能会失去放牧权，或破坏了放牧路线。也许要从公园中将社区迁出

第三节　政策适用性及移民规划类型的确定

一、移民政策及适用性评价

这里以亚洲开发银行的移民政策为例，介绍国际金融组织的相关政策及其适用性评价。

（一）征地移民通常关注的主要问题

（1）谁是受影响人口。

受影响人口是指那些因项目而失去其全部或部分有形与无形资产的人们，这些资产包括房屋、社区、生产性土地和森林、牧场、捕鱼地等资源，或是重要的文化遗址、商业财产、租佃、收益机会、社会与文化网络和各种活动。这些影响可能是永久的，也可能是暂时的，这大多因通过法律强制措施或其他法律措施征收土地而出现，他们别无选择只有在别处重建家园。人们也会因健康与安全危险被迫迁移而受到影响。

自愿移民与非自愿移民有什么不同？

自愿移民一般是自己选择的，他们通常是年轻人，并愿意外出寻求新的就业和发展机会。非自愿移民包括各种年龄的人，观念与能力各不相同，其中很多人别无选择，只有放弃其资产。国际金融组织的政策要求对非自愿移民提供协助。

（2）什么是合理补偿。

补偿安置目标一般设定为"没有"项目影响的经济状况，这就要求项目需要计入移民补偿安置费用。受到影响的人们至少在迁移后应与以前的收入和生活水平保持一致。移民补偿费用等于市场成本加上交易成本，且这只有在市场反映出可靠的价格信息，并且资产损失替

107

代物可得的情况下才适用。

（3）补偿费用本身足以补偿了吗？

不一定。多数政府的政策、法律和法规都有对失去资产的人们作出补偿规定，然而这些还不足以达到国际金融组织政策中所确定的恢复生计和生活水平的要求。总的来说，要实现恢复经济与社会基础的政策，失去生计的人们有三方面的需要：对失去资产与收入的补偿；协助迁移与安置；以及帮助恢复生活。如果生计与住房都没有受到威胁的话，按迁移费作出补偿通常就已足够。

（4）当项目不牵涉迁移住房时，还需要移民规划吗？

如果资产有损失且生计受到影响，也应视为一种移民影响，因此应该进行移民规划。

（5）对于征地，是否现金是唯一适当的补偿方式？

如果不是按重置价值来补偿的话，用现金补偿并非令人满意的一种补偿方式。还有一种风险就是受影响的人们可能很快花光这些钱后变得一贫如洗，或者是如果现金补偿付给了一家之主，那么妇女与儿童的需要也许不会获得满足。在许多情形下，以土地为基础的移民方案比非土地选择实效好。在没有足够的、质量合宜的安置土地时，创收与再培训计划也许是适当的替代方案。要有多种选择以使受影响人口能选择补偿他们损失的最佳方式。

（6）有必要向受影响人口提供咨询吗？

有必要。受影响人口最有权去选择那些会给他们的生活带来巨大变化的安置措施。在什么对他们有用方面，他们也许有比外人要好得多的意见，并且他们的参与可能会产生一种更大的主人翁意识和更可持续的解决方法。当移民可能引起社会抵制或在安置脆弱人群时，社会参与是减少紧张、获得合作的重要过程。

（7）没有正式拥有权的人将受到协助吗？

是的，如果他们是受到影响的人群。亚行的政策是包括一切并承认所有受项目影响的人有资格获得补偿和恢复生活，不论有没有合法拥有权。例如，亚行政策包括失去使用权的佃农，没有正式土地权但长期习惯性使用土地者，季节性移民和占地者，补偿和其他津贴的金额与标准取决于个别家庭损失的程度。如果受影响的人们失去了对迄今为止还没有管制的资源（如森林、水路或放牧地）的使用，那么他们应获得同样的实物替代。恢复收入与生活水平的措施可以代替在公共安全区的货币补偿，但这些措施要足以满足政策目标。然而，从公共安全区获得非法租金的土地占有者得不到补偿。

（8）怎样抑制土地投机？

亚行与借款者将就确定合适的权利资格拥有人的特定截止日期达成一致。亚行政策指明，应在项目准备的最初阶段确定的受影响人员，不管他们有没有合法拥有权。这通常是指在项目准备技术援助可行性研究期间进行的人口普查或公众意见调查。在区分真实与否时，航空测图或审查土地使用纪录可对调查工作提供有用的补充。

（9）受间接影响的人们有资格获得补偿吗？

无论是为了识别还是为了实施，均需对"间接"受影响人们下定义。合适定义的基础是影响生计或资产、物资收入的直接损失。为了设定限制，应仔细评审和考虑项目的间接影响。也许要引进特别的措施来帮助脆弱群体，即使按政策不需要进行正式补偿。

（10）亚行政策的时间限制是什么？

亚行政策指明，应在项目周期的最初阶段就处理移民问题。在亚行投资前就解决所有过去不公正问题是一种好的做法。因为从安置和收入损失的完全恢复需要花很长时间，因此在受影响人们迁移之后也许需要监测和评估，有时甚至在项目设施已建成，并且亚行资金完全支付后还有此需要。

（11）如果社区自愿为项目提供土地，那么这个政策是否适用？

在社区自愿提供小块土地以交换诸如保健诊所、学校、供水或灌溉渠道等项目的情况下，亚行的政策就不适用了。但该块土地上不能有乱占地者，并且土地所有者和使用者都公开声明他们同意为项目提供土地，同时还要有处理申诉的机制。

（12）在亚行政策中，暂时的土地借用包括在内吗？

暂时受到影响的人们可视为受影响者，必须得到相应的补偿和协助。但在按显著程度来确定受影响人数时，他们不算在内。暂时损失可能包括建设期间的土地或资产借用（例如借用矿井、采石场、工地、临时出入通道或储藏地）。农业用地中的作物与收入损失，住宅或社区服务的损失，由于施工而造成的商业收入损失、职工薪金的损失。如果这些损失拖长了时间，最好还是把其看作是永久性损失。

（13）是否所有涉及移民的亚行项目都要求制定移民规划？

是的，亚行政策适用于所有的移民影响，无论涉及的人数是多少，也无论其严重程度有多大。但规划的详细程度因移民的目标群体、复杂性、规模和严重情况不同而异。

（14）共同资助的项目要遵循亚行政策吗？

是的。只要亚行的投资用于资助项目，那么亚行的政策就适用。许多其他的资助机构有类似亚行的移民政策。较好的做法是，所有资助机构之间应就移民标准达成一致，都要保护受影响者的利益，并为实施机构减少复杂性。亚行政策还适用于开发性财政机构的贷款。

（15）私有部门的项目需要移民规划吗？

需要。亚行政策适用于涉及非自愿移民的私有部门项目。通常是负责实施项目的私人开发商在行使土地征收权的政府部门批准后，准备移民规划。如果有多项子项目的话，那么需要移民的政策和程序框架。项目协议从法律上约束私有部门合作伙伴执行亚行的政策。

（16）在项目周期中，什么时候应进行移民规划？

在项目鉴别期间，应对征地范围以及可能的影响进行初步评价。在初步社会评价时，亚行项目组经理决定准备移民规划所需的时间、工作量以及资源，并确定职责范围，从而在项目准备技术援助可行性研究期间准备移民规划。亚行的政策要求，管理层评审会议上的总裁报告与建议书草稿中包括移民规划概要，在评估前要有全面的移民规划。分发给理事会的总裁报告与建议书定稿中也必须包括移民规划概要。

（17）在部门贷款子项目中，怎样解决移民问题？

亚行政策中包括部门贷款，除了子项目的移民规划外，还要建立在所有涉及征地的潜在子项目中的非自愿移民的政策、程序与实施框架，并与实施机构达成一致。根据正在进行的子项目的经验，将包括一项政策，即最大限度地减少后续项目中的移民。

（18）如果项目跨越多个行政区怎么办？

需要大片土地的项目（如水库项目），或是涉及狭长的线形开发项目（如公路、铁路、远程通信、运河、输电线）可能会跨越一个以上的行政区。地方政府部门也许有不同的移民指导政策、不同的作法、不同的能力以及不同的资源水平，在移民资格与权利方案中，与所有地方行政实体达成协议是很重要的。也许要采取特别措施与沿途或是分散在大片地区的受影响人们进行磋商。也许每个管辖区有各自的比较合适的移民规划，因资格权利应全部达到亚行政策中恢复或改善经济与社会生活的目标。

（19）在移民时，少数民族人口或其他脆弱群体需要特别对待吗？

是的。移民通常提供机会采取加强脆弱群体经济与社会条件的措施，不是仅仅恢复他们在项目之前的脆弱水平。亚行政策明确地意识到了这一点，并且还指出，将对最贫困者、以女性为家长的家庭、少数民族及其他社会群体的需要加以特别关注。这些群体将受到协助以改善其生活状况。

（二）项目周期各阶段移民规划要求

拟建项目的移民措施是围绕发展策略制订的，并且是从项目周期最初阶段的项目设计整体的一部分。项目周期中的移民要求可概述如下：

（1）在项目准备技术援助调查期间的初步社会评价。在初步社会评价时，工作组将决定移民规划的规模与所需的资源。

（2）项目准备技术援助可行性研究，应包括准备移民规划。

（3）项目管理评审会议，应包括移民规划的相关内容。

（4）项目评估，应包括最后审定移民规划。

（5）融资及贷款谈判，谈判内容包括对移民事务的承诺。

（6）项目实施，应包括对实施移民规划的情况进行监测。

（7）监测与评估，移民规划中应包括监测与评估的内容。

（三）做好移民安置工作的国际成功经验

（1）通过选择可行的替代方案，采取一切措施最大限度地减少或消除非自愿移民。

（2）在初步社会评价阶段，确定可能的移民参数，并且在项目准备技术援助可行性研究中包括移民安置的工作大纲。

（3）将移民措施纳入开发项目方案体系并加以实施。项目类型包括公共部门项目、私有部门项目和共同资助项目以及给开发性财政机构的贷款项目。

（4）在项目准备之初完成社会经济调查以及受影响人们的人口普查，以便确认因土地征收而造成的所有损失和所有受影响者，并避免局外人或投机者混入。

（5）在磋商过程中要包括所有的利益相关者，尤其是所有的受影响者，其中包括脆弱群体。

（6）按重置费用对所有受影响者的一切损失作出补偿，其中包括那些没有土地合法拥有权的人。

（7）在需要迁移住宅时，与受影响者和安置地社区进行磋商，制定迁移方案，以便恢复其生活水平。

（8）在人们将损失收入和生计时，以提高或至少恢复其再生产基础为目标，建立适当的收入恢复计划。

（9）当受影响的人们是弱者时，或者说移民活动会导致社会紧张时，为受影响者提供一个社会准备过程。

（10）在评估前要准备一份有适当条款、资金来源和时间限定的移民规划，在管理评审会议会前应有一份移民规划概要。交给理事会的总裁报告与建议书草案中应包括一份移民规划概要。

（11）在规划、实施和监测移民规划时，应有移民专家、社会学家以及受影响者的参与。

二、确定移民规划类型

（一）显著性影响的确定

对移民可能造成显著影响的项目，均应编制移民规划方案。亚行对"显著性"的定义如下：①200 人或 200 人以上将受到移民影响；②100 人或 100 人以上受到移民影响的是亚行政策中所定义的少数民族人口或脆弱群体（如：以女性为户主的家庭、最贫困者、与社区隔离者，包括那些没有合法资产权的人和游牧者）；③有 50 人以上的特别脆弱者受到移民影响，如狩猎群体。有关的项目开发部门在与社会发展部协商后将决定是否需要制定全面的移民规划。

当移民影响显著时，需要一份全面的移民规划。此时，亚行职员将协助政府和其他项目资助者做如下工作：①在其自身的法律、政策、行政管理和机构框架之内采用并实施政策目标和原则；②增强政府和其他项目资助者有效规划与实施非自愿移民的能力；③增强发展中成员国进行非自愿移民能力和宏观政策框架；④在贷款评估前，协助政府与其他项目资助者准备一份包括有时间限定的行动和预算在内的令人满意的移民规划并呈交亚行；⑤通告政府有关亚行的政策。

全面移民规划将包括：①目标、政策和策略；②组织责任；③社区参与以及与安置地人口的融合；④社会经济调查；⑤包括解决冲突与上诉程序机制的法律框架；⑥确认替代性的场所与选择；⑦资产损失估价与补偿；⑧土地所有权、使用权、征收与转让；⑨培训、就业与信贷获得途径；⑩居住场所、基础设施和社会服务；⑪环境保护与管理；⑫实施计划、预算和监测与评估。全面移民规划还应指出所要采取的最大限度减少或避免移民影响的措施，也许还要包括一个社会准备阶段。

当一项部门贷款的移民影响很"显著"时，应在贷款评估前先评估一个子项目范例，并且总裁报告与建议书中除了包括与移民有关的标准要求外，还要包括子项目资格的移民准则以及将适用于其他有移民影响的子项目的全面移民规划的一份概要。当一项部门贷款的移民影响不显著时，亚行将不要求在贷款评估前就有子项目的移民规划，在总裁报告与建议书中有标准要求（即移民的总结性论述）即可。在给开发性财政机构贷款之时，总裁报告与建议书应包括一项保证，即借款者将遵守亚行的移民政策以及其他有关政策，如与环境保护、性别、土著人和参与性开发有关的政策。

由有关项目部门和社会发展部确定的、没有显著性移民影响的项目，只需要一项简单的移民规划。在移民事务较少的情况下，该规划只需半页至两页长。亚行将协助准备移民规划。

作为必需内容，简单的移民规划将概述：①受影响人数和损失程度；②适用的政策与法律框架；③对资产估价、补偿、迁移、重建和环境保护进行安排组织；④在交付和监测土地权中的责任；⑤费用；⑥土地征收和移民措施的时间框架；⑦为受影响的人咨询与申诉机制。准备移民规划所需的时间和工作量应与移民问题的规模和广度相符合。

亚行政策指出：

"对于涉及一小部分人移民的简单项目来说，准备一份移民规划也许需要当地咨询专家投入 2～4 个星期，而一项涉及大批人员迁移的复杂项目的规划，除了实施机构的投入之外，也许还要专业顾问投入约 15 个月的时间，也许会花掉两年的时间。"

（二）各类项目移民安置规划的具体要求

表 5-5　　　　　　　　　　　全面移民规划——显著性移民

严　重　性	受影响者人数	要　　求
失去生产性资产及其他资产（包括土地）、收入和生计	200 以上	按重置的费用补偿，萧条时期的迁移和收益替代收入恢复措施
失去住房、社区结构、系统和服务	200 以上	按重置的费用补偿，协助迁移，安置规划，恢复生活水平的措施
失去家庭或社区资源、场所	200 以上	如可能，替代、恢复、补偿
受影响者是土著人或在其他方面属脆弱者，如最贫困者与社区隔离者、妇女为户主的家庭、对资产没有合法所有权的人、放牧者	100 以上	社会准备阶段——为确保全面重建可能需要采取特别措施
有特别目标群体或其他敏感处的非显著移民情况	50 以上	• 例如，50 名狩猎群体需要的一项全面移民规划 • 社会准备阶段——为确保全面重建可能需要采取特别措施 对于这一类的项目： （1）将亚行的移民政策通知政府和其他的项目资助者 （2）协助政府在其法律与制度框架中实施亚行的移民政策。 （3）加强政府和其他项目资助者规划与实施移民的能力。 （4）帮助强化移民的国家宏观框架。 （5）解决所有与亚行政策的重大分歧。 （6）在贷款评估前，协助政府的其他项目资助者准备移民规划。 （7）根据全面移民规划，为管理评审会议的总裁报告与建议书草案以及分发给理事会的总裁报告与建议书，准备一份移民规划概要。 （8）在项目介绍中包括移民信息

表 5-6　　　　　　　　　　　简单移民规划——非显著性移民

严　重　性	受影响人数	要　　求
失去生产性资产与其他资产（包括土地）、收入和生计	200 以下	按重置费用作出补偿，萧条时期的迁移与收入替代，收入恢复措施
失去住房、社区结构、系统和服务	200 以下	按重置费用作出补偿，协助迁移，安置规划，恢复生活水平的措施
失去家庭或社区资源、场地、古迹	200 以下	若可能，替代、恢复、补偿
受影响者是土著人或者在其他方面较脆弱，如最贫困者与社区隔离者、以女性为户主家庭，那些对资产没有合法权的人	100 以下	社会准备阶段－也许要有特别措施来确保全面复建
受影响者具有特别敏感性，或特别脆弱性	50 以下	社会准备阶段－也许要有特别措施来确保全面复建。 对于这一类的项目： 根据简单移民规划，为管理评审会议的总裁报告与建议书草案及分发给理事会的总裁报告与建议书，准备移民规划概要

表5-7 部 门 项 目

严 重 性	受影响人数	要 求
项目整体上预期会有如全面移民规划中所描述的显著移民影响	如全面移民规划所示	（1）上述要求，适用于至少一个涉及全面移民规划中的移民影响子项目的评估。 （2）对于所选的子项目： 根据简单移民规划，为管理评审会议的总裁报告与建议书草案及分发给理事会的总裁报告与建议书准备移民规划概要。 （3）对于其余的子项目： 1）确认将要应用的政策和土地权属，确认为子项目准备移民规划的程序。 2）阐述管理评审会议和分发给理事会的总裁报告与建议书草案中的移民规划准则和概要

表5-8 全面移民规划编制提纲建议

标题	内 容
土地征收和移民范围	（1）借助地图描绘土地征收范围，并说明为什么这对投资项目来说是必需的。 （2）如果有的话，描述一下替代选择方案，以便最大限度地减少土地征收及其影响，并说明为什么遗留的影响是不可避免的。 （3）概述在土地征收、资产损失以及失去生计的人群的主要影响。 （4）明确对土地征收和移民活动所负的主要责任
社会经济信息	（1）界定、确认和列出将受影响的人。 （2）描述土地征收对受影响者造成的可能影响，并考虑社会、文化和经济因素。 （3）确认受影响者因土地征收而经受的所有损失。 （4）提供任何公共财产资源的详细情况。 （5）具体说明项目将怎样影响穷人、土著人、少数民族和其他脆弱群体，其中包括妇女，以及全面恢复或加强其经济与社会基础所需要采取的任何特别措施
目标、政策框架和权利资格	（1）描述土地征收和移民的目标。 （2）描述重要的国家与地方土地、补偿与移民政策、法律和用于项目的指导方针。 （3）解释亚行的非自愿移民政策将怎样实现。 （4）说明借贷执行机构对不同类型的项目影响的原则、法律及义务。 （5）为所有类型的损失准备一份合适的政策和权利模式，包括补偿标准
协商和申诉处理参与	（1）确认与项目有利益相关者。 （2）描述利益相关者参与规划、管理、监测和评估的机制。 （3）确认当地支持受影响者的机构或组织。 （4）评估非政府组织和社区组织的潜在作用。 （5）制订受影响者申诉处理的程序
房屋迁移与移民	确认住宅及其他建筑物迁移的多种选择方案，其中包括替代住宅，现金补偿
移民选择意愿	（1）具体指出协助迁移和新址建设的措施。 （2）评估开发迁移新址的选择方案，如果有必要的话，可从地理位置，新场所质量和开发需要入手
房屋迁移与移民	• 提供一份各个移民点的布局、设计和社会基础设施的规划。 • 具体指出保障收入和生计的办法。 • 具体指出与安置地社区融合的措施。 • 确认解决性别问题和那些与脆弱群体有关的特别措施。 • 确认任何环境风险，并指出怎样处理和监测这一问题
收入恢复策略	（1）确认处于风险中的生计。 （2）制定收入恢复策略，并列出恢复各类生计的可能选择方案。 （3）具体说明就业规划中的就业机会，包括收入替代、重新培训、自谋职业及退休金等条款（如果有必要的话）。

标题	内　　容
收入恢复策略	（4）准备一份迁移并恢复生意的计划，如果有必要，将收入替代包括进去。 （5）确认任何可能的环境风险，并指出怎样处理与监测
机构框架	（1）确认在规划、谈判、协商、批准、协调、实施、融资、监测和评估征地和移民中的主要任务和责任。 （2）审议征地和移民机构的授权及其规划与管理这些任务的能力。 （3）若有需要，帮助增强机构能力，其中包括技术援助。 （4）若有涉及，具体指出非政府组织和受影响者组织在移民规划与管理中的作用
移民预算和融资	（1）确认征地与移民的费用。 （2）准备一份年度预算，并具体指出资金支付的时间。 （3）具体指出所有征地与移民活动的资金来源
实施计划	（1）提供一份时间表，标明主要移民任务的开始与完成日期。 （2）显示在开工之前，怎样为受影响者作准备
监测与评估	（1）为内部监测准备一项计划，具体指出进度指标、报告制度以及所需要的资源。 （2）准备一项外部独立评估计划，以外部和独立的方式评估实现政策目标的程度。 （3）在监测与评估中具体指出受影响者的参与

表 5-9　　　　　　　　　　　　　简单移民规划编制提纲建议

标题	内　　容
征地与移民范围	（1）如果有的话，描述一些替代的选择方案，以便最大限度地减少土地征收及其影响，并说明为什么遗留的影响是不可避免的。 （2）概述在征地、资产损失以及流离失所或失去生计方面的主要影响
目标、政策框架和权利资格	（1）描述重要的国家与地方土地、补偿与移民政策、法律和用于项目的指导方针。 （2）解释亚行的非自愿移民政策将如何实现
协商与申诉处理方面的参与	描述协商过程以及申诉处理的程序
补偿、迁移和收入恢复	（1）描述估价与发放补偿的安排。 （2）描述住宅迁移的安排，包括迁移与重建。 （3）描述将实施的收入恢复措施。 （4）确认任何环境风险，描述管理与监测的步骤
机构框架	确认在规划、管理和监测土地征收与移民中的主要任务和责任
移民预算与融资	确认征地与移民费用以及资金来源
实施计划	提供一份时间表，显示在开工之前，怎样为受影响者作准备
监测与评估	具体指出监测与评估的安排

表 5-10　　　　　项目周期中的征地移民：部门贷款/子项目的行动计划重点

项目周期中的阶段	行　动　重　点
初步社会评价	
项目准备技术援助可行性研究的权限	如果移民影响可能是"显著"的话，为一个或多个子部门项目准备一份全面的移民规划
项目准备技术援助 • 对一个或多个有移民影响的子项目进行可行性研究 • 亚行协助政府准备移民规划	（1）对于所选出的子项目： 开展初步社会评价 （2）对于其余的子项目： 1）广泛评估可能的移民范围，如使用调查或快速评估法。 2）拟订子项目筛选标准，以便最大限度地减少移民影响。 3）拟订鉴定与挑选标准，以解决任何遗留的影响。 4）为其他子项目准备移民规划的概要

续表

项目周期中的阶段	行 动 重 点
管理评审会议	评审全部的子项目移民规划、移民规划概要、移民规划总结和社会发展部的评论
鉴定	（1）最后确定子项目移民规划，并就其达成一致。 （2）核实权利资格的截止日期。 （3）准备在征地与移民方面的保证
专业评审委员会	评审全部的子项目移民规划、移民规划概要、移民规划总结和社会发展部的评论
贷款谈判	（1）在子项目移民规划及其概要中核实子项目移民规划的进展、时间表和保证。 （2）如有必要，在实施时准备技术援助
子项目实施机构的作用（和技术援助的目的）	（1）在技术设计之后，拟订子项目移民规划。 （2）实施移民规划。 （3）按监测与评估计划监测移民规划的实施。 （4）如移民规划中指出的，要将受影响者和非政府组织包括进去
亚行人员的检查监督作用	（1）按移民准则批准项目。 （2）对于涉及大规模移民的部门贷款： 1）进行半年一次的移民评审。 2）进行深入的中期进展评审。 3）在项目执行报告中汇报情况。 （3）对于其他涉及移民的部门贷款： 1）进行年度移民评审。 2）进行深入的中期进展评审。 3）在项目执行报告中汇报情况
项目完成	（1）进行移民后评价。 （2）如有必要，继续检查与监测

表 5-11 　　　　　　　　　　**项目周期中的征地移民行动计划重点**

项目周期中的阶段	职责	行 动 重 点
初步社会评价：项目准备技术援助调查或更早些	工作组负责人（顾问）	（1）评审征地法和补偿政策，以评估其是否达到亚行的要求。 （2）通知政府和其他项目主办者有关亚行的政策。 （3）确认需要改进政策的领域。 （4）确认受征地影响的人们，他们的主要特征以及损失类型。 （5）确定是否需要社会准备。 （6）确认移民机构及其能力。 （7）评估减少或避免移民的其他途径。 （8）若有可能移民，准备移民规划的权限。 （9）确定移民影响是否可能是显著的
项目准备技术援助可行性研究	顾问及发展中成员国，移民规划者	（1）制定新的资格政策，包括所有受影响者。 （2）讨论项目管理中的基本移民原则。 （3）确定移民规划参数。 （4）起草全面的或简短的移民规划，要包括有限制的行动和预算。 （5）围绕发展战略制定规划，指明补偿、迁移和安置措施。 （6）对土著人和其他脆弱群体给予特别关注。 （7）当移民可能造成社会骚乱，或是受影响者特别脆弱时，要将为受影响者的社会准备工作包括进去。 （8）准备资格权利分类表。 （9）如果移民影响显著，要制定措施加强发展中成员国实施移民的能力
为管理评审会议起草总裁报告与建议书	工作组负责人，社会发展部	与社会发展部协商时将移民规划概要包括进去

项目周期中的阶段	职责	行 动 重 点
鉴定之前	政府或私有项目主办者	向亚行呈交移民规划
鉴定	工作组负责人	与实施机构评审移民规划
分发给理事会的总裁报告与建议书定稿	工作组负责人，社会发展部	将移民规划概要包括进去
项目简介	工作组负责人	如果移民影响显著，将初步社会评价和移民规划的详细情况包括进去
贷款谈判	工作组负责人	列出重要活动作为条件
实施	项目部、发展中成员国	（1）邀请移民、社会学和人类学方面的专家全面评审移民情况。 （2）监督所有的权利资格和补偿付款情况 （3）每半年一次，对有大规模移民的项目进行评审。 （4）对移民进行深入的中期评审。 （5）作出必需的调整，以满足亚行的政策要求。 （6）如有必要，在项目开始和亚行融资完成之后继续监测，确定是否完全恢复
监测与汇报	项目部、发展中成员国	（1）项目部人员定期监测移民。 （2）评估收入和生活质量已经恢复或改进到什么程度。 （3）在项目执行报告中汇报进展情况。 （4）环境与社会发展处为理事会准备年度报告

（三）征地和移民的时间安排

虽然具体项目的移民内容可能多种多样，移民活动通常需时三至五年，并且常超过主要投资项目的周期。典型的移民活动包括政策评估、移民资格的确定、资料收集、规划、补偿、安置、拆迁，参与和方案的监测与评估。时间的安排应该根据确认主要移民活动计划的移民工作范围和程度来决定。通常，补偿、收入恢复的和安置工作全都必须在拆迁和建设开始前完成。

第六章

移民安置方案的制定

本章主要参考世界银行非自愿移民业务政策关于移民安置计划编制的政策、内容和程序要求，分析移民安置方案内容、移民补偿和收入恢复方案、弱势群体的扶持扶助，以及移民费用预算和融资安排。

第一节　移民安置方案编制的步骤和内容

一、制定移民安置方案的步骤

（一）安置规划需要重点关注的问题

主要包括：①是否有必要安置所有受影响的人；②在受影响的人口中是否存在民族、部落或社会地位的不同；③安置的模式是什么；④在现住地，人们的居住联系是怎样的；⑤在受影响地区目前的社区社会服务（例如卫生保健、教育）是什么；⑥人们多久使用各种设施；这是否因季节、性别、年龄、收入状况或其他因素而变化吗；⑦受影响地区的土地大小、范围与平均土地面积是多少；⑧目前的居住密度是多少；⑨目前去市场中心和城镇的便利程度如何；⑩在受影响地区的交通和通信方式是什么；⑪使用文化和宗教设施的方式是什么。

（二）迁移方案的选择（见表6-1）

根据所需迁移的规模，考虑各种涉及所有有关因素的现实备选方案。可能的被迁移者和安置区组织应该参与选择最好的方案。各种备选方案一定有不同的影响，需要在迁移过程中给予不同程度的支持和协助。

不迁移是最好的选择。然而，当受影响人们的迁移不可避免时，应通过衡量主要投资项目的备选方案，尽可能减少移民。例如，通过改变引起移民的基础设施项目（例如道路/高速公路、管道）的路线，可以减少移民。

当受影响者的数量有限时，人口密度相对较低及当项目需小型的零星场地或者狭长型场地时，就地迁移是可能的。受影响的人们或许可以允许占用无需通行权的部分场地，清理空地用于交通运输项目。在这些情况下，由于受影响的人仅在非常短的距离移动，就地迁移一般不会影响受影响人口的现存社会经济环境和社会组织。因此，可以减少移民的影响。

表 6-1　　　　　　　　　　　　　　**迁移方案选择和支持**

类 型	补 偿	搬迁补助	生计或移民补助	新址规划和开发	对安置地社区的协助	监测和评估
没有迁移	+（如果失去财产）	—	—	—	—	+
就地迁移	+（如果失去财产）	+	+（较少）	—	—	+

续表

类 型	补 偿	搬迁补助	生计或移民补助	新址规划和开发	对安置地社区的协助	监测和评估
自主迁移	+	+	+	−	−	+
迁移到实施机构选择的地方	+	+	+	+	+	+

注　+—需要；−—不需要。

由于经济因素（例如工作易得或土地便宜）或社会因素（例如亲友关系）当受影响的人采取个人或小组的形式主动迁移到他们自己选择的地方时（而不是移民新址），称为自主迁移。在这种情况下，一些受影响者也许带着所有资格权利和重要的利益迁走，因为许多涉及物质问题、社会联系及经济条件的决定是由移民自选的。他们可能仅需要有限的来自该项目的社会或就业支持，以恢复到项目前的生活水平。

从受影响人们原来的住所迁移到实施机构选择的地方会引起紧张和压力，特别是当安置区具有不同的环境条件、经济和生活模式或社会和文化环境。必须避免迁移到边远地区或具有不同的环境、社会、文化和经济特性的地方。

（三）安置区的选择

新安置区的位置和质量在安置规划中是关键的因素，因为它们最终决定获得土地、社会支持网络、就业、商业、贷款和市场机会。每一安置区具有其自身的局限性和机会。应选择在环境、社会、文化和经济特性方面与前居住地相似的安置区，这样的话，迁移和收入恢复将更有可能成功。所以选址应视为可行性研究的一部分。

选址应考虑到对安置地社区的冲击。在可行性研究中，应考虑到土地质量、承载能力、公共地产资源、社会基本设施和人口结构（如社会地位、部落、性别、少数民族）。

理想的新安置区将在地理位置上接近原住址，以维持现存的社会网络和社区关系。在城市开发项目中，通常需大批移民，通过迁移到几个小的但是附近的安置区可以减少破坏性影响。选择安置区和安置计划都必须基于与社区协商并进行试点。受影响者和安置区居民应该被允许参加关于选址、布局与设计及新址开发的决策。当需迁移的家庭少或者受影响的家庭分散，新址开发可能不需要的情况下，仍应该有受影响者的安置计划，包括他们所应有的权利及自主安置的协助。

选址的四个阶段：

（1）选址和备选方案，选择一个好的迁移地是最关键的因素，从拟定备选方案开始，移民和安置区居民应参与整个过程。

（2）可行性研究，对可选择的安置区进行可行性研究，从生态相似性、土地价格、就业、获得贷款、市场环境和受影响者与安置区社区其他可行经济机会的角度考虑所有可能的安置区。

（3）布局和设计，安置区的布局和设计应该符合文化习惯和特色。确认在受影响社区里各种物质和社会设施目前的位置，在现居住地，人们——家庭、邻里和亲友——如何联系在一起，多久并且谁（如具体到性别/年龄）使用各种设施和社会基础设施。了解现有定居模式和布局对于评估移民新址的需要很重要。社区的参与应该是设计过程中不可缺少的一部分。

（4）移民新址的开发，房屋建设用地大小应该同时依据早前的住所面积及在新场所的布局需要。应该允许移民选择建造他们自己的房子，而不是提供预先建好的住所。在移民被要求移到新址前，所有民用与社会基础设施和服务应该准备就绪。在移民新址的开发中，应该与受影响人的组织和社区协会协商。

（四）安置计划和目标

安置计划、选择备选方案及在安置的基础设施和服务发展必须纳入主要投资项目的项目周期，这样受影响的人可以在他们的生活受到最少的干扰下重新定居。施工开始前一个月，所有的迁移必须完成。这要求项目当局在移民规划中的所有阶段——从选址到迁移至新址，应与受影响的人协商并与他们密切工作在一起。

如果潜在迁移者的数量很大，项目当局必须制定年度迁移目标（在项目周期内），以便在建设阶段前完成受影响人的迁移。为了制定移民目标和达到这些目标，应该与移民和安置地进行适当的协商。

（五）安置地区的生活

在移民规划中，不能孤立考虑受影响的人。受影响人的迁移势必在许多方面给安置居民带来影响，包括就业、使用公共地产资源和对自然资源或社会服务的压力。如果移民实施机构仅协助受影响的人，则安置地居民与移民之间将会出现冲突。移民安置地的基础设施和支持服务可与安置地社区共享，安置地居民可与移民一起参加经济发展和社会融合方案的制定。分配非补偿性资格权利时，安置地居民不应觉得他们被歧视。他们应获得项目所提供的培训、就业和其他福利。

表6-2　　　　　　　　　　项目周期中的迁移：主要行动

阶　　段	主　要　行　动
立项/初步社会评价	（1）考虑各种可选的安居方案。 （2）尽可能减少房屋损失
项目准备技术援助可行性研究	（1）确认包括自主迁移的其他方案。 （2）确认安置区。 （3）进行安置区可行性研究。 （4）在选择迁移地时，让受影响的人和安置区居民参与。 （5）草拟移民规划供审查和评论
管理评审会议	（1）审查移民规划。 （2）审查预算和资金来源。 （3）审查移民规划和目标
鉴定	核实迁移的所有准备工作
贷款谈判	将所有遗留的问题作为条件
实施	（1）发展所有基础设施、社会和民用设施。 （2）在实施中，让受影响的安置区居民和非政府组织（如果合适）参与。 （3）在新址的布局和所有社会设施开发方面，让妇女和妇女组织参加。 （4）支付补助和迁移费用
监测和评估	（1）由移民机构进行监测。 （2）对迁移实施情况进行独立评估

二、移民安置方案的主要内容

移民安置规划是移民安置方案实施的基础。移民安置的成败很大程度上取决于规划的科学性、合理性和可操作性，并为移民和安置区的居民及有关各方所接受。在项目的前期论证中，移民安置规划方案的编制和评估应重点包括以下内容。

（一）安置原则和目标

应根据国家有关征地拆迁移民安置的相关政策法规规定，结合项目所在地的具体情况及拟建项目的具体特点，提出拟建项目移民安置应遵循的主要原则，希望达到的移民安置目标，包括近期目标及中长期目标。

（二）人口及社会经济状况分析

应结合社会经济调查的情况，阐述当地人口构成、资产状况、自然资源及社会经济状况的调查结果；受征地移民影响的机构种类及人员情况；综述与受影响的人群对各种调查结果进行沟通协调的情况；提出人口构成、资产存量、自然资源及社会经济调查结果及需要调整的情况。根据调查结果，分析拟建项目的潜在影响及安置补偿要求，需要重点关注的补偿需求及缓解负面社会影响的应对措施。

（三）征地拆迁损失及估价

对财产损失的补偿主要包括：①受征地影响的农村集体经济组织，应得到土地补偿和移民补贴，用以发展其他创收渠道或村民的日常生活开销；②受征地影响的农户对其土地上的作物、果园和其他附着物得到补偿；③受拆迁影响的农户由村里免费划拨新的宅基地，建造新房，并获得拆迁费和过渡期补贴；④受拆迁影响的城市居民从拆迁管理部门取得购买同等质量住房的补偿；⑤对受拆迁影响的商业建筑业主的补偿不仅包括建筑物本身，还包括对过渡期损失的补偿；⑥受影响的工厂和企业向法人单位进行补偿，包括对过渡期损失的补偿；⑦受影响的政府部门下属机构和单位获得代用的房屋；⑧受影响的学校获得代用的校舍；⑨受影响的基础设施进行重建；⑩临时占地：农村集体获得占地和归还后复原的补偿。应在损失调查的基础上，描述项目影响的范围，提出受影响的建筑物、土地、树木及其他资产进行估价计算的方法，评价估值结果能否涵盖各类财产损失的全部重置成本。

（四）安置地点的选择

在移民安置点的选择方面，农村移民要做到有利生产、方便生活，节约用地，供水方便。选择新居民点应进行地理和地质勘查，注意避开滑坡、泥石流及洪水易发地。注重环境卫生与防疫问题，尽量避开工业污染源及疾病多发区。居民点选择要考虑移民从事农业生产距离的远近，对外交通的便捷程度，要考虑适度集中，以降低供电、供水、通信、广播、电视、道路、环境卫生等公共设施建设的成本，同时也有利于学生就学、就医及一些公共服务设施的建设和利用。居民点建设用地尽量占用闲散的非农业用地或低产农田，降低土地占用成本。对居民点需要先进行总体规划，首先考虑居民点内街道布局，居民点之间以及它们与外界交往联系的道路、桥梁、涵洞、码头及渡船等。街道与道路要考虑到机动车辆通行、车流、人流等因素，既通畅便捷，又节约用地。对供水、供电、通信、广播以及公共活动场地进行合理布局。在移民广泛参与的前提下，对移民宅基地进行分配。移民居民点选择合理与否，对移民安置实施成功与否关系重大。在移民安置实践中移民居民点选择［含城（集）镇新址选择］尤为重要。

（五）安置标准及收入恢复计划

在选定移民安置点后，应进一步细化安置标准，研究制定收入恢复计划，制定实施方案，并形成移民安置规划。根据移民生产开发方案确定移民进点人数，进行移民生产安置人口平衡，移民搬迁安置人口平衡。对于农村移民安置规划，应在多方案比较的基础上，进行综合分析论证，提出推荐方案。对于城市移民根据移民所在城市的总体规划，推荐移民安置方案。在农村移民安置中，房屋重建包括以下方面：新住宅用地的划分到户，旧房屋拆除，新房屋地基工程，地上工程施工，水、电、通信、排水管道或者线路安装，室内装修，卫生清理，搬迁。房屋重建是移民家庭中最重要的活动，关系到移民安置的成败。根据中国移民的社会、经济、心理因素和许多项目的实践经验，建议在房屋重新建设和搬迁过程中，遵循下列原则：移民安置区应具有必要的公共设施和生产性基础设施。这些设施的恢复或者建设应至少以恢复移民社区和移民家庭原有生产生活水平为目标，如有可能还应有所改善。应考虑迁入地居民的影响。移民的迁入势必在许多方面给安置地原居民带来影响，包括就业、土地、使用公共设施、社会关系网络、自然资源利用或社会服务的压力。如果移民实施机构仅协助移民，则安置地居民与移民之间将可能会出现冲突。因为移民迁入导致的社区学校、卫生院、村委会、道路、供水、供电、通信、排水、环境卫生设施等公共设施和服务体系所需要的费用都应该列入移民预算，而不应该由移民或者安置地社区来承担。收入恢复计划是使受影响人得以妥善安置、生产生活水平得以恢复和逐步提高的基础，因此收入恢复计划应包括受影响人原来的收入水平，征地拆迁后对受影响人收入的影响程度，采取何种切实可行的收入恢复措施，资金上有无保障，实施后的效果等内容。收入恢复计划应根据不同的住户、不同的农用地开发规划或其他持续性培训活动、准备和实施阶段的时间进度而进行有针对性的调整。阐述项目及周边地区目前正在实施的社会或社区发展规划。如果存在这些规划，他们和目标社区在优先发展顺序的安排方面是否协调一致，拟建项目的实施是否能够支撑新的规划或扩展现有规划的内容，以便满足项目所在地社区优先发展顺序的要求。

（六）组织实施机构安排

提出负责政策制定、实施收入恢复计划、协调移民行动安置计划所涉及的各项活动的组织机构；指出当移民安置行动计划的实施将跨越很长的期间，或移民将跨越多个行政区域时，如何进行协调；指出对各个移民安置参与机构进行协调的机构，该机构是否拥有足够的权力和资源；指出涉及收入恢复计划（包括土地开发、土地分配、信贷支持、培训活动）以及确保相关计划有效实施的外部机构（超出项目范围之外的机构）情况；分析这些机构对移民安置实施活动进行监督协调的能力；阐述对移民安置行动计划的实施进行独立地监测评价和财务审计，以及及时准确地获得相关信息的制度安排；提出实施移民安置计划的进度安排，包括确定每一项活动的负责机构，并对各项活动的内涵和要求进行简单解释；提出分月度的各类移民安置活动实施计划安排（比如，可采用甘特图的方式来描述）；描述移民安置实施进度与拟建项目工程实施进度的衔接情况。

（七）安置补偿费用预算

提出详细的由谁负责融资的说明；提出移民安置资金来源渠道及分年度资金来源计划安排；确认移民安置预算是充足的，能够涵盖整个项目；如果需要由政府部分支付移民安置费用，应予以说明，并指出能够确保与移民安置计划的费用支出进度和整个项目进度相衔接的机制安排；给出移民安置费用分类别、分科目的预算估算结果，包括规划、实施、管理、监测评价及预备费等费用；提出由于通货膨胀、汇率波动等因素导致估算结果与实际赔偿支付的差异进行调整处理的制度安排；指出如何核算和调整工程基本预备费和价差预备费；提出用于外部监测和评价的费用安排，包括对整个移民安置期间进行决策咨询论证、实施阶段的监督评价等活动的费用支出安排。

（八）参与和协商

收入恢复计划和实施方案的制定应与受影响的人群进行沟通协商及参与制定的过程。应指出项目所涉及的各类利益相关者；提出在移民安置活动准备及计划制定阶段鼓励受影响的人群和利益相关者参与协商的过程；指出在实施和监测评价阶段确保受影响人群和其他利益相关者参与其中的过程安排；指出将移民安置行动的相关信息传递到受影响的人群及利益相关者的计划，包括对资产损失的赔偿、获取赔偿的权利、移民安置援助、申诉纠偏机制等相关信息。

（九）实施监测评价方案

阐述项目单位内部的实施效果监测评价程序；提出根据基线调查确定的监测评价主要指标，提出内部监测所使用的指标清单；提出内部监测的机构（包括财务预算）安排；提出内部监测的内容及报告的频次；提出从内部监测到实施活动的综合反馈程序安排；确定由项目单位之外的专家或机构进行外部监测评价的方法；确定外部监测评价的主要指标；指出外部监测的内容及报告的频次；提出从外部监测到实施活动的综合反馈程序；提出外部监测评价活动的总体安排计划。

（十）申诉及纠正机制

阐述让利益相关者对项目建设实施提出的各类不满进行陈述和登记的详细步骤，尤其详细说明如何免费进行申诉登记、反馈时间及沟通模式；提出上诉的制度安排；提出如果其他途径不能有效解决问题，进行司法诉讼的途径和方法。

三、我国征地拆迁移民安置政策

征地拆迁移民安置的主要目标是保证受项目影响人口的生活标准、收入水平及生产能力有所提高，或至少恢复到未受本项目实施影响以前的水平。因此，对受项目影响的人口，应采取一系列措施保护他们应得到的权利：1）确保各类受影响的人员能够按照重置价格得到其全部损失的补偿、合理的安置与良好的恢复，使他们能分享项目的利益；2）对于弱势群体，包括贫困家庭、残疾人家庭、女户主家庭、单独生活的老人家庭和少数民族家庭，应给予特别照顾，如协助建房、搬迁，尽可能地增加补贴；3）对于征收集体所有的土地，将补偿其全部损失，用于发展集体经济；4）对于住房搬迁者，应在新开辟的住宅区修建新房予以安置，并使其在尽可能短的时间内适应搬迁新址的环境。

为保护被征地农民合法权益，维护社会稳定，国土资源部《关于完善征地补偿安置制度的指导意见》提出，土地补偿费和安置补助费合计按30倍计算，如果仍不足以使被征地农民保持原有生活水平，当地政府必须统筹安排，从国有土地有偿使用收益中划出一定比例给予补贴。土地补偿费主要有以下用途：1）农业、林业、渔业和畜牧业生产开发活动；集体工副业生产活动；2）土地开发与改良；改善水利、供电、道路、教育等社区基础设施和乡村公共服务设施；3）受影响人口或者全体村民的社会保险及支付集体经济组织必需的其他费用。土地补偿费可在受影响家庭之间分配并由其用于恢复生产或自谋工作出路。安置补助费主要用于受影响的移民劳动力的生产安置，其使用有多种方式，应因地制宜。土地补偿费和安置补助费属于集体所有，其使用需要经过村民代表大会讨论，并且得到超过三分之二的村民代表同意。

在现行移民安置实践中，通常采用土地调整、货币安置、招工安置、留地安置、社会保障、长效补偿等方式进行安置：

（1）土地调整。在村组内对剩余的土地进行重新调整或在安置区调整土地。这种安置方式适用于发展水平不高、人口密度不大、人均土地资源较多、后备土地资源充足、以农业生产为主的地区。

（2）货币安置。按照法定的征地补偿标准一次性支付全部或部分土地补偿费和安置补助费，让被征地农民自谋职业。这种安置方式操作简单，易于执行，可减少用地单位在征占土地中所遇到的不必要矛盾，缓解地方政府为解决劳动力安置所带来的压力，适用于征地数量少且移民影响量小，或没有条件进行土地调整的建设项目。

（3）招工安置。土地征收用于开发区建设和城市扩建的情况下，被征地农民通过上岗培训实现企业招工就业。这种方式可将安置补助费支付给安置单位，向被征地农民提供免费的劳动技能培训，并安排相应的工作岗位。

（4）留地安置。为使失地农民的生产生活有长远稳定的生计保障，支持被征地的农村集体经济组织和村民的生产经营，在规划确定的建设用地范围内，安排建设用地用于农民安置，适用于经济较发达地区或城乡结合部。

（5）社会保障。用征地补偿费为被征地农民支付社会统筹保险或商业保险，将被征地农民的基本生活纳入城市居民的社会保障体系之中，对需要安置的农业人口依据不同性别和年龄实行分类安置。这种安置方式主要依据《国务院关于加强土地调控有关问题的通知》（国发〔2006〕31号）提出的"社会保障费用不落实的不得批准征地"，以及《国务院办公厅转发劳动保障部关于做好被征地农民就业培训和社会保障工作指导意见的通知》（国办发〔2006〕29号）要求，"尽快将被征地农民纳入社会保障体系，确保被征地农民原有生活水平不降低、长远生计有保障，并建立相应的调整机制"的相关要求。

（6）长效补偿。对移民进行生活安置的基础上，以移民被淹没法定承包耕地前三年的农作物平均产量为原始依据，根据当地粮食主管部门公布的粮食交易价格确定耕地平均年产值，采取货币形式在项目运行期间对移民实行逐年补偿，相当于移民每生产周期领取一份"工资"，原迁移民去世后其受偿资格可由家庭成员继承。

国土资源部《关于完善征地补偿安置制度的指导意见》（国土资发〔2004〕238号）明确移民安置的四个途径：

（1）农业生产安置：征收城市规划区外的农民集体土地，应通过利用农村集体机动地、承包户自愿交回的承包地、承包地流转和土地开发整理新增加的耕地等，首先使被征地农民有必要的耕作土地，继续从事农业生产。

（2）重新择业安置：向被征地农民提供免费的劳动技能培训，安排相应的工作岗位，在同等条件下，用地单位应优先吸收被征地农民就业。征收城市规划区内的农民集体土地，应将因征地而导致无地的农民，纳入城镇就业体系，建立社会保障制度。

（3）入股分红安置：对有长期稳定收益的项目用地，在农户自愿的前提下，被征地农村集体经济组织经与用地单位协商，可以以征地补偿安置费用入股，或以经批准的建设用地土地使用权作价入股，农村集体经济组织和农户通过合同约定以优先股的方式获取收益。

（4）异地移民安置，本地区确实无法为因征地而导致无地的农民提供基本生产生活条件的，在充分征求被征地农村集体经济组织和农户意见的前提下，可由政府统一组织，实现异地移民安置。

第二节　征地拆迁补偿和收入恢复

拆迁补偿和收入恢复是移民安置的重要内容。在移民中，受影响的人失去了他们的生产基地、生意、工作或其他收入来源，无论他们是否也失去了其住所。然而，失去住所同时又失去收入来源的受影响者可能风险最大。当移民境况更差时，他们冒着贫困和情感上疏远的风险，这可能会因土地丧失、失业、无家可归、入不敷出、疾病、食物缺乏、丧失对公共地产的使用和包括犯罪与滥用物质在内的社会分离。规划者有必要考虑迁移和创收活动之间的关系。例如，受影响的人在新安置区的生活质量和水平将与较易获得和控制资源（如土地）或产生收入来源（如就业和生意）有关联。那些能够较易获得足够的生产资源的家庭能够重置（有时可改善）失去的生产系统和生计。

一、重置成本的计算与应用

许多传统做法中的财产估价程序并没有使受损财产的重置成本得到全额支付。根据这些程序，建筑物估价通常会考虑折旧，土地估价常常根据土地登记文件进行，这些登记文件不一定能反映市场价格。因此，重要的是要就财产估价程序达成一致，以帮助移民以同等替代财产来置换其受损财产。

（一）总体原则

使具体操作出现混淆的一个根源在于重置成本补偿法和市场成本补偿法这两种方法的不同。当可比财产或可接受的替代财产的价格和可获得性等可靠信息由市场提供时，市场成本加上交易成本（如所有整地费和转让费）就等于重置成本。

世行等国际组织的政策要求采用重置成本原则，是为了确保移民能够得到与其受损财产相当的财产。在很多国家，法定补偿标准是根据记录的"市场价值"制定的，而该价值低估了实际市场价值，因此导致土地所有者无法置换其财产。在其他一些国家，私有财产市场很少或根本不存在，补偿标准由行政部门确定，这也可能导致价值的低估。在以下情形下，情况更为复杂：法定补偿实践如下：1）对地方资源估价贴现；2）承认人们的习惯土地权并给予贴现价值补偿；3）在一些情况下，根本不承认人们的习惯土地权。世行经验表明，从长远角度看，相对于足额估价和补偿而言，低估财产价值通常会导致成本的增加，具体表现为项目滞后和人们无法享受项目效益。将重置成本作为补偿标准可以对借款人的遵循的法律规定起补充作用，这样做的部分目的是为了项目的顺利实施。当法律规定导致财产价值的低估时，可以用借款人认同的追加付款来补足损失额。尽管借款人原则上无反对意见，在实践过程中，用于决定补充性补偿的方式通常是频繁协商的一项内容。

1. 重置成本只针对有形财产

重置成本只针对有形财产补偿，主要包括对土地、房屋和其他建筑物、树木、农作物、用水以及土地改造等的补偿。由于无法对情感依附、与邻居或亲属的亲近度、圣地、审美素质等无形财产进行估价，因此，重置成本补偿仅指对有形财产的补偿。然而，无形因素可以具有经济价值（如消费信誉），而且无形依附物对移民可能很重要。此类问题可以通过缜密的项目设计或协商而得到解决。

2. 重置成本包括各类管理费

任何管理费、所有权费或其他合法交易费用都必须由项目支付或给予免除。将管理费计入重置成本的原因很简单：移民并没有自愿选择出售其财产，因为该财产正被国家征收，因此，不能指望他们来支付国家对土地买卖征收的税费。

3. 如果款项滞付，重置成本应包括通货膨胀准备金

由于补偿款实际支付期的滞后，补偿可能低于重置成本。许多国家的征地法规定，如果补偿在限期内没有得到支付，应支付利息。如果法律没有做出此类规定且补偿支付工作大为滞后，必须制定符合项目实际的规定，使利息增殖，从而抵消通胀（或其他价格预备费）。

4. 项目的潜在效益不应计入重置成本

严格地讲，项目的潜在效益，如使用灌溉设施或参与就业培训课程等，是恢复待遇而不是补偿待遇的一部分。然而，项目单位可能打算将此类效益计入他们必须支付的补偿。此类效益不应计入重置成本，因为他们不能置换受损财产。"源于项目的效益价值不应从受影响财产的估价中扣除"。如果移民在了解可供其选择的方案后所选定的方案是获得此类效益，他们就可以被认定为衡量收入提高的一个尺度。即便在这种情况下，知情选择也很关键，因为此类效益可能永远也实现不了或可能在滞后很长时间后才可能实现。

（二）土地重置成本

如不能直接置换土地，应根据土地的市场价值、生产潜力或等质宅基地计算补偿。应采用直接置换土地或提供全额重置成本等方式以及采取恢复措施来恢复生计。原则上，农用地的重置成本指的是"受影响土地附近具有同等生产潜力或用途的土地在项目之前或移民搬迁之前的市场价值（以二者之较高价值计算），外加为使该土地达到受影响土地类似标准的征地费用以及所有注册和转让税费"。如果项目不提供土地，为确定可接受的置换土地所需费用应纳入概预算。对于城市土地，重置成本指的是具有同等面积或用途、拥有类似或改善的公共基础设施和服务、位于受影响土地附近的土地在移民之前的市场价值与所有注册及转让税费之和。

如果市场活跃，不论是农村地区，还是城市地区，受影响土地的重置成本应根据其公平市场价值（外加交易费及农村地区的所有征地费）来确定；如果市场疲软，重置成本应根据具有同等面积的农用地或商用地的生产潜力来计算。视土地制度和市场条件等情况，计算方式可能有所不同。

1. 土地市场活跃地区

如果存在活跃的土地市场，确定受影响土地的重置成本可能是一件挺容易的事情。项目可以发动民营和独立的房地产机构、银行或抵押公司参与确定市场价格或评价政府部门制定的补偿标准是否适当；也可以采取另一种方法，即组建由移民或非政府组织代表参与的委员会，协助土地估价工作，帮助移民确定和购买置换土地。

2. 土地市场和财产制度混杂地区

在一些地区，正式的财产所有权制度仍不健全，导致了人们纷纷竞争合法和习惯权利的复杂局面。在缺乏统一财产制度的地区，资源估价方法可能有很大差异，有些产权可能得不到承认（例如，在印度尼西亚，一些土地的产权仍无归属，即便在雅加达市区也是这种情况；有产权土地的价值比无产权的土地要高出10%～60%）。因此，要确定重置成本，就要更加重视受影响人所拥有的所有权和使用权类型。对于在此类地区征地的项目，较好的做法是鼓励加大信息公开的力度，同时鼓励采用协商或仲裁程序以及独立的申诉机制。

3. 不存在土地市场地区

尽管中国、俄罗斯和越南正在试点采用相关机制来加强个人或家庭的所有权，但其土地仍

归集体或国家所有，且不得转让。在这些国家，土地价值的计算方法是：土地的生产价值（通常为成熟农作物的价值）乘以代表各地土地价值的系数（一般由距主要消费中心的距离来确定）。

4. 房屋和其他建筑物的重置成本

如果市场能够提供足够信息，反映可比替代建筑的供应情况和成本，提供具有同等市场价值的任何置换建筑——外加全部交易和搬迁费用——可能较为适当。当市场信息缺失或不充分时，重置成本就等于所有建材的运输费、施工人工费以及任何交易或搬迁费三者之和。

5. 可以使用基础设施计划表或承包商的报价来计算重置成本

重置成本可以根据以下因素计算：

（1）从基础设施部门获得的价目表——各国基础设施建设主管部门都有用于编制建设项目估算的价目表，被项目单位自己用来估算建材和人工成本。当使用该价目表来计算重置成本时，应使用实际置换期内的现价。

（2）承包商对其他建设项目下类似建筑物的报价——在价目表不存在或过期的情况下，可以用承包商近期对项目附近相似类型的建设项目的报价来计算重置成本。对于提供现金补偿或替代住所方案的项目，可以用为新建替代住所编制的成本概算来计算应付现金补偿。

6. 在计算重置成本时，不扣除折旧

在房产市场活跃的地区，一座建筑的重置价值可轻易得到确定，所提供的补偿一般也足以在其他地方购置类似的建筑。然而，许多国家不具备住用房产市场或不能提供有关房产升值或贬值的可靠信息。此外，一些补偿规定用折旧来计算建筑和装修房的现有价值。在这些情况下，如果按照贬值后的成本向移民支付补偿，那么他们将无法置换其受损财产。于是，一般要求采用财产置换法或实际成本补偿法，以确保非自愿移民能得到同等财产。因此，如果项目单位在计算补偿费用时采用折旧法，应特别采取其他机制，帮助移民获得按照重置成本支付的补偿。在各类项目下，可以综合采取一些补充措施，从而使实际补偿与重置成本持平。此类措施包括提供搬迁和房屋重建赠款、过渡期补助、免费使用可利用的剩残材料以及高于移民实际要求的其他移民权益。

（三）其他财产的重置成本

1. 公共基础设施

公共基础设施包括各种设施，如道路、电话线、电线、供水总管、公用电话局、警署、学校以及卫生所。对于自营工程，要求在规定的时间内提供实物置换；对于提供替代服务的机构，要求提供全额补偿。对于后者（现金补偿）而言，项目规划人员要以合同形式确保服务机构确实置换了受损基础设施。

2. 归社区所有的设施

社区可以享有多种设施的所有权，如教堂、清真寺、寺庙或祠堂、私立或社区学校、村议事厅以及当地图书馆等。对于被征收的土地和建筑，要求提供实物置换或重置成本补偿。此外，对于宗教建筑，可能需要举行仪式来使老建筑还俗、感谢神灵或为新建筑开光。一种较好的做法是将这些仪式所需费用全都纳入补偿费用。

有些财产（如墓地）具有较高的情感价值。这方面较好的做法是，选择一个移民认可的适当地块，并举办所有必要的仪式。

3. 农作物

如果不能作出有关安排使农户获得收成，应支付受损经济作物的市场价值。在一些国家，收成的价值由近三年农作物平均市场价值决定。不论所采用的系数，如果一个地区靠购买供应粮生活，要支付足够用于购买等量粮食的现金补偿，同时要考虑到，由于移民需求量的增大，可能会引起价格的上涨。在口粮主产区，较好的做法是向口粮作物提供实物补偿。

4. 树木

如果市场存在，一棵具有特定树龄和用途树木的价值可以用来确定补偿费用；如果市场不存在，必须确定替代价值。对于林木，其价值与木材的价值相等；对于果树或饲料树，其价值与其生产寿命内所能创造的累计价值（及其木材价值）相等；如果提供替代树木，较好的做法是补偿费应根据这些树木完全恢复生产能力之前收成损失的价值来确定（恢复期一般为7～10年）；对于尚未成材的树木，较为廉价的替代方式可能是直接提供置换树苗，并支付因此而造成的结果期滞后的补偿。

5. 其他财产

管井、鱼塘、家禽圈舍及围墙等其他生产性财产通常用实物（或具有同等功能的财产）来置换，也可以实行搬迁或按重置成本价给予补偿。

二、拆迁补偿的原则和标准

（一）搬迁补偿原则

由于全国各地情况的差异，对搬迁补偿原则也各不尽同。根据我国现行的法律法规，主要补偿原则大致如下：

（1）拆除违章建筑和超过批准期限的临时建筑，不予补偿；拆除未超过批准期限的临时建筑，应给予补偿。

（2）拆迁补偿的方式可以实行货币补偿，也可以实行房屋产权调换。

（3）货币补偿的金额，根据被拆房屋区位、用途、建筑面积等因素，以房地产市场评估价格确定。

（4）实行房屋产权调换的，拆迁人与被拆迁人规定计算被拆迁房屋的补偿金额和所调换房屋的价格，结清产权调换的差价。

（5）拆迁非公益事业房屋的附属物，不做产权调换，由拆迁人给予货币补偿。

（6）拆迁公益事业用房，拆迁人应依照有关法律、法规的规定和城市规划的要求予以重建，或给予货币补偿。

（7）拆迁租赁房屋，被拆迁人与房屋承租人解决租赁关系的，或者被拆迁人对房屋承租人进行安置的，拆迁人对被拆迁人给予补偿。

（8）拆迁人应提供符合国家质量安全标准的房屋，用于拆迁安置。

（9）拆迁产权不明确的房屋，拆迁人应提出补偿安置方案，报房屋拆迁管理部门审核同意后实施拆迁。拆迁前，拆迁人应就被拆迁房屋的有关事项向公证机关办理证据保全。

（10）拆迁设有抵押权的房屋，依照国家有关担保的法律执行。

（11）拆迁人应对被拆迁人或者房屋承租人支付搬迁补助费。

（12）拆迁人不得擅自延长过渡期限，周转房的使用人应按时腾退周转房。

（13）因拆迁非住宅房屋造成停产、停业的，拆迁人应给予适当补偿。

（14）拆迁人实施房屋拆迁的补偿安置资金全部用于房屋拆迁补偿安置，不得挪作他用。

（15）拆迁中涉及军事设施、教堂、寺庙、文物估计、外国驻华使（领）馆房屋的，依照有关法律法规的规定办理。

（二）搬迁补偿标准

根据《国有土地上房屋征收补偿与安置条例》，作出房屋征收决定的市、县级人民政府对被征收人给予的补偿包括：

（1）被征收房屋价值的补偿；

（2）因征收房屋造成的搬迁、临时安置的补偿；

（3）因征收房屋造成的停产停业损失的补偿。

市、县级人民政府应制定补助和奖励办法，对被征收人给予补助和奖励。

征收个人住宅，被征收人符合住房保障条件的，作出房屋征收决定的市、县级人民政府应优先给予住房保障。具体办法由省、自治区、直辖市制定。对被征收房屋价值的补偿，不得低于房屋征收决定公告之日被征收房屋类似房地产的市场价格。被征收房屋的价值，由具有相应资质的房地产价格评估机构按照房屋征收评估办法评估确定。

对评估确定的被征收房屋价值有异议的，可以向房地产价格评估机构申请复核评估。对复核结果有异议的，可以向房地产价格评估专家委员会申请鉴定。

房屋征收评估办法由国务院住房城乡建设主管部门制定，制定过程中，应向社会公开征求意见。

对于农村集体土地上房屋征收的补偿标准，我国现行法律法规没有做出明确的规定，通常由当地政府根据当地社会经济发展情况和房屋建设成本拟定房屋补偿标准，部分城乡结合部的农村集体房屋拆迁也会参照《国有土地上房屋征收补偿条例》，采用市场评估法确定补偿标准。

三、收入恢复计划

（一）收入恢复工作的特点

与补偿不同的是，收入恢复问题不但复杂，而且具有不确定性，还会随着时间的推移逐步显露。这些特点给规划工作带来了困难，也使得项目职责范围更难以确定。

1. 移民项目的规模和范围加大了收入恢复的难度

尽可能减少移民数量和降低搬迁所带给他们的变化，可以大大增加收入恢复的可能性。为少数移民甚至几百名移民找到生计要比为成千上万名移民制定创收战略容易得多。此外，要求移民改变以适应新环境的难度大大制约了收入得以成功恢复的可能性。此类情况下，直接采用财产置换的方式可以使移民重新从事他们熟悉的生产性生计。反之，如果对农业人口不采取土地置换方案，这可能会迫使他们在截然不同或竞争更激烈的环境中从事他们所不熟悉的活动。在此类情况下，搬迁所造成的直接损失可能会随着时间的推移而成倍增加。在各行业之间和同行业内部，移民项目的规模和范围千差万别，这部分说明了为什么各类项目移民安置工作的成功率存在差异。

表 6-3　　　　　　　　　　　　补偿和收入恢复的不同之处

补　偿	收　入　恢　复
补偿款通常是一次性付清，而且移民们可以在搬迁前和完全认可方案或认识到新环境固有的限制因素之前收到这笔款项	用更为动态的说法，收入恢复通常指在相当长的时间内重建收入流所需实施的计划或采取的行动
如果一次性付清，可能不需要反复进行监测	由于收入恢复在相当长的时间内涉及一系列步骤或阶段，因此有必要反复进行监测

补　偿	收　入　恢　复
在制定补偿战略时，假设存在置换财产或适当的替代品，因此移民们仍需自谋福利	如果市场疲软，置换财产匮乏，或者人力或社会资本损失较大，有必要制定补充的收入战略
尽管估价方法不同，但各国法律一般都规定了补偿原则	许多国家的法律对收入恢复措施均没有明确的规定
在世行项目中，补偿款被定义为在财产被征收时获得等量财产所需的金额	在世行项目中，从业务角度定义收入恢复时，要参考一定时间内的收入流，并对照征收时或项目启动时的较高收入水平
补偿款一般在搬迁前或土建工程开工前支付	收入水平可能需要多年才能恢复，而且在项目正式完成时，收入恢复过程可能尚未结束
由于补偿过程较为简单且无需耗费太长时间，可以有效地保证按重置成本价给予补偿	由于收入恢复过程的偶然性很大，只能要求制定收入恢复战略（并监督战略的落实），但不能保证收入恢复

2. 移民对家庭和个人的各种影响的程度会有所不同

搬迁对不同的家庭甚至不同的个人的影响不尽相同。这些影响由搬迁所造成的变化和人们对这些变化的适应能力决定。尽管个人和家庭可能不会有相同的脆弱性，但他们可能特别易受到某些类型变化的影响。

3. 贫困和弱势程度越严重的群体面临的困境也越大

由于人们的技能、才能、财力和偏好各有不同，他们对搬迁引发的问题和移民安置带来的机会的反映也各不相同。在特定情况下，部分受影响人口具备能成功适应新环境的技能、门路和创业精神，但遗憾的是，搬迁对贫困、文化水平较低和无一技之长的人口、妇女、儿童、老年人以及没有被政治制度或权力结构列为优势群体的人们会产生与其人口比例不相称的影响。此外，这些人群也面临严重的贫困化风险，而且他们在没有帮助的情况下适应新环境的可能性也不大。

4. 一个有活力的地区经济有助于恢复收入

如果一个地区的经济不断增长，将会新增就业岗位，有助于收入水平的恢复；相反，如果该地区地处偏远，经济停滞不前，新增就业机会较少，交通不便，通信条件较差，恢复收入水平的难度就会增加。因此，重要的是要充分利用项目创造的新机遇，并为移民制定涉及面更广的发展方案。

5. 外部因素可能扰乱收入恢复计划的实施

即便是考虑极为周到且详尽的收入恢复战略，也可能受到无法控制的外部因素（如经济总体增长率、贸易逆差等）的影响。此外，收入恢复的有效性取决于移民适应新环境的能力。受到不利影响的人们必须成为其收入和生活水平恢复进程的主要参与者。正由于其非自愿性，搬迁可能会遏制恢复收入水平所必需的冒险精神和适应能力。因此，移民们所得到的各种方案以及他们对搬迁后所面临的风险的认识对收入恢复项目的成功实施有着至关重要的作用。

6. 在项目初期职责范围很难确定

在项目规划阶段和实施初期，很难确定所采取的努力究竟要持续多长时间。收入的可持续性是这一问题的关键所在。技术上、经济上和财务上可持续的活动可以使移民能够至少恢复其生计，这样就限定了项目的职责。涵盖多方面内容的全面分析是生计和收入水平成功恢复的关键。如果能实施监测项目，跟踪移民的恢复情况，发现问题，制定解决方案，那么该项目对评价和促进恢复进程将有着至关重要的作用。

如果收入恢复战略能做到以下几点，就更有可能取得成功：

（1）全面和准确地确定现有收入流及移民安置对收入流的影响。

（2）识别对风险承受能力最脆弱的群体（如贫困和失地人口及妇女）。

（3）允许移民自主选择方案。

（4）在方案选定之前，对可行性、风险和各方的承诺进行全面分析。

（5）依靠经济上、财务上和技术上可行的创收活动。

（6）避免或尽可能减少从事新型经济活动所必需的变动（例如，年纪较大的农民不应转入工业企业中就业）。

（7）利用不断壮大的经济规模。

（8）预测对移民和收入恢复战略有影响的外部因素。

（9）直接向移民提供项目效益，而不是仅仅注重于缓解措施。

（二）制定收入恢复计划需要关注的问题

主要包括：①项目将如何影响收入和生计来源；②受影响人的收入水平如何；③是否有其他的非货币性生活来源；④创收的限制和机会是什么；⑤是否存在替代性农业土地；⑥是否可能继续农业活动；⑦多少受影响的人不能回到他们原来的居住地；⑧受影响人现有的技能是什么；⑨受影响人需要何种培训；是否有能力提供这种培训；⑩多少受影响人愿意开始从事他们自己的生意；⑪在主要的投资项目中，是否有就业机会或创收；⑫项目单位是否承诺要进行补偿之外的收入恢复；⑬在项目地区，是否有正在进行的创收或生计发展方案（例如扶贫）。

如果移民新址正在开发，则：①收入恢复的选择方案是否（已在筹划）与受影响者协商，并获得他们的认同；②是否有适用于特殊群体的明确目标的收入恢复计划（如给妇女、土著人和残疾人的小额贷款或小型生意发展）；③是否有足够的资金和资源实施收入恢复计划；④哪些正式和非正式资金来源可提供给受影响人；⑤是否有任何政府机构、社区组织或非政府组织可以给迁移和收入恢复提供技术或财政援助。

图6-1的流程图提供逐步的分析过程，以为收入恢复计划识别受影响人的技能和需求。

（三）收入恢复方案的内容

旨在防止贫困、恢复收入和创建可行社区的移民方案一般有两种主要类型：

（1）以土地为基础的移民方案。给移民提供足够的土地用于恢复和建造农场与小型乡村商店。

（2）非农化移民策略。包括一系列活动，如职业培训、就业、直接贷款、小生意和提供就业机会的企业发展。

在制订收入恢复方案中的常见问题包括：

（1）没有契据的受影响人在法律上没有资格接受补偿。

（2）生产性财产的补偿不以迁移费用为基础。

（3）替代土地不够和土地质量差。

（4）缺乏创收方案所需的技能。

（5）用于收入恢复方案的预算不够。

（6）缺乏机构和技术能力来计划和实施创收性小型项目。

```
                          ┌─────────────┐
                          │ 受影响人目前的创收 │
                          │   活动是什么?   │
                          └──────┬──────┘
                                 │
┌─────────┐   ┌──────────┐  是  ┌──────────┐  否  ┌─────────┐
│这将如何影响目│←──│在可选的移民安│←────│在项目地区是否│────→│ 哪种职业? │
│前市场情况(工│   │置区有哪种类型│     │有可能继续就业│     └────┬────┘
│作机会竞争)? │   │的创收活动? │     └──────────┘          │
└─────────┘   └────┬─────┘                          │
                    │                          ┌────┴────┐
             ┌──────┴───┐                      │ 可以接受 │
             │ 可以接受  │                      │ 多少人? │
             │ 多少人?  │                      └────┬────┘
             └──────┬───┘                           │
                    │        ┌─────────┐  是  ┌─────┴────┐
             ┌──────┴───┐ 是 │ 多少人需 │←────│ 需要重新 │
             │ 需要重新 │───→│ 重新培训? │     │ 培训吗? │
             │ 培训吗? │    └────┬────┘     └──────────┘
             └──────────┘         │
                          ┌───────┴──────┐
                          │ 他们目前的技术 │
                          │   水平如何?  │
                          └───────┬──────┘
                                  │
                          ┌───────┴──────┐
                          │  哪种职业   │
                          │  需培训?   │
                          └───────┬──────┘
┌─────────┐ 否 ┌──────────┐ 否 ┌───────┴──────┐ 是 ┌─────────┐
│ 还有其他 │←──│在项目或移民区│←──│是否有提供培训 │──→│ 哪些机构? │
│ 哪些方案? │   │是否有可以用来│   │  的正式机构? │    └────┬────┘
└─────────┘   │培训的非政府组│   └──────────────┘         │
              │    织?    │                    ┌───────┴──────┐
              └──────┬────┘                    │在如下方面他们 │
                  是  │                         │  的能力如何? │
            ┌─────────┴───┐                    │(1)他们可以培训│
            │就培训人员和科目│                    │  的人数;   │
            │而言,他们的能力│                    │(2)他们提供培训│
            │  如何?    │                      │  的科目    │
            └─────────┬───┘                    └──────────────┘
            ┌─────────┴───┐
            │ 他们需要机构 │
            │  发展吗?   │
            └─────────────┘
```

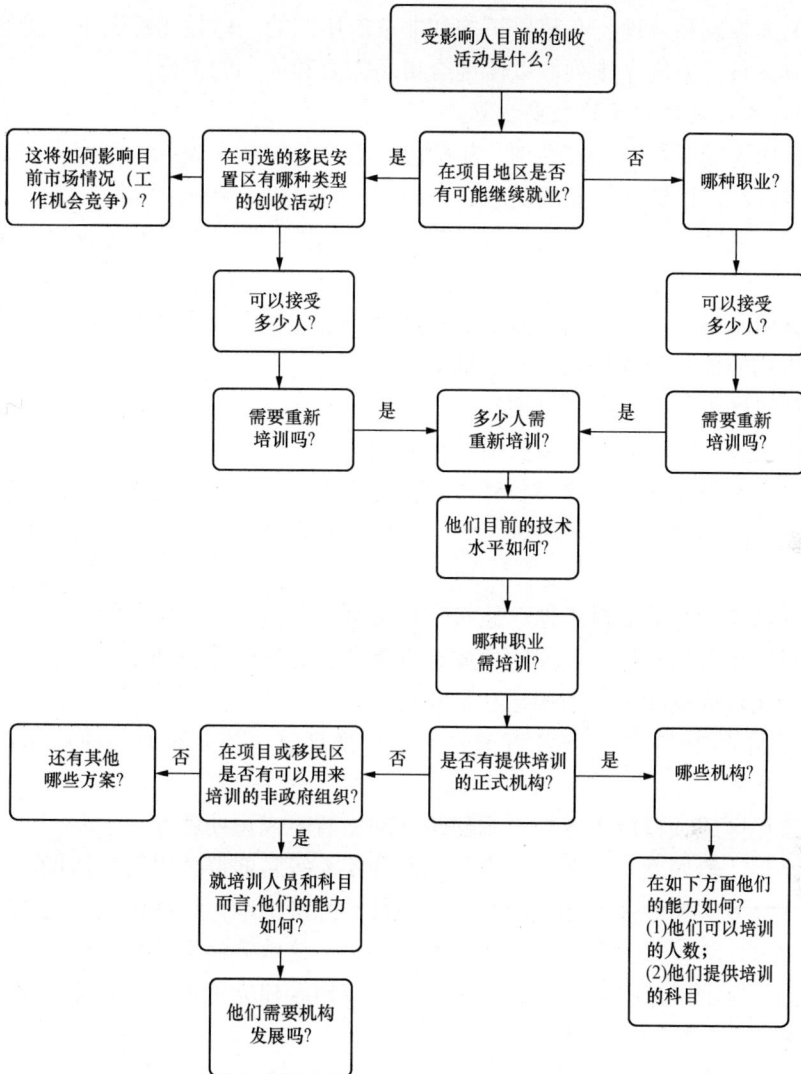

图 6-1　收入恢复方案识别

（7）在收入恢复方案中忽视脆弱群体。

一些问题是由于缺乏合适的政策而形成的,其他问题则与机构和财政限制有关。在许多国家,很难找到替代的土地,"以土地换土地"成为一项难以实施的政策。通过对市场、社会和财政可行性分析的潜在因素进行合理评估后,应该考虑非土地性创收选择。这些选择也许特别适合于住在城市边缘地区的以前是农业生产者的受影响人。这种创收选择包括:

（1）给小生意和自谋职业者提供直接的信贷。

（2）通过培训发展技能。

（3）在政府和私人企业中协助寻找空缺职位。

（4）在与项目相关的就业中优先考虑受影响者。

为受影响人提供新的就业机会的另一种新途径是通过建立一项社区发展基金而实现,该资金由受影响人控制和管理。在移民机构和非政府组织的一些技术援助下，受影响人可以确立并将创收方案按优先次序排列，以便迎合市场需要和他们的爱好。

（四）制定收入恢复方案的主要步骤

（1）分析所有受影响者（按性别、年龄段、教育、技能、收入、家庭人口、爱好和选择分类）的经济活动，以评估他们的需求。

（2）通过与受益人协商和市场与财务的可行性分析，确立多种收入恢复方案（包括个人的和团体的）。

（3）在试验基础上，用所选择的受影响者进行培训和创收方案的试点。

（4）为机构的监测和预算制定一个框架。

（5）在移民区内外允许产品推销。

（6）如果需要，评估方案并提供附加技术援助。

收入恢复方案可行前，需要 3～5 年的支持和服务。为了恢复受影响人的收入，项目管理可能需要实施短期的和长期的两种策略。短期收入恢复策略是用于迁移时的直接援助，可能包括：

（1）在迁移前，全额支付土地、建筑物和所有其他财产损失的补偿。

（2）支付整个破坏和重建期间的房屋建设补助和迁移生计补助。

（3）免费运输或免除移民的搬迁和重建费用。

（4）在开始的 2～3 年，或者直至收入水平恢复前，补贴农业、渔业和畜牲生产中的投入。

（5）在移民区或项目施工区的土木建筑活动中暂时或短期就业。

（6）若合适，给妇女、土著人、老年人和残疾人等脆弱群体以特殊协助。

长期收入恢复策略涉及土地性的和非土地性的经济活动，这些活动将提供较长时间的、持续的收入来源，恢复或改善受影响人的生活水平。这些策略可能包括项目赞助的方案（如购买替代土地、就业、培训和各种创收）及在项目地区建立地方，或国家经济发展和就业方案之间的联系。

表 6-4   **项目周期中的收入恢复：主要行动**

项目周期	主 要 行 动
立项/初步社会评价	（1）审查有关受影响者的收入来源、模式和水平之现有资料。 （2）评估恢复收入的可能策略，例如：对于从农业受影响者来说，找出是否有足够的创收农业用地
项目准备技术援助可行性研究	（1）鉴别收入恢复策略和评估其可行性。 （2）在调查权限中，包括收入来源、模式和前景。 （3）在拟订的收入恢复选择方案中，应包括受影响人/安置区居民。 （4）进行调查和人口普查。 （5）草拟有多种选择的收入恢复计划。 （6）为妇女和其他脆弱群体制定用于收入恢复计划的特殊措施。 （7）在试点中，用所选的受影响者对创收方案进行实地测试
管理评审会议	评估资金来源和实施的机构选择
鉴定	审查收入恢复计划（包括在移民规划里）
贷款谈判	将任何遗留问题作为条件

续表

项目周期	主　要　行　动
实施	（1）受影响人和非政府组织参与实施。 （2）在妇女为中心的项目中，让妇女组织参与。 （3）进行效果监测和评估
监测和评估	（1）由移民机构或非政府组织实施监测。 （2）由外部机构进行独立的评估

（五）收入恢复风险分析

移民工作人员和研究人员已然掌握若干风险分析框架。除了移民们所认识到的风险之外，在移民项目设计期间，需要对下列风险进行评价：

（1）机构风险——负责移民项目实施的机构是否具备实施能力，包括协调该项目中多种活动的能力。

（2）财务风险——在所有移民安置活动需要资金时，这些资金是否能充足到位。项目工期滞后是否会导致移民安置成本的增加。

（3）技术风险——作为拟议缓解战略制定依据的潜在因素或设想，其中任何因素或设想的变动是否会影响到项目的技术方案（例如，灌溉农业可行的设想可能会由于项目实施期间发现的土壤或排水特点而被证明是不正确的）。

（4）宏观经济风险——移民们即将提供的物品和服务是否能找到市场。生产物资的供应是否可靠。

（5）实施风险——在移民项目实施期间，人们的需求和偏好是否会有所变化（虽然一些详细实施计划是在移民对置换土地认可的基础上制定的，但在实施期间移民们可能在位置问题上改变其原有决定）。在项目详细规划和部分实施工作完成后，借款人是否有可能无法继续实施该项目。

在移民项目中，安全保障工作的实质不仅仅在于消减这些项目的不利影响，而且也在于预测潜在风险，并在这些风险产生重大不利影响之前预先对其加以控制或缓解，这一点更为重要。

作为一种分析框架，被大家一致认同的贫困化风险和重建框架（IRR）吸引着人们将它用作移民规划和实施的一种工具。该框架首先由 Michael M. Cernea 提出，内部和之外的许多移民工作人员和分析师都表示，在移民子项目的准备和快速评估过程中，该框架的应用取得了巨大成功。IRR 框架源于以往项目的经验和研究工作，于 1994 年将它应用于移民安置审查工作。该框架有助于项目组预测搬迁工作所固有的共同风险，并使移民安置规划致力于风险预防和风险管理。IRR 框架可以确定贫困化风险的主要种类。移民工作人员认为，运用这些种类可以加强对最易受贫困影响人群的识别，指导有效缓解措施的设计，为移民安置进程的监测工作奠定基础。

贫困风险共有以下九种主要种类：①失地风险——移民丧失土地可能是程度最严重的持久性贫困的根源之一；②失业风险——如果规划人员只注重失地问题，可能会忽视失业问题，但失业风险会影响到很多移民，而且新增就业机会是许多移民项目面临的极为艰巨的挑战之一；③无家可归风险——房屋置换仅仅是搬迁的一个方面，搬迁也可能会中断对恢复收入水平至关重要的家庭和邻里关系；④边缘化风险——经济权力和社会地位的丧失将很多家庭进一步推向贫困线的边缘，甚至使他们生活在贫困线以下。移民安置可能同样会导致社会边缘化；⑤发病率和死亡率增加风险——搬迁往往会使移民面临新型或更密集病源的威胁，也可能使他们丧失享用医疗卫生服务或传统疗法的机会；⑥食品不安全风险——人们自给能力的降低、食品生产和供应的中断可以造成慢性营养不良，或使这一状况恶化（慢性营养不良的定义是，卡路里或蛋白质的摄入量低于人的发育或工作所需的最低卡路里或蛋白质水平）；⑦教育中断风险——搬迁期间常会造成辍学，而且家长要求儿童做工，为家庭收入恢复做贡献，并因此而不能返校上学，他们也可能由于安置点没有学校而无法上学；⑧丧失使用共同财产风险——最易陷入贫困的群体（尤其是妇女）很大程度上依靠共同财产资源为生，如森林、水体、放牧区和薪材等，移民们在搬迁期间常会丧失使用这些资源的机会，因此，快速评估过程应计算这些损失；⑨社会脱节风险——社会成本可能会由于社区网络和社团、亲朋体系以及互助安排的解体或削弱而遭受损失。

（六）与安置社区的融合

政策明确致力于缓解对安置区居民造成的不利社会和环境影响。人口猛增，特别是大规模移民安置项目下的人口猛增，可能会导致现有公共基础设施和服务满足不了需求。移民和安置区居民对资源的竞争以及具有不同社会和文化风俗和习惯人群的突然相遇可能会减缓社会融合的步伐，甚至有可能引发社会冲突。因此，在项目规划和实施过程中，应高度重视移民与安置区居民之间的关系。

1. 与安置区居民进行的协商对社会融合起着必要的作用

不管是安置区居民还是移民对项目都拥有同等知情权。较好的做法建议项目同时在安置区和移民区居民中开展扩散。重要的是要对安置区居民的接纳意愿以及社会冲突的可能性进行评估，在以下几种情况下尤其要这样做：①安置区居民和移民隶属不同民族；②他们的生活水平存在很大差异；③采用不同的生产方式。

一旦确定和确认了安置区的选址方案和可行性，就可以在移民安置规划和安置点最终敲定之前与安置区居民召开公开会议和协商会议。在这之后，可以组织召开由潜在移民和安置区居民参加的会议，使他们能够评估拟议移民安置项目的适当性，并且确定潜在事项。总之，安置区居民和移民的充分参与同样重要，都对双方的融合起着关键的作用。

2. 社会经济调查可以用来评估对安置社区的影响

应在安置社区内开展社会经济调查，确定移民安置的潜在影响。此类调查应涉及公共基础设施（如学校、卫生所、供电和供水设施等）和就业环境（工匠、服务人员、工薪雇员以及独立企业经营者等的就业环境）。应对安置社区的民族人口与迁入群体之间的相容性进行详细调查，也可以评估当地人接纳外来人口的意愿。最后，一种较好的做法是对调查访谈员进行培训，使他们能够回答安置社区居民提出的有关项目及其影响的问题。

3. 一种较好的做法是在安置社区组建申诉委员会

常规程序是为移民组建申诉委员会，以处理需要进行大规模移民安置的项目下迁入安置社区的移民可能有的申诉。也可以为安置社区居民组建类似的委员会（通常隶属于地方政府）。此类委员会的成员应包括当地社区代表和社区领导人。

4. 维护或改善安置社区的公共基础设施

如果公共基础设施和服务由于移民突然涌入安置社区的各个角落而遭受严重影响，就必须对它们加以维护；也有可能要扩大它们的规模，使之至少保持已有服务水平和服务质量。

此外，如果安置社区的现有基础设施或服务的标准要低于相邻区域为移民提供的基础设施或服务，应对安置社区的基础设施进行升级改造，使之达到同一水平，从而消除优待嫌疑。

基础设施和服务在改善新旧人群之间的关系方面可以大有作为。如果不将现有基础设施提升到与移民获得的基础设施相同的水平，安置社区居民可能会认为他们为迁入人口牺牲了自身利益，却没有获得同等效益。如果移民插入安置社区，但基础设施并未得到改善，大家可能都会看到服务质量的下降，这会使新来的移民遭受责难。反之，如果基础设施得到改善，每个人都会得到更好的服务，也可以向新老居民传递这样的信息，即由于他们遭受了不利影响，项目正向他们提供帮助。

5. 保持或置换（如有必要）共同资源也不失为一种较好的做法

在农村，必须对移民安置点或插花安置点进行规划，避免加快共同资源（如水资源、牧场和森林等）的消耗。在此类资源的利用机会或供应中断的情况下，较好的做法建议，应提供一些无限制利用机会或同等资源，以满足安置区居民和移民的需求。

6. 安置后仍留在原籍的社区成员

在农村，有关社区成员在安置后仍留在原籍的问题可能更为重要。农村地区的人们更可能与其社区保持着密切联系，而且他们彼此间经济依赖性的中断可能会放大负面影响。

如果人们不是因某个投资项目而搬迁，由于该项目而处于经济上不可行的环境中，他们也可以获得全部移民安置待遇。

7. 项目的进场道路及项目所提供的服务应予以恢复

有些基础设施项目（如高速公路、航运及水库项目）可能会将部分社区隔开，这实际上就将一个社区留在原地。项目对人们通行条件的影响调查是社会经济调查的组成部分。在此类情况下，最佳解决方案是通过诸如修建位置合适的过街天桥或地道恢复通行。如果可以利用同等基础设施（如乘坐公交车上学），可以不需要采取行动；但是如果没有替代技术方案，基础设施（如道路、污水管线及输电设施）必须得到置换。

四、可供选择的收入恢复方案

（一）创收财产置换

针对农村地区大规模移民安置过程中出现的问题，包括广为流传的致使农户陷入失地型贫困的移民事件，应有针对性地制定移民安置政策。尽管以往可能提供了替代形式的补偿或恢复待遇，但这些待遇往往不能帮助移民获得生产性财产且恢复其收入。现金补偿或其他待遇可能会给移民带来高风险，应采取以土地为中心的方式来补偿来源于土地的收入损失。

在实践中，有三类问题致使以土地为中心的移民安置战略变得复杂化。第一，在许多人口稠密的地区，可以掌握的置换土地很少或质量较差。在有些情况下，有关方面对土地直接置换方式过分依赖，这助长了"退林为田"、擅自进行二次移民或用荒地置换生产性农地等做法。第二，在非农地区，越来越多的人受到或部分受到（如在线形项目中）征地的影响。第三，在经济总体上呈增长态势的环城地区，移民可能会优先选择其他创收方案。这些战略的宗旨在于：

1）保护那些选择继续从事农业生产且以土地为生的移民的生计利益。

2）确保其他人找到替代机会。

（1）以土地为生的移民有权选择获得具有可比性的置换土地。移民安置规划的制定要符合项目的特定环境及移民的优先选择。在农村，与移民开展的初步协商可能表明，很多农民都会优选选择置换土地。在这些地区，所有失地移民都应有权选择通过直接交换等方式获得具有可比性的置换土地，但这方面存在如下两种例外情况。

1）对于小范围征地，现金补偿方式比较适合——在许多线形项目下，小部分（低于10%）的土地被征收，供架设电线，修建排水设施或道路。如果造成的影响可能较小，而且置换小块土地可能会造成土地的条块分割，那么就可以按照重置成本的一定比例给予现金补偿。如果初步评估显示，即将失去超过10%土地的一些移民希望得到置换土地，则要求制定置换方案。如果未征收的土地在经济上不再可行，移民必须有权选择对整块土地进行置换。

2）环城（或城市）地区不应强求采用农用地方案。土地置换方案适用于以土地为生的人们。在城市或环城地区，由于人们可以从非农领域获得收入，因此移民无需选择农用地方案。在用地情况混杂的环城地区，如果对移民优先考虑的初步评估表明移民要求实行直接或间接置换土地方案，则要求采用这一方案。

（2）较好的做法是移民应能够从其他可行方案中做出选择。政策并不限制人们从事农业生产。协商过程应向移民们通报一些可行方案，包括获得置换土地或开始从事离土类创收活动等方案。一些人可能并不满意所得置换土地的质量和地点；一些人可能更愿意转而从事工资类就业或随着市场的扩大而开始做小生意；环城地区的一些人可能已经从离土类活动中获得了大部分收入。在这些情况下，较好的做法建议，在估测离土类方案的可行性时，应考虑到移民的风险承受能力。向移民提供的所有方案在技术上、财务上以及经济上都应具有可行性，而且移民们应具有实施这些方案的必要技能和能力。

（二）以土地为基础的选择

1. 直接置换方案始终是一项可以接受的方案

土地可以直接或间接置换。如果用项目单位确定的土地对被征收的土地进行直接置换，作为向移民提供的一项方案，这种做法是可以接受的。置换土地以政府土地、林地转用地或退化土地为典型，必须具有同等生产潜力（或经开发达到这一要求），也必须由移民认可。不经移民许可就将其搬迁至置换土地的尝试一直是屡发性抗议和项目屡屡滞后推进的一个主要根源。

有些情况下，应鼓励直接置换。如果对很少有机会接触市场的少数民族群体造成影响，必须向这些群体提供土地直接置换方案。如果农业项目将非灌溉地变为灌溉地，移民可以有权选择灌溉地作为直接置换的土地。

2. 采用间接置换机制也是一项可以接受的方案

利用现金补偿和追加援助的中间机制可能也会有助于移民（或地方代表）确定并从自愿卖地者手中购买置换土地。由移民、项目官员以及技术专家组成的购地委员会在确定土地及核实其生产力方面可以发挥作用。补偿款项的支付可以与置换土地（或其他生产性财产）的购买结合起来。

在一些项目中，移民拒绝接受由项目机构提供的土地，他们拒绝的普遍理由是土地质量较差或地理位置不便。当项目没有编制技术可行性研究，由移民开展现场检查或组建监督委员会时，往往容易出现这一情况。移民拒绝接受土地可能会产生严重后果：可能会导致公众的抗议，也可能因修改移民安置规划而导致项目延误，并为此付出高昂的代价。一种较好的做法是：使项目不仅帮助移民参与土地甄别，而且提供置换土地方案及离土方案。这一准备工作有助于避免拒绝接受土地现象。

（三）现金补偿和恢复

在一定条件下，现金方式是一种可以接受的补偿方式。移民有时会优先选择现金补偿，因为它可以给他们提供多种机会，使其恢复或提高收入。现金补偿可能足以提供创办和扩大一家民营企业或使其实现多种经营所需的资金，尤其在经济快速增长的地区。有些情况下，移民后支付的现金补偿可以有助于移民退休或外迁，或者可以给他们提供没有补偿就不能获得的教育或培训机会。

采用现金补偿方式可能需要精心的准备。协商过程不仅要使移民能够确定其希望得到的机会的种类，还要使他们知晓此类活动的潜在风险。只要移民选择了此类方案，一种较好的做法是使项目制定独立监测措施，以便在早期甄别哪些方案的实际效果最佳，哪些需要给予额外支持。为了使移民能够将现金补偿用于生产目的，补偿应得到全额和及时的支付。部分或滞后支付现金不能使移民进行足以恢复其收入的生产性投资。

1. 将现金转化为生产性投资或替代财产的机制能够使移民恢复生计

移民可能会对其在安置后所要从事的活动踊跃发表意见，但他们可能并不太清楚取得成功的确切因素。因此，项目恢复工作小组一般会开展技术和经济可行性研究，并实施若干推广、培训以及小企业贷款项目来支持移民，尤其是在一项具有风险工作的头几年。项目自身就可以提供这些服务，现有机构也可以通过承包方式提供援助。较好的做法是通过定期监测来评估整个恢复期内现金补偿的发放和使用情况。

2. 年金、红利或股票可能是高风险形式的补偿

一些移民可能优先选择能给其带来稳定收入的年金，并留有时间从事其他生产性工作或个人追求。电力项目采用的一种创新方法是收取少量的电力销售附加费，并将该附加费存入地方发展基金。当年金被用作补偿形式时，项目组要确认移民具有其他选择，并且被告知所存在的风险（例如，红利收入不稳定或股票净值可能会降低等）。如果光靠年金不太可能恢复收入，必须要制定其他补偿措施。

3. 要对提供养老金的方式进行严密审查

原则上，作为供移民选择的方案，提供提前退休养老金是可以接受的。项目组要对强制性养老金计划进行审查，以确保尚有劳动能力的人有机会继续从事生产。较好的做法是让借款人为养老金计划提供担保（条件是，该计划被用来替代收入恢复措施），同时要确保该计划具有公平性和公正性（就性别或少数民族而言），并拥有足够的资金（例如，财产补偿和养老金之和可能会使收入和生活水平恢复到以往的水平）。

（四）就业式恢复

提供就业是一项可以供移民选择的方案。

就业（公共或民营部门就业）可以成为恢复和提高收入的有效途径，它能以技能和人力资源等形式有效地创造财富。但是，只承诺安排工作而不提供其他方案不是行之有效的做法；同样，只提供就业而不安排培训不能被视为充分的恢复。

1. 一种较好的做法是保证就业期至少要达到三年

移民的就业时间必须足够长，这样才能使他们获得恢复其生活水平所需的技能。一种较好的做法是，对于选择就业方案的移民，移民安置规划应规定其就业时间至少要达到三年，最好为五年。

2. 提供临时工作岗位不可以作为恢复措施

如果一个项目将提供就业视为一项恢复措施，那么实现收入的永久恢复和创造人力资源就应成为该项目的目标。因此，旨在代替补偿而提供的就业不能是临时性的（例如，从事项目工程建设或道路保养），作为家庭收入的补充来源，安排临时工作还是合适的。

五、收入恢复战略的制定

（一）收入恢复战略设计

作为一项一般性程序，收入恢复战略的设计涉及三个阶段：

1）现有收入来源分析阶段；

2）经济现状调查和分析阶段，其目的是确定资源基础，评价市场状况；

3）新机会识别阶段。在识别新机会的同时，通过协商的形式帮助移民确定合适的机会，确定实施要求，如培训、财力支持和其他需求。以下各小节依次对每一阶段进行阐述。

阶段 1：现有收入来源分析。

收入恢复战略设计工作的第一步要确定分析课题的精确参数。人口普查数据、调查和社会评价是人口统计和社会经济信息最有价值的来源。在许多发展中国家的农村和城市地区，大多数经济活动都属于非正式类型，因此，在确定现有收入来源时，除了要重视正式经济活动的工资记录、缴税情况和销售发票，还要重视非正式贸易、生计型生产和实物交易活动。此外，也要注意在正式就业调查中可能被忽略的妇女、儿童、临时工和老人等所从事的经济活动。

根据广义分类法，现有收入来源分析所需的数据如下：

（1）移民从自有农田获得的主要收入或生计。

（2）移民从自有农田获得的补充收入。

（3）受雇于他人从事农业生产。

（4）通过租赁或分成制种植安排获得的生计或收入。

（5）从社区财产获得的生计或收入。

（6）从开发无限制利用的资源获得的生计或收入。

（7）从占用公有土地而获得的生计或收入。

（8）租房所得收入。

（9）从营销、销售或提供服务获得的收入。

（10）从正式或非正式就业工资获得的收入。

（11）从实物交易活动获得的收入。

（12）社区或政府提供的正式或非正式资助。

（13）汇款。

要确定衡量收入恢复战略是否成功的基线，项目机构就要估测移民从生产性活动获得的实际收入或经济价值当量：①对于民营部门或公有部门的正式就业，工资记录可能是确定收入水平的一个准确依据；②必须估测从生计类和非正式经济活动所获得的收入；③对于生计活动，对采集到的产品的消费价值或公平市场价值进行估测是一件可能的事情；④对于非正式经济活动，可能有必要开展调查，请受影响人报告其收入水平。

在这方面，要注意以下三个一般性的问题。第一，按照有关政策要求，生计活动和非正式经济活动要记入收入其来源予以恢复。第二，调查和分析人员必须提防鼓励低报或高估收入水平的机制。第三，如果不能客观地确定收入水平，请移民在各种移民安置方案中作出选择可能会避免争议，加快恢复步伐，这是一项根本性目标。

阶段2：经济现状调查和分析。

要使收入恢复措施符合移民的需求，有必要对经济现状进行全面和准确的分析。尽管目前尚没有一种行之有效的方法可用来识别可行的创收活动，但经济分析应包括以下几点内容：

1）主要经济活动登记表，详细罗列对各类产品和服务的现有需求、劳动力和其他资源的总体可利用情况、赢利能力以及现有营销实践和营销关系。

2）对信贷、技术援助和营销等支持服务的评价。

3）劳动力群体简介，对移民与大众人口的技能和他们所得到的培训进行比较，并将这些技能和培训与明确的劳动力需求挂钩。

经济机会评价工作的第一步是编制项目区主要经济活动登记表。该表涵盖每个地区的所有经济活动，包括商店、手工业和手工艺品生产者以及市场。视村庄或城镇重要性的不同，经济活动和每项活动从业人员的数量也有很大差异，而且可以预见的是，随着需求量的增加，经济活动和每项活动从业人员的数量也将会增加。因此，企业登记表要因地制宜，登记工作应由一名经济地理学或地区分析专业的社会科学家监督进行。

经济评价工作的第二步是考察支持服务是否充足，特别是金融机构和发展合作机构的数量是否足够。一种较好的做法是对现有银行、储蓄和信贷机构以及鼓励储蓄的任何非正式制度安排进行详细登记。每个金融机构对启动资本和用于扩大生产的资本或分散金融风险等方面都设有条件，登记表要对这些条件进行详细描述。对项目机构、非政府组织和其他实体开发经济机会、培训或收入恢复其他方面内容的能力进行评价也会对经济评价工作有所帮助，因为这些机构通常会参与收入恢复项目的实施。

经济评价工作的第三步是确定从事经济生产的移民数量及其能力和利益所在。这方面的信息通常在社会经济调查过程中收集，包括有关第一和第二职业、受教育程度和劳动力外出打工情况等方面的基础人口统计信息。

本阶段的工作是估测经济机会的类型和数量，收集有关支持服务可使用情况的信息，并且估测需要收入恢复援助的移民人数。

阶段3：新机会的确定。

在将移民的特定需求和愿望与潜在现有经济机会挂钩的过程中，前两个阶段的工作是制定可能的收入恢复措施和评估这些措施的可行性。确定新机会的其他步骤包括：

（1）与非政府组织、移民或其代表以及其他相关各方协商，征求其意见和优先选择；协调移民、非政府组织、工业团体或其他具有互补性利益的实体之间开展信息交流和召开会议。

（2）评估项目所在地区内外对新产品和服务或延伸产品和服务的需求量。例如，如果计划所建议的是出口商品，估测该商品的国际供给与需求量将很重要。

（3）评估减少市场阻碍因素或强化市场渠道或实现市场渠道多样化的可能性，以降低交易成本。

（4）确定某些经济活动得不到提供或供应不足的限制因素和原因，也许移民安置规划或项目能消除这些限制因素，提供新机会。

（5）评估通过以下手段使人们有更多的机会借取信贷资金的可能性：制定激励机制鼓励

金融机构参与项目，发动非政府组织，创办自助项目或采取其他措施。

（6）评估建议或识别的创收活动的潜在可持续性，包括评估由于外部环境影响、气候变化、贸易变化或移民无法控制的其他因素而造成的创收失败风险。

（7）评估建议经济活动与地区和国家法律和发展规划相吻合的程度，征求地方政府的意见，以评估建议活动的可行性，并获取相关信息，如有必要也要征求地区政府的意见。

确定的所有机会均应具有技术、经济、社会和财务可行性。移民个人必须具有从事商品生产或创办服务的技能或能力。实际上，收入恢复措施的效果在很大程度上取决于移民的响应程度。因此，收入恢复战略应探讨决定移民行为的激励机制（或阻碍因素）。如果搬迁有可能使移民厌恶风险、对弱势群体产生影响或造成创收活动的巨大变化，本阶段的评估工作就显得尤为重要。例如，要使取得的成果具有可持续性，收入恢复项目必须防止使过多的移民从事同一种活动，也不得加剧劳动力的过度供应或移民生产的产品在市场上的饱和。此外，收入恢复项目规划人员也必须对市场规范、消费喜好、运输条件、批发商和营销方面的其他问题进行评估。

并不是所有移民都受制于传统或厌恶风险。很多情况下，移民安置被证明是改变面貌的催化剂。例如，在东亚的某些地区，搬迁很快激发了人们的创业精神，尤其是在环城地区或经济增长地区。在许多国家，如果可以选择从事创业，成千上万的移民都选择了告别农村生活，转而在城市从事生产性和可持续性工作。在不同国家、不同项目甚至同一项目中，移民们对搬迁的反应以及对新环境的适应步伐都存在差异。尽管激励机制可以通过各种方法予以调整，但必须考虑以下普遍问题：

1）参与——如果移民参与搬迁和安置过程的设计和实施，可以降低被动性，加快适应步伐；

2）选择——如果移民有多项方案可供选择，可以提高这些方案与其自身喜好和能力相吻合的可能性；

3）所有权保障——明晰财产所有权，保障对资源的长期使用以及保证就业期等机制可以延长移民恢复的时间，同时可促进投资，减少风险厌恶情绪；

4）人力资源开发——开展小本生意或小企业培训、职业技能开发和提供实习机会等机制可以鼓励移民从事创业活动，或建立对替代职业的信心。

（二）土地置换式收入恢复

要使生产性机会与移民的能力和兴趣相吻合，前提是要利用现有知识和专业技能。因此，对于以土地为生且打算继续以土地为生的移民，政策要求优先采取土地置换方案。

对于以土地为生且打算继续以土地为生的移民，土地置换方案是其首选。如果搬迁人数很少，通过评价非公开土地市场或发放未使用的公有土地，通常能够在附近为他们找到质量类似的等量置换土地。如果移民人数众多，要在附近为他们找到等量土地可能较为困难。

在确定和征收置换土地方面，有多种成功的方法：

（1）移民自己可以确定地块；随后，在资金拨付前，（由项目官员和移民组成的）土地委员会核实该块土地是否合适，其价格是否合理。

（2）项目或政府负责机构为移民确定其搬迁和工作的地区。移民选择他们中意的地区，此后一般通过抓阄方式分配地块。

（3）项目可以在公开市场上购买符合移民要求的农用地。

不管采取何种方式，要鼓励移民参观安置点，使他们有机会亲眼目睹置换土地的地块、质量及进行土地改良的必要性。

通常情况下，需要对置换土地进行开发，使之达到被征土地的标准。就这一点而言，移民项目中的收入恢复活动类似于地区农业发展活动。不论是准备农业发展项目，还是准备包括土地开发子项目的移民项目，都要采取同等努力，对目标地区进行划界，测试土壤状况，确定改良措施，制订工作计划。移民不得承担准备工作的费用，如果他们参与准备工作，他们应该得到补偿，补偿费可以短期援助的形式支付，从而在他们恢复其生产性财产的同时向他们提供支持。如果项目在没有经过全面可行性分析的情况下采取以土地为基础的安置方案，此类项目可能会失败。

最后，土地是一种稀有资源；由于需要征地和移民，非自愿移民不可避免地要增加安置区的人口密度。除非安置区的人口特别稀少，否则就不太可能采用以土地为基础的安置方案接纳所有移民。在一些项目尤其是大型项目下，可能有必要采取离土安置方案。因此，要依靠项目组尽可能精确地确定愿意从事非农职业的移民人数。

（三）其他收入恢复战略

在编制收入恢复计划的过程中，项目规模和项目影响的范围是应该考虑的两个关键因素。如果只有几个人需要经济恢复，对详细就业安排或其他形式的援助给予简单描述可能就足以满足要求。但是，如果不同地区的多个人群需要恢复，尤其在这些人的社会经济现状存在很大差异的情况下，每个地区可能需要单独制定收入恢复计划。如果整个社区将会受到不利影响，或者要新建移民安置区，可能需要采取针对社区层面规划工作或集体活动的收入恢复措施。由于项目的具体情况千差万别，因此，一种较好的做法是与项目机构、地方政府、项目经理、移民专家或咨询专家讨论收入恢复计划的范围，同时与移民或其代表及非政府组织进行协商。不管是哪一种情况，对技术、财务、经济和机构等问题的可行性分析都对未来活动的规划有着重要的意义。

六、收入恢复计划的审查和实施

（一）收入恢复计划报告的编写和审查

移民安置规划和项目评估文件对收入恢复计划分别进行了详细和概括描述。对于复杂型项目（如大量移民需要恢复或需要制定单独计划的项目），应将详细计划列为移民安置规划的附录。此类计划旨在建议恢复收入所需采取的具体行动，包括预算、时间表、实施职责、经济假设和经济风险以及在行动失败或社会经济环境出现重大变化的情况下所需采取的应急安排。无论哪种情况，收入恢复方案清单都只需包括满足总体可行性和可持续性测试要求的活动。因此，可能有必要采取试点干预行动安排。

收入恢复计划可能包括以下内容：

（1）社会经济现状回顾，包括收入基线摘要。

（2）有关移民对于收入恢复的优先考虑的简要叙述（包括对征求移民意见措施的描述）。

（3）对建议经济活动技术、经济、财务和机构可行性的详细可行性研究，包括对参与活动的移民所得收入及每项活动所能容纳的移民人数的实际估算（如果没有这些数据，就不能判断经济活动清单是否详实）。

（4）对移民可选方案及安排移民参与特定项目或活动这一过程的简要叙述。

（5）对家庭成员可参与的补充经济活动的回顾。

（6）对弱势群体可参与的具体援助项目的简要描述。

（7）人力资源开发计划（例如，知识拓展、教育和培训）。

（8）必要的金融信贷提供计划。

（9）必要的本地产品或服务的促销计划或市场功能加强计划。

（10）必要的机构组建和基础设施建设安排（例如，基础设施提供、地方合作社、集体企业或自助组织等的组建安排）。

（11）收入恢复措施效果的监测安排（和指标）及计划无效时的修改安排。

在收入恢复措施不可行的情况下，可能要提供收益足以维持同等生活水平的统一年金，以代替生产性经济活动。如果移民安置规划没有制定实实在在的计划来恢复各类受影响人群的收入水平，不管经济状况多么困难，都不会认可这一规划。

（二）收入恢复措施的监测和检查

在监测收入恢复项目时，要着重监测收入水平和社会经济因素，特别要监测移民对新机会的响应情况、从事每一项活动的移民人数、每一类活动的成功情况以及所遭遇的困难。此外，可能要聘用一家具有社会和经济经验的独立监测或机构对项目活动进行比较审查。

收入恢复情况监测的重点在很大程度上不同于项目监测活动，后者主要监测管理绩效，如设施建设或补偿兑现情况。

收入恢复的动态性和偶然性使监测工作显得尤为重要。监测项目要取得成效，就必须密切和经常注意所发现的问题及存在潜在问题的情况。此外，由于收入恢复过程的偶然性，移民们的调整适应速度可能会大不相同，而且他们所采取的适应方式也不可预知。由于移民所采取的适应方式变化无常，因此要实现有关政策目标，关键是要进行密切监测。在项目初期，尤其要开展密切的监测，以便评估建议收入恢复措施是否行之有效。如果收入恢复计划的某些方面存在不足之处，监测体系可以发出必要的预警，以便纠正这些不足之处。

在收入恢复监测过程中，一个常见的实际困难是收入恢复活动通常要延伸至常规建设项目周期结束后进行。对于需要制定收入恢复计划的项目，建议在项目准备阶段制定移民项目中期调整安排。中期调整为各方提供了一个共同认可的机制，可用于在项目实施过程初期对实施效果进行评价，也可用于对收入恢复战略进行适当修改，以解决有关问题或充分利用新的机会。

不管收入恢复活动的规模如何，每一项目的监测体系的性质基本相同。监测人员要定期就一系列重要指标对移民进行抽样访谈，具体内容包括：①每一位家庭成员所从事的收入活动，包括收入和季节性外出情况以及与每一项活动相关的费用或存款（如与新工作地点相关的交通费和生活费）等信息；②所遇问题的类型；③对额外援助的需求（及需求类型）；④个人对现有经济活动的满意度；⑤家庭家具用品（出售家具用品可能表示贫困，添置家具用品表示购买力）；⑥农用设备和牲畜（出售其中的任何一种可能表示贫困）。

涉及大量移民和职业变化的大型项目要开展针对移民的系统抽样工作。一种较好的做法是进行分层抽样，确保贫困和弱势群体具有充分的代表性，以便进行统计分析。一段时间后，可以降低对已恢复收入群体的监测频率，或将这些群体从样本中去除，然后将注意力集中在更为困难的群体身上。

（三）收入恢复过程的终止

如果项目满足了以下条件，就可以认可项目满足了收入恢复方面的要求：①如上所述，随后进行的入户调查表明收入流得到了提高或恢复；②生产性财产已经以实物形式得到了置换，置换财产所处的社会、经济和环境状况基本相同，且这些财产已开始带来预期收入。

以上所显示的是通过生产性活动恢复移民收入的条件。在特殊情况下，也可以接受其他条件：①有些项目向移民提供与其以前的收入相等的年金，不一定向他们提供生产机会，如果其他创收活动特别少，而且年金能提供可靠的收入流，这一替代方案还是可行的；②移民选择了提前退休或认可为其他家庭成员提供的替代方案；③如果在参与式方法的基础上开展移民安置，有些移民可能会从注重区位优势或文化优势的方面作出选择，对收入恢复本身不利。项目最好能提供各种方案，这样移民就无需做出上述选择，但政府制定的解决方案不可能满足每个人的意愿。实际上，如果移民从各种机会中做出选择，就意味着他们要为其选择承担责任。

（四）收入恢复补救行动

在任何情况下，补救行动实施的难度都会较大，随着时间的推移会越来越大。许多情况下，如果没有编制移民安置规划或开展基线调查，对从项目区迁出的移民进行跟踪通常是一件有难度或不太可能的事情，而且确定以往所征土地的补偿现值也是一件难事。由于未掌握项目的足够详细信息，这会进一步加大这些工作的难度。

在有些项目下，可以获得充分的数据来确定新的目标。但是如果移民安置规划或基线调查尚未完成或根本没有进行，就不太可能确立适当的收入恢复水平。在这种情况下，较为合适的补救策略是在移民安置区实施社区主导型扶贫项目或其他改造项目（信贷项目、学校改造或建设项目）。

七、金融机构参与

（一）小额信贷计划

对于那些敢于冒险创业的移民而言，小额信贷是促进收入水平提高的一种有效手段。小额信贷指的是正规机构提供的金融服务（如商业银行、政府发展银行、信贷联合会和金融公司）或非正式安排（如放债人、典当商、小区储蓄或信贷小组等）。

为了帮助家庭或小型企业从搬迁引起的动荡中恢复过来，小额信贷战略要明确或含蓄地应对市场失灵的四个潜在根源：①资源失灵——移民没有在变化的环境中发挥生产性作用的资源（包括原材料、资金储备、技能和技术）；②信息失灵——移民不了解主流市场安排、商业和就业等的季节性变化情况、土壤状况、风俗和品味喜好以及当地知识的其他宝贵形式；③服务失灵——移民得不到资金、技术或商业支持服务，即便此类服务可能会向其他人提供，阻碍移民获得此类服务的因素包括最起码的常住要求、正式许可要求以及担保不足等；④环境失灵——如果监管方式较差或具有强制性，或者市场薄弱或根本不存在，可能会导致不正常的高昂交易成本。

只要移民尚未做好管理金融风险的准备，小额信贷战略很可能就发挥不了作用。在这种情况下，可能要提供赠款或补贴，以帮助移民建立新的财产基础或获得小额信贷本身所不能提供的技能。此外，很多移民不会具备确保就业所需的技术技能，他们也不会愿意接受创办企业所带来的风险。但是，随着移民逐步适应新环境，并且由于进行了有限的试验，获得了新技能，也对其他人有所观察，其信息更为灵通，小额信贷对具有创业精神的移民可能会有所帮助。在这样的情况下，小额信贷和补偿款的使用效果可能会更好。

　　然而，小额信贷给人们提供的帮助较为有限，对商业型移民而言也是如此。有些情况下，将一家小企业搬迁到距其客户或供货商较近的地方是一件不太可能的事情；另一些情况下，社区居民的分散居住可能会导致小区委员会的解散，而以前正是这些委员会给人们提供资金援助。在较为有利的情况下，小额信贷可挖掘或提高人们的自给自足能力，有助于加快收入恢复的步伐，同时减少人们对管理效率低下项目的依赖。

　　小额信贷可采取以下几种方式，以惠及习惯于承担商业风险的移民：①采用以非传统形式担保的贷款或没有担保要求的贷款；②利用社会网络来建立集体担保替代机制；③实施首笔存款或余额要求很低的储蓄项目；④组建非正式的小区轮流储蓄和信贷协会；⑤与正规金融机构联合实施担保或试点项目。

　　专心创业的移民进入过渡期后，可能要帮助他们找到他们能承受的可靠资金来源。正规金融机构往往会从三方面对潜在客户进行评价：担保、信用和资格（英文简称3C，即 Collateral，Creditworthiness 和 Character）。收入恢复的规划人员可以采用以下具体方法帮助移民得到更好的评价：

　　1. 担保

　　1）将移民与提供保证金、集体风险基金或其他担保替代机制的（现有或已建）项目联系起来。

　　2）鼓励将新型担保与用于购买较低成本生产性财产的中小额度贷款结合在一起。

　　3）冻结部分补偿款项，并将它变为强制性存款，并在必要时将它用作贷款担保。

　　4）如果提供置换土地，确保及时赋予土地所有权，且该所有权没有他人的阻挠。

　　2. 信用

　　1）对于较为复杂的投资（如用于购买大型设备的投资），聘请一家机构根据本地市场行情对拟议活动的可行性进行审查。

　　2）开展参与式市场研究，帮助移民选择合适的生产活动。

　　3）如果所有移民都参与同一种活动会导致供应过剩和价格的下降，建议移民不要这样做。

　　4）提供小型企业管理和运营培训和建议。通常情况下，在小型企业发展方面具有专业技能的本地非政府组织可以开展这项工作。

　　3. 资格

　　（1）记录移民的信贷经历，包括向店主和供应商等人借款的非正式信贷历史。

　　（2）在移民小组、小区其他小组和位于安置点的金融机构领导人之间建立联系。如果移民想要以市价借取信贷，这些领导人可以为他们提供资格证明。

　　（二）金融机构的参与内容

　　项目机构和移民安置规划也可以鼓励金融机构采取有利于移民小企业的做法，具体包括：

　　1. 提供满足小企业需求的服务

　　（1）提供短期贷款。

　　（2）提供用于流动资金的小额贷款。

　　（3）根据还贷表现，简化重复贷款的手续。

　　（4）放宽贷款仅用于生产性投资的限制。

　　（5）安排适当的工作地点和时间，为小企业主提供方便。

2. 简化业务程序降低贷款的单位成本

（1）下放小额贷款的审批权。

（2）下放重复贷款的审批权。

3. 采取激励机制鼓励还贷

（1）对于准时还贷者，保证他们在今后可获得贷款，提高其贷款上限，或降低贷款利率。

（2）将准时且较高的还贷率与对职员的奖励挂钩。

（3）制定可信的处罚措施，防止还贷滞后或拖欠贷款。

4. 收取全额成本利率和手续费

（1）值得注意的是，包括移民在内的贫困小企业主通常更关心是否能得到贷款，而不是贷款成本（利率）。

（2）要使金融机构和移民之间的关系具有可持续性（项目补贴不可能无休止地继续下去），就要设定足够高的利率和手续费标准以支付运营成本和金融成本。

第三节　关注脆弱群体

非自愿移民对贫困和弱势群体产生的影响要比较富裕的群体严重。贫困人口、妇女、儿童、残疾人、老年人以及少数民族人口常常易遭受困境的影响，而且他们在移民后重建其生活的能力可能要弱于其他群体。然而，这些人群脆弱性的范围、性质以及严重程度等可能存在较大的差异。因此，要在项目设计过程中进行仔细的筛选，而且要重视移民安置工作，以帮助弱势群体提高或至少重建其生活和生计。

一、贫困人口

要保持减贫成果和避免今后贫困率的增长，保护环境至关重要。要使减贫具有可持续性，重要的是要开展制度建设，加大地方能力建设投入，提高地方评估贫困的能力以及对规划和项目的分析、设计、实施和融资能力。

本节探讨以下方面存在的机会：①使移民安置成为发展过程不可或缺的组成部分；②代表贫困人口自愿和主动开展工作。具体而言，不管贫困人口在移民前的境况如何，恢复待遇能帮助他们确保拥有符合一定适当标准的土地和住宅。

（1）将人口分为具有社会意义的群体有助于甄别生活在国家贫困线以下的特定人群。

每一项移民项目都要对受影响之人进行基线调查，同时要对其固定资产进行登记，也要对其年收入进行测算。这些信息有助于对贫困程度进行客观和量化的衡量，同时社会经济调查可确保项目包括所有弱势人口，也可确保将他们分为特定的弱势群体。

（2）较好的做法是将最贫困人口纳入项目设计。

项目要惠及受非自愿移民影响的最贫困人口是一件难事。由于没有土地或其他固定资产（如露宿街头之人），他们往往不能享受补偿待遇。此外，他们可能也不符合收入恢复待遇的条件，因为他们可能没有明确的收入来源。

在项目框架内，一种较好的做法是通过社会经济调查来确定贫困人口的收入来源及他们对共同资源的使用情况，这些对其生存常具有极其重要的意义。较好的做法同时也建议，在协商过程中应深入到最贫困人口中去，因为他们不一定经常参与公共讨论。通过有效的移民规划工作也可以制定一些补充措施，诸如向最贫困人口优先提供项目创造的机会，尤其是与项目相关的就业机会，或通过特别基金或服务提供的援助机会。

（3）征收贫困人口的土地可能会加重其贫困程度。

一般将任何地块损失的 10%定为土地损失的上限，如果低于这一上限，土地损失一般就被视为轻微。但是，对于已处于贫困状态或拥有低于标准土地面积的移民而言，即便是损失很小比例的土地也可能致使其剩余土地不再具有使用价值。在这种情况下，如果单纯给予现金补偿有可能重新造成贫困的话，即使项目征收的土地不足其土地总面积的 10%，可能也要向这些移民提供额外补助。

（4）其他恢复措施可以有助于提高经济可行性。

就贫困家庭而言，建议离土恢复措施应超越恢复收入这一目标。如果不这样做，将会轻易地再次导致贫困。应给各家各户提供具体机会，使它们实现经济可行性。

另一种较好的做法是，探讨为农业佃户和失地劳动者提供在项目下就业的可能性。正如一家企业在开始运营时就向人们提供工作岗位或授予合同一样，这方面通常的做法是在项目建设期内优先向这些人提供就业机会。如果要在这方面取得更大的成功，项目机构应专门为贫困人口提供支持服务，使他们清楚自己的工作职责，同时帮助他们排忧解难（如孩子生病等），否则会对其工作业绩产生不利影响。

（5）较好的做法建议，替代住房和土地应达到或超过地方现有标准。

在许多项目中，特别是在城市地区，部分受影响人口居住的建筑可能远未达到当地的卫生或安全标准。因此，如果由项目提供的住房和宅基地可能必须要满足地方标准且除此之外并无其他理由，针对此类人群的移民安置规划就不能局限于恢复低于标准的住房。许多贫困人口希望改善住房条件，如果能减少诸如抵押要求等官僚障碍，他们起码有一定能力做到这一点。较好的做法建议，应制定相关安排，提供满足当地标准的住房。其中的一项应是提供住房信贷基金，由大家共同承担还款责任。如果项目条款要求新建住房，另一种较好的做法是同时新建适当的排水和环卫设施。

二、妇女

由于妇女可能得不到参与机会，常常面临更大的贫困风险，因此，他们组成了一个弱势群体。妇女在家庭管理和经济类生产活动中发挥着重要的作用，尤其表现在对家庭生计的非工资性贡献方面。项目准备阶段开展的社会经济调查必须详细叙述这方面的活动和贡献。

（1）移民安置过程要包括使妇女参与的机会。

移民过程中的参与有着根本的重要性，因为人们受到了直接影响，而且在有些情况下必须恢复其生活。由于人们的利益和关注的问题有着很大的不同，移民工作应尽量包括所有人群。

有效的移民规划工作可确保包括切实同妇女协商的内容。很多情况下，较好的做法建议应由项目的女性代表开展此类协商，也可以安排单独的参与途径，诸如只有妇女参与的专题小组讨论，因为此类协商可以给妇女搭建表述各自所关注的事宜的平台。另一种较好的做法是，就基线调查结果对妇女进行预测试，以确保该调查覆盖妇女关心的问题，如置换住房的设计、教育和卫生服务的享用、燃柴和水的供给以及创收活动等。还有一种较好的做法，那就是，发布有关移民权益及可供每位家庭成年成员而不仅仅是户主选择的内容等信息。

（2）基线调查应记录妇女对家庭收入和生活水平的贡献。

妇女可以通过正式和非正式经济活动对家庭经济做出贡献。正式收入来自挣工资类劳动、手工业生产、产品销售以及在外从事的其他活动。妇女对家庭生计做出的非正式贡献包括生计农业、拾柴和取水，更不用说做饭、洗衣、打扫卫生及照看孩子等。

（3）搬迁家庭必须可以使用安置区的基本资源。

在许多国家，拾柴和取水这两项主要家务活由妇女和女童承担。安置点的规划有助于确保她们更多地获得和更好地使用或至少恢复获得和使用这些基本生计资源。

移民安置为引进改良炉灶新技术提供了机遇。妇女的建议可以极大地有益于对当地炉灶进行重新设计。新技术的引进可以产生诸多效益，如果能取得成功，可以减少妇女拾柴所需的时间，也可以减少厨房污染，否则将会使妇女和儿童罹患呼吸系统疾病的可能性增加。

在许多移民项目中，妇女也可以参与水源方面的决策。有关社区内水井和水龙头位置的决策是一项社会性和技术性决策，在这方面咨询用户的意见有助于确保人人都可以平等地用水，也可以确保用户乐意和能够对设施进行维护。

一些看起来似乎简单的措施，如对炉灶进行重新设计或安排水龙头的位置等，也可能产生严重后果。如果燃柴或水资源由于征地或移民安置而变得短缺，妇女，尤其是女童通常不得不花费多得多的时间来采集这些基本原料。结果，女童频繁辍学，在家当帮手。提供更好的燃柴环境和水源条件将有助于避免由移民安置造成的此类不利和次生后果。

基线调查应包括健康方面的内容，以监测人们的身体素质，尤其是妇女和儿童的健康状况。提供医疗保健服务对于移民期间和安置之后防止由于营养不良、背井离乡造成的心理压力以及疾病风险增加所导致的发病率和死亡率的增加可能非常重要，对孕妇、婴幼儿和老年人尤为如此。

由于移民安置可能会给人们带来压力，也可能对营养和健康状况甚至死亡率造成不良后果。应将基线调查加入了移民健康状况的调查内容，以监测移安置工作的实际影响。此外，移民项目通常新建基础设施来应对诸如儿童营养不良和水传染性疾病等诸多问题。

（4）在男户主家庭中，成年妇女可能是移民权益的合适单位。

女户主家庭应享有与男户主家庭相同的移民安置待遇。但是，在一些情况下，女户主家庭不再独立生活，因为其成员居住在人口更多的延伸家庭内。例如，丧夫妇女可能与其父母或公婆生活在一起；同样，离婚女户主家庭也可能与其娘家的延伸家庭生活在一起。必须对这些人进行仔细罗列，因为他们可能有资格以独立户为单位享受补偿和恢复援助待遇。

如果财产（如小企业或占用的土地）归女性配偶所有或掌管，她就是补偿或援助待遇的享有人。可以考虑采取以夫妻双方的名义共同登记家庭财产的方式，否则可能会导致创收活动中或不动产转让过程中的性别歧视。

三、少数民族

少数民族人口在搬迁后常常易遭受困境的影响。他们通常处于弱势地位，因为法规和政府惯例可能不承认其资源权，他们可能缺乏在项目中占有一席之地的途径，或者其文化和社会团体在搬迁之后可能会解体。

有两项普遍问题使少数民族的移民安置变得更加复杂。一项涉及对资源习惯公有权的承认；另一项是，要评估损失及设计恢复措施，就要进行细致的定性研究，因为少数民族生活水平的一些特征（如生计生产、劳动的互助性以及次要林产品的重要性等）很难量化。

尽管恢复收入是移民安置的主要目标，但对少数民族群体而言，保持生活水平可能也同样重要。为了实现这两项目标，要设计出适合少数民族文化特征的协商和参与机制，包括申诉处理程序。

（1）少数民族的习惯土地权利应予以确定，如何可能，应予以合法化。

在土地由少数民族使用的地区，征地评估要弄清受项目影响的公有和私有土地是否确实无人对其拥有习惯权利。如果受到潜在影响的少数民族对其习惯上赖以生存的土地或资源尚未拥有合法所有权或使用权，应探讨将这些权利合法化的可能性。

（2）要对拥有不可以被合法化的土地权利的少数民族人口提供特殊形式的援助。

对拥有不可以被合法化的土地权利的受影响人群无需给予正式补偿，但是他们有资格获得"其他必要援助，以实现移民安置目标。对于主要依靠土地为生的少数民族人口，重要的是该项援助要包括土地置换方案。

（3）如果搬迁对少数民族人口造成影响，应优先考虑土地的直接置换。

如果不可避免地要征收少数民族集体拥有的土地，首选方案应是直接置换土地，其所有权仍归该集体所有。对于靠土地为生的移民，应当优先考虑以土地为基础的安置战略。

（4）移民安置措施是否可以接受由受影响少数民族的文化习惯和喜好决定。

如果少数民族以独特的方式利用资源，他们可能会给这些资源设定特定价值。因此，只要可行，移民安置规划就要制定措施，以便进行财产置换，或至少提供所需的替代资源。如果这两种方案都不可行，应制定与受影响少数民族"文化习惯和喜好相一致的"替代措施。要与少数民族进行协商，以便确定可以接受的替代财产、资源或替代创收活动。

（6）相关移民安置规划文件和少数民族发展计划属于不同类型的文件，但可以协同编制。

对于影响到少数民族群体的项目，应制定少数民族发展计划。对于涉及对少数民族群体进行非自愿移民安置的项目，少数民族发展计划和移民安置规划可以协同编制，以确保前者全面反映后者所制定的缓解措施。对于影响到少数民族而且也需要编制移民安置政策或移民安置框架的项目，也需要开展类似的协调工作。

四、生活难以自理的人群

有效的移民安置规划和实施认识到，有些移民群体——儿童、老年人和残疾人——可能不能很好地表述其利益和顾虑。一种较好的做法是设计移民项目，将这些发言机会不太多的群体所关注的事宜纳入其中。

当大规模移民安置工作威胁到社区关系并使之中断时，移民安置规划要包括相关措施，以缓解对诸如儿童、老年人以及体残人或智残人等弱势群体产生的不利影响。社会经济调查要对年幼人群（如六岁以下的儿童）或老年人群（如65岁以上的老年人）进行甄别。尤其在致使整个社区关系中断的项目中，此类调查还可以对体残人或智残人以及他们可以得到的服务进行甄别。

1. 儿童

作为一个典型群体，儿童缺乏保护其自身生活水平的法律、政治和经济能力。尽管教育对发展和项目有着显著作用，但在移民安置过程中，学龄儿童可能会由于身体或经济原因而失去受教育的机会。如果不制定特殊安排来帮助儿童在移民安置过渡期内继续上学，一旦安置点的永久性学校落成且教职员工配备完毕，有些儿童可能难以恢复接受教育。如果家庭中断对资源的利用，也有可能使儿童遭受营养不良。在很多农村地区，如果儿童对家庭收入或生计的贡献很大，贫困家庭可能特别倚重于儿童从事经济活动，并且如果认识不到和不减少此类损失，这些家庭将遭受严重影响。因此，移民项目要确保儿童的营养需求得到满足，也要确保他们能够接受教育。此外，如果儿童在经济上对家庭幸福有所贡献，移民项目必须包括相关措施，以最大限度地消除童工。

应对教育和健康水平进行调查。一种较好的做法是，通过社会经济基线调查对搬迁之前现有社区教育和医疗卫生设施及服务情况进行记录。此类调查应确定在移民安置期间可能发生的关乎儿童发展的任何重大问题。理想的做法是，调查报告的教育章节要包括定量资料，如分年级和分性别入学率，也要包括定性资料，如父母对子女入学的态度以及家务活和其他家庭负担。同样，医疗卫生章节也要包括定量资料，如到卫生所的平均距离、对卫生所服务的平均使用情况以及服务范围等，还要包括定性资料，如人们对医疗卫生服务的提供和质量的看法。

对于涉及大规模搬迁的项目，其移民安置规划应说明健康和教育方面的安全保证措施或改进措施。

大规模搬迁可能会对人们造成压力，也可能会对其健康和子女入学造成即时影响。医疗卫生和教育条件的改善一般与社会和谐和经济增长齐头并进。在涉及大规模搬迁的项目中，移民安置规划应作出规定，要求提高或至少恢复医疗卫生和教育设施及水平。

对于要开展大规模搬迁的项目，应对儿童的教育和健康指标进行监测。一种较好的做法是，移民安置监测应包括移民安置对入学率、儿童营养水平以及医疗卫生服务的影响监测。如果通过监测发现教育水平或医疗卫生服务出现下滑，采取相应的措施。

在计算家庭移民权益时，应将儿童所从事的生产性活动纳入考虑。在许多地区，儿童已成为家庭收入的一个重要来源，这是现实生活中存在的一个事实。在计算家庭移民权益时，要将儿童的工资收入和生计型生产纳入在内。（但是，作为法定被监护人，儿童不享受单独补偿。）正如较好的做法所建议的那样，依靠童工的家庭可以受益于为成人提供的替代性创收机会，同时也可以增加儿童受教育的机会，童工的发生率也应因此出现下降。使儿童重新成为童工有悖于发展政策。

2. 老年人

世界各国的移民安置经验表明，老年人在搬迁后往往不太适应新的环境，他们可能一辈子都有"故土情结"，缺乏经济机会或实际能力，因而无法获得新的收入来源，而且由于社区解体或社会变化，他们丧失了传统的领导作用或社会地位。在移民项目中，老年人（与儿童一样）尤其容易患病，甚至容易死亡，因此项目规划和实施人员必须了解其需求。

必须特别注意预防过早退休和非自愿退休。为了防止疏远老人或使其依靠他人，一种较好的做法是，项目组要确保对损失的不承认或不当移民权益标准不能导致尚有生产能力的成年人过早和非自愿退休。

移民安置规划和项目实施安排应包括针对老年人的安排。移民搬迁对老年人的影响程度将取决于人口、社会和文化等方面的诸多条件。为了测算搬迁对老年人个体的可能影响以及现有公共医疗卫生服务和社会团体处理这些影响的能力，可能有必要开展社会评价；同时，为了建议任何必要的特别补救措施或安排，社会评价可能也很有必要。在项目实施期间，如果制定特别注重老年人或残疾人顾虑的监测安排和申诉程序，它们可以帮助项目经理对上述事项进行甄别，并实施补救措施。

3. 残疾人

基线调查报告中应对体疾和智残予以详细说明。一种较好的做法是使移民安置规划和实施活动包括针对残疾人的必要安排，在大规模移民项目中更应如此。

视体残或智残的程度，可能需要给残疾人提供特别帮助，使其能够领会消除贫困的必要性，了解新地区的情况，新建住房，到医生那里去看病，同时他们在其他方面的各种具体需求也能够得到满足。

一种较好的做法是，在移民项目中对残疾移民的数量和残疾的类型进行罗列，并且做出相关安排，以便向残疾人个体或其家庭提供必要的帮助。

4. 不受国家土地补偿法保护的其他群体

没有土地所有权或使用权的人群。许多项目都要对没有合法土地或建筑物所有权的人群进行搬迁。在城市或农村地区，这些人通常被称为擅自占住者，在农业地区或林区，他们常被称为擅自占用者，但这两个名词的含义多少有些相似。一些人声称他们具有传统或祖传习惯性产权，与这些人不同的是，擅自占住者和占用者的典型做法则是要求拥有使用权，对于近期占用的闲置或非保护土地，他们甚至要拥有所有权。

在致力于执行合法财产制度的同时，项目单位可以拒绝将移民权益资格给予没有合法所有权或得到其他形式的官方认可的人们。然而，政策规定对受影响土地没有合法所有权的人们可以获得建筑补偿，也可以有资格享受其他移民安置和恢复援助。土地占住者和占用者可能在项目启动前就投资于建筑或土地改造，这些建筑或改造活动可以获得补偿。移民安置政策致力于对因其项目征地或土地用途的变化受到直接和不利影响的所有人提供补偿。

没有合法土地所有权的移民可以获得移民安置援助，代替土地补偿。为了帮助拥有事实使用权或占用权的人们获得援助，应向他们提供援助，以代替补偿，前提是此类援助方案有助于实现移民政策的目标。移民安置援助可以包括土地、现金、工作或项目单位认可的其他形式援助。

第四节 费用、预算和融资

一、移民安置费用的分类和汇总

在项目实施期间发生的大多数与移民安置相关的费用可以分为四种预算类型：补偿费用、搬迁费用、收入恢复或收入提高费用以及管理费用。这四大类型又可以进一步细分为若干种类。社区基础设施的搬迁费用、社区服务提供费用以及安置点的开发费用是与补偿、搬迁以及收入恢复和提高相关的费用，但又存在不同之处。下文对这些类别作简要定义，并为各类别提出降低费用的建议。

（一）补偿费用

"补偿费用"主要指对征收的土地（包括幼树和青苗）、房屋、建筑和项目临时征收的财产等其他不动产所支付的费用，包括直接征收替代财产所发生的费用，也包括移民安置点征收费用。补偿费用适用于摊主、企业和其他商业活动以及住户。

（二）社区基础设施和服务费用

通常情况下，对征收的公有土地、建筑和其他不动产一般采用置换法而非补偿法。相关费用包括社区设施（如社会活动中心、宗教设施等）、公共基础设施（如道路、桥梁、排水设施、灌溉工程以及公用线路等）的置换或恢复费用以及提供饮用水、薪材、放牧区或恢复生活水平所需的其他资源而发生的费用。这些费用不仅包括基础设施的置换费用，也包括配套服务费用。例如，学校和医疗中心需要教师和医务人员。

移民政策要求按照重置成本给予补偿，这使得项目规划人员低估补偿费用的余地极为有限。当然，要降低补偿费用，最好的办法是避免征收或至少降低征地的不利影响。要做到这一点，在可行的情况下可利用价值较低的土地，同时尽可能避免征收建筑和其他不动产。一旦征地地点和范围方案确定，基本上不可避免地要涉及补偿。例如，即便注意征地时间，可能会使人们获得收成，从而降低农作物补偿的必要性，但在任何移民项目中，此类补偿费所占的比例通常很小。及时支付补偿费用可有助于避免通货膨胀所引起的成本增加。

（三）搬迁费用

"搬迁费用"指与人口、企业、牲畜和动产搬迁相关的费用，包括农业和居民安置点的开发费用、受影响人的交通费和搬家费用、任何转让税费或其他管理费用、寻找新房或新土地的费用以及其他费用，如移民在拆迁后和搬迁前租用或搭建临时房屋所需的任何费用。临时房屋费用可能会成为项目的一项主要费用，在施工滞后造成在短期内需要完成几批搬迁的情况下尤为如此。

（四）安置点整理费用

在涉及人口搬迁或置换土地分配的项目中，与移民安置点整理相关的费用占项目搬迁总费用的一大部分。安置点整理费用包括征地费用和安置点整理或改造以完全置换所有受损私有财产和集体财产所需的费用。安置点农用地的整理费用包括灌溉基础设施建设、土壤改良和道路、桥梁、过街天桥或地下通道等交通设施所需的费用。

及时整理置换地点和提供服务可以使搬迁费用保持在合理水平，但不能及时开展搬迁活动可以明显地增加项目成本——如果在安置点准备就绪之前项目实施进度加快，将会需要临时房屋；或者，如果整个项目严重滞后，通货膨胀可能会使费用增加。在后一种情况下，如果预算费用低于实际所需费用，通常不是主要问题的不可预见费会变得很重要。

（五）收入恢复和改善的费用

"收入恢复和改善的费用"指确保移民有机会恢复或提高其收入水平及提供必要的临时收入支持所需的费用。这些费用可包括购置替代创收财产、采取培训措施、提供农技推广服务、寻找就业机会所需的费用以及小型企业的启动资金。此类费用往往具有更高的不可预见性，因为收入恢复部分取决于受影响人的技能和态度。但是，缜密的移民安置规划可以鼓励移民接受有关方案，适应新环境，从而降低此类费用。

（六）管理费用

"管理费用"指移民项目准备和实施过程中发生的运营费用，包括以下类型：

（1）人员费用——包括移民安置工作人员的工资和津贴。

（2）燃油费和设备费——包括办公费以及移民机构运行所需的设备、车辆和其他费用。

（3）移民项目准备费用——指编制和制定移民安置预算和移民安置规划所需的费用，包括收集必要信息和开展各类研究（如普查、调查及土质和灌溉设施调查）所需的费用。这些费用在移民安置预算编制完毕之前发生。

（4）技援费用——指人员培训、机构能力建设和咨询服务费用。

（5）监测与评价费用——包括移民项目实施单位和外部监测机构对移民项目定期开展监

测所需费用。

二、移民安置费用估算

由于移民项目涉及的过程较为复杂且具有不可预见性，因此，编制费用估算和预算并非易事。尽管如此，在移民项目准备阶段，必须充分利用现有资料，完成详细估算和预算的编制工作。实际上，要编制详细预算，要求：①估算的总体误差范围合理；②制定合理的应急安排。

具体项目的移民安置预算随所需移民安置措施的规模和复杂程度的不同而有所不同。尽管如此，出于初步规划目的，其他项目的平均移民安置费用可能会具有参考价值。水电项目组在项目评估时估算的移民安置费用通常平均占项目总成本的 8%～9%，这些项目的完成报告显示，这一比例平均为 11% 左右。从另一个角度看，当前的平均移民安置费用是每个实际搬迁移民人均国民生产总值（GNP）的 3～5 倍。此外，如果项目移民安置预算高于人均 GNP 的三倍，这些项目基本上没有出现重大移民安置问题，几乎所有预算低于人均 GNP 两倍的项目都遇到了很大的困难。当然，上述费用均为平均值，变化幅度较大：如果项目需要进行搬迁和恢复，其费用要高得多，而如果项目只需要征收部分财产且没有实际搬迁，其费用要低得多。

移民安置费用分类和估算可采用以下基本工具：①法律框架，以确立享有移民权益和其他形式援助的资格标准；②普查，以确定受影响个人和家庭或社区的数量和特征；③财产登记，以详细列举即将受影响的所有财产（如土地、建筑和其他装饰财产），财产登记通常与普查同时进行；④社会经济调查，以确定家庭收入水平，估测移民安置对收入和生活水平的影响（此类调查通常不包括以前没有得到规划人员承认的费用）；⑤项目技术设计，包括安置点设计，以确定需要建设或提供的全套移民安置设施和服务。

（一）社会经济调查有助于识别可能被忽视的费用

如果不能识别受影响人，登记受影响的财产（包括临时性影响的财产），或认识对收入来源产生的负面影响，就有可能导致费用的增加，增加部分并未纳入资金来源。移民安置费用超支现象仍很普遍，并且增幅普遍超出项目总成本的增幅。此外，由于移民安置工作至关重要，较差的移民规划对移民安置费用的低估可以影响到项目本身的成效。社会经济调查通常可以提供相关信息，帮助规划人员避免此类误差及由此导致的后果。

1. 规划费用

移民安置规划的编制费用取决于项目的复杂程度和由谁从事规划工作。如果项目机构的工作人员有这方面的技能，部分编制费用就有可能并入现有预算。比较而言，咨询专家一般则通过统一收费率合同的方式来从事编制工作。合同费率可突出反映征地的规模和移民项目的复杂程度。在有些情况下，以合同方式聘用咨询专家可能比内部挖潜更能节约成本。

2. 补偿费用

原则上讲，补偿指作为被征收财产报酬的一种相当简单的资金转移。这一类型的很多费用都可以较为精确地得到确定，尤其是在大致净现值由活跃的市场价格提供的情况下更是如此。此外，作为一笔一次性交易，补偿一般没有经常性费用。尽管如此，按重置成本价对补偿费用进行估算可能很复杂，特别是在市场功能较差、财产价格多变或产权不确定的情况下更是如此。

3. 社区基础设施费用

社区基础设施费用应不太难估算，因为此类费用并不会受到土地补偿费用和其他补偿费用通胀压力的影响。遗憾的是，一些项目并没有能够确定需要置换的社区基础设施，并因此而低估了这一费用。例如，共同财产资源——如放牧和花园用地、薪材林、非木材林产品以及其他资源——在登记损失财产的过程中可能被忽视。虽然一些项目提供了诸如供水设施和学校等相同的基础设施，但这些设施距居住区较远，给移民们造成额外损失，因为他们不得不花费更多的时间才能到达这些新建设施。如果学校距离太远，如位于另一个村，移民的子女可能会辍学。需要在此强调的是，在全面确定社区基础设施和服务方面，征求移民的意见大有裨益，也有助于准确估算置换这些设施所需的费用。

4. 搬迁和安置点整理费用

大部分搬迁费用都是一次性费用，主要包括家产和企业库存产品的包装费、运输费和卸货费。在搬迁的头几天内，还要给人们提供膳食方面的帮助，直到其自己能生火做饭为止。同时，在搬迁初期，往往需要大量的社会工作者向移民们提供帮助。如果安置区的设施不完善，使人们必须入住临时住所，搬迁费可能会因此而大幅增加。

视要求所达到的整理程度，移民安置点的整理费用可存在很大差异。在技术设计方案、时间计划安排和其他可能的移民安置活动没有最终确定之前，一些额外复杂因素会伴随安置点整理费用的估算过程。此类费用的数量也取决于移民对替代安置点或补偿方案的选择。此外，安置点建设也是费用低估的一个频发根源，因为费用通常并不是基于技术专家建议、既定建设费用、类似项目范例或其他适当指导来源而估算的。为确定移民的需求和优先考虑，要同他们进行协商，这有助于降低安置点整理费用。不充分的协商甚至会导致安置点被弃用，或需要投入比预期多得多的资金。如果可行性分析得当，可以节省大量费用。

5. 收入恢复或改善的费用

收入恢复或改善的费用的估算一般采用替代法，如根据培训费用或提供信贷的费用等来估算。项目也可以专门为收入恢复或改善活动给定一个标准单位费用。尽管采用这些方法可以对可能的费用进行初步估算，但实际费用的变化性很大，而且可以包括过渡期补贴和维护款项，社会经济调查则可以提供足够信息，对费用进行更为准确的估算。如果没有进行此类调查，项目预算应为此列入足够的不可预见费。

有时，收入恢复战略在实施过程中不能稳定地发挥其效用。在这种情况下，就需要制定替代创收战略，这样做会增加费用。如果由于规划不当而不是由于移民的实施过错造成起初战略的失效，那么制定和实施替代收入恢复战略的费用应由项目而不是由移民承担。

由于项目必要的援助范围常常不明确，因此收入恢复和提高措施的成本核算通常并不精确。原则上移民们应对其可选的生计方案完全知情，在各种方案中作出合理选择，能够通过首次努力就可以成功地恢复其生计。在实践中，人们可能会从大量未经检验的方案中作出选择，或根据其短期利益和考虑作出决定，甚至无法恢复到以前的生活水平，必须得到额外援助。由于移民政策提倡向移民提供援助，使他们实现恢复生计这一最低可接受的成果，因此没有明确的规定可以用来确定援助的限额。在任何情况下，项目机构都必须尽可能详细地向移民们通报可行的收入方案，并就他们根据短期利益和考虑作出决定的可能后果提出忠告。

6. 管理费用

管理费用随项目的规模和复杂程度的不同而变化。例如，对于具有重大移民安置影响的项目，由 50 户家庭组成的每个小组可能需要一位社会工作者，这样管理人员的数量就会由于移民项目的规模较大而大幅增加。同样，办公场所、设备和车辆等的配套费用也会大幅增加。此外，管理费用也会随项目实施的机构安排而变化。如果聘用移民机构的工作人员专门从事移民安置工作，或将有关移民安置工作分配给现有机构负责，项目因此而支付的费用可能要低于将移民安置工作承包给咨询专家、非政府组织或其他人员或机构所需的费用。然而，项目决策者也要考虑到为实现移民安置目标所采取的不同机构安排的相对效果，费用不应成为选择何种机构安排来兑现移民权益的唯一标准。

不少项目机构都碰到过移民安置预算管理费用不足的问题。在一些项目下，由于资金不到位，许多编制岗位都出现空缺现象。在另一些项目下，由于办公场所、设备和车辆等没有纳入采购计划，导致项目实施成效较差或成本增加。

（二）资金流财务安排和不可预见费

1. 主要问题

应将移民安置预算视为指南，而不应将其视为一成不变的蓝图，这一点与总体移民安置规划相同。一个详细的预算编制过程可以减少不确定因素，但即便是再详细的预算编制工作也不能保证资金在需要时能充足到位。移民安置规划应制定有关机制，确保资金的灵活性，从而确保资金及时流动，以便在需要时用于预期移民安置活动，也确保预留不可预见费，以备不时之需。

2. 一种较好的做法是编制分年度和分项预算

一种局部补救办法是使财力资源和移民安置时间安排相结合。即便资金充足，但如果拨付较晚，也可能导致移民工作滞后、通胀损失或其他困难。鉴于大多数国家都具有严格的预算程序，重要的是政府在其年度预算中及时安排资金。因此，一种较好的做法是根据每年的资金需求编制移民安置预算。同样，应根据以往移民安置工作的成效每年至少对今后资金需求的情况进行一次审查也是一种较好的做法。

3. 如果财务管理薄弱，专项资金可以发挥重要作用

对于财务管理较差或财力资源短缺的项目，可取的做法是设立移民安置工作的专项资金或专用账户，实行专款专用。

4. 必须安排充足的不可预见费

预算不准确并不是移民安置项目所特有的；所有项目都会安排不可预见费，因为几乎所有与项目相关的活动都会涉及价格预备费或工程预备费。在移民项目中，会出现各种各样的意外情况，应由项目而不是移民承担任何不可预见费。

与项目其他方面的工作一样，在设立充足的不可预见费时需要判断。总体而言，随着移民安置工作变得越发复杂，对不可预见费的潜在需求也会增加。同样，移民安置工作常常具有时效性：移民安置内容确定和移民安置活动完成之间的过渡期越长，需要不可预见费的可能性也就越大。因此，拥有多个子项目并且子项目的移民安置框架在项目评估时编制的项目需要更多的不可预见费，因为在项目实施期间，随着各具体子项目的确定，移民安置的范围和规模可能会大幅增加。如果一律按照移民安置估算费用的一定比例来安排不可预见费，那么对于需要开展大规模收入恢复活动的项目，这一比例在逻辑上必然会高一些。

根据规范做法，项目都要为移民安置活动安排价格预备费和工程预备费。如果移民安置工作在若干年内分阶段进行，必须安排价格预备费，以抵消通胀影响，确保补偿款项和其他费用能与实际值持平（有些项目本身会因征地而对地价产生重大影响）。价格预备费要按照要

求进行估算，而且其预算编制要与工程预备费分开进行。原则上，工程预备费适用于实施期间的新增费用。如今，在许多项目中，这一费用也适用于移民安置工作。技术准备的程度会对工程预备费预算产生影响。如果项目评估时尚不能提供详细设计方案，那么在设计方案确定后，必须重新对移民安置费用进行评估。

如果不能提供充足的不可预见费，可能会影响到补偿费的及时支付。如果移民安置预算中的不可预见费安排不足，项目机构可能会将资金缺口转嫁给地方政府或移民来承担。多种原因可造成预算不足，如通货膨胀或造成征地总量增加的设计变更。在这两种情况下，移民人口都有可能承担资金缺口负担，因为项目机构或项目管理者要力求按计划实施项目，同时控制项目成本。

（三）移民安置规划必须确立财务责任

要最终保证很好地编制移民安置预算，就要确保在移民安置规划中明确财务责任。对于移民安置事宜涉及多个地区级或市级行政辖区或要求多个机构采取行动的项目，移民安置规划必须详细描述资金来源和确保资金及时到位的机制。如果借款国政府承诺为移民安置工作筹集资金，国内资金实际上可能来源于各地方政府、当地社区或其他渠道。

不管预算安排如何，移民权益都是可以涨落的资金债务。资金不足不能成为不满足移民权益的理由。当收入恢复费用部分取决于移民的响应时，债务责任的范围就不太明确。就筹资的角度讲，较好的做法是确保提供充足的资金，为恢复或提高收入创造实实在在的机会；有些人可能需要反复给予援助。为了降低项目实施成本，各类计划要评估培训计划、替代工作岗位或其他措施是否能使移民恢复生产性生计。

移民安置政策框架的财务安排：

对于任何项目，在估算移民安置费用时，第一步工作是确定基本财务原则，这一点必不可少。移民安置政策框架包括确定哪些人有资格享受何种形式的补偿、收入恢复待遇或其他形式的援助的移民资格标准。资格标准还可以确定项目造成的直接影响的范围。

对于多期项目，在项目评估时不可能确定移民安置的最终规模和复杂程度，在这种情况下，这些项目只能开展上述第一步工作。在有些多期项目下，究竟是否需要开展移民安置工作可能都不明确。对于此类项目，应采用以下财务原则：

如果项目有可能要进行移民安置，就必须编制确立财务责任的政策框架。除非项目文件明确规定了项目不需要进行非自愿征地，否则项目就必须编制移民安置政策框架。该框架必须明确财务责任和实施责任；如果参与项目的行政辖区或行业机构不止一个，它还必须明确有关安排，以协调资金和服务的提供。

对于可以在项目评估开始前编制最终设计方案的所有子项目，都必须编制包括移民安置预算内容的移民安置规划。确定财务安排的标准程序适用于可以在项目评估开始前编制最终设计方案的所有子项目，也适用于在项目实施的第一年就开始土建工程施工的所有子项目。

对于后来确定的子项目，其移民安置规划必须得到批准，这是该子项目得以批准的一项条件。

一般情况下，对移民安置规划的审批工作在项目签订土建工程合同之前进行；同时，移民补偿费用的支付和搬迁活动要在工程施工开始前完成。

不可预见费拨款会随着不确定性的增大而有所增加。在子项目没有确定或其设计特点不明确的情况下，费用估算值的范围可能会介于很不确定和零之间。此外，一些完全出乎预料的移民安置影响类型可能在移民安置框架得到认可之后才被发现，而此类情况会使这一可能性大为增加。较好的做法是对不可预见费进行相应调整，并且在财务管理可能较差或复杂的情况下，制定专项安排。

（四）针对收入恢复的财务安排

移民资格标准可以确定哪些人将会得到财产补偿和其他形式的援助。一些一次性费用（如搬迁费）很容易就可以估算出来，但估算向移民提供收入恢复机会所需的费用就相当困难，特别是在移民们必须转而从事他们不熟悉的生产活动的情况下，因为此类费用具有很高的不确定性。尽管项目对征收财产的补偿或置换责任已经明确，但收入恢复的责任范围还不太明确。

收入恢复问题是移民项目难度最大的问题之一。移民政策要求尽可能降低各类移民安置影响；由于牵涉到费用问题，尤其要尽可能降低那些对收入恢复造成的影响，并且由于这些影响，需要采取收入恢复措施。要采取努力，尽可能降低生计中断的移民人数；如果生计中断不可避免，要采取努力，尽可能减少转而从事新职业的移民人数。例如，如果受影响移民缺乏替代生产劳动的必要技能和就业保障，工资类就业就是一种较差的农用地替代方式。在生计转移属于非自愿的情况下，由于适应能力和就业保障等问题的影响，收入恢复常常要比安排置换农地更复杂，成本也更高。

如必须采取收入恢复措施，一种较好的做法是通过财务安排确保：①在时间合理的过渡期内提供收入支持，使收入流得到恢复；②提供充足的资金，用于就业培训或支付微型企业的启动资金；③在最初收入恢复措施不成功的情况下，为补充收入恢复措施安排不可预见费。

（五）预算安排

一份详细预算是所有移民活动包括征地补偿所要求的。通常准备的是一份年度移民预算，显示主要项目开支的计划。征地和移民费用也包括在项目费用中。

收入恢复和移民费用通常由中央或省级政府通过项目实体来获得，也可能由地方政府对收入恢复方案以及安置区和服务的发展作出贡献。移民规划确定为补偿受影响人向主要的移民机构或机构筹措资金的机制并具体规定开支的时间和责任。

表 6-5　　　　　　　　　　　　　　征地所造成的损失类型

类　别	损　失　类　型
土地	• 农用土地 • 宅地（拥有或占有） • 商用地（拥有或占有） • 林地通道 • 传统的使用权 • 社区或牧地 • 渔池和捕渔区通道
建筑物	• 房屋或生活区 • 其他建筑物 • 工商业活动用房 • 租用或占有商业楼宇的迁移
收入和生计	• 土地上作物收入 • 租赁或分成收入 • 工资收入 • 工作机会之获得

续表

类　别	损　失　类　型
收入和生计	·受影响商业的收入 ·树木或多年生作物收入 ·林木产品收入 ·鱼塘和捕鱼的收入 ·牧地收入 ·任何这些来源的生计
社区和文化遗址	·学校、社区中心、市场、保健中心 ·圣地、其他宗教场所或遗址 ·礼拜场所（教堂、庙宇、清真寺） ·墓场、故地 ·食物、药物和其他自然资源的权益 ·知识产权
相关环境	·由征地或项目本身可能带来环境影响所造成的损失

如果项目是与其他捐助者共同融资的，了解共同融资者的移民政策是重要的。任何分歧应该在项目批准前解决。移民规划要求的费用类型列于表 6-5。

表 6-6　　　　　　　　　　推荐的补偿与移民政策的资格权利分类表

损失类型	适用	享受资格人的确定	补偿政策	实　施　问　题
可耕地的损失	位于道路通过区的可耕地	耕种土地的农民	（1）在附近提供相等的土地。 （2）如果不可能提供土地，现有土地的强化和多元化使用。 （3）开阔区（离堤脚部2-7M）将允许耕作	（1）要求一份每个受影响区可耕地表。 （2）帮助农民发展新的作物和强化生产
宅地的损失	位于道路通过地区的住宅地	（1）获得有关当局的书面批准，或社区的口头准许的土地合法占有者。 （2）土地的非法占有者	同时适用于合法和非法的占有者： （1）如果剩余土地足以吸纳受影响人，将在同一社区提供替换土地。 （2）如果剩余土地不足，一个可选择的宅地（最少60m²）或相等于农民的宅地将在公路附近提供	（1）为了避免因缺乏书面准证引起的程序问题，准证将在补偿开始前颁发。 （2）在受影响人获准重组的最少土地面积方面必须与地区和地方当局讨论。 （3）新的场所的价值必须相当于、而不能少于受影响人现有财产价值。如果新场所被评估的价值大于他们现有财产的评估价值，差额不应该向受影响人收取。 （4）受影人将必须遵守所有现行的规章、条例，同时将给予需要者帮助
建筑物的损失	位于道路通过地区的建筑物	建筑物的合法所有人	（1）以实物材料补偿时，物主将获得技术援助建造他们的建筑物。 （2）以实物津贴失去的收入。 （3）向安置家庭运输建筑材料（不能以现金支付）	（1）将向受影响人提供各种建筑材料。 （2）在调查期间，所需建筑材料的数量和类型将估价
在田作物的损失	位于道路拓宽中的作物	耕种土地的农民	根据过去土地的产量对作物作实物补偿	（1）当地市场农产品价格必须查验作比较。 （2）在撤离前数月，给受影响人发通知，通知发出后生长的作物不予补偿。 （3）工作计划必须考虑作物的季节，以期尽可能避免在收获季节施工

损失类型	适用	享受资格人的确定	补偿政策	实 施 问 题
树木的损失	位于道路通行地区和开阔区的树林,如果它们影响交通安全（视野）	利用树木生长土地的人	根据树木的类型、年龄和直径作现金补偿	（1）对预防土壤侵蚀而种植的树木应多加考虑。 （2）只有私人所有者将获得树木补偿

表 6-7　　　　　　　　　**JAMUNA 桥梁项目够格获得补偿的损失类型**

损失类型	资格人
农业用地损失	截止日期时土地档案上的地主
宅地损失	截止日期时在册的宅地地主
生活住处与其他建筑物的损失	建筑物的合法主人
经济价值高的多年生作物的损失	截止日期时在册的土地拥有者
非法占用的或业主允许占用的宅地的损失	生活在空地上的家庭
耕地或放牧地租赁合同的损失	项目征收土地上租赁或分成耕种的农民
工资收入损失	住在受影响地区并从事农业/非农业部门工薪工作的人,以及生计手段受到影响的人
商业用地损失	截止日期时的商业用地地主
商业/工业活动中所用建筑物的损失	建筑物的合法主人
从租用、占用或商业楼宇中迁出	截止日期时占据楼宇的商人/手工艺人
树木或未收获庄稼的损失	截止日期时在册的土地地主
已离开土地并迁往别处的人	不属以上述提类别的人
因移民新址开发而对安置地人口的负面影响	没有个人资格权利,在安置区社区投资
受桥梁负面影响的人,如上游水位变化或其他不预见变化	除以上各类外,受到桥梁负面影响的人

表 6-8　　　　　　　　　**移民费用评估和预算的准备**

类　　别	费 用 项 目
移民的准备和补偿	受影响人和财产清单的普查和调查费用 信息和咨询费用 损失财产（土地、建筑物等）的补偿 替换土地费用 替换农地准备工作的费用
安置和搬迁	搬迁和运输可动产的费用 替换房屋的费用 移民地和基础设施开发和服务的费用 过渡期的生计津贴 替换工作和停工期间的费用
收入恢复计划	收入恢复计划（如培训、小商业、社区企业）费用估计 增加服务（延伸、卫生、教育）的费用 环境改善的综合计划（森林、土壤保护、牧地等）

续表

类　　别	费　用　项　目
行政开支	实物设施（办公室、职员住房等） 运输车辆、材料 工作人员（管理的、技术的）和辅助工作人员 培训和监测 技术援助 独立机构的评估

（六）资金投入效果的财务监测和评价

一种好的做法是通过财务监测对资金投入效果进行评估。在移民安置工作中，效果必须取决于补偿费用和移民安置服务是否能惠及目标群体，是否能产生预期效果。

在实际工作中，人们通常抱怨补偿款项支付滞后，且支付不足。在有些国家，补偿资金由政府审批，在此过程中，各政府机构可能会挪用部分资金用于其他公私目的。例如，在中国，流经乡镇或县政府的土地补偿资金可能被用于其他发展活动，这些活动并不能使受影响人充分受益。在有些国家，据说地方政府官员在发放补偿款项或其他补助的过程中要收取提成。在可能存在这一现象的地区，一种好的做法是将有关机制纳入项目实施计划，以确保补偿款项和其他补助的发放。这些机制包括：①设立周转金，确保在政府审批程序可能导致延误的情况下款项的及时支付；②公布补偿金额，公开支付款项，以提高透明度，防止截留资金现象；③让非政府组织参与补偿款发放，监督补偿过程；④以支票或直接存入银行账户的方式支付补偿款，以减少直接截留补偿款现象；⑤在移民安置规划中规定征收条件，以防在人们得到全额补偿款之前就对其土地或房屋进行征收；⑥将申诉程序纳入移民安置规划，给移民们在受到不当对待时提供申诉机会。

在一些项目下，社区权益可以用来弥补共同财产或其他社区设施的损失。在此类情况下，监测机构必须查明是否所有项目影响人都可以得到社区补偿和补贴。

第七章

组织机构框架和参与机制

征地拆迁移民安置规划及实施方案制定完成后，需要由具有相应能力的组织机构负责实施，并确保利益相关者能够有效参与相关过程。本章阐述征地移民组织机构的建立，移民实施机构的主要职责及能力建设要求，协商参与机制的建立以及项目周期不同阶段协商参与的主要任务。

第一节 组织机构框架

在移民管理和实施中的一个主要问题是：无论在机构和现场均缺少一个合适的机构框架。尽可能早在项目准备阶段就确定适当的机构来规划和实施补偿、收入恢复和重建方案，这一点是很重要的。

一、征地移民组织机构的建立

（一）移民项目实施的组织机构模式

由于各国的组织背景各不相同，而且一个国家内行业之间也各不相同，因此必须要结合项目的独特环境对组织机构能力进行评估。尽管如此，对组织模式和协调方式的一般性评估也可能会找到更恰当的方式去适应特定的行业、政治行政管理条件以及特定项目背景下的运作制约因素。移民安置的规模、项目执行机构的结构及某一国家的政治行政体制决定移民项目实施的三种主要组织机构模式中哪一种更适合于移民项目的实施。每一种模式的特点及其优势和劣势将在以下的小节中讨论。

1. 由项目执行机构实施移民项目

当项目执行机构能力较强并具备履行移民安置任务的必要权力时往往采用"由项目执行机构实施移民项目"的模式。在下列情况下可以采用这种模式，即政府的能力相对较弱，特别是项目区地处偏远；项目执行机构是一个准政府部门，拥有广泛的权力；或项目为民营部门投资，涉及移民工作规模较小。

由于项目执行机构的移民工作部及基层办公室承担大多数移民安置工作，因此同政府机构的沟通互动主要涉及监管等方面的问题（如官方分配土地、开发许可、营业执照等）。必要时，根据合约来聘请民营承包商、非政府组织和外部监测机构。该模式的优点在于不需要多机构参与，协调难度降低。但是，项目执行机构的指定职能范围要足够宽以涵盖政府在该领域的全部职能。

2. 在地方政府和非政府组织的大力支持下实施移民项目

当项目执行机构缺乏实施所有移民安置工作的能力或权力时一般采用"在其他组织大力支持下来实施移民项目"的模式。在这种情况下，项目执行机构会依靠地方政府或非政府组织的支持来实施某些工程项目，提供服务及负责监管事宜等。例如，地方政府有权在其辖区内更改土地用途，指定移民安置点。项目执行机构一般会设立强有力的基层办公室来负责同地方政府或非政府组织的协调。如果地方政府很强大，已经具备足够的能力和专业技能，那么该模式就有很大的优势。

3. 主要靠地方政府实施移民项目，但实施资金由项目执行机构提供

如果地方政府能力较强，经验丰富并拥有很强的基层组织网络就有可能采用"主要靠地方政府实施移民项目"的模式。在这种模式下，项目执行机构仍负责移民安置规划工作，提供资金和进行监测工作，而其他大多数活动则承包给其他机构来完成。该模式下，如果项目执行机构完全与实施工作脱钩就会出现问题。移民安置规划和项目协议应包括对合同条款的审查，以保证其符合移民安置规划的规定。在这种模式下，让地方政府参与移民安置规划工作也很重要。

4. 非政府组织作为移民实施机构

具有经验的、对受影响人了解和联系的非政府组织可以在许多方面有效地协助移民机构。在如下方面，非政府组织参与移民项目被视为特别有用：①收集和分享信息及避免潜在问题；②计划和实施创收方案；③促进信息分享和社区参与；④加强当地机构和社区的自力更生；⑤以更有效和费用效率更优的方式，给难以抵达的社区提供服务。

在项目进行周期和实施的所有阶段中，非政府组织的参与水平稳定上升。在项目准备的早期阶段，工作组领导人可以鼓励项目实施机构，让非政府组织和社区组织加入。每个国家都有不同的非政府组织，从倡议性组织到援救和慈善组织。在实施调查中，工作组负责人应主动鉴别适合这些工作的和以发展为中心的非政府组织（或以社区为基础的组织）。

在选择进行移民工作的非政府组织时，应该采用如下标准。非政府组织应该：①来自受项目影响地区或有原先在该地区的工作经验；②在方案规划和实施，如乡村开发、贫穷、性别问题、环境和参与中有良好经历；③在移民、社区发展和参与中，包括熟悉当地语言和风俗，具有技术和社会技能的合适的职员；④作为一个非政府组织在政府中注册，对项目实施具有良好的信誉和健全的财政状况；⑤没有直接或间接地参与任何的政党或宗教组织。

5. 参与移民工作实施的组织机构对照清单

下面列出了如何设计回应速度快且高效的组织机构的一些总体指导性意见：

（1）确定由哪些机构负责发放补偿项目，哪些机构负责移民项目的哪项活动。让实施机构参与移民项目的准备和规划工作。这些机构的尽早介入可以保证它们在项目规划阶段即了解哪些协议被重新界定及重新界定的背景。

（2）尽早配备实施机构工作人员。除非在各个不同岗位上及时配备合适的工作人员，否则再好的组织机构设计也不会自动使项目得到有效实施。

（3）检查每个参与实施移民项目的机构的管辖范围、指定任务及财务决定权。经常出现的情况是，被指定承担某项工作的机构实际上并没有得到授权，自身能力不够或没有开展工作所需的资金支持。例如，非政府组织可以在移民项目的实施中发挥重要作用，但是它们没有法律上赋予的权力来征地，也不可能指望它们取代那些法律上赋权的拥有这种权力的政府官员。

（4）在项目设计中建立对主要机构的工作进行监督检查和协调的机制。如果没有协调机构来管理实施关键移民工作的实施机构，那么在实施过程中出现的问题就可能会难以得到解决。

（5）保证项目移民工作部的报告渠道中包含直接向主要决策者汇报的渠道。除非项目决

策者充分了解所存在的问题并及时作出决定来解决这些问题，否则即便是很好的监测也是无效的。如果移民项目执行机构不能直接向总体项目执行机构的决策者直接汇报，那么它们也不能及时解决移民工作中存在的问题。

（二）关于机构框架的问题

移民安置机构框架的制定主要关注如下问题：①项目执行机构和实施机构是否有移民的经验；②有没有现存的机构安排移民规划和运作？是否需要一个新的机构；③项目是否需要一个单独的移民机构；如是，则该机构的行政和财政授权是什么；④在建立机构能力时，有否必要进行培训；⑤在地方和更高层的移民活动中，有否部门间的协调机制；⑥在移民规划和实施中，非政府组织和受影响群体参与什么样的计划。

广义地说，移民机构有两类：政府机构和私人的自愿组织，如非政府机构。政府机构包括移民或环境机构、政府行业机构、培训机构、地方土地和民政管理机构及协调委员会。非政府、自愿性的移民机构包括：非政府组织、以社区为基础的组织、受影响者移民委员会、非正式申诉处理委员会和移民监测与评估机构。

（三）机构设置

初步社会评价一结束，工作组负责人就应根据项目可能造成的影响范围，决定是否需要一个移民机构。对于具有重大影响的项目可能需要一个移民机构。那些征地有限，只影响少许住户或者负面影响有限的项目可以不需移民机构。在这些情况下，工作组负责人应该鉴别补偿与移民方面的现有机构安排，将项目文件中的协议包括进去，并在现有的机构框架内确定适当的责任界限。

如果移民的规模大，则将可能需要单独的移民机构，以处理有关受影响人的补偿和恢复问题。在项目准备阶段，工作组负责人应该着手解决如下问题：①移民机构的形式和规模；②移民机构的授权；③移民项目负责人的财政和行政权力；④人事和预算；⑤培训和强化能力的要求。

移民机构的形式和规模取决于移民的规模和影响的严重性。工作组负责人应该根据移民规划，决定实施移民的机构方案。为了确保移民活动的正常实施，工作组领导人应该特别重视机构负责人的行政和支付权力。移民机构的负责人应该是一个具有适当财政权力和授权的高级官员，以实现包括与其他部门召开协调会议在内的所有职能。

移民机构一般建立在一个负责主要投资项目的部门或机构里，这促使该机构能协调所有的移民活动，包括土地征收和给受影响的人支付补偿费。这些活动通常由各不同机构进行（如土地部门或地方政府）。移民机构职员还可以与主要项目保持有组织的和更密切的关系，这样有助于加快和提高决策与资源配置。

移民机构也可以设置在另一个政府部门或地方政府（如印度的地区税务兼地方行政长官办公室，中国的市或县政府）。这些地方机构通常受委托从事地区发展事宜（如在印度的小区开发）并可以从其他从事社会工作、乡村开发和延伸服务的地方机构中调拨人员。在中国，几乎所有移民方面的责任都交给地方政府。另外，在实施大规模的移民运作中，一个独立于实施投资项目部门的单独的移民机构可能很有用。

（四）机构部门设置

机构能力和机构间的协调配合对提高移民项目的实施质量至关重要。但是，如果不对机构在移民项目中的职责加以考虑就难以评估机构的能力。正常情况下，下列部门的组合是移民项目成功实施的关键：①项目移民工作部；②项目移民工作部基层办公室；③移民安置指导委员会；④申诉处理委员会；⑤其他服务机构（负责发放补偿，实施移民安置规划规定的活动，如搬迁、收入恢复和监测等）。

1. 项目移民工作部

在项目执行机构中设立一个统一的项目移民工作部可以对移民工作进行必要的统一协调。项目移民工作部的规模、技能和组织架构取决于它要行使的职能。对只涉及少量移民的项目而言，该部门的基本职能是以指导委员会秘书处的身份向地方项目管理办公室拨付资金，协调内部监测报告的工作。在这种情况下，该部门的规模控制在可以处理财务管理和行使秘书处的职能即可，比如说它可以是项目执行机构环境部的一个组成部分。对于有大量移民安置任务的项目，如果项目区比较集中，可以由移民工作部自己集中实施移民安置工作；如果项目区比较分散，它可以通过其自身的基层项目办公室网络来实施移民安置工作。一般而言，相对于移民安置任务比较轻的项目，移民安置任务比较重的项目所需的移民工作部的规模更大，所需的技能要更多样化，所需的设备也要更多。

项目管理部门要有自己的预算。如果在新项目中设立项目管理工作部门，该部门一般都有自己的采购预算和业务经费预算。如果该部门设在现有机构内，可能不需要单独编制预算，特别是在项目实施的头一两年。如果没有单独建立预算和授权支配费用花销，往往会造成该部门支付每一项费用时都要向现有的机构申请批准。这些组织机构的内部程序可能会耗费掉大量的时间，造成效率低下。

较好的做法是让总部移民工作部参与基层项目管理人员的绩效考核评估。移民项目基本上都是主体投资项目的一个子项目。因此，移民项目工作人员都是在主体项目经理的监督指导下开展工作，而该项目经理负责绩效评估。较好的做法表明，如果管理总部和基层管理办公室的距离较远，应由基层项目经理和总部的移民工作部共同负责绩效考核评估。

2. 项目移民工作部的地方基层办公室

地方基层办公室能力的差异通常是项目实施质量不均衡的原因。成立地方项目管理办公室对及时处理移民所关心的问题有着重要的作用。人口密度、语言差异、项目各地方的距离等因素可以有助于确定移民安置工作权力下放的适当程度。但是，规模较小或地处偏远的办公室有时会缺乏开展工作所需的技术熟练工作人员、运营资金或资源（如车辆或设备）。鉴于基层办公室是移民的主要联络点，所以指定人员必须要熟悉参与式方法和协商方法。

（1）关于基层办公室设计和职能确定过程中应处理的问题清单包括下列内容：所选择的办公地点要便于受影响人到达受项目影响的地区及安置点参观。

（2）对在基层办公室工作的合格工作人员进行适当的激励。理想的情况是，人员配备和提拔模式表明了移民工作的重要性，工作人员也会得到奖励，当然许多项目执行机构可能很难做到这一点。要建立起资金类和非资金类激励机制，以调动被派到边偏远地区工作的人员的积极性。

（3）项目移民工作部与基层办公室之间的结构性沟通。项目需要良好的沟通渠道来保证有关信息可以从基层传递到项目官员，保证基层工作人员可以得到应对突发事件的支持或指导。

（4）把财务权下放到基层办公室，使它们能在没有上级项目官员参与的情况下解决问题。地方项目办公室要对财务负责，但是为了有效运行，他们也需要对移民的要求和申诉作出回应，他们也要有权支付日常移民安置活动的资金。

（5）配备足够的交通和办公设施。如果没有车辆、办公设备和其他必要的设施，基层办公室的工作就难以开展。没有车辆，项目工作人员就不能走访移民区；没有办公设备，项目工作人员就难以保存信息档案，准备报告或同总部联络。单独设立基层办公室费用预算可以有助于减少这些困难。

3. 移民安置指导委员会

移民安置规划描述了移民项目的各个子项目及负责这些子项目实施的机构。每一个子项目在实施的过程中一般都要求各机构内部和各机构之间取得协调。典型的移民安置规划一般都假设这些活动将按计划实施，也假设协调将不成问题。但是，即使是制定得再好的移民安置规划——即那些看起来十分合适的制度机制——如果缺乏协调也可能无法实现预期目标。因此，协调也是移民项目设计的重要组成部分。

如果有多家机构参与移民项目的实施，它们不太可能在行政上隶属于项目执行机构管理。有些机构可能隶属于其他部委，有些可能是属于自治州/自治区的机构，而其他一些机构则有可能是非政府组织或民营公司。有些项目中的土建工程和移民安置工程跨省区，因此会涉及不同行政辖区的机构。如果移民项目规模较小，可能只需要在项目执行机构内部设立一个协调部门；该部门应由一名高级官员牵头。如果移民项目十分复杂，就可能需要设立高于项目管理层的协调小组或指导委员会来统一协调跨多个行政辖区、由多个机构参与的项目活动。这样一个小组往往是跨部委、跨辖区的，它代表负责移民安置资金筹措工作和项目实施工作的所有机构，有权作出具有约束力的决策。指导委员会的职责可包括以下内容：①统一协调，及时有效落实用于制定移民安置规划的投入；②解决涉及多家实施机构协调的问题；③监测项目的其他开发性活动，以协调项目活动和非项目活动；④对内外部监测报告中发现的项目实施问题作出回应；⑤确保同利益相关者，包括移民或其代表进行充分协商。

另一种较好的做法是将重要文件翻译成项目区当地的语言。将重要文件或文件的一部分翻译成项目实施区使用的语言是一项简单的却经常被忽视的项目协调工作。要告知所有相关机构关于项目的承诺和义务。经常会出现这样的情况，即项目机构的高级官员参与谈判，达成协议，但是却忽视了将这些协议的内容告知负责执行这些协议的工作人员。至少要将项目协议的重要章节翻译成项目实施区使用的语言，这可以有助于各级机构和人员了解项目协议的内容。要为项目启动研讨会编制翻译成当地语言的小册子，并将多出来的册子分发给其他项目机构和项目管理人员。

为了咨询和参与的目的，移民机构应采取主动组成地方级的受影响人和其他人的移民协调委员会。这些各级委员会（如：村庄、小区、地区和项目级）一般应该包括：①受影响人、受益人（男人和妇女都包括）和安置区居民的代表；②在项目中的其他利益相关者（如地方或中央政府、被选官员、非政府组织）；③技术专家，他们的知识将有助于识别潜在影响和找到合适的解决方法。

在此阶段，相关各方乐意参与项目规划、多种选择方案的设计和在土地征收和移民安置的已知影响的所有方面是非常重要的。参与和协商可促进人们拟订合适的和可接受的权利选择和拥有权。此类委员会在确保有效地进行项目监测和实施以及将监测反馈到项目实施中是至关重要的。

4. 申诉处理委员会

有效的组织设计和协调可以大大降低项目实施问题发生的概率。但是，还是有些移民会认为他们遭受了不公正的待遇。为移民提供一个简便且可靠的申诉渠道会降低他们公然抵制项目或进入漫长的诉讼过程的可能性，抵制项目或进入诉讼程序会造成项目实施的中断。基于这些原因，移民安置规划移民可以使用的申诉程序。设计申诉程序时要考虑的问题清单包括以下内容：1）项目区可靠的冲突调解机构或程序的清单，并评估确定是否可以使用这些机构或程序而不需设立新的机构或程序；2）审查申诉处理机制是否简单实用，进入申诉程序的难易程度，成本的高低及申诉处理的问责性。较好的做法是保证移民可以口头申诉，以地方语言申诉，并确定申诉处理的明确时间期限。上诉程序必须明确具体，并将相关信息告知移民；3）任何新成立的申诉处理委员会都必须有权解决申诉。这些委员会的成员一般包括移民代表或非政府组织代表、项目官员以及在移民安置活动中发挥重要作用的其他机构工作人员。

一般有两种申诉处理委员会：有关土地补偿问题的正式上诉法庭，或者地方为处理涉及移民利益的争执而建立的申诉处理委员会。申诉处理委员会的运作程序应在移民规划中制定和明确设立。

表 7-1   **项目周期中的机构框架：主要行动**

项目周期	主 要 行 动
立项/初步社会评价	• 确认移民的范围、直接或间接受影响的人数 • 评估移民机构框架的能力和任务
项目准备技术援助可行性研究	• 审查移民的机构框架，确认任何差距 • 如需要，设立一个移民机构 • 评估人员要求和机构能力 • 如需要，提供人员发展，能力建设方面的技术援助 • 与利益相关者（受影响者、非政府组织和安置区居民）协商 • 通过年度预算分配，为移民提供财政和预算准备金
管理评审会议	• 通过年度预算分配，为移民提供财政和预算准备金 • 审查移民规划中的机构框架
鉴定	• 核实机构框架是否符合相关标准和政策
贷款谈判	• 如需要，为能力建设准备技术援助 • 完成任何其他遗留问题
实施	• 选择和安排移民现场职员 • 在移民项目实施中让非政府组织参与 • 在实施时让村庄工人参与 • 实施能力建设措施
监测和评估	• 非政府组织参与监测 • 如移民规划中所述，每月或每季度进行内部监测 • 外部机构评估移民的影响

5. 其他服务机构

移民项目参与机构的类型和数量取决于移民安置活动的复杂程度。只涉及少量征地的小规模移民项目可能只会涉及项目执行机构、地方政府、土地管理办公室和移民本身，也可能包括非政府组织。比较而言，大规模的移民项目在开展移民安置工作时会涉及各种各样的活动，因此参与机构的数量就会比小规模项目大得多。下列清单显示了各类重大移民安置活动参与机构的行动和类型。

表 7-2 土 地 与 财 产 征 收

行 动		参与机构及评述
取得土地使用许可		项目移民工作部一般必须与地区规划机构或土地管理部门合作,而且往往跨行政辖区
完成土地征收		应项目机构的要求,土地征收一般由地方政府来完成。这项工作需要大量时间投入,最有可能在项目准备阶段启动,而往往在项目实施阶段完成。鉴于征地工作必须在项目土建工程开始前完成,所以较好的做法是由项目移民工作部密切监督地方政府在这一过程中的表现
确认普查和调查结果		即使普查和社会经济调查工作是由授权机构或地方政府完成,但项目正式认可这些调查结果的有效性和准确性是计算移民补偿或其他援助的前提条件。项目移民机构往往会发现,在此过程中同地方政府及移民代表密切配合是有益的
计算和支付补偿		如果补偿是由项目执行机构直接支付,那么往往由项目移民工作部负责计算和支付这些补偿。有时由地方政府负责补偿过程的管理工作,此时,项目机构负责提供资金。在这种情况下,较好的做法是由项目移民工作部确保估价程序和补偿标准得到披露和遵照执行。如果有可能存在勾结或欺诈行为,就应该请当地移民办公室和非政府组织或移民小组来核实是否将补偿金支付给受影响人口
搬迁	安置点征地	如果安置点需要额外土地,必须由政府主管机构负责安排。项目移民工作部与相关方商定补偿标准,并确保所需资金及时拨付到负责征地的政府部门
	确定安置点技术可行性	根据项目移民工作部提供的工作大纲开展对安置点宅基地、农用地和商业用地的可行性研究。当然,如前面所提到的,移民对拟定地点的认可是确定可行性的重要因素
	建设安置点	项目机构、地方政府有关部门在有资质的承包商的帮助下负责安置点的建设工作(如道路建设、基础设施开发、供水和灌溉设施建设)。活跃在诸如住房设计、空间规划或水资源管理等领域的非政府组织也可以参与安置点的建设工作。地方政府要将新安置点纳入当地行政管理制度。如果新建安置点不在现有社区,较好的做法是鼓励移民组建地方组织协助安置点的建设工作,筹备成立负责日常管护工作的地方组织
	搬迁至安置点	项目移民工作部一般同运输公司签订合同,提供搬迁援助。由于这项活动基本上属于后勤保障性的工作,因此项目组除了告知该活动的进展外不需要地方政府的参与。如果实施能力或资金不足,有可能需要地方政府提供援助来支持这项活动
	重建受项目影响企业	如果新安置点选择和开发得当,得到适当补偿的民营或公共企业一般都能管理好自己的重建工作。项目移民工作部可能需要与地方政府协调,颁发营业执照或经营许可证
	分配宅基地和农用地	确定和实施分配机制及程序一般需要地方移民工作办公室、地方政府管理者、移民及有代表性的非政府组织共同参与
	重建受项目影响的住房	除非项目建设或负责建设新的住宅,房屋重建工作一般由移民根据他们自己的喜好来完成。他们可能会用从老房子上拆迁下来的材料,用他们的积蓄作为补偿金的补充来改善他们的居住条件,或将部分补偿金用于其他目的。但是,为保证安置新房的建设,有些项目保留部分补偿金,等到新房完工或接近完工时才支付
收入恢复(或收入提高)	实施收入恢复措施	有多个机构参与实施收入恢复措施。项目机构的支持体现在提供适当的资金支持、详细的规划及与所有利益相关者的协调。较好的做法是让所有参与收入恢复项目开发工作的机构(信贷、营销、原材料采购等机构)都参加关于收入恢复的对话和沟通。要尽可能让有能力的非政府组织、民营部门及地方合作社参与这项活动。如果存在类似于项目所规划的机构安排或专业项目,项目机构要尽可能同他们建立联系,而不是创建新的机构或项目
	筹备就业项目	如果向移民提供就业岗位,负责创造就业机会的公共机构、企业和其他有关机构应从移民安置规划制定的早期即参与进来。移民安置规划要评估就业项目的可行性,明确并同意衡量就业项目是否提高或恢复收入水平的基准指标。在项目准备的最早阶段项目机构就应启动与地方政府和有可能提供就业岗位的机构进行讨论
	保证获得信贷	如果有些创收活动取决于是否能获得信贷支持,那么银行及其他信贷机构就应参与项目的设计

行　动		参与机构及评述
收入恢复（或收入提高）	发布信息	当地非政府组织、项目基层办公室、推广工作者和媒体可以帮助将信息及时可靠地传递给移民
	提供援助方案	负责农技推广服务、提供原材料、转让加工技术、提供市场分析和支持及提供其他形式援助的机构要参与需要采取农业或非农开发服务方案的项目
	保证获得办公场所	项目机构与地方政府主管部门协调，负责确保提供适当的经营场所和社区办公场所
	取得许可证和营业执照	项目移民工作部要与主管发放许可证和营业执照的政府部门协调。较好的做法是向移民免费发放这些许可证和营业执照，即使颁发证件的费用是由项目来承担
监测	监测项目实施	适当和可靠的内外部监测安排是跟踪项目业绩的基础。项目移民工作部（或移民安置指导委员会）要确保外部监测机构获得必要的资料。该部门还要确保实施机构对发现的问题作出回应。如果要设立内部监测部门，它可以设在项目机构之内，但在机构内部的位置要确保它能够向机构的高层决策者汇报。如果项目要采用现有的监测安排，那么重要的一点是要评估上一次报告的有效性及决策者对监测报告的回应程度

（五）人事和预算

在许多项目中，移民人员不足，因为项目管理将主要项目实施优先于移民安置活动。在早期阶段，一个移民机构可能有少数工作人员从事移民规划、咨询和准备。然而，在项目批准前，应该安排更多职员和其他所需资源。移民工作人员和受影响人间的因为适当比例取决于许多因素，如受影响人数、迁移地数量和问题的复杂性。

或许更富于参与性的另一种方法是，移民机构作为一个协调者，负责监测当地受影响者组织和非政府组织的工作。非政府组织和受影响者组织作为主要实施机构行动。这种方法在拟订诸如在安置区或收入恢复计划方面的选择方案时特别有用，因为它帮助建立持续移民所需的支持。

移民组织必须在现场设立办公室，以便于移民项目的规划、协调和实施。现场办公室对保持与受影响者的接触和为移民活动建立关系也很必要。

现场工作人员最好住在项目区内，能够说当地语言，特别是涉及土著人的项目。他们体现了各种技能和专长的融合，例如工程、公共卫生、法律、农业、经济、环境研究、乡村社会学和人类学。男女工作人员均需要。

在实地调查中和评估前，工作组负责人必须确认移民活动所有领域的费用和资金来源，包括政府成功实施移民的允诺。在项目评估中，必须作出下列有关财政和预算事宜的决定：①用于补偿和移民以及资金来源的规定；②移民预算中应急资金条款；③年预算安排和预算修改条款；④移民机构或机构的负责人在资金支付时有完全的财政和行政授权。

在预算条款中应该有一些灵活性，可以允许移民机构的负责人为了移民的目的，授权快速支付资金。该机构负责人也应该有权与相关部门协调、雇佣非政府组织，或者如有需要，立契约把移民运作中任何具体事项承包出去（如社会经济调查、移民规划的准备）。

二、组织机构的实施、监测及能力建设

（一）移民项目准备和规划的组织职责

一旦发现项目涉及非自愿移民，项目单位就应立即确定由哪个机构负责移民项目的规划和实施。现有的单位或机构往往具有移民安置经验，因此有望有效地实施移民项目。即使项目主管部门没有专门的移民工作单位，也可以同那些负责项目准备和规划的机构讨论移民安置工作安排。事实上，必须有一名高级官员负责移民项目的准备和规划，他必须有足够的权力来协调各机构或部委的活动。在这种情况下，移民项目的准备活动有可能部分或全部承包给咨询机构/专家。

主管机构或负责人要组织各类专家来准备和实施移民项目。移民项目的准备分两个阶段：1）调查移民安置影响及补救措施可行性的活动和研究工作；2）在调查结果的基础上编制移民安置规划。移民工作通常涉及各种不同的活动，因此需要各类专门技能。机构评价可以查明在确定这些必要的各类活动时是否使用了适当的技能，以及是否由合格的人员来执行各种活动。例如，缺乏经验的调查人员会把村子周围看起来像荒地实际上为木薯地的地方当成非耕地来处理。在以土地为基础的移民项目中，如果某个项目机构缺乏合格人员来进行客观评价，该机构可能会认为那些由丘陵、森林或甚至于干旱的荒地构成的安置地也是可以耕种的土地。但是，坡地、土壤、水资源的来源、气候以及其他变量都可能会对作物的选择、产量以及移民现有技能的适用性产生重大影响。因此，较好的做法是在置换土地（如果有的话）被列入移民安置战略之前由有资质的机构开展技术可行性研究。表7-3列出了主要的准备活动及各项活动最合适的机构安排。

表7-3 准备活动及负责机构

活动	行动	参与的机构
（1）征地评估	• 开展拟征收土地的详细调查，确认所有权	• 项目移民单位 • 土地登记管理部门 • 非政府组织（实地核实）
（2）人口普查和社会经济调查		• 项目移民单位 • 地方行政官员 • 非政府组织
（3）移民资格标准和移民权益的确定	• 确定补偿和移民安置的法律义务 • 就增加补偿和移民安置的援助达成一致意见	• 项目机构或移民单位 • 政府机构（法律、财政、行业和行政管理部门）
（4）协商	• 通知移民 • 讨论项目区或路径以及征地的范围 • 讨论估价和申诉程序 • 成立委员会	• 项目移民单位 • 非政府组织
（5）安置地可行性研究	• 确定居住、商业和农业安置点的可行性	• 项目移民单位 • 相关政府机构（土地调查、土壤、灌溉、城市开发、供水和环境卫生等）
（6）收入提高措施的可行性	• 在将拟定收入提高战略作为供移民选择的方案之前，确定每项战略的技术、经济和财务可行性	• 项目移民单位 • 负责依土地收入提高战略制定和实施的相关政府机构（土地调查、土壤、灌溉、地质、城市开发、供水和环境卫生等） • 劳动部门 • 就业部门 • 福利机构 • 财政部门 • 对拟定战略进行经济可行性研究的咨询机构 • 非政府组织

1. 征地评估

如果对不利影响的范围和严重程度缺乏初步估计，移民安置的准备工作不得正式开始。

征地评估（或类似的活动）可以确定项目拟征土地的规模、位置及其当前用途。如果土地的档案资料既准确又新，那么项目管理办公室就可以直接与土地登记管理部门合作来确定项目拟征收地块的所有权归属及其当前用途。如果土地档案资料不完整或不准确，那么项目管理办公室就需要聘用一家咨询公司或非政府组织来核实其所有权和用途。如果没有土地的档案资料，那么项目管理办公室或承包机构就要同当地居民一起开会，以确定土地的所有权和用途。移民专家可以协助评价小组开展工作或审查其评价结果，以确保项目最大限度地降低对符合其要求土地的征收数量。

2. 人口普查和社会经济调查

项目机构一般与地方政府官员密切合作开展移民人口普查和财产调查。如果项目机构的实施能力较弱，或项目影响十分复杂和广泛，要聘用专门的非政府组织来从事这项工作。尽管如此，项目管理人员和地方政府官员必须要参与，因为政府主管部门必须要确认这些普查和调查结果。在筹备普查工作时，较好的做法是要验证普查方法的可靠性；人员要训练有素，会讲相关语言；在可能存在投机占地问题的地方，要有足够的人力和财力来快速地开展人口普查。项目管理办公室也要负责确保配备具备专业技能的人员和设备来登记造册。

通常情况下，社会经济调查既包括定量方法（统计数据），也包括定性方法（参与式），而且这项调查工作最好由经验丰富和合格的非政府组织或研究机构来承担。在某些地区，当地可能没有合适的机构来开展这项调查。如果聘请外来机构开展调查，它应该同当地的机构或受影响人代表合作。这种安排是互利的，因为调查组一方面可以向当地的机构（人员）传授关于调查方法的经验，另一方面则可以从他们那里得到关于当地情况的宝贵信息。

3. 移民资格标准和移民权益

理想的情况是由负责移民安置筹备工作的部门或人员来负责推荐移民权益资格标准，同时还要授权他们来确定所需援助的类别和金额。有些项目授权经验丰富和合格的移民安置部门根据业已确定的指南和管理监督框架来制定资格标准和援助方案。对于另一些项目，建议成立一个移民安置监督管理委员会，其成员由相关的法律、财务、技术和行政管理机构的代表组成。

负责移民筹备工作的项目管理人员可能无权决定资格标准，或他们缺乏上级决策者对其决策意见的支持。如果随后出现对资格标准或移民权益形式的不同意见，那么上述这种情况会造成项目延误，并因此而付出高昂的代价。项目组和移民专家都要对移民安置筹备工作中这一方面的问题给予评价，并作出适当的安排来防止宝贵时间的损失。

4. 协商

移民项目的设计要建立在同移民自身及其代表协商的基础之上。可以请能力较强的（现有）非政府组织或其他非项目机构来主要负责同移民的协商工作，当然这些组织/机构要有信誉，并为移民们所认可。同时，由各类受影响人代表组成的移民委员会也可以帮助提高协商的质量。

同移民的协商至关重要，但项目管理人员和地方政府官员仍要参与协商过程，因为他们对移民项目的设计有着重要影响。在实践中，同移民和官员共同协商是一件微妙的事。如果政府官员不参与其中，项目就会没有"业主"，项目主管机构同移民之间也就没有沟通对话。但如果政府官员参加同移民的协商会，他们可能会对沟通交流进程产生不当影响。因此，协商是由多种方法组成，以保证各类不同移民群体有机会自由发表意见。典型的做法是，参与村级会议的政府官员或项目管理人员只听取意见，回答问题，但他们并不帮助进行农户访谈或专题小组讨论。协商会议纪要是一种机构保存移民们的态度和意见的好机制。

5. 安置点可行性研究

在将安置点纳入移民项目之前，要对其进行严格的审查。安置点可行性研究分两类：1）对安置点是否适合移民开展规划中的开发性活动的技术研究；2）对安置点是否为移民们所认可的分析，因为移民们可能会由于非技术原因而拒绝（或接受）拟定的安置点。无论采取何种调查方式，都需要丰富的专业技能，因此通常有必要对许多提供这种调查服务的机构的能力进行评价。参与技术可行性研究的机构一般包括以下类型：①土地调查机构，负责确定地形特征、坡度、等高线绘图等；②土壤调查机构，负责确定安置点可以种植的作物类型；③灌溉调查机构，负责确定安置点的灌溉潜力；④地下水调查机构，负责确定地下水量及其可利用的程度；⑤安置点规划机构，根据安置点的类型负责城市或农村规划；⑥城市发展机构，负责制定住房规划和建设社区基础设施。

在大多数情况下，这些活动可以由当地机构执行。如果当地能力较弱或搬迁安置涉及复杂的项目干预措施，那么可以从国内其他地区外聘咨询专家或咨询机构。如有可能，安置点的规划也要包括本地专门从事这项工作的非政府组织参与。他们通常比较了解当地的机遇和制约因素，也了解人们的需求和重点考虑。

如果地方官员同受项目影响人口有和睦的关系，并且项目机构享有公平公正良好声誉，项目移民安置部门可以在地方官员的协助下就安置点的接受程度与移民进行协商。如果情况不是如此，建议聘请一家本地的非政府组织或其他中介机构。

6. 对收入提高措施的可行性研究及移民委员会的组建

提高收入是任何对生计造成影响的移民安置项目的核心目标，因此一定要聘请能力强的咨询公司来评估收入提高方案的可行性。经验表明，如果不进行这种评估，那么项目移民机构或地方政府自行采取的措施极有可能会存在严重缺陷，而移民往往要承担这些措施失败带来的代价。为使收入提高战略同移民的需求和偏好更加协调一致，较好的做法是加强同移民的经常协商，并给他们提供知情选择的机会。

由于同一项目会有许多不同的恢复子项目，聘请合适的机构来评估各子项目的可行性可以帮助避免选择不合适的项目活动。对以土地为基础的安置措施的评估需要农业方面的专业技能。对不以土地为基础的安置措施，如就业项目或微小型企业发展项目的技术、经济和财务可行性的评估需要各种不同的综合技能。参与这些可行性分析的机构一般包括以下类型：①劳动部门，负责确定所需技能，评估现有劳动力及其培训需求；②就业机构，负责确定现有的空缺岗位，创造就业机会，评估企业聘用移民的可行性；③市场营销机构，负责为不可就业移民或后来被解聘的移民强化或创建安全网；④福利机构，为不能就业或后续失去工作的受影响人，加强或建立社会保障体系；⑤融资机构，负责确定用于创业或扩大业务所需的信贷资金的现有渠道。

如果收入提高措施依赖于市场结构或监管框架的调整，那么就可能需要其他规划部门和行政管理机构的参与。在这里，最重要的一项要求是负责设计和实施移民安置战略的机构也应该参与评估项目的可行性。例如，如果项目为移民提供就业机会，潜在的雇主要参与确定可以提供的就业岗位数量、岗位所需的技能及就业合同的通用条款等。同样，如果微小型企业发展项目依赖于现有的银行或信贷机构，项目执行机构要同这些银行或信贷机构协商，确定有关资格标准以及贷款和还款规定,在必要情况下设计双方都认可的激励机制或补贴机制。

强烈建议在移民安置规划最终批准前给予移民项目的所有参与机构审查该规划草案的机会。尽管一些具体的准备工作可以由咨询专家或其他专业机构来完成,但是移民安置规划必须经授权的主管机构批准。如果与负责移民安置规划实施的省级及地方机构开展协商,可以确保项目的技术可行性,并保证项目取得必要的行政支持。

7. 实施

移民安置规划是移民项目实施的指南。许多移民项目的失败并不是因为移民安置规划的质量不高,而是在实际操作中缺乏充分实施这些规划的能力,从而无法实现项目目标。项目实施失败的原因众多,具体如下:

负责实施移民安置规划的机构对该规划可能并不了解,它们可能没有参与规划的制定,因此对其目标缺乏了解。

项目机构可能对非传统的业务模式或变化的项目环境缺乏灵活性或适应性。如果移民安置活动要求各不同机构之间的协调配合,协调机制薄弱会造成项目延误或甚至于停滞。一般情况下,如果中央级移民单位薄弱或无效,就会出现这种情况。项目机构存在技术上的偏差,更加重视搬迁和工程建设工作,而不太重视收入恢复措施和移民安置成果中的社会经济因素。

8. 项目启动研讨会

项目启动研讨会的召开意味着项目的正式启动,它为参加研讨会的项目领导人提供了总结项目准备工作、重新审视移民安置规划的主要条款及审查项目实施评价基准指标的机会。较好的做法是让研讨会组织者考虑下列问题:1)邀请项目移民专家参加研讨会;2)邀请内外部监测机构参与项目实施讨论;3)邀请参与拟议项目实施工作的基层项目管理人员和参与项目准备工作的项目管理人员参加研讨会。如果项目实施人员不了解移民安置规划的条款或项目规划时达成的协议,项目实施期间就会出现混乱。在极端情况下,项目执行机构的基层工作人员可能会没有移民安置规划的文本,并继续按照当地的指南和传统做法来开展工作;4)邀请项目移民工作管理人员参加研讨会,讨论移民资格标准、移民权益政策、机构职责和移民安置规划的其他条款;5)就移民专家、监测机构和项目移民工作管理人员在项目实施期间评估项目进展时要使用的关键基准指标达成一致意见。

(二)与地方政府的协调

移民安置会对受影响人口的生活和社会经济方面造成巨大的破坏。移民工作的宗旨就是要在新安置点重建移民们的生计和生活方式。有些移民安置活动——如搬迁、补偿款支付、住房重建和基础设施建设——可以由项目执行机构负责实施。大型的准政府机构能做的工作可能会更多,如支持安置点的开发性活动,帮助移民尽量融入当地的社会经济。

许多移民安置活动,特别是那些与受影响户经济恢复及使他们融入当地的行政管理体系等相关的活动则需要政府的支持。因此,与地方政府部门的协调对项目工作的成功至关重要。那些没有与政府机构紧密协调、在移民过程中没有政府参与的移民项目往往会在项目实施中遇到重重困难。地方政府部门要深入介入以下工作:①受影响人口普查和财产调查;②土地征收;③开发和分配安置点的宅基地和农用地;④将移民项目纳入地方发展规划;⑤支持收入恢复项目——提供就业机会、信贷、关于当地发展综合方案的信息、原料支持、市场营销支持等;⑥与受影响人协商;⑦申诉处理机制;⑧将安置点纳入地方行政管理系统。

（三）监测评价

良好的机构设计可以使实施工作变得更容易，有效的监测可以使项目沿正常轨道运行。即使项目的移民安置规划设计得完美无缺，各类组织机构超乎寻常地支持，在项目实施过程中也会遇到种种问题。及时发现并解决这些问题对实现移民项目的预期目标至关重要。有效的监测很有必要。为保证最有效的监测工作，监测活动必须既要包括由项目执行机构开展的内部监测，也要包括由有资质的独立机构开展的外部监测。内部监测侧重于对移民项目实施工作中定量方面的跟踪、实施程序及投入的拨付，而外部监测则侧重于产出、效果及项目实施过程中的定性方面的事宜。不管是内部还是外部监测都要涵盖移民安置规划中的既定基准指标。这一要求可以防止根据一些地方指南或其他模糊不清的标准来出具监测报告，因为这样做有时会降低监测成果的有效性和适用性。比较好的内外部监测问题清单要包括以下内容：

1. 内部监测

（1）项目执行机构要明确设置一个内部监测部门，其成员包括政府机构、非政府组织和其他机构的代表。项目设计方案要包括与基层办公室的良好沟通及与其他实施机构的协调等内容。内部监测要依据具体、详细的工作大纲开展。

（2）内部监测部门工作人员要熟悉移民项目的设计。

（3）内部监测部门工作人员要接受关于内部监测框架和方法等方面的适当培训。

（4）内部监测部门要定期从基层办公室收集最新的资料和数据。

（5）内部监测部门的工作人员要参加项目启动研讨会，期间讨论并同意关键的监测基准指标和报告程序。

（6）移民安置项目的数据要分住户和影响两个类别来收集，并输入电脑，使数据处理更方便。

（7）高层决策者要明确同意将监测报告纳入决策程序。

2. 外部监测

（1）外部监测机构在项目评估开始前确定，以便与项目评估机构就外部监测的范围和内容进行讨论。可以聘请同一家机构负责社会经济调查和外部监测。但是，参与移民安置规划工作的咨询专家最好不要参与外部监测，因为他们的既得利益会驱使他们报告说项目实施顺利。

（2）外部监测机构——如大学、研究所或非政府组织——负责实地验证内部监测机构提交的部分定量资料。因为外部监测侧重于定性分析，所以这方面的工作有时会被忽视。

（3）项目移民工作部、移民专家及监测机构一起讨论外部监测的拟定方法。比较好的方法是在移民安置规划中描述这种监测方法，然后就外部监测报告的提纲格式达成一致意见。这样的一个协议可以帮助确保外部监测报告涵盖移民实施工作的所有方面。

（4）就审查外部监测报告及将这些报告纳入移民安置决策的程序达成一致意见，并在移民安置规划中加以说明。

（四）培训与能力建设

移民机构必须能处理动态变化的情况。因此，项目工作人员需要有经验和知识来适应移民安置工作的挑战。此外，与移民建立合作关系要具有敏感性并高度投入而不能想当然。有些工作人员事实上会不喜欢参与移民安置工作，而另有许多人会继续认为他们的主要目标就是帮助实施整体项目。有效的项目实施既依靠技术技能的应用，也有赖于对移民原则和目标的适度重视。

对大多数项目而言，培训和能力建设对项目的有效实施十分重要。为此，在设计培训项目之前，移民工作部经理要亲自或委托进行技术技能评估，将现有工作人员所具备的技能和经验同预期要求做比较。尽管所有工作人员都可能了解移民安置活动的次序，可取的做法是分阶段培训，以便使工作人员有更多的时间来吸收消化，并集中精力做好项目准备或实施等各个阶段的实际工作。

对移民的敏感性及对移民工作目标的重视很难通过正式的培训来灌输。短期工作调动或实习也许是提高重视程度的有效办法。如果这些做法成本太高或不太现实，那么就需要采取其他方法，如让工作人员深入到移民中去，了解他们面临的问题和使其不安的因素。

需要对其工作人员进行移民工作培训的组织内部可能不具备培训资源。移民工作培训的外部资源包括以下方面：（1）国家级培训中心——目前有些国家已拥有附属于主要大学或学院的优秀培训中心。这些中心开设高级项目工作人员培训课程，培训后这些人可以培训其他一般员工；（2）项目一级的培训——在项目区附近可能没有相关的移民安置培训点，而将全体人员派到国家培训中心去培训或许并不现实。在这种情况下，由项目来提供培训则更现实。国家培训中心、合格的非政府组织可以派员提供其中一些或全部培训，作为项目准备工作的一部分。同样，也可以召集参与移民工作某些方面的地方或地区专家及非政府组织提供培训，使移民工作人员熟悉主要的问题和方法。这些议题也可以包含在项目启动研讨会中。项目移民专家或咨询专家可以向包括基层工作人员在内的移民工作人员提供培训。另一种可能性是精心组织有关人员考察邻近省份或国家的项目。考察可以使项目执行机构的工作人员有机会了解另一个项目的实际情况，与这些项目的同事们探讨项目实施问题。

培训对机构能力的提升可以作出重要贡献。培训活动要相互补充、相互支持。培训内容要适用于目标受众。高层管理人员更关心政策问题，对实地发生的问题没什么兴趣，而移民工作人员主要关心的是实施问题，认为他们对政策问题不能施加什么影响。一个反复出现的错误是给基层工作人员提供政策培训，而不提供业务培训。另一个错误是给高级管理人员提供政策培训，而对负责具体实施工作的人员则没有培训。有效的培训项目是重视对高级管理人员的政策培训和移民工作人员的业务培训。

在许多情况下，项目准备赠款或技术援助资金都可以用于支付在国外、国家培训中心或项目区所举办培训的费用。将移民工作人员派往国内的类似项目是一种费用不高但非常有效的移民工作能力建设方法。这种交流互动特别有益，因为项目业务人员亲身参与了交流，他们所接触的情况、问题和事宜可能会很相似。

第二节　协　商　和　参　与

受影响者应完全了解并充分协商有关移民与补偿的各种选择。与受影响者协商是所有移民活动的起点。移民影响人口也许会担心他们将失去生计和社区，或者在权利资格的复杂谈判中准备不足。参与移民规划和管理有助于他们减少担心，并给予受影响者参与将影响其生活的重大决定的机会。不经过协商而进行的移民可能会导致不适当的策略和最终的贫困。如果没有协商，受影响者也许会反对项目，引发社会混乱，大大推迟实现目标时间，或者甚至会放弃目标并增加费用。可能会给项目和执行机构导致负面的公众形象和媒体形象。有了协商，最初对项目的反对也许会转化成建设性的参与。

协商可举行公众会议和确认核心团体。规划人员可以起草参与解决问题的方法，并在分散或宽阔的区域内使用媒体辅助进行。家庭调查相当于一个直接协商的机会。社区工作人员可以参与团体形成和发展的过程，有可能通过一个社会准备阶段。协商过程始于项目准备技术援助的调查任务之时，并是项目准备技术援助可行性研究的不可分割的一个组成部分。移民规划应为参与性移民建立一个制度化的框架。

一、协商参与的机制框架

（一）协商和参与的定义

参与通常由两方面组成：信息交流和决策，而每一方面又包括两类活动。信息交流一般包括扩散和协商，决策则包括合作和直接将选择权赋予受影响个人、家庭或社区。因此，参与共包括四个层面的活动或四种类型的活动：1）"扩散"指信息的单向传递，指的是信息从项目人员向受影响人口的传递。如果及早向移民提供准确的信息，可以缓解其恐惧心理，消除误解，建立信任，为移民与项目机构间的合作奠定基础；2）"协商"指信息的双向传递或项目工作人员和受影响人口之间的共同讨论。系统的协商就意味着办法或创意的共享。协商常可以创造最佳移民安置方案，产生效果很好的持续参与程序，带来有关实际情况或项目实施进度的自主信息；3）"合作"指以委员会、法庭或其他正式或非正式团体成员的身份进行共同决策的过程。在这一过程中，移民不但可以参与协商，而且也具有发言权；4）"选择权的赋予"指决策权向受影响人口的转交（如向移民提供恢复方案，供其从中做出选择）。从这种意义上讲，参与涉及赋权，是移民自食其力的一种手段。在涉及搬迁安置或经济恢复的项目中，赋予选择权可能比在没有严重打乱人们生活的项目中有着更大的意义。

在移民规划和实施工作开展期间，这些方面通常也应该反复而不是按顺序出现。例如，针对潜在受影响人群所开展的信息初步扩散工作通常表示参与过程的开始，因为该信息是开展知情协商所必须的。又如，随后所进行的移民安置规划扩散工作则有助于确保通过协商所掌握的信息得到了适当和严密的考虑，而且使该规划可以通过更多协商而得到进一步完善。到项目准备工作开始时，参与和合作显得更为重要，因为此时人们可以为项目设计和实施工作做出贡献，尤其在对他们产生最直接影响的方面。最后，决策过程中的参与通常会在项目规划和实施的中后期出现。

（二）参与的重要性

参与之所以重要，是因为移民安置工作的成功部分取决于受影响人的响应。移民要想恢复生产力，对其生活承担责任，他们自身就必须能够而且愿意参与。如果制定适当的参与机制，项目可能会从中受益——项目滞后甚至被取消的可能性会降低。当人们被迫动用项目以外的渠道（如媒体或法院）时，有可能出现滞后和取消的情况。

在移民项目中，参与发挥着重要的作用，这是由以下多种原因决定的：1）信息可以缓解恐惧心理，在信息匮乏的情况下，谣言和臆测就会大行其道。一旦项目开始实施，此类错误信息会使人们对可能发生的情况持有恐惧。如果制定有关核准信息的扩散计划，将有助于填补信息空白，遏制误传和臆测；2）协商可以向规划人员提供预见不到的部分细节，征地和移民工作通常会产生各种各样的影响，参与有助于识别和确定这些影响、人们弱势的根源以及可能受影响的人口和群体；3）同样，由于移民最了解其所处的经济、社会和实际环境，因此，协商可以有助于移民安置方案的制定，而这些方案可以平衡移民的需求和能力与方案的技术要求；4）协商有助于避免耗巨资开展不必要的工作来制定人们不接受的方案。

合作有助于核实一些经验类事实，如受影响人口的身份特征或拟征收财产的总量等，也有助于使移民权益的兑现和服务的提供变得透明。要就不需要以技术方案解决的问题达成一致，就必须有合作。此类问题包括在市场不存在的情况下所商议的估价标准、替代安置点或其他财产的可接受程度、移民融入安置区社会的基础以及项目自身的合法化等。

参与本身对观念和行为也可以产生巨大影响。在移民安置背景下，如果移民参与了对其生活产生影响的决策，将有助于降低风险和人们对弱势的敏感程度，从而减少移民对他人的依赖，降低他们无法适应新环境情况的发生概率。

最后，参与可以使人们全身心地投入，激发他们的主人翁意识，进而在项目援助结束后提高移民项目成功和可持续运行的可能性。

（三）协商参与涉及的主要问题

尽管参与式方法能为移民安置工作取得成功作出重要贡献，但也可能产生一些实际问题。由于这些方法的应用通常需要因地制宜地，因此，就这些问题只能提供有限的指导。尽管如此，如果项目组采取措施避免或管理诸如下文所述的一些问题，仍可以提高项目准备工作的效率（通常也可以提高项目成效）：1）如何有效地组织参与？参与过程可能耗时、耗力，但项目准备工作往往有时间限制。尽早启动参与过程可以减轻对项目准备工作进度安排的压力；2）如何确保参与过程具有实际意义？有效的参与可以使人们有机会表达与其切身利益相关的问题，并就相关方案提出建议，然而，当前的参与方法特别正规，种类很少且意义不大：它们强调的是会议的次数和参与的人数，而不是互动交流的质量、内容和影响。参与不应成为在事务清单上逐项核记（以示完成）的又一种手段；3）如何确保参与具有充分的代表性？参与常会受到代表性问题的限制。究竟应该由谁来充当他人的合法代表，这一点可能很难定夺，代表他人的要求可能会激化矛盾或妨碍问题的折中解决，另一方面，作为项目参与过程的一部分，问题的折中解决又可能会导致他人要求对代表不当给予赔偿，或提出其他更多要求；4）假如人们做出不当决定，会导致何种结果？参与最终要涉及决策和决策责任，但移民可能不按原计划参与项目，他们在选择移民安置方案时可能会改变主意，也可能会决定选择短期而不是长期目标，而且他们的选择可能会不当——他们可能更倾向于提高生活水平而不是恢复收入，即使多数人在衡量移民项目是否成功时更强调后者。

参与不可能得到全面组织和彻底规划，也不可能通过政治力量加以控制。有人设想，如果人们缺乏正规的参与渠道，他们就不可能或不会找到获取信息的替代途径，但这一设想不止一次地被证明是错误的。如果没有一个公开和灵活的沟通过程，人们可能会认为移民安置工作的设计不当，并可能将参与变为向法院起诉或上街抗议等活动。在此类情况下，如果项目计划设计到位，即便在实施过程中可能会延误、超支或全部被废止，但可能会避免上述所有情况的发生。

（四）参与机制

参与机制可促进协商过程，包括信息共享、与受影响者和其他利益相关者协商以及受影响者积极参与项目任务、委员会和决策。信息共享是参与的首要原则。在许多情况下，对一个项目的反对是因缺乏信息或信息错误引起的。项目管理在项目确认阶段必须乐意将项目的所有方面（规划、设计、多种选择方案以及项目可能的已知影响）与大家共享。可以传播的信息有项目及其影响、补偿政策和付款计划、移民规划以及可能的安置地区、实施机构、时间表以及申诉程序。在准备移民规划中，与受影响者协商，并与其讨论各种选择方案是必不可少的。在立项之后的所有阶段，各利益相关群体特别是受影响人口和非政府机构代表的参加项目工作组、委员会和决策过程，是很重要的。应建立制度化的和金融方面的准备金，以便在项目准备和实施的全过程中继续协商。

在移民管理中形成一种参与性方式的重要方法有：①信息宣传，如使用媒体、张贴标语或信息传单；②公众会议；③包括主要利益相关者的核心群体，如当地商界或村领导、妇女、穷人、遭受特别损失的人；④在规划和实施过程中组成小组并加以发展，提供论坛以支持受影响群体；⑤逐家逐户采访受影响者，寻求他们对其专门的资格权利的认同；⑥为规划、实施和监测之目的组建各种利益关系小组委员会；⑦建立申诉处理机制，并广泛宣传这些机制。

（五）项目周期协商参与的总体框架

与当地政府、行业机构、非政府组织、安置地社区以及受影响者们的对话与协商需要从项目立项到项目实施之后的监测与评估的综合规划。所有的利益相关者，尤其是受影响者及其代表们都应参与项目周期的所有阶段。

一些非政府组织具有设计与实施经济发展项目的经验与技能，尤其是涉及到脆弱群体时犹然，并且非政府组织的项目常在可持续性方案中促进自助、参与和技能发展。因此，事实证明，非政府组织的参与在收入恢复项目中是非常有益的。经验丰富的非政府组织还可为受影响者们开设新创收活动的培训课程，并促进社区管理共同地产资源（如：森林、社区放牧地或捕渔区）。在项目设计与实施中有非政府组织参与可提高项目的质量。表 7-4 提供了受影响者、接纳人群和非政府组织在项目周期各阶段的协商与参与范围指南。

表 7-4　　　　在项目周期中受影响者、非政府组织和安置区居民的参与

项目阶段	受影响者	非政府组织	安置区居民
调查	• 参与公众会议 • 确认备选方案，以避免或减少移民 • 协助拟订和选择迁移与收入恢复的各种可能方案	• 协助对影响的评估 • 协助人口普查与调查 • 参加会议、小组讨论 • 参加协调委员会	• 提供迁入社区各方面的信息 • 协助收集数据和筹划 • 提供选址意见 • 确认可能与移民发生冲突的领域
可行性研究与移民规划	• 帮助选择移民区 • 参加调查 • 通过公众会议、小组讨论、家庭调查，帮助制定迁移与收入恢复的各种选择方案 • 参加与安置区居民的会议 • 提出对资格权利条款的意见 • 协助准备移民规划 • 在申诉处理和冲突解决机制方面提出建议	• 设计与实行信息宣传运动 • 帮助受影响者和安置区移民成立小组、确认问题以及规划 • 筹划一个参与性过程 • 协助准备移民规划 • 参加协调性会议 • 在申诉处理与冲突解决机制方面提出建议	• 确认在新移民安置区中所需的社会与文化设施 • 协助受影响者选择新移民安置区中的收入恢复方式 • 帮助制定安置区居民与移民之间的协商进程 • 在申诉处理与冲突解决机制方面提出建议
项目实施	• 加入地方小组参加实施项目的支持性活动 • 加入地方决策委员会 • 在管理共同地产方面作出决定 • 使用已建立的申诉处理机制	• 协助实施机构 • 为实施移民规划提供支持 • 培训社区工人 • 协助脆弱群体 • 对申诉处理提供意见	• 在迁移时协助受影响者 • 管理共同地产 • 参加地方委员会 • 协助与安置区的融合 • 使用已建立的申诉处理机制

尽早启动参与过程有助于使当地人对项目所作的贡献与项目周期同步。要尽可能在项目周期的初期阶段启动参与过程。如果基础信息发布工作出现滞后，就会增加出现错误信息的

可能性，这就会在受影响的人群中导致不安和不信任，乃至敌对情绪。因此，一种较好的做法是，通过最初的信息扩散行动介绍项目内容和项目的合理性，说明移民工作的必要性，对项目的影响进行初步评估，并公布移民项目设计的基本原则、补偿评估程序以及移民和搬迁工作的时间表。

对于文盲人口，可能有必要采用口头或图片形式向他们介绍情况，而要使隔绝群体和弱势人群了解情况，可能要付出更大的努力。如果项目机构在对地方开展大规模信息扩散方面缺乏经验，可以聘用当地一家熟知扩散的机构开展工作。此时，项目机构要指派一位代表出席相关会议，以便对技术事宜作必要的说明。如果项目确定了安置社区，也要对社区居民进行信息扩散。

决定何时启动参与过程是一个很复杂的问题。在邀请公众参与之前，项目单位有正当理由从事某些与项目相关的活动。有可能入选的项目必须予以确定，重点通常放在技术标准的确定上。在这一过程的初期，如果信息发布有可能引起动荡或高度不安，可以在一定程度上对可行性评估的结果加以保密。在有些项目中，可能有必要在最初阶段采取诸如选址或开展人口普查等措施，防止土地投机活动、人们迁入项目区或各种形式的谋求地租行为。在此类情况下，恰当的处置方法是由项目机构出台文化上和政治上都吻合的方式来开展信息扩散、协商和参与工作。

参与性的移民策略需要参与性机构来实施。这些机构可以是正式的也可以是非正式的。正式的机构包括地方政府机构、附设服务机构、市、县、区和乡（镇）政府以及移民现场办公室。非正式机构包括地方移民委员会、土地购买委员会、村级咨询小组、村移民工作人员以及项目信息中心。非正式机构也许在实施过程更有效率些，因为它们是在由当地各利益相关者代表组成，并且是因具体任务而成立的。这些机构所用的参与性方法可有助于快速解决任何问题。

申诉处理程序设定了解决受影响群体关于移民申诉的时间框架和机制。申诉处理可通非正式组成的地方委员会和来自各关键利益关系小组的代表来进行。申诉也可通过正式渠道解决，使得未解决的申诉可以送至较高层次上处理。

表 7-5　　　　　　　　　　　项目周期内的协商与参与：主要行动

项目周期	主 要 行 动
项目立项/初步社会评价	·确认利益相关者 ·确认脆弱群体 ·受影响者和脆弱群体参与协商过程 ·准备信息宣传和传播计划 ·组织公众会议 ·确定社会准备阶段的要求
可行性研究	·召开受影响者/安置地社区召开协商会议 ·安排受影响者参与资格权利、收入恢复和移民方案讨论 ·补偿、收入恢复和移民的选择方案讨论 ·如果需要，筹划社会准备阶段 ·受影响者/非政府组织参与移民安置区的开发 ·受影响者参与制订收入的恢复策略 ·建立申诉处理程序
管理评审会议	·确保受影响者与非政府组织参与移民规划过程 ·确保项目管理进行协商

续表

项目周期	主 要 行 动
鉴定	• 评审移民规划中的参与机制 • 安排非政府组织与社区组织参与项目实施
贷款谈判	• 列出所有悬而未决的问题作为贷款生效的条件
实施	• 确保申诉程序卓有成效 • 让受影响者参与实施 • 让非政府组织和社区组织参与项目实施
监测与评估	• 让受影响者和非政府组织参与监测与评估

二、项目周期各阶段协商参与的主要任务

（一）项目识别

步骤 1：利益相关者识别与分析

利益相关者是那些在项目开发中有直接利益者，以及那些在协商过程中有牵连的人。在制定协商与参与规划的第一步是要确认主要的和次要的利益相关者。主要利益相关者包括受影响者、项目受益者、任何规划的移民场所的安置区的当地居民以及实施机构。次要利益相关者是其他与项目有利益关系的个人或群体，如地方或中央政府、决策者、支持群体、官员，以及非政府组织。在项目准备阶段与利益相关者协商与对话是为影响评估收集有关资料过程中不可分割的一部分，并有助于为受影响人口合适建立的选择方案。受影响者与受益群体可以影响项目设计、规划和实施并对其做出贡献。

项目识别阶段的工作包括从利益相关者收集和分析相关基础信息。通过这一工作，项目单位可对投资项目中的利益群体、群体组成、他们关心的问题以及对移民设计和成果的潜在影响予以识别。从广义上讲，利益相关者通常包括项目主办方、参与项目的其他政府机构、即将因项目受到不利影响的人群、受益人群以及其他群体，如在项目中可能有利益或与移民安置工作有牵连的公民社会团体。

在移民规划、实施和监测过程中，当地组织和领导人的合作必不可少，也很重要，而利益相关者分析可以给我们提供这些组织和领导人的初步名单。这一名单还可以显示对项目的支持和项目可能面临的阻碍因素等初步情况。此外，对潜在影响的初步分析有助于评估项目设计方案的可行性，找出矛盾的潜在根源和缓解矛盾的方法。

表 7-6 　　　　　　　　　　　　　参 与 和 项 目 周 期

项目周期	步 　 骤
识别阶段	1. 利益相关者识别与分析
准备阶段（概念文件阶段）	2. 信息初步扩散、协商 3. 信息收集（普查和社会经济调查） 4. 信息扩散（社会经济调查、社会评价、初步移民安置规划、方案和移民权益）、与移民、移民代表及当地非政府组织协商、参与有关安置点和收入恢复方案的决策
预评估阶段	5. 移民安置规划的编制（现场勘测和收入恢复方案调查）
评估阶段	6. 移民安置规划定稿、信息扩散
实施阶段	7a. 参与各种委员会的工作 7b. 参与提供帮助 7c. 参与监测
完成阶段	8. 参与评价

（二）项目准备

步骤2：信息的初步扩散和协商。

参与式方法应符合项目规模和项目性质。在大型项目下，不管是城市项目，还是农村项目，移民和受影响人口的人数众多，这使得参与过程的质量变得很重要。许多人一见到大型集会就心存恐惧，认为集会上的呼声和要求可能不具有代表性。这种情况下，可以采取的补救方法是以化整为零的方式安排中小规模协商，或者以专题小组协商的形式对一般事项进行补充。在线形项目中，也许不可能对参与过程统一对待。有些线形项目横跨两个或两个以上的地理、文化或语言区域，需要对参与战略或参与方法进行调整。

在农村，移民通常分散居住，他们很难集中在一起相互沟通，而且其文化和使用的语言也千差万别。在此类情况下，一种方法是将移民分成不同小组，逐个开展工作，从而在地理、文化和语言上为他们提供更好的参与机会。另一种方法适合公路或道路项目，即召开当地社区居民会议，就项目路线展开讨论。

在与地方名人协商的过程中，代表性是他们所关注的一个问题。一种较好的做法是，项目机构同受影响人或社区的领导人和代表开展正式或非正式协商。这一阶段，必须特别重视确定领导人和代表担任经移民认可的发言人的合法性。这一初步协商可以征求人们对项目和临时移民安置工作安排的早期反馈。这些协商讨论的目的是对项目设计的初步概念和前提进行复查，对当地人所关心的问题引起重视，尽可能减少移民搬迁，降低不利社会影响。在努力降低影响的过程中，必须要权衡和考虑各类技术、经济和社会准则的利弊。项目机构要留存会议纪要，包括建议和关注事项的详细清单及项目针对这些事项所采取的行动。这些信息将会为有关方面评估当地人的参与程度提供方便。

非政府组织可以代表移民利益，但要核实移民是否对它们表示认可。受影响人群通常信赖非政府组织来代表其利益。非政府组织一般要比移民更了解相关法律框架，在理解和执行法律框架方面也更有经验。此外，非政府组织也了解与项目和政府工作人员打交道的最佳方式，并能够拥护移民的利益和立场。必须注意确保非政府组织代表移民利益，而不是代表其自身的议程。一种较好的做法是，项目组召集由非政府组织和移民共同参加的会议，以尽可能降低因非政府组织不能代表移民利益而产生的风险。

媒体是信息扩散工作的得力助手。可以利用当地媒体和熟悉的媒体来进行信息扩散和开展协商，也可以邀请其代表参加在村或社区活动中心、学校、礼拜场所以及人们通常集会的其他场所召开的大会。可以向媒体代表提供项目资料，该资料应以当地语言印刷，而且已发放给所有群体，包括地方审议过程中的边缘化群体（如少数民族或妇女等）。在同媒体打交道时，项目机构应强调指出，项目准备阶段，移民规划工作的很多方面都只是初步性的，而且在最终设计方案获得批准和实施工作开始之前，这些方面可能会有很大变动。对于在整个实施过程中有可能吸引媒体注意力的项目，可以指派一名联络官员来受理媒体申请。

步骤3：信息收集。

项目准备期间的协商可以表现为多种形式。划定环境影响评价的范围可以为人们带来广泛的参与机遇，随后开展的移民人口普查和社会经济调查又可以带来协商机遇。

划定环境评价的范围可以为参与搭建一个很好的平台。最初进行的利益相关者分析确定了各利益群体，环境评价范围的划定则为这些关键利益相关者在项目设计过程的初期就参与项目提供了机遇。政府官员、技术专家、学者以及非政府组织都拥有专业技能，可以帮助制定环境研究工作大纲。受影响人群可以提供替代设计方案的潜在影响方面的信息，包括土地所有权安排方面的信息。这一方法不仅能挖掘现有国内专业队伍的潜力，而且能为就项目设计和实施过程中可能出现的问题开展真正意义上的协商搭建平台。

移民人口普查和其他调查为同直接受影响人口协商提供了机遇。移民权益的确定和移民安置规划的设计工作要求开展普查、实物调查和社会经济调查。这些工作可以结合起来开展，也可以单独进行。普查的目的在于识别受影响人群，确定受影响的人口数量，实物调查则是对拟征收的不动产进行登记造册，记录财产的用途和状况，并可能初步确定其价值。这两项工作通常合并进行。有些情况下，在普查（或各种可行性研究）开始前所做的准备工作可以使有关方面有机会开展信息扩散工作，记录人们对投资项目在当地可能造成的影响所持的看法。

与上述两项工作相比，社会经济调查的目的更为广泛：不仅可以获得有关受影响人口收入和社会经济指标的基线信息，也有助于找出和制订一系列初步移民安置方案。收集社会经济信息的目的在于确定可能阻碍或有助于移民安置措施发挥其有效性的社会动态因素。社会经济调查所获得的信息量要比普查或实物调查所获得的信息量大得多，而且很多信息是后者没有涉及的。因此，社会经济调查采用的是定量和定性方法相结合的方法，其目的在于：①记录家庭内部和社区劳动分工情况；②记录有关收入来源和资源使用情况的信息；③识别由于征地或搬迁而特别易遭受贫困或边缘化冲击的弱势群体；④识别移民所使用和信赖的社会关系和地方机构；⑤评估人们对为恢复或提高收入和生活水平而拟采取的措施的接受程度；⑥确定移民的需求和愿望；⑦记录基础教育和医疗卫生方面的信息，包括入学和享用医疗卫生服务情况。

通过对关键知情者的访谈，可以获得重要的概况信息。为定量分析所开展的调查只能提供部分必要信息。通过协商，必须要了解和弄清领导班子的作用，家庭和社区内部非正式的互动机制，以及项目的社会影响。地方政府官员、世袭族长或具有类似地位的其他人可能对移民安置事宜具有发言权，其讲话内容可以形成感性认识，并有可能对其他移民的行为产生影响。

专题小组可以提供极其重要的当地信息。对社会影响进行的正式调查通常可能忽略妇女在生产方面或共同财产在支持社区居民生活水平方面所发挥的作用。单凭定量调查并不能找出态度和文化方面的细微差异，而其他一些方法，如专题小组讨论（对分性别、年龄、收入水平、职业和兴趣小组等进行的半结构式访谈）则可以帮助填补这一信息空白。一种较好的做法是对受影响的个人以及掌握地方第一手资料的专家和干部进行单独访谈。这些访谈所获得的信息可以纳入社会经济调查，以便对量化结果给予补充，进行定性验证。

在对项目过程中最有可能遭受困境影响和呼声不太可能被倾听的人们进行识别方面，专题小组可以发挥极其重要的作用。在专题小组讨论的过程中，生活环境相似的人们可以有机会向对方吐露心声。在许多情况下，专题小组成员在讨论时要比他们在规模较大、有更多移民或官员参加的公开会议上更成熟和更自由地发表意见。

步骤4：信息披露和参与的准备工作。

普查和社会经济调查可以一并对影响程度和基线数据予以确定，为移民规划工作奠定必要的基础。信息收集和分析工作一旦完成，可以将信息对外公开，以便验证普查和社会经济调查结果，鼓励公众参与。一种较好的做法是，项目组向移民扩散普查和社会经济调查结果。

这项工作可能需要组建一个公共信息部门。为了有效地开展信息扩散工作，该部门要面向移民。视当地文化背景，通过各种媒体（平面、电视或广播媒体）扩散信息可能会取得最佳扩散效果。在实践过程中，建议采取各种媒体结合的方式，因为每一种媒体都各具优势，在可能受到影响的人口中也都有各自不同的覆盖人群。召开社区会议是一种标准的信息扩散方式；每次会议可以覆盖一个街道或村庄。电视和广播最适合扩散一般信息，印刷材料在有疑问时可供多次参照。在有些地区，社会工作者在走访各家各户时可以回答一些具体问题，介绍更详细的信息。

项目机构可能打算用普查和调查资料来制定移民安置蓝图。因此，较好的做法是强调这一阶段需要开展协商，以帮助制定可行的移民安置方案，打消人们对移民工作或整个项目的抵触情绪。具体而言，在这一阶段，与移民进行的协商有助于项目机构制定土地置换方案、（必要的）社区移民安置点选址方案以及收入恢复措施等。就置换土地开展的协商将使移民有机会根据土壤肥力、地点或其他特征选择中意的地块。在制定收入恢复措施时，可能需要与移民、地方政府机构和非政府组织进行协商，以确定现有可选机会的种类和落实这些机会所需要的技能。另一方面，在确定社区移民点的过程中，要求与移民社区居民协商，进行实地考察，也要求与安置区居民协商。更为重要的是，与移民就可选方案开展协商可以降低其依赖感，规避风险，增强他们对所选方案的责任心，加大他们对这些方案的投入力度。

视移民点与安置社区距离的远近、季节性资源使用情况、文化和社会问题以及其他因素，可以适当延长协商期。对文化背景不同和地处偏远地区的移民进行访谈可能需要高昂的费用，因为其群体规模较小，居住分散，且很难找到，这些移民可能最易受到贫困的冲击，因为他们在社会上和政治上已被边缘化，而且他们相互之间的关系以及他们与自然环境的联系通常并不能很好地为项目规划人员所了解。因此，同这些群体开展协商有着重要的意义。

移民普遍根据短期利益做决定。随着项目的进展，协商很可能逐步转化为合作和参与。如果采用"蓝图方式"，移民只能从规定方案中做出选择，或者根本没有选择。如果采用参与方式，移民的意愿可以在制定方案时得到考虑，这一点对制定有效的移民安置规划有着重要的作用。如果移民安置规划能反映移民的自主选择，该规划的实施效果就可以大为提高，但移民要有时间考虑并拿出其选择。与移民在社区协商和方案确定后作出的选择相比，他们在项目信息扩散的最初期作出的选择可能要更具有风险。在移民必须作出最终选择之前，要尽可能给予他们足够的时间和机会对方案进行考虑。

（三）项目预评估

步骤5：移民安置规划的编制。

普查和调查——辅以其他形式的访谈——可以为移民安置规划草案提供信息。但是，如果移民过程要回应移民所关心的问题，必须要等到项目评估或谈判之后来全面解决移民安置和恢复过程某些方面的事宜。移民安置规划必须说明在项目规划和实施期间与受影响人进行协商的地点。因此，移民安置规划要对移民安置决策职责和决策程序、参与式规划机制、项目实施期间计划的调整机制以及面向移民的申诉机制等进行描述。

（四）项目评估

步骤6：移民安置规划定稿和信息披露。

通常情况下，提交符合其要求的移民安置规划草案是项目评估的一项条件。但是，即便在提交该计划草案之前，一种较好的做法是与各社区干部和负责项目实施的地方机构共享该文件。要将该计划草案（或政策框架草案或程序框架草案）通过以下场所对外公开：移民机构办公室、项目办公室、政府办公室，以及便于移民、其他受影响人和地方非政府组织到达的其他场所，其语言和格式要便于这些群体的理解。此外，也要将移民安置规划草案送交世行信息处和世行在项目国的公共信息中心。

为了补充移民安置规划草案的内容，应鼓励移民机构编制移民安置信息册，扼要总结项目的主要影响、补偿标准、移民权益、恢复方案、申诉程序以及移民最关心的其他信息。地方政府或移民机构要主动将该信息册发放到移民所在村。

（五）项目实施

步骤 7a：加入委员会。

移民安置和恢复工作的质量取决于项目实施的质量，实施质量的提高又取决于移民积极踊跃的参与。最起码的要求是要确保项目移民安置规划的实施机构在实施过程中有系统地与受影响社区进行协商。要争取移民更多的支持和响应，就要确保移民代表加入为土地估价或土地购置、解决申诉和其他目的而组建的委员会。

步骤 7b：参与提供帮助。

在许多项目中，一种较好的做法是直接或通过非政府组织动员移民参与项目的实际实施工作。有经验表明，地方非政府组织常可以提供宝贵的帮助，也可以确保社区居民的积极参与。在社区层面，地方组织，如移民认可的非政府组织一般对当地社会和环境状况有着较为深刻的理解，而且可能已经得到了受影响人口的支持。利用地方组织可能有助于保护这些组织，也有助于它们适应新环境。在移民个体层面，鼓励移民自己在其中意的地点重建住房的机制可以确保对移民安置工作和住房的认可，同时，聘用移民帮助准备安置点或修建项目基础设施可以有助于形成更强的地方主人翁意识。安置点准备工作完成后，一种较好的做法是采取激励机制，鼓励移民对学校、供水和环卫设施以及灌溉工程等社区服务或设施进行维护。

移民参与项目实施并不表示他们只能投劳，他们也能通过集体承包必需品和必要的服务以及涉及决策和管理任务的其他活动等方式主导决策。视其能力和兴趣，移民们在不同情况下可以是雇主，也是可以是雇员。

步骤 7c：参与监测。

另一种较好的做法是采取相关机制有系统地开展内部和外部监测。如果监测组成员中包括移民代表，那么监测工作就更有可能准确地反映移民的反馈和感受。在分阶段的移民项目中，搬迁或收入恢复头几个阶段的反馈意见可以由项目管理人员用来改进后几个阶段的工作。

（六）项目完成

步骤 8：参与评价。

在许多项目中，要开展后评价工作，可能需要与移民进行协商。当然，移民也可以直接参与评价工作的规划和实施——他们的投入有着极其宝贵的作用，尤其体现在实现移民安置基本目标（如恢复收入和生活水平）、制定后续计划或采取补救行动等方面。

第八章

移民安置方案的实施与监督

移民安置的成效有赖于实施的质量，即使是编制得再好的规划，不论花费了多大精力，考虑得再详细，也不能自然而然地改善移民的生活——除非移民安置项目也得以精心实施。过去的十几年里，尽管在世行和其他多边发展机构的项目中移民规划工作已经或多或少地得到改善，但移民项目的实施依然是一大挑战。本章概括了成功实施的关键因素；同时也讨论了共性的问题，并提出了一些实用方法，以有助于移民项目各个方面工作的管理者有效地开展工作。

第一节 移民安置规划的实施

一、实施前的准备工作

成功实施移民项目所需的行动始于项目准备的最后阶段。第一个重要的步骤就是要确保实施机构准备就绪。

（一）前期准备的主要方式

（1）向项目主要工作人员及移民项目执行机构的所有工作人员介绍移民安置规划的主要内容和特征——这一步骤看起来似乎显而易见，但是，在许多项目中，项目执行机构的主要人员往往不知道移民安置规划中提出的这些行动步骤。同时，如果移民安置规划由另一家机构执行，那么参与移民工作实施的人员并不一定完全清楚项目的全部细节。因此，要向这些人员介绍移民项目的主要内容和特征。同时，这些人员应参加有关移民安置规划的制定和项目实施过程中可能出现的问题的详细讨论。对涉及规模较大或较复杂的移民安置工作的项目，较好的做法是在项目启动研讨会期间将业务人员集中起来进行强化培训。

（2）将移民项目实施进度安排同各个阶段人员配备水平结合起来考虑——移民项目实施的不同阶段需要不同的人员和资源。可能需要花费大量的时间来招聘人员或动员必要的资源。应让移民项目的决策者们事先了解组织机构需求和资源需求。

（3）项目实施前，移民项目执行机构要配备适当的人员和设备——移民项目执行机构应配备适当的工作人员及移民项目实施所必需的资源和设备（如汽车、电脑、办公场所和办公家具等）。这一点似乎显而易见，但许多移民项目就是为人员、资源和设备不足而困扰。因为移民安置工作并不一定是政府官员青睐的职业，所以招聘到足够的合格人选来从事移民工作可能会面临一定的困难。为此，决策者们应对这些活动提前进行规划。

（4）启动实施协调机制——移民项目的实施往往需要多个政府机构的密切配合。制定适当的协调机制十分重要，项目实施启动后，这套协调机制应被启动，并发挥作用。如果缺乏有效的协调安排，那些在项目实施初期最有可能出现的日常性移民问题将更加难以解决。

（5）与移民持续协商——如果移民项目规划和实施两个阶段的间隔时间较长，移民的需求和重点可能会发生变化，因此需要对移民项目进行一些调整。如果要对移民项目进行较大的调整，就要求同移民开展某种形式的协商。此类情况下，项目官员应确定协商的方式和地点。

（6）必要时，更新人口普查和社会经济调查数据——有些项目，如大坝项目，筹划期较长，人口普查和社会经济调查结束距移民项目实施开始时间间隔很长。在这种情况下，项目开始实施前应对主要的人口普查和社会经济调查数据进行更新，因为这些数据可能会对资源和工程规划产生影响。

（二）移民安置工作进度与项目建设进度之间的联系

用于修建新房的土地必须在要求的时间到位，所以在土地可能被征收于建设前在这块土地上的主要移民安置活动应基本完成。在建设前需要完成的活动一般包括：1）开展受影响家庭的人口普查和社会经济调查；2）支付受影响财产补偿款；3）确定能为移民所接受的居住安置点和农业安置点（如果项目需要）；4）建设安置点，包括提供民用便利设施和必要的基本农业投入；5）提供供移民生产和生活的安置地；6）如果提供相应的就业机会是移民安置规划的一个组成部分，就要提供工作；7）如果移民安置规划包括对自主就业提供援助，就要提供培训、种子资金、信贷和其他事先同意的补偿条件；8）如果移民选择现金补偿方案，那么就要支付现金补偿，支持其经济恢复工作。

二、启动实施工作

（一）补偿的支付

补偿的支付几乎是所有移民项目的一个核心环节。以下方法可以有助于支付工作的顺利进行：

（1）将补偿款存入银行账户而不是直接支付给移民——这样做可以帮助减少补偿款支付过程中出现贪污腐败的可能性，也可以帮助降低非生产性消费的可能性。让银行参与补偿款支付工作给移民带来了一些储蓄和信贷的机会，可以帮助他们重建其生计活动。在许多情况下，所开设的帐户通常为双签账户，需要取得移民和移民实施机构双方的许可才能支付。

（2）让非政府组织参与到补偿过程——在可能存在透明度问题的地方，让在当地项目区开展工作的非政府组织参与补偿款支付过程是有益的。在缺乏信息的情况下，非政府组织可以帮助移民决定如何优化补偿款的使用，用于生产性资产。

（3）将补偿款金额告知所有家庭成员——补偿款通常由户主领取，但补偿款是每一位家庭成员的应得待遇。将支付情况告知每一位家庭成员有助于提高资金的使用效果，防止将资金乱花在诸如赌博或酗酒等方面。

（二）搬迁

对于涉及人口搬迁安置的移民项目，下列措施有助于将移民搬迁到安置点：

（1）确保移民总体上准备好接受具体的安置点——安置点是在移民项目规划阶段通过同受影响人口协商后选定的。但是，在项目启动实施之时与每个受影响户确认其是否愿意搬迁至具体的安置点十分重要。假使受影响的家庭发现具体的安置点有特别不利的因素或文化上不合适，就要对安置点进行改造或重新配备安置点。

（2）在实际搬迁日前准备好安置点——安置点（包括社区基础设施和服务设施）应在移民搬迁前准备就绪。在实际搬迁日前让移民进入安置点可以使过渡期更加顺利。在过渡期，移民可以在受影响地区和安置地区从事生产性活动；这些活动可以在移民安置过程中为他们提供有益的经济缓冲。

（3）帮助移民进行搬迁——应根据受影响地区和安置区的位置以及移民自己的偏好，帮助移民搬迁至安置点。如果允许支付的现金不足以支付从偏远地区搬迁出来的搬迁费，或者如果安排运输工具有困难，应考虑直接安排人口转移和财产（包括材料残值）转让。

（三）房屋重建与搬迁

如果移民项目正在建设新房，那么房子的布局、设计以及社区基础设施的位置都应有移民的参与并征得他们同意后确定。移民的参与可以使设计符合他们的具体要求，如畜圈面积、花园和对他人不明显的其他活动。他们应该有多个可供选择的建房方案，且这些方案不应过于标准化。其中一个方案应允许移民自己增加资源，这样他们可以盖更大或更好的房子。住房方案中应包括现金方案，允许移民自己建房或搬迁到其他地方。住房方案中也可以包括一种适用于一系列不同住房方案的购房券制度。住房方案不应超出移民的经济承受能力：抵押、租金、水、电、气及其他费用应在可控范围之内。

在许多农村移民项目中，一个重要的问题是移民愿意住在集中的社区，还是愿意住在各自的土地上，或沿公路居住，或根据其他替代方案或组合方案选择居住方式。集中在村庄居住具有离社区基础设施距离近、各家各户之间关系密切的优势，也有可能使某些社区成员离其耕地距离较远。沿公路居住可以使交通更加便利，也有可能带来额外的生计机遇。安置区应被允许选择最符合移民需求及其社会文化习俗的方案，而且各种方案的利弊也要同他们进行充分讨论。

（1）分配住房——新房的分配应基于移民都了解的、界定明确的标准。如果安置房位于城市的多层建筑中，那么低层住房应优先分配给有老人的家庭，有残疾人的家庭，或以商业活动为生的家庭，因为他们需要将部分住房改成商铺。在需要优先考虑的家庭的需求得到满足后，其他家庭的住房分配应基于社区的共识或基于一个透明和随机的程序。由移民机构强行分配的做法会被移民视为不公正，应予以避免。

（2）协助移民管理置换住房的建设——应作出安排确保搬迁移民有足够的时间拆掉老房子，搬迁可用的建材或购买新材料，并在准备工作比较充分的安置点修建新房。项目执行机构应检查房屋修建的速度和程序，以确保移民自身难以控制的问题能得到解决。对弱势群体（老人、女户主家庭、残疾人）应作出必要的特殊安排，向他们提供劳力，帮助他们搬迁和重建。

（3）必要时，安排过渡性住房——尽管移民从受影响地区实际迁入前新房应修建完毕，但短期过渡性住房安排有时也是必要的。项目实施期间，也许需要提供过渡期交通费用援助或交通工具。此外，可能还需要为人们搬入过渡和长期住房提供搬迁援助（或支付搬迁费用）。当然，如果过渡期超过原先预计的期限，所有形式的过渡期援助也必须相应延长。

（四）民用基础设施

（1）改造安置区基础设施。

假如移民即将迁入现有社区，这些安置区的民用基础设施（如学校、卫生所、供水和污水系统及公路等）应予以扩建或改造。安置区基础设施和服务设施水平如果不能高于移民搬迁前的水平，至少也应与搬迁前的水平相当。民用基础设施的改善不仅可以帮助安置区应对新增需求，还可以使它们对移民安置工作有良好的印象。如果受影响地区民用基础设施的标准较高，那么就应加强安置区的基础设施，并在可能的情况下使之达到类似水平。

（2）新建基础设施。

移民安置项目通常为移民修建新的民用基础设施和其他设施，即便这些移民即将迁入人口密度已经非常高的地区。这些基础设施和其他设施不应仅限于供移民使用，当然诸如学校这类设施应优先供移民社区使用。如果为移民新修建的基础设施要明显好于临近社区的现有设施，较好的做法是投资改善安置区的设施。如果不采取这些措施，就可能会造成安置区居民的不满情绪。

（3）讨论维护安排。

通常情况下，移民社区和地方政府不会充分认识到安置后运行和维护基础设施所带来的财政和机构影响，或者他们根本就负担不起这些费用。在安置点提供适当的基础设施——不一定是最好的基础设施——非常重要。讨论关于将地方基础设施的运行和维护移交给地方政府和移民社区的安排也是有益的。必要时，移民项目实施的内容也应包括对地方政府有关部门工作人员及移民进行关于民用基础设施的运行和维护等方面的培训。

（五）收入提高战略

在开始实施计划中的提高收入战略之前，项目组应重新确认这些战略是否还依然可行，是否仍为移民普遍接受。例如，在项目规划阶段，有些移民选择到国有企业工作，因为当时预计存在这样的工作。但是，当项目开始实施时，如果经济状况发生了变化，这些工作有可能已不复存在了。

1. 启动生计活动

某些收入提高战略，如园艺业发展、水利灌溉系统建设或提供需要大幅度提高技能的工作等战略，在产生收入流之前需要较长的准备期。在这种情况下，要在受影响人丧失当前的收入来源之前就启动各项准备措施。

2. 提供投入

实施各种收入提高战略所需的一切投入都应尽早启动，以便移民有充足的时间实施这些选定的战略。提供各种投入，如现金支持、置换土地、抽水设备、种子和化肥等会很复杂，非常耗时。因此，在项目启动前要更新移民安置规划的时间表（以甘特图或关键路径分析的方式），所有必要的工作都应按时完成。对在关键路径上的活动要密切跟踪，因为这些活动的任何延误都可能会对整个收入提高项目带来不利后果。

3. 提供信息

同时，也应尽早作出实施其他项目活动的安排，这些活动包括提供培训、信贷、市场建议以及由移民生产产品和服务的营销等。其中，有许多活动需要较长的准备期，且需要许多专业机构之间的协调。这些活动在实施收入提高战略关键路径中的相对位置应予以认真确定，应在适当的时间开始启动。

4. 提供过渡期援助

如果在搬迁时预计还不能恢复收入，应对移民提供过渡期援助。对自给自足型社区，一般应作出以提供粮食为主的过渡期安排，对从事商业型农业的移民或居住在城市的移民，他们可能更偏向于现金援助。要制定可监测的基准指标来衡量何时终止这些援助：要么是创收性资产的生产潜力已充分开发出来的时间；或者是已达到了既定的收入水平的时间。建议采取逐步减少过渡期援助的策略，这样移民就不会把这种援助作为他们的核心收入来源，也不会到过渡期结束时面临突然终止全部援助的局面。如果实施问题阻碍或延误了收入恢复措施的实施，那么过渡期援助政策应该延续下去，直到制定和采纳替代方案并开始产生收入时为止。

三、方案的调整和修改

移民项目的监测应始于项目实施之时，并贯穿整个项目实施过程的始终。如果聘用外部独立监测机构实施监测，那么合同安排在实施工作启动之前就应予以确定，从而该机构就可以进行移民工作的早期监测，因为许多问题，如及时提供必需的投入和服务等问题都出现在项目早期。内部监测安排也应尽早确定。应确立一套程序，以便在移民项目协调小组会议上系统介绍内外部监测的结果。每次协调会都应讨论那些通过内部，特别是外部监测发现的问题的落实情况。

（一）申诉处理

由于移民项目固有的复杂性，一些移民会对他们各自情况的某些方面有意见。对完全不存在申诉的现象要进行认真分析，因为它可能表明申诉机制存在不足之处。在搬迁工作开始之前，负责处理申诉的官员就应准备好记录和处理申诉事件及记录官方答复意见的程序。应（通过移民工作协调小组或移民工作领导小组，如果已经成立了的话）定期检查解决申诉事件的进展情况。

（二）工作未按计划进行时需要调整

本书各章节反复出现的一个主题是移民安置规划不应被视为项目实施过程中一成不变地加以遵循的蓝图。在最简单的项目中——这些项目的影响较小，而且可以通过支付补偿费用等形式迅速得到缓解——一切都可以很好地按计划进行。但是，在大多数情况下，移民工作往往比较复杂，因此也更加难以预测，所以移民安置规划应被视为一个大致的指导性文件，不应视为蓝图。事实上，最成功的执行机构是那些知道何时调整移民安置规划以适应变化了的情况并能作出相应的反应的机构。

许多移民安置工作都具有固有的复杂性，经济恢复工作就是一个明显的例子，特别是移民要改变去从事全新的、他们不熟悉的创收活动。这些影响一般事先是可以预料得到的；事实上，提供经济恢复的可行途径是移民安置规划的一项重要内容。但是，项目的有效实施往往要求各机构之间的紧密配合，也有赖于移民自己对新机遇和新情况的反应。项目的有效实施也受时间推移的影响。移民项目不是在真空里实施——一般而言，实施期限越长，项目区发生重大变化的可能性就越大。即便是最勤勉的移民项目规划人员，也不能全部预见到机构协调的复杂性、移民的反应及项目区发生的变化。

移民实施、监测、检查和评估工作负责人在遇到困难情况时应依靠他们自己的判断力。全面深入的移民规划对项目成功实施至关重要，但是在实际实施环境中的不可预见因素会造成移民安置规划同现实之间的巨大差距。在大多数情况下，移民安置规划本身包括应对这些不可预见因素的措施。这些措施包括：①应对成本增加或预料之外费用的不可预见费；②定期更新各类受影响财产补偿标准的公式（在某些情况下）；③建立专门负责解决预料之外问题的移民协调小组或其他管理者小组；④外部监测，包括识别不合适或过时的规划中存在的问题；⑤申诉程序，移民可以通过这套程序寻求解决规划人员没有预见到但对移民产生具体影响的问题；⑥尽早开始移民实施工作检查（通常在项目中期调整前进行），包括检查项目规划的适用性和有效性。

从本质上讲，并不是所有在移民项目实施过程中被证明的相关因素都能事先得到识别，因此，在这里我们只能提供关于回应和调整的一般性指导意见。尽管不可避免地要作出相关判断，但是有三条基本原则将会影响与移民安置规划中既定条款内容不同的决策：

1. 向移民提供援助是最根本的目标

项目环境的变化可能会带来事先未预计到的管理负担或大幅增加移民安置成本。可以通过改变分类方案或服务提供机制来实现效率，但是提高或恢复移民的收入和生活水平依然是最根本的目标。

2. 加强合作是项目成功实施的关键因素

由于移民安置规划不能可靠地充当蓝图，因此要使项目得到成功实施，通常就必须对计划进行修改。在时间跨度较长的复杂移民项目中，经常会出现一些都难以直接控制的情况，如本地区总体经济滑坡或贸易朝不利方向逆转等。此类情况下，通过共同努力来调整移民项目的方法或重新设计一个全新的项目会取得更好的效果。当这一情况下发生时，应修改项目的移民安置规划，说明新的移民方法。修改后的移民安置规划应上报审核批准。

3. 同移民的合作也是项目成功实施的关键因素

作为一项一般性规则，没有正式要求在项目实施期间就发生变化的情况同移民协商或告知移民，但在实际工作中，向移民提供关于变化情况的相关信息是重要的。如果规划的修改是为了减少移民的明确担忧，或者没有移民的积极支持难以取得成功，那么就要在规划修改的提议阶段以某种方式同移民们协商。

（三）可能需要修改规划的情况

1. 项目区发生的变化

在城市或城市周边地区，项目区可能会因其他许多因素而变化。例如，在同一地区由其他机构实施的其他建设工程可能会造成混乱，使人搞不清楚谁受什么影响，或谁来负责何种形式的移民安置等。政策的变动也会影响移民项目的有效性。还有其他经济或政治条件可能会发生变化，而这些变化与任何一个机构都无直接关系。对此，要对项目影响人进行跟踪，确定他们是否得到各种规定的援助，以确保移民安置规划中规定的各项权益提供给所有移民。

2. 预料之外的不利影响

在某些情况下，移民安置规划对项目实施期间可能出现的某些不利影响并没有作出规定。在这种情况下，应同意扩大移民资格标准，以覆盖所有受影响人口，并采取适当的补救措施。

（1）项目地点的变化——有些情况下，出于物力或财力方面的考虑，项目单位会变更项目设计，造成项目地点的变化。这可能意味着，原先通过人口普查或调查确定可以得到援助的人口中的一部分或全部可能不再受项目的影响，而移民规划期间没有调查或识别到的人口则会受项目影响。例如，在中国经常会对线形项目路线进行微调，以减少征地和移民影响。如果项目地点的调整会对原先移民安置规划没有覆盖的人口造成不利影响，那么，在对潜在受影响人口（及其财产）进行调查及与同他们就规划措施和移民权益或其他形式的帮助进行协商之前，工程就不能开工。如果不利影响的分类与移民安置规划业已确定的分类相同，那么规划的移民权益或其他形式的援助可以简单地沿用到新确定的人口（当然，各地区的补偿标准各不相同）。如果不利影响不同于移民安置规划中已然确定的类别，项目规划人员要重新制定新的移民权益或其他形式的帮助或其他援助形式。

（2）补偿标准的变化——由于各种原因，项目单位有时会在项目实施期间调高移民规划中确定的补偿标准。这种措施可能是为了反映规划制定以来财产实际价值所发生的变化，或者是为了鼓励移民尽早搬迁（或消除他们对移民安置的抵触情绪）的一种激励性措施。

（3）补救措施的变化——作为替代补偿措施或作为补偿措施的补充，有些移民安置规划包括一些补救措施，这些措施在项目实施期间或许不需要全部执行的。在许多情况下，一些替代方案唾手可得。但是，要特别关注旨在使移民们提高或恢复其收入的措施的变更情况。承诺给那些丧失了农用地的人口提供就业机会可能是最重要的一个例证。在某些情况下，承诺的工作永远得不到兑现。在其他情况下，这份工作不久就丢了，而丢失工作的移民一点过错都没有。如果项目实施期间收入恢复措施要改变，重要的是要与移民一道找出可行的和可接受的替代方案。

（四）规划变化的记录

为便于项目检查和评价，要将项目实施期间移民安置规划的所有重大变化记录在案。除影响规模、移民安置法律框架、政策标准、安置地点、收入恢复措施或移民安置预算等方面的变化以外，对于其他变化，只要编写一份备忘录，记录造成变化的背景及变化性质。但是，如果移民安置的规模出现大幅变化，产生了较大的影响，或者提议降低补偿标准，就要正式修改移民安置规划。如果出现这种变化，也要修改项目的法律文件。

第二节　移民实施方案的监测

一、国际金融组织贷款项目移民监测体系与机制

（一）项目实施监测的基本要素

监测的目的在于尽早发现项目实施中的问题及成功经验以便于调整实施安排。移民安置规划实施情况监测对所有涉及非自愿移民的项目都很重要，这有几个方面的原因：移民安置通常处于关键地位，如果实施不当会造成项目的严重延误；移民安置直接影响人们的生活，可以使他们陷入困境；监测是纠正实施过程中出现的问题和延误的主要管理机制，早日发现这些问题往往会使项目调整和纠正问题变得更为容易。

监测与检查是既相互联系又各不相同的活动。监测是借款人的责任，可以分为内部监测（项目执行机构）和外部监测（或独立监测）。监测主要指系统运用有关信息以确定项目计划有效执行程度的过程。这些信息还可以帮助确定移民安置规划中需要调整的问题。与此同时，检查是世行的责任，其目的是核准项目监测的结果。

任何监测系统的基础都是项目机构对项目的定期报告。监测系统——管理信息系统——一般包括表 8-1 显示的内容。

表 8-1　　　　　　　　　　监 测 系 统 要 素

管理信息系统	信息来源或数据收集方法	信息收集和分析职责
"（a）货物的采购及交付、建筑物和服务的购置和提供以及发生的费用"	内部，月度或季度工程和财务报告	实施机构；移民搬迁管理单位（如果存在的话）
"（b）项目受益人对建筑物和服务的使用及其初步反应"	监测，与移民接触联系	项目移民管理单位及外部监测承包机构

续表

管理信息系统	信息来源或数据收集方法	信息收集和分析职责
"（c）当通过（b）或其他渠道取得的信息披露后，项目受益人作出预想不到的反应的原因（社会的、经济的或环境的）"	诊断性调查及其他专项调查	外部监测机构或其他承包开展专题调查的机构（学术机构，非政府组织，咨询专家）
"（d）产出指标的度量，如生产力提高，根据在实施过程中可以度量程度去度量"	内部报告和外部抽样调查	项目移民管理单位或外部机构（学术机构，非政府组织，咨询专家）

有关项目财务和工程进度的定期报告制度是项目管理的基本制度，在实际工作中，不能过分强调这一制度的重要性。项目管理层依靠关于投入到位情况、财务现金流及服务提供等方面信息的及时反馈进行项目管理。项目进度报告一般基于具有时间期限的行动计划（在项目实施计划中通常以条线图、甘特图或微软项目表格等形式表示）。定量指标为监测项目进度和质量的众多方面提供了一项有效的工具。但是，具体到社会经济影响分析而言，可能有必要开展补充性定性评价工作。表 8-2 中简要描述了由谁负责监测何种活动。

表 8-2　　　　　　　　　　　　项目成效跟踪程序模型

	投入	活动	产出	成效或成果	影响
内部监测					
外部监测					
检查					
评价					

表 8-3 中提供了一套有关移民安置监测的一般性指标。但是，没有任何一套单一的指标可以普遍适用，需要针对项目的具体情况设计指标，以反映项目的具体活动和实施安排。

表 8-3　　　　　　　建议用以衡量移民项目情况的一般性指标

顺序	移民安置过程各方面的工作	指标	核准方式
投入	成立项目管理单位	合格人员落实到位 设备到位 存入资金	季度内部监测报告
过程	告知移民 能力建设 协商和参与 移民的意见和态度	信息得到发布 培训移民 会议得以召开、委员会得以组建 关于移民反应的定性信息	内外部监测 内外部监测 内外部监测 内外部监测社区领导了解到的意见
产出	补偿 征收 补偿 移民安置 恢复	征收财产补偿得以支付 财产得以征收 社区资产得以重置、安置点准备完毕 安置完毕、援助款项得以支付 工作、企业经营场所或收入机会得以提供（包括移民的满意度）	内外部监测 内外部监测 内外部监测 内外部监测 内外部监测
影响	成果	收入得以恢复 生活水平得以恢复	外部监测

对移民动态的密切监测有助于项目管理。对移民动态的监测对项目总体监测的成功具有

重要作用。如果移民拥有直接渠道来反映其顾虑、想法以及他们是否接受项目的干预措施，这将对项目的成功实施有着至关重要的作用。同移民的接触联系及对他们的监测往往与参与式战略联系在一起。召开定期会议、专题小组讨论或其他诸如此类的参与式方法一般都是实施战略的组成部分，因此也是实施机构的责任。为增加行业主管部门与移民的互动，应聘请外部咨询专家与移民合作来核实项目内部报告（即项目执行机构的报告）。众所周知，移民在访谈过程中的回答取决于所问的问题，也取决于谁来问这些问题。对移民的监测可以通过定量和定性方式来报告。较好的做法是保存会议纪要，并向项目管理层反映重大问题，作为定期检查的有机组成部分。或许可以采用更多的系统调查移民以取得关于项目干预措施初步成效的定量资料。

专项研究也许是必要的，特别是针对大型项目。可以开展专项研究，专门解决通过常规报告或移民监测发现的问题。例如，有时有必要开展市场调查以评估区域需求模式的变化，因为这种变化影响到移民项目准备阶段被认为是可行的经济恢复方案的可行性。同样，也有必要开展调查，研究为什么移民拒绝接受某些方案或没有适应移民安置方式。此类调查可以提出一些行动建议，以修正项目的某些缺陷，而其中许多缺陷在项目规划阶段是难以预料的。另一种较好的做法是尽早开展调查，并将其作为世行关于尽早开展移民实施工作检查要求的一部分，这是世行对所有涉及大规模移民工作的项目所作的政策规定，以使这些调查工作能及时完成，从而能够调整计划和程序，使大多数移民能从中受益。

与移民安置方案实施监测相关的几个概念界定如下：

（1）移民监测。根据移民规划，收集、分析、报告和使用关于移民进展的信息。监测注重实物目标和财政目标，以及将权利授予受影响的人的情况。监测通常由实施机构内部进行，有时有来自外部监测专家协助。

（2）移民审查。定期在项目周期中重点进行，例如在中期。在审查中，项目决策人和主要的利益相关者在一起评估移民的进展情况。根据监测和评估报告及其他资料进行审查。在这个基础上，审查人员达成共识，并决定采取任何所需行动来改进移民工作或适应正在改变的情况。

（3）移民评估。一般在实施中和实施后进行。它评估移民的目标是否合适及是否达到，特别是，生计和生活标准是否已恢复或者提高。评估评定移民的效率、有效性、影响和可持续性，吸取的教训作为将来移民规划的指南。因为评估的范围更广、不经常进行并有独立专家们的参与，故它与监测不同，通常在外部进行。评估给移民规划者和政策制订者提供更广泛地反映成功或移民的基本目标、策略和方法的一个绝好机会。

（二）移民监测和评估计划

项目实施机构负责组织和提供监测和评估工作。移民规划具体规定监测和评估的细节情况，包括：①在移民机构内，分配监测和评估的责任。对大规模的移民，最好有一个特别监测和评估单位或组织。当移民涉及不同机构或各级政府时，需要一个协调计划；②具体工作的责任，包括资料收集、分析、核实、质量控制、与有关机构协调、报告准备、向决策人呈送报告、审查报告的责任和对报告采取行动；③收集和分析资料所用的方法；④实地调查工作和存档所需的资源，包括政策明确指定要有社会学、社会人类学和移民方面的专家；⑤在监测和评估方面，培养能力和技能的任何需求，包括培训计划和预算；⑥收集资料工作、准备和呈交报告的时间表；⑦监测和评估的预算。

监测评估的主要任务：①建立内部监测系统，以便评估在达到移民规划中主要目标方面达到的进展情况，如预算和时间表、给受影响者授予的权利、咨询、申诉和特殊问题和效益；②为内部监测提供足够的时间、资源和资金；③根据监测和评估报告，进行定期评审，让包括受影响人代表在内的主要利益相关者参与。对改善移民情况所需采取的行动达成共识并且实施这些行动；④建立外部监测和评估系统，以评估移民目标的可达性与合适性；⑤确立监测和评估汇报方法和汇报要求；⑥使用参与性快速评估和其他方法，让受影响者、安置区居民、非政府组织和社区参与项目监测和评估；⑦项目结束后，由独立外部机构对移民进行后评价；⑧评审从制订移民政策和规划中吸取的教训。

（三）内部监测

在项目准备期间，实施机构要编制关于移民安置活动的监测和报告框架，作为移民安置规划的一个组成部分。该框架的核心内容包括对移民的人口普查、实物调查、移民资格标准以及移民权益内容描述，这些构成了已认可的移民安置规划的基础。负责项目移民搬迁安置汇报工作的组织机构（项目移民管理单位——如果存在的话）将监督移民工作准备和实施的进展。该单位负责检查定期进度报告中关于财务、投入及活动等主要指标。

项目的总体监测和报告框架使得项目实施地的信息能经常性地提交给实施机构总部。项目监测基于事先确定的指标，它包括移民管理单位或那些负责移民安置活动操作的机构所开展的定期检查和核准验证工作。

监测报告必须要提交给世行，当然在此之前项目实施管理机构应对监测机构提供的报告初稿进行审查并提出修改意见。城市项目及其他项目区范围明确的项目由于其空间分布集中使得项目机构有可能直接参与征地和移民安置工作。相比较而言，线形项目空间分布较为分散，因此项目机构往往将征地和移民安置工作承包给当地官员来执行，项目机构通常认为一旦与当地官员签署了合约项目活动就完成了。而且对项目实际进展监测工作也一般交给当地官员，他们一般不向项目机构提供报告。即使实际工作已经承包出去，项目机构也要最终对征地和移民安置工作负责，因此要建立起从地方向项目管理办公室报告的内部报告制度。

实施机构通常全权负责内部监测，监测针对移民规划中确定的活动、资格权利、时间安排和预算而进行。内部监测经常根据存放在监测办公室里记录每一受影响的家庭已到期和收到的权利卡片系统。卡片系统可以是人工的或者电脑控制。一些国家给每一个有资格权利的住户或人提供记录他们到期和已收到的权利之移民卡片，以备他们自己存档。定期的调查配合记录系统，旨在根据最初人口普查和调查工作中所建立的基础，来衡量其变化。定期调查着重在受影响人权利和受益指标上。移民规划的撰写者为监测制订一个方法，包括就组成这个计划的活动和资格权利，进行定期调查。该方法将明确调查计划、抽样方案、调查频度、资源和责任，监测一般持续到项目整个过程，甚至在深入的移民活动后仍需监测。亚行政策指出，从移民中完全恢复可能会延长，当移民活动结束、有时是项目设施已移交和亚行贷款完成后，还需要监测。选定一些监测指标，以说明活动的具体内容和资格权利分类表。

（四）外部监测

项目通常需要外部（或独立）监测来定期评估移民项目的实施及其影响，验证内部报告和监测，评价移民项目的定性部分，并根据要求对履行机制和程序的调整意见。监测活动的有机组成部分包括对移民权益成果的社会经济评价，衡量移民安置前后的收入水平和生活水平。

外部监测的主要职能如下：

（1）通过实地检查向目标受益人发放补偿金的情况来验证内部报告，包括补偿金发放的水平和时间；检查土地调整情况；检查安置点的准备情况及安置点是否合适；检查住房建设情况；检查就业提供情况，提供的工作和收入水平是否合适；检查培训情况；检查对弱势群体的特别援助措施；检查基础设施的维修、搬迁或置换情况；检查企业搬迁安置情况，补偿金及补偿金水平是否合适；检查过渡期补助情况。

（2）与随机抽样选择的移民进行开放式访谈讨论，并通过这种方式评价他们对移民安置过程、所享有的权益及恢复措施的了解程度和关心的问题。

（3）观察各级移民安置工作的实际运转情况，并据此评价运转的有效性以及是否按移民安置规划开展工作。

（4）通过审查各级对申诉案件的处理及同申诉移民的访谈来检查申诉问题的类型及申诉处理机制的运行情况。

（5）调查移民（在可行的情况下也包括那些未受影响的对照组中的人口）在搬迁安置前后的生活水平，并据此评价移民安置对其生活水平的影响。

（6）向项目执行机构提出关于可能改进移民安置规划实施工作的意见。

定期外部监测始于项目活动开始实施之时，一直持续到项目结束为止。如果所有移民的生活水平还没有恢复至少搬迁前的水平，而且借款人均同意这种情况还需要继续跟踪，那么有时项目外部监测在项目完成后还要继续进行。对有大规模移民影响的项目，较好的做法是在移民安置工作启动前进行生活水平调查（基线调查），安置后三年再进行调查，如果必要的话此后进行跟踪调查，以评价补救措施的有效性。

为了确保信息的完整性和客观性，实施机构通常任命一个独立机构从事外部监测和评估。移民的后评价是项目周期中一个不可缺少的部分。外部研究或咨询机构、大学部门或发展性非政府组织可以进行独立的评估。外部机构的任务是：①核实内部监测结果；②评估移民目标是否已达到；特别是生计和生活标准是否已恢复或提高；③评估移民效率、有效性、影响和可持续性，吸取的教训作为未来制订移民政策和规划的指南；④查证移民的资格权利是否恰当地满足目标要求，这些目标是否适合受影响人的情况。

表 8-4　　　　　　　　　　　　　潜 在 监 测 指 标

监测类型	指 标 依 据
预算和时间框架	• 是否所有土地征收和移民工作人员，已按实地与办公室工作的计划任命和动员了？ • 能力建设和培训活动是否已按计划完成？ • 根据商定的实施计划，是否正完成移民实施活动？ • 用于移民的资金是否按期拨给移民机构？ • 移民办公室是否收到计划中的资金？ • 资金是否按移民规划拨到位？ • 社会准备阶段是否如期进行？ • 用于项目实施的所有土地是否已征收和占用？
受影响人权利的授予	• 根据权利资格分类表中规定的损失数和类别，是否所有受影响人获得他们的权利？ • 受影响人是否准时收到付款？ • 受影响人暂借土地之损失是否得到补偿？ • 是否所有受影响人按照计划获得认可的运输费、迁移费用、收入替代支持和任何移民补助？ • 是否提供所有替代土地或合同？土地开发是否按规定进行？措施是否准备就绪，以给受影响的人提供土地所有权？

监测类型	指标依据
受影响人权利的授予	• 多少受影响家庭已获得土地所有权？ • 按移民规划中安置方案，多少受影响者获得住房？ • 住房的质量是否符合商定的标准？ • 移民地是否按商定的标准选择和开发？ • 受影响人是否已住进新房？ • 协助措施是否按为安置地社区的计划予以实施？ • 恢复是否面向社会基础设施和服务进行？ • 受影响人是否获得学校、卫生保健服务、文化遗址和活动？ • 收入和生计恢复活动是否如收入恢复计划中所规定的实施？例如使用替代土地、生产开始、受培训和提供工作的受影响人数、拨给的小型贷款、协助创收活动的数目？ • 受影响的生意是否收到补偿包括转移和因失去生意及停工所致的净损失付款？
咨询、申诉和特殊问题	• 协商按计划进行了吗（包括会议、小组及社区活动）？移民信息册准备好并分发了吗？ • 多少受影响者了解他们的资格权利？多少人知道这些资格权利是否收到？ • 有没有受影响者使用申诉处理程序？结果如何？ • 冲突解决没有？ • 有没有实施社会准备阶段？ • 有没有对土著人实施特别措施？ • 与项目前情况比较，职业、生产和资源使用方式方面有什么变化？
效果监测	• 与项目前情况比较，收入与支出模式方面有什么改变？生活费用有何变化？受影响者的收入赶得上这些变化吗？ • 在与生活标准相关的主要社会与文化因素方面发生了什么变化？ • 脆弱群体发生了什么变化？

移民规划将制定外部监测与评估要求，通常要求外部小组提供一个对有关移民目标安置监测与评估方面的原基底调查的年度修正报告。这个外部小组将为监测与评估和项目本身的档案系统建立一个资料库。这个资料库也可以包括地图、图表、受影响财产的照片，合同与土地权复印件、付款情况以及有关移民的估价文件。

问卷设计和抽样工作将用于建立移民"之前"与"之后"情况的比较性资料库。调查通常与家庭问卷相结合，从中获得有关移民进展、效率、效益、影响和可持续性等主要指标的信息。定期的参与性快速评估可作为补充，这种参与性快速评估将允许评估者同一系列利益相关者（地方政府、移民现场工作人员、非政府组织、社区领导人和最重要的一些受影响者）协商。监测与评估小组还通常至少进行一次事后评估调查，以评估移民目标的达到程度，生活标准和生计变化以及受影响者经济与社会基础的恢复情况。

对委托外部监测与评估的基本要求：①有关移民规划目标；②根据移民规划，达到这些目标所需的信息；③提供信息的方法与途径；④详细的方法论，采用现有的基础人口普查和调查、定期修正、抽样框架、安排资料收集、核对与分析、质量控制、与建立记录和汇报系统；⑤主要的利益相关者，尤其是受影响者参与监测与评估；⑥所需资源，包括社会学、社会人类学和移民方面的专长；⑦监测与评估的时间表；⑧汇报要求。

表 8-5   **外部监测和评估的指标**

监测指标	指标依据
受影响家庭基本信息	• 位置 • 组成和结构、年龄、教育和技能水平 • 家庭户主的性别 • 少数民族

续表

监测指标	指　标　依　据
受影响家庭基本信息	·获得卫生、教育、实用设施和其他社会服务 ·住房类型 ·土地及其他资源拥有和使用模式 ·职业和就业模式 ·收入来源和水平 ·农业生产资料（用于乡村住户） ·在邻里和社区组织中的参与 ·获得文化场所和活动 ·组成资格权利和移民资格权利的所有资产估价
生活水平恢复	·受影响人的住房补助津贴是否在毫无折旧、费用或迁移费用下支付的？ ·受影响的人是否采用住房选择？ ·"社区"的观念是否恢复？ ·受影响人是否获得主要社会和文化要素的替代品？
生计恢复	·给受影响人的补偿费用是否不因折旧、费用或迁移费用而打了折扣？ ·补偿费用是否足够替代失去的财产？ ·是否有足够的符合标准的替代土地？ ·迁移和移民付款是否包括这些费用？ ·收入替代是否允许重建企业和恢复生产？ ·受影响的企业是否获得足够的协助去自己重建？ ·是否向脆弱群体提供创收的机会？这些是否有效和可持续？ ·提供的工作是否恢复项目以前的收入水平和生活水平？
受影响人的满意程度	·受影响者对移民步骤和权利知道多少？受影响者知道他们的权利吗？ ·他们知道是否已经达到要求？ ·受影响人如何评估他们自己的生活标准和生计已经恢复的程度？ ·受影响者知道多少有关申诉程序和解决冲突的步骤？
移民规划的有效性	·受影响者和他们的财产是否正确地列出？ ·有任何土地投机者获得协助吗？ ·时间表和预算足以达到目标吗？ ·权利是否太慷慨？ ·脆弱群体是否确认和获得协助？ ·移民实施者如何处理未预见的问题？
其他影响	·是否有非故意的环境影响？ ·是否有对就业或收入非故意的影响？

（五）受影响者和非政府组织参与监测、审查和评估

在监测和评估过程中，受影响人和安置区居民的参与可以解决在移民实施中产生的许多日常问题。受影响人、当地社区组织和/或非政府组织应该参与。参与性评估通过关键者参与评估设计和实施有助于促进方案的实施。参与性快速评估的方法鼓励受影响者和其他主要利益相关者参与移民监测和实施。

表 8-6　　　　　　　　　　　　　评 估 方 法 比 较

更可控制的、实证论者方法	更主观和参与性方法
优点	优点
·快速和容易定量 ·直接 ·很可能直接与项目设计的方式有关 ·更可靠 ·较易处理和不会出现有关活动控制的复杂问题	·所有利益相关者的观点和展望得到结果。 ·为其他实际存在的问题的出现（如超越项目范围的问题）提供机会。 ·产生更密切的互相理解和共享目的感

更可控制的、实证论者方法	更主观和参与性方法
缺点	缺点
• 傲慢和不敏感 • 结果可能反映评估者的价值 • 对独立观察和抓住现实的能力的错误假定 • 忽视人类现实—即变化，政治动态 • 假设简单的原因和效果	• 可能不适合项目的形式或框架。 • 可以代替参照其目标的活动成绩之严格的检查。 • 几乎没有评估者真正知道如何使用参与性方法。 • 产生不会/不能达到的期望

表 8-7   **项目周期中的监测和评估：主要行动**

项目周期	主 要 行 动
立项/初步社会评价	• 进行初步社会评价，作为将来移民规划、监督和评估的基础。 • 确定项目地区
管理评审会议	• 与所有利益相关者协商。 • 采用人口普查和基底调查。 • 在已设立的基底上制订监测和评估计划，作为移民规划不可缺少的一部分，让内、外部资源参加
项目准备技术援助 可行性研究	• 建立监测和评估计划，以利机构内部的活动协调。 • 确认监测和评估计划将提供有关移民目标的成绩和进展的信息
评估	• 评审预算和资源
贷款谈判	• 在保证中包括监测和评估
实施	• 建立实地监测能力。 • 受影响者/安置区居民和非政府组织参与监测。 • 在达到预算和时间表、受影响人权利的提供、咨询，申诉与特殊问题和受益的目标方面，对进展进行内部监测 • 让外部的、独立的专家监测和评估移民目标的成绩和进展。 • 在监测和评估所有方面，准备定期报告
监测和评估	• 进行移民后评价，以评估效果、影响和移民权利的影响和可持续性；为将来制订政策和规划吸取策略性的教训

（六）检查

检查与监测紧密相联，因为在有重大移民安置影响的项目中，检查工作在很大程度上依赖于实施机构提供的监测数据和信息。但是，检查又有别于监测，一方面是因为检查是贷款机构的职责，另一方面是因为检查关注的是应引起高层当局重视的问题。检查是项目实施期间的一项重要工作，因为在移民安置规划编制后情况可能会发生变化，而且有些项目提前好几年就完成了移民安置规划的编制工作。如果缺乏有效的检查和必要的中途纠正措施，实施机构可能会继续执行业已过时或不可行的移民安置规划。随着重点从注重蓝图方法向注重过程方法和实际效果的转移，检查工作变得更加重要。

移民项目检查具有控制和支持功能。项目检查组评价世行资金用于预期目的的程度，这一评价过程强化了公众问责性。世行检查还具有管理功能。项目检查组可以根据以下多种渠道所得信息提出建议，包括内部报告、外部监测、检查团实地走访以及与一线项目工作人员、移民和当地非政府组织的交流。

移民项目需要合适的检查人员。为向借款人提供最高质量的技术援助，检查小组必须配备适当的专业技能。直到最近，移民项目要么没有得到检查，要么进行远距离检查（没有实地检查），要么由不熟悉移民工作细节和复杂性的人员来检查。选用哪些合适的人员来检查移民项目部分取决于项目的性质、项目所处的阶段及当地或各县的具体情况。例如，城市规划方面的专业技能对城市发展项目而言显然是必需的。法律方面的专家在初始规划阶段则更重要。如果项目影响到少数民族人口，检查工作则要重视文化背景。总体而言，检查工作应由各方面技能都有一些的人来完成，包括应用社会科学、项目管理、工程规划及微小型企业发展等方面的专业技能。检查组可包括世行工作人员，也可以聘请咨询专家从事检查工作。

检查工作可以与移民安置进程相结合。有三个因素对设计有效的移民检查计划特别重要：

（1）项目执行机构显示的能力（重视程度）——为强化对世行资源的高效利用，进一步实现客户所有权意识的目标，要尽可能减少对业已证明具备能力的项目机构进行检查。相反，对于移民安置业绩较差或移民安置能力未被证明的项目机构，则有可能要强化对其检查，起码在项目实施初期应如此。

（2）项目的复杂程度——总体而言，对于影响人口较少或造成轻微影响的项目，要限制检查次数。相反，对于造成大规模搬迁和可能对移民的弱势性造成重大影响的项目，则要增加检查的次数，加大详细检查的力度。

（3）移民安置对项目区造成影响的时间——例如，对于需要安置农村农业人口的项目，在搬迁工作和安置点准备初期可能要加大检查力度。相对而言，对于将农村农业人口转移到工资类就业岗位的项目，可能要延长对收入恢复措施检查的时间。

检查报告能导致行动。如果检查报告不能转化为行动，那么通过检查来发现移民工作中存在的缺陷就毫无意义。理想的情况是，将这些报告转化为有效的行动，这需要世行与借款人的共同努力。较好的做法是让项目执行机构参与检查过程，从而增大检查工作取得预期成果的可能性。同样重要的是在每次检查工作完成时同项目决策者就检查过程中发现的主要问题和提出的主要建议展开讨论。高层管理可以在检查结束后的官方正式文件中重申重要的建议，特别是针对那些尚未解决的问题提出的重要建议。如果发现及时，并且项目组及时同借款人讨论可能的解决方案，项目实施中的大多数问题是可以得到解决的。但是，如果存在双方不能共同认同移民安置目标的情况，那么得力的世行检查团可能要明确和坚定地表明世行的态度，要求暂停项目实施，或采取其他措施来强化补救行动。

为使联合检查有成效，审查检查报告的项目官员必须有足够高的级别，这样才能采取相应的行动。同时，这些官员还需要取得项目管理层的支持。世行检查组同样也需要得到国家和地区管理层的重视和支持。如果通过正常的检查程序不能解决或缓解问题，那么这些问题就可能要提交给更高级别的官员，必要时也可以采用现有的法律补救措施，如威胁暂停项目、暂停项目或取消贷款等措施加以解决。

如果移民安置规划没有得到实施，项目就不能视为完成。经常碰到的一个问题是如何处理项目完成后尚未解决的移民安置事宜。要回答这个问题，有必要将移民工作的实施划分成两个阶段：

（1）第一个阶段为行动实施阶段，即借款人实施既定移民安置规划规定的行动。这些是典型的以投入为导向的活动，如支付补偿款、准备安置点、将人们搬迁至安置点、对各种收入提高战略的实施提供投入以及执行过渡期的各项安排。由于移民项目是整个项目的子项目之一，因此，在世行和借款人所达成一致的移民安置规划未得到全面实施之前，项目不能视为完成。

（2）第二个阶段为经济目标实现阶段，即作为移民安置规划的一部分，所提供的投入有助于实现移民项目的主要经济目标：即提高或恢复移民的收入水平和生计水平。这一阶段有时延续的时间会比较长，且取决于投入的质量和时间期限之外的许多变数。尽管这一阶段始于投入到位之时，但常常会延续到项目完成之后。

世行的移民政策要求，在项目完成时及移民安置规划得到了全面实施的情况下，要评价移民生活水平得到提高或恢复的程度。此项工作通常以项目完成时由借款人开展的后续社会经济调查的结果为依据。如果评价显示，大多数移民已经提高或恢复了生活水平，而且剩下的人在不久的将来也能达到同样的生活水平，那么就没有必要开展进一步的检查。但是，如果评价显示，有相当部分的移民还没有提高或恢复其收入水平，且在不久的将来也难以做到，项目组应同借款人讨论采取进一步的措施来解决这种状况。必要时，项目组（通过同借款人协商）可决定在整体项目正式完成后继续对移民项目进行检查。

项目检查报告是一种有效的检查工具。项目检查报告修改后的格式要求项目组从项目启动的所有安全保障政策角度出发评定项目实施表现和成效。因此，如果项目从一开始就启动了非自愿移民政策，那么每份项目检查报告都要对移民项目的实施进度予以评述。在这种情况下，项目检查过程中不得选择"不适用"或"未予评定"选项。必须要对移民项目予以评定，而且要给出评定的具体理由。在填写评定部分的具体内容时，项目检查报告中的"遵循矩阵表"会展开，对项目实施过程中移民政策是否得到遵循的指标予以说明。

移民实施的早期检查。在移民项目中，同样也是在世行的总体项目中一个不断出现的问题就是如何有效地实施项目计划，从而提高项目实施的实际成效。在充满不确定性的环境下，如移民项目中常见的不确定因素，项目实施必须要因地制宜，并符合项目影响人群的需要，因为他们的努力实际会决定项目的成效。因此，有必要对项目计划进行修改或调整。

项目中期调整通常是项目实施中途对项目实施情况的评价，可能会导致对项目的修正，但对移民项目的修正而言，中期调整就显得太晚了。移民是一项先导性的项目活动，是项目建设开始前最早启动的活动之一。因此，对移民项目的调整要提前进行，以使项目组有时间来采取纠正措施。

在不确定或复杂的情况下也要尽早对移民项目进行检查。所有涉及重大移民工作的项目都要提前检查项目实施情况。这种检查对具有高度不确定性和复杂性的项目也是至关重要的，如果项目符合以下条件，就要提前开展检查工作：①项目评估时没有完全明确移民安置规划；②移民安置规划中涉及未经检验的恢复措施或补偿安排；③移民安置会使相关群体陷入贫困，面临社会解体或其他各种弱势根源；④借款人实施移民安置规划的能力未经证实或能力较弱。

尽早检查移民项目实施的时间安排也很重要。开展检查工作的最佳时间为项目早期工作已提供了计划有效性的依据后，但仍有时间来作出调整使尽可能多的移民受益。人们经常倾向于等到获得更多的信息资料后再进行调整，但是等待的代价是失去对事件驾驭的机会。因为对移民项目的检查是评估移民工作的过程，而移民工作的过程大多发生在项目的早期。对移民项目的检查有可能会先于总体项目的中期调整。

正式检查是解决问题的一种机遇。项目的定期监测和世行的阶段性检查有助于发现项目实施中存在的问题。其中许多问题可以通过对日常服务的提供作出微小调整或稍微加快服务提供的速度或对既定计划作些调整即可以得到解决。相对而言，正式检查则提供了一种机遇来解决源自项目计划或设计的问题，项目环境的变化所带来的问题，或因没能纠正常规监测和检查所发现的问题而产生的问题。

　　修改移民安置规划可能会带来责权的问题。如果有必要修改基本的移民政策或移民权益，那么项目经理就要寻求法律和技术指导。世界银行规定："项目实施期间，如果项目重点或环境发生变化，那么就有必要对项目本身、项目设计或实施安排作出相应的调整。项目经理要同借款人讨论拟议的修改方案，并与律师协商确定如何修改，其中包括对法律条文的必要修改。如果修改涉及到世行的政策，如那些关于财务管理、采购或环境和社会安全保障的政策，那么项目经理就要同本地区的主管专家协商"。根据移民移民安置的总体原则，如果有关计划调整的目的是为了将遗漏掉的人们纳入移民人口普查的范围，或必要时加强移民权益，那么此类调整就可以在不经过世行正式批准的情况下进行。但是，如果是取消或减少移民权益，一方面可能需要正式批准，以保证其合法性，另一方面则要重新进行评估，以确保移民权益安排和实施安排的适当性。备忘录（项目检查报告）要反映同借款人达成的关于采取行动的协议以及关于财务安排和职责分工等方面的信息。

二、我国征地移民监测评估体系的建立

（一）背景

　　除大中型水利水电工程建设项目征地移民需按照国务院 471 号令对移民安置进行监理和监测外，我国现行法律和法规体系中还没有对一般性征地移民监测评估的明确规定，但《国务院关于深化改革严格土地管理的决定》（国发〔2004〕28 号）和《国务院关于加强土地调控有关问题的通知》（国发〔2006〕31 号）都要求，征地补偿安置必须以确保被征地农民原有生活水平不降低、长远生计有保障为原则。如何评价被征地农民收入水平和生计恢复情况，是目前征地管理工作中亟待解决的重大问题。目前却还没有一个有效的监督体系和评价标准来评判征地实施过程是否确实做到了公开透明、安置补偿措施是否真正到位、被征地农民的长远生计是否得到了有效保障。

　　近年来，国土资源部门十分重视征地批后实施情况，建立了征地批后核查和检查制度。批后核查是由国土资源部对由国务院批准征地的建设项目批后实施情况进行抽查，内容涉及建设项目的土地利用、供地情况、补充耕地及征地补偿安置等情况；批后检查是由省级国土资源管理部门对由省级人民政府批准征地的建设项目批后实施情况进行抽查。由于多种原因，批后核查和检查的范围仅限于抽查的项目，十分有限，有关征地移民方面的检查内容也缺乏系统性，因此，很难对征地移民工作进行全面了解，特别是对被征地农民的收入水平和生计恢复情况难以给予准确的评估。

　　国务院 31 号文件强化了地方政府、特别是省级人民政府在土地管理上的责任，并根据责权一致的原则，调整了城市建设用地审批方式。在土地利用总体规划确定的城市建设用地范围内，依法由国务院分批次审批的农用地转用和土地征收，调整为每年由省级人民政府汇总后一次申报，经国土资源部审核，报国务院批准后由省级人民政府具体组织实施，实施方案报国土资源部备案。在这之后，国土资源部不断深化土地审批制度改革，从总体方面上看，强化地方政府的责任、加强中央政府的监管是一个重要的趋势。因此，加强征地移民工作的监督、评估和管理，将是今后国土资源部加强土地监管的一个重要方向。

（二）总体构想

1. 征地移民监测评估体系的定位

　　按照世界银行、亚洲开发银行等国际机构的通行概念，征地移民监测分为内部监测与外部监测两类，监测的重点内容包括移民机构建设、移民政策与补偿标准、移民补偿资金与预

算以及移民生产就业安置工作进展等方面。征地移民监测制度的建立，为保障有关建设项目移民工作的顺利进行、维护移民的相关权益发挥了重要作用。

结合我国征地工作的实际情况，我国的征地移民监测评估体系以现行征地制度为基础，以国家级的批后核查和省级的批后检查为切入点，针对征地以及安置补偿活动全过程进行检查、监督和评估。

2. 征地移民监测评估体系的层次架构

按照现行法律，征地是政府特有的权力，政府是征地的行为主体，征地的审批机关是国务院和省级人民政府，征地的实施机构是市（县）人民政府。因此，征地移民监测评估体系可分为国家/省级监测和县市级监测两层。县市级监测评估负责实地调查与数据收集上报，国家/省级监测评估除了审核县市级政府上报的数据与报告外，还有重点地展开实地核查。征地移民监测评估工作以征地程序为主线，在前期调查、组卷报批、批后实施以及后期跟踪监测等各个阶段，具有不同的监测评估重点。

征地移民监测评估的成果主要通过监测指标来体现，参考借鉴世界银行等国际组织的经验，我国征地移民监测指标分为征地移民监测评价指标与移民生活质量监测指标两种。征地移民监测评价指标主要围绕审查征地项目是否合法、用地是否合理、征地的实物量影响、征地补偿标准与安置情况以及征地程序的规范审查五个方面设计，移民生活质量监测指标主要评估的重点是移民生计恢复评估，需要进行长期跟踪监测。在此基础上，针对国家/省级监测和县市级监测各自的监测重点，进一步细化为不同层级监测适用的指标体系。

3. 征地移民监测评估的组织模式

征地移民监测评估有两种组织方式，一种是针对报国务院审批的建设项目开展的征地移民监测评估活动，分为国家监测与县市级监测两个层次；第二种是针对报省级人民政府审批的建设项目开展的监测评估活动，分为省级监测与市县级监测两个层次。第二种监测模式应定期向国务院上报其监测评估成果，及时反映在监测过程中发现的问题。

国务院批准征地的监测评估的组织方式：包括国务院对其审批的单独选址项目用地和城市批次用地的移民监测评估（国家级）以及市（县）级人民政府的自我监测评估活动（市（县）级）。一般由国土资源部代表国务院对重点基础设施建设项目征地和重点城市批次征地实施监测，监测的重点是报国务院审批的单独选址项目用地和城市批次用地的征地实施情况；以及市（县）级国土资源管理部门代表市（县）政府作为征地行为主体对征地实施情况进行自我监测。

省政府批准征地的监测评估的组织方式，包括省级政府对其审批的单独选址项目用地和城市批次用地的移民监测评估（省级）以及市（县）级人民政府的自我监测评估活动（市（县）级）。一般由省级国土资源管理部门代表省级政府对省级行政区范围内单独选址项目征地和城市批次征地实施监测评估，监测的重点是报省级政府审批的单独选址项目用地和城市批次用地的征地实施情况；以及市（县）级国土资源管理部门代表市（县）政府作为征地行为主体对征地实施情况进行自我监测。

市（县）国土资源部门自我监测的信息（如检查数据、填报统计报表、监测报告）应按照其项目类型定期向国务院/省级人民政府呈报；省级人民政府对其审批的单独选址项目用地和城市批次用地的征地移民监测评估报告应报国务院备案。

图 8-1 是征地移民监测体系框架。从图中可以看出，县市级政府监测评估内容包含了从征地报批材料准备到所征地块开始使用全过程。省级人民政府和国务院监测的内容包括县市

级政府的监测报告以及从县市级国土部门开始履行征地程序到被征地农民生活水平评价整个的过程。

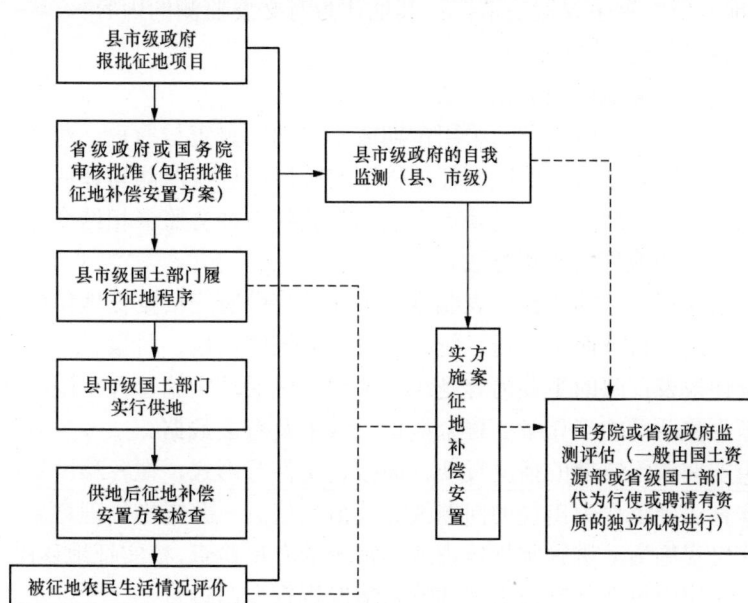

图 8-1 征地移民监测体系框架

4. 征地移民监测评估的主要内容

（1）国务院或省级人民政府征地移民监测评估的主要内容。

可以以现行的征地批后检查与批后核查为基础，进一步结合被征地农民生活水平评价指标等内容，构成监测的工作内容。即根据有关移民法律法规以及政府批准的征地补偿安置方案等征地审批要件，对项目的征地移民活动进行周期性的监测，对征地程序的实施情况、征地补偿安置方案的落实情况、被征地农民生活水平的恢复情况等进行调查、对比、分析、判断，监督征地移民安置工作的合法、有序开展，找出征地移民安置工作的差距和潜在的问题，并提出改进对策。

具体监测评估内容主要包括：批准建设项目的土地利用情况（主要考察批准用途与实际用途是否一致，在供地过程中有无违背国家相关政策法律法规的情况等）；征地程序实施情况（包括审批程序是否规范、批后实施过程是否合法有效等）；征地补偿安置情况（按照征地补偿安置方案中规定的相关标准与措施逐条审查其落实情况，如补偿费用落实情况、人员安置情况等）；被征地农民收入水平恢复情况（主要按照相关的评估指标体系，对被征地农民的生计以及生活水平恢复情况进行评估）；其他认为有必要监测评估的内容。

（2）市（县）政府征地移民监测评估的主要内容。

市（县）政府作为征地主体对其开展的项目进行征地移民监测活动，主要是对征地工作进度、征地移民搬迁进度、安置质量、征地移民资金拨付和使用情况等进行监督、控制、管理和协调，形成自下而上的信息流。其目的在于全面、及时地掌握移民的进展，资金拨付，发现与解决问题，为顺利实施移民工作提供保证。

主要监测评估的内容包括：报批征地数量与实际供地情况的检查；对征地程序的监督；

征地补偿与安置落实（如补偿是否合理、补偿费支付是否到位、安置措施是否落实等）；征地移民安置效果信息的搜集分析（包括被征地农民生活水平评估、被生地农民社会保障水平情况评价等）；征地补偿安置争议裁决情况；其他认为有必要监测的内容。

5. 征地移民监测评估的方法

（1）国家级或省级征地移民监测方法。

国家级或省级征地移民监测评估采用定期或不定期的核查与检查，对批准项目的土地利用情况、征地补偿安置方案落实情况、征地程序实施情况进行监测与评估。按照集中检查、重点核查与全面核查、实地核查与卷宗审查、部门监督与社会监督相结合的方法进行。

（2）市（县）级征地移民监测方法。

首先，需要建立规范化的统计报表制度，市（县）政府应根据征地移民实施工作需要，制定统一的报表，定期自下而上报送。统计报表可以按照周报、月报、季报、半年报、年报的层次制定。统计报表反映的主要内容是统计征地移民活动实施管理范围内统计时段内（期内）的移民实施主要活动的工作量、资金拨付、效果及有关数据。

其次，采用定期或不定期的情况反映、简报、文件等形式，在各移民实施工作相关机构之间交换移民安置实施工作中出现的问题及有关情况信息，并提出处理意见。市（县）级以上政府对征地移民实施活动进行常规检查或非常规的专项检查，核实征地移民实施工作进展，对征地移民实施工作中重要问题或出现的特殊情况进行专门调查。

（3）对被征地农民生活水平的评估方法。

对被征地农民生产生活水平评估，主要方法包括文献调研、访谈、入户调查、座谈会、基底调查等。

征地移民基底资料调查采取普查（当移民人口较少时）或抽样调查（抽样调查比例高于跟踪调查人口数）的方式进行，对典型抽样样本家庭、企业、店铺进行逐户访问，详细填写调查表格，拍摄部分房屋及生产生活环境照片，了解移民对搬迁的心理反应。同时还与市、县（区）、乡镇政府（或街道）、村（或居委会）相关人员进行座谈，了解当地政府及社区对征地移民的有关意见。调查时还应对安置区的生产生活用地安排、安置房屋及配套公共设施的建设进行实地考察，掌握第一手资料，拍摄照片，照片可存储于计算机中，基底调查数据应分类建立数据库，并进行有关统计分析。

（三）征地移民监测评估体系建设的难点及政策建议

1. 难点

从征地制度改革的大趋势以及国际通行做法的角度看，我国现阶段建立征地移民监测评估体系是非常有必要的，但是还存在诸多难点。

（1）法律的缺失与政策的不确定性。征地移民监测目前在我国法律法规中还没有明确规定，使得当前建设这项制度还缺乏法律依据。同时，征地移民监测评估体系是征地制度的一个组成部分，它的建立与征地制度改革进展息息相关。征地移民监测评估体系所要监测的征地程序、安置补偿标准、安置措施等关键内容目前正处于改革探索阶段，存在不确定因素。这些关键环节包括征地审批权限等的变化均会影响到征地移民监测评估体系的建设思路与内容，所以当前的征地移民监测体系建设必须为这些变化预留空间，以适应最新的制度变化，这就对征地移民监测体系的整体设计造成了影响。

（2）现行管理体系的缺陷。征地移民工作的执行主体是各级人民政府，包括征地移民监测在内的整个征地移民补偿安置工作均需要由政府组织，需要国土、民政、社保、水利等相关部门通力协调配合，但是目前各部门之间的工作缺乏有效衔接，部门之间的权责不清。这种状况导致不仅难以确定征地移民监测工作的主要负责部门，而且难于搜集征地移民监测所需的各类数据，给监测工作的有效开展带来了障碍。

（3）资金的限制。征地移民监测评估体系是一项新的工作，现有征地工作经费中并没有安排相关费用预算，一旦监测体系投入运行，资金问题将是其遇到的首要问题，如果资金问题没有解决途径，势必会影响该项工作的开展。

2．政策建议

（1）加强征地移民监测的法制建设。在《土地管理法》修改中增加征地移民监测条款，强化现有的批后检查与批后核查制度。扩大批后检查与批后核查的范围，丰富检查内容，增加对农民安置情况的检查。

（2）改革现有征地报批流程，在征地报批要件中要求以附件的形式提供征地补偿安置方案，该方案将作为征地移民监测的重要依据。

（3）建立市（县）级人民政府征地移民实施工作进展情况定期上报制度。

（4）建立征地移民监测评估组织实施机构，辅助政府部门开展监测评估工作。同时开展征地移民监测机构人员培训以及资质管理等工作。

（5）建立资金监管政策（银行专户）。征地补偿安置费用是保证征地移民工作规范进行的重要因素，对这部分资金的监管也是征地移民监测的重点内容，采用银行专户的方式更容易控制与审查资金流向，有助于监测工作的开展。

表8-8　　　　　　　　　　移民监测进度报告样式（一）

管理监测系统							
移民活动	总工作量	第一年目标				第二年目标	第三年目标
		第一季度	第二季度	第三季度	第四季度		
1．向利益相关者咨询							
2．社会经济调查和受影响人鉴别							
3．土地征收							
4．补偿付款							
5．安置区选择和开发							
6．土地分配							
7．移民安置							
8．收入恢复方案							

表8-9　　　　　　　　　　移民监测进度报告样式（二）

管理监测系统							
移民活动	总工作量	第一年目标				第二年目标	第三年目标
		第一季度	第二季度	第三季度	第四季度		
1．土地征收							
2．受影响人清单审定							

续表

移民活动	总工作量	第一年目标				第二年目标	第三年目标
		第一季度	第二季度	第三季度	第四季度		
3. 迁移人最终名单							
4. 受影响人的身份证							
5. 补偿支付							
6. 安置区新址选择							
7. 安置区新址开发							
8. 土地分配							
9. 安置/迁移							
10. 受影响者委员会形成							
11. 替换的土地							
12. 收入恢复计划							
13. 培训							
14. 就业							
15. 团体性开发项目							

注: 管理监测系统

第三节 移 民 监 理

根据《大中型水利水电工程建设征地补偿和移民安置条例》（2006 年 9 月），国家对移民安置实行全过程监督评估。签订移民安置协议的地方人民政府和项目法人应当采取招标的方式，共同委托有移民安置监督评估专业技术能力的单位对移民搬迁进度、移民安置质量、移民资金的拨付和使用情况以及移民生活水平的恢复情况进行监督评估；被委托方应当将监督评估的情况及时向委托方报告。《大中型水利工程移民安置监督评估管理暂行规定》（水利部办公厅 2010.11）要求，大中型水利工程移民安置依法实行全过程移民安置监督评估，受委托的移民安置监督评估单位，应当对移民安置进度、移民安置质量、移民资金的拨付和使用情况以及移民生产生活水平的恢复情况等进行监督评估。移民安置监督评估分为移民安置实施情况监督评估和移民生产生活水平恢复情况监督评估。原国家电力工业部印发的《水电工程水库移民监理规定》[电综 1998（251 号）] 要求，新建大中型水电工程实行水库移民监理制度，并开展水电工程水库移民监理工作，水电工程水库移民监理主要包括水电站建设征地所涉及的移民搬迁、生产生活安置和城镇迁建、专业项目复建等的实施进行监理。原国家发展计划委员会发布的《水电工程建设征地移民工作暂行管理办法》（计基础〔2002〕2623 号）中的第二十四条规定"建设征地移民的实施必须实行监理制度，由有资质的监理单位对移民安置实施的全过程进行综合监理，对各类移民工程按国家有关规定实行建设监理"，明确了在新建大中型水电项目中强制实行移民综合监理制度。

一、移民安置监测评估与移民监理的比较

二者的相同点主要表现在：一是工作根本出发点是一样的，就是维护移民合法权益，保证规划的移民安置目标的实现；二是都是针对移民安置实施工作。但在理论基础、工作目标、工作方法和组织形式、工作内容、工作时间等方面均有一定的差异。这里主要讨论二者的差异。

（一）理论基础的差异

世界银行贷款项目的移民安置监测评估是由社会学家运用社会学理论和原理于移民安置管理工作中建立的一种管理工具。世界银行贷款项目推行移民安置监测评估时，并没有要求推行移民综合监理。水利水电工程中施行的移民综合监理，尽管是从世界银行贷款项目的移民安置监测评估演变而来，但由于推行移民综合监理时，一方面，工程建设监理理论已经非常成熟，而且在工程建设管理中，监理的作用非常明显，国家已经强制要求全面推行建设监理制度，监理已经作为一项基本建设制度深入人心。另一方面，制订移民综合监理相应规定以及决定推行移民综合监理的人，都是具有丰富的工程知识背景、熟悉建设监理制度的高级工程技术人员，加之国家对从事监理工作的资质要求导致了初期从事移民综合监理的工作人员基本上均为工程技术人员。所以，移民综合监理从一开始就导入了"工程管理"的轨迹，以自然科学领域的理论为基本出发点来建立、完善移民综合监理的理论。也许，这正是移民综合监理和移民安置监测评估的基本区别，移民综合监理的理论基础是自然科学，而移民安置监测评估的理论基础是社会科学。

（二）工作目标的差异

移民综合监理的工作目标是保证移民安置的实施按照依法合规批准的移民安置实施规划或移民安置规划执行，关注的是各级实施机构。移民安置监测评估的工作目标是移民重建和恢复生产生活水平的能力、机会和状况，关注的是受影响的人。移民综合监理关注过程，而移民安置监测评估关注结果。移民安置可能严格按照依法合规批准的移民安置实施规划或移民安置规划实施，但移民可能就没有恢复其生产生活水平。对于这种情况，移民综合监理和移民安置监测评估的结论就不一致。移民综合监理的结论应该是肯定移民安置实施工作，而移民安置监测评估的结论为移民安置目标未实现。

（三）工作方法和组织形式的差异

我国大中型水利水电工程建设征地移民安置工作实行省级人民政府全面负责，以县为基础、分级负责的管理方式。因此移民综合监理一般由有安置任务的省级移民机构与项目法人共同委托有资质的监理单位进行。移民综合监理的实施程序与建设工程监理相仿，包括：由监理单位确定项目总监理工程师，成立监理机构派驻现场；编制本项目移民综合监理规划及移民综合监理实施细则；按监理规划与细则规范化开展监理工作；参与验收签署监理意见；向委托方提交移民综合监理档案资料；进行移民综合监理总结等。移民综合监理的方法主要采用的是工程建设监理的方法，即目标控制、对比分析、预控、程控、终控、定期报告等方法。

移民安置监测评估则主要采用社会学的工作方法，如快速评估法、抽样调查法等，对调查的资料进行分析的方法包括：统计分析法、比较分析、因果关系分析、结构—功能分析、综合评估、分类法、类比法、定量分析法、按照社会指标的不同性质进行分类的方法、因子分析法等。组织形式灵活，包括小分队、专家个人、专家组等形式开展工作。

（四）工作内容的差异

与建设监理一样，移民综合监理的主要工作内容也是投资控制、进度控制、质量控制、合同信息管理和组织协调。

投资控制的主要内容包括：根据授权，审核地方移民机构提出的年度资金使用报表和使用计划；收集、了解有关地方人民政府和移民机构颁发、制定的有关移民安置的政策、办法、实施补偿标准、移民安置的具体措施等文件及实施中的执行情况；了解移民资金的拨付、分解、项目分配以及使用和实际到位情况；定期向委托方提供投资使用报表、报告和监理意见；参与补偿投资概算修编的审核工作，提出监理意见。

移民综合监理进度控制包括下列几方面的内容：根据委托方的要求与工程总进度计划编制监理总进度计划；审核移民安置实施工作年度计划（包括农村移民安置实施年度计划和专业项目复建年度计划）；检查与监督年度计划的执行，并审核移民安置项目完成工作量的统计报表；参与调整进度计划的审核并监督其执行；定期向委托方提交进度情况统计表。

移民综合监理进度控制一般遵循下列原则：移民安置实施进度，应满足枢纽工程施工进度的要求，不因移民安置的进度滞后而影响主体工程的正常施工和工程效益的及时发挥；移民安置实施进度计划应避免随意进行变更。确需变更时须事先进行协商并经省级移民机构商业主同意。

移民综合监理的质量控制是依据国家及有关部门颁布的现行技术规程规范、移民承包合同的有关条款、审定的各种设计文件以及委托方的有关要求等促使移民搬迁、安置、专项设施迁（改）建及基础设施建设等的实施情况与经审批《移民安置实施规划》相符合。

监理人员一般须对农村移民安置、城镇和工矿企业迁建、专项设施复建的质量进行综合比较；对移民安置规划的实施和效益发挥情况进行核实和确认；检查各移民工程之间是否配套；对单项工程的控制主要是检查其建设行为是否按国家建设程序的规定；对移民的意愿、申诉、培训和移民基本权益进行了解、反映和检查，提出处理意见和建议。同时，监理人员还须参与移民工程招投标协助评标，提出决策参考意见；并参与移民生产、生活安置项目进行自检和阶段性验收，检查项目是否达到预定目标等。

移民安置监测评估的主要内容是水利水电工程建设征地受影响的人的合法权益是否实现、移民生产生活水平是否恢复、移民生产生活能力和机会是否重建等。

（五）工作时间的差异

移民综合监理一般在移民安置实施期间开展工作。即从移民安置开始实施直至移民安置竣工验收。

移民安置监测评估一般分三类，即中期监测评估、终期监测评估和影响评估。中期监测评估是在移民安置实施过程中进行的评估，是对进展过程中的初步调查，并判断、预测可能出现的结果。终期监测评估与中期评估类似，但它是移民安置实施完成后进行的评估。终期监测评估包括对移民安置实施效果的评估和持续能力的评估。影响评估一般是在移民安置完成数年时间后进行的，用以衡量移民安置对移民、安置地原有居民、移民区、安置移民的社区等带来的直接或间接的、有利的或不利的影响和变化。

二、工程移民监理理论框架

工程移民监理是一种管理手段。工程移民监理是对工程移民活动的监理，即对移民搬迁、安置、重建、生产恢复、经济开发等活动进行监理。监理的执行者依据有关的法规和技术标准，以及依法签订的有关合同，综合运用法律、经济、行政和技术手段，对移民活动的参与者的行为及其责、权、利进行必要的协调和约束，制止随意性和盲目性，确保移民活动顺利地行，达到预期目的；按照移民工作进度与工程建设衔接的要求，对移民安置的综合进度、工程影响区域社会总体功能的恢复和补偿投资的使用进行全过程的监理活动；对移民安置的进度、质量、投资进行监控，协助地方政府协调移民安置过程中出现的矛盾；向政府主管部门、项目法人（建设单位）及各有关单位报告工程移民安置实施情况；工程移民监理实行政府监理和社会监理相结合的制度。

（一）工程移民的政府监理

工程移民的政府监理，是作为国家机器的政府机构实施的对社会公共事务的管理。工程移民的政府监理，是对工程移民管理、实施和工程移民监理单位的监督和管理。这种监理具有强制性、执法性、全面性和宏观性。

工程移民的政府监理贯穿于工程移民的全过程，以维护国家利益为目的，从工程移民的可行性研究到规划、详细规划、实施、直到竣工验收。工程移民政府监理的主要内容：①工程移民监理法规的制定。②依法进行监督和管理。政府监理是政府及其移民实施机构建立自身内部的监督机制，通过内部的统计报表制度，形成自下而上的信息流，形成强制性的监督管理。

（二）工程移民社会监理的特点

工程移民社会监理的特点是由工程移民的复杂性所决定的，它具有如下特点：

1. 工程移民管理模式复杂

工程移民投资机制是由地方政府以总承包的形式承接安置工程移民的任务。因此，工程移民的管理模式比较复杂，对于大中型工程项目参与移民安置的有项目法人、各级政府移民主管部门、村干部、移民以及移民建设项目的设计单位、工程承包单位、监理单位等。因此，工程移民社会监理不能简单套用工程项目监理的办法。

2. 工程移民前期工作深度不够

工程移民监理的依据是国家颁布的有关法律、法规、政策、技术标准、国家批准的移民安置规划以及依法签订的有关合同与协议，但是由于工程移民处理设计的复杂性，目前实际上远不能和工程设计同步，移民安置规划可操作性不强，直接影响到工程移民监理工作的开展。

3. 移民监理对象的特殊性

移民实施机构除了当地政府，没有其他选择，地方政府是实施移民安置的唯一执行者，这是工程移民监理的显著特点。

4. 移民监理内容的复杂性

工程移民监理包括工程项目建设征地所涉及的移民搬迁、生产生活安置和城（集）镇迁建、专业项目复建等。有些项目本身就是一个具有一定规模的单项工程，应该按照基本建设程序进行单项工程的监理。

（三）工程移民社会监理的目标

工程移民社会监理受政府委派或项目法人（建设单位）委托，以合同为基础对工程移民安置（土地征收、农村房建、土地开发、城（集）镇迁建、专业项目复建）等实行综合监理，对单项工程实行工程监理，保证移民安置按合同目标顺利进行和实现，对移民的生产生活水平进行跟踪评估，保证移民生产生活不低于搬迁前的水平。移民安置按规划实施，工程项目的进度、质量能达到规划要求，投资能得到有效控制。移民安置管理达到规范化、制度化、程序化，移民管理机构的人员职责落实。移民中妇女、儿童及残疾人安置后，妇女择业能够得到保障，儿童的健康状况和受教育水平要有所提高，残疾人的生活有基本保障。

（四）工程移民社会监理的主要任务

由于工程移民的特殊性，目前工程移民社会监理包括单项工程监理和综合监理。工程移民建设项目单项工程监理的主要任务是"三控制、一协调、两管理"，即进度控制、质量控制、投资控制、组织协调、合同管理、信息管理。工程移民综合监理的主要任务是"监测评估、监督控制、沟通协调"。

监测是一种连续不断的评价，评估是阶段性的评定与推断，提出阶段性的总结和建议。监测评估需要跟踪收集反映移民工程进展（投资、进度、质量、移民安置状况、移民生产生活水平）的数据，建立相应的信息系统，并加以分析研究，为主管部门提供及时可靠的数据。

监督控制，在移民工程实施规划、建设施工、搬迁安置过程中，监理工程师依据委托合同的授权范围及深度，运用经济、技术和合同方面的措施从控制工程投资、综合进度和环境质量等方面提出评估建议或措施。

协调沟通，兼顾国家、集体和个人三者之间的关系，消除或减少因责权利不同，损失和补偿不符而产生的纠纷和不良后果，以形成一个明确责任、互相协调、互相促进的有机整体。

（五）工程移民社会监理的主要内容

1. 初步设计阶段

参与工程影响范围的确定，参与移民安置规划报告的编制和审查。

2. 设计阶段

对于农村移民协助测定工程移民迁移和土地征收的界线；协助核定工程影响范围内有明显变化的实物指标；据审定的各专业项目的复建方案协助勘测设计单位进行设计；协助编制工程区清理实施计划和办法。对城（集）镇项目，协助设计单位进行详细规划与设计。根据初步设计阶段审定的补偿总概算，协助设计单位核定各分项补偿投资及编制工程移民实施总进度及分期移民和分年度投资计划。

3. 施工招投标阶段

对于工程移民建设项目（各项迁建工程），准备发送招标文件、协助评审投标书，提出决标意见，协助移民主管部门与承建单位签订工程移民建设项目承包合同；对于农村移民、城（集）镇搬迁，协助移民主管部门与相应单位（个人）签订移民搬迁安置协议。

4. 施工阶段

单项工程。协助移民主管部门与承建单位编写开工报告；确认承建单位的分包单位；审查承建单位提出的材料和设备清单及其所列的规格和质量；审查承建单位提出的施工组织设计，施工技术方案和施工进度计划，提出修改意见；督促、检查承建单位严格执行工程承包合同和工程技术标准；调解移民实施单位与承建单位的争议；检查工程进度和施工质量，验收分部分项工程，签署工程付款凭证；督促整理合同文件和技术档案资料；组织设计单位和施工单位竣工的初步验收，提出竣工报告；审查工程结算。

农村移民、工矿企业搬迁、城（集）镇搬迁。协助移民主管部门和相关单位签订移民安置承包协议。参与移民安置补偿标准和相关政策的制订，对于不符合国家政策、法规的方案提出修改意见。对农村移民安置点的具体确定，提出建议。对于农村移民补偿费的发放给予监督。对于农村移民房建和城（集）镇搬迁进度、质量、投资等进行监控。对于农村移民的生产开发、土地调整等方案，提出建议，并进行监理。审查移民经费的使用情况，对于违反法规或有损于移民利益的行为，应向有关部门提出中止、停止工程建设或处罚的建议。

工程区清理。协助移民主管部门确定工程区清理的单位和个人，核定工程区清理范围和清理的工作量，协助提出工程区清理的技术要求和实施办法，编制工程区清理实施进度计划，核定工程区清理的投资概算，对于建筑物、构筑物的拆除、卫生防疫、林木砍伐和迹地清理等按技术规范进行监理。

实施移民安置的组织机构。对各级移民主管部门的组织机构的设置、人员编制、交通工具、通信工具、计算机等设备的配制提出建议，协助建立健全资金、项目、人事等规章制度，并对执行情况进行监理。

5. 后期扶持阶段

中国水利水电工程项目实行前期补偿补助后期扶持的政策。在水利水电项目移民后期扶持阶段，参与后期扶持政策的制订，参与后期扶持投资项目的分析评估，对后期扶持的效果进行综合评估，对移民的生产生活水平进行跟踪评价。

6. 报告制度

作为工程移民监理的重要内容，应该建立移民信息管理制度，定期向政府主管部门及委托单位报告。对各类移民安置和专项工程建设的资料进行收集、整理、建立档案，定期汇总和编制移民监理工程报告，及时上报重大问题，必要时提交专题报告。报告应对移民安置的问题做出事先分析，避免遗留问题的发生。

（六）工程移民监理的主要方法

1. 工程移民监理控制

控制是监理的重要职能，从根本上说，没有控制就没有监理。控制的目的是确保一个系统目标的实现。工程移民控制目标：在审定的投资下，按照工程施工进度的要求实施移民搬迁和生产开发，进行投资控制。对安置农村移民的土地质量进行质量控制；分析移民安置的关键路线，制定进度计划的保证措施，保证计划的按期完成，对移民安置进度进行控制。

2. 工程移民监理协调

协调就是联结、联合、调和所有的活动及力量，以实现质量高、投资省、工期短三大目标。注重工程移民系统内部人际关系的协调，注重工程移民系统内部组织关系的协调，注重工程移民系统内部需求关系的协调。

3. 工程移民监理决策

工程移民监理面临许多决策问题，决策贯穿于监理的全过程。工程移民监理必须遵循如下原则：公正原则、集思广益原则、科学原则、系统原则、择优原则、行动原则、反馈原则、信息原则、可行原则。

4. 工程移民监理的信息管理

在进行工程移民监理时，应建立工程移民管理信息系统。工程移民管理系统包括：实物指标库、人口库、农村移民安置库、城（集）镇迁建库、专项设施迁建库、概算库、财务管理库、文档库、合同管理库等。在工程移民监理过程中及时将有关信息输入计算机，输出符合工程需要的各类报表。运用网络分析技术，建立工程移民安置的网络图，运用计算机进行计算，了解到那些工序是关键工序，必须确保按期完成，哪些工序有潜力可挖，便于对计划的执行进行有效的监理和控制，通过熟练运用计算机信息管理技术，为工程移民监理服务。

三、移民综合监理的实施

（一）移民综合监理的目标控制

1. 移民综合监理的目标

移民综合监理的总任务是按照国家批准的移民安置规划专题报告和移民安置实施计划对移民实施过程进行检查、督促；检查移民安置及项目实施质量；使移民投资尽可能地发挥最大的经济效益。使移民安置的各项任务落到实处。为移民搬迁后的经济与当地经济同步发展的总目标的实现发挥应有作用，从而保证移民工程进度和主体工程进度相衔接。

（1）进度监理目标：农村移民居民点建设和移民建房进度；农村移民生产用地和牧业用地的调整以及生产开发的实施进度；农村居民点及安置区专项建设进度；库周交通恢复项目及其他专项设施实施进度；移民搬迁进度；库底清理实施进度。检查这些实施进度与年度计划是否出现偏差，如出现滞后，分析原因，进行督促。

（2）移民资金监理目标：按照审定概算掌握项目法人、移民安置实施单位资金的拨付及使用情况；按照概算掌握项目法人及承包商专项资金的使用情况；定点抽查移民个人补偿费的兑现。

（3）质量目标：按照规划目标检查移民生产、生活、安置情况；检查项目实施中质量保证体系建立和完善情况；检查项目是否按规划目标实施；抽查项目质量情况。

2. 移民综合监理目标控制的程序

控制是移民综合监理人员按计划标准来衡量所取得的成果、纠正所发生的偏差以保证计划目标得以实现的管理活动。控制是在事先制定的计划基础上进行的。移民安置开始实施需要按计划要求将所需的人力及材料设备等资源和信息进行投入。从计划开始，移民安置得以开展，并不断输出移民安置状况的实际投资、进度、质量目标。由于外部环境和内部系统的各种因素变化的影响，实际输出的投资、进度、质量目标有可能偏离计划目标。为了最终实现计划目标，控制人员要收集移民安置实际情况和其他有关的信息，将各种投资、进度、质量数据和其他有关信息进行整理、分类、综合，提出移民安置状态报告。移民综合监理部门据移民安置项目实际完成的投资、进度、质量状况与相应的计划目标进行比较以确定是否偏离了计划。如果计划运行正常，那么就按原计划继续运行；反之如果实际输出的投资、进度、质量目标已偏离计划目标，或预计将要偏离，就要采取纠正措施，或改变投入，或修改计划，或采取其他措施，使计划呈现一种新的状态，使工程能够在新的计划状态下运行。计划在移民安置实施中起到了十分重要的作用。

3. 移民安置中投资、进度、质量目标之间的关系

移民综合监理进行目标控制时应当把项目的时间目标、费用目标、质量目标当作一个整体来控制。它们相互联系、相互制约，是整个系统中的一个子系统。投资、进度、质量三大目标之间首先存在着对立的一面，又存在统一的一面。目标控制中应着眼于整个项目目标系统的实现。在对移民安置目标规划时，要统筹兼顾，合理确定投资、进度、质量三大目标的

标准。移民综合监理需要在需求与目标之间，三大目标之间进行反复协调，努力做到需求与目标的统一，三大目标的统一。要针对整个目标系统实施控制，防止发生盲目追求单一目标而冲击或干扰其他目标的现象，以实现项目目标系统作为衡量目标控制效果的标准，追求目标系统的整体效果，做到各目标的互补。

4. 目标控制的综合措施

为了取得目标控制的理想效果，应当从多方面采取措施实施控制。目标控制的措施包括：组织、技术、经济、合同等方面的措施。

组织措施：如果不落实投资控制、进度控制、质量控制的专门人员，不制定各项目标控制的专门流程，那么目标控制就无法完成。控制是由人来实现的。移民的实施实行政府负责，县为基础，分级管理的原则，并明确各自的职责。当发现和预测的目标有偏差时就要采用组织措施，保证目标控制的组织工作的明确、完善，才能使目标控制有效发挥作用。同工程监理相比，移民综合监理中组织措施的作用更大。

技术措施：控制在很大程度上要通过技术来解决问题。实施有效控制，如果不对多个可能的技术方案作技术可行性分析，不对技术数据进行审核，不广泛发动移民的参与，不想方设法在移民安置的各个阶段寻求节约投资、保障工期、质量的技术措施，那么目标控制也就毫无效果可谈。必须运用各类技术以实现目标的控制。承担移民安置项目的设计单位按基本建设的程序和要求，设立设计代表机构并派驻现场，根据移民安置项目实施进度，及时提供满足要求的设计成果，将技术措施贯穿于移民安置的全过程。

经济措施：移民安置的实施，归根结底是一项投资的实现。从项目的提出到项目的实现，始终贯穿着资金的筹集和使用。无论是对投资实施的控制，还是对进度质量实施的控制，都离不开经济手段。

合同措施：在移民安置过程中需要强调的是合同管理。移民安置的单项工程都是由合同来完成管理的。

（二）移民安置实施规划及年度计划的监理

依据国家批准的建设征地移民安置规划，组织有关各级人民政府和有关单位在设计部门的配合下，编制建设征地移民安置实施规划和建设征地移民安置实施年度计划及相应的资金计划，并在上年度按程序编报。移民安置实施机构将所属的移民安置项目的年度计划，经移民综合监理签署意见后，每年的 10 月底前报省级移民机构批准。省级移民机构在每年的 12 月底前审查结束，并下达移民安置项目年度实施计划。未列入批准的年度计划项目不得实施。移民安置必须严格执行批准的年度计划，各级人民政府和有关部门不得任意变更。当年度计划由于各种原因无法实施而需要调整变更时，应由移民实施机构提出专题报告，说明原因并提出变更计划，逐级上报至省级移民机构，并抄送项目法人和综合监理单位。移民综合监理单位对项目变更提出审核意见，提交省级移民机构和项目法人。变更计划由省级移民机构批准后实施。参与移民安置实施单位按基本建设程序与勘测设计单位签订合同和施工图供图协议，并监督、检查。

（三）移民安置设计及设计变更的监理

移民综合监理需对移民实施机构提供的农村移民安置实施相关的设计成果进行审核。审核的主要内容：①是否符合国家和行业的现行法规、政策和技术标准；②是否符合移民安置实施规划的审查意见；③项目是否经济可行，对于扩大规模和超标准的投资分摊是否落实；

④是否符合移民安置总体进度要求，各项目之间是否有矛盾；⑤对移民安置的单项工程的设计成果进行监理。

经批准的移民安置项目原则上，不自行增减、调整规模、标准或变更设计。在项目实施中，因特殊原因且有正当理由，确需增减、调整建设规模和标准或变更设计的，由移民安置实施单位委托设计单位提出专题报告，由原水库淹没处理设计单位核定，经综合监理单位签署意见后，报省级移民机构审批。如发生重大设计变更，需要由省级移民机构会同有关部门审议，并上报原审批部门审批。

水电工程淹没处理投资概算编制的科学合理，设计变更的有效控制是投资控制的十分有效的手段。设计变更后的投资是移民安置设计变更审核的重要内容，是移民安置项目实施前综合监理的重点内容之一。

（四）移民安置的进度控制

监理工程师定期或不定期地检查移民安置现场，对移民安置的进展情况作记录、检查，并与计划进行对比，通过技术方法直观准确地反映实施结果与计划之间的变动调整情况，分析其原因，提出解决方案。以定期或不定期向项目法人提供进度控制报表的形式提供建议，作为决策的依据。检查农村移民安置实施进度和专业项目恢复改建进度，通过现场定期调查的方式，对移民安置进度计划执行情况进行定期的跟踪检查与监督，特别是关键部位的检查。

对于农村移民安置主要检查如下内容：①各类土地划拨及征收情况；②草场改良、土地开发的进展、生产安置的落实情况；③居民点基础设施的建设进度；④移民搬迁与建房进度；⑤移民技术培训的开展；⑥专项设施恢复改建的进度；⑦停工现象的原因；⑧其他干扰因素。在检查过程中，如发现有进度滞后需及时分析原因，提出处理措施，必要的组织措施对于农村移民安置是十分重要的选项。

单项工程监理单位对单项工程的进度计划执行情况进行监理，每月 20 日前向综合监理提交一份进度报告，分析实际进度与计划是否出现偏差，出现偏差的原因及采取的措施等。

移民综合监理定期对已完成的移民安置完成的数量进行统计，以总进度计划（或里程碑事件）作为控制目标，控制关键任务进度。对农村移民及单项工程的进度进行汇总，形成监理月报、季报、半年报和年报，上报省级移民机构和项目法人。

（五）移民安置的质量控制

1. 农村移民的质量控制

移民综合监理协助县级移民安置实施机构制定移民安置补偿政策，土地（草地）调整政策，宅基地分配政策，单项工程招投标办法等。

质量控制分为三个阶段。

（1）预控。即事前控制，对移民安置实施前的各项移民工作进行控制，这一步骤是移民安置质量控制的重要步骤。

（2）程控。即移民安置实施过程中的质量控制，通过移民搬迁安置实施现场的管理，对重要项目进行跟踪监理。

（3）终控。终控是移民安置实施后总体质量的控制，通过审查移民安置验收报告，全面系统查阅有关报表的抽检成果，对存在问题的部位进行重新检查，提出整改的方法来进行控制。

根据移民安置实施规划，对移民安置的生产和生活设施等项目的规划质量标准逐级逐项进行分解，作为质量控制的依据。对移民安置的生产、生活、基础设施等项目的规划标准进行分解，并制定移民安置质量目标，保证移民进度计划的实施；对移民实施进行分类、分析确定质量控制的重点，采取相应的监理措施，制定质量控制的各项实施细则、规定及管理制度。移民安置的质量控制深入到工程项目，监理工程师经常地进行事前、事中、事后的检查。包括：审核《开工申请单》，施工组织计划材料到场和外部环境准备就绪情况；现场检查施工的技术规程、规范和安全条件；审核质量验收单，审核工程质量总体情况和分部分项工程质量。对质量检验记录等资料进行整理、汇总，以质量控制的报表形式，报项目法人和各级移民实施机构。

对移民安置点基础设施、生产开发项目、土地及草场的调整分配、房屋迁建、专项设施恢复和改建及补偿资金支付等进行总体质量控制。移民安置质量控制的主要方法是：在搬迁后进行一定比例的典型移民户抽样跟踪调查，分析比较其搬迁前后的生活水平。主要内容：1）对于农（牧）户移民，在移民搬迁前后进行调查、建立档案，包括其家庭成员人口基本情况、家庭收入、土地资源与生产状况、生活情况；2）对移民村搬迁前、后的情况进行调查、建档、评估；3）移民安置实施过程中，对移民村的基础设施建设，生产生活安置等项目的质量情况进行检查评估；4）对土地（草场）的调整分配与搬迁，专项设施恢复改建和补偿资金支付等进行检查评估。

对执行机构进行的典型农（牧）户移民搬迁前后生产生活水平跟踪调查成果进行检查，分析比较移民搬迁前后的生产生活水平；对移民村搬迁前后的情况进行检查，对移民村的基础设施建设、生产生活安置等单个项目的质量进行检查和核实。

2.　单项工程质量控制

移民单项工程质量的优劣，直接影响移民安置的质量。移民单项工程的管理按基本建设程序管理，即项目立项→设计→招标→施工→竣工验收→保修。移民单项工程实行建设监理制和质量监督部门监督制。单项工程质量控制的主要方法是：单项工程监理单位现场监理工程师对单项工程建设进行全面质量控制，对移民单项工程的质量控制采取监督、抽查、指导的宏观控制。

单项工程质量监理的任务：1）检查工程项目设计是否符合移民规划要求；2）审核施工单位资历及质量保证体系的完善情况；3）协助施工单位按照技术规范完善施工工序控制；4）现场抽查施工原材料、构件、设备的质量检验资料；5）现场抽检施工质量及有关资料；6）做好监理日志，随时记录有关质量问题，并对发生的质量问题的现场及时记录；7）提出技术要求及改进意见；8）参加工程阶段性验收及竣工验收；9）参加工程质量评定，对单项工程实施过程中出现的质量问题及时提出解决的措施。

3.　移民安置工程的验收

水利工程截流前的移民安置验收：由省级移民机构与项目法人组织进行。省级移民机构与项目法人确定验收时间后，下达本阶段移民安置验收的有关任务；移民安置实施单位，对本阶段应完成的移民安置项目的实施情况进行自验，提出阶段自验报告和验收申请报省级移民实施机构；移民综合监理根据验收申请提出监理意见，报省级移民实施机构和项目法人；省级移民实施机构组成验收委员会，检查移民安置的进度、质量和资金使用情况，对移民安置的实施情况做出评价，提出验收意见，报送省级人民政府。

水库蓄水前的移民安置验收。在工程蓄水验收委员会领导下，由国家确定移民安置验收的单位组织进行。省级移民机构组织地方人民政府及所属有关部门对本阶段应完成的移民安置项目的实施情况进行自验，提出自验报告和验收申请；移民综合监理提出验收监理意见；省级移民机构在此基础上提出验收报告和验收申请；移民安置验收单位根据验收申请，对库区移民安置的进度、质量和资金使用情况进行检查，做出评价，提出验收意见，并提出初步验收报告提交工程蓄水验收委员会通过。

移民安置单项工程建设（含生产开发项目、生活基础建设项目、补偿项目和专业项目）实施完成后，按工程建设程序和移民验收相关条款进行验收。由项目实施单位按国家有关规定及时做好验收的各种准备，提供验收所需的有关数据和资料，对其实施情况进行全面总结，编写自验报告。项目业主单位、工程建设承包商、单项工程监理单位、移民综合监理单位共同对移民单项工程进行验收。

移民安置竣工验收。项目法人据国家有关规定，在水电站竣工验收期间向省级人民政府提出移民安置验收申请。省级人民政府在收到验收申请后，指定验收负责单位并下达移民安置验收任务。组成验收委员会完成移民安置验收工作，提出移民安置验收报告，报省级人民政府批准，并交工程验收委员会备案。移民安置竣工验收资料一般应包括：移民安置实施规划报告和国家有关批复文件；移民安置实施报告（包括农村移民安置实施、专业项目恢复改建等内容），移民安置综合监理报告，审计报告，单项工程验收报告，实施单位自验报告，库底清理报告，分户分单位移民安置补偿的档案，批准的移民安置项目的设计文件、实施年度计划、竣工验收报告、监理报告、财务决算报告等。移民竣工验收是移民安置质量控制的最后环节，对于验收过程中发现的问题需要及时处理。

（六）投资控制

以主管部门审定的水电工程淹没处理投资概算为投资控制的目标。以设计概算和分项费用以及补偿标准为依据。从基础开始进行投资控制，设计变更中投资控制是整个投资控制的重要一环，充分发挥单项工程监理在单项工程投资控制中的作用。在移民安置过程中新增项目是投资突破的诱因。新增项目一般是指国家法律修改、政策调整后要求增加的项目，设计变更后要求增加的项目，不可预见因素出现后必须增加的项目等。需要对新增项目存在从严审核，主要包括：新增项目是否与移民安置的总目标相一致，新增项目是否与其他项目矛盾或冲突。新增项目投资和工程计量是否符合工程规范，新增项目是否影响总进度。移民投资的动态管理，比较实际和计划投资，寻找偏差和原因。依据资金的流向检查资金的支付情况以及分析资金使用的合理性。建立健全各级移民机构移民资金使用的规章制度，实行专款专用，严禁滞留、挪用等现象的发生。

（七）合同（协议）管理

依据现行法规、政策及各项技术标准及规范，建立合同管理的工作程序，对合同文件、合同控制目标、合同变更实行管理。监理工程师参与项目法人各项有关移民安置合同的签订，本着公正、公平的原则督促合同当事人认真履行合同的权利和义务，维护合同当事人的合法权益，做好协调工作。监理工程师依据有效合同，督促合同当事人认真履行合同规定的权利和义务。由于不可抗拒的因素导致协议（合同）目标发生变化或无法实现的，移民综合监理应根据变化的情况，及时向项目法人，提出相应的措施建议，以调整协议（合同）目标和维护合同当事人的权益。与项目法人有关的移民安置协议（合同）的目标发生变化后，移民综合监理协助协议（合同）当事人签订协议（合同）补充文件；因合同某一方违约给对方造成损失，应本着公正、公平的原则进行协调；对合同执行中出现的偏差及时提出纠正意见，防止偏差进一步扩大。移民综合监理对县级移民机构与移民户签订的安置协议进行抽查。

建立合同（协议）管理的工作程序对合同文件、合同目标控制、合同变更、合同的索赔进行全面管理。根据实际情况，及时发布各项指令或文件，防止偏差，保证合同的顺利实施。做好合同（协议）执行过程中的协调工作。合同（协议）控制的方法主要表现在监督——跟踪——调整上，跟踪是通过分析对比，发现问题及各种计划、设计与实际情况的差异，调整就是对这些差异进行分析并寻找原因，以采取措施，防止差异的不断扩大。如由于不可抗力的原因导致合同目标无法实现，应采取措施，调整合同目标，维护合同双方的利益。

（八）信息管理

信息是移民安置综合监理有关的文件、图纸、语言信息和各种媒体信息。包括：法律、法规、政策及技术标准。相关的设计文件、审批文件及合同文件、监理日志和记录，单项工程监理的监理报告，各种相关会议纪要和意见，并按移民安置的实施情况建立检查记录、质量管理、进度等报表，及时向有关部门报告。移民安置的信息整理应按照信息的重要性和时效性进行分类，信息收集应准确可靠。

文件管理包括：设计文件、承包方文件、监理文件、委托方文件。设计文件是指经设计单位提交的图纸、设计说明书、技术要求、技术标准、设计变更等。承包方文件是指年度计划、统计报表、各类报告等。监理文件是指移民安置的监理日志、报告、报表、批复、简报、通知、规定、签证、会议纪要、文函等。委托方文件指经委托签发、递送、批转以及与此有关的各种文件、函件等。需要对文件进行统一的管理。

（九）移民安置中的协调

移民综合监理本着科学、公正、公平的宗旨，坚持为工程服务，对移民负责的态度，通过调查研究，监督检查协议（合同）双方履行各自的权利和义务，总体协调各方面关系，实现合同目标。协调项目法人、各级移民安置实施机构之间在移民安置过程中的关系。单项工程监理单位协调单项工程业主和承包商的关系。

移民综合监理通过专题报告、会议、现场调查等多种形式，检查、督促协议（合同）承诺的条款并按时拨付资金；检查、督促实施机构按协议（合同）完成协议（合同）承诺的条款规定的移民工作和工程占地等各项任务；公正、公平及时有效的协调合同纠纷。

移民综合监理采取进度协调会、质量检查会、现场协调会、事故现场会及时协调处理移民安置过程中出现的矛盾，协调不成时协议（合同）方可向合同管理机构申请仲裁，协助对移民干部的培训。移民综合监理对单项工程监理进行检查、监督。

移民综合监理的协调以承包合同为依据，以科学、公平、公正为宗旨，通过调查研究、总体协调，以实现合同规定的目标。坚持为工程建设服务、为移民负责的态度，积极主动协调有关各方的关系。

（十）监理的工作制度

组织是为了使系统达到它的特定目标，使全体参与者经分工与协作设置不同层次的权力和责任制度而构成的一种人的组合体。包括，目标是组织存在的前提，没有分工与协作就不是组织，没有不同层次的权力和责任制度就不能实现组织活动和组织目标。组织设计的基本原则：集权与分权统一的原则。专业分工与协作统一的原则。管理跨度与管理层次相统一的原则。权责一致的原则。才职相称原则。效率原则。弹性原则。

建立组织机构。为了保证监理工作的顺利开展，需要建立一个具有及时准确，快速高效的监理班子：1）现有监理人员进行业务技能培训，完善监理内部管理制度，进一步规范监理业务操作规程。逐步建立一支素质高、业务精，具有移民综合监理素质的工程师队伍；2）使项目法人和移民管理部门及时掌握移民安置实施的信息，实现计算机对移民安置的管理；3）协助移民安置实施机构对移民干部进行培训；4）组织移民安置监理专家组，对移民安置中的重要问题进行讨论，为移民监理决策服务；5）建立各自的监理职责。

移民实施规划的审查交底制度：1）监理单位（以总监或项目监理为代表）负责向执行机构解释说明实施规划的意图；2）采取审核会和现场监理两种形式进行；3）审查交底的内容包括：规划的指导思想、安置措施、优惠政策、移民工程的进度质量要求和资金到位情况。

移民工程进度工作的检验制度：1）依据项目进度计划对实施情况进行检验；2）现场检查计量与查看复核进度报告报表的形式；3）各种数据需要经过现场监理工程师检查，必须包含有实施结果与计划的对比、调整情况、变更原因分析及解决问题的措施。

移民资金到位的抽查制度：1）对移民个人、集体的补偿及专项基金到位情况进行抽查；2）抽查范围是移民户的30%，在移民资金到位的全过程中至少每季一次。

移民安置质量的检验制度：1）对移民安置规划的实施情况进行检验；2）每季度检验一次，覆盖率30%。

移民规划实施的设计变更制度；1）由执行机构对变更的理由作充分说明，同时做出变更后的方案和原方案比较；2）监理单位审核后签署意见，会同执行机构按原规划批准程序上报，建立移民综合监理单位、项目法人与移民安置实施单位的联络及例会制度。

（十一）移民安置成果

1. 移民安置组织机构

移民安置各级机构各负其责，是保证移民安置工作顺利进行的关键。各级移民机构按照有关规定，在政策上把好关，对所属下级移民机构的请示、报告及时进行研究处理并批复；执行经国家批准的移民安置的各类补偿标准，控制移民资金；移民安置各级机构的主要负责人，根据需要，深入到移民安置的第一线进行实地考察，了解情况，现场解决一些移民安置的实际问题，这对于推动移民安置工作将起到重要的作用。移民安置工作应当一直在"政府负责，投资包干，业主参与，综合监理"的管理体制的轨道上运行。

2. 移民安置的主要成果

移民实物补偿执行国家审定的补偿标准，移民资金按移民建房进度兑现。土地（耕地、草场）调整工作的顺利进行为移民"搬得出、稳得住、能发展、能致富"创造良好的条件。移民建房工作采用两种的建房方式，一种是移民自拆自建方式，另一种是统一建房方式。

移民安置的单项工程建设应按照基本建设基本程序开展工作。工程建设实行招投标制、工程建设监理制、项目法人负责制，确保工程建设顺利进行。移民安置工作要做到政府满意、移民满意和项目法人满意。

第四节 监测评估信息资料的收集

一、信息资料收集的方法及效率

（一）信息与数据的重要性

信息与数据，可以采取档案管理的方式进行建设和维护，不仅可以反映被监测对象的动态性和效果性，而且可以作为一项活动的评判依据。移民监测活动中，基底调查所构建的数据信息库，内部监测所反映的移民实施活动进展、问题，外部监测所反映的移民实施活动效果、评价，其构成的核心元素皆是信息与数据，其成果皆是来自于实地调查的信息与数据凝练而成的文字和数字。由此，以移民安置计划和移民社会经济状况基底调查的信息作为参照体系，以跟踪调查、访谈、问卷、测算等作为调查方式，以数理统计处理和对比分析作为手段，形成了一项准确、合理、科学的方法体系，对移民安置实施活动进行持续地调查、检查、监督和评估工作，即移民监测评估。

（二）资料搜集的目的

征地及移民的准备工作至少需要进行三个基本类型的调查：征地调查、人口普查、社会经济调查，再辅于参与性快速评估方法。征地调查一般由土地机构或土地管理部门在项目管理者的请求下进行。它建立在项目规划文件、土地使用地图以及土地档案的基础上，并在许多国家被认为是对受影响者的"官方"调查。征地调查一般只包括有补偿权的人。没有此权利的人（如分成制佃户、租户、擅自占地者）不包括在征地调查之内。

人口普查是覆盖所有受影响者的家庭问卷调查，不管这些人有没有资格权利。它提供所有受影响者及其财产的完整信息。它可使迁入受项目影响地区希望获得补偿或移民的人所作出的欺诈性索赔减至最少。社会经济调查是针对受影响者抽样进行的，通常是受影响者总人口的20%～25%并且一般通过家庭调查问卷进行。

社会经济调查获得如下资料：土地征收对当地经济、企业、土地使用方式、租赁与分成制度、职业及雇用方式、收入与家庭之间的经济依赖关系、贫困程度、当地社会组织及权力结构、以及妇女的经济活动及收入可能造成的影响。

表 8-10 资 料 搜 集 方 法

类型	资料收集方法	目 的
征地调查	审查土地档案及所有权契据（百分之百的所有案例）	确认土地损失的程度及影响。 评估资格权利。 准备土地补偿文件
人口普查	通过家庭问卷调查全部列出所有受影响家庭及其财产	准备一份受影者及其财产的完整目录，作为补偿的依据。 确认没有资格权利者。 将"外部人员"稍后涌入项目地区的影响减至最少
社会经济调查	利用家庭调查问卷抽出 20%～25%的受影响人口样本	准备受影响者的概况。 准备移民规划。 评估收入，确认生产活动以及为收入恢复作规划。 拟订迁移方案。 为脆弱群体拟订社会准备对策
跟踪调查	抽样调查及参与性快速评估方法	更新受影响者名单。 准备适合的资格权利一揽子方案。 调查受影响人口中的特别群体的具体问题

如果项目的实施从最初的人口普查和调查日期推迟了两年或更久，或者如果项目设计有显著改变，则跟踪调查需要更新受影响者名单。一些调整，其中包括新的受影响者名单可能对筹划适当的权利资格是必需的。跟踪调查可以利用（20%受影响人口）抽样或利用参与性快速评估方法。受影响者的人数及所受影响的程度将极大地决定资料收集使用方法的数量及所需的详细程度，其指导原则是资料收集应该符合政策需要但同时又要保持简明。在许多国家，官方的征地调查对确认地主及准备土地补偿金是必需的。在其他国家，村级人口普查可用作评估财产的根据。对于大型项目，建议人口普查及社会经济调查都要进行。

（三）移民监测评估中的主要信息与数据

移民监测评估中，各分项内容的信息与数据指标，具有内在的逻辑性。总体而言，以移民安置计划和实施的征地拆迁实物指标为基础，以实际执行的补偿政策为依据，然后相较于移民安置计划的实施进度和资金拨付情况，辅以调查受影响人和公众的反馈信息，最后评价移民实施活动中的机构能力、指出存在的问题、提出中肯的建议。因此，征地拆迁实物指标、补偿政策、实施进度和资金、移民社会经济指标、移民生产生活水平五个分项内容，作为主要信息与数据，是移民监测评估活动的重中之重。

1. 征地拆迁实物指标

以村、村民小组或户为单位被永久征收和临时占用的各类土地的数量、质量（产量和价值），受征地影响的户数、人口。

以户为基础的被拆迁房屋的性质、结构、面积、用途、价值；特别是无合法手续（违章建筑、临时建筑等）的房屋面积；受房屋拆迁影响的户数、人口。

受拆迁影响的各类企业、商业店铺的房屋的性质、结构、面积、用途、价值；包括无合法手续（违章建筑、临时建筑等）的房屋面积；受拆迁影响各类（正式在职、临时在职、离退休）职工人数。

2. 补偿政策

对于永久征地、临时占地、房屋拆迁、地面附着物等各类征地拆迁损失的补偿标准及其实际执行情况，并与移民安置规划进行比较，分析其变化情况，评估其适宜性。

3. 实施时间和资金拨付进度

移民活动进度，包括移民机构、项目区永久征地、临时占地、安置区土地（包括生产用地、宅基地、公共设施用地等各类安置用地）调整、征收（或划拨）及将其分配给移民、房屋拆迁、安置房重建、移民搬迁、生产开发项目实施、公共设施建设、专项设施复（迁、改）建、工矿企事业单位迁建、劳动力安置就业的实施进度，并与移民安置行动计划中的进度计划进行比较，分析和评估其适宜性。

移民资金逐级支付到位数量与时间情况，各级移民实施机构的移民资金使用与管理，补偿费用支付给受影响的财产产权人，土地所有权者及使用者的数量与时间，村级集体土地补偿资金的使用与管理，资金使用的监督、审计。

4. 移民社会经济指标

家庭人口、妇女人数、劳动力人数、人口年龄分布情况、文化程度分布情况、劳动力就业情况、居住条件、家庭经济收入与支出情况，特别是弱势群体家庭的情况。

此外，家庭经济收入中，主要是家庭农业经营收入、企业工资年收入、外出打工收入等各种渠道的收入及其占家庭总收入的比重；家庭年支出中，包括电费、生活水费、通信费、孩子上学费用、医疗费、燃料费、购买副食品费用以及其他支出等。

5. 移民生产生活水平

通过征地拆迁之前的基底调查和之后的抽样跟踪调查，对移民家庭财产状况，移民家庭居住条件，移民家庭社区生活环境，移民家庭生产条件的变化，移民生产经营及收入状况，移民家庭支出情况，移民经济活动方式变化的评价，分析评估移民收入与生活水平恢复目标实现的程度。

（四）信息和数据采集方法

移民监测评估过程包括信息收集、统计、综合分析和报告撰写等步骤，而运用多种方法和手段收集移民实施相关信息是履行其监测评估工作的基础和关键。

1. 文献调研

对与移民实施活动有关的各种文献，如地方政府、项目业主、移民实施机构、规划设计单位的文件、统计资料、专题调研资料等，当地的征地拆迁政策和补偿安置政策法规，进行系统而有针对性的收集。

2. 访谈

访谈主要分为机构访谈和移民户（包括企业和店铺）入户访谈两部分。对项目业主和各级移民实施机构进行访谈，通过对各级移民实施机构进行实地访问，了解移民安置实施的全面信息，掌握报告期内的主要移民活动及其进展、实施中的主要问题及其处理和移民机构情况。

入户访谈时，监测评估人员可以深入到受影响的移民家庭、店铺、企业中去，与他们进行面对面的访谈，了解移民实施情况。入户访谈主要了解受影响人群个人、家庭的社会经济情况、移民政策实施情况、各类损失赔偿标准及其兑现情况、生产及生活安置状况、信息发布与传递、公众参与、脆弱群体保护措施、抱怨与申诉及其解决情况。

3. 座谈会

监测评估人员在受影响人群较为集中地区，召开移民代表参加的座谈会，收集以下主要信息：移民补偿标准实际实施情况、补偿资金的拨付与使用、受影响人群的生产与就业安置状况、社区生产和生活环境的变化、信息公开、公众参与和协商、抱怨的申诉及其解决、受影响人群对移民实施工作的意见和建议等。

4. 实地观察

进入移民实施活动现场，以文献调研、移民实施机构访谈等方式获知的信息及数据为基础，检验移民实施措施、进度、效果，发现实施中存在或潜在的问题。

5. 典型个案调查

针对需要调查研究的问题，通过深入具有典型代表性的受影响地区，对典型的受影响对象进行调查，获取第一手资料，进行分析研究，提出解决问题的建议。

6. 抽样调查

在基底调查、跟踪监测调查的过程中，抽样调查是最重要的信息收集方法。利用抽样调查进行基底调查和跟踪调查，要注意所选样本的代表性。为此，最好采用类型抽样。抽样调查要求调查样本达到一定的规模。对于移民家庭户数量较多的项目，受征地影响的家庭户抽取的比例为 5%～10%，受房屋拆迁影响的家庭户的抽取比例为 5%～15%，同时受征地和拆迁影响的家庭户的抽取比例为 5%～20%。跟踪调查的抽样样本数不应少于 30 个。在基底调查和后评估调查中，移民人数较少的项目（如移民户数少于 100 户），调查的样本应该是移民家庭的全部。此外，跟踪调查在调查样本、调查时间等方面应该尽量与基底调查相一致，以增强调查资料的可比性。另外，特别注意采用抽样选定不同地区、不同类型的移民户，进行跟踪调查和对比分析。

（五）提高资料收集效率

资料收集必须是有效的，以保护受影响者的利益并保持移民实施的透明度。要清晰地界定主要概念（例如：受影响者、家庭、损失、有资格权利的人），因为这些是整个过程中极重要的概念，并对补偿及移民受惠一揽子方案有显著影响。设定受影响人名单资格的截止日期。这对防止在宣布项目计划之后的虚假补偿或迁移要求是很必要的。在为确定受影响人数、建筑物数、其他财产和减少涌进受影响地区的人口而设立截止日期后，应尽快进行人口普查。

这对那些涉及城市再发展、更新、改造和擅自占地者发展的项目特别重要。应注意：①绘制受影响地区地图并确认受影响家庭数目，以提供额外的保护措施，防止虚假的补偿要求。在项目立项及准备阶段一般就已完成绘制地图。绘图可以在人口普查及调查期间进行，航空测图对及时确定特定点的定居方式是有用的帮助；②考虑使用受影响者身份卡。在许多项目中，身份卡证明是很有用的，它们在人口普查或调查期间签发，并应在涉及补偿及所有权的个别家庭的所有有关信息的普查完成之后加以更新；③公布受影响人名单，以获得受影响者委员会及非政府组织的确认及批准，并公布在有错误的情况下的申诉程序。

二、信息资料收集的要求

（一）总体要求

移民规划与贯彻实施需要反映出受影响者所受影响的可靠而精确的资料，以便拟订适合的权利资格政策。在涉及征地和移民的项目中，资料搜集将服务于三个主要目的：①充分了解现存的社会经济状况如何受项目的影响，特别是不利的影响；②识别并评估为制订恢复并改善受影响者生活质量的规划所需的所有社会范围；③作为监测及评估移民规划实施情况的基准。

社会经济信息调查要求：①审查现有的资料，确定符合政策标准所需的信息级别，并选择适合的资料搜集方法；②覆盖所有受影响的群体，其中包括任何安置地人群；③明确界定主要概念，如受影响的人、家庭或住户、损失、有资格权利者；④为确定受影响者名单中的资格符合者，设定一个截止日期；⑤全面描述受影响的村庄及安置地社区的情形，其中包括土地使用、种植方式、公共财产及自然资源的利用；⑥公布受影响者名单，以供受影响者和非政府组织及安置地居民核实；⑦核心小组应包括各方面的技术人员并让当地政府和/或机构工作人员、受影响团体及非政府组织参与资料搜集；⑧为了实施项目，建立一个有助于帮助确认家庭及个体的所有信息的电脑资料库与方案，并作为监测与评估的基础。

（二）资料搜集的准备工作

项目规划者检查现存的资料库，对可能的项目影响作出最初的评估。资料库可以包括项目规划文件、调查文件及区域地图、土地档案以及政府人口普查报告。次要资料可以有助于项目的社会分析以及鉴定主要资料搜集的需求。需要考虑的问题包括：①现有的关于项目影响和受影响社区的资料可否用于评估？②如果有，谁负责搜集，何时搜集，这些信息是否可信；③来自土地管理部门的征地资料或现存人口普查资料是否适于评估项目对受影响者可能造成的影响；④实施机构是否需要任何顾问来进行资料收集；⑤是否已确定安置村庄；⑥外部人群涌入项目涉及的地区是否可能会成为一个问题。

（三）决定所需收集的资料

调查涉及所有受影响的人（其中包括脆弱群体、安置区居民）以及有关土地和地区的信息，包括拥有正式所有权的受影响者，也包括没有所有权的受影响者，如租户、分成制佃户、无土地者、乱占地者、小商贩、小商店业主、工薪人员以及其他人员。现有法规中的受影响者也许不包括脆弱群体（土著人、少数民族、妇女与女户主家庭，没有合法权利继承或拥有土地者、贫困者，孤立社区生活者）。土著人通常拥有土地习惯使用权，而没有正式所有权，因此，需要收集其土地使用、经济活动和社会组织的详细信息，以便另行准备与其传统和文化相符合的社会与经济发展规划。必须全面评估并予以充分考虑妇女对生产及家庭管理的贡献。

如果提出了迁移地址，安置区居民情况是资料收集过程不可缺少的部分。将收集安置区的详细信息（人口统计、土地面积、土地分配方式、土地使用方法、经济活动——农业、商业、饲养及渔业以及公共土地资源）。这对评估迁入地社区安置受影响人可能造成的影响是必不可少的，也是为受影响者和安置区居民制定经济发展和社会融合方案所需要的。安置区居民调查可以使用参与性快速评估方法。

（四）资料收集的具体操作

资料收集的操作包括以下步骤：①设计人口普查或调查问卷形式；②雇用并训练实地调查人员；③实地监测、核实及质量控制；④资料加工及分析。

在项目机构缺乏进行人口普查和调查的适当技能时，这些服务一般可以由顾问或独立机构（例如：非政府组织、大学的社会研究部门）来提供，并且有官员和移民工作人员的协助。向准备人口普查或调查问卷的顾问们简要指明调查和政策的需要，其中包括资格与权利分类（如果这些在调查之前已限定好了的话）。人口普查或调查需要多方面的技能（如：生态、法律、经济、社会文化、环境、土地使用、规划、地区和移民等方面）。

调查活动可以通过移民工作人员、地方政府机构工作人员、非政府组织和受影响者及其代表的直接参与而得以强化。这将有助于减少争端和申诉，并将使受影响者和移民普遍了解移民问题及政策。

（五）征地移民信息资料收集的质量要求

1. 周期性

移民监测活动中，世界银行或亚洲开发银行每年可至少一次常规检查项目移民实施活动，每五年组织一次移民实施专项检查，项目业主与移民实施机构提交的半年一次的内部监测报告，外部监测评估机构一年开展两次现场调查和监测评估等活动，使监测评估成为一项周期性的常规检查，各参与方形成良好的沟通交流，执行、监控、反馈等环节使移民实施中出现的问题能得到及时排查处理，利于移民计划有序健康地得到执行。

2. 真实性

移民监测活动包含了许多现场工作的环节，如问卷调查、入户访谈、公众座谈、机构访谈、文献查阅等，收集的信息与数据包括补偿安置协议、拆迁实施委托协议、资金划拨凭条、房屋（包括企业、店铺）和各类公共设施的前后对比照片、移民访谈录音等，均能体现监测评估人员所采集信息的真实性。

3. 可靠性

移民监测活动的参与者包括项目业主、移民实施机构、外部独立监测评估机构和移民，既有世界银行或者亚洲开发银行对各相关机构及其活动的观察和检查，有政府主管机构和项目业主对各级移民实施机构等自上而下的监控检查方式，也有外部监测机构独立调查移民、访谈项目业主、移民实施机构等调研方式，促进信息的沟通反馈。定期的内部监测报告和外部监测报告使采集的信息与数据得到相互验证，多方参与的最终目标即保证信息与数据的可靠性。

4. 科学性

移民监测活动从制度安排上的多方参与，不仅使信息公开透明，包含主要信息与数据，具有全局性；从流程组织上，各参与者定期互动，各司其职，展现较高的实用性；从调查设计上，采取抽样调查、座谈会、典型访谈等相结合的方式，体现了很强的效率性。

5. 态度

移民监测评估活动的有序、规范、高效地进行，能保证有关各方及时了解移民安置实施情况，发现和纠正移民实施中存在的问题，确保安置方案按移民行动计划顺利地实施，最终达到移民安置的目标。

移民监测活动与移民行动计划相关联，具有法律效力，必须得到政府部门、项目业主、移民实施机构和受影响移民的认同，从而在各方的协同配合下，顺利完成信息与数据采集的现场工作，完善项目的实施执行过程。

对于外部监测评估机构而言，保持其独立性、客观性、公正性、科学性十分重要。只有这样才能体现外部独立监测评估的价值和作用。同时，好的外部监测评估机构，对移民实施工作可以起到重要的咨询和沟通作用。

6. 方法

对项目业主、移民实施机构和外部监测评估机构建立信誉考核体系，评定各参与者在移民活动中的作用和表现，划分级别，提高移民监测评估活动的质量，促进监测评估行业在竞争中不断进步。

三、信息资料收集的内容

（一）项目影响区社会经济状况调查

调查内容包括：①影响区征地拆迁前后的自然条件与资源情况，各类土地的资源数量、质量、分布、特征指标、人均占有水平等；水文、气象、地形、地貌等；林、牧、渔业资源的数量、质量、分布等；矿产资源的数量、质量、分布等；②人口与社会情况，包括人口及各种分类统计数据等，劳动力及其就业的各种分类统计数据等，民族、民情、民俗、主要生产生活习惯等，文化、教育、医疗卫生、宗教等，易受损害群体（老人、妇女、儿童、残疾等）状况等，社区、社团状况等，家庭收入支出典型调查数据等；③经济概况，包括农业（种植业、林业、畜牧业、水产养殖业、家庭副业）生产与市场状况；工业生产与市场状况；各类主要经济指标；粮食、经济收入、财政税收等方面的统计数据；④行业发展，包括农、林、牧、副、渔、工、商、运输、建筑业等发展状况、投入产出情况、市场状况、开发利用潜力与前景，主要措施与制约因素，近期发展规划；⑤社区生计，包括项目影响区居民点及交通、教育、医疗卫生、供水、供电、广播通信、社区服务基础设施的现状及规划情况，房屋建筑等情况。在项目影响区社会经济状况总体调查的基础上，确定受影响户抽样调查的样本，并对主要样本住户的详细信息进行调查。

（二）农村拆迁户调查

对选择的农村拆迁样本户的主要调查内容：①家庭人口情况，包括农业人口、非农业人口，妇女人口，劳动力，女劳动力，抚养、残疾、老年人口，上中学、小学子女情况；②生产经营情况，包括粮田面积、蔬菜地面积、经济作物面积、果树、家禽家畜、承包地、自留地、非农业生产经营、主要生产工具；③房屋建筑面积，包括房屋类型及间数、房屋面积、畜圈面积；④家庭年收入，包括粮食总量，水稻、小麦、大麦、玉米、油料作物等，农业收入、副业收入、乡村企业收入、其他收入、人均纯收入；⑤家庭年支出、上交税金及其各项费用，包括农业税、集体提留、其他，种子、农药费、电费、水费、机械作业费、孩子上学费用、医疗费、燃料费用、购买生活副食品费用、购买家电家具等支出、其他；⑥拟议的安置地点，宅基地面积，交通条件，供水条件，供电条件；⑦移民心理是否愿意搬迁，对拟议中的安置点是否满意，对以后生活是否担心；⑧家庭人口简况、姓名、性别、年龄、民族、文化程度、职业/工作单位、年收入、是否愿意搬迁。

（三）城市拆迁户调查

对于选定的城市拆迁户样本，应重点调查：①家庭人口情况，包括非农业人口、农业人口，妇女人口、就业人口，妇女就业人口，抚育、残疾、老年人口，上中学、小学孩子，常住无户籍人口，少数民族人口；②房屋，包括房屋结构类型，如框架、砖混、土木、简易，房屋建筑面积，房屋使用面积，房屋间数，区位类别，房屋产权类型，如公房、私房、混合产权，房屋使用性质，如居住、有照经营、无照经营，房屋合法性，如合法永久产权、临时（有效期内）、临时（超期）、违建；③居住条件，包括成套、不成套房，独立厨房、独立卫生间，朝向、采光，交通，水、电、管道煤气、供暖，楼层、社区、文化娱乐；④家庭年收入，包括正常工作收入和其他收入；⑤家庭年支出，包括水费、电费、燃料费、交通费、学费、医疗费、生活副食品费用、家电家具费、物业管理费、报刊文化娱乐等；⑥原居住地点；⑦对安置地点的期望，是否愿意搬迁，对拟议的安置点及安置房是否满意，拆迁对就业及收入有无影响；⑧安置意愿，包括货币补偿、实物安置、产权交换、货币补偿和实物安置相结合等。

（四）企事业单位拆迁调查

包括工商企业及各类事业单位，应主要调查：①单位基本情况，包括单位名称、所在地点、经济性质、主管部门、产权状况、法人代表、经营范围、原占地面积、被征（占）地面积、土地的属性、正式职工、临时职工、退休人员人数，主要固定资产、固定资产原值总额、设备原值总额、固定资产净值总额、设备净值总额，年经营状况，如年产值、年营业额、年上交税金、年税后利润、职工人均月工资；②原有房屋面积，包括总面积、经营用房面积、生活用房面积、各类房屋结构，如：框架、砖混、砖木、土木、简易等；③拆迁房屋面积，包括总面积、经营用房面积、生活用房面积、各类房屋结构，如：框架、砖混、砖木、土木、简易等，附属建筑物及设施，全部拆迁或部分拆迁；④年经营状况，包括年产值、年营业额、年上交税金、年税后利润、职工人均月工资；⑤安置方案，包括安置地点、安置意愿等；⑥本单位对拟建项目及搬迁安置的态度和意愿等。

（五）拟选建设用地居民实物调查

房屋拆迁许可证规定的拆迁范围不得超过用地批准文件确定的用地范围，但用地范围外的房屋与拆迁范围内的房屋不可分割时，拆迁主管部门可以把拆迁范围外的该房划入拆迁范围。用地单位取得征地或占地批准文件后，可以向区、县土地房管部门申请在用地范围内暂停办理下列事项：①新批宅基地和其他建设用地；②审批新建、改建、扩建房屋；③办理入户和分户，但因婚姻、出生、回国、军人退伍、经批准由外省市投靠直系亲属、刑满释放和解除劳动教养等原因必须入户、分户的除外；④核发工商营业执照；⑤房屋、土地租赁；⑥改变房屋、土地用途。

区县国土和/或房管部门核准用地单位的申请后，应当就上述所列事项书面通知有关部门暂停办理相关手续，并在用地范围内予以公告，通知和公告应载明拆迁范围，暂停办理事项和暂停期限。

对被拆迁范围的户数、人数和建筑面积的登记、统计要公开透明，所有拆迁项目必须按照《国有土地上房屋征收与补偿条例》（国令 590 号）等规定的权限程序履行职责，严格执行房屋征收公示、评估、订立协议等程序，所有拆迁项目工程，要通过招标或委托方式交由具有相应资质的施工单位拆除，规范拆迁委托行为，禁止采取拆迁费用"大包干"的方式进行拆迁。房屋价格评估机构按照有关规定和被搬迁房屋的区位、用途、建筑面积等，合理确定市场评估价格，对居民住户的调查要根据当地公安派出所、居民委员会以及房屋原产权管理单位提供的档案为基础，逐户调查登记，被拆迁人员以当地公安派出所提供的数据（户口本）为基础进行统计，房屋建筑面积以市（区）颁发的房屋所有权证书或其他有效统计资料为准，对调查数据要与被拆迁人见面并签字认可。对被拆迁人的一些不合理要求，不要作不符合规定的许愿和私开"口子"，防止造成"以闹取胜"的不良影响，做好集体上访的疏导工作。

（六）移民人口普查和财产登记

移民及其家庭人口普查和拟征收财产的登记工作发挥两个重要作用。其首要作用是确定有资格享受移民权益的移民人口。如果项目计划的披露可能会造成人们侵占土地和提出欺诈性补偿要求，这两项工作就显得尤为重要。移民普查和财产登记也为移民安置数据库提供重要的数据，供日后项目监测和检查时使用。

普查和财产登记可以分别进行，由于每项工作都要求对受影响住户进行实地走访，因此将它们合并起来进行的效率往往会更高。如果难以确定住所的所有权或居住时间，应尽快开展人口普查，以确定移民权益资格的截止日期。在这种情况下，建议立即开展财产的部分登记工作，确定建筑物和其他拟征收财产的数量和总体规模，为普查提供补充数据，而拟征收建筑物的准确特征及拟征收或受影响的剩余固定资产（如井眼）的存量清单则可以晚些时候再确定。

1. 人口普查数据具有时效性

基线数据的确定是具有时效性的。要尽快开展人口普查工作，以确保准确地确定有资格享有移民权益的移民人数。普查信息的准确性随着时间的推移而日益下降。如果普查与项目实施启动之间拖延的时间很长或项目设计进行了重大调整，那么就有必要重新开展普查，而不仅是对现有普查数据进行调整。

一般而言，如果普查与实际征地的时间间隔为 3～5 年或更长的时间，那么人口和社会经济状况就会发生重大变化，从而降低普查数据的有效性。人有生老病死，有结婚的，也有迁移走的。因此，较好的做法是，在可能的情况下，在计划征地时间一年内开展移民人口普查。如果在基线数据收集后至少两年还没有开始征地，那么一般情况下要对这些数据进行更新。如果为了确定移民资格而需要较早开展调查，但实施工作滞后，那么合理的解决方案是在项目实施前重新开展普查工作，在此情况下要根据各方同意的程序通过继承、到期转让或财产交易等方式处理移民权益转让。

2. 项目所处的环境会影响普查和实物调查的持续时间

项目所处的环境也可能影响普查和实物调查所需的时间。如果项目在农村地区，其影响一般相对较为单一，普查也可能没那么复杂。受影响的人口分布可能会更分散。相反，如果项目在城市地区实施，项目造成的影响往往会更复杂，但人口的空间分布则相对集中。如果项目预计影响的移民超过 1000 人，那么一般至少要在项目评估前 8 个月开展人口普查、实物调查和移民安置规划工作，这一时间是基于机构有较强能力开展这些工作估计的。

移民安置规划工作有时是分阶段开展的，这就对普查工作提出了更多的挑战。在线形项目中，项目实施工作在一个地方开始，而在这条线路远端的工程及选址规范（如公路或输电线路的确切路线或该项目的子项目的选址）还是未知数。如果已知项目的大概位置和征地要求，应确定影响的最大走廊。该走廊的确定以初步设计涵盖的地域为依据，并考虑普查确定的该地域范围内的全部人口。尽管该人口数量可能会大于实际受影响的人口数，但是该项程序只是基本确定可能有权享有移民权益的人口数。此外，普查资料有助于选择确切的地点和路线，从而最大限度地减少负面影响。如果连某个子项目的大致方位都无法确定，那么就应该将子项目作为正规的分项目来处理，对其单独开展普查，而且在其选址细节确定后就必须编制移民安置规划。

3. 人员配备

项目机构内部一般不具备开展移民人口普查或拟征收财产登记调查的专业技能。因此，一般是聘用有资质的政府机构或具有普查和调查工作经验的咨询小组来准备和实施这两项工作。无论这些工作是由项目机构自己来完成还是承包出去，在人员选择时要考虑文化兼容性。例如，在许多情况下，女性人口普查员相对于男性普查员而言更易为女性所接受。同时，普查员要熟悉当地情况，精通当地语言。如果就实地普查和实物调查方式的应用及编号和归档程序开展为期一周的培训，即使是经验丰富的普查员也可以受益匪浅。

如果项目要成立移民办公室，其工作人员也要参加这些培训课程，学会如何在项目实施和监测过程中维护和更新这些人口普查和调查数据。

4. 实地操作

移民人数、项目区的规模以及时间安排决定了数据收集的后勤工作安排。每名督导员可以监督八名普查员的工作。一般而言，普查员一天只能进行 2～3 次访谈，每次一个小时，因为他们还要在交通、重复走访、资料检查和资料编号等方面花费时间。

访谈的头几天往往是问题最多的时候。实地督导员要每天检查每位普查员的每一张表，讨论所遇到的任何系统性困难。（基于现实的原因，督导员只能在晚上来查看问卷，在第二天早上普查员开始工作前与其讨论。）任何不合格的问卷都必须重来。在移民都识字的地区，被调查的移民可以检查完成的访谈表，并在表上签名以证明其准确性。

5. 数据与记录

一般的做法是普查组还在实地的时候就由普查员对收集的信息进行整理编号。如果发现有信息不完整或明显有误，这样做可以有助于通过回访方式对这些信息加以更正。然后，收集的信息交由项目办公室录入归档。不管数据是手工记录还是输入电脑，规范的做法是对所有访谈结果进行核查，以确保其一致性和准确性。

人口普查和基线调查数据对各项目执行机构、项目移民安置官员及项目独立监测人员都会有用。因此，较好的做法是设计只针对主体项目和移民安置项目主要目标的数据收集方式，同时又满足所有用户对移民工作信息的需求。规范数据记录、编号及软件（如果数据以电子方式处理）需要所有相关机构的密切配合。随后，数据传送给项目移民工作办公室（或其他指定的数据管理机构），由其核定数据的准确性，根据项目的进展更新数据，最终与合作机构共享。要保持信息的准确性和保护移民的隐私，就有必要采取安全程序。

（七）信息资料的汇总分析

调查结果将立即用于以下各方面：①按现行补偿政策准备一份受影响者清单；②确认间接受项目影响并有资格权利的人；③根据损失情况准备一份资格权利分类表；④建议补偿付款和投诉处理程序，建立一个电脑数据资料库及一个方案，可以方便地按如下特征区分受影响者的资料：影响程度、年龄、性别、教育、收入、职业技能、土地持有、迁移及收入恢复选择意向。

汇报资料收集结果的推荐格式：

（1）前言，包括：①项目说明；②调查或人口普查的目的；③使用方法；④调查运作与局限性。

（2）受影响地区说明及结果，包括：①地区：性质与影响程度；②受影响者的社会经济地位；③确认脆弱群体；④土地及其他资产的损失；⑤社区财产及其他自然资源清单；⑥社会网络、社会服务和文化遗址的损失；⑦受影响者的资格权利分类表。

表 8-11   项目周期中的资料收集及调查：主要行动

项目周期	主 要 行 动
项目确认／初步社会评价	· 审查现有的资料。 · 确定所需信息的水平及数量。 · 为移民规划、监测及评估明确资料收集的目的
项目准备技术援助可行性研究	· 为资料收集拟定范围。 · 确认所需的专门技能。 · 委托资料收集，并就实施安排及汇报要求达成一致。 · 起草资料收集结果的报告。 · 公开受影响者的初步名单。 · 草拟受影响者收入恢复及迁移的方案。 · 根据基底调查或人口普查，准备移民的监测与评估计划
管理评审会议	· 评审（根据资料搜集结果）准备好的移民规划。 · 如有必要修正，进行对受影响者的跟踪调查。 · 准备收入恢复与土著人发展计划（如合适）
鉴定	· 最后确定移民规划
贷款谈判	· 将悬而未决的问题作为贷款生效的条件
实施	· 建立有关受影响者的数据库，用于项目实施和监测的目的。 · 受影响团体与非政府组织参与项目实施。 · 为监测与评估进行跟踪调查
监测与评估	· 监测进展情况，便于汇报。 · 利用参与性快速评估、中心小组会议和调查进行监测与评估。 · 通过评估调查进行外部独立评估

第九章

不同类型项目的移民安置

对于拟建地点位于城市和农村地区的工程建设项目，征地拆迁移民安置具有显著的不同特点。同样，对于线形项目、点状项目和片状项目等不同类型的项目，对项目征地和移民安置也有明显的不同要求。本章阐述城市建设项目、线形项目、大坝建设项目等不同类型项目移民安置的基本要求，重点关注内容、补偿标准的确定、拆迁安置方案的制定和实施，以便为各类项目征地安置提出有针对性的指导建议。

第一节　城市地区项目的移民安置

一、城市移民安置的背景、原则及标准

（一）城市移民安置的背景

在项目评价实践中，大部分城市移民项目与基础设施项目（如道路、输电线路、管道、铁路等项目）或城市环境改善项目（如污水或环卫管理等项目）有关。城市移民安置工作要取得成功，必须要注意快速变化的城市人口密度和多样性。较高的人口密度是城市生活的显著特点。尽管城市地区的人口密度可以带来各种机遇（对商品和服务、就业及土地和其他自然资源的集中需求），但也会造成各种问题（如污染和废物处置）的集中。通常情况下，城市移民安置的成本很高，因为必须要在人们生活和工作的地区修建、改造或提升公共基础设施。因此，即便是征地规模很小的项目也会造成较大规模的搬迁，同时，即便是土地或其他财产的临时丧失也会导致严重且代价高昂的影响。

城市所处的地理位置可反映土地用途的巨大差异。不同的居住区在收入水平、生活水平、居住时间以及种族或地区隶属关系等方面存在差异。就移民安置而言，有三个因素可以对城市多样性产生影响。第一，在指导项目设计、选址或实施方面，政治因素和经济或技术方面的考虑具有同等重要性。第二，城市经济可造就专业化，提供多种收入来源。第三，地理位置通常是关乎收入和生活水平能否得到恢复的一个关键因素。由于城市多样性的存在，因此，建议采用社会评价，作为移民规划工作的一种常规手段。

另一个需要考虑的问题是，城市增长速度很快且不可阻挡。在许多城市，移民安置规划必须要考虑到城市化的动态过程，而且在这一过程中，人口密度和城市多样性迅速增大，且增幅不平衡，增长势头不可阻挡。在拟被征收的土地上，通常居住着擅自占用者、低收入家庭或新增迁入人口。在这些地区，非正式经济活动较为活跃，经济增长缺乏计划，用地情况较为混杂。由于通讯和交通条件的改善，许多以前较为偏远的地区都受到了城市中心区的影响，因此很难区分哪些地区属于城区，哪些地区属于环城地带。要满足对城市服务不断增长的需求，可能需要进行征地和搬迁。但是，社会敏感型项目的设计通常要求规划人员制定较

高的补偿和恢复标准，向没有合法权利的人群提供援助。此外，在迅速变化的形势下，仅仅将公共基础设施或服务恢复到以前的水平可能没有多大意义：以前的水平可能或很快就可能满足不了需求。在这种情况下，就要求开展城市发展规划工作，而不是简单地采取措施来缓解需求压力。

城市搬迁涉及到其他领域移民项目的许多问题，其中，有四个问题经常反复出现：1）项目规模的迅速扩大（这凸显了规划工作的重要性）；2）各政府部门、各机构和服务提供商之间的协调；3）对缺乏正式产权的擅自占用者和其他人的认可；4）商业活动和居民活动的混合。

（二）早期规划的重要性

建议较早开始移民规划工作，同时，城市移民安置费用上涨很快，这更加凸显了早期规划的重要性。较好的做法是在对社会和人口状况进行评价的基础上制定项目初步设计方案，然后对其进行修改，将公共协商的结果融入其中。由于在城市项目中，移民安置方面的失误会付出特别高昂的代价。细致和较早的参与式规划可以避免项目实施期间投资方案的重大修改，也有助于确保移民安置方面的规定为移民所认可。同样，较早的规划工作还可以有助于缩短生计临时中断的持续时间，因为生计中断会对搬迁居民或商业企业产生重大不利影响。如果能够较早制定有效的规划，可以产生巨大效益，不但可以缩小搬迁规模，降低搬迁影响的严重程度，也可以减少欺诈性补偿要求的机会。

1. 尽可能减少搬迁

在项目设计过程中，技术方面的考虑至关重要，但它们并不是唯一需要考虑的因素，环境和社会因素也很重要。城市人口稠密，在这样的环境下减少搬迁可能就会降低项目的总成本，使项目实施更加顺利。例如，改变项目路线或选址标准不仅可以避开密集的人群，而且只会对项目的技术性能产生轻微影响。同样，改变施工方法也可以降低影响的严重程度。只要项目能保持其经济可行性，即使项目成本或多或少地有些增加，尽可能减少搬迁也是可取的。

从社会角度看，移民安置费用可能不一定与移民人数成正比，而是取决于影响的类型和程度。向大量移民支付小规模或部分征地补偿所需的费用可能比搬迁少数移民及为他们制定收入恢复方案所需的费用要低得多。不论是城市项目，还是其他项目，都有必要尽可能减少移民人数，降低移民安置影响的严重程度，特别是住宅搬迁和就业变化。另一种较好的做法是尽可能缩短任何必要搬迁的距离：对于那些在本市一公里范围之内搬迁的家庭，其生产和生活中断的程度要远低于搬至一公里以外的家庭。

2. 防止欺诈性补偿资格要求

在提供援助时，要区别对待两类人：一类是在项目开始前就无可争议地居住在项目区的城市居民，另一类是项目公布后迁入项目区的人们。有些人在确定的截止日期后搬入项目区，其明确目的是为了取得项目援助资格，这些人将没有资格获得任何援助。

较早开展移民规划工作是城市地区防止出现投机性或欺诈性移民安置援助要求的一种重要手段。防止出现此类现象的关键在于确定移民资格的截止日期，同时也有必要在受影响地区开展普查，以甄别哪些居民符合资格要求，确定建筑物的规模和质量、土地使用现状或其他相关因素。普查通常在项目识别阶段的初期和项目的临时地点和实际边界确定后开展。如果最终界线不明，建议在比可能征收的地区更大的范围内开展调查。如果征地将对商业或工业企业产生影响，编制就业和所有权花名册也是一项重要的工作，该花名册同时要注明工资和收入水平。以图片形式记录截至日期确定时可能合格的地区也可以有效地防止出现欺诈性补偿要求。

通常情况下，普查开始的日期即为截至日期。为了防止更多人的涌入，设定的截止日期可以早于普查日期，条件是项目区的范围已得到明确界定，而且就项目区的有关情况进行了有效和不间断的信息扩散。

3．鼓励公众参与和响应

协商和参与可确保项目信息的双向交流，使项目组有机会来改进项目设计，保持更有利于项目取得成效的市民舆论氛围。在早期规划过程中，为征求移民的建议、寻求移民的合作以及赢得社区对项目效益的支持所付出的努力通常可以产生巨大的效益：项目设计得以改进，移民搬迁量减少，社区进一步支持项目设施或服务的运行与维护。此外，鉴于城市项目所涉及的收入来源和地点问题错综复杂，因此，同移民协商、制定各种方案供其选择尤为重要，因为任何一项方案都不可能解决所有问题。

以下是在项目设计初期通常采取的一些步骤：1）在项目区公布有关项目目标和潜在影响的信息，鉴于所有权安排的多样性，较好的做法是以其他公告形式来补充法定通知，以确保土地承租人、所有者以及其他人了解项目的有关情况；2）开展有关项目影响的普查，公布普查结果；3）征求潜在移民的意见，了解有关损失估价和他们对移民安置方案的优先考虑情况；4）公布补偿标准和其他移民权益以及移民项目实施计划；5）组建社区委员会，以便与项目移民机构取得协调。

由于城市地区的变化很快，所以在项目实施的全过程很可能必须对有关计划进行调整。因此，初步规划工作的结束并不意味着协商的结束。如果随着情况的不断变化，需要对项目计划进行调整，项目组要征求并考虑那些可能受到此类变化影响的人们的意见。

4．考虑性别问题

家庭结构是城市项目需要考虑的一个主要问题。与许多农村地区不同，很大比例甚至是绝大多数的城市家庭可能由妇女任户主，她们负责几乎全部家庭事务和生产活动，可能很少有时间或精力来处理与搬迁相关的额外事宜。因此，较好的做法是项目规划人员对女户主家庭的比例和女户主特别关注的问题进行评价。例如，职业母亲可能需要托儿所或幼儿园等设施，而老年妇女可能无法外出寻找替代房屋。在将财产所有权赋予妇女及她们能否获得金融援助（如抵押贷款）等方面也可能存在性别问题。

5．行政责任和财务责任的协调

城市项目的成功设计和实施要求各级政府和行业机构间取得很好的协调。项目工作人员中间普遍存在一种倾向，那就是他们在项目规划和实施过程中与一个市政对口机构打交道，尽管还有其他一个或多个机构负责征地和移民安置工作。在这种情况下，在时间安排协调和迅速开展工作等方面的简单问题可能会变得更加复杂，原因是各机构间不一定相互沟通，而且它们确实在职能、法律要求以及战略重点等方面存在矛盾。要取得项目的成功实施，关键是要明确落实移民安置规划的行政责任，各机构就协调移民规划和实施工作的有效机制达成一致意见。

6．行政协调

行政协调涉及到几方面的相关问题。必须要明确任务分工、附带行政责任以及执行任务所需的综合能力。由于各机构都参与了项目，而且这些机构特别是市级机构有效开展工作的行政能力可能需要加强，因此各机构间必须要取得协调。

此外，移民安置工作本身通常很复杂。需要开展的工作很多，包括开展城市规划、发布征地通告、修建安置点基础设施、支付补偿费用以及提供就业或其他形式的经济恢复机会。很多政府机构横向管辖几个级别的行政区，因此它们很可能会参与到所有项目中。在城市供水项目中，部分农村居民也可能受到影响。

城市行政管理部门通常设有专门机构负责征地工作。然而，即便是人员配备充足和培训工作做得很好的机构可能也只在征地和补偿实践方面开展了能力建设，这一能力可能足以应付国内投资项目的实施，但有效的移民安置规划和实施需要多方面的综合技能。要实现涉及面更广的移民安置发展目标，必须具备房地产、空间规划、微型企业发展和小额信贷方面的专业技能。对于即将参与移民安置规划和实施的各机构，该规划要明确其作用和具体职责。如果某机构不能分派称职的工作人员，项目机构可以从其他地方——如非政府组织寻求帮助。

如果城市移民安置工作要求多个机构或辖区之间取得协调，通常有必要成立由各相关机构代表组成的中央移民安置协调委员会。该委员会可下设专业小组，每个小组主抓某项工作。视项目的具体情况，可以组建征地和协商小组、新宅基地开发小组以及经济援助小组。委员会可以任命项目机构主管移民安置工作的高级官员全权负责协调各小组的工作。总之，适当的综合技能、各相关机构间很好的协调以及职权的明确是移民安置工作取得成功不可或缺的因素。

7. 财务规划和协调

为确保移民安置工作的经费充足，移民安置规划要评价主管补偿、移民权益或移民安置其他方面工作的行政机构的现有或潜在资金来源。尽管地方市政机构可能得不到支付额外费用的预算补贴或征税权，但它们仍需负责向其辖区内的受影响人支付补偿款或提供住房和城市基础设施。结果，它们更愿意将现有资源用于其他重点事项，特别是在它们被排除在项目设计和协商过程之外时更是如此。

在项目准备初期，必须确保项目单位同意为移民安置工作承担财务责任，而且缺乏资金不能用作不支付已认定移民权益的借口。在项目评估时，项目组要确保移民安置估算费用在项目总成本中得到反映，在财务上有义务支持移民安置工作的所有单位都了解各自应尽的义务。项目组要核实这些相关的安排，以确保确保资金落实到位。一条总体原则是，资金流动安排应尽可能减少中间环节。如果通过好几个机构或辖区下拨补偿资金，资金到位滞后或截留资金的可能性就会增加。

为确保项目实施期间资金的充足到位，移民安置规划要包括以下内容：1）对所有费用类别包括不可预见费的详细成本概算；2）分财年和项目阶段的预算划拨；3）每项活动的财务责任和资金来源；4）所有主管机构的资金承诺；5）资金流向监测和检查机制。

（三）我国国有土地上房屋征收的补偿

根据《国有土地上房屋征收与补偿条例》（国务院第 590 号令，2011 年 1 月 21 日），我国国有土地上房屋征收的补偿要点包括：

（1）作出房屋征收决定的市、县级人民政府对被征收人给予的补偿包括：

1）被征收房屋价值的补偿；

2）因征收房屋造成的搬迁、临时安置的补偿；

3）因征收房屋造成的停产停业损失的补偿。

市、县级人民政府应当制定补助和奖励办法，对被征收人给予补助和奖励。

（2）征收个人住宅，被征收人符合住房保障条件的，作出房屋征收决定的市、县级人民政府应当优先给予住房保障。具体办法由省、自治区、直辖市制定。

（3）对被征收房屋价值的补偿，不得低于房屋征收决定公告之日被征收房屋类似房地产的市场价格。被征收房屋的价值，由具有相应资质的房地产价格评估机构按照房屋征收评估办法评估确定。

对评估确定的被征收房屋价值有异议的，可以向房地产价格评估机构申请复核评估。对复核结果有异议的，可以向房地产价格评估专家委员会申请鉴定。

房屋征收评估办法由国务院住房城乡建设主管部门制定。制定过程中，应当向社会公开征求意见。

（4）房地产价格评估机构由被征收人协商选定；协商不成的，通过多数决定、随机选定等方式确定，具体办法由省、自治区、直辖市制定。

房地产价格评估机构应当独立、客观、公正地开展房屋征收评估工作，任何单位和个人不得干预。

（5）被征收人可以选择货币补偿，也可以选择房屋产权调换。

被征收人选择房屋产权调换的，市、县级人民政府应当提供用于产权调换的房屋，并与被征收人计算、结清被征收房屋价值与用于产权调换房屋价值的差价。

因旧城区改建征收个人住宅，被征收人选择在改建地段进行房屋产权调换的，作出房屋征收决定的市、县级人民政府应当提供改建地段或者就近地段的房屋。

（6）因征收房屋造成搬迁的，房屋征收部门应当向被征收人支付搬迁费；选择房屋产权调换的，产权调换房屋交付前，房屋征收部门应向被征收人支付临时安置费或者提供周转用房。

（7）对因征收房屋造成停产停业损失的补偿，根据房屋被征收前的效益、停产停业期限等因素确定。具体办法由省、自治区、直辖市制定。

（8）市、县级人民政府及其有关部门应当依法加强对建设活动的监督管理，对违反城乡规划进行建设的，依法予以处理。

市、县级人民政府作出房屋征收决定前，应组织有关部门依法对征收范围内未经登记的建筑进行调查、认定和处理。对认定为合法建筑和未超过批准期限的临时建筑的，应当给予补偿；对认定为违法建筑和超过批准期限的临时建筑的，不予补偿。

（9）房屋征收部门与被征收人依照规定，就补偿方式、补偿金额和支付期限、用于产权调换房屋的地点和面积、搬迁费、临时安置费或者周转用房、停产停业损失、搬迁期限、过渡方式和过渡期限等事项，订立补偿协议。

补偿协议订立后，一方当事人不履行补偿协议约定的义务的，另一方当事人可以依法提起诉讼。

（10）房屋征收部门与被征收人在征收补偿方案确定的签约期限内达不成补偿协议，或者被征收房屋所有权人不明确的，由房屋征收部门报请作出房屋征收决定的市、县级人民政府依照本条例的规定，按照征收补偿方案作出补偿决定，并在房屋征收范围内予以公告。

被征收人对补偿决定不服的，可以依法申请行政复议，也可以依法提起行政诉讼。

（11）实施房屋征收应当先补偿、后搬迁。

作出房屋征收决定的市、县级人民政府对被征收人给予补偿后，被征收人应当在补偿协议约定或者补偿决定确定的搬迁期限内完成搬迁。

任何单位和个人不得采取暴力、威胁或者违反规定中断供水、供热、供气、供电和道路通行等非法方式迫使被征收人搬迁。禁止建设单位参与搬迁活动。

（12）被征收人在法定期限内不申请行政复议或者不提起行政诉讼，在补偿决定规定的期限内又不搬迁的，由作出房屋征收决定的市、县级人民政府依法申请人民法院强制执行。

强制执行申请书应当附具补偿金额和专户存储账号、产权调换房屋和周转用房的地点和面积等材料。

（13）房屋征收部门应当依法建立房屋征收补偿档案，并将分户补偿情况在房屋征收范围内向被征收人公布。

审计机关应当加强对征收补偿费用管理和使用情况的监督，并公布审计结果。

二、城市拆迁项目安置方案的制定和实施

（一）城市拆迁项目的居民实物调查

要用科学的发展观和正确的政绩观指导城市房屋拆迁安置工作，完善法律法规，规范拆迁行为，落实管理责任，加强监督检查，严格依法行政。维护城市居民的合法权益，引导群众支持依法进行拆迁工作，保持社会稳定。

房屋征收公告规定的拆迁范围不得超过用地批准文件确定的用地范围，但用地范围外的房屋与拆迁范围内的房屋不可分割时，拆迁主管部门可以把拆迁范围外的该房划入拆迁范围。用地单位取得征地或占地批准文件后，可以向区、县土地房管部门申请在用地范围内暂停办理下列事项：

（1）新批宅基地和其他建设用地。

（2）审批新建、改建、扩建房屋。

（3）办理入户和分户，但因婚姻、出生、回国、军人退伍、经批准由外省市投靠直系亲属、刑满释放和解除劳动教养等原因必须入户、分户的除外。

（4）核发工商营业执照。

（5）房屋、土地租赁。

（6）改变房屋、土地用途。

区县国土房管部门核准用地单位的申请后，应当就上述所列事项书面通知有关部门暂停办理相关手续，并在用地范围内予以公告，通知和公告应载明拆迁范围，暂停办理事项和暂停期限。

对被拆迁范围的户数、人数和建筑面积的登记、统计要公开透明，所有拆迁项目必须按照《国有土地上房屋征收与补偿条例》等规定的权限程序履行职责，严格执行房屋征收公示、评估、订立协议等程序，所有拆迁项目工程，要通过招标或委托方式交由具有相应资质的施工单位拆除，规范拆迁委托行为，禁止采取拆迁费用"大包干"的方式进行拆迁。房屋价格评估机构按照有关规定和被搬迁房屋的区位、用途、建筑面积等，合理确定市场评估价格，对居民住户的调查要根据当地公安派出所、居民委员会以及房屋原产权管理单位提供的档案为基础，逐户调查登记，被拆迁人员以当地公安派出所提供的数据（户口本）

为基础进行统计,房屋建筑面积以市(区)颁发的房屋所有权证书或其他有效统计资料为准,对调查数据要与被拆迁人见面并签字认可。对被拆迁人的一些不合理要求,不要作不符合规定的许愿和私开"口子",防止造成"以闹取胜"的不良影响,做好集体上访的疏导工作。

(二)城市项目移民安置的内容

1. 城市擅自占住者的移民安置

在许多城市地区,不论其贫富程度,产权制度都没有很好地建立。然而,移民安置通常会影响更多的城市贫困群体,因此,所有权问题对他们尤为重要。低收入占住者或贫民区居民的搬迁安置不仅为狭义上的缓解不利影响带来机遇,更重要的是为促进社区发展、所有权保障和土地的合理利用带来机遇。这些同时也是许多城市改造项目的目标。

2. 所有权无保障的人们可获得的移民权益

移民安置政策规定要对财产损失予以补偿,并且要恢复收入和生活水平。在产权和征地行政管理程序实现制度化和得到有效应用的情况下,补偿和恢复原则通常与实践有些差异。拥有习惯权利但没有正式法律地位的人们所属的类别较为复杂。为了制定补偿政策,普查应对没有正式权利的人们制定的居住和商业安排予以识别,这些人包括:1)没有正式所有权但要求对私有土地拥有所有权的居民;2)土地或房屋承租人;3)公有土地占用者;4)排水区、河床或道路用地等公共安全区的占用者;5)没有产权许可证的企业主;6)流动商贩。

移民安置规划必须采取措施帮助没有合法所有权保障的各移民群体,并且在相关情况下帮助他们提高(或至少恢复)其收入和生活水平。对于每一类移民,应将其租用权和其他已知信息载入文件,以确定居住时间或其他资格标准。例如,可用替代文件形式来决定居住时间,这些形式包括税收缴纳和入学证明、人们参与社区活动的记录、选举登记证以及社区居民的证言等。同样,税收或许可费缴纳证明或者供货商或客户的证言也可以用来确定某家未经许可的企业在某地落脚的时间。每一类移民所受到的对待各不相同。由于对其购买或继承的私有土地缺乏所有权而被列为擅自占用者的人们可以视为在法律上完全有权享有土地补偿和其他待遇。拥有此类所有权的居民通常可以在争取土地所有权方面得到帮助,他们与拥有合法所有权的人们一样享有同等对待。从定义上讲,承租人不是财产所有者,他们可以享受找到新房和搬家所需的费用援助。在实践中,承租人通常得到几倍于其月租或租金的款项,用来支付找到替代房屋或商业场所及搬迁所需的费用。

企业主所得到的待遇与移民家庭的待遇基本相同。同样,支付许可费的市场摊主也可以被看成是合法承租人,可以得到寻找新场所和搬迁所需的费用援助。具有历史沿袭性的专职流动商贩也可以通过提供替代场所供其在搬迁后继续从事商业活动的方式得到援助。

较好的做法是得到社区对普查结果和已定土地所有权类别的认可。为了抵消部分搬迁安置费用,鼓励社区支持,防止今后无计划的占用,规划人员可以将移民安置规划作为提高移民土地所有权保障和健全广义所有权制度的一种工具。无论如何,项目至少应在其建立的任何移民安置点确保移民的土地所有权。在城市项目中,安排改进公共场所管理和保护的子项目可能也是可取的做法。

3. 搬迁对流动企业的不利影响

在大多数发展中国家,人们常在城市居民区和商业区开展非正式(未经许可)的经济活动。非正式企业的搬迁可能会给依赖这些企业获得收入的人们造成巨大损失,也会使社区丧失利用其产品或服务的机会。要确定哪些正式和非正式企业有可能要搬迁，也要制定适当的补救措施。视企业的性质和项目对它们可能造成的影响程度，这些补救措施会有所不同。

有固定场所的正式和非正式企业有资格享受援助，援助额度将根据不利影响的程度决定。权利被认可或拥有正式执照的商贩拥有既定产权，因此，他们有权得到移民安置和恢复援助。但是，许多非正式企业四处流动，它们以马车或手推车或易于拆装的结构为经营工具，在靠近旅客流量大的购物区、火车站、过街桥或路口的地区经营。这些企业在搬迁过程中不会丧失土地或其他固定资产。因此，政策上不要求对那些不是直接因土地或其他固定资产的征收而搬迁的无证流动商贩提供援助。应该特别关注移民中弱势群体的需求，尤其是那些生活在贫困线以下的人……，他们可能不受国家土地补偿法规的保护。

很显然，如果此类企业丧失靠近其他企业的场所或失去既定客户群，搬迁会对它们造成不利影响。因此，城市发展和土地利用规划应包括针对流动商贩而采取的有效补救行动，也可以包括发展替代市场的规定。如有可能，新市场应靠近原场所，以便使商贩得到现有客户；也可以将新市场建于经济增长率较高的地区或顾客流量较大的地区。世行资金可用于发展新市场，包括店铺、道路和其他设施的建设。

4. 城市项目中的住宅搬迁

在许多城市项目中，置换土地的确定和置换房屋的提供是两大限制因素。就土地而言，由于地价存在较大差异，有些城市缺乏有效的土地市场，因此重置成本的计算变得异常复杂。同时，较高的地价和人口的快速增长使得许多城市逐步出现住房短缺。需要拆迁住房尤其是低收入家庭住房的项目很容易使缺房问题变得更为严重。移民安置通常在城市化进程的大背景下出现。在大多数发展中国家的城市地区，由于不同收入人群在本市的流动，这些地区在土地利用方面正经历着快速变化，城市中心区和城市边缘地带都是如此。置换房屋的提供通常是城市移民安置规划的一项关键内容。所采取的补救方法通常表现为两种基本方式的变通方式。有些情况下，失房移民被安排搬迁到新开发的居住区；在另一些情况下，项目采取"插花"移民安置策略，其具体安排是，移民们可得到现有闲置房屋，或在散布于几个地区的闲置土地上新建住房。

5. 城市土地的重置成本

在以实物或现金方式进行土地置换时，不仅要注意被征收土地的数量，还要注意其特点，如地理位置和生产能力等。在城市地区，不同地段的土地价值有着很大的差异。一块内城区土地的价值可能要比周边地区同等面积地块的价值高出很多倍。同时，内城区地块所具有的位置优势可能是位置较远和面积较大的地块所无法比拟的。

城市的快速发展也会使土地估价变得错综复杂。在一些国家（如中国、印度和菲律宾等），由于其国内法律允许政府以贴现方式征收城市土地，因此应要求这些国家制定特别安排，对土地所有者予以充分补偿。由于许多环城地区的飞速增长，土地的房地产开发价值可能会大大超出法律补偿标准。在此类情况下，重置成本通常要通过协商予以确定。如果各方不能就有关充分补偿的安排达成一致，征地进度可能会严重滞后。

在城市地区，由于城市人口需求和愿望的多样性，参与过程尤为重要。一些不愿冒险的个人，如老人和单身父母，可能更希望项目机构找到或提供置换土地。因此，较好的做法是将这一可能性纳入土地置换方案。其他人可能更愿意得到按城市高价土地价值计算的现金补偿，但可能过于昂贵，且不利于城市规划工作的有序开展，甚至也可能不符合移民的优先考虑。在实践过程中，更恰当的做法是采取补偿和其他待遇相结合的方法，实现生活水平的恢复，且恢复程度得到认可。例如，较大的地块、住房标准的提高以及使用更好的基础设施和服务可以部分抵消被征土地的较高单价。在一些情况下，政府可以通过收费或城市规划优惠政策等向移民或其所在社区提供较大的实惠。

6. 城市地区的置换房屋

在许多城市，高价城市土地和人口的快速增长使得人们财力所能承受的住房逐步出现短缺现象。当搬迁规模较大时，通常会同时采用两种基本方式来提供置换房屋：人们大规模搬迁至新房，这些住房的位置通常较远；"插花"移民安置，将人们安置到空闲地块上或散布于项目区的房屋中。

7. 大规模搬迁

大规模搬迁具有诸多优势：它涉及建设中的规模经济，可以增加住房供应总量，为城市规划人员影响城市增长方向提供了另一个工具。但是，大规模搬迁也提出了承受能力和公共管理等问题；如果所建新房距离当前住房较远，也会提出交通费增加和就业等额外问题。

如果安置点由项目提供，移民安置规划必须解决项目资助建设或项目所建的公有或私有住房的数量是否充足以及人们的承受力等问题。低收入户和占用户没有财力来支付押金或公用事业费和其他费用，他们可能出于无奈而出售分配给自己的住房。此外，搬迁户可能并不欣赏安置点服务和住房条件的改善，在这些改善造成额外开销的情况下尤为如此。因此，要取得移民工作的成功，应筛选出哪些移民户具有一定的财力，并向他们提供援助，使其能够加入到搬迁行列。

在评价安置点置换房屋的过程中，重要的是要考察有形特征（如面积、房间数、管道和电力设施以及建材质量等）以外的因素。安置点必须安全，其交通要方便，而且必须对新租房者进行筛查，以查清他们是否存在酗酒和吸毒等问题。对于高层公有住宅楼，要落实财务和管理安排，确保建筑和地面的维护以及社区服务的提供。由建筑合作社负责维护工作是处理此类问题的一大创新方式。如果安置点距离工作地点较远，可能会增加移民户的交通支出。较好的做法是将减少增量交通费的办法纳入移民安置规划。其中，一个常用办法是提供交通费补贴。如果人们因项目而失去工作，所选择的安置点必须能确保就业和创收机会。在新居住区，由于刚开始时商店数量和服务种类都很少，丧失工作会使人们遭遇短期困难。为解决这一问题，可以在安置点的适当地点安排几个社区场所，供人们开展非正式经济活动。

8. "插花"移民安置

"插花"移民安置法指将移民安置到受影响地区的现有场所，而不是安置到另一个地区，这种方法也具有诸多优势。许多城市没有公有住房或供大量新增住房建设的场地；另一些城市的财力无法承受新安置点或其基础设施的大规模建设。如果开展小规模建设，或落实寻找并确定闲置住房的方案，不但能提高入住率，还能以更为经济的成本向移民户提供种类更多的可选方案。巴西的几个项目率先对"插花"安置法进行了创新，项目方称之为"象棋法"。根据这一方法，一些较富裕的贫民区家庭搬进新公寓房，他们的原有住房在经过升级改造后供该贫民区居住在危险区域的贫困家庭使用。

在经过改造的地区有空地后，新增占用者就有可能涌入。将这些小面积空地收归国有是避免此类侵占的一种方法。在巴西，小区居民现已组建了委员会对这些空地进行设计和监管，使之成为人们交际的场所，这在从前是无法做到的。

（三）城市移民安置选址问题

城市移民对安置点有不同的偏好，因为对他们而言，不同的地理位置具有不同的优势。中低收入移民可能更愿意靠近工作单位或市场，其他人则可能更关注居住环境的质量；有些人可能选择尽可能靠近亲朋好友。不管出于何种原因，很少有家庭愿意搬到距其现住宅较远的地方。

由于受到人们对现有房屋的承受力、城市规划或其他限制因素的影响，这些愿望得以满足的可能性也受到了限制。工作场所附近的安置点土地要么无法得到，要么非常昂贵。因此，制定多种位置方案供人们选择有助于满足移民户的不同偏好。

在安置点建设的过程中，也可以推广多种住房方式，前提是移民们得到了经过全面整理且具备长期所有权保障的地块；需要进一步施工的"框架房"或"主体房"安排。较好的做法是与移民进行协商，使他们参与安置点和住房方式的选择。移民安置规划要特别包括最终安置点和房屋方面的信息。

1. 城市改造：移民开发的机遇

如果从项目的最初阶段开始就将移民安置工作纳入项目规划，城市环境的多样性和复杂性可能会提供很多发展机遇，但同时也可能带来很多限制。特有的城市环境为采取创新方法减少搬迁或降低搬迁影响的严重程度提供了可能。退一步讲，如果城市的居住条件较差，可以设计和实施移民项目，使城市贫困和弱势人口从搬迁中受益。以下小节将探讨各类可带来机遇的干预措施，从而将移民安置纳入城市开发进程的主流。

2. 提高住房标准

在安置居住条件较差的移民时，标准做法是在房屋面积和安全方面采用最低住宅标准，而不是恢复现状。在缺乏最低标准的地区，移民安置规划过程可以促进合理面积和安全标准的制定。当然，以贫困人口负担不起的价格提供符合标准要求的住房是没有任何发展意义的。

3. 贫民区改造项目

如今，许多规划人员更倾向于实施贫民区改造项目，以代替贫民区搬迁项目。如果试图根除贫民区，通常会产生一些意想不到的问题：贫民区在其他地区重新形成，廉价住房供应量减少，廉价劳动力远离现有需求地区。同时，这种做法的代价很高，因为必须在周边地区新建住房，必须对贫民区居民实施搬迁，而且要对新的住房项目进行维护。

尽管设施改造仍是贫民区改造项目的首要目标，但这些项目一般能够使大多数现有贫民区居民以目标受益人的身份留在原地。社区主导型方法有可能会维持或改善住房供应状况，使居民们留在距离街坊四邻、服务和收入来源较近的地区。但是，如果在设施改造的过程中需要降低人口密度，就有可能出现移民安置。如果取得效益（生活水平提高、所有权保障、新增经济机会）的可能性较大，社区自身也许能够找到有关办法，在自愿的基础上对人口和机会进行重新安排和分配。在此类情况下，较好的做法是项目机构确保受影响社区通过参与式决策过程对改造项目予以支持，确保每一位可能受到不利影响的社区成员同意其所在社区认可的搬迁或补偿安排。

4. 土地归整项目

鉴于土地用途的多样性和迅速变化的经济形势，城市地区土地的部分丧失可能会导致收入或生活水平的大幅提高，如土地归整项目。典型的城市土地归整项目涉及地块的合并和再分配，以便提供或改善设施和服务，如平整的道路、人行道、电力设施、学校（或其他社区设施）以及供水和污水管线等。在此过程中，项目的每一位参与者一般会丧失部分土地，但可能在项目区内得到安置。作为回报，每一位参与者一般会从改造工程中受益，因为条件的改善使得剩余地块在价值上要高于征收前面积更大的地块。社区内统一的系统改造工作可以减少道路和供水管线的无序增加。在许多城市，此类无序增加会逐步产生一些问题。

如能确保证剩余财产价值的大幅增加，土地归整项目指定地区的大部分居民就可以自愿接受这一项目。如果果真如此，可以通过合同安排在"自愿购买和自愿出让"的基础上开展土地归整工作，从而大大降低征地的必要性。

政府机构可以通过城市更新改造或重新开发规划的制定发动开展土地归整工作。同时，这项工作也可以由居民自身或民营部门开发商开展。在此类情况下，可以通过出售归整区部分土地供民营商用的做法满足为提供更好的社区服务所需的成本。成功的土地归整项目具有以下显著特点：1）在项目设计和实施期间与受影响社区进行广泛协商和合作；2）优厚的潜在效益，尽可能降低非自愿征地的必要性（如果人们不愿意参与项目，他们可以选择获得按重置成本价支付的财产补偿和其他移民安置待遇，但可能会因此丧失很多效益，包括因区域开发而产生的基础设施和服务改善效益）；3）在土地归整期间采取过渡期安排，以提供适当房屋、交通或其他服务；4）所有搬迁家庭，包括无房产权属证明的家庭和权利较弱的家庭均获得长期所有权保障；5）公正和公平地分配开发后的效益。

（四）城市项目中的经济恢复

收入恢复始终是移民项目所面临的最严峻的挑战之一，城市地区也不例外。总体而言，城市地区恢复经济的条件更为有利：与偏远和萧条的农村地区不同，这些地区经济规模较大，且经济颇具活力。尽管如此，较好的做法仍是要限制搬迁距离，因为较远的距离可能会使人们很难找到新工作，而且交通时间和交通费用可能会大幅增加。环城地区的条件更为有利，因为这些地区的经济增长范围较广。对有形财产给予的补偿也许可以置换房屋，但对弥补就业损失却起不了多大作用。由于城市环境下的经济生活通常具有较高的多样性，而且大多数人依靠正式或非正式就业获得收入，因此，如果有移民丧失收入或生计，移民安置规划必须解决经济恢复问题。第二个问题是非正式经济活动的普遍性问题。很多城市的居民都依靠无证经营的企业获得收入，部分依靠实物交易或互惠安排谋生，或从事可能被项目官员忽略或忽视的其他经济活动。此外，由于无证商贩和店主没有固定的经营场所，因此他们很少或根本不会投资于可以得到补偿的固定资产。再者，如果移民安置方法主要注重财产损失补偿，该方法就不太可能为这些生意人提供足以恢复其生计的机会。

在审查城市移民安置规划的过程中，提供可行安排以恢复经济的必要性反复出现。例如，即便在承认对非正式商贩和店主有影响的情况下，为他们将有关机会照搬到已变化的新环境中通常是一件相当困难的事情。然而，对实际问题和社会经济问题的重视可以提高规划成功的可能性。

1. 搬迁距离

由于在周边郊区更有可能找到人们能承受得起的置换房屋，因此住宅搬迁可能要涉及较远的距离，甚至要超过 10～20km。在远距离及新城和以往就业场所之间较差的交通条件等因素的共同作用下，可能会出现失业；如果家中就业成员留在城市赚取收入，也可能导致家庭分居。

2. 就业移民援助

一种替代方案是与公交服务部门取得协调，确保人们可以享用和承受得起此类服务。项目也可以提供交通费补贴。在一些城市，为移民找到或提供替代工作或采取奖励措施鼓励他们自己寻找创收机会也同样是合乎情理的做法。在一些项目下，移民们可以优先选择公职就业。

在非正式经济体中，富有和贫困人口之间或各民族或种族群体之间在搬迁前互为邻里且相互依存，远距离搬迁可能会隔断这种关系。即便有关方面采取了较好的安排，在搬迁后为一个或几个家庭成员恢复了正式工作，但非正式收入或生计活动也可能被忽略或忽视，从而进一步加深人们的弱势和贫困程度。

较好的做法是尽可能降低从事新工作的必要性，避免造成工作丧失或职业变动的搬迁。如果此类影响不可避免，移民安置规划要详细描述为落实缓解措施而作出的巨大努力和经费安排。移民安置规划要确定哪些影响会造成受影响人失去工作或改变职业，也要表明可以提供哪些替代工作或机会来恢复生计。此类情况下，较好的做法是向移民提供过渡期援助（短期工作或直接补贴），直到他们可以找到替代工作。此外，任何失业人员都应有权选择替代就业方案。无论哪种情况，都不应该迫使他们承担寻找替代工作的风险和费用。但是，在许多城市，有些失业人员可能更愿意选择现金安置方案，这可以使他们创办小企业或开始做小本生意。

3. 为商业活动提供援助

远距离搬迁可能会迫使商业主在不太有利的环境下参与竞争，因为竞争对手可能更多或更强，消费者可能更穷、更少，甚至有不同的消费偏好，声望和信誉可能都消失殆尽。简单地提供生意场所可能不足以恢复收入。因此，较好的做法是在移民安置规划中评估在拟议安置点进行收入恢复的可行性，说明将向雇员和商业主提供多少过渡期工资和利润援助。（该援助可以短期就业和直接补贴的形式提供。）较好的做法也建议向商业主提供相关方案，使他们自己能够对其现有生意是否可以恢复或是否能得到新的商业机会等作出评估。

4. 阻碍安置点收入恢复的因素

由于城市生活条件的复杂性和多样性，列举阻碍收入恢复的因素几乎是一件不可能的事情。城市项目一经确定便能轻易带来新的挑战。要识别和解决在人们搬迁后有时阻碍收入恢复的各种问题，关键是要开展全面的移民安置规划工作。以下举例说明解决此类问题的方法：

（1）如果不将各类城市税费或许可费用纳入考虑，补偿可能会不充分。较好的做法是将此类正式交易费用纳入过渡期补助或通过移民安置规划确保免除此类费用。

（2）如果安置点的城市规划禁止小型创收活动的开展，应制定替代安排。

（3）如果移民部分依靠园田维持生计，较好的做法是安排私有田地或社区田地。

（4）在男性（正式经济活动）和女性（非正式活动或生计活动）之间存在习惯性劳动分工的社会中，移民安置规划必须提供生产性机会，使妇女可以继续为家庭收入做贡献。在有些情况下，另一种较好的做法是通过移民安置工作识别相关机会，以提高妇女的地位（如她们享有对置换财产的共同所有权或提供再教育机会）。

（五）社区和公共基础设施建设

在城市背景下，公共基础设施既是项目投资的重中之重，也是导致移民安置的主要原因。项目规划必须要全盘考虑，确保新增投资项目不会导致特定地区现有供水、排污设施质量或其他服务质量的下降。同样，新增服务或服务的改善可以导致人口密度或财产价值的变化，这种变化需要投入更多资金用于基础设施建设，也需要更多的搬迁，并且公共基础设施的维修或置换费用也可能会非常高。但是，由于城市人口的生活水平在很大程度上取决于此类社区服务，因此此类费用必须要纳入项目评估报告，而且必须由项目承担。最后，基础设施规划必须具有前瞻性，因为在飞速变化的城市环境中，将基础设施恢复到现有水平或质量可能没有多大实际意义。

1. 公共基础设施的恢复或置换

调查和普查文件要对受项目影响地区的现有基础设施的种类、范围和质量给予评价。在搬迁人数不太多的项目下，移民安置规划要阐述如何恢复、置换或改善现有服务。如果项目涉及大量人口搬迁或安置点的大规模开发，移民安置规划要包括相关安排，以提供满足最低社区标准或项目影响地区普遍标准中较高标准的公共基础设施。较好的做法是对供水、污水和废物处置设施进行规划，使环境质量达到或超过相关的环境标准，且不造成其他地区的环境退化。

移民安置规划要阐述基础实施建设的财务要求和财务责任以及各机构及时有效地恢复公共服务的能力。如果项目造成了基础设施运行或维护的中断，移民安置规划也要包括相关移交安排，将基础设施的运行与维护责任归还给当地服务部门。类似地，如果要求移民承担使用基础设施所需的额外费用，那么移民安置规划要对成本回收地规定或其他安排作出说明。最后，移民安置规划要说明相关规定，以酌情恢复教育和公共卫生设施以及其他社区设施，如宗教、文化和市政设施等。如果新安置点将在现有居民区附近兴建，基础设施改造安排要包括公平和公正地对待安置区居民的内容。

2. 开辟公用场地

很多贫民区都缺乏用于开展集体活动的公用空地。城市改造工程会形成一些小规模空地，但如果不及时占用，通常会被占用者侵占。为防止占用，促进社会团结，建议召开居民会议，以决定如何利用这些区域。可建设性地将此类场地用于兴建游乐场和会议场所，这样做也可以促进社会团结，改善治安状况。

（六）城市线形项目

城市线形项目（如排水系统改扩建等项目）可以对大量人口造成影响。要根据所识别的潜在影响而不是大同小异的财产损失开展移民安置规划工作。影响可以是暂时的，如施工期间丧失对资源的使用机会。临时搬迁的人们和企业可以得到一次性补偿，以弥补项目造成的不便或客户丧失。如果征收狭长地带用于拓宽道路，所造成的影响可能很小（受影响的土地不到土地总面积的五分之一）。因财产损失而受到轻微影响的人们也可以得到补偿：根据该地区的平均地价或建设成本估测的重置成本。

通常情况下，移民从线形基础设施改造项目所得到的潜在效益可能要大于轻微的不利影响。例如，道路改造工程完成后，人们从其财产所获得的价值要明显高于财产损失。基础设施改造项目可以使人们的财产升值，在全部补偿或其他移民权益兑现后，当地政府可以对这些人新征财产税或提高财产税。

如果对财产的影响位于城市线形项目沿线且影响轻微，但造成很多人搬迁，财产估价和其他移民安置活动的管理成本可能会很高。事实上，对所有受轻微影响财产的重置成本进行详细估价所需的成本要高于补偿价值。如果影响很小，建议采取替代措施来制定适当的补偿安排，包括：1）编制受影响财产目录；2）识别轻微影响；3）划分轻微影响类别；4）根据该地区土地和其他财产的平均重置成本，制定针对每个类别的补偿措施。

在影响轻微的情况下，对被征收财产可以采取现金补偿方法。由于现金是一种替代品，因此城市居民可将它用于购置住房，获得就业，提高生活质量，或用于其他考虑。在下列情况下，采取现金补偿方法可能较为合适：房产市场活跃；现金补偿款足以购买置换房屋；现金补偿对象对市场行情有足够的了解。换句话说，如果现金补偿能为移民提供替代房屋，就可以采取这种方法；如果它只是将寻找合适且承受得起的替代房屋的麻烦从项目转嫁给移民，这种方法就不合适。

第二节　线形项目的移民安置

一、线形项目移民安置基本要求

（一）线形移民安置的背景

线形项目，包括道路、铁路、输电线路、管线和灌溉渠等项目会产生狭长的走廊式影响。这一明确特征既可以创造优势，也可以带来困难。在狭长地带沿线，搬迁人数一般较少。在道路改造或电线架设的过程中，线形项目可能只需要进行临时搬迁。但是，如果项目贯穿很多地区，项目的狭长走廊式特征可能会给行政协调工作带来困难。此外，在与人数相对较少且散居的移民群体进行协调和协商的过程中，也会存在类似困难。

线形项目造成的移民安置影响在程度上通常要轻于大范围项目，如水库项目，因为在狭长地带沿线，一般只需征收人们的部分财产。线形项目所征收的土地通常由房产正面的条块地组成，征收此类土地可能不会导致占用者或使用者的搬迁，更不会使总量土地失去经济可行性。在制定线形项目的线路时，通常可以避开人口密集区和大规模移民安置。即便需要搬迁，通常也可以将人们安置在同一地区——特别是在农村地区，有时甚至可以将人们安置在同一地块上。然而，即便是小规模征地也有可能使移民陷入困境。在农村地区，线形项目可能会将现有土地一分为二，也可能将社区与其生产性资源和就业集中的场所隔开；在城市地区，这些项目可能会导致很多没有所有权保障的人们搬迁他处。

尽管线形项目所产生的影响在程度上要轻于其他项目，但仍会对移民安置规划工作构成相当大的挑战。如果项目跨越多个地区，可能会给协商和参与带来困难。道路或铁路项目通常需要对没有所有权保障的人们进行搬迁安置，这可能会引发法律或政治问题。对局部影响（通常是临时影响）进行评价和补救可能会相当复杂和困难。同时，由于此类项目可能在好几年内分阶段实施，可能会出现机构间协调的问题，也会凸显监测系统的重要性。

（二）移民安置的总体原则

线形项目的性质决定了它们通常会涉及很长距离内的利益相关者。道路、管道、输电线路等类型的线形项目绵延数百公里，这意味着它们会涉及很多地区，有时甚至横跨不同国家。由于项目机构不可能对每个地区的特点都了如指掌，因此，项目设计过程中的公众协商和参与对尽可能减少移民安置尤为重要。为了最大限度地减少人口搬迁，就要尽早对整个走廊进行筛选。筛选工作可与环境评价配合开展，在此过程中，要与主管工程设计和总体项目管理的机构密切合作。

有了早期的筛选工作，通常才有可能对拟议道路、输电线或管道的线路进行调整，以减少负面影响。较好的做法是将各种问题纳入考虑：需要拆除多少座建筑，哪些地区人口密度较高，有多少生产性土地或灌溉井，输电线项目需要砍伐多少棵果树等。因此，为了给规划和最终设计提供信息，通常要为整个走廊地带绘制详细地图，记录现有土地的使用情况、经济活动和环境事件。对道路中线进行哪怕是一两米的调整也可能避免较大的负面社会或环境影响。

要使筛选工作取得成效，通常要与当地潜在受影响人和地方官员进行协商。要开展有意义的协商，协商过程就要使各利益相关者有机会对方案进行考虑并提出自己的方案。较好的做法是，参与情况报告要记录受影响人的意见是如何在项目设计方案中得到体现的。由于协商和参与对社会和环境评工作价有着重要意义，因此，协商过程要将这两方面结合起来，而不是单独考虑。

筛选工作的协商过程可以为以下方面提供宝贵信息：1）是否要对走廊地带进行调整，或进行微调，或选择替代路线；2）是否要在某个道路项目；3）如何在特定地区采用安全措施。在上述各种情况下，要采取有别于地方项目的不同方式来组织协商、信息扩散和地方参与。在有些典型情况下，一条走廊沿线的任一地区可能只有几个人受到项目的影响。此时，采取社区主导型方法可能不足以与移民开展协商，实现移民的参与。由于移民分散居住，想找出他们之间的共性并不现实。同样，指望根本没有共性的不同人群行动一致也不现实。较好的做法是成立协商小组、申诉机构和参与式实施单位，以充分代表不同组别的利益相关者。

即便各级项目机构采用了最佳协调方法，土建工程建设进度也可能由于公开抗议而滞后。在有些国家，有关方面可能会支持或鼓励当地人阻挠施工。虽然这些游行抗议活动反映了人们的合法要求和申诉，但有时却是由于缺乏沟通和适当协商所引起的。如果从项目最初阶段开始就使各地方利益相关者参与项目，就可以避免由于误解而导致的高昂代价。经验表明，要制定适当的移民权益框架，确保人们对该框架的认可，就必须与地方团体进行周到而详细的协商和协调。由于开展详细协商和协调而新增的管理和财务费用实际上属于项目投资，可以促进项目的顺利实施，增强人们的主人翁意识，提高项目的可持续性。

（三）线形项目移民安置总体要求

（1）减少搬迁最有效的工具是尽早和反复对替代线路和技术设计方案进行评估。

（2）如果搬迁不可避免，建筑物后靠式就地搬迁通常是降低影响严重性的最简单也是最有效的方法。

（3）项目施工文件必须要包括尽可能减少临时搬迁的条款。这些条款要包括明确的施工计划和适当施工技术的使用情况，以减少人们生计的中断。

（4）如果不可能采取就地搬迁，可以采取就近搬迁，将建筑物搬迁到最近且可行的地点，因为距离的增加可能会导致社会经济中断的增加。

（5）了解人们生活在项目影响走廊或沿线的原因是设计成功的移民安置项目的最重要因素。

（6）在移民的需求（如使用资源或靠近客户）和项目需求之间（如交通安全和效率）找出折中方案通常是评估项目可行性和成本的关键所在。

（7）如果不能准确地确定走廊范围，在更大的潜在影响范围内开展普查或调查工作是确定影响类别、估算移民安置成本及防止欺诈性援助要求的最佳方法。

（8）将移民搬迁到现有用地范围内或附近不太重要的地区可以降低移民安置成本，也可以提高移民安置成果。

（9）一旦完成项目设计就确定移民资格截止日期是防止欺诈性援助要求的最有效方法。

（10）如果项目搬迁的人数很少，从市场上购买置换土地和房屋可以简化移民安置程序，提高受影响家庭的满意度。

（11）由于长距离线形走廊沿线的移民人群拥有不同的文化，统一的移民安置方案可能行不通，要根据不同情况采取不同的方案。

（12）如果受影响人口分散居住，与每户家庭或每个经济单位进行协商可能比与社区代表协商更为有效。

（13）要与社区居民展开协商，以确定地下通道和过街天桥或立交桥的位置。

（14）要尽可能使受影响人成为项目的受益者。例如，在输电线路项目下，应给各家庭通电；在农村道路项目下，人们应能享用便利的交通；在灌溉项目下，他们应能得到灌溉区内的地块；在供水和环卫项目下，他们应能享用良好的卫生条件。

（15）如果允许人们继续季节性使用项目用地范围内不太重要的地带和输电线下方的地带，将会对最贫困人口有着特别重要的意义。

（16）如果将项目港湾、停车场等纳入总体设计，在确保公路和铁路交通安全的同时，将极大地有助于安置从事非正式经济活动的街头商贩等群体。

二、各类线形项目移民安置关注要点

各类线形项目有着明确的共性——均拥有狭长的项目区，但每一类项目又有其特性。本节将从项目走廊地带宽度和潜在影响的程度探讨道路、管线、输电线路和铁路项目之间的差异。

（一）道路和公路项目

道路和公路项目，包括新建道路或改造现有道路。这两类项目的区别在于征地数量。与道路改造或改建相比，道路新建需要征收更多的土地，而且所产生的负面影响通常也较大。在这两种情况下，尽管移民安置的范围和规模可能会有所不同，但每一种情况均需解决移民安置方面的难题。现有道路通常具有固定用地。尽管可能需要新征土地用于辅路建设、道路取直或路边设施建设，但征地量可能要低于新道路建设项目。即便项目只涉及少量征地或根本不涉及正式征地，但在现有用地范围内可能还是要出现搬迁——有时搬迁的规模可能还较大，项目对公有土地占用者所产生的负面影响应予以缓解。

移民影响一般只限于一个狭窄的"影响走廊"范围内，在该地带范围内通常不太安全，不允许有人占用建筑，开展商业活动或耕种土地。走廊宽度随道路的类型而变化。走廊可能不及道路法定用地宽，但要宽于人行道、路肩或路边设施（如停车区或公共汽车站点）建设所需的最低宽度。为进行移民安置规划，影响走廊要包括距离最近的安全区及对人们的生计直接造成影响的任何区域。不管是临时或永久性搬迁或拆迁，搬迁或拆迁的对象都必须要位于影响走廊内，而且必须在搬迁后帮助因项目而遭受损失的人们提高或至少恢复其生活水平。

由于影响走廊宽度因当地的具体情况而异，因此不得固定或事先确定。例如，对于一条车流量大的优质快速路，其安全区要大大宽于车流量较小的农村道路。在印度的某个省，一条两车道农村公路的影响走廊的平均宽度为 20m，而其用地的平均宽度为 30m。

由于城市地区的人口密度和社会经济多样性要高于农村地区，因此，道路和公路项目在这两个地区有着不同程度的影响。在农村，通常可以采取房屋后靠的方式避免建筑物的大量拆迁，在城市地区很难采用这一方式。尽管人们均在农村和城市地区的道路沿线开展经济活动，在城市地区，街头商贩和店主较为密集，因此他们所遭受的影响一般要大一些。因此，为这些人找到替代场所通常很有必要。

城市道路改造可能会造成较大的正面和负面影响。例如，在人口聚居区周围建设一条辅路可能会使当地商人失去顾客群。因此，较好的做法是使社会经济分析拓展其分析范围，使之不仅要确定征地所造成的直接影响，还要确定缓解间接负面影响的机会。然而，城市道路建设一般也会使道路沿线的财产升值。由于升值的幅度不同，同时升值不仅仅会使那些因道路建设失去部分土地的人受益，也会使其他所有财产所有者受益，因此，财产升值不能用来代替补偿。如果财产因项目的实施而升值，对财产所有者征收的增值税可能也会对部分丧失土地的人们征收。

城市交通项目移民安置过程中的另一个问题是，征地补偿是否应按照项目前的重置成本还是项目后的预期重置成本支付。如果补偿费根据项目前的地价计算，就可能会出现一个问题，即是否能在同一地区找到置换土地。如果按照项目后的预期地价支付补偿，可能会使整个项目丧失可行性，也可能无法体现征地后剩余土地所有者所获得的利益。如果地价有望在项目建设开始后出现大幅攀升，建议在项目实施期间尽早按照项目前的重置成本支付补偿，以便使人们能在附近买到置换土地。项目组要对地价进行监测，以便在出现问题时能通过特别机制找到合适土地。

（二）输气和输油管道项目

大多数管道无需征收太多土地，也不需要进行大量移民安置，因为它们是为了便于使用和维护而在现有道路用地范围内修建，其中一些为地下管道，因此所产生的影响大多属于临时性质。项目走廊地带一般较窄，其宽度大多为6～8m。同时，管道线路也可以调整，以避免或尽可能减少不必要的搬迁。泵站、处理厂、进场道路或仓储设施可能需要征收较多的土地。较好的做法是对管道和附属建筑的用地需求和移民安置的必要性进行评估，以便制定内容全面的移民安置规划。

确定管道用地一般不需要转让土地所有权，但在走廊地带内要限制用地。在管道项目范围内，可能要永久限制一些活动，如林业或农作物耕种，也要限制建筑物的建设。由于此类项目会对收入和生活水平造成影响，因此，被限制利用的人们应得到补偿和其他形式的援助。例如，对于因定期维护对其农田可能构成影响的人们，支付使用费和农作物损失费是较合适的补偿方式。

出于安全考虑，通常不可避免地要涉及搬迁，如管道附近的居民搬迁，因为他们会面临石油或燃气泄漏或爆炸等危险。在许多情况下，为了保护管道免遭恶意破坏，项目规划人员可能要设定禁入区。在这种情况下，必须要采取适当的安全措施，即便这些措施会造成搬迁，同时不能低估移民安置的数量。

与其他线形项目一样，管道项目也会造成预料之外的间接搬迁。例如，如果管道横穿隔离森林、自然公园或土著保护区，可能会助长预期之外的非法移民，这种非法移民又会对以这些资源为生的居民的文化和生计产生负面影响。在这种情况下，建议规划人员在最终确定线路方案之前对长期影响予以慎重考虑。为了有助于编制适当缓解行动计划，特别建议开展参与式环境和社会风险评价。

（三）供水和环卫系统项目

在城市地区，特别是在低收入和房屋简陋的地区，新建或改造供水和环卫系统往往会造成大量临时和永久性搬迁。如果搬迁人数很多，或者整个社区即将解体，移民安置规划必须要处理对整个社区造成的影响问题。在城市地区，临时性不利影响可能会较大。为了尽可能减少这一影响，项目施工文件要包括针对施工期限和施工时间的特别规定以及承包商将要采用的适当施工技术。此外，也要将这些规定纳入项目环境管理计划，并在该计划监测和施工监理的过程中对其进行监测。

由于贫民区改造和高风险地区灾害避免的直接受益人是最贫困人群和高度边缘化的社区，因此，尽可能减少搬迁的做法可能并不可取。在此类项目下，如果社区居民要求项目在其小区实施，因为他们知道部分人将会留守，部分人将会外迁，供水和环卫工程将会极大地改善社区的生活条件，而且外迁人口在替代地点也能得到类似待遇和奖励，搬迁可能就是项目的一个目标。

（四）灌溉系统项目

灌溉渠项目在很多方面都类似于管道项目，也具有独特性。通常情况下，失地农民也可以从新建灌溉基础设施中受益。此类项目为优化移民安置，制定公平和公正的成本效益分配机制提供了独特的机遇。同时，土地改革和土地归整项目可以使缺水户迁至其他人退出的地块。这些人之所以这样做，是为了换取灌溉效益，从而提高其剩余土地的生产能力。

（五）输电线路项目

视技术规范情况，输电线路要求的影响走廊地带宽度为 12～25m，高压电线（50 万伏以上）要求的则更宽些。尽管架设塔的影响可能很小，尤其是在农村地区，但延伸数百公里的输电线路所导致的搬迁总量可能会很大，尤其是在电线无法避开人口密集区的情况下。

除架设塔外，输电线本身不需要征地，但要确定用地范围，从而对土地利用构成限制。这些限制由地方法规确定，例如，电线下方生长的农作物的高度要受到限制。在大多数情况下，电线下方的建筑物不得保留。一些国家明确禁止在架设塔附近挖坑或采矿，允许经营牛场等活动。

出于安全或未解决的环境问题等原因，许多国家特别禁止在电线下方或电线附近的土地用于居住或商业目的。视各种限制情况，一些国家允许人们在电线下方居住。（例如，在中国，提升架设塔的高度可以最大限度地减少搬迁，不需要将电线下方的居民迁至他处。）在一些情况下，视电磁场和通讯干扰等因素，限制范围可能会扩大至距中心线 50m。

输电线路的架设不需要购买大量土地，但诸如变电所等配套工程的建设可能需要搬迁。通往架设塔的道路新建或扩建也可能影响到财产的使用，而且限制用地会对收入造成影响。与管道项目的补偿一样，对定期维护所占用的土地支付使用费和农作物损失费是较合适的补偿方式。其中，使用费为受影响土地重置成本的 5%～20%。大多情况无需对由于架设输电线而导致的财产贬值支付补偿费。

（六）铁路项目

视采用的技术情况，典型的铁路走廊宽度为 16～24m。在许多情况下，占住者会占用现有铁路走廊，这些走廊位于交通最为方便的城市地区，而且除了供铁路使用外并无多大其他价值。这一特点是铁路改造或私有化过程中要进行大量人口搬迁的主要原因之一。出于安全考虑，要限制人们在铁路走廊内居住。如果这种居住对当地居民或火车乘客构成威胁，尽可能减少搬迁可能并不适宜。由于铁路走廊用地通常比所必需的用地宽，因此，项目规划人员可以将居民向后搬迁几米，并采取适当的安全措施，如修建护栏或行人天桥。

对于各种形式的线形项目移民安置，建议逐一对影响进行案例分析，即使影响主要为局部影响。许多情况下，即使是少量土地损失对生活在贫困线或贫困线以下的家庭也很关键。为避免这一情况，线形项目可以选择抄近路穿过土地已被划分为小块补充园田的地区。

三、线形项目移民安置方案的实施

（一）线形项目要制定协商机制

移民安置规划要特别关注弱势群体，并要求他们在项目协商的过程中具有充分的代表性。由于居住分散，线形项目下的移民们在争取代表性时可能处于不利地位。但由于通常并不是整个社区都受到直接影响，而且实际上只有少数几个人搬迁，因此，可能不需要进行详细协商。尽管征地规模可能较小，线形项目也可能对大范围社区造成不利影响，如资源利用中断。由于此类影响可能只有通过协商才可以确定，因此，项目经理要确保项目沿线的所有移民参与协商。

1. 线形项目对弱势群体的影响

与任何投资项目一样，线形项目也会对弱势群体造成影响。在城镇地区，道路和环卫项目尤其会造成非正式经济企业和没有所有权保障的人们的搬迁。在农村地区，线形项目可能会穿过民族人口聚居区。

2. 非正式经济企业

道路和铁路的扩建常常会造成位于建设用地沿线或范围内企业的搬迁，同时也会为其他企业或个人创造经济机会。在项目准备和设计过程中，项目组要考虑此类影响，也要对效益分配是否公平作出评价。搬迁对贫困人口可能会造成更大的影响，因为财力和能力较强的人们能更好地利用经济机会。例如，如果通往远方市场的交通条件得以改善，将会使有剩余产品可卖且具有运输工具的人们获取最大的利益。在经济机会可能较晚才能出现的情况下，由征地和项目建设所造成的损失通常会立即显现。在经济机会不确定的情况下，合理的方法是注重经济损失的缓解和补偿，同时对那些完全依靠经济活动为生的人们予以特别关注。

要将非正式商人和流动商贩纳入移民安置规划。改造现有道路可能需要征收以前由非正式商人、流动商贩以及依靠过路人维持生计的其他人所占用的场地。较好的做法是确保这些弱势群体继续有客户和供应商光顾。这些人活动的中断不仅会对丧失商业机会的人们产生影响，也会对其商品和服务的用户产生影响。项目组要通过有效的项目设计解决这一问题，尽量将这些经济活动迁至规划购物区、露天路肩地带或交通走廊沿线的其他商业设施，同时要确保安全和交通的通畅。

不同的解决方法可能适合于不同组别的移民。就流动商贩而言，所要做的就是确保向他们提供继续做生意的场所。要向即将丧失永久性或半永久性建筑的人们支付全额补偿，或向他们提供搬迁援助和在新场所的建筑重建援助。在此类搬迁的过程中，移民不应承担任何费用。如有必要，移民安置规划要制定相关规定，向移民提供过渡期生活补助费，直至其经济活动恢复到以前的水平。拥有固定建筑和执照的街面商贩有权搬迁和经济活动的恢复援助，也有资格得到客户和市场准入。

3. 没有所有权保障的居民

由于交通走廊同时也是经济走廊，政府通常无法禁止私人对公共交通设施用地的使用，因此，道路或铁路改造项目常常要对擅自占住者和占用者实行搬迁。在大多数国家，地方法律规定这些人无权得到移民安置援助，因此，向他们提供援助可能会引发敏感性问题。

通过公布移民安置方案的形式正式提供援助可能会遭遇很大阻力。地方官员不希望鼓励或奖励人们非法使用或占用公有财产。他们担心如果项目建立先例，制定新的移民权益标准，不仅成本昂贵，并且会破坏合法产权制度，从而鼓励公有土地占用者特别是城市流动人口的新一轮涌入，这种担心是可以理解的。要确定有关现有人口的基线数据，就必须尽早在整个规划影响走廊内开展普查工作。同时，普查还能对可能受影响的建筑物和树木等现有财产进行书面登记。

如果能尽早就权益框架达成谅解和一致意见，就可以保障移民户的经济维持能力，也可以避免向擅自占用者提供与合法财产所有者相同的法定权益。很多政府承认占住者和占用者的事实权利，其依据通常是占用时间的长短。占住者和占用者一般为最贫困人口，在认识到这一点后，移民安置项目应对他们予以特别关注，并给予特别支持，防止贫困程度的加深。

4. 少数民族

线形项目可能会横穿少数民族居住区。这种情况引发两方面的重要事宜。第一，项目在做出有关基础设施地点、设计和线路的决定时要考虑当地人的意见，也要就如何支付补偿费或特许使用费达成一致。由于项目可能要征收社区土地，因此，项目要提供充足的资金，资助由当地居民选定的社区服务，如卫生所和学校等。第二，要对施工进行管理，以在短期内限制工人与当地居民的接触。同样，要从长远角度采取措施，以避免人们由于项目道路的建设而使人们自发迁入项目区。如果项目横穿少数民族居民占用的土地，该项目要符合少数民族政策，同时要编制一份少数民族发展计划。

（二）项目周期各阶段的主要活动

只有在项目最终设计指定了影响走廊后，才能确定移民安置影响。最终设计在项目启动时可能尚未完成；在线形项目中，通常要分阶段完成最终设计。土建工程可以在整体线路设计完成之前一至两年在项目走廊的某些地区提前开工建设。

与规划、建筑工程实施和移民安置相关的各类活动需要在特定的走廊分段相继开展。但就整个项目区而言，这些活动可以在项目周期内同时开展。要全面而详细地开展协调工作，以避免移民安置活动的滞后，这些活动如果出现滞后，将会使土建工程陷入停滞状态，或在相关移民安置活动开展之前阻碍某段走廊的土建工程建设。表 9-1 举例说明某些移民安置活动的阶段及与其他活动的配合情况。

表 9-1　　　　　　　　　　　　移民安置活动的时段配合

活　动	时　间　范　围
· 初步社会筛查，与环境评价和其他可行性研究配合进行 · 与利益相关者进行初步协商 · 确定走廊方案	
· 普查与基线调查 · 政策框架：就影响和适当权益类别达成一致	
· 编制移民行动计划：有时间限制的移民权益实施计划	
· 最终设计，指出影响走廊 · 对影响走廊内的移民进行详细观察 · 与移民就项目展开协商；介绍移民权益和方案 · 登记和准备身份证	

续表

活 动	时 间 范 围
• 再次对移民进行走访，讨论和确定方案 • 发放身份证 • 更新移民行动计划	
• 在相关走廊段内实施移民行动计划	
• 土建工程，不得在搬迁和援助工作之前开工	

如果线形项目的影响走廊在项目评估开始时已明朗，要编制移民安置规划，对人口普查和即将被征收财产的登记情况进行全面介绍；如果只知道部分影响走廊，要编制整个项目的移民安置政策框架及已知走廊段的移民安置规划（对于尚不清楚影响走廊的部分，必须稍后在项目评估开始时提交移民安置规划）。如果已知某线形项目的整体路线，项目组要开展移民人口普查和财产登记，以便及时为项目评估编制移民安置规划。

如果线形项目在项目评估开始前已制定初步设计方案，但只确定了总体影响走廊，到评估开始时不能明确移民及其财产的类别，也不能精确计算移民人数及其财产的数量。在这种情况下，该项目要开展以下工作：

（1）要编制一份移民安置政策框架，规定补偿项目类别，供移民类别和人数明确后使用。

（2）对于已制定工程规范的项目段（和项目第一年内的所有征地），要开展详细的移民人口普查和详细且全面的征收土地和财产登记。

（3）对于尚未全面制定工程规范的项目段，要确定最大影响走廊的范围，作为对可能受影响人口的普查依据，包括可能要征收的土地和建筑的简要清单。该清单要有助于估算移民安置费用。这些程序将有助于防止项目出现欺诈性补偿要求，因为项目已完成对所有潜在移民和主要财产的登记工作。在已知项目具体要求的情况下，必须要更新移民安置规划，将社会经济调查和征收财产的估价内容纳入其中。

同样，如果项目的子项目可能涉及移民安置内容，该项目要提交一份针对整个项目的移民安置政策框架，也要提交针对每个涉及移民安置且在项目第一年启动的子项目的移民安置规划。对于随后新增且涉及移民安置的子项目，必须在项目批准前提交分子项目移民安置规划。如果子项目的移民安置规划在项目开始评估前不能编制完毕，较好的做法是在项目实施的第一年编制这些子项目的移民安置规划。

移民安置规划可以分阶段编制。线形移民安置项目的普查和调查程序不同于大多数其他项目，其不同之处主要体现在：由于到项目评估时，针对数百公里项目的最终技术设计方案通常不得而知，因此，不可能确定项目的最终路线或准确的影响走廊。可以采取以下补救方法：1）有意扩大普查和调查区域，使之包括最大影响范围；2）估测移民安置对最终路线有待确定地区的影响，然后开展普查和社会经济调查。

如果初步设计很不明确，最大影响范围可能会有较大的遗漏，最终会增加普查和调查工作的费用和时间。不过，确定可能受影响人口及其财产的类别和总数将可以为最终设计工作提供相关信息，也可以为移民权益提供依据，防止项目出现欺诈性或投机性移民安置援助要求。只有那些在最终设计确定后真正受到影响的人才有资格享受移民安置援助。

在一些线形项目下，不少小型子项目的地点不得而知（例如，项目还要根据有待开展的筛查和可行性研究在各种路线方案中作出选择）。在这种情况下，可以利用类似地区的数据来推算大致移民安置影响。这一推算结果可以有助于规划和预算编制工作，但不能确定可能有资格享受援助的类别和人数。一旦选定走廊，就必须开展针对可能受影响人口的普查工作。

许多线形项目只需征收部分土地，这一特点也会使项目难于开展精确的调查。以剩余土地谋生的可行性常常难以评估。尽管影响类别（如20%以上的土地被征收类别）可能有助于移民权益的确定，但强烈建议采用逐例评价法，以防止特别弱势的家庭出现遗漏。

项目初期的移民安置估算必须尽快更新，同时必须对规划文件进行相应修改。在项目评估前提交的移民安置规划很可能包括已知和未知线路。在这两种情况下，必须要更新初期的移民安置规划，以反映修改后的移民安置估算。如果不更新移民安置规划，可能会造成资金缺口，也可能使监测基准指标不准确。

补偿款项一般在实际征地工作开始前支付。如果项目分期实施，不应在特定项目段的施工期开始前几年就开展实际补偿和移民安置工作。以下几个原因说明不宜过早开展移民安置工作：1）如果在实际征地工作开始前很长时间就要求搬迁，人们可能会表示不满；2）如果搬迁期和施工期之间的时间距离太长，移民或其他人可能重新占用项目场地；3）如果在人们正式搬迁前好几年就支付补偿或援助款，届时，他们的境况可能已经出现变化，而且有人很可能会表示援助款项不足；孩子们可能已长大成人；补偿或援助款可能已花光；置换土地的价格可能也已上涨。

（三）行政协调

项目规划和实施工作一般会涉及几个、有时甚至是差别很大的政府和民营机构之间的协调问题。如果项目横跨两个行政辖区，主管总体协调和决策的机构必须要考虑到各方所面临的限制因素及其能力的差异，制定适当机制，以划分职责，特别是财务职责和及时兑现补偿和其他援助所需的职责。

线形项目不仅需要各相关机构或行政区之间的协调，也需要与项目规划和实施有关的环境、社会经济和技术等方面的协调。开展快速初步评价有助于项目机构依据包括社会影响内容的筛查标准作出有关项目线路的知情决策。

一条关键原则是，如果各项目段的征地工作尚未完成，而且尚未根据既定移民安置规划支付补偿或援助款项，任何项目段的土建工程都不得开工建设。除非项目的各子项目按计划得到了周密的协调和实施，否则项目机构可能会面临巨大压力，被迫在各项目段所必须进行的移民安置工作全部完成之前允许土建承包商进入这些项目段施工。这一压力可以包括财务责任，如逾期索赔款支付责任，也可能使项目付出巨大代价。

较好的做法是项目组处理好多辖区之间的协调问题。如果线形项目贯穿两个或两个以上的较大行政辖区（如省际公路或铁路项目），移民安置规划及项目评估报告要处理项目规划和实施的协调问题，也要表明移民安置规划在每个行政区都可以得到认可。如果各行政区之间的社会经济状况或移民安置影响存在差异，建议单独编制每个行政区的移民安置规划，也可以编制统一的移民安置规划，但每个行政区要有不同的实施计划。无论哪种情况，都必须说明移民安置工作的组织职责和财务安排。

（四）监测

监测可以及时给项目管理层提供项目实施进度方面的信息，包括移民申诉信息。项目管理层有责任审查监测结果，决定是否有必要采取补救措施。对于长距离的线形项目，监测制度尤为重要。即便项目机构拥有专业监测队伍，但不能跟踪所有项目区的进展情况。因此要及时掌握各地的进展情况，并实行报告制度。

项目机构需要监测各地的实施情况。在线形项目下，项目机构尤其要与地方政府签订合同，由它们来开展必要的征地补偿款支付及移民的搬迁和经济恢复工作。合同要详细说明工作性质和范围以及单位成本。合同一旦签订，项目机构要责成地方政府或承包商在规定预算内开展工作。

较好的做法是由项目机构通过地方行政单位对实施和补偿款的支付情况进行监测。在中国的某个项目下，各级行政机构纷纷提留补偿款，提留总额占到了土地补偿款总额的40%，有些县甚至达到了50%。尽管提留款被用于其他公共支出，这些款项属于直接支付给移民的补偿款，不应用于任何其他目的。

通货膨胀会给地方官员带来压力，监测有助于核查补偿款的支付。通货膨胀等外部影响可以推翻原先的计算结果，但地方机构仍要按照规定费用执行合同规定的任务，即便实际费用可能已大幅增加。只有通过定期和独立的监测，才能掌握补偿和其他援助工作出现的此类变化。

中期调整有助于核查移民安置工作成效。编制移民安置规划所依据的数据到项目实施时可能会不准确。例如，一些线形项目可能会在项目评估之前提交详细的移民安置规划，由于项目实施期很长，调查数据可能会过时，规划设想也可能出现偏差。必须要经常性地开展移民监测，因为在项目实施期间肯定存在社会和技术方面的不确定因素。尽早开展实施审查工作有助于确保移民安置规划和移民安置活动持续有效，也有助于在吸取早期实施经验教训的基础上提高移民安置工作的成效。

第三节　大坝项目的移民安置

一、大坝项目建设的特点及其对移民安置的影响

（一）大坝项目的建设背景

在发展的某一阶段，具有经济开发价值的水资源的大多数国家都会兴建大坝，以提供能源、灌溉和饮用水。作为一种清洁能源，水电发电量正日益增加，以满足不断增长的人口日益增加的需求。大坝为蓄水提供了一种重要的手段，所蓄之水对灌溉和农业生产有着至关重要的作用。大坝一旦建成，所提供的能源在成本上要低于其他类型的能源，且所需维护费也较低，同时还可以提供其他效益，如防洪和内陆航运效益及渔业和旅游业收入。

然而，大坝建设也需要付出较高的代价。除了会对自然环境产生较大的不利影响外，大坝还会造成库区移民及以库区为生的人们的生活的中断及生活方式的破坏。不仅大坝本身会造成移民，进场道路、施工营地、灌溉渠、输电线路以及其他基础设施也会造成移民。除非对即将因大坝建设而受到不利影响的人们进行全面和彻底的调查，否则将很难预测大坝建设所造成的全部预期不利影响。任何影响如果没有得到完全的识别，也很难完全得到缓解。规划和实施较差的大坝项目会破坏当地的社会经济体系，也不会给人们留下可以比较的和可接受的替代方案以供选择。

如果在人口密集的地区形成大型水库，大型大坝项目可能需要实施复杂且难度较大的移民项目。水库会彻底淹没狭窄的河谷，迫使人们迁出该地区，进而从头开始重建家园。如果附近地区已被使用，将很难找到用于移民安置的置换土地，即便能找到，费用也会很昂贵。

大坝通常需要几年才能建成。规划、施工和水库蓄水所需的时间较长，这可能会阻碍人们在库区进行投资，从而给库区居民造成损失，损失甚至有可能在施工之前就开始显现。如果受影响人不能及时且很好地恢复生计，他们可能会陷入艰苦而漫长的过渡期。

大坝通常建于偏远地区。这些地区往往缺乏经济活力，不能轻易吸纳丧失了传统谋生手段的移民。这些地区的许多人都是农民，其家族世世代代都在同一片土地上耕种，而且他们的技能往往仅限于特定区域，很难适合其他任何职业。此外，这些人往往讨厌风险，心理上也没有准备好迁至一个陌生的地方从事新的职业，老年人或习惯其固有生活方式的人更是如此。有些情况下，这些地区为少数民族人口居住的山地，他们与其土地息息相关，这一联系的丧失又增加了大坝建设的不利影响。大坝建设可能淹没的土地可能养育着一种独特的文化，有着该地区所特有的语言、风俗和传统。与其他地区相比，这些地区移民安置的难度要大得多，只有在受影响人同意且符合其要求的替代方案并从中作出选择的情况下，移民安置才有可能取得成功。

大坝可能会带来高收益，但如果选址和建设不当，也可能造成严重的不利影响。因此，关键是要改进大坝建设的决策程序，吸取国际上当前较好的做法。如果要选择出最佳坝址并圆满完成建设，就要很好地回答以下问题：拟议大坝的建设是否是满足人们当前或今后明确需求的最佳方式？在大坝选定且准备建设后，需要遵循哪些程序才能成功地规划、设计和实施移民安置工作。

本节讨论与大坝建设有关的非自愿移民安置问题。首先回顾近来在选择适当坝址方面所采用的创新型决策程序，并建议将这些程序主流化；然后详细阐述水库移民应遵循的特别程序，列举世界大坝委员会（WCD）的部分结论和建议，作为移民安置规划和实施工作的有益起点。最后，建议用发展的眼光看待移民安置，使因大坝建设而遭受负面影响的人们与大坝的直接受益人一样能够过上小康生活。

大型大坝所造成的社会影响可以分为两大类型：通过精心规划和实施可以缓解的影响；一般很难缓解因而需要通过有效的项目设计予以处理的其他影响。如果可以制定更好的方法来处理好这两类影响，将会有益于有关大型大坝的争论。这项争论的焦点应转向制定有关移民安置的国际标准及优良实践标准。参与争论的各利益相关者要协助制定有关选择适当坝址的实用指南，制定促进移民安置取得成功的制度和程序，设立和制定有关论坛和机制，以便实现有益经验教训的主流化。根据既定规范和标准实施移民安置项目可以回应对水库移民安置的诸多批评，也有助于使遗留的且难以缓解的移民安置问题具体化，供研究人员和专业人员集中讨论。如果这些问题得不到明确，有关大型大坝的争论将无助于改善成千上万受大坝影响人的生活状况。

人们从水库移民安置实施的经验教训中发现了很多新知识，各多边和双边发展机构、项目审查专家组、政府机构、非政府组织、地方机构、移民研究人员和专业人员以及受影响人都为这一发现作出了贡献。现在，有了这些知识，就可以建议采取哪些关键步骤和处理哪些问题来提高大坝项目移民安置工作成功的可能性。以下段落将详细阐述为取得移民安置规划和实施成功而需要处理的问题。

（二）减少搬迁的措施

1. 拟建大坝的选址

大坝的选址工作不一定完全依据对替代方案所进行的全面分析。一般情况下，确定建坝的依据是地方的能源、供水和防洪需求。如果进行过方案比较，这些比较有时也会因同一条河流上替代场址的数量较少而受到限制。有关方面很少采取努力在全国或地区层面寻找替代大坝，或将大坝建设同实现相同目标的其他方法作比较。然而，一些国家的政府和非政府组织在这方面率先采取的努力正逐步改变着（建坝）这一特别做法。国际大坝建设刚出现的一种较好的做法是，只有在对其他所有可行替代方案，甚至可能包括不建坝的方案，作出详细的分析后，才会选择建设一个特定的大坝。根据这些方针，有几个国家采用了大坝投资筛选和分级法。在大坝选址过程中，这一方法以移民安置影响的范围和严重程度作为主要标准。运用这一方法有助于最大限度地减少与大坝建设有关的移民安置影响。

这一方法于 1985 年在挪威首先得到采用。当时，该国要从 320 个潜在坝址中选出 116 个坝址，以实施大坝项目（发电能力为 300 万 kW），而其他 58 个适合水电项目（150 万 kW）的坝址并没有被选中，因为如果建坝，这些地区的水力发电与其他用途之间的竞争将会很激烈。在挪威为大坝项目选择的大部分坝址都没有直接的负面社会影响，因为库区的居民很少。巴西、哥伦比亚、尼泊尔和越南等国也开展了类似的选址工作，但选择的范围和严格程度各有不同。这一方法有助于有关方面作出全国都认可的决定，因而也可能有助于防止出现由于某些坝址选定后引起的冲突和抗议而导致的项目滞后和额外费用。

2. 借助大坝设计工作减少搬迁和移民安置影响

要确定大坝是否是提供能源、供水或防洪效益的可取方案，并根据技术、经济和环境标准确定哪些大坝是建设的重中之重，就要进行一系列分析。除了这些分析之外，人们可以为任何特定大坝制定各种设计方案。首先，在拟定坝址的上游或下游可以选择的坝址不止一个。其次，可以将大坝加高到各种不同高度。再次，大坝可以采用不同的运行模式，包括利用河流的长年自然水流及水流量的长年蓄积。如果对着三种设计性能的任何一种进行调整，可以极大地改变某座大坝的搬迁影响。

3. 利用拦河坝减少搬迁和移民安置影响

除了大坝自身的设计外，还可以利用堤坝或其他拦河坝形成水库，降低移民安置的必要性。可以为某些防护能力较弱的地区甚至房屋修建防护墙。总体而言，这些措施涉及到成本有效性问题，主要在其成本低于受影响人搬迁和恢复所需成本的情况下采用。

（三）移民安置影响评价

除了准确地确定移民安置对受影响人所产生的影响及其范围和程度外，确定各社区受影响的时间也很重要。大坝需要好几年的时间才能建成，在此期间，水库面积和水位每年都呈递增趋势，导致影响区域的三维式扩大，这就要求开展移民规划工作，因为河流沿岸的许多社区家庭都同时受到了影响。然而，这些家庭可能并不希望搬迁至同一地区，更愿意搬迁到社区其他尚未受影响的乡亲附近。因为，要确保受影响社区认可搬迁方案，就要在全面搬迁开始前提前为所有社区准备好安置点。这一要求就意味着要制定资源和征地计划。此外，要在众多安置点同时启动移民安置活动，就要具备很强的机构能力。

1. 上游和下游影响

大坝会对水库周围紧邻区域上下游地区的居民产生影响。例如，大坝下游的地区以前可能曾受益于季节性水流量和淤泥，因为它们有助于农业生产，但大坝的建成可能会调整和改变水流格局；大坝也可能阻断鱼类的洄游通道。下游地区的农民和上游地区的渔民不属于移民，因为他们没有直接受到征地或搬迁的影响，但他们可能遭受间接影响。

2. 临时的、局部的和其他的影响

虽然受大坝建设影响的大部分人都需要永久搬迁，但一些人却不需要这样做。有些建筑物或其他财产可以通过诸如建堤坝和土地回填等一些保护性措施而得以保留。对于遭受临时影响的人们，他们在其房屋、土地和其他财产的使用上受到限制期间需要得到援助。

在识别不利影响的过程中，项目规划人员要重视临时的和局部的影响，因为在移民安置规划的过程中，这些影响很可能被忽略。例如，居住在水库周边地区的家庭每隔几年由于出现大洪水而失去土地，只会持续几天，就水库永久性影响所开展的调查可能会彻底忽视这些临时影响。如果与这些间歇受到影响的人们进行协商，将有助于确定可行的补偿方案。项目最好征收有可能被百年一遇洪水淹没的土地，项目规划人员可以权衡以下两种做法的得失：一是直接征地，二是支付土地因每隔几年的大洪水淹没而遭受的临时损失补偿。

水库可能会形成一些孤岛，或使一些地区难以利用，增加人们使用市场和服务的难度和成本，也会带来其他困难。要设法缓解这些影响，也要向受影响人提供补偿。例如，可能需要在大坝所在河流的支流搭建桥梁，保持以前的交通便捷水平；可能需要重新打井；可能需要将一些人迁至他处，这些人的土地不一定为项目所用，在水库蓄水后不再具有使用价值。

许多大坝的规划工作是在对不利影响评价不充分的基础上进行的。在有些情况下，所有类型的影响在规划阶段都被忽视了。虽然很容易对土地、房屋和其他财产被大坝项目征收的人们进行调查，对可能使用河流及其流域从事林产采集、季节性捕鱼、放牧以及其他类似活动的其他人可能很容易被忽视。由于这些用途代表着共同财产类的自然资源，而非私有财产，因此它们常常被忽视。由于大多数坝址的位置偏僻，这也增加了调查的难度。

已运营大坝的影响常常得不到充分的识别或缓解。这些影响包括施工期内的临时淹没、高于正常水位的洪水以及向下游河道的紧急泄水。要同受影响人协商制定适当洪水预警系统，任何移民安置规划都要考虑到百年一遇的洪水水位，要将为补偿大坝的递增影响而制定的机制纳入移民安置规划。世界大坝委员会的报告就这一问题进行了探讨。

水库施工所造成的典型负面影响包括：1）水库和大坝建设征地；2）住宅搬迁；3）对共同财产类资源的利用产生的影响，这些资源包括位于拟建水库附近可用于放牧、燃料和饲料采集的森林；4）由于施工噪声、碎石飞溅以及其他公害和危险对住户造成的临时影响；5）河流下游地区捕鱼作业的中断以及对下游农业生产的影响；6）施工期内每年雨季因水位较高而造成的房屋淹没；7）对那些倚重搬迁前社区关系的留守社区居民所产生的影响；8）社区解体。

有些情况下，移民安置规划主要注重受水库影响的人们，但没有确定因灌溉渠、电厂以及附属设施的施工而受到影响的其他人。同样被忽视的还包括那些没有直接受到水库的影响但与移民有依赖关系的人们。如果在项目规划的最初阶段不开展全面调查，就很难确定影响范围和程度。调查全面性的缺失也会降低与受影响群体协商的效果，因为在进行协商时，许多受影响群体可能尚未确定。结果，将很难评估移民安置方案的可行性，编制准确的预算，或向各影响组别的受影响人提供相应的权益。

3. 大坝建设蕴藏的长期性影响

对于一个有可能因大坝建设而被淹没的地区，在项目宣布后直至该地区最终淹没期间，都不会因基础设施建设的追加投资而受益。这一时期可以延续 2～10 年，在有些情况下，可能会更长。在这期间，受影响人常常不能扩建其房屋，或投资于其他设施的建设，因为项目机构不太愿意对财产普查和调查完成后进行的投资提供补偿。从调查开始后到社区居民实际搬迁前，如果补偿每滞后一年，应要求项目机构将补偿标准提高10%。这一要求有助于缩短筹划期，也可以促使项目机构按计划实施移民安置项目，而且受影响人还可以得到一定程度的补偿，以弥补因长时间筹划大坝建设而遭受的损失。

二、移民安置规划方案的制定

（一）移民安置规划框架

1. 移民安置项目准备和实施专家组

鉴于移民安置问题很多也很重要，因此，聘请由独立且知名的移民安置专家组成的专家组从事移民安置项目的设计有助于获得国际上最好的做法。同时，该专家组也有助于确保既定移民安置规划中规定的行动能够得到很好的实施。在移民安置规模较大的项目中，一般要聘用这些专家，他们通常是项目环境审查专家组的成员。在规划阶段聘用专家组可以极大地有助于提高移民安置项目的规划效果，巴基斯坦加兹巴罗沙（Ghazi－Barotha）水电项目和老挝 NT 水电二期项目移民安置子项目出色的准备工作证明了这一点。专家组的报告应在根据项目机构出具的初步意见修改后对外公布。

2. 移民安置计划的编制、审查和审批制度

尽管由多边和双边机构援助的大多数项目都要编制详细的移民安置规划，但由国家和地区政府出资的项目通常没有编制和审查类似移民安置规划的机制。有经验表明，如果政府的技术专家或咨询专家参与移民安置规划，并且建立省级或国家级机构审查和审批制度，将会提高移民安置规划的质量和实施成功的可能性。例如，在中国国内水电项目的移民安置规划须经有资质的省级和国家级机构审批。因此，中国水库项目移民安置规划的标准要高于没有此类审批要求的国家。

对负责设计大坝的设计院进行移民安置规划方面的能力建设是一项有效的措施，可以促进移民安置规划人员、设计工程师和潜在受影响人代表之间开展密切和较早的合作，这一合作可以有助于缩小移民的规模，使移民安置项目与主体项目融为一体。在中国此类合作较为常见——大部分大坝设计院从项目准备的最初阶段开始就委派有能力的移民安置规划人员与设计工程师一道开展工作。

移民安置规划要由受影响人参与编制，也要经项目机构和管理者（政府）或（国际或国内）投资者认可。之后，要将该规划纳入为项目制定的法律框架文件，作为项目发展商的应尽义务。同时，移民安置项目的充分实施与大坝建设之间的联系也要在相关法律协议中得到明确体现。

3. 按照协议执行的框架文件

移民安置规划为各利益相关者，尤其是移民安置项目执行机构遵守既定职责提供了一份框架文件。该规划必须随时向受影响人提供，并容易为他们所理解。移民安置规划要说明以下内容：1）征地和移民安置的详细影响；2）补偿规定；3）搬迁和经济恢复安排；4）为兑现权益和开展其他发展活动而采取的机构安排；5）实施计划及该计划与大坝施工的联系；6）关于移民持续参与移民安置进程的规定；7）费用和预算以及资金保障；8）移民安置绩效指标；9）内外部监测安排；10）申诉处理机制。

移民安置规划要明确列举在某地区居民搬迁到安置点之前在该地区所要完成的活动。如

果由民营部门发展商承担大坝建设工作，该发展商与政府之间要签订协议，明确发展商为成功实施移民安置项目而应承担的职责以及政府为提供征地支持和为移民安置项目下所建学校和其他设施配备工作人员而应履行的职责。发展中较好的做法建议，发展商与政府签订的协议也要包括保证金，而且该保证金要有金融担保，在发展商没有充分履行其移民安置职责的情况下予以动用。

（二）收入恢复战略

1. 开发性移民

当水库移民安置项目得到精心规划和实施时，其可以成为促进受影响人社会和经济发展的有效工具。移民安置项目有助于提供更好的经济资源，更新民用基础设施，改善市场准入条件。利用受影响社区现有社会资本的移民安置项目改善了人们的文化和健康状况，并且正如受影响人自己所言，提高了收入和生活水平，也使人们获得了更多的经济机会——如果没有移民安置项目的实施，所有这些都很难实现。

成功的恢复战略可以缓解全部影响，提供一系列可供选择方案，挖掘整个项目区的发展潜力，还可以利用项目所创造的机会。对移民的才能以及商品和服务供求格局的详细分析是经济恢复活动的基础，这些活动促进了项目区的经济增长，从而使受影响人从中受益。因此，设计精良的水库移民安置项目可以为移民带来很多机会。

2. 与移民共享项目效益的可行性

移民安置规划过程要探寻与移民共享项目效益的可能性。世界大坝委员会报告列举了以下几种移民可以得到的项目效益：

（1）项目收入或特许使用费的一定百分比份额可视为项目的收入效益。可以将项目视为受影响人参股的合资企业。

（2）项目效益可包括灌溉农田的提供和电力供应、灌溉用水和水库渔业生产机会以及游乐或水上交通设施管理合同上的优先权。

（3）项目的施工和运营效益包括人们在项目施工和其他活动上的就业优先，培训和资金支持优先，以便从项目获得货物供应和服务提供合同。

（4）资源效益可包括人们获得的对流域资源的优先使用或管理资格、对流域的优先开发机会（栽种果树或重新造林）、从水库抽取的灌溉用水以及流量控制和防洪效益。

（5）社区服务效益包括项目所提供的更好和更高水平的医疗、教育、交通和供水服务、弱势家庭收入援助、农业支持服务（包括以优惠价供应生产物资和其他投入）以及社区林地和放牧区。

（6）项目提供的家庭服务可包括技能培训、过渡期援助、用于经济活动的无息贷款、住房改造、首批牲畜、公共工程、免费或补贴提供工型器具或生产机械以及优惠电价、税率和水费。

要根据受影响人的需求、优先考虑和能力对人们享用项目效益的资格和该效益的水平进行评价。同时，效益的类型和范围要在移民安置规划中予以明确，也要得到受影响人的认可。

3. 将大坝项目中的受影响人看作利益相关者

为使移民加入发展进程，各方采取了很多创新机制，其中之一呼吁使他们成为大坝项目的利益相关者。移民们可以支取以现金或其他经济恢复措施形式支付的部分应付补偿款，将其余部分以入股形式支持项目建设。这一机制可以有助于移民安置项目实现经济的可持续和长期恢复。不应要求移民在不确定的情况下勉为其难地做出投资决定，这样可能有助于实现更平衡的效益流。然而，在使用这一机制时，要保持慎重。首先，项目必须有充分的利润率保证——亏损项目会使移民们暴露于丧失其移民权益的高风险之下。其次，有人认为该机制可以为移民们带来增量效益，事实可能不尽如此。尽管该机制是使移民成为发展进程真正参与者的一种创新方法，但只应将它视为一种方案，而不是一揽子移民权益。视其承担风险的能力，有些移民可能愿意将部分补偿款以股金形式投入到项目中。

4. 以土地为基础的安置战略

与其他类型的项目一样，水库项目应针对那些以土地为生的移民优先采取以土地为基础的安置战略，条件是移民也希望采取这种方式。如果有充足的优质土地，这一战略将会切实可行。但是，如果移民人数太多，而且要按照现有土地的数量或质量予以安置，这一战略可能不可行。在这种情况下，可能需要采取其他战略，例如，将人们搬迁到较远的地区，或在协商的基础上将他们迁至土地不太紧张的地区，或转而采取不以土地为基础的安置战略。

如果将移民安置当成一项发展战略，最直接的形式之一是将受影响人从汇水区迁至控制区，这样灌区较大的经济潜力将会使他们得到更多的经济机会。由于有关方面认为以土地为基础的安置战略比不以土地为基础的投资战略更为保险，因此，对以土地为基础的安置方案可行性的评估往往不太全面和详细。在实践过程中，人们关于可以轻松地重建以土地为基础的生计的假设并不总能被证明是成立的，特别是那些关于具有足够的置换土地且人们有能力对其进行耕种的假设。作为一种可以出售的资产，土地确实可以比企业或就业安置带来更大的保险系数，尤其是对于从事传统农业生产或因此而不熟悉不以土地为基础的经济活动的社区居民更是如此。但是，如果农业在恢复收入方面的潜力取决于耕作技能的传授，其结果可能与就业的可持续性一样难以预测。很多移民都不具备向灌溉农业和市场型农业体系成功转型所需的技能或经验。

5. 不以土地为基础的安置战略

鉴于以土地为基础的安置战略面临诸多困难，特别是在整个河谷被水库淹没的情况下，因此，不以土地为基础的安置战略在改变受影响人的生活面貌方面常能发挥重要作用。这一战略要求创造性地利用有限的土地资源，制定不以土地为基础的创收战略。

由于大坝的运行与维护工作只需要少数几个技术人员，因此不能成为提供就业岗位的主要来源。尽管如此，大坝项目可以给一些受影响人提供临时或固定工作，他们通常是从事项目施工的非熟练工人。临时工作有助于移民向新生活过渡，固定工作则有助于解决收入恢复问题。

6. 战略和方案的技术、法律、财务和经济可行性

移民安置项目的目标应是提高或至少恢复受影响人的收入和生活水平（按实际价值计算）。很多多边和双边贷款机构和各国政府的移民安置项目采用了这一目标。提高受影响人的生活水平应成为移民安置规划的宗旨；恢复生活水平应成为衡量移民安置项目成效的最低基准指标。由于社区的实际搬迁可能会在项目启动几年后进行，因此，应将生活水平恢复到启动前或搬迁前的较高水平。这一方法有助于应对以下情况：实际搬迁之前，生活水平因项目区的经济增长而得到提高；项目宣布之后，人们在项目区的投资所产生的效益逐步下降，导致收入和生活水平的降低。此外，采用"有无项目"对比的分析方法也有助于指导移民安置项目的设计，重新设定与没有搬迁情况下的生活水平相当或更高的生活水平。

不管移民安置项目基于何种经济活动实施，必须对这些活动的可行性进行全面分析，之后才可以将它们作为实际方案交给受影响人选择。可行性分析要注重以下方面的内容：1）技术——是否具备足以支持某种经济活动的技术；2）法律——在给受影响人提供援助的过程中是否存在法律障碍？（例如，地方有关土地上限的规定可能不允许提供等量置换土地）；3）经济——供求格局是否有利于移民销售其商品或服务；4）财务——人们是否能以承受得起的价格借到启动资本和信贷；5）社会和文化——关于移民从事拟议活动的能力和意愿方面的考虑是否能支持对移民安置方案所进行的详细可行性分析。

如果采取适当预防措施保护那些很难过渡到不同生产方式的移民，大坝项目所引发的几近全部的经济搬迁也可以为新建生计基础提供机遇。在受影响人中，部分人拥有承担一定风险所需的技术技能和能力，他们可能会认为不以土地为基础的恢复项目很具吸引力。要向受影响人提供一揽子经济恢复方案，而他们也要根据其技能、才能、优先考虑事项以及抗风险能力作出最终选择。

向移民提供的所有移民安置方案都必须真实，也就是说，它们必须是移民可以实施的可行方案。如果向移民提供若干方案，移民认为只有一种方案具有可行性，那么，移民安置项目实际上并没有向他们提供各种移民安置方案。更为糟糕的是，如果移民对地方机构实施详细移民安置战略的承诺和能力不太信任，他们最终可能只选择一种他们熟悉的替代方案，即现金方案。因此，为避免人们因认为大多移民安置方案存在瑕疵或不实用而只选择一两种他们所熟悉的替代方案情况的出现，项目规划人员必须完全确认任一给定方案的可行性，之后才可以将其纳入供移民选择的方案清单。要对各方案的可行性进行评价，而评价工作不应只由移民专家进行，也应有各领域专家的参与，这些专家应与其他农业和农村发展项目所使用的技术专家相同。要以独立创收项目中所采取的认真和负责态度来设计收入提高战略。对各种收入提高战略进行全面分析固然重要，但与移民就方案选择而进行的协商过程则更为关键。如果国内非政府组织正在项目区开展工作，这些组织可以向移民说明各方案的优势和劣势，帮助他们选择因地制宜的方案。

可行的移民安置方案和全部影响的缓解。要制定针对各类影响的可行移民权益。不利影响得不到充分识别且针对每一类影响的缓解措施得不到制定是移民安置项目失败的两个主要因素。为防止项目失败，必须与受影响人进行正式和广泛的协商，并通过这种协商确定影响范围以及可以接受的补偿或移民安置方案。在可行方案得到确定后，要再次与受影响人进行协商，使他们能够行使选择权。如果未能就一种或多种影响制定缓解措施，哪怕这些影响很小，可能会引起很多受影响人口的普遍不满。季节性、临时或轻微影响以及因丧失共同财产类资源使用机会而产生的影响通常被忽视，即使它们对部分受影响人口可能会产生重大影响。在移民规划过程中，对放牧、季节性捕鱼业以及次要林产品采集等产生的影响估计不足的现象并不少见。

7. 针对移民安置点的详细可行性评价

在选择安置点时，要与各家各户进行协商，仅有社区代表的批准是不够的。移民安置点要：1）为移民所认可；2）有能力支持移民的收入和生活水平；3）满足人口增长的需要；4）提供条件优于或至少类似于移民搬迁前水平的基础设施和服务；5）在移民项目实施完成前，纳入地方政府机构的管辖范围。如果这些事项得不到充分的分析和足够的重视，在项目实施期间和实施后，可能会引起诸多问题。

（三）财务安排

1. 移民权益和活动

任何移民安置项目和活动的成本都要切合实际，而且要纳入项目预算。要准确估算实施所选移民安置方案所需的成本，就要与受影响人进行广泛的协商。移民安置费用表应包括与下列活动有关的成本估算：1）开展针对受影响人的普查和社会经济调查；2）开展移民安置研究和编制移民安置规划文件；3）聘用和培训移民机构工作人员；4）征收土地、建筑和其他财产；5）购买移民安置点土地；6）开发移民安置点；7）开展针对拟议收入提高战略的可行性研究；8）实施收入提高战略；9）将移民及其家庭用品运至或搬至安置点；10）提供过渡期补助和采取过渡期安排；11）重建社区基础设施、运输网络和公用事业；12）在项目规划和实施期间开展协商和参与活动；13）开展监测与评价；14）组建和维持申诉处理体系。

要将补偿和其他移民安置费用与各方认可的价格指数结合起来，并在此基础上每半年对该费用进行修改。此外，也要安排工程预备费。

2. 受影响财产补偿

要按照重置成本价计算受影响财产补偿。许多国家的法律制度规定的补偿标准要大大低于重置成本。在计算受影响建筑补偿时，通常将折旧从重置成本中扣除，这种做法会大大阻碍收入恢复目标的实现。要制定有关机制，以弥补地方允许的受影响财产补偿及其重置成本之间的差额。要明确移民安置项目的筹资职责，也要制定有关机制，确保移民资金不会因项目的资金问题而受到较大影响。切合实际的成本评估和补偿款和其他权益的及时支付有助于防止出现冲突及由此而引发的移民安置项目滞后。

3. 移民安置的非货币成本

除了上述能以货币价值计算的成本之外，移民安置还涉及难以量化的成本。大多数项目的成本分析会忽略项目的环境和社会成本。费用效益分析一般不会考虑非市场收入、没有定价的必要服务成本、文化财产、搬迁的心理成本、社区社会资本的价值或市场准入的价值。要在与移民开展广泛协商的基础上对移民安置项目进行重新设计，以最大限度地减少这些非货币成本。

4. 移民安置成本的内在化

项目还必须将移民安置的全部成本纳入整个项目成本。如果不便或不可能以经济价值表示有关影响，规划人员要单独对这些影响进行考虑，将它们视为上文曾讨论过的多标准分析的参数。成本的内在化有助于规划人员评估移民安置的实际成本，并将该成本作为具体子项目可行性评价的要素。如果人为地将移民安置成本外在化，可能会使项目成本显得低于其实际成本，也可能使收益率失真，从而有可能导致规划人员作出错误选择。

移民安置的典型成本，包括与征地、搬迁和安置点经济恢复有关的成本很容易确定，但它们常会由于对通货膨胀和其他不可预见费的补助不足而被低估。如果总体上较晚确定详细移民安置成本，也会造成成本的低估。在设计阶段，此类成本不能通过人口普查和影响调查而得到充分的确定。在许多大坝项目中，最终受影响的人数要远远高于最初的估测数。

在许多大坝项目的规划过程中，也会出现低估临时或局部影响的现象，结果却导致影响缓解成本的低估。不准确的成本估算不仅会造成项目在选择过程中无法作出最佳决策，也会造成选择不恰当的移民安置方案的形式和范围，因为移民安置的形式和范围往往取决于所能获得的资金。移民安置费用一旦被不恰当地识别，通常就会形成一个冻结的资金缺口，这样就很难找到资金来支付后来确定的费用。在一些情况下，所提供给受影响人的移民权益是根据项目机构所匡算的资金缺口的上限和早期的费用估算推算出来的，而不是根据移民安置项目的活动和移民权益的详细预算确定的。

项目规划人员不仅要估算移民安置的总成本，也要重视成本和效益的分配。大坝对移民有着很大影响，受益者通常为有地居民和城市居民。尽管费用效益分析评价的是项目的"总"影响，但通常不会提出"谁将支付成本、谁将得到效益或谁将遭受损失"等问题。研究表明，在成本由公共部门承担但效益由民营部门享用的情况下，项目有高估净效益的倾向，而缺乏对分配问题的重视加剧了由此产生的不良影响。因此，有必要对移民安置成本进行比较，不仅要与项目受益者得到的效益相比较，也要与设计较好的移民安置项目所能带给受影响人的效益相比较。要向关键利益相关者和公众公布经济分析结果。

5. 用于资助移民安置费用的项目收益

大坝项目，尤其是水电项目可以产生可与其移民分享的收益流。该收益可以用于使受影响人受益的任何目的：改善社区基础设施，资助地方发展项目，或创造额外收益。在移民安置工作完成后，可以用社区发展基金或移民基金处理悬而未决的问题。此类基金有助于确保基础设施的运行与维护费用，满足移民的过渡期需求，处理与收入恢复措施实施相关的偶发事件。

6. 移民安置项目风险评价

在认定某个移民安置项目可行且可以实施之前，必须开展全面的风险分析。移民规划人员和决策者要认识到冒险和承担风险之间以及自愿冒险者（投资者和政府决策者）和非自愿承担风险承担者（移民）之间存在着巨大差异。作为自愿冒险者，民营公司通过获得更高的财务收益率对增加的风险进行有效的管理。它们制定了很好的风险管理程序，采用合同以及先进的第三方追索权和仲裁机制。同样，政府决策者也对实施和不实施大坝项目的风险进行了权衡。然而，移民则不同，他们是风险的承担者。如果移民群体在有关其未来的决策上无发言权，还必须承担后果，他们面临的风险就会成倍增加。同时，他们通常要依靠政府或发展商的能力来代表他们管理移民安置项目。

非自愿移民过程非常复杂，会影响到移民生活的各个方面。在最为有利的情况下，即实施计划宽松，不存在发展项目成本增加的威胁，也很难恢复移民的生计和符合其要求的生活方式。可以将移民安置项目视为一项由卫生、教育、基础设施、农业、小额信贷、环境以及企业和社会发展等多个子项目组成的大型项目。成功的移民安置不仅要求这些子项目能够得到圆满的实施，也要求相互之间能够得到很好的协调并同时实施。大多数移民安置项目过分乐观地假设，实施机构和移民有能力成功地实施各项复杂的移民安置活动。在规划过程中，要对有可能影响到实施的风险进行全面的分析，并通过这一分析平衡这种过度乐观主义。

若干风险框架已通过移民工作人员和研究人员得以普及，风险和重建模型就是其中的一种。这一模型列举移民面临的主要风险：失地、失业、丧失家园、社会、经济和政治边缘化、食品安全的缺乏、更高的发病率和死亡率、丧失对共同财产类资源的使用机会以及在新社区丧失社会和文化恢复能力。此外，在移民安置项目的设计过程中，要对以下类型的风险进行评价：

（1）与移民安置负责机构的能力有关的机构风险。机构能力也包括协调移民项目多种活动的能力。

（2）与移民安置活动资金是否能及时充足到位有关的财务风险，包括项目滞后引起的成本增加风险。

（3）与拟议缓解战略的任一主要因素和假设的变化有关的技术风险（例如，假设灌溉农业可行，但实施期间发现的土壤特点或排水特点可能会证明这一假设是错误的）。

（4）宏观经济风险。此类风险与移民提供的商品和服务需求量的变化或生产物资供应量的变化有关。

（5）移民安置实施过程中人们需求和偏好的改变而引发的风险（在项目规划工作开展后，对于本已符合其要求的地点，人们有时会改变主意）。

（6）详细规划工作完成和实施启动后因不实施项目而引发的风险。

对这些风险的详细分析要贯穿整个移民安置过程，以避免预料之外的不利影响。可以将部分风险的应对机制纳入移民安置规划（例如，为防止成本增加而制订的预备费安排、对拟议缓解措施可行性的详细分析）。其他一些机制可能难以设计，可能要采取诸如信托基金或与受影响社区居民共享项目收益等创新机制，以便在实施期间协助缓解这些影响。

（四）机构安排

1. 制定针对移民安置过渡期的适当安排

水库移民会导致移民生计和社区生活的中断，也要求对生计和生活进行恢复。由于具备这两个固有特性，水库移民的过渡期通常很长，在这期间，向移民提供的各种生产性资源可逐步充分发挥其创收潜力。社区基础设施可提供一项内在援助机制，其重建也需要时间。为确保收入在搬迁后不久就得以提高，移民安置项目要提供过渡期援助，直至向移民提供的生产性资源充分发挥其潜力。过渡期援助提供的形式可以包括现金补助、口粮供应、就业或在淹没之前维持对生产性土地的使用。移民们在淹没之前仍可以继续耕种其土地，在过渡期也可以在水库边沿地带在水库水位降低时从事农业生产。移民安置规划要对各类经济活动在达到其最大潜力时所需的时间进行细致测算，也要包括这一时期对移民提供援助的规定，还要包括相应的决策程序，以便各方在同意的期限后终止过渡期援助。

2. 制定切实有效的机构设计方案，以兑现项目承诺

鉴于移民安置项目涉及多种活动，如征地、影响计量、搬迁、就业和信贷提供、土地开发以及培训等，移民机构必须拥有多种行业技能。移民安置的实施要取得成功，必须要有多个机构的支持和参与，包括政府机构、项目实施单位、专业技术机构、经验丰富的非政府组织以及其他公民社会组织。除了参与实施和提供社区服务的机构外，移民项目的成功实施还需要有能力的项目设计机构以及行业、省级和国家级监管机构。

移民机构的设计要考虑到每个移民户的具体情况。对于涉及少数几种服务的其他发展活动，在实施过程中适合用统一的方法进行管理。与这种方法不同的是，移民安置的管理方法要针对各家各户，因为移民安置会对移民生活的各个方面造成影响。项目实施单位需要基层组织协助使每个受影响户得益于移民权益和项目机构提供的其他服务。

3. 使大坝建设与移民安置实施相结合

大坝建设进度要与移民安置活动的完成情况相结合。只有在较高水位线的规定移民安置活动完成之后，才可以将水库水位逐步提高到这些水位线。移民安置计划要明确列举在批准对移民户进行搬迁之前必须完成的具体活动，一般包括：1）按照重置成本价支付对所有受影响财产的补偿；2）向移民户分配生产性资源；3）开始创收活动；4）提供配备服务的安置点

和住房；5）支付搬家补助或搬家援助；6）开始实施过渡期安排。

三、移民安置规划的实施

（一）机构能力与承诺

1. 移民安置规划和实施机构能力的评价

各相关机构的能力是大坝选址和项目顺利实施过程中的一个关键问题。水库移民安置极其复杂，而且会对实施传统发展项目的机构构成巨大挑战。尽管移民的参与有助于项目规划人员作出正确的决定和选择，同时充足的预算也有助于确保他们有资金实施这些决定和选择，仍需要有得力的机构来实施诸多复杂的水库移民安置活动。

从机构角度看，大型移民安置项目极其复杂，而且机构能力的不足可能会迫使规划人员无法采纳最佳方案来解决移民安置问题。以下因素可能会加剧这一复杂性：1）典型水库移民安置项目横跨多个行政辖区；2）以建设为主的项目机构对移民安置问题可能不太重视；3）在大坝通常所处的偏远地区，政府机构能力较弱；4）项目执行机构和地方政府之间在土地管理职责上存在复杂的交叉，而且它们都必须实施移民安置所必要的发展项目；5）需要对众多实施机构进行协调；6）项目移民安置权益政策可能与地方法规存在冲突；7）在水库移民安置实施的长时期内，很难确保工作人员和机构的连续性；8）需要能够处理各类不同家庭具体情况的专业机构；9）在项目机构将移民安置基础设施的维护责任转交给当地机构时，通常会出现"机构真空"。

在项目选定之前，项目决策者要对移民安置工作负责机构的能力和承诺进行评价。如果这些机构不具备所需能力，要在大坝施工之前开展能力建设工作。

2. 所有相关机构的能力建设

作为新组建的公司实体，项目机构往往设法加强项目移民单位的能力，但在移民安置实施过程中发挥关键性作用的其他地方机构则缺乏相应的能力。在这方面，不仅要努力加强项目机构的能力，而且也要加强参与移民安置规划、实施和实施后维护的关键地方机构的能力。鉴于这些机构所管辖的众多区域，这项工作可能颇具难度。但要使地方机构长期保持能力，其难度可能更大，因为人员更换频繁，而项目对此可能无法控制。

3. 地方机构在运行与维护工作中的参与

移民安置的规划和实施应当有地方机构的全面参与，这些机构将负责项目结束后与移民安置相关的发展项目的实施和移民安置项目的维护。如果地方机构没有参与安置点设施的建设，这些设施在项目结束后将很难持续发挥作用，因为在项目将移民安置基础设施转交地方机构的过程中会出现诸多问题。

（二）协商和参与

与大坝项目移民子项目的设计和实施相关的大部分问题，其根源都在于项目当初在决策过程中未能确定关键利益相关者，也未能使他们参与这一过程。采用以下各小节阐述的方法，可以避免这些缺陷。

在项目规划和实施过程中与受影响人的协商机制。协商过程要确保项目信息的完全公开。要让受影响人参与安置点和经济恢复项目的选择，而且要在移民安置项目实施和监测的全过程中持续开展此类协商活动。

直接与移民协商有着重要的意义。尽管与移民代表协商有一定优势，但重要的是要确保他们所转达的是移民的意见。要直接与移民讨论诸如安置点位置、经济恢复类型以及移民安置的时间安排等关键事宜。如果让外部机构——不管是政府机构，还是非政府机构——代表移民，这些机构的意见有时可能以错误的假设为依据，而且它们有可能根据移民"应该"认为或希望什么这一固定模式转达意见，忽视了移民的实际想法和喜好。因此，在确定由谁来代表这一问题的过程中，要区别对待问题和观点的代表方以及受影响人的代表方，虽然双方未必具有互斥性。有效的移民设计取决于能确保受影响人直接参与决策的机制。

要将协商看成是对某一过程的投入，且该投入具有明确的时间计划和预期产出。要有效地开展协商和参与，就要很好地对其进行组织，也要确保协商和参与能善始善终。在协商过程中，如果利益相关者不清楚他们要做什么或他们能得到什么，这一过程将不会产生有效的决策。如果没有明确的框架，参与活动可能仅限于参与，而不能提高移民安置项目的质量。如果参与得到很好的组织，具有明确的时间计划，而且成果涉及到各方的利益，那么参与将极大地有助于提高移民项目规划和实施的质量。

（三）向受影响人提供信息

对项目本身、项目影响以及拟议缓解战略的知情权是受影响人的一项基本权利。在任何可靠移民安置项目的设计过程中，第一步工作必须是提供上述信息。移民安置对受影响人有着根本性影响：其生活的所有主要决定因素——职业、住房条件、生活方式、社会关系以及生计支持方式将会出现重大变化。如果项目机构不向这些人通报拟议移民安置项目的情况，他们将无法有效地参与项目设计。在此类情况下，其他可能并不可靠的信息来源就会填补"信息真空"。

如果受影响人对项目不了解，而且不能参与项目的移民安置活动，可能会导致冲突。如果使各利益相关者出现两极分化，冲突将会使难以启动的移民安置事宜最终更难以得到解决。信息共享的缺失也会对移民安置项目的设计产生不利影响。如果信息得不到全面公开，便无法交换意见，移民安置项目也就不太可能取得预期成果。在移民安置规划的最初阶段，可以采取以下机制对潜在受影响人进行信息扩散：1）在每个潜在受影响村定期召开会议；2）发放配图信息册（要安排专业人员跟踪发放情况，并回答有关问题）；3）像中国那样，在社区板报上公布信息；4）将信息册统一摆放在地方政府办公室，随时供人们了解信息；5）在每个潜在受影响社区指定1~2名联络人充当信息扩散员；6）让正在项目区开展工作的地方非政府组织参与信息扩散；7）在地方欢庆场所搭建项目信息扩散台。

在移民安置规划的早期阶段，应避免使用不具备互动性的媒体，如广播或电视，因为它们可能无法处理人们提出的问题和顾虑。一旦受影响人清楚地了解移民项目且对移民机构建立了充分的信任，就可以使用电子媒体来扩散最新信息。要将一些详细信息，如移民资格标准、权益和补偿标准等纳入信息册或其他易于使用的印刷品。识字的街坊可能要向那些不识字的人作解释，这些资料可以让移民掌握反映其权益的实物证明。

与受影响人的协商要贯穿项目规划和实施的全过程。项目应当为受影响人建立他们所信赖的定期信息来源。有很多有效的机制可以用来扩散信息，促进协商：1）在项目区开展工作的非政府组织可以成为很好的信息来源，因为它们通常能及时向受影响人提供可靠信息。同时，它们还可以从受影响人的角度帮助对某一特定变化所产生的影响进行评价；2）项目工作人员和受影响人之间召开的定期会议（通常每月一次）是一种有效的协商机制。这些会议最好在每月的同一天在同一地点举行，这种固定安排将有助于避免麻烦的后勤组织工作；3）在受影响人中指定村级或部落联络人有助于在项目机构和受影响人之间形成持久的双向交流与沟通，要使项目规划人员相信，被选中的代表得到了所有受影响人的信任。由于联络人常住社区，因此，他们能够在现场有效地分辨受影响人的真实意见或顾虑。

视地方的具体情况和限制因素，项目组要尽可能多地使用这些机制。与受影响人开展的定期互动为项目监测提供了一个重要的反馈机制，可以确保有效的沟通和参与。

（四）受影响人参与不充分的后果

如果项目由集权制项目机构设计和实施，没有受影响人、地方政府和其他利益相关者的充分参与，这些项目很少能取得成功。移民安置方面的专业知识决不能代替人们自己对移民安置方案是否因地制宜的评价。如果没有关键利益相关者的参与，很难设计出有效的移民安置项目，实施这些项目则更难。作为一种自我修正机制，利益相关者的系统参与可以使项目机构及时发现问题并找出可行的解决方法。

移民安置项目中的关键利益相关者包括：①受影响人；②人民代表；③安置区人口；④支持项目的中央政府或省政府；⑤在项目区开展工作的非政府组织或公民社会组织；⑥受影响地区和安置区的地方政府；⑦项目开发商；⑧参与项目的其他民营企业或公司；⑨筹资机构；⑩开展各类研究的咨询专家；⑪项目设计和设施机构的工程部和移民部。

世界大坝委员会报告建议采取协商式决策过程。在这一过程中，所有关键利益相关者就项目和拟议中的缓解措施开展协商并签订协议。尽管协商方式是一种可取的决策方式，也会就发展进程作出某些假设，这些假设并未为经验所证明。这一方式假定，所有移民都具有共同的利益和关注，而且有可能就完全满足所有利益相关者要求的最佳项目结构达成一致。协商式决策过程的概念也向国家为大型公共项目而动用征地权的国家权利观发起了挑战。即便不可能进行正式协商，移民安置规划过程也要有所有利益相关者的参与，确保他们有机会表述其意见和关注的事宜，确认决策过程对这些意见和关注给予了充分的考虑。决策过程要包括相关机制，以公开透明地处理持不同意见的利益相关者的要求和关注，同时，也要将决策结果公布于众。

（五）与安置区居民的协商

有效的移民设计方案应将安置区居民视为移民安置项目的受益者，至少应让这些居民感觉到他们可以接纳移民，不应认为移民的到来会引发任何矛盾。组织潜在移民赴安置点考察可以使他们有机会与安置区居民进行互动，同时评估他们是否适合在特定安置区居民中生活。要对每个安置点的承受能力进行评估，以确定它所能容纳的移民人数，不至于使现有基础设施超负荷运转。要对安置区的民用基础设施进行升级改造，使它们与为移民新建的基础设施保持同一水准。向移民提供的任何新建基础设施或服务也要向安置区居民提供。

如果地方拥有有效机制，要依靠这些机制来公开和解决受影响人提出的申诉。要与受影响人讨论申诉处理机制，而且这些机制应为他们所接受；要使他们清楚地了解通过谁、如何及何时才能得到答复，并了解在答复不满意的情况下可以采取何种行动；要制定通过法律体系上诉的规定，而且项目也要向希望提出上诉的受影响人提供法律援助。

（六）监测与检查

所有移民项目都需要监测，特别是大型大坝项目。大型大坝项目很复杂，难度也很大，常会使受影响人改变职业，有时使他们在长时间内分期分批地搬迁到很远的地方，并要求他们适应不同的环境。此外，这些项目通常不按计划实施移民安置工作，跨越多个行政辖区，而且要在大坝建成后很长时间才可以移交给地方机构。1998年，世行业务评价局对水库项目的非自愿移民工作进行了评价，发现没有任何一个项目能够按计划实施其移民安置工作，但决定项目最终是否能成功地完成移民安置的最有效指标是，移民机构是否能够有效地监测实施效果，找出问题，并采取补救措施。

1. 监测实施的明确基准和指标

非自愿移民政策要求在移民安置实施的早期对其进行检查，以评价移民安置项目的适当性，并对项目进行必要的调整，以便改进随后的实施工作。要尽可能由有资质和独立的机构开展监测与评价，帮助项目机构完成监测工作。项目实施和监测人员要明确了解移民项目的目标及这些目标的监测方法。决策者要定期审查监测报告，同时，要以这些报告为依据作出改进实施工作的决策。在项目过程中，监测与实施分开进行且很少从监测活动中吸取经验教训的现象并不少见。就移民安置影响较大的大坝项目而言，作为定期内部和外部监测工作的补充，应聘请国际专家组监督移民实施。要将内外部监测的结果向移民公布。

2. 移民项目完成后的移民安置检查

在移民项目的目标得以实现之前，要继续对该项目进行定期检查。随着项目主体工程——大坝建设的完成和主要投资机构从项目的撤出，有关方面对移民问题的重视程度常常会有所降低，即使移民项目的目标尚未实现。移民项目的有关活动一旦完成，要开展评价工作，以确定移民收入和生活水平恢复的程度。该项工作一般由后续社会经济调查完成。调查结果有助于确定是否有必要开展后续工作；如有必要，调查可以为这些工作的设计提供有价值的依据。

第十章

非自愿移民的社会评价

非自愿移民是指由于发展项目建设而导致的被迫移民。它既不同于因自然灾害或军事冲突等原因而发生的难民迁移，也不同于因经济等原因产生的自愿移民或者扶贫项目移民。非自愿移民涉及的因素相当复杂，包括社会、经济、政治、文化、宗教、环境以及技术等诸多方面。因征收土地、房屋拆除和迁移而受到影响的人是发展项目的主要利益相关者。本章将从社会评价的角度，对移民政策及其战略进行简要介绍，对不同类型的移民所造成的社会影响和主要的社会风险进行分析，并进一步讨论项目周期各阶段为尽可能避免风险所使用的各种分析工具和方法，如社会风险分析、移民安置行动计划、补偿方案和重建措施。

第一节 移民及其社会影响

一、中国的移民政策和法律框架

移民的概念因行业不同而有所差别。例如，在城市基础设施建设中，移民称作被拆迁或被房屋拆迁安置的人口；在铁路、公路及能源建设方面，移民被称作征地和房屋拆迁人口；在水利项目中，通常被称为水库移民或水利工程移民。这里所说的"移民"是指与土地征收、拆迁及人口迁移有关的活动。

国内外的经验表明：①非自愿移民是发展项目中易受伤害的主要利益相关者之一，应该给予特别的关注；②如果发展项目中的非自愿移民问题处理不当，可能产生迁移人口的次生贫困、社会不公平和其他社会风险；相反，如果处理得好，被迁移的人口可能得到改善生活环境、增加经济收入和提高生活质量的发展机遇；③成功的移民安置不仅仅需要细致的社会经济调查、科学的移民计划、合理的经济补偿和扶持政策，也需要充分了解移民过程中可能存在的各种社会影响及其风险并且采用妥善的战略和措施。

在过去的50多年中，中国大规模的经济建设导致了约4500万人以上的非自愿移民，其中水库移民近1500万人。因水库、公路、铁路建设产生的非自愿移民绝大部分发生在农村，而城市改造、扩建及其他基础设施建设也在城市和郊区产生了大量的城市非自愿移民。

中国有关移民的法规体系已经得到逐步建立和完善。目前，有关移民的法律框架主要包括：宪法（1982年通过，1993年、1999年和2004年修订）；土地管理法（1986年颁布，1998年和2004年修正）；省级政府颁布的《土地管理法》实施条例或者办法；基本农田保护条例（1998年颁布），国有土地上房屋征收与补偿条例（2011年颁布），大中型水利水电工程建设征地补偿和移民安置条例（1991年颁布，2006年修订），以及长江三峡工程建设移民条例（1993年颁布，2001年修订）。

从长期的水库建设移民安置实践中，人们积累了丰富的经验和教训，逐步认识到移民既可能带来风险也是发展的良好机遇，由此在 80 年代初期产生了开发性移民的设想。与补偿性的移民政策不同，开发性移民在强调以土地为依托进行农村移民安置的同时，还特别强调通过移民安置区的种植业、林果业、畜牧业、工副业的综合发展和水利、电力、交通、医疗、教育、商业等基础设施恢复建设以及针对农村移民的技术培训，实现农村移民的妥善安置。开发性移民已经成为水利工程移民安置的重要原则之一。根据开发性移民的理念，移民成功的关键在于为移民提供发展经济的机会，从而使他们能够不断提高自己的社会经济地位。

发展项目应尽可能地避免或者最大程度地减少非自愿移民。如果移民不可避免的话，项目还应该向受到影响的人口提供机会以帮助他们增加（或者至少恢复原有）收入，提高生活水平。受项目影响者的财产损失应该得到及时的补偿，这种补偿应该按照重置成本进行全额测算。中国法律非常注重最大程度地减少土地征收，对移民采取妥善的安置措施，并且以恢复移民搬迁前的生活水平作为征地拆迁与移民安置的基本目标。对水库移民来说，中国法律鼓励采取开发性移民方式，即在搬迁前期进行补偿，在搬迁后期对移民提供后期生产扶持。

根据中国的土地制度，城市土地属于国家所有，农村土地一般属于农村集体经济组织（村民委员会或村民小组）所有。如果发展项目建设需要永久占用土地，需要依照法律规定的程序，对国有土地办理使用权转让手续，对集体所有土地则由国家先进行土地征收然后再将土地使用权转让给建设用地单位。按照《土地管理法》，如果项目建设需要征收基本农田、基本农田以外的耕地超过 35hm^2 或者其他土地超过 70hm^2，需要得到国务院的批准。省级人民政府可以批准除需要国务院批准以外的土地征收。省（市）级以下的地方政府无权批准任何建设用地。国家保护农用土地，非农业建设必须节约使用土地，严格限制农用地转为建设用地。如果可能，项目建设应尽可能使用荒地和劣质土地替代农业生产用地和优质土地。

发展项目应承担所有的征地补偿与移民安置费用，并且向农村集体土地的所有者、长期使用者提供补偿。征收耕地补偿费用由土地补偿费、安置补助费、地面附着物补偿费和青苗补偿费四部分组成。土地补偿费和安置补助费标准根据国家《土地管理法》和有关省市的实施办法规定执行。土地补偿费主要有以下用途：农业、林业、渔业和畜牧业生产开发活动；集体工副业生产活动；土地开发与改良；改善水利、供电、道路、教育等社区基础设施和乡村公共服务设施；支付集体经济组织必须的费用；受影响人口或者全体村民的社会保险；在受影响家庭之间分配并由其用于恢复生产或自谋工作出路。安置补助费用主要用于受影响的移民劳动力的生产安置，其使用有多种方式，应因地制宜。土地补偿费和安置补助费属于集体所有，其使用需要经过村民代表大会讨论，并且得到超过三分之二的村民代表同意。目前，在相当一部分地区，受项目影响的家庭通常倾向于获得现金补偿并自谋出路。而在过去，往往是村内在土地征收之后对剩余土地进行重新分配，土地补偿费用则归集体所有。

农村的房屋和其他固定资产则按照重置成本对资产所有者进行补偿。村民委员会则在与移民户协商后为其安排宅基地，一般由移民户自己重建新房屋。在移民集中迁入的新社区，移民活动往往包括道路、供水、供电、学校等新基础设施的重新建设。

城市房屋拆迁补偿和安置方式随着住房制度改革而发生了很大变化。随着住房制度改革的不断进展，住房产权私有化比例越来越高。始于 20 世纪 90 年代末期，城市房屋拆迁安置改变了过去单纯实物安置的方式，实行了货币补偿与实物补偿相结合。城市房屋拆迁补偿安置主要取决于被拆迁房屋的面积、区位、结构、质量和装修状况，而与被拆迁家庭人口数量无关。新房屋面积大小、位置及其所花费用决定权在于受拆迁影响移民家庭自己的财力和意愿。受影响家庭一般能够用补偿费从市场上购买到同等质量的房屋。另外，拆迁户搬迁和空调、电话、有线电视、宽带网络等迁移也可获得相应补偿。拆迁户通常可以获得拆迁过渡补偿费，以解决从原房屋搬迁出来到找到新房屋期间的过渡问题。对于企业、事业单位或店铺之类的非居住房屋，对建筑物按照重置价格进行补偿，并且提供设施恢复重建和设备搬迁所需费用，并对因搬迁造成的企业生产和商业经营所遭受的停产损失进行补偿。

二、移民的社会影响

改变土地、水利和其他资源使用方式的发展项目可能导致一系列的移民后果并造成移民损失。对于学校、医疗诊所、高压电线塔或小型抽水站等小型建设项目所需要的小块土地的征收所造成的移民后果可能是有限的。对于公路、铁路和航道建设等项目所需要的线型或者带状土地可能会沿线路两侧因征收土地而造成移民。这些项目的建设可能会破坏原有的社区网络以及将公路、铁路、灌溉系统和所拥有的土地分割开。对于以供水、灌溉或发电为目的的水库建设项目，可能会造成大面积土地征收、城镇企业搬迁重建以及人口迁移。对于城镇道路、桥梁、供排水设施、电力和能源设施以及排污网络等的建设项目可能会造成居民房屋、店铺、企业以及地上地下网络的拆除。大多数项目都有可能造成移民后果。

不同类型的移民安排，例如就地安置、异地集中搬迁以及集中或分散迁入安置社区，可能会造成不同的社会影响。远距离搬迁、由农村向城市的搬迁或者少数民族的搬迁可能会在原居住地与新安置地之间造成适应和融合方面的问题，这些问题涉及语言、食物、文化和生活方式等方面。

移民损失主要包括以下各种类型：生产性资产的损失，包括土地、收入和谋生手段；房屋，有可能是整个社区的建筑系统和各种服务的损失；其他财产的损失和社区资源、栖息地、文化场所和物品等损失。移民损失可能是永久的，也可能是暂时的。受影响的人群可以根据农村或城市社区、工作单位、农村或城市家庭和个人进行界定。

（一）土地资源的丧失

部分或者全部丧失土地资源的农民不得不面临多种多样的社会影响，其中包括下列方面：

（1）丧失现有收入来源，这种收入是依靠土地创造的。如果土地资源是农村劳动力的主要就业机会，农业收入是家庭的主要收入来源，丧失土地资源对家庭所产生的后果是巨大而且长期的。

（2）丧失未来的收入来源，这种收入是依靠土地创造的。一些诸如荒山、山丘、土地、水域以及矿山等待开发的资源可能被发展项目占用。尽管这些资源现在还没有得到使用，但它们属于未来可以使用，并可能创造经济和社会价值的潜在资源。这些潜在资源可能会为该资源所有者以及合法的使用者提供就业和收入机会。一旦这些资源被占用，所有者和合法使用者将可能永远丧失未来的收益。

（二）劳动、生产和管理技能贬值

由于丧失了土地，原有的劳动、生产和管理技能可能失去作用，必须通过参加培训获得新的技能。如果大部分或者所有的土地都被征收，长期从事农业生产活动而积累的有关育种、播种、耕作、田间管理、收获和销售方面的技能将会随之变得毫无用处。如果移民是在当地进行，搬迁农民在原来的社区以土地换土地的方式得到补偿，那么他们原有的劳动、生产和管理技能可能仍然有用武之地，因而所造成的技能丧失也就不是十分严重。如果是远距离移民的情况，即使受到重新安置的农民在安置地能够得到新的土地，在原有土地和生产环境下形成的劳动、生产和管理技能将部分或者完全不能适用于新的环境，他们因此必须通过培训的方式获取新的技能。造成这种情况的原因包括土质、农产品种类、耕作方式、劳动工具和市场环境的差异。

（三）社会网络和社会资本

社会关系和相互依存的网络可能会增强、减少、丧失和减弱。当移民被安置到不同的地区，原来的社区组织和社会网络随之分散瓦解。由亲戚、朋友、邻居和同事紧密编织的社会网络不能再彼此提供相互帮助，因为他们被分散安置到不同的乡、村，甚至不同的县、市和省，或者由于他们各自都面对着相同的社会经济恢复活动，因而彼此之间不能相互帮助。

举例来说，如果搬迁家庭需要向亲戚朋友借钱，他们通常首先想到的是社区里的男性社交网络。他们可以相互出力重建房屋，但也可能需要动用自身的储蓄。传统的随夫居住的婚姻系统使得大部分的男性亲戚居住在同一个村子里，因而共同面临着拆迁、房屋重建和资金短缺等问题；而已婚妇女通常嫁自外地，在这种危难情形下通常可以向兄弟姐妹和家族的其他亲戚借贷。因此，妻子的家族网络得到了加强，妻子在丈夫家族中的地位也可能因此上升。

在房屋重建过程中，亲戚们互相帮忙，提供劳力或其他重要帮助。社会网络在移民过程中起着重要的作用。然而拆迁以后，搬迁人群离开了原来的社区，被分散安置或集中安置，而因为路途遥远，原有的社会网络最终会松散直至消亡。搬迁人群将建立新的社交网络，交新朋友，与安置社区的新同事和邻居来往。从这点看，搬迁人群的社交圈子可能会扩大。社交网络的变迁对不同的人和家庭会产生各种各样的影响。一般来说，脆弱群体如老人、穷人和妇女可能易受打击，小孩和年轻人却能轻而易举地融入新社区并从中受益，因而拆迁家庭内部可能产生隔代矛盾。移民的不同方案可能对社会关系网络产生不同的影响，如把一个区域的村庄、群体集中在一起安置可能减少对原有社区的社会关系的伤害，但他们可能很难与其他搬迁人群和安置社区建立新的社交网络，从而使社会性的融合变得困难。

（四）移民安置过程中的社会矛盾

移民安置的过程中可能产生个人或群体间的矛盾。因为移民安置活动改变了原有的资源分配方式、参与方式、决策方式和对公用的和家庭的财产占有方式，有些人会受到损失，从而在家庭成员或社区中引发个人和群体间的矛盾。一方面，由于人们搬迁到了另外的社区，原有的社区组织解体了，原有的公用财产必须为原社区成员所分配；另一方面，新社区的土地和其他资源也面临再分配，社区组织也要重建。原来的大家庭可能分散成小家庭在新房子里居住，家庭财产也需重新分配。

社会矛盾在搬迁人群和安置社区居民中也可能产生。因为安置社区的新土地以伴有经济补偿的行政调节手段进行了调整，搬迁人群当然会使用安置社区里的道路、水源、学校和卫生设施，而安置社区的人口密度也因此增加，土地资源占有标准和公用设施的均摊标准将下降。特别是如果安置社区的社区资源和公共设施的损失不能得到合理的补偿，搬迁人群和安置社区原有居民的个人和群体间矛盾可能因为这些移民拆迁和恢复活动而出现。

（五）社区参与和使用公共财产的途径

在移民安置过程中，社区事务的参与力度可能加强，也可能减弱。公共事务可能变得更加复杂，包括搬迁选址、宅基地和农田的拆迁、新住宅的规划和建设、家庭土地补偿金的管理和使用、社区环境和卫生的管理等。移民安置的不同阶段和不同方案对个人和集体参与公共事务产生不同影响。在分散移民中，原先惯于村务的村长们可能发现他们在新社区参与公共事务的机会减少甚至会消失。与此相反，一些原先不大参与公共事务的人可能有了较多的参与机会。在整体搬迁中，原有的社区组织形式可能保留，总体的参与机会和程度可能增加，但是原先的秩序可能会改变。

人们使用公共财产的途径可能增加，也可能减少。在征地移民过程中，社区的所有有形资产（如土地、房屋、树木、公用设施）将变成流动资产（补偿金）。接下来，有些资产会变回有形资产（如安置社区新的土地、公用设施、房屋、树木等）。一部分搬迁人群可能减少或丧失使用原有集体财产的途径，或者因为他们未随社区搬迁，或者因为他们原本就是非农业户口。不过，他们可能在新的安置社区使用公共设施。

（六）贫困和脆弱性

次生贫困可能会产生，或者原有的贫困可能会减弱。不适当的移民或者在安置过程中发生事故可能会导致原有的富裕家庭陷入贫困。从表 10-1 可以看出，导致这种现象发生的原因可能是多种多样的。

表 10-1　　　　　　　　　　　　　因移民造成的次生贫困类型

损失类型	贫困种类
由于耕地、果园、林地或者养殖水面的减少，在很大程度上减少了经济收入的来源	缺乏资源造成的收入来源下降，造成经济贫困
丧失原有的熟悉的土地、生产经营技能和市场可能会造成就业机会和收入来源的减少甚至丧失	缺乏劳动技能造成的收入来源下降，造成经济贫困
事故和灾难（例如交通事故、疾病、伤残和死亡，丧失诸如机动车辆等重要生产工具）可能会毁坏家庭原有的经济循环系统	由灾难造成的经济贫困
在重新安置过程中，对非生产性资产（例如房屋）的过度投资可能会导致长期缺乏生产性投资，并造成经济收入下降	由于缺乏生产资金，导致经济收入下降，造成经济贫困

移民还可能会带来许多机会，缓解和减少原来社区存在的贫困现象。由于搬迁，原来拥有较少土地资源的部分农民可能会得到较多的土地，而且土地的质量也可能比以前要好。因此，这些搬迁农民将比以前拥有更多的和更好的资源。除此之外，他们的生产环境、生产条件也将得到改善。在安置区，道路、灌溉和排水系统以及供水、供电等基础设施极大地改善了生产条件，减轻了劳动强度，提高了生产效率，并增加了经济收入。通过劳动技能的培训，移民能够获得现代化农业生产和管理方面的新知识，他们的市场竞争能力得到提高。搬迁后的移民可能将土地补偿费投入到新的、能够产生利润的生产领域，从而使他们获得比以前更多的收入和生产资本，这种现象尤其在城市郊区征地拆迁中特别明显。迁移到另一个新的往往经济社会发展条件更好的地区，可能会为移民，特别是年轻的移民，提供更多的非农业就业机会，提高他们的收入水平。

风险、脆弱和社会排斥等各种因素相结合通常会导致贫困的发生。土地征收和移民造成若干社会风险，认识到贫困和脆弱性属于一个动态的概念是十分重要的。所有失去土地或房屋的家庭在一定程度上都属于脆弱因素。如果移民活动没有得到妥善安排，他们的经济和社会状况就会面临很大风险。拥有残疾成员的家庭、妇女为户主的家庭、少数民族家庭和贫困家庭都属于特别脆弱的家庭类型。移民可能会使得弱势群体的状况得到改善，也可能使他们的状况更加恶化。如果采取适当的措施，老人、儿童、妇女为户主的家庭、贫困家庭和残疾人不仅能够得到妥善的保护，还能够受到特别的关照。因此，移民可能在一定程度上改善弱势群体的社会经济状况。如果没有采取适当措施，弱势群体的社会经济状况可能会恶化。

（七）社会公平

在移民的过程中，土地资源的重新分配可以缩小移民家庭之间的贫富差距，这种贫富差距是原来的土地承包制度造成的。造成社会不公平的原因非常复杂，不但与土地资源相关，而且还与资本、财产、家庭成员和家庭中的劳动力数量、生产和管理技能、体力等相关。移民安置活动可能会破坏原有的生产和谋生的正常家庭秩序。

在社区重建过程中，由于社区内不同群体的政治经济地位不同，他们所处的优势和劣势也可能会因此而不同。由于经济基础、劳动能力和社会关系的差异，社会公平可能会遭到破坏，社区内的贫富差距可能会因此而加大。强势群体，例如村干部、有技术的能人以及有合作能力的社区成员等可能会得到更多的就业机会和增加经济收入的机会；弱势群体得到就业机会和增加经济收入的机会则更少一些。这种差距通常在新建房屋的面积和质量上表现得相当充分。如果移民被分散安置到经济高度发达的社区，例如被安置到沿海地区的三峡库区居民，大部分移民与安置地原有居民之间的生活水平差距在短期内很难得到改变。与迁入地居民相比，移民家庭可能属于相对贫困的群体；而且移民家庭的进入还可能会加强迁入地社区内的两极分化。

社会公平状况可能会得到改善，也可能会进一步恶化。如果采用一种整合的移民政策，不同社区的不同成员或者同一社区的不同成员所拥有的公共资源和资产的公正性可能会得到改善，这种公正性是通过耕地和宅基地的重新分配，以及社区的道路、医院、学校、灌溉排水系统和其他公共设施的建设取得的。面对集体土地和其他资产的补偿，面临新的就业、经济活动机会，社区的每一个搬迁家庭和每一个成员都会有不同程度的发展。因此，新的不公平会因此而产生，社区内的社会不公平也会因此而加剧。

（八）社会性别影响

对男人和妇女而言，土地征收和房屋拆迁所带来的影响可能是不同的。当今中国，在大部分地区，女性已经成为现代农业生产的主力军，从事农业生产的女性比例要高于男性，而男性则更多地从事非农业活动，农业女性化现象已经相当突出，这与传统的男耕女织的生活方式已经大相径庭。因此，土地征收对女性的影响往往比对男性的影响更为严重。女性的就业机会可能会因征地而减少，经济收入可能会因征地而下降。就业机会的减少以及经济收入的下降将直接导致妇女的经济和社会地位的降低。但是在土地征收之后，如果妇女能够充分使用补偿资金、采用新的谋生手段、积极参与各种生产恢复活动，女性也可能会得到更多的机会，实现就业，增加收入。由于家庭收入的增加，加上新社区较好的教育条件，移民家庭的学龄女童上学的条件可能会更好。安置区良好的生产条件减少了劳动强度，良好的供水、供电、交通、教育、医疗卫生条件改善了移民家庭的生活质量，可以促进家庭的和睦和家庭成员之间关系的改善。

移民可能会对家庭中的性别关系产生影响，可能为改善移民家庭中的性别公平和提高妇女地位带来机遇。在移民期间，妇女在家庭事务处理方面发挥着重要的作用，并可能因此而提高自己在家庭中的地位。移民可能会为分家创造机会，已婚夫妇也许将不再和父母共同生活在一个屋檐下。已婚女性可能因为传统中国社会"从夫居"的习惯而在家庭房屋重建和生计恢复中发挥特殊的作用，从而获得了对于家庭生计发展计划更大的决策发言权，提高了妇女的地位。但是，由于中国社会"男主外，女主内"的传统观念影响，对于社区基础设施建设、土地分配、集体资金使用与管理等社区决策活动，妇女与男性参与决策仍然存在相当大的差异。

（九）文化和社会服务场所

土地征收可能会对传统文化活动场所造成影响，例如寺庙、教堂、墓地以及其他反映文化价值观的场所。这些传统文化活动场所可能会因为土地征收和移民而消失。有些传统文化活动场所可以异地重建，并得到某种程度的改善。但是，对传统文化活动场所土地的征收不仅产生了对无定价商品的补偿问题，同时还涉及到受影响人群的礼仪、信仰体系、恐惧心理以及生活准则等。特别是在少数民族地区，必须认真界定并正确处理这些影响。

在搬迁到一个不同的社区之后，因为社区需要根据新的要求和标准进行规划和建设，新社区的交通、文化、教育、保健、医疗卫生、生活环境和商业条件可能会得到改善。不过，对原地安置的居民来说，外部的交通条件可能没有改善，有些甚至可能变得更加糟糕。造成这种情况的原因可能是原有的交通设施被切断，或者完全被毁掉。在这种情况下，社区不得不依靠长途运输或水路运输。由于原有社区的大多数成员都搬迁到其他地方，学校和医疗诊所等类似的公共设施也随之迁走。因此，部分社区成员的搬迁可能导致社区里留下的居民的教育和医疗卫生状况恶化。

三、移民社会评价的范围

移民的社会评价需要瞄准项目的目标群体，从时间、空间、利害关系、项目组成等方面合理确定移民社会评价的范围。

从时间上看，应该从项目鉴别阶段开始就关注项目可能产生的移民社会影响，并且自此开始，在项目周期的不同阶段，循序渐进、逐步深入地进行移民问题的调查、分析、评估、设计、实施、监测，直至项目的移民安置和恢复重建的活动全部结束。从空间上看，移民的社会影响既要调查、分析、研究项目永久和临时用地与拆迁范围，也需要包括项目建设活动对项目所在地区有明显直接或者间接影响的地区，同时必须包括移民迁入的安置区。一般情况下，在农村地区，以移民活动涉及的行政村为分析单元比较合适。地理意义上的移民社会影响分析范围，既不能够忽视明显影响的区域和人群，也不宜盲目扩大范围，增加不必要的无效工作。从利害关系看，既要包括在工程准备、建设、运营管理期间利益可能受到直接或者间接不利影响的人群，也要包括可能直接或者间接从移民活动中受益的人群。从项目组成看，需要包括项目范围内包含的各个子项目，也要包括虽然没有包括在本项目组成要件之内，对于本项目成立起决定因素或者控制作用的其他子项目。与本项目无直接利害关系的其他项目移民问题、非本项目产生的移民问题，均不在分析范围。

第二节　移民社会风险分析

移民活动造成的社会影响意味着某种特定的社会风险，这些风险通常被称为贫困风险。长期以来，非自愿移民所造成的最广泛的后果始终是贫困。中国的实践经验也证明了这种看法的正确性；因此，中国的移民政策和实践也始终在以不同的方式处理这个问题。

一、非自愿移民的心理分析

健康是人类最基本的需求之一。公众对健康的认识比较片面，一般认为只要身体没有任何疾病就属于健康。其实不然，1947年世界卫生组织在其宪章中已经明确指出：健康不仅仅是没有疾病和虚弱，而且是身体上、心理上和社会适应能力方面的完好状态。这是从一个立体的角度来解释、探索人体健康，从这个层面上讲，心理及社会能力的健康和身体健康一样重要。特别是对于非自愿移民这一个特殊群体来说，其心理压力和心理困扰就更大和更多。如何及时地调整自己的心态？怎样才属于健康、正常的心理状态？建立判断非自愿性移民的心理健康评价标准，有利于引导移民的心理状态经常保持在良好、愉快与幸福的情境中，促进移民心身健康，提高移民生活质量，同时，也有利于安置工作的顺利进行。

从心理、精神角度来判断健康，主要是从有无自我控制能力、能否正确对待外界的影响、是否处于内心平衡的状态、有无良好的社会适应性、人际关系和应付各种突发事件的能力，以及面对困境时的心理承受能力等方面着手。由此可知，心理健康是指在身体、智能以及情感上与他人的心理健康不相矛盾的范围内，将个人心理状态调适到一种高效而满意的、持续的境界。主要表现为：身体、智力、情绪十分协调，能充分发挥个人的最大潜能；能妥善处理和适应人与人之间、人与社会环境之间的相互关系；积极、热情地对待生活，有幸福感；过着高效、安全的生活。具体包含两层涵义，一是与绝大多数人相比，其心理功能是正常的，无心理疾病；二是能积极调节自己的心理状态，顺应环境，能有效地、富有建设性完善个人生活。

（一）非自愿移民心理特征

非自愿移民，顾名思义是指客观上要求移民搬迁，而非其主观自愿搬迁。心理特征则是指在一定的社会情境或影响因素下产生的各种心理活动过程。可分为心理过程和人格两个方面，前者包括认识过程（如感觉、知觉、记忆、思维和想象等）、情感过程（如喜、怒、忧、思、悲、恐、惊等）以及意志过程（即有意识地确定目标、克服困难、调节和支配自身的行为等），后者包括人格倾向（如需要、动机、兴趣、信念等）、人格特征（如能力、气质、性格等）和自我意识系统（即自我认识、自我体验和自我调控系统）。对移民来讲，因为一些大中型水利水电工程建设横跨时空领域较大，移民安置数量较多、难度较大，在移民安置中往往涉及到多种民族、各种文化背景、职业和各阶层的人，他们从各自的价值观念、民族传统、社会经济地位出发，对移民搬迁有着不同的心理反应。其心理变化比自愿移民要复杂得多、曲折得多，也可从以下几个方面来进行研究。

1. 对移民政策的认可心理

在移民政策的宣传过程中，包含了移民对这些政策的感觉与认知过程、对政策的思维和想象过程。移民从自身的社会经济地位出发，并结合自己的价值观、动机、性格气质等来决定他对移民政策是否认可、认可的程度、是否接受、接受的程度。这种认可与接受心理还受到各级政府在宣传过程中是否客观、全面、真实地反映国家和移民政策的影响。

2. 搬迁前的犹豫、徘徊、焦虑、担忧等心理

出于对搬迁地的不熟悉，也出于对未来生活状况的不确定，再加上他们对自己的行为不可选择性，特别是一些移民还面临着社会角色的转变，故而几乎所有移民都会出现各种各样的猜疑，进而出现犹豫、徘徊和担忧，严重的还会出现过分焦虑、烦躁和失眠等心理不安的表现。由于移民个体原居住地的自然条件、社会条件不同；年龄、文化程度和职业不同，导

致移民的各种心理变化程度也不一样，表现形式也是多种多样。

3. 搬迁后移民对原住地的依恋心理

由于人类属于有情感的高级动物，人类所特有的对亲朋好友的浓厚亲情与友情，决定了移民在搬迁后对自己过去所居住的地方仍旧非常怀恋，对自己过去的亲友仍旧非常依恋。人们的这种恋旧心理非常执着，常会随着时间的推移而愈加强烈。这种心理多受到年龄、原住地的地理环境以及生活经济条件等因素的影响。

4. 对国家移民政策的落实与执行满意的心理

移民有将国家移民政策真正落实到位的心理需求，如果国家移民政策并未完全得到落实，移民对政策的执行情况也不很满意，就易导致人们心理产生失落和不满的感觉，进而会影响到他们的情绪，以致影响到他们的心理健康。

5. 非自愿移民的补偿心理

当人们的利益受到一定损失时，希望能从其他某些方面得到补偿，这是人类最基本的一种心理特征。移民也不例外，当他们在搬迁中，生活、生产和经济等方面自认为受到某种损失时，他们当然希望能得到国家、政府或组织上的经济补偿，这种心理在一些人身上表现得比较明显，在另一些人身上表现得比较隐蔽，如果这种愿望能够得到满足，这种心理对人体健康不会有什么影响，但如果不能得到满足，长期失衡的心理将会导致人体健康问题的出现。

（二）一般人群心理健康评价标准

对于一般人群心理健康评价标准来说，是一个比较复杂的问题，各学者对此也各有各的说法，到目前为止还没有一个能被大家所接受的黄金标准，所谓仁者见仁，智者见智。如美国人本主义心理学家马斯洛和密特曼提出的关于心理健康的十条标准：①有充分的安全感；②对自己有充分的了解；③生活理想和目标切合实际；④与周围环境保持良好的接触；⑤能保持自身人格的完整与和谐；⑥具有从经验中学习的能力；⑦保持良好的人际关系；⑧适度的情绪发展与控制；⑨在集体要求的前提下，较好地发挥自己的个性；⑩在社会规范的前提下，恰当满足个人的基本需要。

1946年在第三届世界心理健康卫生大会上明确提出了心理健康的四条标准：第一，智力正常，身体与情绪十分协调；第二，能够适应社会环境的变化，适应社会角色的转变；第三，在各种人际关系中能彼此谦让，有幸福、愉快的感觉；第四，在工作和职业中，能充分发挥自己的能力，生活工作效率高。

1968年斯柯特提出关于心理健康评价标准：第一，从一般的适应能力而言，应从把握环境的能力，适应和对付变化多端的世界能力，树立人生目标并有完成目标的能力等方面来进行衡量；第二，从自我满足方面而言，应从能满足个人需要，对日常生活感到有乐趣和幸福感，行为自然、协调，懂得适时放松自己等方面来判断；第三，从人际间社会角色的扮演而言，有适应各种社会关系的能力，行为与他所扮演的角色一致，并受到社会的赞同，有与他人和谐相处的能力，有社会责任感和爱的能力；第四，从智慧能力而言，有准确的感知能力，对事物有恰当、机智、合理的认知，能够面对和接受现实，并有能力解决各种问题；第五，从对他人的态度而言，应有利他主义精神，关心并信任他人，待人热情，有与他人亲密接触的能力；第六，从创造能力而言，有主动献身的精神，有开拓创新的能力，能对社会做出一定贡献；第七，从自主能力而言，在情感方面具有独立性、同一性和自主性，能把握好自己的情感、情绪的宣泄；第八，从个人成熟度而言，具备把握冲动、能量和冲突的综合能力，能够实现自我价值；第九，从对自己的态度而言，能够自我认可，自我接受，完成任务后有一种满足感，当遇到困难时对解决问题充满信心，具有积极、乐观、向上的态度；第十，从情绪与动机的控制能力而言，有承受挫折的勇气，有把握焦虑的能力，能够自我控制，按道德规范行事，诚实、正直，能够消除紧张、心绪不安等表现，及时调节自己的情绪。

（三）非自愿移民心理健康评价

综合上述一般人群心理健康标准和移民心理特征，对于非自愿移民心理健康评价标准应从以下几个方面来考虑。

1. 心智正常

这是衡量一个人心理是否健康最重要的标志之一，也是人们正常生活、学习和工作的基本心理条件。因此，无论任何人只有在心智正常的情况下，才能感受到环境改变给人们带来的各种躯体、心理和社会方面的影响，才能有保护自我的意识，才能适应社会生活，完成各种学习或工作、劳动任务。保持正常的心智对于非自愿移民更加重要。

2. 正视现实

能与现实保持良好的接触，即使迁移至新居住地，对自己所处的周围环境、事物都能有清醒的、客观的认识。对生活、工作或劳动中遇到的各类问题、困难和矛盾，都能以切合实际的方法加以处理，而不是悲观失望，消极怠工，企图寻找各种借口来逃避这些难题。对于移民来说，社会环境转变较大，社会角色的转变也较大，如果移民能够从这些转变中及时地调整好自己的心态，能较好地认识和了解社会形势，使自己的思想、目标和行为能跟上社会发展的步伐，与整个社会协调一致，融为一体，就能生活得幸福、愉快和轻松。

3. 情绪控制

如果一个人能适时调整、控制他的情绪保持适中，就会使整个身心处于积极向上的状态，对一切都充满信心和希望，在生活中也能处处表现出积极进取的精神，既有高于现实的理想，又不沉迷于过多的幻想中。即使搬迁对自己心身有一定影响，也能使自己的情绪活动主流保持愉快、欢乐，情绪反应稳定、适中，而不是长期沉浸在焦虑、担忧、烦躁等状态中，以致使自己出现某些精神症状如失眠、多梦，食欲不振等。

4. 自我认识

自我认识就是能客观实际地评价自己、认识自己。不但了解自己的优缺点和各方面条件，而且还了解自己的能力、性格、爱好及特长，能据此安排自己的生活与工作，并能对自己的言行负责、对自己的情绪困扰负责，而不是随意地埋怨或迁怒别人。尤其对移民来说，如果他们不能认清自我，不能在新环境中寻找和学习自己能够生存的机会和技能，让自己的经济和生活有所改善，而是把自己的不幸或贫穷归罪于别人或政府。长此以往，这种消极的影响同样会不利于他们的心身健康。

5. 善与人处

就是人际关系和谐，善于与别人相处，即在人与人的交往中，富有同情心，待人真诚，具有施与爱和接受爱的能力，与他人能够心理相容，相互接纳、尊重，以集体利益为重，关心国家、集体，注重奉献精神。特别是针对移民，虽然他们为国家的牺牲比较大，但如果不以国家、集体利益为重，整天只盘算着自己利益的得失，对心理的健康状况将会产生很大的负面影响。尤其当他们搬迁至一个陌生的环境中，如果不能与当地居民友好相处，友好交往，整天生活在相互排斥、贬低，相互冷漠无情，以个人利益为重，损人利己的氛围中，对他的心身健康都会有不利的影响，甚至会导致某些疾病的产生。

6. 开拓创新

对于一个心理健康的人来说，能够把自己的聪明才智在工作中发挥出来，能从工作中得到满足感，并具拓展和创新能力，工作或劳动对他来说不是负担而是乐趣。作为移民能在新环境中以自己的聪明才智，找到适合自己能力或特长的工作与劳动，并能在工作和劳动中开拓自己的思路，开创自己的发展道路，寻找新的经济增长方式，以多种经营模式代替单一经营或劳动模式，为提高移民的生活水平而努力。

设立移民心理健康评价标准有助于促进移民的心身健康，提高劳动与工作效率；能促进移民健全人格的养成，提高生活质量，扩大社会网络，改善社会支持，创造更好的生活与生产环境。进行心理健康的研究，就是希望能够根据移民的心理需求与心理变化，更多地给予他们人文关怀，及时地对他们的各种困扰进行排忧解难和心理疏导。

二、移民可能导致的社会风险及分析方法

非自愿移民的核心问题是经济的、社会系统的破坏甚至解体。非自愿移民可能导致八种社会和经济风险，可以通过贫困风险和重建模型进行分析。这八种风险为：①失去土地；②失业；③丧失家园；④边缘化；⑤不断增长的发病率和死亡率；⑥食物没有保障；⑦失去享有公共资源的权益；⑧社会组织结构解体。

风险分析是移民规划、监测、评估所使用的最为重要的工具之一。风险分析应该以受项目影响人口为中心，分析项目征地、拆迁、移民安置、社会经济系统重新建设可能导致的各种风险出现的可能性，并且进行客观评价，提出规避风险的对策。风险分析需要在社会性别、民族、社会阶层（弱势群体）、利害关系方面有高度的敏感性，并且采用参与式的方法。

（一）风险分析的内容

风险分析需要进行下列环节的工作：

（1）风险调查：通过与项目执行机构、地方政府、非政府组织、规划设计人员、可能受到项目影响的人群及其代表进行充分的交流和磋商，收集必要的信息。

（2）利益相关者识别：识别项目移民活动影响的区域、范围、性质、类型和主要利益相关者。

（3）风险识别与评估：根据移民工作重点清单，诊断移民过程中可能出现的社会风险因素，分析风险发生和可能持续的时间，评价社会风险的性质，预估社会风险的强度和可能产生的后果。

（4）避险措施分析：鉴别需要规避或减少的社会风险，提出解决问题可能采用的政策、策略和措施建议，并且通过参与式方法加以识别和分析比较。

（5）避险规划方案设计：优选可能采取的各种规避社会风险的具体方案，向项目规划设计人员提出考虑社会风险的技术方案与措施建议，制定可以操作的实施和监测与评价计划。

通过详细的移民社会影响分析，大多数因移民活动而产生的社会风险是可以预见的。

受工程征地拆迁影响的移民群体包括：①居住房屋拆迁影响户；②经营性房屋（商业店铺、企业）拆迁影响户；③基础设施（水、电、路）拆迁影响户；④公共设施（学校、医院、商业、文化、卫生—公共厕所/垃圾场、通信、广播等）拆迁影响户；⑤受永久征地影响户；⑥受临时占用土地影响户；⑦安置区（二次）征地拆迁影响户；⑧主要弱势群体包括：征地拆迁移民户、贫困户、妇女为户主的家庭、老人家庭、残疾人家庭、少数民族家庭。

（二）风险及对策分析

利用移民的基本风险矩阵，能够组织数据收集和区分社会风险的不同强度，在此基础上可以编制项目移民社会风险分析表，见表10-2。

表 10-2　　　　　　　　　　　　　　移民社会风险分析表

序号	移民社会风险因素	持续时间	可能导致的后果	措施建议
1				
2				
3				
4				

在对移民社会风险分析的基础上，可以针对比较大的风险因素，通过项目规划设计方案的调整和变更，或者采用相应的经济、社会措施，以在实施中采用有效的支持活动来最大程度地规避移民社会风险。

贫困风险和重建模型可以根据中国的实际情况，识别移民过程中的重大社会风险并提出有利于贫困人口的支持活动，将风险转化为机遇，这些活动可以产生下列结果：①从失去土地到以土地为基础的移民安置；②从失业到再就业；③从丧失家园到恢复重建；④从边缘化到融入社会；⑤从发病率增加到医疗卫生条件的改善；⑥从食品不安全到合理的有营养饮食；⑦从丧失社区资产到获得新社区的服务；⑧从与社会割裂到重建社会关系网络和社区。

与非自愿移民分享项目收益、拓展发展机遇可以大大降低社会风险，可补充移民经费的不足。分享项目收益意味着可以把移民工作做得更好。与非自愿移民分享项目收益的途径包括：①由于水库运行而造成的库区移民的生产、生活的困难补助；②水库防护工程之维护；③库区移民的人畜饮水、提水灌溉工程和交通设施的维护；④项目可以提供非技术性和半技术性项目建设和运营方面的工作，优先考虑移民，包括直接雇用和当地供应原材料，临时性工作可以在搬迁期间提供稳定收入，而运营和维护方面的长期工作可以作为可持续的收入来源；⑤在项目活动中对移民进行在职培训，给他们提供其他就业机会；⑥受水利灌溉项目移民影响的家庭可以搬迁到项目的影响区；⑦水库渔业项目可以允许移民捕鱼，移民参与水路交通或旅游项目也可以获得额外的效益；⑧电力项目可以向移民安置区供电；⑨交通项目可以将交通服务延伸到安置区，提高生产和销售的效率；⑩城市改造项目可以首先改善移民的住房条件；⑪环境项目可以为保护地区的资源使用者发展其他创收渠道，进行适当培训，从而获得环境收益。使受移民影响的人群从项目中获益有助于恢复他们的生活标准。可以为贫困和弱势群体提供维持生计需要的资产，而不是仅仅帮他们恢复到项目建设前的水平，尤其当他们原来就处于绝对贫困线以下。

三、移民社会风险分析主要问题清单

（一）农村移民

主要包括：①土地征收是否会使受影响的农民失去生产能力？如果是，失去多少？可以采取哪些措施予以弥补；②失地农民会不会失去就业机会；如果会，采取何种措施解决这个问题；③土地征收会不会导致失地农民的次生贫困？如果会，如何解决；④土地征收对于女性和男性的影响是否相同；如果不同，有哪些不同，可能会产生哪些问题，如何解决；⑤失去土地对于那些工作在乡村企业、服务业或农场的人来说会不会产生失业的风险？程度如何？是否可以创造新的就业机会；⑥农村移民会不会因为不能获得建设房屋所需要的土地而发生无家可归的风险；⑦农村移民贫困家庭、女户主家庭、丧失劳动能力的老人家庭、残疾人家庭等弱势群体是否会因为贫困而无法建房，并导致出现无家可归的风险；⑧农村移民被远迁安置后，会不会不适应新的土地、新的社会关系和新的居住环境而发生返迁；⑨远迁的农村移民是否会因为其与当地原住民之间巨大的经济社会发展水平差异而被边缘化；⑩由于水库隔离形成孤岛、大部分人口迁移后遗留下少量居民或者道路（高速公路或铁路）阻断影响，受影响社区内居民的生产、生活、子女上学、交通、就业、社会关系都受到程度不同的影响，是否会面临着边缘化风险；⑪会不会发生大量农村移民在新的安置区不会使用他们早期所有的劳动技能、丧失人力资本；⑫移民会不会因为经济的边缘化同时发生社会和心理的边缘化，表现出社会地位的下降、对社会和自身没有信心、强烈的抱怨；⑬移民到新的安置区后的社会地位会不会被削弱而发生政治上的边缘化；⑭人们被远迁安置会不会导致健康水平的严重下降？发展带来的社会压力、不安定、心理创伤、安置过程中的疾病传染（特别是寄生虫菌如疟疾和血吸虫，不卫生的用水和不健全的排污系统）会不会增加腹泻、痢疾的感染，可能会诱发疾病，增加发病率和死亡率，威胁到移民的健康？免疫力最弱的一些人群——如婴儿、儿童、老人所受到的影响如何；⑮食物是否有保障，失地农民会不会面临收入减少和食品缺乏的风险；⑯在迁移中，食物供应量和经济收入会不会出现突然猛跌，造成长期的饥饿和营养不良；⑰迁移后的安置区能否尽快恢复正常的食品生产能力；⑱农村移民是否会失去享有公共资源和服务的机会？贫困的农村移民和没有搬迁的村民会不会失去共享集体财产、基础设施、公共服务的机会，也即丧失了发展的机会；⑲当移民享受公共财产区资源的权力不被保护，移民会不会侵犯受保护的森林或增加安置区公共资源的压力和成为一个社会冲突和环境恶化新的诱因；⑳社会组织结构解体现象是否严重？会产生哪些影响；㉑非自愿移民会不会打乱现存的社会系统，使社会群体、社区组织、人际关系分散，使亲戚朋友之间变得疏远，使得互助关系网络、自组织团体被拆散，使社区存在的空间、时间和文化基础消失，造成社会资源的重大损失；㉒移民与非移民之间的关系、家庭之间的来往会不会有大的变化；㉓移民能否尽快与当地人民融为一体。

（二）城市移民

主要包括：

（1）企业生产经营和商业活动的场所是否会因为土地被使用或者房屋被拆迁而受影响，会受哪些影响，影响程度如何，时间多长；

（2）企业和商业单位的职工的就业状况是否会因为生产经营和商业活动的场所被拆迁而受影响，影响程度如何，长期影响还是短期影响，会不会有职工下岗；

（3）企业或者商业职工的经济收入会不会因为生产经营和商业活动的场所被拆迁而受影响，影响程度如何，时间多长；

（4）会不会有受影响职工家庭因此而产生贫困问题和社会性别问题；

（5）城市移民房屋拆迁补偿费用是否会不足以满足恢复重建房屋或者购买房屋的需要；

（6）城市移民贫困家庭、女户主家庭、丧失劳动能力的老人家庭、残疾人家庭等弱势群体的生活条件会不会改善或者变得更差；

（7）是否有城市移民户发生边缘化问题；

（8）城市移民发病率和死亡率是否会不断增长；

（9）城市移民会不会因为营养不良风险导致发病率和死亡率增加？

（10）城市移民是否会失去享有公共资源的权益。

附录 A　中咨公司工程建设征地安置分析评价准则[❶]

A.1　征地拆迁和移民安置评价准则的目的、条件和使用范围

A.1.1　准则编制目的

人口多，人均土地资源占有量少，经济社会发展用地需求大，这是我国基本国情。在工程项目论证中，贯彻落实科学发展观，尽量减少占地和移民，做好工程建设征地拆迁和移民安置规划的评价工作，具有重要意义。

编制本准则的目的是：贯彻落实科学发展观，按照公司"独立、公正、科学、可靠"的服务宗旨，"敢言、多谋、慎断"的行为准则，将公司提出的"在继续注重提高投资效益、规避投资风险的同时，更加注重经济社会的可持续发展"这一全新咨询理念切实应用于项目建设涉及的征地拆迁和移民安置规划的评价工作。

征地拆迁和移民安置评价准则是中国国际工程咨询公司咨询理论创新工程方法层面的10个咨询评价准则之一，根据本准则开展的征地拆迁和移民安置评价结论和建议，可用于编写公司专家组意见和咨询报告。

A.1.2　适用条件和范围

本准则适用于中国国际工程咨询公司咨询评价业务中涉及的征地拆迁和移民安置规划评价环节，即项目引起的土地征收和征用，以及由此引起的移民安置规划的评价。

按照我国基本建设前期工作阶段的划分，本准则适用于规划、项目建议书和项目可行性研究阶段的项目文件评价。

从项目资金渠道看，本准则适用于利用国内资金建设的项目。对于世界银行等国际金融机构的贷款项目，以及国际组织的援助项目，征地拆迁和移民安置规划的评价还应遵循贷款方或者援助方指定的规范规定。

按照行业的划分，本准则综合了各类项目对征地拆迁和移民安置的通用做法，并融合了多行业专家的经验，力求具有一定普遍适用性。当前各个地区、各个行业对于征地拆迁和移民安置工作的管理体制、阶段要求以及具体实施方法存在较大差异，应结合行业现行政策法规、技术规范规程开展评价工作。

按照中咨公司的业务类型，本准则适用于项目文件的编制、评估和审核。

A.2　准则编制的依据、原则

A.2.1　准则编制依据

征地拆迁和移民安置政策性强，影响面广，关系到移民以及安置区群众的切身利益，在评价中必须依据相关法律、法规依法办事。工程建设征地拆迁和移民安置主要涉及下列法律、法规、技术规范和规程。

A.2.1.1　法律。

1)《中华人民共和国物权法》。

2)《中华人民共和国土地管理法》。

[❶]　本准则供中咨公司内部使用，并根据情况变化改造时进行修改完善。相关内容仅供参考。

3）《中华人民共和国草原法》。

4）《中华人民共和国森林法》。

5）《中华人民共和国电力法》。

6）《中华人民共和国铁路法》。

7）《中华人民共和国公路法》。

8）《中华人民共和国文物保护法》。

9）《中华人民共和国水法》。

10）《中华人民共和国矿产资源法》。

11）《中华人民共和国房地产管理法》。

A.2.1.2 行政法规与部门规章。

1）《大中型水利水电工程建设征地补偿和移民安置条例》。

2）《国有土地上房屋征收与补偿条例》。

3）《长江三峡工程建设移民条例》。

A.2.1.3 技术规范和规程。

1）水利部 SL 290—2003《水利水电工程建设征地移民设计规范》。

2）水利部 DL/T 5064—2007《水电工程建设征地移民安置规划设计规范》。

3）世界银行《发展项目移民规划与实施手册》。

4）亚洲开发银行《保障政策声明》。

A.2.2 评价原则

A.2.2.1 根据前期工作阶段的深度要求进行评价。

不同行业对于不同前期工作阶段的深度有着不同的要求，例如水利、水电、交通、城市建设等项目对规划、项目建议书和可行性研究阶段的征地拆迁和移民安置规划工作分别有不同的深度要求。评价中不可一刀切，应该视具体情况而定，不宜超出设计阶段深度的要求来评价。

A.2.2.2 依据国家政策、法律法规、规章制度、地方规章等进行评价。

由于征地拆迁和移民安置关系到移民、安置区居民的切身利益和长久生计，社会影响面广，政策性强，处理不当，容易导致返迁、上访等群体性事件，甚至影响社会稳定，需要审慎评价。应确保评价方法有依据，评价过程符合相关规定，评价结论经得起实践考验。

在工程评价中应该严格遵守国家土地利用制度、基本农田保护制度以及用途管制制度等。中央投资项目引起的征地拆迁和移民安置涉及的补偿标准等按照国家现有政策执行，没有具体国家政策规定的以地方规定为准。

A.2.2.3 结合行业技术规范和规程进行评价。

在评价中应该参照有关规范和规程规定，视具体情况灵活掌握和运用相关准则。对于部分行业制定的并经多年实践的技术规范和规程，是各阶段前期工作的技术规定，评价中可作为主要依据。对于尚没有行业技术规范和规程的项目，可以遵循相关法律以及行业惯例进行评价。

目前，交通、铁路、电力（火电）、环保、林业、农业、工业等行业尚未制定和颁布有关该行业建设用地与移民安置的部门规章、技术规范和规程，不同项目、不同地区对于征地拆迁和移民安置的方式、标准等存在较大差距。交通、铁路等行业通常采用包干方式进行征地拆迁和移民安置。水利与水电行业移民数量较多，已制定了相应的部门规章、技术规范和规程，从技术、程序等方面对征地拆迁和移民安置项目文件的编制做出了具体规定。城建行业制订了相应的城市拆迁补偿安置的部门规章，但是在专项设施拆迁、补偿安置规划、拆迁影响实物调查、财务管理、档案管理等尚未制订相关的部门规章、技术规范和规程，一般参照土地管理法和当地相关法规和政策执行。

A.2.2.4　定性分析和定量分析相结合的方法进行评价。

由于征地拆迁和移民安置工作政策性强，而且情况迥异，很难制定一套行之有效的通用的指标体系或者计算方法，因此定量分析不能作为评价的唯一方法，还需要进行定性分析。定性分析中，应综合考虑社会、经济、政策等因素，充分利用专家的经验，借鉴本地区类似工程项目经验，充分吸收国内外征地拆迁和移民安置工作的经验得失。

A.2.2.5　以人为本的原则。

人是征地拆迁和移民安置中的主体，评估中应该贯彻落实以人为本的原则。应重点保护移民的根本利益，保证移民搬迁后生活水平不低于搬迁前，在评价中应重点研究关系到移民今后生产生活发展的土地、住房、饮水、用电、交通、教育、医疗卫生等问题的解决方案。

A.2.3　评价总体要求

项目评价环节的主要任务是为项目决策服务，评价结论的提炼也应该紧扣委托单位的要求，尤其是委托协议中提及的要求，评价报告应该给予明确回答。通常情况下，评价的总体结论应该明确以下问题：

（1）评价项目建设影响范围的确定是否合理。

（2）评价项目永久和临时占地面积及土地类型、所有权是否已经明确。

（3）影响范围内主要实物是否调查清楚，是否按照行业规定或者惯例进行了分类。

（4）生产安置和搬迁安置人口的统计、安置区环境容量测算、生产安置方式以及搬迁安置的规划是否合理可靠，可否保证移民搬迁后生产生活水平不低于搬迁前水平，是否具备可持续发展的潜力，对相关的后期扶持是否作了安排。

（5）专业项目复建或者迁建方案是否符合"原标准、原规模、原功能"原则。

（6）征地拆迁和移民安置投资估算的组成及数额是否合理。

（7）说明用地预审和相关部门审批文件的主要意见及落实情况。

（8）检查项目文件内容是否完整，是否达到本阶段工作深度要求。

（9）评价是否贯彻了节约土地，尽量减少移民的原则。

（10）对于存在的问题和不足，需要进行哪些补充和完善，并明确在本阶段还是下阶段完成。

A.3　征地拆迁和移民安置范围的评价

A.3.1　工程影响范围评价

工程影响范围包括工程建筑物直接占压范围以及因工程施工运行管理等影响范围。通常情况下，各行业对于工程影响范围都有常用的表述方法和计算方法，例如水库淹没影响范围包括水库淹没区和因水库蓄水而引起的影响区。项目文件一般以用地界线图表示工程影响范围。

工程影响范围的主要因素是工程规模以及总体布置方式。在评价工程影响范围时，应该遵循节约用地，尽量少占耕地的原则，结合工程建设方案的比选论证和施工组织设计，严格界定用地性质，合理确定建设征地范围。

评价中应明确以下问题：

A.3.1.1 明确工程建设影响范围，包括影响范围确定的原则，涉及的行政区域，总影响面积等。

A.3.1.2 工程影响范围的计算方法是否符合行业规定，考虑的因素是否全面，计算的结果是否合理。

A.3.1.3 是否可以通过优化项目规模、布置、施工方式等，调整土地征收和征用范围，或者减少影响范围等。

A.3.2 影响范围内的实物调查评价

按照有关规范规定查清工程影响范围内的实物，是开展征地移民安置规划的前提。

A.3.2.1 调查内容评价。

通常情况下，对于工程影响范围内的实物调查包括农村部分、城集镇、专项设施等。由于各行业对调查项目的统计归类存在一定差别，评价可遵循本行业惯例区别对待。评价中可按照行业规定或者惯例采取相应归类办法，但应避免漏项。评价中还应说明调查开展的时间和过程。

（1）农村调查。通常情况下，农村调查内容主要包括土地及其附属物、受影响人口数量，以及其他附着物。

1）土地。在评价工作中，可按照 GB/T 21010—2007《土地利用现状分类》规定，将工程影响范围内的土地划分为 12 个一级地类，56 个二级地类，分类型调查清楚面积和地理位置，同时区分永久占地和临时占地。

2）人口。

评价中可按照户籍调查清楚工程影响范围内农业人口、非农业人口以及相应户数。

3）房屋及附属建筑物。

评价中应明确房屋和附属建筑物的类别、数量、性质（私有、集体所有、全民公有）、用途和权属（所有权和使用权）等。

a）房屋。可按照 GB/T 17986.1—2000《房产测量规范》对房屋结构进行分类：即钢筋混凝土结构、混合结构、砖木结构、土木结构、木（竹）结构、窑洞以及其他。

b）附属建筑物。包括围墙、门楼、水井、晒场、地窖、厕坑等。

c）面积计算。应符合 GB/T 17986.1—2000《房产测量规范》规定。

d）其他附着物。如零星树木；坟墓；祠堂、经堂、神堂等文化宗教设施；水磨、粮油加工站和砖瓦窑等农副业设施；商店等个体工商户，以及集体所有的或者个人投资的小型农田水利工程、水电站、供水站、输配电设施、交通道路等小型农村专项设施等。

（2）城市调查。评价中，应说明受工程建设影响的城市类型、数量、名称、占地面积等，具体可采用与农村调查相同的实物指标。

（3）专项设施调查。主要包括以下调查内容：

1）铁路：线路与车站等相关设施。

2）交通设施：等级公路、机耕路、机场、港口码头等。

3）电信设施：光缆、电缆、交换机等。

4）广播电视设施：传输线路、卫星接收站等。

5）输变电设施。

6）水利水电设施：水电站、扬水站、水库、渠道、闸门等。

7）企事业单位：固定资产原值、年产值、年利润、占地面积；正式职工、合同工、家属人口；房屋数量；附属建筑物。

8）文物古迹。

9）其他，如军事设施、监狱等。

A.3.2.2　实物调查的组织和程序评价。

各行业对于实物调查的组织和程序都有相应的要求。综合起来，主要有以下几个方面。

（1）实物调查的组织。

实物调查涉及的单位主要包括：设计单位（技术咨询单位）、地方政府、项目法人（或者主管部门）以及村组移民代表等。

设计单位（技术咨询单位）负责组织开展具体的调查工作和负责技术归口管理工作，编制实物调查细则，提出调查表；负责调查工作技术管理；整理、计算和汇总调查成果；参与实物公示和公示结果处理；编制实物调查报告。

地方政府负责组织有关职能部门和产权单位参与调查工作，协调处理有关问题，为调查工作提供工作条件。提供调查所需的相关资料；落实建设征地居民迁移线外影响扩迁移民搬迁对象；根据移民安置工作的需要将承包耕地、园地、林地等指标分解到户；参与实物调查成果的整理工作；负责组织实物的公示，对公示结果进行整理、分析，并对公示结果提出处理意见；以政府文件形式对实物调查成果签署意见。

项目法人或者主管部门负责向工程占地所在地的人民政府提出实物调查申请；负责调查工作的总体组织及委托工作；参与实物调查和有关协调工作。

村组移民代表参与调查。

（2）实物调查的程序。实物调查应该按照规定的程序进行。各行业在各设计阶段要求的实物调查程序有所不同，应区别对待。对于没有明确规定的行业，应遵循国家有关法律法规进行调查。常见的程序规定有以下方面：

1）设计单位（技术咨询单位）提出调查技术要求，由项目主管部门或者项目法人向有关移民主管部门或者地方人民政府提出开展实物调查申请。经同意后，设计单位（技术咨询单位）负责组织开展实物调查工作。

2）在可行性研究阶段的实物调查之前，由项目法人向工程占地所在地的有关人民政府提出实物调查申请，有关人民政府同意后，由其发布"禁止在工程占地和淹没区新增建设项目和迁入人口"的通告，对实物调查工作做出安排。

3）实物调查成果应由调查者和被调查者签字后，由地方人民政府进行公示，并对实物调查成果签署意见。

A.3.2.3　评价要点。实物调查评价应该注意以下几点：

1）实物调查组织和程序是否符合相关规定。实物调查成果应由设计单位（技术咨询单位）提出，并经调查者和被调查者签字、当地政府签署意见。

2）评价调查方法和手段是否合理。应考虑项目建议书阶段、可行性研究阶段在调查方法和手段的要求方面有所不同。

3）评价调查深度是否符合设计阶段要求。

4）实物的分类、计量标准和表述方式是否符合行业规定，避免漏项。

5）理清历次实物调查复核的工作过程，对比实物调查结果，分析是否存在较大差别，并分析原因。

6）如果在评价过程中，相关方面提出要追加实物指标，对于符合调查程序的，确属于调查漏项的，可予以追加，应十分慎重，并说明理由。

7）分析有关实物成果是否合理。评价中可以结合专家经验以及其他手段大体分析调查成果的合理性和可信度，例如将当地统计年鉴成果、农调队工作成果与调查成果进行对比，分析影响范围内人均收入水平、人口等调查成果的合理性；根据单位面积林木数量大体分析受影响零星树木调查成果的合理性；利用人均房屋面积、人均耕园地面积、人均土地面积等指标大体分析调查成果的可信度；利用人口密度分析受影响人口调查成果的合理性；利用线路密度、建筑物分布等分析各类专业项目调查成果的合理性；利用土地平衡的手段分析项目占地调查成果的可靠性等。

A.4 农村征地移民安置规划评价

农村移民安置规划方案是否可以恢复移民原来生产生活水平，使移民真正搬得出，稳得住，具备可持续发展潜力，应是评价的核心问题。

A.4.1 与相关政策和规划的衔接

A.4.1.1 与区域规划的关系。在农村征地移民安置规划中，应与迁出区及迁入区的发展规划相衔接，例如移民规划可以与地区建设、资源开发、农业开发、扶贫、生态和环境保护等规划相结合，统筹安排区域发展和移民安置，尽量减少征地移民对迁出区和迁入区的影响，避免因规划考虑不周引起的二次移民。

A.4.1.2 贯彻节约用地，切实保护耕地的政策。

《土地管理法》明确规定，十分珍惜、合理利用土地和切实保护耕地是我国的基本国策。应充分遵循节约利用土地、合理规划工程占地、尽量减小征地范围和移民规模的原则。除了为满足建设工程功能发挥必须占用的土地外，在工程建设和管理用地的规划设计中，用地范围偏大、标准偏高的现象在部分行业中仍较普遍，出现此类情况评价中应予以核减，或者提出核减的建议。

A.4.1.3 贯彻不降低移民收入和生活水平的政策。

根据《土地管理法》等现行法律规定，我国实行土地社会主义公有制，国家为了公共利益需要，可以依法对土地实行征收或者征用并给予补偿。对于受工程建设影响的居民实行生产和生活安置，并确保不降低移民收入和生活水平，是世界银行、亚洲开发银行等国际组织普遍采用的工作目标，也符合我国工程移民安置规划贯彻以人为本的科学发展观的要求。可从移民生产资料、生活设施、发展潜力、社会适应性等方面予以综合考虑。可采用的量化指标有人均耕园地面积、宅基地面积等。一般情况下，上述指标值不应低于当地居民的平均水平、耕地质量不低于当地村民承包耕地的质量水平，并应有相应的水利、电力、通信等配套基础设施。

A.4.1.4 以大农业安置为主，实行开发性移民安置的政策要求。坚持以人为本、以大农业安置为主的原则，安置地要有足够宜农土地、水资源以及环境条件，具有可持续发展的潜力。以农业安置为主，还要积极采取非农业的其他多种安置方式。大农业安置要因地制宜，农、林、牧、副、渔并举，鼓励移民从事二、三产业，使移民能增加收入，为逐步致富创造条件。城市郊区被征地农民，已经不依靠农业为生或者不愿意以农业方式安置，地方政府可以采取多种渠道安置。

A.4.1.5   前期补偿、补助与后期扶持相结合的政策。贯彻前期补偿、补助与后期扶持相结合的政策，是由我国国情决定的，体现了中国特色的移民政策，国家已经颁布了大中型水库移民后期扶持政策，应予以贯彻执行。

A.4.2   安置目标和方式评价

A.4.2.1   安置目标评价。应坚持移民安置后的生产和生活条件水平不低于安置前的水平，能够实现搬得出、稳得住，并具有可持续发展潜力的安置目标，这也是长期以来各个国家、地区、各类国际组织所共同坚持的目标。结合我国国情，可以通过对比的方法评价安置目标合理性，例如与当地相似项目或者其他项目的安置目标相对比；与搬迁前的水平对比；与安置区群众的水平相对比。安置目标可以用人均占有耕地面积、住房面积、宅基地面积等指标进行细化。

1）人均生产资料：人均耕园地面积、牧草地面积、林地面积等。

2）人均生活资料：人均宅基地、人均住房面积等。

3）人均收入水平：主要收入来源、人均年收入等。

4）基础设施：供水、供电、交通条件。

5）其他生活服务设施：广播、电视、通信，学校、医疗设施分布及质量，采购生活用品和生产物资的集市分布等。

A.4.2.2   安置方式评价。

各行业移民安置方式主要分为两大类。

（1）大农业安置为主。通过调剂土地，兴修灌溉等相关措施，使移民具有农业生产条件。在条件具备的地区，还可与非土地安置相结合，适当发展二、三产业，弥补农用土地不足或者提高安置区生产发展潜能。

（2）非土地安置方式。主要有自谋职业、社会保障、入股分红、返销粮、投亲靠友等。

通常情况下，以大农业安置为主的安置方式比较普遍。水利、水电等行业在行业规范上也要求以大农业安置为主，实践证明这有利于保证移民长久生计，是适应我国国情的安置方式。世界银行的移民规划与实施手册也建议优先考虑以土地为基础的安置战略。

多年来，我国结合市场经济要求，在安置方式上进行了许多有益的探索，例如返销粮等长效补偿机制在部分地区也取得一定效果，虽然这些安置方式目前尚缺乏政策保障，但在许多地区已为移民、当地政府和项目业主普遍接受，评价中应该结合安置容量、当地习惯等实际情况予以甄别。通常情况下，建议优先考虑大农业安置，并适当发展二三产业的安置方式，对于其他安置方式的评价，应从政策、移民意愿以及当地具体条件具体分析，作出客观评价，指出可能存在的风险，以及需要注意的问题。

应考虑移民意愿、当地政府意见、安置区条件等因素，综合评价安置方式的合理性。生活安置应该结合生产安置进行规划，生活安置应该与生产安置相协调。

A.4.3   安置区选择和环境容量分析

结合实际情况，初步选定安置区，然后进行环境容量分析，判别选定的安置区是否合理。通常情况下，为了尽量减少对移民生产生活的影响，安置区的选择遵循由近及远的原则，即先就近安置，如果容量不够，则考虑外迁安置。

A.4.3.1 安置区适宜性的定性评价。对于项目推荐的安置区，可以从以下几个方面评价安置区的适宜性：

1）水土资源：数量和质量上，应该有与安置移民人数相适应的可开发土地或者可调整的耕园地资源，以及相应的可靠水资源。

2）地质条件：应避免地质灾害的威胁。

3）气候条件：应考虑移民能否适应安置区的气候条件，例如气温、降水量、干旱、风雪等。

4）考虑移民意愿以及当地政府的意见。

5）经济发展水平：农民人均年收入、主要收入来源，不低于移民原居住地区。

6）生产和生活习惯：主要作物、家禽养殖、耕作方式、饮食。

7）基础设施：医院、学校、交通、市场、水利、电力。

8）宗教信仰和民俗习惯及其他。

A.4.3.2 环境容量的评价。环境容量是指某一地区在一定的生产力水平、生活水平和环境质量下所能承载的人口数量。

安置方式的不同，对安置区环境容量的要求有所不同，因此，应根据安置方式选用合适的环境容量关键因素和敏感因素作为分析指标，例如对于大农业安置为主的方式，可以采用土地、生产生活用水条件因素等，评价安置容量是否可靠。

1）对于以人为本，进行大农业安置为主。分析安置区可以用于接纳移民的土地、水资源等数量，按照拟定的标准，计算可以接纳移民的数量。分析安置前后移民人均土地占有量，预测安置前后收入变化。

2）对于二、三产业安置为主。应从资源、技术、市场、效益等方面综合评价该安置方式的可行性，并复核可以安置的容量值。

3）其他方式，如养老保障、返销粮等应评价其可行性及风险。

A.4.4 生产安置规划评价

A.4.4.1 生产安置人口的计算。

1）现状生产安置人口数量的计算。

应按照《土地管理法》规定计算，被征收的耕地数量除以征地前被征收单位平均每人占有耕地的数量，即为生产安置人口的数量。

实际评价工作中，应根据以上计算结果，适当考虑土地质量、农民收入对土地的依赖程度、迁建后有无谋生手段等综合确定现状生产安置人口。

2）规划生产安置人口。

以现状生产安置人口的数量为基础，按照一定的人口增长率，推算规划水平年的生产安置人口。

评价中应注意人口增长率的确定是否合适，其中包括自然增长率和机械增长率。

A.4.4.2 生产安置规划。

1）大农业安置。

对于以种植业为主要收入来源，且不宜于其他安置方式的移民，应以种植业安置为主，因此需要落实土地的获取途径。通常的途径有：开发荒山、荒坡地为耕园地；改造坡耕地、中低产田，以提高土地产量；在土地相对充裕的村组调整一部分土地等。

对于收入以养殖业为主的移民，应以养殖业安置为主。例如牧区移民，应该考虑以畜牧业为主的安置方式，可以采取发展人工饲草地，适当利用周边天然草场等安置方式；对于以种植业收入为主、以养殖业收入为补充的移民，也应适当考虑养殖业的安置作为补充，例如蚕桑养殖、渔业养殖、家禽养殖等。在水库水域开发中，可优先考虑移民参与开发。

2）二、三产业。

对于劳动力充足，二、三产业资源优势明显的区域，可以结合当地有关中、长期发展规划，适当发展乡镇企业，以弥补土地安置不足，并增加移民收入来源。二、三产业的选取应考虑当地的资源优势，市场需求，建设周期，投资和效益等因素。考虑到市场风险，二、三产业的选择要遵循有关基本建设程序，听取移民意愿，充分论证决策。

3）其他方式的安置。

应综合考虑移民生产技能、意愿、当地政府意见等因素分析确定。

A.4.4.3　生产安置规划人口的平衡

经计算的生产安置人口数量应该与各种生产安置方式规划安置人口进行平衡分析，考虑各种安置方式在实施时未预见的变化，平衡时应适当留有余地。

A.4.5　搬迁安置规划评价

农村移民迁建规划是在生产安置规划的基础上进行的，应与生产安置规划协调。

A.4.5.1　用地。 参照国家和省、自治区、直辖市有关规定合理确定。

供水。用水标准应根据安置区的水源条件，地形条件以及供水方式等并参照国家有关生活饮用水水质标准和居住区生活用水量标准确定，同时需要考虑畜牧用水以及工、副业用水量。

供电。应根据居民点生产生活用电负荷，配置供电设施。

交通。居民点应尽可能用机耕道与现有公路或规划公路连接。

A.4.5.2　搬迁人口计算。 搬迁人口计算包括三类。

1）房屋受影响搬迁人口，例如水库建设淹没以及工程建设用地内的房屋，居民不得不搬迁。

根据实际调查到的现状人口，考虑一定的人口增长率推算到规划水平年人口，即为需要进行迁建房屋受影响的人口。

2）土地受影响、房屋不受影响的搬迁人口。例如水库建设中，部分居民的土地位于水面线以下，但是房屋仍然位于水面线之上，如果能够就近调剂出土地采取就近安置的方式，则这部分居民可以不搬迁。如果安置的土地离房屋距离较远，则需要进行搬迁安置。

①当房屋受影响搬迁人口大于生产安置人口时，则土地受影响、房屋不受影响的搬迁人口为零。

②当房屋受影响搬迁人口小于生产安置人口时，则土地受影响、房屋不受影响的搬迁人口=生产安置人口—房屋受影响搬迁人口—就近不搬迁安置人口。

3）受工程建设影响导致的不宜于在原址进行生产生活的人口，例如水库淹没形成的孤岛上的居民等。

A.4.5.3　搬迁规划。

通常情况下，采用农村安置和城集镇建房两种方式。

（1）农村安置。对于集中建设居民点的搬迁规划评价，应该把握以下原则：房屋布局应该与生产安置规划紧密结合；对于受工程建设影响较大，且生产安置相对集中、耕作半径相对较小的村、组，尽量采用集中建居民点的方式；地质稳定，地形相对平坦；容易解决供水、供电、交通等配套设施；尽量少占耕地，尽量不拆迁原有老居民的房屋；避免过大耕作半径；顺坡就势，避免大挖大填；听取移民意见。

对于分散建设居民点的规划，适用于受影响人口不多，且生产安置相对分散，或受地形等因素的限制不得不采取分散建房的安置方式。分散建房具体有本村组后靠，或分散插入村组两种形式。分散建房的优点是可以充分利用零星分散的土地，缩小居民的耕作半径。

应注意规划对分散建房所依附的村、组的基础服务设施进行改善，以满足移民安置的需要。

（2）城集镇建房。属于以下情况的，可考虑采取进入城集镇建房的安置方式：原来本身就是居住在受工程建设影响的城集镇内的农民，搬迁时随城集镇一起搬迁；原居住在城集镇外，但在工程建设影响范围内的移民，本村组生产土地大部分被城集镇新址征收；原居住在城集镇周围的移民，生产安置规划从事二三产业或者在城集镇新址附近有可安置的耕园地。

农村移民城集镇建房纳入城集镇统一规划。农村移民城集镇建房安置的最基本条件是生产安置规划中从事二三产业或者城集镇周围有可安置的耕园地。

（3）搬迁人口平衡。

应根据规划单元—乡镇—县—整个安置区进行逐级平衡，搬迁规划应与生产规划平衡协调。

（4）农村基础设施建设规划。

对于后靠安置的基础设施建设，例如交通、供电、供排水、电信、电视广播、学校、医疗点等，应以恢复原功能为目标，对于其他异地安置的方式，应该以方便生产、生活为目标。分散建房的移民享受接收村组现有的基础设施或对现有基础设施进行改造、补建、增容，有些还可与集中居民点共享，其基础设施投资按集中居民点的规划人均指标计算。

交通：原则按照原规模、原标准、原功能的原则进行复建规划，同时也要与安置区交通规划、新农村建设规划等衔接。

供电：根据居民点用电负荷，确定用电规模，并与当地电网相衔接，做好规划设计。

供排水：采用自流引水、提水、溪沟蓄水、水井等多种供水方式，恢复原有村组的生产生活用水。

电信、电视广播：一般应该确保电信、广播电视线路接入移民户。

学校以及医疗点等：规划本村建房的移民继续享受本村小学及医疗点的服务。出村安置的移民，脱离了原有的社区服务系统，给接收村的社区服务系统增加了压力，因此，需要规划新增或者扩大接收村的服务系统容量，主要是指村小学和村医疗室，增加容量按接收的移民人数计算。中学、卫生院等可以结合当地村集镇规划统筹考虑。

A.5 城市拆迁及迁建规划设计评价

本准则所指的城市与《中华人民共和国城市规划法》中规定的城市概念相同，即直辖市、市、镇。

城市规划范围的土地包括农用地和建设用地。对于征收或者征用农用地，需要根据《土地管理法》做好补偿安置规划。对于征收建设用地，应根据《国有土地上房屋征收与补偿条例》做好补偿安置规划。

在实际评价工作中，各类项目对城市的影响程度不同，有些属于局部受影响，进行局部拆迁即可；有些属于整体受影响，需要整体搬迁。

A.5.1　城市农用地的征收

如果项目建设需要占用城市规划范围内的农用地，应先由当地政府依法征收，并依法予以土地补偿和安置补助，将土地产权由集体所有征收为国家所有，然后采取无偿划拨或者转让的方式给建设单位使用。

对于农用地征收的补偿安置规划，应依据《土地管理法》编制。

A.5.2　城市建设用地的征收

根据《国有土地上房屋征收与补偿条例》，政府拆迁部门负责拆迁，关于土地补偿、房屋补偿以及基础设施恢复等单价由政府规定，通常采取综合单价的方式予以规定。

A.5.3　城市迁建规划评价

在工程建设中，通常应尽可能避免城市大范围的拆迁或者整体搬迁。水利、水电工程淹没引起的县城及集镇的整体搬迁或者局部搬迁比较常见，其他行业则相对较少。例如三峡工程引起的秭归县城的迁建、丹江口水库建设引起均州城的迁建等。本节内容包括项目建设引起的城集镇局部或者整体迁建规划的评价。

A.5.3.1　评价要求和原则。

（1）深度要求。

1）《城乡规划法》将城市规划分为总体规划和详细规划两个阶段。水利行业要求可行性研究阶段调查城市（集镇、城镇）受淹没影响程度，初步拟定迁建规划，初步比选确定新址地点；按照迁建规划的人口规模，初步确定新址用地规模和范围；提出城市迁建总体规划、迁建选址规划。水电行业则要求在预可研阶段进行城市迁建新址初步选择及其初步规划；可行性研究阶段要求选定城市新址，编制城市迁建总体规划及其详细规划设计文件。评价应根据阶段深度要求，灵活掌握。

2）通过总体规划应该达到以下目标：综合研究确定城镇的性质、发展规模、主要建设标准和定额指标，统筹安排建设用地、功能分区和各项建设的总体布置，并处理好近远期发展目标。总体规划比较宏观，具有指导性。

3）详细规划是在总体规划基础上，依据选定新址的地质勘查等相关资料，为满足移民搬迁需要而做出的修建性详细规划，着重于移民搬迁建设规划，兼顾发展的需要。详细规划需要明确建设用地的各项控制指标和其他规划管理要求，或者直接对建设做出具体的安排和规划设计。

（2）评价依据的技术规范和规程。评价既要符合本建设项目相关的行业技术规范规程规定，也应符合城市规划相关的技术规范规程规定。城市迁建规划应该由具有相应资质等级的单位编制。

（3）相关政府部门的审批意见。根据《中华人民共和国城市规划法》规定，设市的城市、县城及建制镇进行扩建和就近迁建的总体规划，必须经过同级人民代表大会或者其常务委员会审查同意后，报请上级人民政府审批。易地远迁的城市和县城，需要报请国务院主管部门审批。根据《村庄和集镇规划建设管理条例》规定，村庄、集镇总体规划和集镇建设规划，必须经过乡级人民代表大会审查同意，由乡级人民政府报县级人民政府批准。

（4）评价主要规划成果是否完整。评价应检查项目文件是否符合相关规定，其中的章节内容、图件等是否完整。

A.5.3.2　建设条件与选址规划评价。

（1）地质条件。

地质条件评价需要明确以下问题：

1）是否已经查明城市新址的区域地质环境。

主要包括地形地貌、地层岩性、地质构造、水系、地下水、滑坡等变形体及其分布、可能出现的泥石流等地质灾害等。

2）对于城市新址可能出现的地质灾害问题是否有比较全面客观的预测。

评价应该对地震、崩塌、滑坡、泥石流等地质作用，以及可能引发的后果，有比较全面、客观的分析。

3）对于工程地质问题是否已经查明。

（2）水文条件。城市迁建后，当地的水资源禀赋情况对于今后发展工农业生产以及居民生活，具有重要作用。因此，评价中应结合今后工农业产业布局、人口规模等，初步分析水资源的需求情况。结合当地水资源的分布状况，例如河流、溪沟、堰塘、泉眼、地下水等，初步分析水资源供给和保障程度。

除了水源条件外，评价还应该初步分析当地的防洪排涝等关系到财产和生命安全的因素。

（3）规划内容评价

评价可从以下几个方面分析：

1）是否兼顾了近远期发展。通常情况下，城市迁建近期建设应以移民安置为主，首先考虑恢复原有功能和居民的生产生活条件，并为远期发展留有余地。

2）提出的迁建方案是否合适。项目文件应提出迁建方案的建议，可选的方案有撤销与合并、易地迁建、后靠迁建及工程防护等。迁建方案应该根据该城市受工程建设影响程度，以及交通、行政区划等因素综合确定。评价应结合相关区域的市、县城镇体系规划，对区域内的城镇布局、交通运输网络等基建规划、工农业发展布局等作综合考虑，分析项目文件提出的迁建方案和城镇定位的合理性。

3）确定的人口规模是否合适。

城集镇的人口规模是确定用地规模和基础设施建设规模的重要依据。城集镇迁建规划人口规模包括非农业人口和农业人口。计算中应该包括以下四部分人口：①工程影响范围内需要随城集镇迁移的移民人口；②新址上因新城集镇建设需要列入城集镇安置的移民人口；③需要迁入新址的流动人口；④虽然不受工程直接影响，但也需要随迁的人口。

规划水平年的人口预测可以在现状人口基础上，采用合适的人口自然增长率进行计算。人口预测还需要根据人口现状、历年人口变动情况以及因经济社会发展引起的机械变动等因素综合确定。

评价中需主要分析以下问题：列入的人口规模的基数组成是否合乎行业规范规定，是否合理；人口预测的计算方法是否合乎行业规范规定，结论是否可信。考虑到人口预测的复杂性，评价应该采取综合分析的方法，现状人口规模的统计、增长率的确定，以及相关的经济社会等综合因素的考虑应是评价的重点。

4）用地规模是否合适。

①用地的选择。建设用地适宜性可以根据地形、地质条件进行评价，通常分为四类：

一类用地为适宜修建的用地，属于稳定区，不存在崩塌、滑坡、泥石流等潜在的地质灾害问题，地形平坦，易于建筑群体规划布置，供水、道路及建港条件好，地基能满足各类建筑物要求。

二类用地为较适宜修建的用地，属于基本稳定和部分稳定区，不存在崩塌、滑坡、泥石流等潜在的地质灾害问题，地形较平坦，较易于建筑群体规划布置，供水、道路及建港条件一般较好，地基一般能满足各类建筑物要求。

三类用地为不适宜修建的用地，不存在大的崩塌、滑坡、泥石流等潜在的地质灾害问题，如果在潜在不稳定区建设工程，可能诱发新的地质灾害，要限制利用；地形起伏明显，建筑群体规划布置较为困难，供水、道路及建港条件较差，地基能满足一般建筑物要求。

四类用地为特殊地质场地，极不适宜修建的用地，存在难以治理的不良地质体地段。

评价中应该初步判别项目文件作出的场地适宜性分析是否可信。通常情况下，新址宜选择一类、二类用地，三类用地需经过充分的技术经济比较才能利用，应尽量避免运用四类用地。

②用地规模。人均建设用地面积应依据《城市用地分类与规划建设用地标准》、《村镇规划标准》的规定，评价应贯彻节约用地的政策，避免用地标准过高。

5）建设用地的布局是否合理。

建设用地的布局可以分为工业区、生活居住区和文化教育区。生活居住区可安排行政机关单位、商业贸易网点和居民住宅；工业区集中安排厂矿企业和仓库，一般安置在主风向下风方位和河流下游为宜；文教区则布置各类学校、运动场等，布置以边缘、宁静、方便居民为宜。

6）基础设施的规划布局、标准和规模是否合适。

道路系统可分为主干道、次干道和支干道。评价中应根据地形地质条件，分析道路布局的合理性。对于过境公路，以避免穿越城镇区为宜。道路宽度、桥梁等级、长度等应满足城镇功能要求。

评价给排水、电力、电信、广播电视、燃气、防洪、消防等市政公用设施的布局是否合理，标准和规模是否与城市规模和功能等相对应。

7）竖向规划是否合理。

是否确定了主要排水排涝方式，是否明确了道路、桥梁、港口等主要建筑物的控制性标高，是否相互协调，可否满足排水、交通等需要，在土石方工程的总体规划上是否遵循了顺势就坡，挖填平衡的原则。

8）环境保护规划是否合理。

对于居民生产生活污水、工业废水排放量以及垃圾的产生量的预测是否可信，对于污水处理厂的级别、规模、主要工艺的选用等是否符合相关技术规范和规程规定。

9）投资估算是否合理。

评价可根据相关规范，从主要工程量和相应单价入手，分析投资估算是否合理，也可以结合有关经验作出总体评判。

A.6 专业项目复建改建规划设计的评价

A.6.1 专业项目的类型

专业项目处理是对受建设征地影响的铁路、公路、水运、电力、电信、广播电视、水利水电设施、企事业单位、文物古迹、矿产资源项目，以及其他专业项目进行复建改建或补偿。

评价中应该根据行业有关规定，调查统计各类受影响专业项目的类型、影响程度等。各行业归类统计的口径等存在一定差异，评价中可参照本行业已有的相关规范和技术规定。对于尚未制定规范或者规程的行业，可根据行业常规分类和统计方法，也可参考相关行业规定，灵活掌握，应避免漏项。

A.6.2 评价重点

由于受影响的专业项目种类多，专业性强，在评价中往往难以全面配备相关专业人员，因此也较难从技术角度全面深入评价由专业机构提出的规划方案。不论项目文件采取货币补偿，还是复建改建的方式，可从以下几个方面分析方案的合理性。

A.6.2.1 方案选择

通常情况下，受工程建设影响的专业项目，应进行恢复或改建；对于不能复建的或者不具备复建条件的，要给予货币补偿。评价应重点分析所提方案是否合理，论证和比选是否充分。

A.6.2.2 与相关规划协调

对于专业项目的复建或者改建应该与当地经济发展规划相结合，统筹考虑；还应与该地区专业项目建设规划、城集镇迁建规划、农村移民安置规划等相协调。

A.6.2.3 三原原则

应按照原规模、原标准或者恢复原功能的原则和国家有关规定进行专业项目复建或者改建，对于扩大规模、提高标准、提高功能或者更新设备等需要增加的投资，应由有关单位自行解决。

A.6.2.4 有资质的专业机构参与和主管部门意见。

评价中应明确专业项目的复建改建规划是否由具备专业资质的机构承担。专业项目的复建改建或补偿方案，应取得地方政府、相应主管部门和专业项目法人的意见。

A.6.2.5 符合规范和规程。

专业项目复建或改建规划应符合建设项目主管部门颁发的技术规范和规程，也应符合受影响专业项目主管部门的技术规范和规程。

A.6.2.6 相关指标

1）公路和铁路。

公路、铁路复建或改建规划应和当地公路、铁路规划相衔接。可利用等级、里程、设计运输能力，以及路面宽度等技术指标评价复建改建是否符合"三原"原则。利用单位里程投资等指标初步分析投资规模的合理性。

2）港口码头。

港口码头的复建改建规划应该和铁路、公路等其他交通规划，海洋河湖岸线利用规划等相衔接。利用码头座数、泊位数、停靠船舶吨级标准、设计吞吐能力、库场面积等指标评价复建改建是否符合三原原则。

3）电力设施。

所提方案是否合理，论证和比选是否充分，是否与当地的输配电网络规划相协调等。利用线路电压等级、变电站座数、容量等指标评价复建改建规划方案是否符合"三原"原则。利用单位长度投资、主要设备价格等指标初步分析投资规模的合理性。

4）电信、广播电视

所提方案是否合理，论证和比选是否充分，是否结合区域电信、广播电视行业规划，结合城集镇、农村居民点规划，对于受工程建设影响的广播电视传输网络和台站、微波中继站、调频转播站、电视差转站、卫星地面接收站等作出相关规划。用传输方式、中继容量、用户数、业务量、普及水平、发展水平等指标评价电信复建改建规划方案是否符合"三原"原则。利用台站数量分布、普及率、覆盖范围等指标评价广播复建改建规划方案是否符合"三原"原则。利用电视台站数量分布、传输方式、覆盖范围等指标评价电视复建改建规划方案是否符合"三原"原则。利用单位长度投资、主要设备价格等指标初步分析投资规模的合理性。

5）水利水电设施。

所提方案是否合理，论证和比选是否充分，是否与区域防洪、灌溉排水、工农业发展、城镇规划、移民安置等规划相衔接。方案是否符合"三原"原则：防洪工程可以采用防洪水位、流量、重现期、保护人口、保护面积等指标初步分析；灌溉工程可以采用灌溉面积、供水量、保证率等指标分析；小型水电站可以用装机容量、保证出力、年发电量、年利用小时数等指标分析；泵站可以用装机容量、扬水流量等指标分析。利用主要设备价格、单位长度投资、单位千瓦投资、单位电量投资、单位灌溉面积投资、单位库容投资等指标初步分析投资规模的合理性。

6）企事业单位。

如果采取复建迁建方案，可采取占地面积、主要产品、固定资产、产能、利润、节能等主要的技术经济指标进行评价。

如果采取货币补偿方案，补偿金额采取市场价进行计算。

7）文物古迹。

文物保护规划的任务是对工程建设影响涉及的地上、地下文物古迹进行调查，本着重点保护、重点发掘的原则，依据文物保护有关法规，结合移民安置规划，编制文物保护规划，确定文物保护费用。

文物古迹调查应该明确名称、位置、地理坐标、类别、受影响程度、保护级别、保存状况、时代、性质，以及具有的历史、科学、艺术等方面的价值。

所提方案是否合理，论证和比选是否充分，地下文物可以采取考古发掘、勘探及等级建档等措施，地面文物可以采取原地保护、搬迁保护、留取资料等措施。应该和移民安置规划相衔接，坚持重点保护、重点发掘的原则，采取既对工程建设有利，又对文物保护有利的原则。

8）矿产资源项目。

说明受工程建设影响的矿产资源种类、名称、所在地理位置，以及矿产品位、储量、开采计划、现状开采程度，开采设施和相应投资，以及工程建设对矿产资源的影响。根据矿山开采单位和主管部门意见，按照国家及地方有关政策提出处理意见。

9）其他。

包括军事设施、监狱等。

A.7 投资估算和进度安排的评价

A.7.1 原则和依据

（1）严格按照国家有关规定和政策进行评价。这是由征地拆迁和移民安置工作的高度复杂性，以及政策性极强等特点决定的。

（2）工程补偿投资应以工程建设影响实物调查结果为基础，结合移民安置规划设计，按照国家有关法规、并参照有关省、自治区、直辖市颁布的相关法规计算。

（3）受工程建设影响的专业项目，应按照原规模、原标准或者恢复原功能的原则和国家有关强制性规定，进行恢复或改建，对于扩大规模、提高标准、提高功能或者更新设备等需要增加的投资，应由有关单位自行解决。不需要复建或不具备复建条件的，应予以货币补偿。

A.7.2 基础价格和工程单价的评价

（1）基础价格的合理性。

征地拆迁和移民安置规划是工程建设前期论证阶段的重要工作内容之一，价格水平年可以和主体工程投资估算的价格水平年一致。

对于农副产品价格可根据当地相应时期交易价格确定，如果当地没有交易价格，则可参照相邻地区适当估价。对于工程建设影响范围广的项目，农副产品应该采用在该区域内具有一定代表性的综合价格。评价过程中，应了解价格的分析过程，结合有关政策、规范规程、同类项目以及专家经验，综合判别农副产品价格的合理性。

人工、材料、设备、机械台时班等单价的分析，应该根据行业相关规定执行。

（2）工程单价评价。

征地拆迁和移民安置涉及专业较多，应采用相关专业的定额编制工程单价。工程单价的组成应该包括：直接工程费、间接费、企业利润和税金等。

A.7.3 估算内容的评价

A.7.3.1 农村移民安置

1）土地补偿及安置补助。

①土地年产值分析。

耕地年产值可以采用统计法、典型调查法等方法综合分析确定；园地、林地、牧草地以及其他农用地的年产值可参照耕地年产值的分析方法确定。省、自治区、直辖市颁布征地年产值规定的，从其规定。

通常情况下，应分析土地年产值计算过程是否符合规定，分析方法是否正确，结果是否合理。

②征地补偿补助倍数。

a）征收耕地：按照《土地管理法》规定，耕地补偿费为该耕地被征收前3年平均年产值的6~10倍，耕地安置补助费按照需要安置的农业人口数计算，每一个需要安置的农业人口的安置补助为该耕地被征收前3年平均年产值的4~6倍，但是耕地补偿和安置补助费，最高不得超过被征收前3年年产值的30倍。《大中型水利水电工程建设征地补偿和移民安置条例》规定，大中型水利水电工程建设征收耕地的土地补偿费和安置补助费之和为该耕地征收前三年平均年产值的16倍。

b）征收其他土地的补偿，按照有关省、自治区、直辖市规定的标准确定倍数执行。

c）征收耕地：可以采用用地年限作为补偿倍数。但是还需另行考虑复垦费用和恢复期补助费。

d）征收园地、林地、其他农用土地的补偿，按照有关省、自治区、直辖市规定。征收未确定给单位或者个人使用的国有未利用地不计补偿。

2）房屋及附属建筑物补偿费。

房屋面积计算应考虑以下因素：受工程建设直接影响房屋面积，因土地受影响而需要搬迁的房屋面积，以及应该随人口增长相应增长的房屋面积。

补偿单价应按照各种结构房屋材料用量、材料单价、人工单价进行重置单价计算。

房屋及附属建筑物补偿费用应该按照实物调查提出的类别分别计算。

3）搬迁费。

主要包括搬迁运输费、搬迁损失费、误工补助费、路途医疗补助费、路途意外伤害保险、临时住房补贴等。

4）零星树木补偿费。

包括村民房前屋后、田边地角的零星果树、经济林木、用材林木等，分为成树、幼树给予补偿。

5）居民点基础设施及公共设施补偿费。

主要包括建设用地征收费、场地平整费、道路建设费、给水及排水设施费、供电、广播电视、学校、医疗、邮电等复建费用等。

6）农副业设施补偿费。

主要包括集体或者个人兴办的小型采石场、水磨、粮油加工站、砖瓦窑等。按照原有设施情况、规模和标准给予补偿。

7）农村工商企业迁建补偿费。

按照调查的房屋及附属建筑物、各种设施及设备的数量和原有的规模，分项计算。运输费及搬迁期间停产损失补贴费按迁移距离、搬迁时间、停产状况等分项计算。

8）小型水利电力设施补偿费。

对移民集体或者个人所有的小型水库、塘堰、渠道、小型电站、泵站、扬水站等按照原标准、规模补偿。

9）过渡期生活补助费。

从动迁到完成生产安置、恢复正常生产需要一定时间，为了保证移民在过渡期生活的稳定，必须给移民一定的生活补助，可根据生产安置规划的具体情况分析确定补助费的标准。

10）其他费用。

城市：

1）新址建设用地征地费。包括因新址建设需要征地引起的土地补偿及安置费、青苗补助费、房屋及附属设施补偿费、搬迁费、零星树木补偿费等。

2）房屋及附属设施补偿费。包括城市房屋及附属建筑物、企业的处理费用、行政事业单位迁建费等。

3）搬迁补助补偿费。包括人员搬迁补助费，运输补偿补助费、建房期补助费以及临时交通费等。

4）青苗及林木补偿费用。按照实物调查成果给予补偿。

5）基础设施及公共设施恢复费用。包括场地平整及室外工程、道路及广场工程、给排水工程、燃气工程、电力工程、电信工程、广播电视工程、防洪工程、绿化工程、学校、医疗、邮电等。工程量按照规划设计成果计算，单价根据市政工程及相关专业定额计算。

A.7.3.2 专业项目。主要包括铁路、公路、水运、电力、电信、广播电视、水利水电设施、企事业单位、文物古迹、矿产资源项目进行复建补偿。

根据三原原则确定的规划设计方案计列投资，对于需要提高标准、规模和生产能力的，超出部分投资不应计列。

A.7.3.3 独立费用。独立费用包括勘测规划设计科研费、实施管理费、实施机构开办费、技术培训费、监理监测评价费、咨询服务费、技术审查费用等。通常采用一定的基数和费率标准计算各项费用。

各行业对于独立费用的构成和分类存在差异，评价中可重点把握：是否存在漏项；采用的基数和费率是否符合行业规定。如果缺乏行业规范规程，则应符合该行业常规计算方法。

（1）预备费。部分行业对于不同前期工作阶段预备费率有明确规定，评价中从其规定。

（2）贷款利息。按照主体工程工期，拟定征地拆迁和移民安置的实施进度、分年度投资以及贷款利率，逐年计算应付利息。

（3）有关税费。主要包括耕地占用税、耕地开垦费、森林植被恢复费、新菜地开发建设基金等，按照行业主管部门、省、自治区、直辖市的规定计算。

A.7.4 进度安排和分年度投资

由于征地拆迁和移民安置是一项高度复杂的系统工程，各复改建项目之间以及复改建项目与主体工程之间均存在一定的工期、空间等关联性，因此项目文件通常会提出征地拆迁和移民安置实施的安排，并提出相应的年度投资计划安排。进度安排和分年度投资安排关系到征地拆迁和移民安置工作规划方案的可操作性，评价中应重点把握以下几个方面：

（1）征地拆迁和移民安置与主体工程建设进度相协调。对于分期投入运行的项目，征地拆迁和移民安置工作应进行相应分期安排。

（2）如果项目建设中资金等条件许可，在确保质量前提下，应尽量缩短征地拆迁和移民安置工期。

（3）优先安排移民生产生活设施建设。具备相应的生产生活设施，是实现移民搬得出，稳得住的基本条件，关系到移民生计的土地开发、二、三产业项目、农村道路以及相关专业项目，可考虑优先安排。

（4）对于农村移民可考虑道路及供电设施复建优先于居民点建设，以保证移民重建家园和生产生活恢复的需要。

（5）对于城镇迁建，应在相应市政等基础设施具有一定规模后，再开始移民搬迁和工业企业迁建。在基础设施建设中，可考虑先进行道路建设，再进行电力电信、供热、供排水、防洪等建设，管网埋设与道路建设同步实施。

（6）实施进度安排应该综合考虑当地劳动力市场、主要建材市场、交通条件以及气候条件等各方面实际条件，保证一定的均衡性，避免投资强度过大导致缺乏可操作性。

（7）应该合理把握移民的工期要求。通常，各耕园地开发从垦荒到熟化，约需要3~5年才能保证土地稳产；农村居民点基础设施建设约需要1~2年时间；独户居民房屋建设约1~3个月即可完成。3~5万人左右的县城迁建大约需5~6年可以完成，重大的单项基础设施工程约需要3~4年建设工期。集镇迁建大约需要3~4年。工业企业、专业项目迁建工期一般为1~3

年。评价中可参考以上工期，并根据项目具体情况区别处理。

A.8　政府审批、核准评估

A.8.1　实物调查成果的确认

实物调查工作开始前，相应人民政府是否下达在征地范围内禁止新增建设项目和迁入人口的通告。

《大中型水利水电工程建设征地补偿和移民安置条例》规定，实物调查工作开始前，工程占地和淹没区所在地的省级人民政府应当发布通告，禁止在工程占地和淹没区新增建设项目和迁入人口，并对实物调查工作做出安排。

地方政府和有关部门是否参与了实物调查工作，成果是否经产权所有人签字认可并公示。有关地方人民政府是否对实物调查成果签署了意见。

A.8.2　大纲与规划的审批

移民安置规划大纲是否按审批权限报省、自治区、直辖市人民政府移民管理机构或者国务院移民管理机构审批，审批前是否征求了当地人民政府的意见。

移民安置规划是否按照审批权限经省、自治区、直辖市人民政府移民管理机构或者国务院移民管理机构审核。

根据国务院颁发《大中型水利水电工程建设征地补偿和移民安置条例》（国务院令第471号）规定，大中型水利水电工程的移民安置规划，按照审批权限经省、自治区、直辖市人民政府移民管理机构或者国务院移民管理机构审核后，由项目法人或者项目主管部门报项目审批或者核准部门，与可行性研究报告或者项目申请报告一并审批或者核准。项目申报单位应按照有关规定，组织编制移民安置规划。

A.8.3　土地预申请

项目业主或者项目主管部门是否已经按规定向土地行政主管部门提出用地预审申请，土地行政主管部门是否已经提出用地预审报告。

根据《中华人民共和国土地管理法实施条例》规定：能源、交通、水利、矿山、军事设施等建设项目确需使用土地利用总体规划确定的城市建设用地范围外的土地，涉及农用地的，按照下列规定办理：建设项目可行性研究论证时，由土地行政主管部门对建设项目用地有关事项进行审查，提出建设项目用地预审报告；可行性研究报告报批时，必须附土地行政主管部门出具的建设项目用地预审报告。

项目可行性研究阶段，有关项目申报单位应完成项目用地预审程序。

A.8.4　耕地占补平衡

对于有占用耕地的项目，是否按照"占多少，垦多少"的原则编制了耕地占补平衡方案，方案是否可以达到预期目标，是否可行。

根据《土地管理法》第三十一条规定：国家保护耕地，严格控制耕地转为非耕地。国家实行占用耕地补偿制度。非农业建设经批准占用耕地的，按照"占多少，垦多少"的原则，由占用耕地的单位负责开垦与所占用耕地的数量和质量相当的耕地；没有条件开垦或者开垦的耕地不符合要求的，应按照省、自治区、直辖市的规定缴纳耕地开垦费，专款用于开垦新的耕地。省、自治区、直辖市人民政府应制定开垦耕地计划，监督占用耕地的单位按照计划开垦耕地或者按照计划组织开垦耕地，并进行验收。

A.8.5　耕地复垦

项目业主或者项目主管部门是否编制了土地复垦方案，是否得到土地行政主管部门审批，土地复垦资金是否足额列入项目估算。

根据国土资源部、发展改革委、财政部、铁道部、交通部、水利部和环保总联合颁发的《关于加强生产建设项目土地复垦管理工作的通知》（国土资发〔2006〕225 号）规定，所有复垦义务人在生产建设活动中要按照"统一规划、源头控制、防复结合"的要求，尽量控制或减少对土地资源不必要的破坏，做到土地复垦与生产建设统一规划，把土地复垦指标纳入生产建设计划。有复垦任务的生产建设项目，其可行性研究报告和设计任务书应当包括土地复垦的内容；设计文件应当有土地复垦的章节；工艺设计应当兼顾土地复垦的要求，并据此编制土地复垦方案，落实土地复垦费用。露天开采的生产项目以及交通、水利等建设项目要尽量做到土地复垦与生产建设同步设计、同步施工，努力实现"边生产、边建设、边复垦"；进行地下采掘或施工的，应尽量采取充填等复垦措施，尽可能降低和减少土地塌陷程度和范围。发展改革部门要在批准、核准投资项目时，依据有关规定和国土资源管理部门提出的建设用地预审意见，对涉及土地复垦的项目进行严格审查。对应列入投资估（概）算而未列入的或投资估（概）算不足的，不予批准、核准立项。在可行性研究报告中，应包括土地复垦方案，并将土地复垦资金足额列入项目预算中。

A.8.6　林地可研

项目业主或者项目主管部门是否编制了项目使用林地可行性报告，是否经林业主管部门审批。

根据国家林业局《占用征用林地审核审批管理办法》规定：用地单位申请占用、征用林地或者临时占用林地，应当填写《使用林地申请表》，同时提供下列材料：

（1）项目批准文件；

（2）被占用或者被征用林地的权属证明材料；

（3）有资质的设计单位做出的项目使用林地可行性报告。据此，在项目可行性研究阶段，项目申报单位应委托有关相应资质的设计单位编制项目使用林地可行性研究报告。

A.8.7　地灾评估

项目业主或者项目主管部门是否编制了地质灾害危险性评估报告，是否经主管部门审批。

根据国土资源部《地质灾害防治条例》规定：在地质灾害易发区内进行工程建设应在可行性研究阶段进行地质灾害危险性评估，并将评估结果作为可行性研究报告的组成部分；可行性研究报告未包含地质灾害危险性评估结果的，不得批准其可行性研究报告。据此，项目申报单位应当在可行性研究阶段，完成项目所在区域地质灾害危险性评估工作，并编制报告。

A.8.8　矿藏压覆

项目业主或者项目主管部门是否编制了压覆矿产资源调查报告，是否经主管部门审批。

根据《中华人民共和国矿产资源法》规定，在建设铁路、工厂、水库、输油管道、输电线路和各种大型建筑物或者建筑群之前，建设单位必须向所在省、自治区、直辖市地质矿产主管部门了解拟建工程所在地区的矿产资源分布和开采情况。未经国务院授权的部门批准，不得压覆重要矿床。开展工程压覆矿产资源调查是办理征地手续条件之一，应在项目可行性研究阶段，开展此项工作，并得到土地主管部门的认可。

A.8.9　实施管理体制的评价

（1）征地拆迁和移民管理体制主要围绕中央、省市、区县等各级政府事权划分确定。从我国土地管理等政策框架，以及多年的实践经验看，只有政府的组织和领导，才能完成征地拆迁和移民安置工作。例如三峡工程采取了"统一领导、分省（直辖市）负责，以县为基础"的管理体制；小浪底工程移民采取"水利部领导、业主管理、两省包干负责、县为基础"的管理体制；南水北调工程采取"国务院南水北调工程建设委员会领导、省级人民政府负责、县为基础、项目法人参与"的南水北调工程征地移民管理体制。

（2）对于移民工作，参与各方应该有明确的职责分工，形成责权利清晰的规范高效的运行关系，明确征地拆迁和移民安置各项工程的责任主体。通常参与征地拆迁和移民安置工作的责任主体包括：政府部门、项目业主、移民、咨询机构等。政府部门主要负责政策制定、审批、监督管理、领导组织等。项目业主主要负责资金筹措与拨付、与政府部门一起委托有关事项等。移民则应支持国家建设，参与安置规划，提出意见建议，获得补偿后按照基建程序完成迁建等。咨询机构则接受政府和业主的委托，按合同或者协议完成征地拆迁和移民安置决策论证、安置规划编制以及相关的勘测设计工作。近年来出现的移民工程监理机构，接受业主委托，对征地拆迁和移民安置各单项工程进行监理，也是我国对完善移民管理体制的有益探索。

（3）加强管理制度建设。对于大型建设项目，可以考虑就补偿标准、组织监督、财务管理、纠纷处理等方面制定相关的专门政策措施。

附录 B　世界银行非自愿移民的业务政策及程序

B.1　世界银行非自愿移民的业务政策

本项业务政策和世行程序适用于所有自 2002 年 1 月 1 日起进行项目概念审查的项目。如有疑问，可咨询社会发展局（SDV）局长。

世界银行（以下简称"世行"）❶过去的经验表明，发展项目中的非自愿移民不仅没有缓解，反而常常导致严重的经济、社会和环境风险，如生产体系解体；人们失去生产资料或收入来源，面临贫困的威胁；人们搬迁到其生产技术可能不太适用而且资源的竞争加剧的环境中；社区团体和社会网络力量削弱；亲族被疏散；文化特性、传统权威及互助的可能性减小或丧失。因此，本政策包括说明和减少产生以上贫困风险的保障措施。

B.1.1　政策目标

如果不精心计划并采取适当措施，非自愿移民可能会造成长期的严重困难、贫穷和对环境的破坏。因而，世行非自愿移民政策的整体目标如下所示：

（1）探讨一切可行的项目设计方案，以尽可能避免或减少非自愿移民❷。

（2）如果移民不可避免，移民活动应作为可持续发展方案来构思和执行。应提供充分的资金，使移民❸能够分享项目的效益。应与移民进行认真的协商，使他们有机会参与移民安置方案的规划和实施。

（3）应帮助移民努力提高生计和生活水平，至少使其真正恢复到搬迁前或项目开始前的较高水平❹。

B.1.2　涉及的影响

此项政策涉及的政治经济影响❺既起因于世行援助的投资项目❻，同时也是由下列因素造成的：

（a）强制性❼地征收土地❽。

---

❶ "世行"包括国际开发协会；"贷款"包括信贷、担保、项目准备基金（PPF）中的预付款以及赠款；"项目"包括：（a）可调整规划贷款；（b）学习与创新贷款；（c）项目准备基金和机构发展基金（IDF）（如果项目中包括投资活动）；（d）全球环境基金和蒙特利尔议定书项下的赠款（世行作为实施/执行机构）；（e）其他捐助者提供的由世行经管的赠款或贷款。"项目"一词不包括正在进行调整的方案。在任何需要的情况下，"借款方"还包括担保人或项目实施机构。

❷ 在为世行援助的项目制订移民方案时，应考虑到其他相关的世行政策。这些政策包括业务政策 OP 4.01《环境评估》，业务政策 OP 4.04《自然栖息地》，业务政策 OP 4.11《文物》，以及业务导则 OD 4.20《少数民族》。

❸ "移民"一词指受到本项业务政策第三段中所述的任何一种影响的人。

❹ 帮助处于第 3（b）段所述情况下的移民提高或恢复生活水平时，应该维护公园和保护区的可持续发展。

❺ 出现不利的间接的社会或经济影响时，对于借款方而言较好的做法是进行社会评估并采取措施尽可能减小、缓解经济和社会的不利影响，尤其是对贫困和脆弱群体的影响。其他并非因征收土地而致的环境、社会和经济影响，可以通过环境评估和其他项目报告文件予以确认并解决。

❻ 本政策不适用于社区项目中对自然资源使用的限制，即使用资源的社区自行决定限制使用这些资源，但前提是经过符合世行要求的评估，确认社区决策过程充分完全，如果出现任何不利于社区中弱势成员的影响，能够制订消除这些影响的相应措施。这项政策还不包括自然灾害、战争或内乱的难民（见业务政策/世行程序 OP/BP 8.50，《紧急恢复援助》）。

❼ 本政策中，"强制性"（或"非自愿"）指未征得移民同意或未给予其选择的机会即可采取的行动。

❽ "土地"包括任何在土地上生长的或是长期附着于土地的东西，如建筑物和庄稼。本政策不适用于国家或区域一级为提高自然资源可持续性而制订的自然资源法规，例如流域管理、地下水管理、渔业管理等。本政策还不适用于土地所有权项目中私人各方的争议，但是对于借款方而言，较好的做法是开展社会评价，实施措施尽可能减少并消除不利的社会影响，尤其是对贫困和脆弱人群造成的影响。

（i）搬迁或丧失住所。

（ii）失去资产或获取资产的渠道。

（iii）丧失收入来源或谋生手段，无论受影响的人是否必须迁至它处。

（b）强制性地限制利用法定公园和保护区❶，从而对移民的生活造成不利的影响。

（1）此项政策适用于导致非自愿移民的所有项目内容，无论其资金来源如何。它还适用于造成非自愿移民的其他活动，这些活动据世行判断，（a）与世行援助的项目有直接且重大的关系；（b）对于实现项目文件中规定的目标是必要的；（c）与项目或计划与项目同期开展。

（2）有关本政策的应用和范围，由移民安置委员会负责解释（见世行程序 BP 4.12《非自愿移民》，第 7 段）❷。

B.1.3　要求的措施

（1）为了解决本政策第 3（a）段中提到的影响问题，借款方应编制一份移民安置规划或移民安置政策框架，其中涵盖以下内容：

（a）移民安置规划或移民安置政策框架采取相应措施，确保移民：

（i）被告知自己在移民安置问题上的选择权和其他权利。

（ii）了解技术上和经济上可行的方案，参与协商，并享有选择的机会。

（iii）按全部重置成本❸，获得迅速有效的补偿，以抵消由项目造成的直接财产损失❹。

（b）如果影响包括搬迁，则移民安置规划或移民安置政策框架应采取相应措施，确保移民：

（i）在搬迁期间获得帮助（如搬迁补贴）。

（ii）获得住房或宅基地，或根据要求获得农业生产场所。农业生产场所的生产潜力、位置优势及其他综合因素应至少和原场所的有利条件相当❺。

（c）为实现本政策目标，移民安置规划或移民安置政策框架还应在必要的时候采取相应措施，确保移民：

（i）搬迁后，根据恢复生计和生活水平可能需要的时间，合理估算出过渡期，在此过渡期内获得帮助❻。

（ii）除了第 6（a）（iii）段中提到的补偿措施，还可获得诸如整理土地、信贷、培训或就业方面的发展援助。

（2）在涉及强制性地限制使用法定公园和保护区的项目中［见第 3（b）段］，为决定限制的性质以及采取何种必要措施消减不利影响，应由移民参与项目设计和实施。在这种情况

---

❶ 本政策中，强制限制使用包括限制生活在公园或保护区之外的人或在项目实施期间和实施以后将继续生活在公园和保护区中的人使用的资源。如果项目包括建立新公园和保护区，丧失了居所、土地或其他财产的人属于第3（a）段所述情况之列。

❷ 《移民手册》为工作人员提供政策执行方面的良好做法。

❸ "重置成本"是财产的估价方法，用于确定重置所损失的财产和支付交易费用所需的金额。在使用该估价方法时，不应考虑建筑和财产的折旧。对于不易估价或用现金赔偿的损失（例如，享受公共服务，获取客户和供货商；或利用渔、牧、林区），尽力使移民能够享有同等的、在文化上可接受的资源并获得收益的机会。如果本国法律不能达到全额重置成本的补偿水平，则除去本国法律所规定的赔偿以外，还应采取其他必要措施，以达到重置成本的水平，此类额外援助有别于第 6 段款项中提到的移民援助。

❹ 如果征收财产的剩余部分在经济上不可再用，应按照征收全部财产的标准提供补偿和援助。

❺ 替换的财产应做好使用权的安排。提供替换的住宅、宅基地、商用房屋和农用场所的费用可由相应财产损失应付的全部或部分补偿金中抵消。

❻ 此种帮助可采取的形式有短期工作、生活补贴、工资保留或类似的安排。

下，借款方编制一份世行认可的程序框架，说明参与过程，内容包括：

a）制订并实施项目的具体组成部分。

b）确定符合移民资格的标准。

c）明确相应措施，帮助移民努力改善其生活，或者至少恢复到以前的水平（按实际价值计算），同时保持公园或保护区的可持续性。

d）解决与移民有关的潜在冲突。

程序框架还应包括对实施和监测的具体安排。

（3）为实现本政策目标，应该特别关注移民中弱势群体的需要，尤其是那些处于贫困线以下的人、没有土地的人、老年人、妇女、儿童、少数民族❶，或是可能不会受到国家土地补偿法规保护的人。

（4）世行的经验表明依附于土地、具有传统生产方式的少数民族的移民问题尤其复杂，移民活动可能对他们的身份特征和文化延续造成严重的不利影响。因此，世行需要弄清楚借款方是否探寻了所有可行的项目设计方案，以避免这些群体的实际迁移。如果迁移无法避免，应为这些群体制订出依土安置的战略，这一战略要在协商的基础上制定，并符合他们的文化特征。

（5）为了确保必要的移民安置措施落实以前不会发生搬迁或限制使用资源、资产的情况，移民活动的实施需要和项目投资环节的实施相联系。对本政策第3（a）段提到的影响，其措施包括在搬迁之前提供补偿和搬迁所需要的帮助，并在需要时准备和提供设施齐全的移民安置场所。需要指出的是，征收土地和相关财产只有在支付补偿金，必要时，提供安置场所和搬迁补贴之后方可进行。对本政策第3（b）段提到的影响，其措施则应作为项目的一部分，按项目行动计划的要求来实施。

（6）对于靠土地为生的移民，应当优先考虑依土安置战略。这些战略包括将移民安置在公共土地或为安置移民而收购的私人土地上。无论什么时候提供替换土地，向移民提供土地的生产潜力、位置优势和其他综合因素至少应该等同于征收土地前的有利条件。如果移民并没有将获取土地作为优先考虑的方案，如果提供的土地将对公园或保护区的可持续性造成不利的影响❷，或者无法按照合理的价格获取足够的土地，除了土地和其他财产损失的现金补偿外，还应另行提供以就业或自谋生计机会为主的离土安置方案。如果缺乏充足的土地，应按照世行的要求予以说明并写入文件。

（7）为财产损失支付现金补偿可能适用的条件为：（a）依附土地为生，但是项目所征收的土地只是受损财产的一小部分❸，剩余部分在经济上能够维持；（b）存在活跃的土地、住房和劳动市场，移民利用这类市场，土地和住房的供应充足；或者（c）不依附土地为生。现金补偿足以达到以当地市场的全额重置成本补偿损失的土地和其他财产的水平。

（8）对本政策第3（a）段提到的影响问题，世行还提出下列要求：

a. 向移民及其社区，及接纳他们的安置社区提供及时、相关的信息，就移民安置方案与他们进行协商，并向他们提供参与规划、实施和监测移民安置的机会。为这些群体建立相应的、便利的申诉机制。

---

❶ 见业务导则 OD 4.20，《少数民族》。
❷ 见业务政策 OP 4.04，《自然栖息地》。
❸ 作为一项通则，这适用于征收土地不足全部生产面积的20%的情况。

b．在新的移民安置地点或安置社区，提供必要的基础设施和公共服务，以便改善、恢复或保持移民和安置社区原有的设施利用程度和服务水平。提供可替代的或类似的资源，以便弥补可供使用的社区资源的损失（如渔区、牧区、燃料或草料）。

c．根据移民的选择建立与新环境相适应的社区组织模式。要尽可能保存移民以及安置社区现有的社会和文化体制，尊重移民关于是否愿意迁至现有社区和人群中的意见。

B.1.4　获取补偿的资格

（1）一旦确定项目有必要进行非自愿移民，借款方需进行人口普查，确认将受到项目影响的人员、决定哪些人员有资格接收帮助，并防止无此资格的人员涌入。借款方还按照世行的要求制订一项程序，以便确定移民获取补偿和其他帮助的资格标准。该程序还包括向受影响群众和社区、地方当局以及，在适当情况下，向非政府组织（NGO）进行有意义协商的条款，并规定申诉机制❶。

（2）补偿资格标准。移民可以划分为以下三种：

（a）对土地拥有正式的合法权利的人（包括国家法律认可的一贯的和传统的权利）。

（b）在普查开始时对土地并不拥有正式的合法权利，但是对该幅土地或财产提出要求的人——这类要求为国家法律所认可，或通过移民安置规划中确认的过程可以得到认可❷。

（c）那些对他们占据的土地没有被认可的合法权利或要求的人。

（3）情况属于第15（a）和（b）段的人，根据第6段获得丧失土地的补偿和其他帮助。情况属于第15（c）段的人，可获取移民安置援助❸以代替对他们所占据土地的补偿，以及为实现这项政策中制订的目标而提供的其他必要帮助，前提是他们对项目区域土地的占据早于借款方规定的而世行也接受的一个截止日期❹。在截止日期之后侵占该区域的人无权获取赔偿或任何形式的移民安置援助。第15（a）、（b）和（c）段中涉及的所有人都能获取土地以外的财产损失补偿。

B.1.5　移民安置规划的制定、实施和监测

（1）为实现本政策规定的目标，要根据项目类型编制使用不同的移民安置文件：

a）除非另有规定，否则所有会引发非自愿移民的项目都需要编制移民安置规划或简要移民安置规划。

b）除非另有规定，否则第26～30段中提到的所有可能会引发非自愿移民的项目都需要编制移民安置政策框架。

c）根据第3（b）段，涉及限制资源、资产使用的项目需要编制程序框架。

（2）借款方负责根据本政策编制、实施并监测相应的移民安置规划、移民安置政策框架或程序框架（"移民安置文件"）。移民安置文件表明实现本政策目标的战略，并涉及拟议的移民安置的所有方面。世行是否参与某个项目，关键的决定因素即是借款方是否保证并有能力圆满完成移民安置工作。

（3）移民安置规划包括早期筛选、主要问题的范围界定、移民安置文件的选择以及准备

---

❶ 第13～15段不适用于本项政策第3（b）段中谈到的影响。第3（b）段中的移民资格标准应列入程序框架（见第7、第30段）。

❷ 这些要求会因顶风占有、持续占有政府未追回（即，政府默许）的公有土地或因传统法律和习惯用法而产生。

❸ 移民安置援助根据相应情况包括土地、资产、现金、就业等方面的帮助。

❹ 通常情况下，截止日期即是普查开始的日期。截止日期也可以是普查开始前项目地区划定的时间，前提是有关项目地区的情况在普查前已广为传播，并且能在项目地区划分以后继续系统地宣传，以防止外人涌入。

移民项目或子项目所需的信息。移民安置文件的范围和详略程度依据移民的规模和复杂程度而有所不同。在准备移民项目时，借款方应征得适当的社会、技术和法律专业人士、相关的社区组织和非政府组织的协助❶。借款方在较早阶段将有关项目的移民情况告知于可能的移民，并在项目设计中考虑他们的意见。

（4）为实现项目目标，需要开展的移民活动的所有费用应计入项目的总成本。移民成本或其他项目活动成本一样是针对项目的经济效益而言，移民的任何净效益（对比"无项目"的情况）都应加入项目的各项效益中。项目中的移民部分或独立的移民项目不必在经济上具有可行性，但须考虑成本效益。

（5）借款方确保项目实施计划与移民安置文件内容完全相符。

（6）作为涉及移民的项目的评估条件，借款方向世行提供与本政策相符的相关移民安置文件草案，并在移民和地方非政府组织可方便通达的地方发放，其格式、风格和语言应易于被他们所理解。世行确定该文件为项目评估提供了充分的基础之后，通过它的公共信息中心将其公开。世行批准了最终版本的移民安置文件之后，世行和借款方以同样的方式再次将其公开❷。

（7）项目的法律协议中规定借款方有义务执行移民安置文件，并及时向世行报告移民实施的进展情况。

（8）借款方负责对移民安置文件中规定的活动进行充分的监测和评价。世行定期督导移民活动的实施，以确定其是否和移民安置文件内容相符。在项目结束时，借款方进行评价以确定移民安置文件中的目标是否实现。评价应考虑基底调查时的情况以及对移民实施的监测结果。如果评价表明移民目标可能尚未达到，借款方应提议世行认可的后续措施，以便世行继续其督导工作。

B.1.6 移民安置文件

（1）移民安置规划。

符合本政策的移民安置规划草案是评估第 17（a）段所提到的项目的前提条件❸。如果对整个移民群体的影响较轻❹，或者移民人数不足 200 人，可以同借款方议定一份简要的移民安置规划。信息公开程序见第 22 段的规定。

（2）移民安置政策框架。

1）对于可能涉及非自愿移民的行业贷款活动，世行要求项目执行机构筛选将由世行资助的子项目，并确认其是否符合本业务政策。为此，借款方在评估以前提交一份符合本政策的移民安置政策框架。如果情况允许，该政策框架还应估算移民的总人数和移民所需的总费用。

2）对于可能涉及非自愿移民的中间金融贷款活动，世行要求金融中介（FI）筛选将由世行融资的子项目，并确认其是否符合本业务政策。为此，世行要求在评估前由借款方或金融

---

❶ 对于高风险或有争议的项目，或者是涉及重大而复杂的移民活动的项目，借款方通常应该聘用由国际知名的移民专家组成的独立咨询小组，与移民活动相关的各个方面开展咨询。会议的规模、作用和召开时间应取决于移民活动的复杂程度。如果根据业务政策 OP 4.01《环境评价》成立独立技术咨询小组，移民专家小组可以是环境专家小组成员的一部分。

❷ 详细的公开程序见世行程序 BP17.50《业务信息公开》。

❸ 这项要求在极其不寻常的情况下（例如紧急恢复行动），经世行批准可能允许有所例外。在这种情况下，作为管理层批准的条件，借款方必须制订移民安置规划的日程表和预算。

❹ 如果受影响的人不需搬迁，且生产资料的损失不足 10%，则影响视为"较轻"。

中介向世行提供一份与本项政策相符的移民安置政策框架。另外，政策框架包括评估负责各个子项目融资的金融中介的机构能力和程序。如果根据世行的评估，金融中介融资的子项目预计没有移民，则无需提供移民安置政策框架。相反，如果子项目涉及移民，法律协议则规定金融中介有义务从可能的分贷借款人处获取一份符合本政策的移民安置规划。对于所有涉及移民的子项目，世行在同意提供资助前要评估该子项目的移民安置规划。

3）对于其他可能涉及非自愿移民并且含有多个子项目的世行援助项目[1]，世行要求借款方在项目评估前向其提交一份符合本政策的移民安置规划草案，除非由于项目或某个子项目或多个子项目的性质和设计的缘故，（a）子项目的影响区域无法确定，或者（b）影响区域已知，但无法确定精确的位置。在这些情况下，借款方在评估前提交一份与本政策相符的移民安置政策框架。其他不属于以上情况的子项目，要求在评估前提交一份符合本政策的移民安置规划。

4）对于 B.1.6 中（2）～（4）中提到的项目，如果各子项目涉及移民，世行在同意资助子项目前要求借款方提交一份满意的移民安置规划，或与政策框架的规定相一致的简要移民安置规划，供世行审批。

5）对于 B.1.6 中（2）～（4）中提到的项目，世行可能会以书面的形式同意，由项目执行机构、政府负责机构或金融中介批准子项目的移民安置规划（世行可不审查该规划），但前提条件是该机构已显示出充分的机构能力，能够胜任对移民安置规划审查工作，同时确保其符合本政策。项目的法律协议中规定了该类委托以及在该机构批准的移民安置规划不符合世行政策的情况下采取的补救措施。在所有这些情况下，移民安置规划的实施都须接受世行的事后审查。

6）对于涉及第 3（b）段所述的资源、资产使用限制的项目，借款方向世行提供一份符合本项政策相关规定的程序框架草案，以此作为评估的前提条件。另外，在项目实施期间和在施加限制之前，借款方编制一份世行认可的行动计划，说明为帮助移民而采取的具体措施及其执行办法。行动计划可采取为项目编制的自然资源管理计划的形式。

B.1.7　为借款方提供的援助

（1）为了推动本政策的目标，经借款方请求，世行可以通过提供以下援助来支持借款方和其他相关单位：

1）评估和加强国家、区域或部门一级的其移民政策、战略、法律框架和具体计划；

2）提供技术援助资金，用于提高移民负责部门或受影响人更有效地参与移民行动的能力；

3）提供技术援助资金，用于制订移民政策、战略和具体计划，并用于移民行动的实施、监测和评价；

4）资助移民投资所需的费用。

（2）世行可为主体投资项目中需要移民搬迁的项目内容提供资助。世行也可为独立的移民项目提供资助，条件是该项目与另一引起移民的投资项目同时进行，并且在项目的法律文件中存在交叉的内容界定。世行即使并没有为涉及移民的投资主体项目筹资，也可以为移民活动提供资金。

---

[1] 在本段中，"子项目"包括构成项目的内容及分项内容。

（3）世行不支付现金补偿和其他以现金支付的移民援助，或土地的费用（包括购买土地的补偿金）。但是，世行可以为和移民活动相关的土地改良提供资金。

B.2　世界银行非自愿移民工作程序

B.2.1　总体要求

这些程序系为世界银行职员使用而制定的，因而可能未对该主题做完全详尽的论述。

注：非自愿移民业务政策和世行程序 OP/BP 4.12 共同取代非自愿移民业务导则 OD 4.30。本项业务政策和世行程序适用于所有自 2002 年 1 月 1 日起进行项目概念审查的项目。如有疑问，可咨询社会发展局（SDV）局长。

（1）制定有关移民安置活动的计划，是世行援助项目准备工作中不可缺少的组成部分。在项目鉴定期间，项目组（TT）将确定该项目可能引起的非自愿移民❶。在整个项目过程中，项目组要征求地区社会发展部门❷和法律副行长（LEG）的意见，必要时还要咨询移民安置委员会的意见。

（2）如果拟议中的项目可能涉及非自愿移民，项目组要将业务政策 OP 4.12《非自愿移民》和世行程序 BP 4.12《非自愿移民》的有关规定告知借款方。项目组和借款方的工作人员要进行以下工作：

1）评估可能导致的移民的种类和规模。

2）研究所有可行的项目设计方案，尽可能避免或是减少移民❸。

3）评估有关移民安置的法律框架，以及政府和移民实施机构的有关政策（以便发现这些政策和世行政策之间的差异）。

4）了解以前的借款方和实施机构在类似项目中的经验。

5）同负责实施移民安置的机构讨论移民政策和移民安置中的机构、法律和协商等方面的安排，包括当政府或实施机构的政策与世行政策不一致时的解决办法。

6）讨论将提供给借款方的技术援助。

（3）项目组在审查了有关移民问题的基础情况后，要会同地区社会发展部门和法律部门核定该项目中移民工作所应采取的方式（移民安置规划、简要移民安置规划、移民安置政策框架或者程序框架），并对移民工作的深度和广度要求达成一致意见。项目组要将以上决定告知借款方，同借款方讨论编制相应的移民安置文件所要采取的行动❹，议定准备该移民文件的时间表，同时监测进展情况。

（4）项目组要把有关移民的种类、规模和移民工作将要采用的方式等方面的信息，纳入项目概念文件（PCD）和项目信息文件（PID）中去，并根据项目进展情况定期更新项目信息文件。

（5）对于涉及业务政策 OP 4.12 第 3（a）段内容的项目，项目组要在项目准备阶段：

1）评价项目设计的可选方案和替代方案，以便尽量避免和减少非自愿移民。

---

❶ 见业务政策 OP 4.12，《非自愿移民》。

❷ 地区负责移民安置问题的单位或部门。

❸ 世行希望确认借款方是否探寻了所有其他可行的项目设计方案以避免非自愿移民，如果无法避免这类移民安置，则尽可能减小移民安置的规模和影响（例如，道路调整或降低大坝高度可能会减少移民安置需要）。这种替代设计方案应该与世行的其他政策一致。

❹ 这种行动可能包括下列实例：制定相关程序，以确定移民安置援助资格；开展社会经济调查和法律分析；进行公众协商；确定移民安置地址；评估改善或恢复生计和生活水平的几种选择方案；或者，如果项目存在极大风险，或争议很大，聘请独立的国际知名的移民安置专家。

2）评价移民安置规划或移民安置政策框架的准备情况，看其是否充分体现了业务政策 OP 4.12 的政策要求，包括受影响群体的参与，采纳受影响群体意见的程度。

3）评价有关移民资格、移民补偿和其他受援形式的标准。

4）评价移民安置措施的可行性，包括提供必要的安置地点、保证移民安置活动所需资金、逐年提供配套资金、法律框架、移民实施和监测计划安排等。

5）如果项目所影响的移民生产生活依赖于土地，而移民又倾向于土地安置，在项目无法为移民安置提供足够的土地的情况下，要评价土地匮乏的原因（业务政策 OP4.12，第 11 段）。

（6）对于涉及业务政策 OP 4.12 第 3（b）段内容的项目，项目组要在项目准备阶段着手以下工作：

1）评价项目设计的可选方案和替代方案，以便尽量避免和减少非自愿移民。

2）评价移民程序框架的准备情况，看其是否充分体现了业务政策 OP 4.12 的政策要求，包括移民参与情况、移民资格评定的标准、资金筹措、法律框架、移民活动的实施和检查的工作安排。

（7）项目组可以请求约见移民安置委员会，以便在下述方面得到认可或指导：1）由项目组提议的项目移民工作方式；2）澄清本政策的适用性和适用范围。移民安置委员会主席由负责移民工作的副行长担任，委员会成员包括一名社会发展局局长、一名法律部门（LEG）代表、两名业务部门代表，其中一位来自于拟议项目的归口行业部门。移民委员会的工作在本政策和其他文件指导下进行，其中包括《移民读物》，用于定期登载良好范例。

B.2.2　评估

（1）根据业务政策 OP 4.12 的要求，借款方需向世行提交移民安置规划、移民安置政策框架或移民程序框架报告，作为项目评估的条件之一（详见业务政策 OP 4.12，17～31 段）。在极为特别的情况下（如紧急援助恢复项目），项目评估可在移民安置文件完成以前进行，但需由执行副行长与移民安置委员会协商后予以特批。在这种情况下，项目组要与借款方就有关移民报告的准备和提交时间表达成一致意见，报告的种类和内容要符合业务政策 OP 4.12 的政策要求。

（2）一旦借款方将草拟的移民安置文件正式提交给世行之后，世行工作人员，包括地区移民安置专家和律师要对其进行审查，确定该报告是否为项目评估提供了翔实的基础资料，同时将有关结论通知地区管理部门。一旦国家局局长批准进行评估，项目组要将草拟的移民安置文件送到世行的公共信息中心❶。项目组根据该报告编制英文执行摘要报告，送交董事会秘书处，并且要附上转报说明，确认该报告及其摘要报告在评估过程中可能会发生变动。

（3）在项目评估过程中，项目组要评价：1）借款方对实施移民安置文件中的内容所作的承诺和具体实施的能力；2）为改善或恢复移民生产生活所采取的措施是否可行；3）移民安置活动配套资金到位情况；4）因未能充分实施移民安置文件的内容而可能导致的重大的风险，包括移民次生贫困化的风险；5）移民安置文件与项目实施规划是否一致；6）是否充分安排了内部监测机制，以检查移民安置文件的落实情况；如果项目组认为合适的话，还应安

---

❶ 信息披露程序详世行程序 BP17.50《业务信息公开》（即将出版）。

排独立的外部监测评估机制❶。如果在评估阶段对移民安置文件草案进行了修改，项目组要报告地区社会发展部门和法律部门（LEG），对这种变动进行认可。只有在借款方根据世行的政策要求（业务政策 OP 4.12），向世行正式提交移民安置文件草案的终稿之后，评估程序才告结束。

（4）在项目评估文件（PAD）中，项目组要描述移民安置事宜，移民工作方式和将要采取的措施，借款方对于实施拟议的移民安置方案所作的承诺，和在组织机构和筹措移民资金方面的能力。项目组还要在项目评估文件中反映移民安置措施的可行性和移民安置实施中可能会出现的风险。在项目评估文件的附件中，项目组要归纳总结移民安置有关事宜，特别要介绍受影响的人口、移民安置措施、组织机构安排、安置进度、移民概算等本底信息，包括配套资金筹措和及时到位情况，以及安置措施落实情况的监测指标。项目评估文件的附件要显示移民安置所需全部成本，作为项目成本的一个重要部分。

（5）贷款协议中的项目描述章节要对移民安置部分的内容或子项目中移民安置的内容进行说明。法律文件确定了借款方实施相关移民安置文件的义务，和不断将项目进展情况通报世界银行的责任❷。在项目谈判时，借款方和世行就移民安置规划、移民安置政策框架或移民程序框架取得一致意见。在向董事会提交项目之前，项目组要确认借款方的负责机构和实施机构已对相关的移民安置文件做出了最终批复。

B.2.3　监督检查

（1）地区副行长应认识到经常严密地检查移民实施情况对取得好的移民安置成绩的重要性，并与相关国家局局长合作，确保采取适当的措施，对涉及非自愿移民的项目进行有效的监督检查❸。为此，国家局局长要划拨专款，对移民安置实施情况进行充分的监督检查。要考虑移民安置项目内容或子项目内容的规模和复杂性，考虑邀请有关的社会、财务、法律和技术方面的专家参与监督检查。监督工作应以《移民安置监督检查的地区行动计划》为准绳❹。

（2）在项目实施过程中，项目经理要监督检查移民安置实施情况，保证必要的社会、财务、法律和技术方面的专家参加项目检查。要重点监督检查项目的实施和移民安置实施工作是否按法律文件执行，包括项目实施规划和移民安置文件。如果检查情况与原定协议出现偏差，项目组要同借款方讨论，并上报地区管理部门，以便予以纠正。项目组要定期审查项目内部监测报告，在适当的时候还应审查外部独立监测报告，以确保内外监测所发现的问题和建议在项目实施中得到了吸收和采纳。为了及时处理移民安置实施中可能出现的问题，项目组要在项目实施的早期阶段对移民安置计划的制定和实施进行审查，在此基础上，同借款方展开讨论，在必要时可修改相关的移民安置文件，以实现本政策的目标。

（3）对涉及业务政策 OP 4.12 第 3（b）段内容的项目，项目组要评价行动计划中所采取措施的可行性，以便帮助移民改善生产生活（至少恢复到高于项目前或移民前的生产生活水平，以较高水平为标准），同时要注意自然资源的可持续性。项目组将评价结果上报地区管理

---

❶ 对于涉及业务政策 OP 4.12 第 3（b）段内容的项目，对上述（2）、（4）的评价待行动计划提交世行时进行（见本文第 15 段）。
❷ 如果该报告是移民安置政策框架，借款方的责任还包括为每一个将产生移民的子项目编制符合政策框架精神的移民安置规划，提交世行批准后方可实施该子项目。
❸ 见业务政策 OP 13.05 和世行程序 BP 13.05，《项目检查》。
❹ 该计划由地区社会发展部门会同项目组和法律部门制定。

部门、地区社会发展部门和法律部门。项目经理应将该行动计划送交公共信息中心。

（4）在移民安置文件中描述的所有移民安置措施完全落实之前，项目不能视为结束——世界银行还要继续对移民实施进行监督检查。项目结束之后，项目完工报告（ICR）❶要评价移民安置所取得的成绩是否满足了移民安置文件的要求，总结移民实施工作的经验教训以便将来的项目借鉴，并参照业务政策 OP 4.12 第 24 段的精神归纳总结借款方评估的成果❷。如果总结评估显示移民安置文件的目标没有实现，项目完工报告要评价移民安置措施是否得当，并可提出后续行动方案，包括在合适的情况下由世行继续进行监督检查工作。

B.2.4　国家援助战略

如果借款国有一系列涉及移民的项目，世行与该国政府和行业之间的对话应该包括与移民有关的政策、组织机构、法律框架等事宜。世行工作人员应当将以上事宜反映到国别经济调研和国家援助战略中去。

B.3　世界银行非自愿移民安置文件

本附件根据业务政策 OP 4.12《非自愿移民》（以下简称业务政策 OP 4.12）第 17～31 段的要求，对移民安置规划、简要移民安置规划、移民安置政策框架和移民安置程序框架等文件的具体要求分别进行描述。

B.3.1　移民安置规划

（1）移民安置规划的广度和深度可根据移民安置的规模和复杂程度而各不相同。该规划的制定要依据详实可靠的基础资料，如：①拟议中的移民规模和由于移民而引起的搬迁安置对移民的影响，以及对其他社团所产生的不利影响；②与移民安置相关的各种法律条款。移民安置规划应包括下列主要内容；当任何一项内容与项目情况不相关时，要在移民安置规划中注明。

（2）项目描述。指项目的总体描述和项目区域的鉴别。

（3）潜在的影响。对下列各项进行鉴别：

1）导致移民的项目组成部分或项目活动；

2）该项目组成部分或项目活动的影响区域；

3）为避免或减少移民而考虑的替代方案；

4）在项目实施阶段为尽可能减少移民而建立的管理机制。

（4）目标。指移民安置规划的主要目标。

（5）社会经济调查。指在项目准备初期进行社会经济调查，并邀请可能受到项目影响的人参加。社会经济调查报告应包含如下内容：

1）人口调查结果，其中须含：

①受影响地区当前的居住人口情况。这将作为移民安置规划设计的依据，人口调查以后迁入的人口不应享受移民的资格。

②移民家庭的基本特征，包括生产制度、劳力和家庭组成的描述；移民生产生活基本情况（如相关的生产水平以及正常的和非正常的经济收入）和生活水平（包括健康状况）。

③财产的预期损失量（总量或部分），以及被迫迁移在物质或经济受影响的程度。

---

❶ 见业务政策 OP 13.55 和世行程序 BP 13.55，《项目完工报告》。

❷ 项目完工报告评估移民安置目标实现的程度，通常以项目结束时对受影响群体进行的社会经济调查为依据。该评估还应考虑移民的规模，以及项目对移民以及接纳移民的社区的生活造成的影响。

④有关业务政策 OP 4.12 第 8 段中所定义的脆弱人员或脆弱群体的信息。这些信息将有助于将来制定有关优惠政策。

⑤定期更新移民生产生活资料和移民生活标准资料的机制。这种机制能够使人们及时掌握移民搬迁过程中的最新动态。

2）针对以下内容的其他调研：

①土地所有制度和土地转让制度，包括调查人们赖以维持其生活和生计的共有的自然资源财产，当地认可的土地分配机制制约的以非所有权为基础的使用收益权制度（包括渔业、牧业或林地的使用），以及在项目区域内不同土地所有制度下引发的问题。

②受影响团体的相互社会关系，包括社会网络和社会援助体系，以及他们将如何受到项目的影响。

③将要受到影响的公共基础设施和社会服务机构。

④移民团体的社会和文化特征，包括对那些可能与移民协商、移民安置规划和实施活动相关的正式和非正式机构进行描述（如社区组织、宗教团体、非政府组织等）。

（6）法律框架。指对法律框架进行分析后得出的结论，包括：

①国家征收权的范围及其补偿的类别，主要是估价方法和资金安排两方面。

②适用的法律和行政管理程序，包括有哪些有利于移民的法律补救措施，和通常的司法程序所需的时间，以及有哪些解决项目下移民安置争议的替代机制。

③有关土地所有制度、移民的财产和损失评估、补偿以及自然资源使用权等方面的法律（包括习惯法和传统法）；与移民搬迁相关的习惯私人法；环境法和社会福利法规。

④与实施移民安置机构有关的法律和法规。

⑤世界银行的移民政策与当地涉及土地征收和移民的法律之间的差距，以及减少这种差距的机制。

⑥保证移民安置有效实施所需要的一切法律步骤，包括在适当的时候认定土地合法权利的过程，如引申于习惯法和传统使用权的权利要求（详见业务政策 OP 4.12，第 15 b 段）。

（7）机构框架。指对机构框架进行分析后得出的结论，包括：

1）确认负责移民安置的机构和可能在项目实施中起作用的非政府组织。

2）评价负责移民安置机构和非政府组织机构的能力。

3）提出加强负责实施移民安置和非政府组织机构能力的步骤。

（8）资格。指移民的定义，移民接受补偿和其他援助的资格认定标准，包括相应的截止日期。

（9）移民损失的估价和补偿。包括用于估计损失和确定重置成本的方法；依据地方法律拟定的补偿类型和标准，以及按重置成本补偿移民财产损失所必需的补充措施❶。

---

❶ 关于土地和地面建筑的"重置成本"定义如下：对于农业用地，它是指被影响土地附近具有相等生产潜力或用途的土地在项目之前或移民之前的市场价值，以二者之较高价值计算，加上为达到被影响土地标准的整地费用和一切注册及转让税费。对于城区内的土地，它是指具有相等规模和用途，具有类似或改善的基础设施和服务，且位于被影响土地附近的土地在项目之前或移民之前的市场价值，加上一切注册及转让税费。对于房屋和其他结构，它是指建造一个地域和质量类似或胜于被影响结构的替换结构或修理部分受到影响的结构所需材料的市场成本，加上将建筑材料运输到施工现场所需的成本、人工成本及承包商费用和注册和转让税费。在确定重置成本过程中，财产的折旧和材料的残值不予考虑，也不从被影响财产的估价中扣除来源于项目的收益价值。如果本国法律达不到全额重置成本的补偿标准，将以其他措施补充本国法律规定的补偿，从而达到重置成本的标准。此种追加援助有别于在业务政策 OP 4.12《非自愿移民》第 6 段中的其他条款项下规定的移民安置措施。

（10）移民安置措施。包括为了帮助每一类有资格的移民，达到移民安置政策中的目标（详见业务政策 OP 4.12 第 6 段）而提出的补偿方案和其他移民措施的总汇。此外，移民安置方案除须在技术和经济上切实可行之外，还要与移民的文化特征协调一致，并且在移民安置方案的准备过程中与移民进行协商。

（11）移民安置点的选择、安置点的准备和移民搬迁。指可供选择的移民安置点和所选择移民安置点的理由，包括：

1）机构的安排和技术计划的安排，以便确定移民安置地点是在城市还是农村。要综合考虑生产潜力、地理优势和其他影响因素并与原地点进行比较，还要估计土地和其他资源收购转让所需的时间。

2）为防止土地投机买卖和非移民涌入选定的移民安置地点所要采取的措施。

3）移民搬迁的程序，包括移民安置地准备的时间安排和移民搬迁的时间安排。

4）将土地调整和转让给移民的合法安排。

（12）房建、基础设施和社会服务机构。移民建房（或现金补偿给移民）计划、基础设施建设计划（如给水、道路）和社会服务计划（如学校、医疗卫生服务）❶；为安置区居民提供相应服务的计划；以及任何必要的安置点发展，施工和建筑设计活动。

（13）环境保护及管理。移民安置区边界的确定；移民安置活动❷的环境影响评价，对减缓及管理环境影响所采取的措施（适当的时候要与涉及移民的投资项目的环境评价工作进行协调）。

（14）社区参与。指移民和安置区居民的参与❸，包括：

1）在移民安置规划设计和实施过程中征求移民和安置区居民的意见、邀请移民和安置区居民共同参与的战略安排。

2）在移民安置规划准备过程中归纳总结移民所关心的问题，和在移民安置规划中如何考虑了移民所关心的问题。

3）对可供选择的移民方案，和移民最终作出的选择进行审查。这些选择包括：不同形式的补偿和受援方式；个体家庭的安置方式；作为社区或家族一部分的安置方式；维持现有社会团体形式的安置方式；保留文化遗产（礼拜场所、朝圣中心、公墓）使用权等❹。

4）机构安排。适当的机构安排可以使移民在移民安置规划和移民实施过程中，把他们所关心的问题向项目主管部门反映，要采取措施保证诸如土著居民、少数民族、无地人口和妇女等脆弱群体的意愿得以充分体现。

（15）与安置区居民的融合。减少移民安置对移民安置区居民影响所采取的措施，包括：

1）与移民安置区居民和当地政府的协商。

2）及时为安置区居民支付因给移民提供土地或其他财产而发生的费用。

3）安排解决移民和安置区居民之间可能引起的冲突。

---

❶ 医疗保健服务的规定对安置期间和安置之后防止由于营养不良、背井离乡的心理压力、以及疾病危险增加所导致的发病率和死亡率的增加可能非常重要，对孕妇、婴幼儿和老年人来说尤其如此。

❷ 应该预测和缓解的负面影响包括，在农村移民安置方面的森林采伐、过度放牧、水土流失、公共卫生和污染；对于城市移民安置来说，项目应该解决与密度相关的问题，如：运输能力和饮用水、卫生系统和保健设施的供给情况。

❸ 经验表明地方非政府组织经常提供宝贵的援助并保证切实可行的社区参与。

❹ 业务政策说明 OPN 11.03，《世行资助项目中的文物管理》。

4）采取措施在移民安置区加大社区服务设施（如教育、供水、医疗卫生和生产服务），使之能够同时满足移民和安置区居民的需要。

（16）申诉程序。了解掌握解决因移民安置而引起的第三方争议的程序；此种申诉机制应考虑使用现有的司法追索程序，以及社区和传统的解决争议的机制。

（17）组织机构的职责。移民安置实施机构框架，包括负责移民安置的实施机构的确定和为移民提供服务的机构的确定；要确保移民实施机构与管辖权限之间的协调一致；要加强实施机构的能力以便更好的设计和实施移民安置（包括技术援助）；在适当情况下，将基础设施和服务设施的管理移交给地方主管部门或者移民，移民实施机构的相应管理权限也要一并移交。

（18）实施时间表。覆盖从移民实施计划的准备直至实施的全过程，包括实现预期目标值（即为移民和安置区居民提供实惠）的目标日期，和结束各种形式援助的终止日期。实施计划应该指出移民搬迁安置与整个项目的实施有何种关系。

（19）成本和预算。逐项列举所有移民安置活动所需的成本，表格化逐项列出移民搬迁安置所需资金，包括通货膨胀、人口增长所需的补贴和其他不可预见费；移民资金支付计划；资金来源；资金及时到位的计划安排，以及移民实施机构权限之外的移民活动所需资金的筹措情况。

（20）监测和评价。由移民实施机构安排移民安置活动的监测工作，并由世行酌情增补独立监测人员，以保证获得完整的和客观的资料；用移民监测指标来衡量移民安置的投入、产出和成效；邀请移民参与监测的全过程；在所有移民安置及相关开发活动完成之后合理的时段内要对移民的影响进行评价；要利用移民安置监测成果指导后续的实施工作。

B.3.2　简要移民安置规划

简要移民安置规划至少应包括以下内容❶：

（a）移民影响人口调查和所影响财产的估价；

（b）移民补偿和其他援助形式的描述；

（c）征求移民对可接受的替代方案的意见；

（d）负责移民安置实施机构的职责和移民抱怨申诉程序；

（e）安置活动的实施和监测；

（f）时间表和预算。

B.3.3　移民安置政策框架

（1）移民安置政策框架的目的是阐明移民安置的原则、实施机构的安排和项目设计标准，以此指导在项目实施阶段准备的子项目工作（业务政策 OP 4.12 第 26～28 段）。在取得了具体的规划资料以后，应按移民政策框架的精神编制该子项目的移民安置规划，并报世行审批（见业务政策 OP 4.12 第 29 段）。

（2）移民安置政策框架应包括以下主要内容，并应与业务政策 OP 4.12 第 2 和 4 段中所述的规定相一致：

（a）简述项目和项目的分项内容所需征收的土地和需要搬迁的移民，解释为何移民安置

---

❶ 如果一些丧失住所人员损失了 10% 以上的生产性财产或需要财产搬迁，该规划还应包括社会经济调查和收入恢复措施。

规划或简要移民安置规划未能在项目评估时准备;

（b）准备和实施移民安置活动的原则和目标;

（c）准备和审批移民安置规划所需的步骤;

（d）尽可能估计搬迁的移民人数，移民的类型和移民可能搬迁的范围;

（e）认定不同类型的移民资格标准;

（f）法律框架要阐述借款国的法律法规与世行政策的要求是否一致和弥补二者之间差距的措施;

（g）受影响财产的估价方法;

（h）保护移民权益的组织程序，对于涉及私营部门中介机构的项目，该程序应描述金融中介、政府和私营开发商的责任;

（i）与土建工程相关的移民活动实施步骤;

（j）移民抱怨申诉机制;

（k）移民投资的计划安排，包括成本估算、资金流和不可预见费的计划安排;

（l）在移民安置规划的制定和实施过程中安排移民参与和征求移民意见的机制;

（m）实施机构的监测计划安排，如果必要的话，还应包括独立监测机构的监测计划安排。

（3）当移民安置政策框架是作为有条件贷款而需提交的唯一文件时，作为世行资助子项目之条件而提交的移民安置规划，不需要包括在政策框架中提到的以下内容：政策原则、移民权益、补偿标准、组织安排、监测和评估、移民参与的工作框架以及申诉机制。子项目的移民规划只要包括人口普查和社会经济调查的资料，具体的补偿标准，通过人口普查或调查所确定的与其他影响因素有关的政策权益;安置点的基本情况，移民生活标准，恢复或改善移民生产生活的计划，实施计划，以及详细的移民投资概算。

B.3.4 程序框架

（1）当世行资助的项目可能会限制法定的国家公园和保护区内自然资源的使用时，要准备一个程序框架。程序框架的目的是在于制定一个程序，使可能受到影响的社区成员能够参与项目内容的设计，参与确定实现移民安置政策目标所需的措施，以及参与相关工程的实施和监测（业务政策 OP 4.12 第 7 段和第 31 段）。

（2）具体来说，程序框架应描述进行以下活动所需的参与式程序：

a）项目内容的准备和实施。该框架文件应简要地描述项目、项目内容和实施活动，其可能涉及的限制使用自然资源的更新更严格的规定，并且还应描述潜在的移民参与项目设计的程序。

b）确定受影响人员的资格标准。程序框架要建立起一个机制，使受影响的社团可以参与到确定不利的影响因素、了解评价不利影响因素的重要性、确定减少不利影响的标准和补偿标准等活动中来。

c）在维护国家公园或保护区可持续性发展的同时，采取措施帮助受影响人员，努力改善其生产生活，或者在实际意义上恢复到搬迁以前的水平。程序框架要阐述社区将确定和选择可能的缓解或补偿措施的方法和程序，以及受不利影响的社区成员在可供选择的方案中做出决定的程序。

d）要解决受影响社区内部或社区之间可能发生的冲突或抱怨。在受影响的社区内或社区之间可能引发资源使用限制方面的争议，该框架文件要阐述解决这类争议的程序，和解决社区成员由于对资格标准、社区规划措施或实际执行情况不满意而提起申诉的程序。

另外，程序框架还应该阐述与以下内容有关的计划安排：行政和法律程序，文件应该审议在程序方面与有关的行政和行业部门已达成的协议（包括明确界定项目中的行政和财务责任）；监测计划安排，当项目活动在项目区域内对人群产生（有利的和不利的）影响时，该框架要审查参与式项目监测活动的计划安排，目的是监测为改善或恢复移民收入和生活标准所采取的措施所产生的效果。

B.4　移民检查指南

（1）本备忘录规定了在即将开始的检查团中移民子项目检查的一般性工作大纲，同时规定了哪些内容应作为附件。对搬迁点和安置点的实地走访是移民检查的重要组成部分，因此，要为移民子项目的检查安排足够的时间。对于涉及大规模移民或相当复杂的移民安置工作的项目，如果检查团成员中包括一位移民专家，可能会对项目的检查工作极为有利。

（2）世行政策的总体目标是，帮助项目移民恢复或提高收入和生产力。因为，要着重检查项目执行机构是否已编制了能够实现该目标的移民行动计划，也要着重检查项目的实施进度。需要检查的主要事项包括：

1）搬迁前收入水平的恢复情况；

2）开展移民安置和实施后续措施的机构能力；

3）搬迁工作的实际进度；

4）与受影响人的协商情况；

5）补偿；

6）项目特有的事项。

为了便于开展检查工作，本备忘录为以上每一事项的检查建议了几项更详细的内容，供有关方面酌情应用。

（3）收入恢复——鉴于世行的政策目标是要恢复所损失的收入，检查团要着重检查以下主要内容：

1）是否有关于搬迁前收入水平的准确基线信息？

2）各种方案是否可以形成恢复收入的适当措施？

3）项目机构是否对移民的生活和收入水平进行了充分的监测？

4）以检查团的判断，移民需要多长时间才能恢复其标准生活水平，在这期间，将采取何种措施维持移民的生活。

如果采用依土安置法，检查团要评价有关研究的质量、置换土地数量和确定该土地所需时间以及如何对置换土地的可接受程度进行评估的方法。要对单独或与依土方案结合实施的离土创收项目方案进行审查，以确保其取得成效。

（4）基线数据——检查团要掌握因土地和/或房屋丧失而受到影响的大致人数。如果不了解移民估算的依据，检查团要请借款人解释如何得到这些人数的，并解释决定部分受项目影响人有资格享有移民待遇所使用的标准。

（5）移民机构——检查团要：（a）弄清移民机构或移民单位在整个项目管理结构中的地位；（b）评价移民工作人员的人数和技能是否足够；（c）审查各移民安置工作参与机构之间协调机制的效率；（d）评价非政府组织和地方组织所起作用的有效性，并在适当的情况下指明如何提高这一有效性。

（6）移民安置预算——检查团要对详细移民安置预算进行审查和评价。移民安置预算至少应分为两部分，即公共和私人补偿以及移民户的经济恢复费用。检查团要评价：（a）移民安置总预算是否足够；（b）实际支出；（c）人均移民安置预算支出；（d）预算调整规定；（e）现场工作人员是否有资源可用；（f）费用超支或预算缺口的原因。如要了解更详细的财务和经济指南，读者可查阅世界银行第 80 号技术文件《发展项目中的非自愿移民》的技术附件；该文件有西班牙语、法语和英语三种版本。

（7）时间表——检查团要审查的首项关键内容是，移民行动计划的实施进度是否与导致移民的主体投资项目进度同步。检查团要评价实际和计划移民安置工作成效，并纠正移民安置时间表的偏移，使之与整体项目时间表保持一致。有关时间表的第二项内容是，到移民实际搬迁时，安置点是否做好了充分准备；同时，检查团要对表明安置点已准备就绪的机制及该机制的效果进行评价。

（8）监测——检查团要审查项目监测系统已开展的工作，并提出以下问题：采用何种方法获取数据？谁得到数据？如何通过项目机构对数据进行处理？如何改进数据收集方法？

（9）协商——移民安置规划通常会包括申诉/争议解决机制。应予以特别关注的方面包括财产补偿、移民与安置区居民的融合以及承诺待遇的及时兑现等。检查团要通过检查了解此类机制是否确实存在并发挥作用。

（10）补偿——补偿方面的共性问题包括：（a）补偿是否按重置成本价计算；（b）补偿资格；（c）向移民支付补偿款的效率；（d）对补偿款的隐性收费；（e）对共同财产和民营企业的补偿。

（11）移交事宜——成功的移民安置工作要求将所有管理职责移交给移民及其代表。如何移交职责？是否制定了适当的分期计划来移交职责，包括预算资源。

（12）建议——检查团要确定移民子项目的最新进度、面临的困难和存在的问题，并就这些事项与借款人展开讨论，以便就今后 6～8 个月所要采取的行动达成一致，使移民安置工作符合项目协议和有关政策指南的规定。

（13）报告——要在检查结束后编写详细的报告，对以上内容进行回顾，提出世行如何提供技术援助或其他援助的建议。

附录 C 亚洲开发银行移民安置保障政策声明

术 语 表

生物多样性。生物多样性是指所有来源的形形色色的生物体，这些来源包括陆地、海洋和其他水生生态系统及其所构成的生态综合体；生物多样性包括物种内部、物种之间和生态系统的多样性。

受影响的原住民的同意。对政策实施来说，这一概念指受影响的原住民社会作为一个整体，通过个人和/或他们公认的代表表示对项目活动的支持，个别人或群体的反对并不能否认这种广泛支持的存在。

国家保障系统。一个国家与环境和社会保障有关的法律和组织框架，包含国家层面、地区层面或行业层面的执行机构和有关法律、条例、规章和程序。

重要栖息地。指那些需要特别关注的天然的或被改造了的栖息地，主要包括具有高度生物多样性价值的地区，包括极危或濒危物种的栖息地；对特有物种具有特殊意义的地区；对迁徙物种的生存具有特殊意义的地区；聚居物种的全球性的重要集中地或数量集中区域；具有独特的物种组合，代表特殊的进化方式，或具有关键生态功能的地区；保持生物多样性对当地社会具有社会、经济或文化上的重要性的地区。

移民。就非自愿移民而言，移民指那些由于（1）土地被征用，或（2）被限制使用或进入依法设立的公园和保护区内的土地，从而被迫迁移（搬迁、丧失居住地或栖身地）和/或经济上被迫转型（失去土地、财产、获得财产的机会、收入来源，或谋生手段）的人群。

经济转型。由于（1）土地被征用，或（2）被限制使用或进入依法设立的公园和保护区内的土地，从而失去土地、财产、获得财产的机会、收入来源，或谋生手段。

外部专家。那些不参与项目日常执行或监督工作的专家。

高度复杂和敏感的项目。那些亚行认为具有高风险，或存在较大争议，或可能涉及多方面利益，从而会产生潜在的重大社会和环境影响的项目。

有效协商。这一过程具有以下特征：①项目准备阶段就已启动，并贯穿整个项目周期；②以适当的方式，及时而充分地向受影响的人群发布项目的相关信息；③协商必须在不受到威胁和强迫的条件下进行；④不存在性别歧视，充分考虑弱势群体的需求；⑤决策时考虑了所有受影响的人群和其他利益相关方的意见，如项目设计、减缓措施、共享发展成果和机会，以及执行中的问题。

天然栖息地。生物群落基本由当地植物和动物而形成的土地和水域，并且人类活动尚未在实质上改变该区域的主要生态功能。

物质文化资源。可移动或不可移动的物体、遗址、建筑、建筑群，以及具有考古和古生物学、历史、建筑学、宗教、美学或其他文化价值的自然景观。

实际搬迁。由于①土地被征用；②被限制使用或进入依法设立的公园和保护区内的土地，从而被迫搬迁、丧失居住地或栖身地。

显著变化或退化。①因土地或水域使用方式重大而长期的变化，造成的栖息地生态功能完整性的消失或严重退化；②栖息地的生态功能发生变化，在很大程度上削弱了该栖息地维持当地物种种群数量的能力。

C.1　背景及前言

（1）亚洲开发银行（简称"亚行"）的业务政策包括三项保障方面的政策，即《非自愿移民政策》（1995）、《原住民政策》（1998）和《环境保护政策》（2002）。这三项政策都需修订。亚行需要应对发展中成员体在发展过程中面临的环境和社会挑战，根据从当前保障政策中所吸取的经验教训做出相应调整，使之适应新的贷款方式和融资工具。此外，亚行的政策应参考其他多边金融机构及私营部门（如遵循赤道原则的金融机构❶）的成功经验。2004 年12 月，亚行管理层批准了保障政策修订的概念性文件，以提高亚行保障政策的效率，并确保这些政策能满足客户变化了的需求及适应新的业务机会。

（2）保障政策修订的目的在于：①更好地阐述保障政策，以提高其清晰度、一致性及连贯性；②在实施过程中采取关注项目成果的措施，与项目前期工作相呼应；③使政策实施适应贷款产品的发展和金融创新；④加强与其他多边金融机构之间的协作，并针对不同机构和人员能力的客户制定不同的保障措施；⑤改善内部操作程序和资源配置。

（3）保障政策修订使得亚行的保障政策更加完善，新的政策包含以下部分：

1）《保障政策声明》：明确亚行保障政策的总体目标，阐述政策原则，确定亚行保障政策的实施过程。《保障政策声明》根据当前和未来的贷款工具制定，旨在满足发展中成员体公共和私营部门具有不同特点和要求的客户。

2）系列保障政策规则：借款人/客户必须满足这些规则的要求，以应对社会和环境方面的影响和风险。亚行工作人员通过尽职调查、评估和监督，保证借款人/客户在项目准备和实施期间的行为都符合要求。根据具体情况，亚行可能提出其他保障要求或更新现有的要求，以提高效率，应对需求变化，并参考新的成功经验。

3）《业务手册》：规定尽职调查和对整个项目周期的监督活动的内部程序。

（4）经亚行董事会批准，《保障政策声明》及其对借款人/客户的要求将取代当前的三项保障政策。新的《业务手册》将取代现有《业务手册》的 F1、F2 和 F3 部分。亚行将修订其《移民安置手册》❷和《环境评价导则》（2003），并制定《原住民手册》，为相关活动提供详细的技术指导和建议。

（5）《保障政策声明》的征求意见稿已于 2007 年 10 月发布在亚行的官方网站上，以征求外部意见。在征求意见期间（2007 年 10 月—2008 年 4 月），亚行邀请各利益相关方，在亚太地区和其他地区举行了 14 次研讨会，广泛听取意见和具体建议。亚行还通过书面形式、主题讨论会、非正式会议和电话会议等形式，收集了众多反馈意见。所有的意见在咨询结束以前都发布在亚行的网页上。作为对来自各方的意见的回应，亚行管理层决定在这些意见和建议的基础上发布《保障政策声明》第二稿，并在马尼拉再举行一次研讨会，以便利益相关方对第二稿进行评估。

（6）《保障政策声明》的第二稿于 2008 年 10 月 3 日至 12 月 4 日发布在亚行的网页上，征求公众意见。收集的意见和亚行的回应的详细资料也于 2008 年 10 月 9 日发布在亚行"保障政策修订"的相关网页上，其中包括 14 个国家/地区 2007 年 10 月 12 日—2008 年 10 月 24

---

❶ 这些金融机构采用了赤道原则。赤道原则是一个由非官方金融机构制定的原则框架，强调在设计金融工具时要重视环境和社会风险。

❷ 亚行，1998。《移民安置手册：成功的实践》，马尼拉。

日的讨论结果和书面意见。初步的保障评估程序（《业务手册》草案）已于 2008 年 10 月 24 日完成。此外，应各利益相关方的要求，网页上还发布了《术语表》草稿。为对《保障政策声明》第二稿进行全面而充分的讨论，亚行于 2008 年 11 月 18 日至 21 日在马尼拉举行了研讨会，重点是就利益相关方对征求意见稿提出的意见作出解释（可参见亚行"保障政策修订"网页上有关利益相关方咨询意见的报告）。

（7）《保障政策声明》的草稿于 2009 年 1 月完成并提交亚行董事会，以便董事会成员审查和提出意见。董事会于 2009 年 2 月对此进行了讨论。本文件是《保障政策声明》的最终草稿，是内部和外部协商的结果，综合了亚行董事会及其员工，外部的利益相关方，包括政府、民间组织、私营部门以及学术界的意见。

C.2 环境变化

（1）亚洲和太平洋地区是世界上人口最多和增长最快的地区，正在发生着惊人的社会和环境变化。人们越来越关注许多亚洲国家发展的可持续性。快速的工业化和城市化，对自然资源需求的日益增长，引发了土地使用方式和居住方式的变化，水资源质量和数量下降，生物多样性受到威胁，森林和土地退化，污染加剧，威胁着人类健康。这些因素对贫困人群的影响尤其严重。高人口密度、城市发展和基础设施建设对土地需求的增长，增加了与非自愿移民相关的风险，对贫困人群和原住民等弱势群体的影响尤其严重。全世界有 2.5 亿原住民，其中大约 70%生活在亚太地区。大约有 120 种语言即将或已经消失，反映了原住民文化及其完整性面临的威胁。亚太地区面临的挑战是，防止环境恶化和非自愿移民导致的贫困，承认原住民和其他弱势群体的特殊需要和尊重他们的权利，调整发展政策，培养发展中成员体应对这些挑战的能力。

（2）发展中成员体已经在不同程度上对各自面临的环境和社会挑战采取了应对措施。有些发展中成员体已经调整了环境和社会保障政策以及监管结构，但有些发展中成员体的相关制度建设仍然滞后，往往要依赖捐赠方的政策和程序。亚太地区的发展进程改变了公共和私营部门、民间组织和社区的定位和责任，更加注重社会和环境的可持续发展，并对信息透明度和公民参与度提出了更高的要求。与之类似，商业银行和金融中介面对公众要求它们切实担负起社会和环境责任的压力，也扩展了自己的定位和责任。发展中成员体越来越认识到必须根据国际先进经验调整自己的标准，提高自身应对全球和地区性环境和社会风险的能力，推动社会和环境的可持续发展。此外，私营经济的支持者越来越愿意采用对社会和环境负责的先进投资方式，如果有对社会和环境明显有利的商业项目，它们甚至能比监管条例的要求做得更多。

（3）多边金融机构修订了它们的环境和社会保障政策，以确保这些政策能适应需求的变化。世界银行在 2005 年启动了一个项目，尝试在世行支持的活动中采用各国家的保障程序，解决社会和环境保障问题❶。2008 年 1 月，世界银行发布了各国家的保障程序试点项目的第一阶段的评估报告❷。在报告的基础上，世界银行批准继续该项目，并扩大其规模，从项目层面提升到国家层面，以引导借款人和其他发展伙伴在更大范围实施其保障政策，以更加可持续的方式促进借款人的能力建设，这比在项目层面推行这些措施更为可行。世界银行还于 2005 年修订了原住民保障政策，于 2006 年修订了关于物质文化资源的政策，以应对环

---

❶ 世界银行. 2005.《在银行支持的项目中开展借款人系统应用试点工作，应对环境和社会保障问题》. 华盛顿特区.
❷ 世界银行. 2008.《应用各国家的保障程序应对环境和社会保障问题第一阶段试点项目的评估报告》. 华盛顿特区.

境的变化。2006 年，国际金融公司制定了《社会和环境可持续的政策和绩效标准》❶，对私营部门实行结果导向的标准，并向其介绍成功经验。有 60 多家商业金融机构在项目融资中采用国际金融公司的新绩效标准。同样是在 2006 年，泛美开发银行公布了它的《环境和保障合规政策》❷，有选择地使用各国自己的保障程序。2008 年 5 月，欧洲复兴开发银行发布了《环境和社会政策》❸及 10 项操作要求，取代其 2003 年的《环境政策》。欧洲复兴开发银行的新政策和操作要求的内容和国际金融公司的保障政策类似，但反映了其业务特点和基于欧洲环保原则的承诺。欧洲复兴开发银行是欧洲环保原则的签约方。

（4）人们越来越强调援助者需结合各国家的保障体系开展工作。2005 年，《援助效率巴黎宣言》明确了世界范围内援助方和受援方的义务，以加强对援助的管理、提高效率、减少贫困和不公正，促进发展和能力建设，加速实现千年发展目标。《宣言》提出了五项原则：尊重国家主权；援助项目应和受援方的发展战略、主要需求和相关程序保持一致；援助方的行动要协调一致；加强对发展成果的管理；对等责任。这些原则强有力地推动了援助方把自身对社会和环境的关注与发展中受援方的发展战略和重点项目结合起来，使它们在应对社会和环境问题时行动更加协调。2008 年通过的《阿克拉行动议程》再次确认了这些原则，并强调了各国家的保障程序的重要性。亚行就如何更好地支持普通资金源借款人征求了各方的意见，各方的意见显示，公共部门的客户总体上认可亚行的保障目标和原则，但有些普通资金源客户认为自己的保障程序流程比亚行的流程能更好地支持各方认可的保障原则。

（5）亚行业务的性质也在发生变化。针对预期的经济发展和亚太地区发展、援助和金融形势的重大变化，亚行将积极进行调整以适应这些挑战，但仍会致力于它的首要任务：减少亚洲和太平洋地区的贫困。亚行关注并通过自己的活动致力于推动共享式增长、环境可持续增长和地区一体化。亚行的 2008～2020 长期战略框架❹（《2020 战略》）重点关注五方面推动变革的因素：①私营部门的发展和运作；②完善的治理和能力建设；③性别平等；④知识解决方案；⑤合作。亚行将把工作更加集中在五个核心领域：①基础设施；②环境，包括气候变化；③区域合作和一体化；④金融部门的发展；⑤教育，私营部门项目的扩大、多样化的投资、金融部门和资本市场中客户类型多样化，加上日益增多的大规模基础设施工程高度复杂和敏感的社会和环境影响，都要求对保障政策加以修订，以保证项目在社会和环境方面的可持续，这对取得积极发展成果非常重要。

（6）2004 年 8 月，亚行采用了综合改革议程，并推出了新的贷款模式和工具，以提高其业务的发展效率。亚行最近的业务规划（发展成果管理、创新与效率计划，以及加强对中等收入成员体和普通资金源借款人的支持）都是与提高援助效率的国际共识相一致的。制定目前的保障政策时，直接的项目贷款是发展援助的主导形式。保障政策需适应亚行贷款产品发展和金融产品创新的需要，而传统的项目层面的保障措施往往不能很好地适应这些新模式的要求。新的贷款模式和融资手段，如多批次融资工具就增加了执行保障政策的复杂性，难以保证满足所有相关的要求。新的贷款模式、金融创新的趋势，以及客户情况的变化，都要求提高亚行保障政策的效率和相关性。

❶ 国际金融公司. 2006.《社会和环境可持续政策和绩效标准》. 华盛顿特区.
❷ 泛美开发银行. 2006.《环境和保障合规政策》. 华盛顿特区.
❸ 欧洲复兴开发银行. 2008.《欧洲复兴开发银行环境和社会政策》. 伦敦.
❹ 亚洲开发银行. 2008.《2020 战略：亚洲开发银行 2008～2020 的长期战略框架》. 马尼拉.

C.3　当前的保障政策和经验

1.　亚行现行的保障政策

（1）亚行的保障政策框架。保障政策一般被理解为一种操作性政策，目的是避免、减少或缓解项目对环境和社会的负面影响，包括保护那些在发展过程中有可能受到影响或被边缘化的人群。亚行的保障政策框架包括三项业务政策——环境❶、原住民和非自愿移民。在实际业务中，执行这些政策需要参考《业务手册》的"环境因素"❷、"非自愿移民"❸和"原住民"❹部分。亚行的《移民安置手册》和《环境评价导则（2003）》介绍了执行保障政策的成功经验。除去三条保障政策外，有几项部门政策也有环境保障的内容，例如关于水资源、能源和森林的政策。

（2）保障要求。三项保障政策都涉及在整个项目周期中评估影响、做出规划和减少负面影响的标准程序。保障政策要求1）在项目周期初期确认并评估可能产生的负面影响；2）制定和实施计划，以避免、减少、减缓或补偿可能产生的负面影响；3)在项目准备阶段和实施过程中，要及时向受影响人群发布信息，征求他们的意见。保障政策适用于所有亚行资助的项目，包括私营部门业务，并适用于项目的各个组成部分。《业务手册》中对于内部程序有详细说明，包括类似的操作步骤：1)一旦确认某项目可以获得亚行资助，就要在尽早梳理并界定相关问题，并在整个项目周期中持续进行；2)对不利影响做出评估，制定保障计划，安排减缓措施、监督程序以及机构设置，并将保障政策融入项目的设计和实施过程；3)在项目准备和执行期间，征求受影响人群的意见，并以他们能接受的方式、方法和语言发布信息；4）应向公众披露保障计划，并在项目周期的各个阶段及时更新信息❺。亚行的保障政策要求项目同时遵守亚行自身和发展中成员体的保障要求。

（3）作用和责任。现有的三项保障政策的一个基本原则是，执行政策条款是借款人/客户的责任。借款人/客户要进行社会和环境评价，与受影响的人群和社区协商，准备、实施保障计划并监督其执行情况，准备和提交监测报告。亚行的任务是向借款人/客户解释政策要求，通过能力建设项目帮助他们在项目准备和实施过程中满足这些要求，进行尽职调查和审查，审查和监督项目执行情况。虽然亚行在项目执行过程中进行监督，确保保障政策的要求得以满足，但亚行的相当一部分注意力放在了整个项目的准备和批准阶段。亚行的项目完工报告和项目效果评估报告都包括对保障政策执行情况的评估。

2.　合规监督

（1）合规制度。亚行2002年机构改组后❻，建立了监督项目是否符合保障政策要求的制度安排。在环境和社会保障处的支持下，亚行的首席合规检察官负责就如何遵守保障政策以及相关的程序和原则向管理层和业务部门提供建议。在整个项目周期都会对是否符合保障政策要求进行监督。如果某一项目有违反保障政策的风险，管理层评估会议会提出改进措施，员工审查委员会将再次审查该项目是否符合规定。业务部门将采取措施确

---

❶ 《环境政策》包括五个要素，但只有第五个要素属于环境保障议题（在亚行的业务中综合考虑环境问题，第30段，第50～70段）。
❷ 亚洲开发银行. 2006.《业务手册》F1：亚洲开发银行业务中的环境问题. 马尼拉.
❸ 亚洲开发银行. 2006.《业务手册》F2：非自愿移民. 马尼拉.
❹ 亚洲开发银行. 2006.《业务手册》F3：原住民. 马尼拉.
❺ 亚洲开发银行的《公共信息交流政策》提出了对亚行各类项目的要求，包括保障问题。
❻ 亚洲开发银行. 2001.《亚洲发展银行的重组》. 马尼拉.

保项目在提请董事会审议前满足保障政策要求。在项目实施期间，评估活动仍会继续，以保证项目活动符合相关法律文件中的保障条款，在项目出现违反保障政策的风险时采取适当的控制措施。

（2）问责机制。2003 年 5 月，亚行采用了一项新的问责制❶，以便利益受到亚行援助项目侵害的人们可以发表意见、寻求解决方案，以及报告可能违反亚行政策和程序（包括保障政策）的行为。新的问责机制取代了亚行的《检查职能》（1995）❷。新的问责制包括两个独立而又有关联的功能：①协商，由亚行项目特别协调人负责，帮助利益受到亚行援助项目侵害的人寻求解决问题的方案；②帮助利益受到亚行援助项目侵害的人向亚行的合规检查小组提出书面要求。

3. 亚行保障政策的经验

（1）环境。亚行于 1979 年在其贷款业务中正式引入了环境评价❸。到 2002 年采用现行的《环境政策》时，亚行已积累了 20 多年的环境评价和管理经验。在这期间，政策原则和环境保障最初只是关注技术评估和缓解措施的水平，目前已逐渐发展到强调发展和实施综合性的环境管理计划。综合管理计划的关键部分是减缓措施、监测程序、成本估算、预算以及实施机构。此外，环境评价过程强调与公众协商、充分批露信息和制定替代方案。尽管与之前相比，操作程序的合规性已经有了很大的提高，但在实质方面的合规性（真正把环境评价的结果和建议融入项目设计，借款方/客户对环境管理计划的自主权，以及环境管理计划的执行效率）仍然存在问题。

（2）2006 年，业务评估局的《环境保障专项评估报告》❹认为，亚行的环境政策中的保障部分是有效的，有效避免了亚行援助的项目产生重大负面环境影响，但较高的交易成本也影响了项目的效率。该报告建议对《环境政策》进行修订，以便：①将重点从项目的前期审查和批准转移到结果控制上来；②更好地将各国的保障程序和步骤与环境评价政策结合起来；③把推行政策的重点从项目本身扩展到能力建设；④有效整合环境保障和社会保障措施，促进可持续发展。报告还建议亚行考虑：①增强各代表处的环境专业力量；②使非政府组织发挥更大的监督作用；③重新采用评估环境敏感 B 类的项目分类标准以及 A 类项目 120 天的信息公示规定；④加强各国家的保障程序；⑤制定执行修订后的环境政策的行动计划，要特别注意保证亚行的能力与政策要求匹配。

（3）非自愿移民。在世界银行关于非自愿移民政策的基础上，亚行于 1995 年制定了《非自愿移民政策》。亚行援助的项目越来越复杂，这些项目必须解决与项目相关的财产问题、资产问题，以及虽不搬迁但失去生活来源等问题，在城市地区还有那些非正式居民的问题。执行该非自愿移民政策的经验表明有许多方面有待改进，包括：①如何处理那些没有明确土地产权的人（例如私占土地和住房者，以及非正式居民）；②移民安置补偿的内容应包括合理的搬迁费用、重建和/或恢复费用以及生计安排；③明确区分受影响的人群和搬迁移民；④发展中成员体开展影响评估、制定和实施移民计划的能力建设。

---

❶ 亚洲开发银行. 1995.《监测作用评估：建立新的亚洲开发银行问责机制》. 马尼拉.
❷ 亚洲开发银行. 1979.《亚洲开发银行业务中的环境问题》. 马尼拉.
❸ 亚洲开发银行. 1979.《在亚行的业务中对环境的考虑》. 马尼拉.
❹ 亚洲开发银行. 2006.《环境保障的专项评估报告》. 马尼拉.

（4）业务评估局 2006 年关于非自愿移民的《专项评估报告》❶认为，亚行非自愿移民政策对于解决受影响人群面临的问题和提高发展中成员体的安置能力方面是广泛有效的。然而，报告认为其成本和过程缺乏效率；考虑到政策执行给亚行和借款人/客户带来的交易成本，现行政策方法的可持续性也不高。因此，报告建议在保障政策修订期间，亚行应：①协调 1995 年版非自愿移民政策和《业务手册》之间的不同之处，并明确政策的范围是否同时包括实际搬迁和经济转型；②澄清含糊不清的关键条款和政策执行方式，包括重置成本、补偿和搬迁补助、私占土地和住房者的权利以及征地手续；③设计基于结果的框架和绩效标准；④加强发展中成员体的能力，并依靠各国家的保障体系进行土地征用和提供安置保障；⑤为非自愿移民制定明确的操作指南和执行程序，《专项评估报告》还指出了政策要求和现有职员配置不匹配的问题，建议保障政策修订中应该包括政策的实施计划。

（5）原住民。亚行于 1998 年公布了其《原住民政策》。该政策中对原住民的宽泛定义，与近几十年来形成的国际共识，国际机构，如联合国和国际劳工组织对原住民的划分标准，以及国际法承认的原住民身份是一致的。由于亚太地区各国家和地区历史、文化、意识形态、经济资源、人口以及政治制度的巨大差异，这一政策在亚太地区的实施面临着特殊的挑战。各成员体的法律和对原住民的定义（如果有的话），很少能和亚行的政策完全一致。政策执行过程中取得的经验也不尽相同，该政策的实施仍然面临以下主要挑战：①承认原住民的文化特点和对他们世代生活的土地和享有的资源的权利；②使受影响的原住民能和其他社会群体一样公平地分享发展成果；③在规划和实施可能对原住民产生影响的项目时，与他们进行有效的和符合其文化传统的协商。

（6）2007 年业务评估局关于原住民的《专项评估报告》认为，原住民的保障政策❷与亚行及其借款人/客户是相关的，但不是很有效。亚行援助的项目一般会避免或减缓不利影响，但这基本上是由于执行移民计划和环境管理计划的结果，而不是由于执行了原住民保障计划。按照《专项评估报告》的意见，在存在其他保障计划的情况下，缺乏增值功效的原住民保障计划使得现有政策措施缺乏效率，而且因为亚行和其借款人/客户将因此承担高昂的交易成本而缺乏可持续性。《专项评估报告》建议在保障政策修订期间，亚行应：①澄清原住民政策中存在误解或含糊不清的地方，包括原住民的定义；②如果项目对原住民的影响主要涉及移民和环境问题，就应把与原住民有关的议题整合进移民计划或环境治理规划；③在项目准备和实施期间明确与协商步骤有关的要求；④在贯彻原住民保障政策时，制定进行能力建设的连续性措施；⑤制定实施原住民保障政策的计划。对关于原住民保障、环境和非自愿移民保障的专项调查报告，亚行管理层作出了回应，董事会发展效率委员会也提出了建议，相关内容都发布在亚行网站上❸

（7）跨领域问题。近年来，在亚行内部对环境和社会保障政策的评估也强调了必须改善政策绩效。与项目准备和实施有关的问题包括：①协商和信息公开的质量；②充分地评估发展中成员体的制度框架和能力；③项目周期中保障计划制订的顺序优化；④保障文件的质量参差不齐。另外，为保障政策分配足够的预算资金也至关重要。项目实施过程中出现的问题主要是：①满足保障政策要求所需的预算（调整设计方案、补偿金支付等）；②减缓措施的落实；

---

❶ 亚洲开发银行. 2006.《非自愿移民保障问题专项评估》. 马尼拉。

❷ 亚洲开发银行. 2007.《原住民保障问题专项评估》. 马尼拉。

❸ 亚洲开发银行. 业务评估局承担的亚行保障政策独立评估. http://www.adb.org/Evaluation/safegard-policies.asp。

③确保根据工程详细设计和项目影响范围的变化及时更新保障计划；④提高承包商层面的监督效率；⑤确保亚行进行充分的监督和检查项目是否符合政策要求，尤其是对基层的监督。

C.4　主要的政策问题和考量

C.4.1　政策的表述和范畴

（1）改进政策的清晰度，连贯性和一致性。尽管三项保障政策具有共同的要素和原则，但仍存在一些含混不清、重复和不一致之处，例如：①明确环境评价应包括哪些社会因素；②非自愿移民政策中又包括了一些原住民政策的内容；③三项政策都需要公开信息和协商，但相关要求和过程没有协调起来；④保障政策对不同贷款业务的适用程度以及这些业务的操作程序都不尽一致；⑤目前的程序要求中穿插了一些关键的政策原则，有些情况下过分强调遵守程序其实对政策目标的实现来说并无帮助；⑥目前的政策和操作程序也没有明确区分对亚行员工的指令和对借款人/客户的要求，导致双方责任和义务界限不清。让各项保障政策更加协调，政策原则、对借款人/客户的要求和内部操作程序更加明确，有助于亚行员工和借款人/客户理解应该怎么做才能实现保障政策的目标，以及他们各自在促进发展绩效中的不同作用和责任。

（2）区别保障目标和发展愿景。在三项保障政策中，"零伤害"因素在某种程度上都与主观的发展愿望混在一起。例如，亚行的环境政策包含五个要素：①推行环境措施，以减少贫困；②把环境问题融入经济发展的主流观点；③维持全球和地区性的生命保障体系；④建立伙伴关系；⑤将环境保障措施融入亚行的业务。但是，前四个要素涉及的都是亚行的环境战略，第五个要素才涉及项目层面上的环境保障和评估。把相互关联的环境保障政策愿景与环境保障的具体要求区分开来，才能在处理具体问题时把重点放在如何正确实施各项政策上。同是，环境政策愿景会通过组织层面的战略表现出来。类似的情况是，在更高的战略层面强调原住民政策的愿景，会比局限在保障协调性的范围内更有效。《保障政策声明》把重点放在保障方面，而不是内容更广泛的政策愿景，是恰当的。

（3）在其他政策和战略中强调环境保障政策因素。与环境相关的问题中，有几项保障要求分散在亚行的不同部门及其负责的政策和战略中。在这些其他政策和策略的实施过程中，对保障要求的处理方式零散而没有系统，在一定程度上要依赖亚行的环境政策操作程序。这种分散的处理方式影响了对项目效果的全局性认识。另外，现《环境政策》中的保障内容主要关注环境评价的原则和程序，并没有明确提出政策的原则和要求，解决与污染防治（包括温室气体排放）、生物多样性、自然资源管理和物质文化资源相关的项目影响与风险。环境评价基本上是以一种设定的方式在处理这些问题。所以亚行应将分散在其他部门政策与战略中的环境保障内容整合在一起。要明确环境保障的政策原则和要求包括部门议题，覆盖以下内容：①环境评价；②污染防治；③生物多样性及自然资源的管理；④职业和社区的卫生与安全；⑤物质文化资源保护。

（4）综合考虑社会各方面的问题，如核心劳工标准和性别问题。一些利益相关方要求将核心劳工标准和性别问题的政策内容引入《保障政策声明》。核心劳工标准和广泛意义上的社会保障已经被纳入亚行的《社会保护战略（2001）》。《业务手册》中也有亚行业务如何处理社会问题的相关内容。❶亚行的《性别与发展（1998）》和与之配套的《业务手册》中关于性

---

❶ 亚洲开发银行. 2006.《业务手册》C3：在亚洲开发银行的业务中引入社会维度. 马尼拉.

别与发展的内容，已经对性别问题给予了特别关注。❶然而，当某些性别问题与保障政策密切相关时，保障政策中也应包含相应内容。

（5）使保障政策的适用范围和启动条件更加明确。亚行在执行非自愿移民政策和原住民政策中取得的经验表明，有必要进一步澄清每个政策的适用范围和启动条件。正如专项评估报告所指出的，《非自愿移民政策》需要明确其启动条件是土地或依附于土地的资产被非自愿征用、对土地的使用方式受到限制，以及被限制进入依法设立的保护区。同时需要明确现有政策同时适用搬迁和经济上的影响，并明确定义相关概念。有些项目会导致某些自然资源的使用方式受限，如无法进入下游的渔场或者水资源供应减少。保障政策需要包括这些并非由征地引起的问题，需要明确将采取措施避免这些影响、将负面影响减少到最低限度或给予补偿。

（6）现有的《原住民政策》没有对原住民的清晰的操作定义。在政策执行过程中需要对原住民进行确认，而原住民群体对他们世代居住的领地和他们共有的权利有不同理解，需要根据具体情况具体分析，更增加了确定原住民身份的复杂性，因而有必要明确制定确认原住民身份的依据。此外，应以对原住民的尊严、人权、生计方式、文化、世代居住的领地、共同资产以及地域、自然和文化资源的影响为依据，确定启动原住民政策的条件。

（7）促进协商和参与。协商和参与对于实现保障政策的目标是至关重要的。亚行的现有保障政策有各种协商要求，保证在制订保障计划时事先与受影响人进行协商，并在项目执行过程中继续进行协商，以识别和处理可能出现的保障问题。亚行应明确要求借款人/客户在执行三项保障政策时与受影响的人群和社区进行有效协商。此外，亚行应明确"有效协商"的含义。对于政策执行过程来说，有效协商应包括：①在项目准备阶段就开始协商，并且在整个项目周期中坚持协商活动；②以适当的方式，及时向受影响的人群披露足够的有关信息；③在协商过程中不能有威胁或强迫；④不应存在性别歧视，考虑贫困人群和弱势群体的需求；⑤在做出决定时，应考虑所有受影响的人群和其他利益相关方的意愿，如项目设计、影响减缓措施、分享发展成果和机会以及执行方面的问题。

（8）2007 年 9 月，联合国第 61 届大会通过了联合国关于原住民权利的宣言，宣言指出，在"原住民不受干涉地了解情况后并表示同意后，影响到原住民的项目才能继续"。这一没有约束力的声明得到了亚太地区许多国家的支持。既然承认原住民有主导自身发展道路的权利，并根据亚行董事会的决议，亚行的保障政策应包括：鉴于以下项目实施过程中原住民处于弱势，必须确认受影响的原住民同意后实施这些项目：①对原住民的文化资源和传统进行商业开发；②把原住民从他们传统或习惯居住的土地上迁走；③在原住民世代居住的土地上对其正在使用的自然资源进行商业开发，影响他们为谋生或因文化、礼仪及信仰等方面原因对土地的使用，从而损害了原住民文化特征和群体的完整性。对政策执行来说，受影响的原住民的同意指受影响的原住民社会作为一个整体，通过大家和/或他们公认的代表表示对项目活动的支持，个别人或个别群体的反对并不能否认这种广泛支持的存在。

C.4.2　政策运用和贯彻问题

（1）平衡项目准备和项目实施。现在的保障政策在执行过程中把相当一部分注意力放在项目准备阶段以满足程序和时间表要求，而在项目实施过程中对监督和结果重视不够。事先

---

❶ 亚洲开发银行. 2006.《业务手册》C2：性别和发展. 马尼拉.

做出的时间安排和操作顺序并不总是最优的，机械地遵循这些程序性要求并不能保证保障政策取得令人满意的结果。例如，在项目筹备和项目评估过程中，花费很多精力准备的移民计划草案主要依据的是项目的可行性研究报告，但绝大部分重要的移民计划制订和实施工作，实际上是项目实施过程中详细设计工作的一部分。同样，环境敏感项目需要投入大量人力准备环境影响评价报告，以满足信息发布程序的要求，但对正式的环境管理计划及其实施却关注不够，尽管整个项目实际上要在此基础上实施。亚行执行保障政策的经验和近来业务评估局和专项评估调查部门注意到，应该在项目实施过程中更加注重保障政策。相关的政策措施包括由保障政策专家加强监督、建立解决投诉机制、监测报告需经外部专家认可，以及建立独立的顾问团队。

（2）加强保障政策框架的应用。目前用于行业贷款和多批次贷款的保证政策框架（即环境评价政策框架，移民安置政策框架和原住民计划框架）是为在董事会批准贷款后的后续子项目或批次的准备在保障问题识别、评估、机构安排，以及应遵循的程序等方面提供指导。保障政策框架也制定子项目是否合格的标准，以保证识别和实施合格的后续子项目。然而目前的非自愿移民政策和原住民政策中没有明确说明如何运用保障政策框架的内容，而且三项保障政策都没有明确如何满足多批次贷款的要求；而且也没有针对项目中非敏感子项目如何使用政策框架的内容，而这些子项目的详细设计是在董事会批准后进行的。这些政策上的缺口已在政策修订时解决。此外，与此有关的一个关键问题是，如何保证借款人/客户在董事会批准项目后能切实有效地按照保障框架要求去准备和实施子项目。为了保证保障框架能得到有效执行，应更注重对于借款人/客户的制度能力的评估，并建立机制和采取措施加强能力建设并将其与项目设计整合起来。再者，应加强对子项目的监督与检查，以避免由于不遵守保障政策而造成的风险。

（3）金融中介业务中的环境和社会风险管理。亚行利用金融中介开展的项目正在逐渐增多，特别是与私营部门有关的业务。从保障政策角度看，金融中介项目对亚行业务提出了新挑战:亚行不能对子项目直接进行监督或施加影响，因为在对金融中介进行评估时还无法确定子项目，资金有被分散到众多的子项目中，并且金融中介可能有多个层次，使社会和环境风险管理更为复杂。目前的《环境政策》有一些关于金融中介业务的内容，但非自愿移民政策和原住民政策在这方面却是空白，因此需要弥补这些政策缺口。此外还需要澄清和详细说明：①在金融中介层面和子项目层面的政策要求；②亚行和金融中介客户的责任和义务。最好能基于可能发生的社会和环境影响和/或风险制定对金融中介的要求。这就需要亚行对金融中介的业务活动及其开展社会和环境影响管理的能力建设的尽职调查和审查。另外，金融中介可以考虑建立一个比三个分散政策体系更有效的综合性环境和社会影响管理体系。最后，虽然亚行目前不需要制定一个禁止投资领域的清单，但引入这一要求是有益的。

C.4.3　应对客户需求的变化与保障政策的可持续性

（1）加强和采用国家保障系统。亚行为提高对普通资金源借款人的支持力度开展的调查显示，许多借款人/客户认为在满足亚行保障政策的过程中花费成本太高，中等收入国家的代表认为相互认可的保障原则比单纯使用亚行的程序能更好地发挥作用。他们认为亚行的程序和做法有待改进，以更好地反映不同客户的需要和发展中成员体差距甚大的保障政策执行能力。亚行认识到发展中成员体有自己执行保障政策的体系，支持发展中成员体加强和使用其自身的体系有利于提高它们的独立性，强化发展效果，并降低交易成本。这也符合关于援助效率的巴黎宣言和阿克拉行动议程中提出的尊重国家自主权和与各国制度更加一致的趋势。参考世界银行采用国家保障系统的经验，亚行需要探索试用国家保障系统的方式，并在项目中加以实施。要确保坚持亚行的原则，同时管理好与国家保障系统相关的风险。所以应该逐步采取这些措施并包括以下要点：①采用国家保障系统的条件；②评估国家保障系统的方法；③协商和确认程序；④亚行和借款人的责任与义务；⑤实施程序和相关要求，如协调政策间的差别；⑥所需的资源。

（2）与其他多边金融机构保障政策保持协调。近五年来，有些其他多边金融机构已经或者正在修改它们的保障政策。这些机构的政策调整和成功经验都会影响亚行的业务。亚行有必要使自己的保障政策原则和要求与其他多边金融机构相协调，以提高发展绩效，降低交易成本，并鼓励合作。多边金融机构在确定共同的环境评价原则框架方面已经取得了进展❶，但仍需要继续协调机构间的保障工作。亚行认为有必要协调自己与其他多边金融机构的保障政策，尤其是协调关键的政策原则，各多边金融机构的操作程序需要适合各种各样的客户和情况。所以保障政策修订需要保证对环境政策、非自愿移民政策和原住民政策的原则和要求的表述方式应与其他多边金融机构一致，尤其是与世界银行、国际金融公司和欧洲复兴开发银行一致。

（3）与私营部门客户的合作。亚行对私营部门的投资项目在过去五年发展很快。私营部门客户群体有很强的异质性，不同客户的环境、社会意识和能力差别很大，他们投资的项目的范围和性质上也有很大的差别，例如，既有小型和中型的提高能效或发展可再生能源的企业，也有采掘、能源和基础设施领域的大型企业。这类项目的周期一般要比公共部门项目短得多，因此需要在较短时间内完成尽职调查。复杂的金融结构，如有特定目的的证券化工具，或多层次的金融中介，对亚行如何实施保障政策提出了挑战。尽管现有的保障程序对传统的基础设施项目依然适用，但不断变化的商业环境，持续进行的金融创新，以及亚行以更加复杂的方式在金融领域和资本市场发挥作用，都需要亚行开发新的政策措施。保障政策原则应公平地实行于公共和私营部门项目，但也要认识到这两类项目的准备程序可能有差异。

（4）加强亚行的能力建设，优化资源配置。提高保障政策效率需要亚行加强自身能力建设，尤其是在项目实施、国家保障系统评估和发展中成员体能力培养方面。这要求亚行加强自身能力建设，更好地了解发展中成员体的保障框架，监督保障政策的执行，并与借款人/客户一起处理保障政策执行过程中出现的实际问题。尤其是项目团队必须对保障政策的目的和原则有深入的认识，因为他们处在执行政策的第一线。在过去几年中，亚行就三项保障政策开展了员工培训项目，类似培训在总部和代表处都应继续进行。同时，业务部门和区域可持续发展局应更好地分配人力资源，能够在满足项目准备和尽责调查需求的同时，确保有足够的精力关注项目的实施和监督。一个迫切的需要是要为代表处配备相关的保障专家，尤其是在那些有众多复杂和敏感项目的发展中成员体的代表处。在政策执行和监督过程中优化资源配置仍然是提高保证政策执行效率的核心。

（5）降低交易费用。虽然由于注重了保障政策，亚行支持的项目的效率得到了显著提高，但有些借款人/客户仍质疑遵守亚行保障政策导致的过高的费用，或由于同时实施亚行和项目所在国两套要求而增加的不必要的费用。对执行保障政策的成本收益研究认为，这些

---

❶ 多边金融机构环境工作小组，2005。《环境评价的共同框架：良好的操作记录》。

政策是有助于保证项目可持续性的建设性措施[1]。尽管保障政策在执行中存在效率不高和导致不必要的费用等问题，但这主要是由于：①项目的要求超出了借款人的执行能力；②一些关键的政策要求比较模糊；③在批准保障计划时优柔寡断和拖延时间；④政策的应用僵化（注重对保障政策的"法律"解读，而不是专业判断）；⑤能力损耗（起因于机械地规定资金用途）。建议亚行通过以下措施，采用更具战略性的政策措施以提高政策影响，并降低成本：①明确多边金融机构和借款人各自的责任，特别是在高风险项目中；②解决政策含混不清的问题；③与其他多边金融机构协调政策措施以减少误解；④保证为提高内部技能水平和扩展项目监督配置足够的资源；⑤采取激励措施推动保障分析向上游环节延伸；⑥提高借款人的能力并更好地利用各成员体的保障系统。业务评估局就亚行保障政策的专项研究报告中也提出了类似的建议。保障政策修订工作认真考虑了这些意见，并在其五项推动措施中得以体现。

C.5　《保障政策声明》

C.5.1　关于亚行的承诺和政策原则的重要声明

（1）亚行强调环境和社会的可持续性是亚太地区经济增长和减少贫困的基础。所以亚行的《2020战略》强调帮助发展中成员体实现环境的可持续性和经济的共享式增长。此外，亚行承诺它支持的项目必须具备社会和环境的可持续性。在此前提下，《保障政策声明》的目标是通过保护环境和人口不受项目的潜在不利影响的伤害，提高项目成果的可持续性。

（2）亚行保障政策的目标是：

1）尽可能避免项目对环境和受影响人群产生不利影响。

2）如果负面影响不可避免，则尽量减轻和缓解项目对环境和受影响人群的不利影响，并/或给予补偿。

3）帮助借款人/客户强化它们的保障制度，以及发展应对环境和社会风险的能力。

（3）亚行坚持贯彻保障政策及实现其政策目标。亚行遵照《保障政策声明》提出的原则和要求，承担在整个项目周期开展尽职调查以及评估、跟踪和监督项目进展的责任。通过严格遵守社会和环境保障政策，亚行提高自身行动和决策的可预见性、透明度和可信度，帮助借款人/客户管理社会和环境风险，并促进投资在长期中的可持续性。要使这一承诺真正产生效果，需要亚行与其借款人/客户共同努力，但也要有分工。

（4）亚行的《保障政策声明》明确了三项保障政策的政策目标、范围和启动条件：

1）环境保障。

2）非自愿移民保障。

3）原住民的保障。

（5）要达到这些政策目标和贯彻政策原则，亚行采取了以下措施。为了帮助借款人/客户和他们的项目能取得预期的结果，亚行对借款人/客户提出了一系列具体的保障要求，以应对环境和社会风险。亚行的员工，通过他们的尽职调查和监督，确保借款人/客户在项目准备和实施期间遵守这些要求。这些保障要求包括以下内容：

1）保障要求1：环境；

2）保障要求2：非自愿移民；

---

[1]　世界银行. 2001.《开展业务活动的成本》. 华盛顿特区。

3）保障要求 3：原住民；

4）保障要求 4：对不同融资工具的特殊要求。

（6）亚行不资助不遵守其《保障政策声明》的项目，也不资助不遵守项目所在国的社会环境法律的项目，包括项目所在国按照国际法对项目提出的要求。此外，亚行不资助禁止投资领域清单所列的活动。

（7）此《保障政策声明》适用于所有亚行资助和/或亚行管理的主权和非主权项目及其子项目，无论其资金来源如何，包括贷款、捐助以及其他方式，如股权融资和/或抵押融资（以下统称"项目"）。

1）环境保障。

目标：保证项目的环境安全和可持续性，在决策过程中综合考虑环境问题。

政策范围和启动条件：如果项目有存在潜在的环境风险和影响，则需启动环境保障政策。

政策原则：

（1）使所有拟定项目尽早进入梳理程序，决定恰当的环境评价范围和类型，以便根据潜在的环境影响和风险开展相应的研究。

（2）对每个拟定项目进行环境评价，以识别项目在物质、生物、社会经济（包括通过环境媒介、卫生和安全、弱势群体和性别问题等渠道对受影响人群生计的影响），以及项目所在地物质文化资源方面直接的、间接的、累积的和引致的影响。评估潜在的跨地区和全球性的影响，包括气候变化。如果必要，启动战略性环境评价。

（3）针对项目的地点、设计、技术、结构及其对环境和社会可能造成的影响，制定替代方法，并说明选择某一替代方法的合理性。也可考虑取消项目。

（4）采取环境规划和管理措施以避免项目的不利影响，如果无法避免，则采取措施尽量减轻、缓解或弥补。制定环境管理计划，内容包括减缓措施、环境监测和报告要求、相应的机构或组织安排、能力建设和培训措施、项目日程安排、成本估算和绩效指标。环境管理计划的关键是把潜在的不利影响减少最低程度，避免对第三方造成实质性的伤害，以及遵循谁污染谁付费的原则。

（5）与受影响人群进行有效协商，并帮助他们在充分了解情况后参与到项目中。保证妇女参与协商的权利。在项目的早期准备阶段就应有利益相关方的参与，包括受影响的人群和有关的非政府组织，并保证他们的观点和诉求能被有效传递至决策者，作为其决策依据。在项目实施全过程中应不断和利益相关方协商，以处理与环境评价有关的问题。建立申诉机制，以便了解和解决受影响人群对项目的环境影响的关注和投诉。

（6）在批准项目之前，在合适的地点，用对方可理解的语言方式，及时向受影响人群和其他利益相关方公布环境评价草案（包括环境管理计划）。向受影响人群和其他利益相关方公布最终的环境评价及其修订版本（如有修订）。

（7）实施环境管理计划并监测其实施效果。记录监测结果，内容包括修正措施的制定和实施，并公布检测报告。

（8）不在重要栖息地设立项目，除非①项目不会产生危害重要栖息地自我修复功能的可测不利影响；②项目不会减少任何已知的濒危物种或极危物种的种群数量；③少量的不利影响可以消除。如果一个项目位于依法设立的保护区内，要制定额外的方案推动和促进实现该地区的保护目标。不得导致生物的自然栖息地出现实质上的变化和退化，除非：①没有任何替代方案；②项目的总体效益大大超出环境成本；③所有的影响和退化都得到了适当处理。在使用、开发和管理可再生自然资源时，必须制定措施预防可能产生的不良影响。

（9）参照国际公认的标准（如世界银行集团的环境、卫生与安全指南）认可的成功经验，实施环境污染防治措施。采用清洁生产和高能效措施。避免污染，无法避免时，将污染物的浓度和总量降到最低水平，包括生产、运输、处理、储藏而导致的直接和间接的温室气体、废弃物以及有害物质的泄露。避免使用国际上禁止使用或应逐步停止使用的有害物质。依据综合病虫害管理方法，采购、使用和管理杀虫剂，并减少对合成化学杀虫剂的倚赖。

（10）为工人提供安全和健康的工作条件，预防事故、伤害和疾病。建立预防和应急措施，以避免或减缓（如果无法避免）在卫生和安全方面对项目所在社区的不利影响和风险。

（11）保护物质文化资源，避免其受损或毁坏。在开展环境评价时，雇佣有相应资质及工作经验的专家进行现场调查。为应对项目实施过程中可能的"意外发现"，预先制定管理和保护措施。

2）非自愿移民保障。

目标：尽可能避免非自愿移民；研究和设计替代方案，最大限度地减少非自愿移民的影响；提高或至少将移民的生活水平恢复到项目实施前的水平；并且使被迁移的贫困人口和其他弱势群体的生活水平得到提高。

政策范围和启动条件：非自愿移民保障政策包括住所的迁移（搬迁、丧失居住地或栖身地）和经济上的被迫转型（失去土地、资产、获得资产的机会、收入来源，或谋生手段），由于①土地被征用，②被限制使用或进入依法设立的公园和保护区内的土地。不管这种损失或限制涉及全部或部分财产，也不论这种损失或限制是永久性的还是临时性的。

政策原则：

（1）尽可能早地启动对项目的影响进行梳理，识别非自愿移民的历史、现状，以及未来的影响和风险。通过调查和/或对项目影响人口的普查，确定移民计划的范围，包括性别分析，尤其是与移民影响和风险相关的分析。

（2）与受影响的人群、安置区和非政府组织进行有效的协商。让所有受影响人清楚他们的权利和可选择安置方案。保证他们能参与移民安置的规划、实施和监测评估。尤其要关注弱势群体的需要，特别是那些生活在贫困线以下的人口、失地者、老人、妇女、儿童、原住民，以及那些对土地没有法律权利的人们，并保证他们都能参与协商。建立申诉机制，了解受影响人群关注问题并研究解决方案。支持迁移人群的社会和文化制度，同时为安置区的本地人口提供帮助。如果项目非自愿移民的影响和风险极为复杂和敏感，在决定补偿和安置方案之前应该安排一个社会准备阶段。

（3）通过以下措施提高或至少恢复所有移民的生活水平：①如果搬迁人口以土地为生，应可能采用基于土地的安置策略；如果失去土地并不影响搬迁人口的谋生方式，可以考虑按土地的价值予以现金或其他形式的补偿；②尽快为搬迁人口提供等值或价值更高的资产重置；③及时足额按重置价补偿无法恢复的资产；④如有可能，通过项目收益分享方式提供额外的收入和服务。

（4）为受影响人提供的必要支持，包括以下几方面：①如有搬迁，则需确保安置土地的使用权，安置区应有良好的居住条件、就业和生产机会，使搬迁人口能在经济和社会上融入安置地原有社区，并能使当地社区因项目而受益；②过渡期提供支持和发展援助，如土地开发、信贷支持、培训或提供就业机会；③根据需要提供生活基础设施和社区服务。

（5）改善受影响的贫困人口和弱势群体（包括妇女）的生活水平使其至少达到全国最低保障水平。在农村地区，为他们提供获得合法和成本合理的土地和资源的途径。在城镇地区，应为他们提供适当的收入来源，获得合法和价格合理的住房的渠道。

（6）如果土地是通过协商解决方式获得的，应依据透明、一致和公平原则的制定相关程序，以保证参与协商的受影响人的收入和生活能维持原有水平，或有所提高。

（7）保证那些没有土地权利或也无法被法律认可土地权利的受影响人能够获得安置帮助和对非土地资产的补偿。

（8）制定详细的移民计划，详细阐述受影响人口的权利、恢复其收入和生活的策略、相关制度安排、监测和报告安排、预算以及明确的实施时间表。

（9）在批准项目之前，在合适的地点，用受影响人可理解的语言和方式，及时向受影响人和其他利益相关方公布移民计划草案（含协商过程的表述）。向受影响人和其他利益相关方公布最终的移民计划及其更新版本。

（10）把非自愿移民工作视为开发项目或规划的一部分。计算项目的成本和收益时要包括移民计划所需的全部费用。如果项目涉及的非自愿移民影响相当大，可以把非自愿移民作为一个独立的子项目进行实施。

（11）在受影响人口搬迁和被迫实行经济转型前，就应给予补偿和明确各项权利。在整个项目实施过程中，应密切监督移民计划的执行情况。

（12）监测和评估安置结果，考察它对受影响人群生活水平的影响，结合基底调查和监测结果，考察移民计划是否取得了预期效果。公布监测报告。

3）原住民保障政策。

目标：在设计和实施项目时，应对原住民对其自身的身份特征、尊严、人权、生活方式和文化特点的定义予以充分的尊重，以便原住民能够：①得到符合他们文化传统的社会和经济利益；②不遭受项目的负面影响；③能积极参与影响他们的项目。

政策范围和启动条件：如果一个项目直接或间接影响到原住民的尊严、人权、生活方式，或原住民的文化、领地，或他们拥有、使用、占有的土地，或他们认为自己世代拥有的领地或财产，就应启动原住民保障政策。原住民一词泛指那些有明显特征、弱势的社会和文化群体，这些群体在不同程度上拥有以下特点：①对特定的土著文化群体的自我身份界定，并且其他社会群体也承认这一群体的特征；②作为一个集体生活在项目所在地区内有明确地理界限或世代居住的领地，并依靠这些居住地和领地上的自然资源；③与主流社会和主流文化在传统文化、经济、社会或政治制度方面有显著区别；④使用独特的语言，往往与国家或地区的官方语言不同。确认这些特点时，需要综合考虑国家的立法、传统和该国参与的国际协议。被迫离开位于项目地区内具有明确地理界限或世代居住的领地的群体，也适用于该政策。

政策原则：

（1）尽可能早地对项目影响进行梳理，以确定：①项目地区是否有原住民或对该地区有集体归属感的原住民；②项目是否有可能影响原住民。

（2）开展符合其文化特点和性别敏感的社会影响评价，或使用类似的方法来评估项目对原住民可能产生的正面和负面影响。在考虑项目的效益分配和设计减缓措施时，应充分考虑受影响的原住民的偏好。准确识别项目效益是否适应包括性别和代际因素在内的原住民文化，并采取措施避免和/或减缓项目对原住民的不利影响。

（3）与受影响的原住民社区和有关原住民组织展开有效协商，以便他们参与：①设计、实施和监督各种措施，以避免不利影响，如果无法避免，则应设法尽量减少、缓解负面影响并给予补偿；②设计适应原住民文化的项目使他们受益。为了鼓励原住民积极参与，项目将提供符合包括性别问题在内的文化传统的能力建设。建立一个符合包括性别问题在内的原住民文化传统和性别平等的投诉机制，了解和解决原住民关注的问题。

（4）确保下列活动取得受影响的原住民的同意：①对原住民的文化资源和知识进行商业开发；②将他们从传统居住地上迁走；③在原住民聚居地进行自然资源的商业开发，影响了原住民的生活，或影响他们界定自身特征的文化、仪式或精神方面使用的这些资源。对政策执行来说，受影响的原住民的同意指受影响的原住民群体作为一个整体，通过个人和/或他们公认的代表表示对项目活动的支持，个别人或个别群体的反对并不能否认这种广泛支持的存在。

（5）最大限度地避免禁止原住民使用相关资源和将他们从保护区和自然资源区迁走。如果无法避免，要保证受影响的原住民群体能够参与对这些地区和自然资源的管理安排的设计、实施、监督，以及评估，并使他们能公平地分享项目的效益。

（6）以社会影响评价为基础，在有相应资质和经验的专家的帮助下，吸取原住民的知识，由受影响的原住民社区参与制定原住民计划（IPP）。该计划的内容包括：在项目实施过程中保持与受影响的原住民及其社区的协商安排；明确相关措施，保证受影响的原住民能得到符合其文化传统的利益；确定防止、减少和缓解项目不利影响或给予补偿的政策措施，包括符合原住民文化传统的投诉程序、监测和评估安排、预算和明确的实施行动时间表。

（7）在批准项目之前，在合适的地点，用对方可理解的语言和方式，及时向受影响人群和其他利益相关方原住民计划草案（包括记录协商过程的文件和社会影响评价结果）。向受影响人群和其他利益相关方公布最终的原住民计划及其修订版本（如有修订）。

（8）如果项目涉及以下情况，应当制定行动计划，在法律上确认其对土地和疆域或世居地的传统上的权利：1）项目活动要在原住民传统上拥有、使用或占有的土地上通过法律形式建立新的土地和疆域权利；2）征用这些拥有传统权利的土地。

（9）聘用有相应资质和经验的专家监督原住民计划的执行情况。如有可能，采用参与式监测方式，结合基底调查和对原住民计划的监测结果，评价原住民计划是否取得了的预期效果。公布监测报告。

（10）梳理和分类。亚行在掌握了足够的信息后，将在项目准备的最初阶段对项目进行梳理和分类。这是为了：①了解项目可能产生的影响和风险的重要性；②确定评估级别和保障措施所需的组织资源；③确定发布信息的要求。

（11）环境分类法。亚行使用一种分类体系反映项目对环境的影响程度。一个项目所属的类别是由它对环境最敏感的部分决定的，包括直接的、间接的、累积的和引致的影响。对每个计划的项目，都要根据其类型、地点、规模和对环境可能产生影响的大小，归入以下四类中的一类。

1）A 类。如果待议的项目可能对环境产生重大的、不可逆转的、多种形式或没有先例的不利影响，将被归入 A 级。这些影响的范围可能会超出项目所在地或所使用的工具的范围。对这类项目需要开展环境影响评价。

2）B 类。如果计划的项目对环境的潜在负面影响小于 A 级，将被归入 B 类。这类项目的环境影响局限于项目所在地，而且很少产生不可逆转的环境影响；与 A 类项目相比，在多数情况下都可以很快制定和采取减缓措施。对这类项目需要开展初始环境审查。

3）C 类。如果计划的项目只会对环境产生轻微的负面影响，或根本不会产生负面影响，将被归入 C 类。尽管对这类项目不需要开展环境评价，但仍需评价其环境影响。

4）金融中介类。如果待议项目涉及亚行向金融中介或通过金融中介进行投资，将被归入金融中介类。

（12）非自愿移民。亚行将审查所有项目，以确定它们是否涉及非自愿移民。对于涉及非自愿移民的项目，将根据其影响的范围和程度制定相应的移民计划。项目产生影响的程度取决于：①搬迁和经济转型的范围；②受影响人群的脆弱程度。

（13）原住民。亚行要对所有项目进行审查，以确定它们是否可能对原住民产生影响。对那些会影响到原住民的项目，准备原住民计划。依据其影响程度，确定原住民计划的细节和所包含的内容。项目产生影响的程度取决于：①对原住民使用和取得土地和自然资源的传统权利、社会经济状况、文化和社区的完整、卫生、教育、生活方式和安全状况的影响程度；②受影响的原住民的脆弱程度。

（14）信息披露。按照亚行的公共信息交流政策，亚行承诺与借款人/客户一起，在合适的地点，以合适的方式和受影响人群能够理解的语言，及时向受影响人群及其他利益相关方发布（包括社会公众）有关社会和环境保障的信息（不管是正面还是负面的），便于他们为项目设计和实施提供有价值的建议。亚行在其官方网站上公布以下保障文件：

1）对于环境 A 类项目，至少在提交董事会前 120 天公布环境影响评价报告草案。

2）环境评价和审查框架草案、移民框架和/或移民计划草案，原住民计划框架和/或计划草案在项目评估前公布。

3）环境影响评价和/或初始环境审查、移民计划和原住民计划的最终版本或修订版本。

4）在项目实施过程中借款人/客户提交的环境、非自愿移民和原住民计划执行情况监测报告。

（15）协商和参与。亚行承诺与借款人/客户合作，开展有效的协商程序。对政策执行来说，有效协商要求：①项目准备阶段前期就已启动，并贯穿整个项目周期；②以可理解和易获得的方式，及时并充分地向受影响的人群披露项目的相关信息；③协商必须在不受到威胁和强迫的条件下进行；④做到性别平等，及时应答，并特别考虑弱势群体的需求；⑤决策时考虑了所有受影响的人群和其他利益相关方的意见，如项目设计、缓解措施、共享发展成果和机会，以及执行中的问题。亚行要求借款人/客户采取与项目对社区的影响相匹配的方式，通过发布信息以及在此基础上的广泛参与，与受到影响的社区、各类团体和人群展开有效协商。对可能在环境、非自愿移民或原住民方面产生重大不利影响的项目，亚行项目团队将参与协商活动，以了解受影响人群的诉求，并保证在项目设计和各类保障计划中会包含解决这些诉求的措施。

（16）另外，亚行认识到在实施某些特定项目时，受影响的原住民可能处于非常弱势的地位。因此，这类项目中应通过有效协商确保得到受影响的原住民群体的同意：①对原住民的文化资源和传统进行商业开发；②把原住民从他们传统或习惯居住的土地上迁走；③在原住民习惯居住的土地上对其正在使用的自然资源进行商业开发，影响他们为谋生或因文化、礼仪及信仰等方面原因对土地的使用，从而损害了原住民文化特征和群体的完整性。对政策执行来说，受影响的原住民的同意指受影响的原住民社会作为一个整体，通过个人和/或他们公认的代表表示对项目活动的支持，个别人或群体的反对并不能否认这种广泛支持的存在。借款人/客户应确定受影响的原住民是否支持相关项目，如果项目得到了广泛支持，在原住民计划中应清楚地描述协商过程。亚行将审查借款人/客户记录协商过程的书面文件，还将开展独立的调查，确保受影响的原住民确实表达了对项目的广泛支持。如果项目没有取得这种广泛的支持，亚行将不会为项目提供融资。

（17）尽职调查和审查。对寻求资助的项目，作为尽职调查的一部分，亚行要进行保障措施审查，包括审查借款人/客户的书面保障文件。亚行在保障政策方面的尽职调查和审查，除了保障文件，还强调对环境和社会影响的评估和计划过程。尽职调查和审查包括实地考察和案头审查。通过这些工作，亚行可确认：①所有主要社会和环境影响和风险均已被确认；②保障计划和项目设计中已经包含了避免、尽量减少、缓解不利影响的有效措施，或相应的补偿措施；③借款人/客户理解亚行"保障要求"中的政策原则，承诺并具备相应能力应对社会和环境的影响和/或风险；④保障计划中对第三方的作用做出了合理的定义；⑤已按照亚行的要求与受影响的人群进行了协商。如果审查和计划过程或保障文件不符合亚行的保障要求，亚行会要求借款人/客户另外做出审查和/或改进保障计划。当借款人/客户没有足够的能力实施申请资助项目的保障计划，项目中还应包括加强其能力建设的子项目。对那些亚行认为高度复杂和敏感的项目，亚行将要求借款人/客户在项目准备和实施期间聘请一个独立的顾问团队❶。

（18）监测和报告。借款人/客户和亚行有各自的监测责任。监测活动的强度，包括其范围和周期，要视项目的风险和影响程度而定。亚行要求借款人/客户按照项目法律文件实施保障措施和有关保障计划，并定期就计划的执行情况提供监测报告。亚行要求借款人/客户：

1）建立并坚持监测保障计划执行情况的制度。

2）确保保障措施的实施及进展有助于取得预期成果。

3）编制和发布监测结果报告，并在定期的监测报告中确定必要的修正和预防措施。

4）跟踪这些政策措施的实施情况，确保保障计划能达到预期的结果。

5）由具备相应资质和经验的外部专家❷或合格的非政府组织取证具有重大影响和风险项目的监测信息。

6）对高度复杂和敏感的项目，聘请独立的咨询团队监测项目实施。

7）按照亚行要求的方式定期提交监测报告。

（19）亚行将根据借款人/客户在项目法律文件中的承诺评估项目的效果。亚行检查和监督的强度将视项目的风险和影响而定。对社会和环境保障的监测和监督将整合进项目绩效管理体系。亚行对项目的监测将持续到发布项目完工报告。亚行对项目执行情况将采取以下监测措施：

1）对那些产生负面环境和社会影响的项目，定期进行现场考察。

---

❶ 高度复杂和敏感的项目，是那些亚行认为有高度风险、有争议或涉及严重的、多方面和一般相互关联的潜在社会或环境影响的项目。

❷ 外部专家指不参与项目日常操作和监督工作的专家。

2）对产生重大负面社会或环境影响的项目，由亚行的保障专家/官员或项目咨询专家到现场进行细致的监督考察。

3）审查借款人/客户定期提交的监测报告，以确保项目的负面影响和风险已按计划和亚行的要求得到减缓。

4）与借款人/客户一起尽可能弥补未能实现的法律文件中的保障承诺，并采取补救措施使之重新符合保障要求。

5）编制项目完工报告，结合基底条件和监测结果，评估保障计划是否达到预期的目标和取得预期成果。

（20）申诉机制。亚行要求借款人/客户建立申诉机制，在项目层面了解和帮助受影响人群对项目的社会和环境影响的担忧和不满。申诉机制需按项目的风险和影响程度设计。它应能及时处理受影响人群的诉求和不满，并采用易于理解和透明的程序，不存在性别歧视，适应受影响人群和社区的文化传统，而且不同的受影响人群都能方便地通过它来表达意见。

（21）问责机制。受项目影响的人群也可通过亚行的问责机制投诉。问责机制提供了独立的论坛和渠道，受到亚行资助项目影响的人们可以提出问题，寻求解决方案，也可以举报他们认为项目中违反亚行政策和程序的行为。问责机制包括两个独立但有联系的部分：①协商阶段，由亚行的项目特别协调人牵头，直接向行长负责，以帮助受项目影响的人群解决问题；②合规审查阶段，由三人小组向董事会负责，合规审查小组调查被举报的违反亚行董事会规定的政策和程序的行为，包括保障政策，这些行为已经或可能对受项目影响的人群造成直接的负面影响和导致物质上的损失，就如何保证项目能按照相关政策和程序实施提出建议。

C.5.2　特殊要求

除了按照要求实施的标准贷款业务，在特殊情况下还需要采取特别措施来应对项目的社会与环境影响和风险。

a. 保障政策框架

（1）保障政策框架适用于行业贷款、多批次融资工具、紧急援助贷款或其他贷款方式，包括那些在获得董事会批准后才设计子项目或具体组成部分的项目。设置保障政策框架的目的在于保证子项目或项目组成部分能按照亚行的保障目标、原则和要求实施。保障政策框架（包括环境评价和审查框架、移民框架和原住民计划框架）应于项目通过评审前完成，以便为经董事会批准后设立的子项目和/或项目组成部分的梳理和分类、评估、规划、机构设置和操作过程提供指导。项目影响的评估和保障计划需在子项目或项目组成部分筹备期间，按照亚行和借款人/客户同意的保障政策框架制定。保障政策框架不适用于高度复杂和敏感的行业贷款的子项目，或多批次融资项目的行业贷款部分。

（2）在各个存在保障问题的领域都应建立保障政策框架：

1）充分反映项目筹备和实施，以及子项目和项目组成部分需遵循的政策原则和保障要求。

2）阐明申请融资项目中的子项目和/或其组成部分可预见的影响。

3）详细说明在子项目梳理和分类、评估和计划时需满足的要求，包括安排发布信息，与受影响的弱势群体（包括妇女）进行有效协商，投诉纠错机制，如果可能，还要包括用于选择子项目及/或项目组成部分的保障标准。

4）明确操作程序，包括预算、机构设置和能力建设的要求。

5）明确监测和报告要求。

6）详细说明借款人/客户、亚行和有关政府机构在准备、提交、评估和批准子项目保障文件，以及监督保障计划执行情况责任和权力。

（3）为了确定保障政策框架的应用是否合理，亚行将评估借款人/客户处理环境和社会影响和风险以及执行所在国家法律和满足亚行相关要求的能力。如果亚行的要求与所在国家法律存在差距，或借款人/客户的能力明显不足，保障政策框架应包括具体的补救措施，以保证符合政策原则和保障要求。

b．金融中介

（1）对于使用亚行资金投资或通过金融中介开展的项目，亚行要进行保障方面的尽职调查，评估引入金融中介和未来的业务组合的潜在环境和社会影响和风险，以及金融中介管理社会和环境风险的意愿和能力。所有金融中介都要保证其投资遵守所在国家的相关法律和条例，并且其获得亚行融资的子项目不得包含亚行禁止投资清单中的活动。如果金融中介投资的项目只有很小或完全没有对环境和社会产生负面影响时，它将被视为 C 类项目，不需再受其他特殊要求的约束。所有其他金融中介项目都要根据其未来业务的性质和风险，具有或建立环境和社会管理体系，作为金融中介项目管理制度的一部分。

（2）环境与社会管理体系将包含以下要素：①环境和社会政策；②梳理、分类和评估程序；③组织结构和人员安排，包括在环境和社会方面的技能和资质；④培训要求；⑤监测和报告。该体系必须以书面文件形式获得亚行和金融中介的批准。所有获得亚行融资的金融中介子项目，无论是通过信贷限额、其他贷款、股权融资、担保或其他融资方式，如可能对环境和社会产生重大影响，金融中介必须保证这些子项目能满足亚行的保障政策要求。亚行也可以根据金融中介的业务组合和项目所在国的保障体系，对金融中介的活动作出额外规定。亚行会依据其环境和社会管理体系监测金融中介的绩效。

（3）亚行将评估金融中介是否有足够的处理环境和社会影响和风险的能力。如金融中介的能力有缺陷，亚行和金融中介必须制定有明确时间要求的计划，解决这些问题。亚行要和客户一起提高应对环境和社会风险的整体能力。

c．加强和使用国家保障系统

亚行意识到发展中成员体已在不同程度上发展了自己实施保障政策的体系，支持发展中成员体加强和有效使用自己开发的系统，能提高它们的自主性、降低交易成本，在长期中扩大发展影响。亚行承诺支持发展中成员体加强和有效应用其国家保障系统，重点是支持借款人的能力建设。同时，亚行需要确保在亚行的项目中使用国家保障系统不会违反亚行的政策目标和原则。亚行加强和使用国家保障系统的总体战略具有以下特点，并强调分步实施：

1）定义。国家保障系统是指一个国家的法律和制度框架，包括国家层面、地区层面和行业层面有关保障政策的制度、法律、条例、规则和程序。

2）使用国家保障系统的前提——等同性和可接受度评估。在亚行资助的项目中采用国家保障系统不是自动或强制性的。亚行在国家层面、地区层面、行业层面或机构层面识别亚行资助项目的社会与环境风险后，可能会考虑采用借款人的国家保障系统，如果：（a）该保障系统和亚行的保障政策框架（经过等同性评估）具有等同的效力，即该保障系统的目标、政策范围、启动条件和适用原则都与此《保障政策声明》的规定一致；（b）（经过可接受度评估）借款人的操作实践、以前的业绩记录和能力都符合要求，并承诺执行国家层面、行业层面或相关机构的相关法律、条例、规则和程序。

3）加强国家保障系统和能力建设的必要性。如果借款人需要加强其国家保障系统以按照此《保障政策声明》的规定实现政策目标，确定政策范围、启动条件和适用原则，并承诺为此制定包含具体措施的行动计划，亚行可在确定它的等同效力后，对这些措施加以考虑。同样，如果借款人加强其操作实践和能力，并承诺实施包含具体措施的行动计划达到这一目标，亚行可以在确定其满意度后对这些措施加以考虑。这些具体措施应在借款人实施相关项目前启动，并可能得到亚行的帮助。

4）国家保障系统的适用范围。因为效力评估和满意度评估的范围随保障政策的不同而不同，所以一个国家、部门或机构可能适用一个、两个或所有三个保障领域，这取决于对国家保障系统的评估结果。

5）不采用国家保障系统的项目。对那些由亚行资助的高度复杂和敏感的项目，不能采用国家保障系统。

6）信息发布和协商。国家层面、地区层面、部门或机构层面的等同性和可接受度评估（包括相关补救措施）完成后，都应在亚行网站上发布评估结果草案，以便听取公众意见。亚行将在国内组织研讨会，征求利益相关方，包括政府和非政府组织的意见和反馈。等同性和可接受度评估的最终结果也将发布在亚行网站上。项目层面的满意度评估的信息发布和协商将依据项目准备阶段的正常保障文件发布和协商程序进行。

7）亚行的作用和责任。亚行负责评估和确定国家保障系统是否具有等同效力，借款方是否有足够的操作实践和能力。亚行在准备等同性和可接受度评估时，与其他可能的发展伙伴保持紧密协调❶。对那些采用国家保障系统的项目，和其他亚行资助的项目一样，亚行仍负有评估和进行尽职调查的责任。尽职调查和审查工作要按照国家保障系统和各方同意的行动计划的要求（而不仅仅是亚行的要求）进行。在董事会批准了某一采用国家保障系统的项目后，亚行将按照与其他亚行资助项目相同的程序进行监督。

8）借款人的作用和义务。借款人有责任使国家保障系统达到并保持同等效力，同时依照亚行的评估结果，开展可接受的实施活动，建立跟踪记录和进行能力建设。对具体的项目，借款人要确定国家保障系统中包含必要的条款，以满足此《保障政策声明》中的政策目标和原则的要求。这些条款可能会因项目的不同而不同，这取决于像国家保障系统的结构和业务类型这样的因素。在任何情况下，为达到和保持等同性和可接受的实施能力，这些条款和任何附加措施均成为借款人对亚行契约性补偿的合同义务的一部分。

9）亚行的问责机制。采用国家保障系统不会影响亚行问责机制的作用。

10）分步实施。本政策生效后，三年内国家保障系统的使用只涉及少数发展中成员体，重点放在地区、部门或机构层面。三年后将对采用国家保障系统的效果进行评估。

联合融资项目：

亚行致力于与借款人/客户和联合融资者采用单一的社会和环境评价、规划程序，统

---

❶ 近来由其他发展伙伴做的分析工作和评估，按照要求修改后可以使用。亚行鼓励借款人和其他开发伙伴的联合评估。

一的保障文件、协商措施和信息发布要求，以符合亚行和联合融资者的保障政策原则和要求。

C.5.3 作用和责任

（1）亚行的作用和责任。

1）亚行的作用和责任包括：梳理项目并说明亚行的保障要求；开展尽职调查；审查借款人/客户的社会和环境评价和计划，以保证能按照亚行的保障政策原则和保障要求的规定，采取措施尽可能避免、（如无法避免）减少、缓解项目对社会和环境的负面影响并作出补偿；决定亚行融资的可行性，帮助借款人/客户建设其开展保障工作的能力；在整个项目周期检查和监督借款人/客户管理社会和环境风险的绩效。亚行在其网站上发布保障计划和框架，包括社会和环境评价及监测报告。

2）如果借款人/客户不能按照法律协议满足保障要求，包括保障计划和框架中的要求，亚行将采取补救措施，并和借款人/客户共同努力，使项目重新符合相关要求。如果借款人/客户不能使项目重新符合相关要求，亚行可以根据法律协议采取法律补救措施，包括暂停、撤消或提前结束项目。在采取这些措施前，亚行会采用合同各方都能接受的其他补救措施，包括提议相关各方进行对话，以便符合相关的具有法律效力的协议。

（2）借款人/客户的作用和义务。

借款人/客户的作用和义务包括：评估项目及其对环境和社会的影响；制定保障计划；并按照所有的相关政策原则和保障要求，通过发布信息以及在此基础上的广泛参与，与受到影响的社区展开有效协商。借款人/客户应按亚行的要求提供相关信息，包括评估报告、保障计划和框架以及监测报告，供亚行审查。借款人/客户必须遵守项目所在国的法律、条例和标准，包括该国按照国际法应尽的义务。另外，借款人/客户应通过经亚行同意的保障措施来贯彻政策原则和体现保障要求。为了保证合同各方正确执行各项政策措施，借款人/客户应将保障要求写入招标文件和工程合同。如果各国的保障政策和条例与亚行《保障政策声明》有不一致的地方，亚行和借款人/客户将制定和实施特殊措施以保证项目完全符合亚行的保障政策原则和要求。

C.6 实施安排和资源需求

C.6.1 政策实施和监测

（1）《保障政策声明》在亚行内部的实施以 3 年中期行动计划为指导，在 2010～2012 年启动。行动计划应在下列要素的基础上制定：1）支持借款人/客户的保障能力建设；2）开发和维护支持实施《保障政策声明》的政策工具（如指南和手册）；3）确保亚行的组织能力和资源足以实施《保障政策声明》；4）改进和维护亚行内部评估和合规监测制度。2010～2012 年的行动计划，包括行动建议、相关结果和所需资源。

（2）亚行将对照《保障政策声明》确定的政策目标监测和全面评估保障政策的执行情况。亚行要坚持内部评估和合规监测制度，评估银行范围和项目层面的亚行保障政策的执行情况。

C.6.2 所需的资源

（1）亚行将为有效实施《保障政策声明》配置相应的资源。为了提高资源使用效率和优化资源配置，可从以下几个方面考察各种政策选择（1）根据亚行和借款人/客户的责任划分，有效地在行政预算、技术援助和贷款业务之间配置资源；（2）高效和精简内部程序要求有助于取得亚行的保障目标并符合《保障政策声明》的原则；（3）采取有效措施，包括提高技能水平，优化配置总部和代表处的保障专家，并提高部门专业化程度和建立专家资源库。

（2）《保障政策声明》强调要帮助发展中成员体加强其保障系统以及实施保障政策的能力。应发展中成员体的要求，可以与双边和多边发展伙伴共同加强其能力建设。中期目标是通过建立信托基金动员外部资金，筹集 8 千万到一亿美元，以便①支持发展中成员体加强其保障政策、法律体系、条例、规则和程序；②在国家层面、地区层面、行业层面和机构层面支持发展中成员体的政府机构、借款人/客户和民间团体的能力建设；③如有需要，与发展中成员体共同开展国家保障系统的等同性和可接受度评估和诊断。

（3）过去几年中，亚行在聘用保障专家方面有了系统的进展。2002 年批准《环境政策》时亚行有19名环境专家，包括18位专业人员和一位本地官员，目前又聘请了14名环境专家（8 名专业人员和 6 名本地官员）。自 1995 年批准非自愿移民政策以及 1998 年批准原住民政策以来，到 2009 年 5 月，亚行的社会保障专家的人数从只有 1 人增加到 22 名专业人员和 9 名本地官员。目前，亚行共设有 48 个保障政策评估专业岗位，包括 26 个环境问题专家岗位和 22 个社会发展专家岗位[1]。亚行还增加了 17 个从事保障工作的本地岗位，包括 8 个环境官员职位和 9 个社会保障官员职位，其中 12 个职位设在 7 个代表处。

（4）亚行根据内部调查，并使用员工周工作系数来测算保障方面的尽职调查、评估和监督工作所需的人力资源。估计结果表明，从目前到中期（2010～1012）这一阶段的保障评估工作每年需要增加 1253～1749（人周）的工作量[2]，原因主要是近年来业务量的快速增加和亚行的第五次增资。这个估计结果的前提包括：关于内部保障评估程序的假设、在亚行内部调配人力资源、员工在保障工作上实际花费的时间，以及项目储备。追加的资源将在 3 年的中期框架内到位，包括各种岗位（既有专业人员也有代表处官员）和咨询专家。如有必要，可以优先给常驻代表处增加员工力量。通过适当的培训，代表处官员的作用将扩大。他们将主要负责一下三个方面的工作：①提高《保障政策声明》中保留的现有政策要求的执行效率；②提高有关与社区沟通的新政策要求的执行效率；③对那些具有相当影响和风险的项目，在项目实施期间展开额外的保障评估。此外，为了解决保障政策实施过程中出现的法律问题，以及对国家保障系统的效力评估结果进行评估，法律总顾问办公室可能需要新的法律专家。

（5）在中期，采用国家保障系统会新增亚行的项目成本。如果根据需要进行的国家保障系统效力评估，每年都需要额外的专业人员投入。每项效力评估可能需要 5～12 个工作周，满意度评估也需要人力。对于这部分需要追加的人力投入，必要时可以通过聘用咨询人员解决。另外，世界银行在开发和应用国家保障系统诊断方法方面起到了相当大的作用，并对在该领域开展合作有很大的兴趣。与合作伙伴如世界银行合作，也可提高效率。

C.6.3　生效日期和过测

《保障政策声明》和附录将在董事会批准之日后 6 个月生效。政策生效日期后开始筹备的项目，应按照《保障政策声明》和附录1～6进行。对那些在政策生效日期已经召开过管理评估会议，或并已部分通过定期融资管理评估的多批次融资项目，适用亚行的《非自愿移民

---

[1] 这些工作人员的工作内容不仅包括保障问题，他们分配在保障工作上的时间比例大约为 30%～90%。
[2] 对项目所需资源的评估以下述分析为基础：①是否有足够的人力资源实施新政策中保留的现行保障政策要求；②识别保障政策修订中的资源含义；③确定为保障工作优化人力资源配置的方案。

政策》（1995）、《原住民政策》（1998）和《环境政策》（2002）。

C.6.4　检查

《保障政策声明》生效 5 年后将进行一次评估，以考察该政策是否有助于实现亚行的保障政策目标。另外，政策生效 3 年后将进行一次业务评估，重点是：1)采用国家保障系统的进展和成效；2)对金融中介项目保障要求的执行情况及其成效。两次评估都将由独立评估局主持，评估报告将提交董事会和亚行管理层。根据 3 年评估报告和董事会下属的发展绩效委员会的建议，亚行管理层将就国家保障系统的执行情况和对金融中介的保障要求起草一份报告，提请董事会批准。管理部也将就 5 年评估的结果向董事会提交报告。

C.7　建议

行长建议董事会批准本文件陈述的亚行《保障政策声明》，包括第五章、第六章和附录1～6，以取代《非自愿移民政策》（1995）、《原住民政策》（1998）、《环境政策》（2002），以及《公共信息交流政策》（2005）中的第 73 段第二句、第 77～85 段和 92 段的内容。

非自愿移民安置保障要求

A．导言

（1）亚行的经验显示，项目开发导致的非自愿移民问题如果不能得到减缓，可能产生严重的经济、社会和环境风险，包括：生产体系遭到破坏；人们因为失去生产资料或收入来源而面临贫困威胁；人们被迁移到一个不能发挥其生产技能的环境中，对资源的竞争更加激烈；社区组织和社会网络被削弱；亲戚关系都被分散；文化特性、传统权威和原有的互助的可能性下降或消失。因此，亚行会尽量避免非自愿移民；尽量开发替代的项目和设计方案，以减少非自愿移民；尽量提高，至少使移民恢复到项目实施前的实际生活水平；并提高受影响贫困人群和其他弱势群体的生活水平。

（2）本保障要求概要地论述了借款人/客户在实施亚行资助的项目时执行非自愿移民保障政策应满足的要求，论述了非自愿移民政策的目标和适用范围，并强调要进行社会影响评价和规划移民安置措施，编制社会影响评价报告和移民计划文件，探索协商征地模式，发布信息和组织协商，建立申诉机制，以及移民安置进度监测和报告。

B．目标

尽量开发替代的项目和设计方案，以减少非自愿移民；尽量提高，至少使移民❶恢复到项目实施前的实际生活水平；并提高受影响贫困人口和其他弱势群体的生活水平。

C．适用范围

（1）这些要求适用于所有亚行融资和/或亚行管理的主权和非主权项目，及其子项目，无论其资金来源是贷款、捐助还是其他方式，如股权投资和/或担保（以下统称"项目"）。这些要求也适用于由借款人/客户主导，预计能得到亚行支持的非自愿移民行动。

（2）非自愿移民安置要求适用于由于（1）非自愿征地，（2）限制使用或进入依法设立的公园和保护区而造成全部或部分、永久或暂时的实际搬迁（搬迁，丧失居住地或栖身地）

---

❶ 就非自愿移民而言，移民指那些由于（i）土地被征用，（ii）被限制使用或进入依法设立的公园和保护区内的土地，从而被迫迁移（搬迁、丧失居住地或栖身地）和/或经济上被迫转型（失去土地、财产、获得财产的机会、收入来源，或谋生手段）的人群。

和经济转型（丧失土地、资产、获得财产的途径、收入来源或谋生手段）。当被搬迁的个人或群体无权拒绝土地的征用而导致迁移，则可认为是非自愿移民。出现这种情况，往往是因为（1）土地将通过基于征用权的没收被征用，（2）如果协议失败可能会导致没收程序，土地将通过（强制）协议搬迁被征用。

（3）如果除了征地（包括限制土地使用或进入依法设立的公园和保护区内的土地）外，项目活动还对环境、经济和社会产生了负面影响，如丧失资产或获得资产的机会，或对土地的使用受到限制，则应通过环境评价过程来避免，或至少尽量减少、缓解或加以补偿。如果在项目周期的任何阶段发现这些相当明显的负面影响，借款人/客户必须制定和实行一个管理计划，使受影响人群的生活至少恢复到项目开始前或更好的水平。

D．要求

1．给移民的补偿、帮助和收益

（1）在项目地区的移民可能有三种类型：①完全或部分失去他们合法拥有的土地；②完全或部分失去他们占用的没有合法所有权的土地，但通过法律程序承认或可以承认他们对这些土地的权利主张；③完全或部分失去他们占用的土地，当该土地既没有合法所有权，其权利也无法通过法律程序认可。非自愿移民安置要求适用于所有这三种类型的移民。

（2）对具有序号（1）中①条和②特征的人群，借款人/客户在搬迁前应对其失去的土地和建筑进行充分和恰当的土地和建筑物重置或按照重置费用进行全额现金补偿，对部分受损建筑给予足够的补偿，如果必要，帮助他们搬迁。对具有序号（1）中③条特征的人，借款人/客户应按重置费用全额补偿他们除土地之外的资产损失，如住房，以及对土地进行改良的全部投入。按照序号（1）中③条所规定的权利，只适用于在确定安置援助资格的截止日期之前占用的土地或建筑。

（3）对依赖土地生活的移民，应该优先考虑以土地为基础的安置策略，包括在将他们安置在公有土地、征用或购买的私有土地上。一旦安置所需的土地到位，应向移民提供的土地应综合考虑生产潜力、地域优势和其他方面等因素，使其至少相当于移民的原有土地。如果土地不是移民的首选，或缺乏价格合适的土地，除给予土地和资产损失现金补偿，非土地安置方案的设计应围绕提供就业机会或创业机会展开。必须提供亚行认可的书面文件，说明缺乏土地的原因。

（4）对被征用的房屋、土地和其他资产的估价，应以完全重置费用为依据。完全重置费用的计算基础包括以下因素：①公平的市场价值；②交易成本；③应计利息；④过渡和恢复费用；⑤其他费用。如缺乏市场条件或市场不完善，借款人/客户应和移民和迁入地居民协商，以了解最近的土地交易信息、各类土地的价格、土地所有权、土地使用情况、耕作方式和农作物产量、项目周边和所在地区是否有可用土地，以及其他相关信息。借款人/客户还要收集关于住房的基底数据，如住房建设、房屋类型和建筑材料。由具有相应资质和经验的专家对被征用资产进行估价。在采用这种估价方式时，不应包括建筑物和资产的折旧。

（5）借款人/客户应向房屋搬迁的移民提供：①搬迁帮助，保证移民获得重新安置的土地的使用权，在安置地点有更好的住房条件和相应的就业和生产机会，以及相应的生活基础设施和社区服务；②过渡和开发扶持，如土地开发、贷款、培训或就业机会；③从项目中获得适当利益的机会。

（6）对那些被迫进行经济转型的人群，无论他们住房是否搬迁，借款人/客户都应及时以完全重置费用补偿他们失去的收入或生活来源。借款人/客户也应为他们提供贷款便利、培训和就业机会，以便他们能改善或至少恢复他们获得收入的能力、生产水平和使他们的生活水平达到转型前的水平。借款人/客户还应使转型的人群有机会因项目的开发而获得相应的利益。对具有序号（1）中③条描述的特征的转型人群，借款人/客户要在经济上全额补偿转型导致的资产损失，如农作物、灌溉设施和提高土地效益而进行的附属投资（但不是土地本身）。如果征用土地涉及商业建筑，受影响的业主有权获得：①在别处开展商业活动的费用；②在过渡时期失去的纯收入；③搬移和重建工厂，重新安装机器或其他设备的成本。如果商业建筑的业主合法拥有被征用的开展商业活动的土地，以及法律认可或可以认可其对被征用土地的权利，业主有权得到与原有资产具有相同或更高价值的资产或以完全重置费用进行的现金补偿。

（7）非自愿移民安置应被视为开发项目或计划的一部分，并按相关要求实施。在这方面，最好的策略是除了为移民提供补偿和安置帮助，还要让他们有机会分享项目的收益。这有助于避免移民陷入贫困，也有助于满足让更多人享受发展收益的伦理要求。所以应鼓励借款人/客户提供具体的能使影响人群成为项目受益者的机会，并研究如何使更多受影响的人获得这种机会。

（8）借款人/客户要保证在不具备以下条件时，不进行搬迁或经济移位：①所有移民都因项目拟开工部分蒙受的损失都得到了全额重置价补偿；②为移民提供了其他列入移民计划的权益；③制定综合性的恢复收入和生活的计划，并有相应的预算资金，以帮助移民改善或至少恢复他们的收入和生活水平。尽管补偿费用在搬迁前支付，但全面实施移民计划可能需要更长的时间。如果项目活动要求限制使用或进入依法设立的公园和保护区内的土地，这类限制将按照借款人/客户和亚行同意的移民计划中的进度实施。

2. 社会影响评价

（1）借款人/客户应依据适当的社会经济基底数据进行社会经济调查和人口统计，确认所有的因项目实施而搬迁的移民，并估计出项目对他们的社会经济影响。为此，一般应根据项目所在国的相关程序中确定一个截止日期。如果没有这种程序，借款人/客户将确定一个确认资格的截止日期，并将包含相关信息的文件散发到项目所在地区。社会影响评价报告应包括：①确认过去、现在和将来的潜在社会影响；②迁移人口❶及其资产❷的详细资料；③移民收入和生活水平评价；④按性别统计移民的经济和社会文化信息。对项目的潜在社会影响和风险进行评估的依据包括：本文件中列出的要求，项目所在地与非自愿移民事务相关的法律、条例，包括项目所在国按照国际法应承担的义务。

（2）作为社会影响评价的一部分，借款人/客户要确定那些因处于劣势或弱势地位而不平等或不成比例地受到项目影响的个人和群体。之后，借款人/客户要提出有针对性的建议和措施使他们不致受到与其他人相比过多的项目负面影响，并且使他们在分享发展的利益和机会时不会处于不利地位。

3. 移民计划

（1）如果项目会导致非自愿移民，借款人/客户应制定移民计划。移民计划的目的是要保

---

❶ 根据居住地进行的人口调查得出的人口数字。如果在项目通过审批前没有进行过人口调查，或者计划是在抽样调查基础上指定的，应在进行详细政策措施评估和征地之前对移民计划进行修订。

❷ 资产存量是家庭、企业或社区范围受影响或损失的资产的资料。

证移民的生活水平得到改善，至少恢复到项目实施前的水平（物质和/或经济条件）；而对移民中的贫困和弱势群体，要为他们提供合适的住房，保障他们对土地的使用权，提供稳定的收入和生活来源，从而使他们的生活水平不仅得到恢复，而且有所提高。移民计划将解决所有保障要求中的有关要求，其详细和复杂程度视非自愿移民的影响的程度而定。移民计划纲要见附件。

（2）移民计划的制定以社会影响评价为基础，并需与受影响人群进行有效协商。移民计划应包括以下措施：①告知移民有哪些选择方案和补偿、搬迁和恢复生活水平相关的权利；②与移民协商安置方案；③制定多种安置方案供移民选择。在确认搬迁和移民计划及其实施的影响时，借款人/客户应特别关注与性别有关的问题，包括采取特别措施解决女性为户主的家庭面临的问题，在协商过程中保证性别平等，信息发布和投诉机制，以保证男性和女性都能就自己的财产损失获得充分和合适的补偿，根据要求提供安置方面的援助；使他们恢复和改善自身的收入和生活水平。

（3）借款人/客户要在移民计划中分析和总结与征地、补偿以及安置受影响人群有关的国内法律和条例。借款人/客户要将这些法律和条例与亚行的非自愿移民政策的原则和要求作对比。如果在两者规定之间存在差距，借款人/客户要在移民计划中提出合适的补救措施，并和亚行商量。

（4）所有补偿、安置、生计恢复的费用都将列入项目成本。为保证及时获得所需资源，征地和安置的费用可以考虑采用亚行的融资支付。如移民实施遵守亚行的《保障政策声明》和亚行批准的移民计划文件，其间发生的移民费用可以获得亚行融资支持。如果将亚行的资金用于支付移民费用，详细支出科目应清楚地反映在移民计划中。

（5）借款人/客户的移民计划应包括移民恢复收入和改善移民生活的具体措施。移民受项目影响的收入和生活来源应被恢复到项目实施前的水平。借款人/客户应尽最大努力采取措施增加移民的收入，使他们能因项目而受益。对受项目影响的弱势个人和家庭，移民计划应提供额外帮助，使他们的生活水平能比项目实施前有所提高。移民计划应明确恢复收入和生活水平的措施、机构安排、监测和报告框架、预算和工作进度。

（6）在对所有受影响人普查完成前，移民计划中的信息可能只是暂时的。一旦详细设计完成，借款人/客户应在人口普查和明确资产损失的基础上最终完成移民计划。在此阶段，对移民计划的修改主要是修改移民人数、征地范围、安置预算和实施进度。移民计划中有关移民权利的数据可以在这一阶段修改以反映新的变化，但不得低于对原有移民计划的标准。借款人/客户要保证最终的移民计划：①妥善处理所有与项目有关的非自愿移民问题；②说明解决问题的具体减缓措施；③保证有足够的资源，使问题能得到满意的解决。

（7）对会产生重大非自愿移民影响的项目，要准备足够的预备资金，以应对项目实施过程中出现的问题。借款人/客户要保证随时可以动用这笔款项。另外，借款人/客户在最后的移民计划形成后，要和已确认的移民协商，并明确告知他们享有的权力和各种安置方案。在亚行授予任何合同之前，借款人/客户需要向亚行提交补充移民计划或修订后的移民计划。

（8）借款人/客户要聘请有相应资质和经验的专家进行社会影响评价和制定移民计划。对高度复杂和敏感的项目，在项目准备和实施阶段还应聘请独立于项目的咨询专家组。

4. 协议征地

本保障要求不适用于通过协议安置，除非协商失败将导致强制征地。协议安置有助于避免强制征地和使用政府权力强制搬迁。只要条件允许，借款人/客户应尽可能与受影响人群进行有效协商，用协议的方式开展征地和安置工作，包括那些对资产没有合法拥有权的人们。协议安置应向被征用的土地和其他资产支付公平的价格。借款人/客户要保证公开解决在和移民进行协商时信息不对称和交易各方谈判能力存在差异的风险。为此，借款人/客户应聘请独立的外部人员起草有关的协商和安置文件。借款人/客户应和亚行在以下方面达成共识：协商过程、适用的政策和法律、第三方确认、计算被征用的土地和其他资产价格的方法，以及资料存档的要求。

5. 发布信息

（1）借款人/客户要向亚行提交下列文件以便在亚行的网站上发布：

1）在项目提交评审前，提交借款人/客户签字确认的移民计划草案和/或移民框架。

2）在完成对受影响人群普查后，提交借款人/客户签字确认的移民计划最终稿。

3）在项目执行过程中，如有必要需提交新的移民计划，修订的移民计划，或采取补救措施的行动计划。

4）移民监测报告。

（2）借款人/客户应在合适的地点，以受影响人群和其他利益相关方可以理解的方式和语言，及时提供有关的安置信息。对于不识字的人群，需要使用其他合适的沟通方式。

6. 协商和参与

对于所有可能导致非自愿移民的项目和子项目，借款人/客户应和受影响人群、迁入地的社区和民间组织进行有效协商。有效协商的过程具有以下特征：①项目准备阶段就已启动，并贯穿整个项目周期；②以适当的方式，及时而充分地向受影响的人群发布项目的相关信息；③协商必须在不受到威胁和强迫的条件下进行；④不存在性别歧视，充分考虑弱势群体的需求；⑤决策时考虑所有受影响的人群和其他利益相关方的意见，如项目设计、减缓措施、共享发展成果和机会，以及执行中的问题。协商方式视受影响社区的情况而定。借款人/客户尤其要注意弱势群体的需要，特别是那些生活在贫困线以下的人们、失地者、老人、妇女主导的家庭、妇女和儿童、原住民和没有合法土地所有权的人们。

7. 申诉机制

借款人/客户应建立申诉机制，了解受影响人群对搬迁、经济转型和其他项目影响的担忧和不满，寻求解决方案，要特别注意对弱势群体的影响。申诉机制需根据项目的风险和负面影响设计。它应能及时处理受影响人群的诉求和不满，并采用易于理解和透明的程序，不存在性别歧视，适应受影响人群和社区的文化传统，而且不同的受影响人群都可以无成本地通过它来表达意见，也不用担心受到报复。该机制不能妨碍他们寻求国家的司法和行政补偿措施。机制的设置应及时通知受影响的人群。

8. 监测和报告

（1）借款人/客户要监测和衡量移民计划的实施进度。监测活动的强度取决于项目的风险和影响的程度。除了记录支付补偿费用和其他安置活动的进度，借款人/客户还要提交监测报告，以保证移民计划的实施产生了预期的结果。对那些会带来显著性非自愿移民影响的项目，借款人/客户应聘请有相应资质和经验的外部专家或合格的非政府组织核实借款人/客户提交的监测信息。借款人/客户聘请的外部专家也会对项目实施保障政策的合规性提出建议，如果发现任何严重的非自愿移民安置方面问题，应制定相应的补救行动计划。在有关计划文件没有制定、公布和得到批准前，借款人/客户不能实施存在非自愿移民问题的相关子项目。

（2）借款人/客户应提交半年监测报告，描述关于安置活动进度、存在的合规问题以及补救措施的信息。监测活动要严格依照批准移民计划时所制定的非自愿移民监测指标进行。内部和外部的监测成本列入项目预算。

9．超出预期的影响

如果在项目实施过程中出现未预期到的非自愿移民影响，借款人/客户要进行社会影响评价，并修订或制定新的移民计划，满足本文件中列出的所有相关要求。

10．对原住民的特殊考虑

借款人/客户应尽最大可能使项目设计方案不会导致原住民的搬迁，从而保护他们的身份特征、文化和传统生活方式。如果无法避免，则应与亚行协商，制定一个合并的移民与原住民计划，同时处理非自愿移民问题和原住民问题。

移 民 计 划 纲 要

本纲要是上述保障要求的一部分。所有会产生非自愿移民问题的项目都需提交移民计划。计划的详细和复杂程度取决于非自愿移民的影响和风险程度。本纲要可指导移民计划的制定工作，但顺序可以调整。

A．摘要

本节简要描述项目范围、关键调查结果、权益和建议采取的行动。

B．项目说明

本节对项目做一概括的说明，研究将导致征地或非自愿移民，或同时导致两种后果的项目组成部分，并确认项目区范围；还将说明可以避免或尽量减少移民影响的替代方案。并附有定量的数据表，以及证明最终方案合理性的理由。

C．征地和安置的范围

本节的主要内容包括：

（1）说明项目的潜在影响，包括受各子项目或项目活动影响的地区的地图。

（2）说明征地范围（并提供地图）和主要投资项目征地的必要性。

（3）汇总被征用资产和移民的关键影响。

（4）提供征用的公共财产资源的详细资料。

D．社会经济信息和概况

本节概括社会影响评价、人口普查和其他方面研究的结果，并包含按性别、弱势群体和其他社会集团分类的数据，包括：

（1）定义、识别和列举受影响的人群和社区。

（2）综合考虑社会、文化和经济因素，说明土地和财产被征用对个人和社区的影响。

（3）说明项目对贫困人口、原住民、少数民族和其他弱势群体的影响。

（4）识别性别和移民影响，妇女在社会经济地位和需求，以及她们享有的优先权。

E．发布信息、协商和参与

本节的主要内容包括：

（1）确认项目的利益相关方，尤其是主要的利益相关方。

（2）说明在项目周期不同阶段采用的协商和参与机制。

（3）说明在项目设计和筹备阶段向利益相关方发布项目和安置信息的方式。

（4）总结与受影响人群（包括迁入地区的社区）协商的结果，并在移民计划中说明如何处理通过协商了解的需求和听取的建议。

（5）确认向受影响人群公布移民计划草案，包括公布后续计划的安排。

（6）说明发布信息的计划和措施（包括将发布信息的种类和发布方法），以及在项目实施过程中与受影响人群协商的程序。

F．申诉机制

本节介绍了解受影响人群的诉求和投诉，并寻求解决方案；解释受影响的人群如何使用该机制，以及该机制如何处理性别敏感问题。

G．法律框架

本节的主要内容包括：

（1）说明项目需遵守的国家和地方性法律、条例，并指出这些法规和亚行政策规定之间的差距，并研究如何填补这些差距。

（2）说明执行机构对各类移民应承担的法律和政策责任。

（3）说明为了被征用资产给予补偿而采用的估值原则和方法；并界定获得补偿和扶持资格的条件，以及补偿和相关援助措施何时以何种方式落实到位。

（4）说明征地过程，制定满足关键程序要求的时间表。

H．权益、扶持和收益

本节的主要内容包括：

（1）确定移民享有的权利和确定移民身份的标准，说明所有安置帮助措施（包括移民享有的权利的矩阵表）。

（2）说明所有对弱势群体的帮助，包括妇女和其他特殊群体。

（3）概述受影响人群可以因项目实施取得适当利益的机会。

I．住房的搬迁和安置

本节的主要内容包括：

（1）说明住房和其他建筑的搬迁方案，包括房屋重建、现金补偿，以及自选安置（考虑性别问题，以及向弱势群体提供支持的具体措施）。

（2）说明备选的搬迁地点，已经进行过的社区协商，选择的搬迁地点的合理性，包括位置、安置点环境评价和开发需求的详细信息。

（3）整理场地和搬迁的时间表。

（4）说明为移民办理相关土地使用权和办理房屋产权的法律程序。

（5）说明帮助移民搬迁和在新场所重建的措施。

（6）描述修建生活基础设施的计划。

（7）介绍移民与安置区当地居民的融合措施。

J．恢复收入

本节的主要内容包括：

（1）确认生计收入风险，并根据人口统计结果和收入来源编制分类数据。

（2）说明恢复收入计划，包括恢复各种类型生计方式的方案（例如包括分享项目利益和收入，入股（如土地入股），讨论各类方式的可持续性以及保障体系）。

（3）说明如何通过社会保险和/或项目的特殊资金提供社会保障体系。

（4）说明为支持弱势群体而采取的特殊措施。

（5）说明对性别问题的考虑。

（6）说明培训项目。

K．移民安置预算和财务计划

本节的主要内容包括：

（1）就所有移民活动逐项做出预算，同时也包括在实施期间所需的一些必要费用如：移民机构、人员培训、监测和评估，以及移民计划的编制/更新/修改等。

（2）说明资金流向（年度安置预算应显示主要项目的预算支出安排）。

（3）在计算赔偿金额、其他费用（考虑基本预备费和价差预备费），以及重置费用时，应对所有的计算依据进行说明。

（4）说明移民计划预算的资金来源。

L．机构安排

本节的内容包括：

（1）说明为实施移民安置措施而制定的机构安排的责任和机制。

（2）机构能力建设项目，必要时还包括技术援助。

（3）说明非政府政组织（如有介入）和受影响人的组织在移民规划和管理中的作用。

（4）说明妇女组织如何参与移民安置规划和管理工作。

M．项目实施进度

本节包括一个针对所有主要移民安置和恢复活动的详细、有明确时间要求的实施计划。该时间表必须包括安置活动的各个方面并与项目土建工程进度协调，以及整个征地过程和时间安排。

N．监测和报告

本节说明监测和评估移民实施的机制和基准，并明确受影响人群参加监测活动的方式。本节还应说明报告的程序。

原住民保障要求

A. 导言

（1）联合国大会 2007 年 9 月通过了联合国关于原住民权利的宣言。亚太地区的许多国家都投票赞成这一不具有约束性的宣言。亚洲开发银行（亚行）承认原住民主导自身发展的权利。原住民不会自动地从发展中受益，因为发展往往是由他们所居住的国家的主流或占主导地位的人们规划和实施的。为使原住民参与规划影响他们的发展项目，尤其是那些为满足他们的特殊需要和愿望而设计的项目，需要付出特别的努力。随着发展项目进入他们传统上拥有、占有的和使用的土地，原住民的利益日益受到威胁。

（2）本保障要求概述了借款人/客户在实施亚行支持的项目时执行原住民保障政策应满足的要求。它说明了原住民政策的目标和适用范围，并强调：①社会影响评价和制订计划的过程；②编制社会影响评价和计划文件；③发布信息和进行协商，包括确定受影响的原住民群体同意项目建设内容；④建立投诉机制；⑤监测和报告。本套政策要求将保障原住民保持和延续他们的文化特点和实践，以及他们的居住地，并保证影响他们的项目采取必要措施保护这些权利。

B. 目标

设计和实施项目时，充分尊重原住民自身认定的身份特征、尊严、人权、生活方式和文化独特性，以便他们：①取得符合其文化传统的恰当的社会和经济利益；②不受项目负面影响的伤害；③能积极参与对他们产生影响的项目。

C. 适用范围

（1）这些要求适用于所有亚行融资和/或亚行管理的主权和非主权项目，以及它们的组成部分，无论其资金来源是贷款、捐助还是其他方式，如股权投资和/或担保（以下统称"项目"）。这些要求也适用于由借款人/客户主导，预计能得到亚行支持的行动。

（2）在亚太地区，各原住民群体的文化、历史和现状差异很大。他们所处的环境差异很大并不断变化，不存在普遍意义上的原住民的定义。原住民在不同国家有不同含义，如土著少数种族、土著文化群体、山地部落、少数民族，设籍部落或部落群。

（3）为了操作上的方便，原住民一词在一般意义上的使用，是指一个独特的、弱势的社会和文化群体，这类群体在不同程度上具有以下特征：

1）对特定的土著文化群体的自我身份认同，也得到其他人或其他群体的认可。

2）作为一个集体生活在项目所在地区内有明确地理界限或世代居住的领地，并依靠这些居住地和领地上的自然资源。

3）与主流社会和主流文化在传统文化、经济、社会或政治制度方面有显著区别。

4）独特的语言，通常与一个国家或地区的官方语言不同。

（4）在考察以上特征时，也应同时考虑所在国的法律、传统以及参加的国际协定等因素。

（5）由于强制遣散而被迫离开位于项目地区内具有明确地理界限或世代居住的领地的群体，也适用于该政策。

（6）如果一个项目直接或间接影响到对原住民的尊严、人权、生活方式、文化；或影响到原住民所有、使用、占有或主张的他们世代居住的领地或自然和文化资源，则启动原住民保障政策。

D. —般性要求

1. 协商和参与

（1）借款人/客户要与受影响的原住民进行有效协商，以保证他们在充分了解相关信息后参与①设计、实施和监测活动，以避免项目对他们的负面影响，如无法避免，应尽量减少、缓解负面影响，或就影响做出补偿；②使他们能通过符合其文化传统的方式分享项目产生的收益。有效协商的过程具有以下特征：①项目准备阶段就已启动，并贯穿整个项目周期；②以受影响人可以理解的方式，并在他们容易到达的场所，及时而充分地向受影响的人群发布项目的相关信息；③协商必须在不受到威胁和强迫的条件下进行；④不存在性别歧视，充分考虑弱势群体的需求；⑤决策时考虑了所有受影响的人群和其他利益相关方的意见，如项目设计、减缓措施、共享发展成果和机会，以及执行中的问题。协商形式要与项目对社区的影响程度匹配。协商的过程和结果要形成书面文件，并写入原住民计划（1PP）。

（2）为与受影响的原住民进行有效的协商，借款人/客户应根据具体情况制定策略，包括确定合适的原住民代表的方法，以及符合受影响的原住民群体的社会和文化价值观的协商方式。借款人/客户应特别关注原住民中的妇女和青年的意见。

（3）如果借款人/客户与受影响的原住民在项目及其组成部分或原住民计划上有严重分歧，借款人/客户应抱有诚意地通过协商消除这些分歧。

2. 社会影响评价

（1）如果经亚行初步审查认为项目可能会对原住民产生影响，借款人/客户应聘请有相应资质和经验的专家开展一个全面的社会影响评价。如果通过社会影响评价确认了对原住民产生的这些影响，借款人/客户要在进行项目可行性研究的同时制定原住民计划。对项目的潜在的社会影响和风险进行评估的依据包括：本文件中提出的要求，与原住民事务相关的法律、条例，包括项目所在国根据国际法应承担的义务。

（2）在初步审查的基础上，要进行一次实地社会影响评价，既可以作为可行性研究的一部分，也可以独立进行。社会影响评价应考虑性别敏感因素，在与原住民协商时，确定受项目影响的原住民和项目对他们的潜在影响。社会影响评价要得出项目影响地区的原住民群体社会经济特征的基底调查资料；评估他们能享受基本的社会和经济服务的机会和渠道；评估项目对各个群体的社会、文化和经济状况产生的短期和长期、直接和间接、正面和负面的影响；评估和确认哪些原住民群体能启动原住民的政策原则；评估为处理受项目影响的原住民的诉求所需的资源和措施。

（3）社会影响评价的详细和复杂程度视项目对原住民影响的性质和程度而定，包括正面和负面影响。

3. 原住民计划

（1）如果初步审查和社会影响评价表明项目可能对原住民有正面和/或负面的影响，借款人/客户要按照社会影响评价制定原住民计划，并与受影响的原住民群体进行有效协商。原住民计划要制定措施，使借款人/客户能够保证①受影响的原住民得到符合其文化传统的社会和经济利益；②如果确认项目对原住民具有潜在负面影响，应尽最大可能避免这种影响。如果这种负面影响被证明无法避免，在与原住民群体进行有效协商的基础上，原住民计划要制定措施尽量减少、缓解负面影响并做出补偿。原住民计划的详细和复杂程度取决于具体项目及其影响的性质。借款人/客户要在项目设计中反映原住民计划的要素。

（2）如果原住民是项目唯一的或最主要的直接受益人❶，并且确认项目只存在正面影响，原住民计划的要素可以被包括在总体项目设计中，不必另行制定单独的原住民计划。在这种情况下，项目文件中应有相应内容说明项目符合原住民保障政策，尤其应解释如何进行有效协商，以及如何在项目设计中考虑原住民的利益。

（3）借款人/客户应在工程详细设计和详细调查完成后修订原住民计划。修订的原住民计划要紧随合同包的授予和每个项目组成部分或子项目的实施进度。避免对原住民产生负面影响的减缓措施和促进符合原住民文化传统发展利益的措施将作相应调整，但不能低于或最小化原住民计划草案中规定的标准。如果向亚行提交原住民计划最终稿之前又确认了新受项目影响的原住民，也应和他们进行有效协商。

（4）借款人/客户应聘请有相应资质和经验的专家进行社会影响评价和制定原住民计划。对那些高度复杂和敏感的项目，在项目准备和实施期间应聘任独立于项目的专家组成咨询小组。任何对原住民产生高度复杂和敏感影响的项目，咨询小组中应有一位来自原住民的专家。

4．发布信息

（1）借款人/客户应向亚行提交以下文件，以便亚行在其网站上发布：

1）在项目提请审议前，提交经借款人/客户签字确认的原住民计划框架草案，包括社会影响评价。

2）原住民计划最终稿。

3）新的或修订的原住民计划，或在项目实施阶段制定的补救行动计划。

4）监测报告。

（2）借款人/客户要在适当的地点，以受影响的原住民和其他利益相关方能理解的形式和语言，及时提供有关信息，包括上述文件。如果是不识字的原住民，可使用其他合适的沟通方式。

5．申诉机制

借款人/客户要建立申诉机制，了解受影响原住民群体的诉求和投诉，并寻求解决途径。投诉机制应依据项目影响的范围而设置。它应能及时处理受影响原住民的诉求和不满，并采用易于理解和透明的程序，不存在性别歧视，适应受影响原住民的文化传统，而且不同的受影响人群都低成本地通过它来表达意见，也不用担心受到报复。该机制不能妨碍他们寻求国家的司法和行政补偿措施。设置机制的信息应及时通知受影响的原住民社区。

6．监测和报告

（1）借款人/客户要监测和衡量原住民计划的实施进度。监测活动的范围取决于项目的风险和影响的程度。除记录信息和跟踪工作进展，借款人/客户要采用动态的机制，如视察和审计，以确认工作满足相关要求并达到预期结果。对那些会对原住民产生重大不利影响的项目，借款人/客户要聘请有相应资质和经验的外部专家或合格的非政府组织核实客户提交的监测消息。借款人/客户聘任的专家也会对项目合规性提出建议，如果发现任何重大的原住

---

❶ 在某些发展中国家可能有这种情况，如太平洋岛国。

民问题，应制定新的补救行动计划或修改已批准的原住民计划。借款人/客户要实施补救措施并跟踪检查，以保证其效果。

（2）借款人/客户应定期提交原住民计划进度的监测报告，重点是项目实施是否合规，如发现问题，应采取补救措施。借款人/客户应提交半年监测报告。监测成本将列入项目预算。

7. 未预期到的影响

如在项目实施过程中出现未预见到的对原住民的影响，例如项目位置的变动，借款人/客户要进行社会影响评价，修改原住民计划或制定新的计划，满足本文件列出的所有相关要求。

总要求：

A. 传统的领地及相关的自然资源。

①原住民和土地、森林、水源、野生动植物和其他自然资源有着密切联系，所以如果项目影响到这种联系，就应做特殊考虑。在这种情况下，在进行社会影响评价和制定原住民计划时，借款人/客户应特别注意以下问题：原住民对下述资产的传统权利（不管是个体的还是集体的）：原住民世代拥有、传统上使用或占有的土地，或对于他们的文化和生活方式的可持续至关重要的自然资源。

②保护这些土地和资源不受非法侵害。

③原住民赋予这些土地和资源的文化和精神价值。

④原住民的自然资源管理方式和这些方式的可持续性。

⑤恢复被迫离开土地的原住民传统的生活方式。

（1）如果开展项目活动的土地传统上有原住民拥有或使用，但现在法律要重新分配土地所有权，如土地赋权项目或征用土地，借款人/客户应在原住民计划中制定相应的行动计划，通过一个法律程序承认原住民对这些土地的传统权利。这一行动计划通常应在项目实施前落实，但有时其制定可能需要与项目同时进行。这种法律上的确认有以下方式：

1）法律上完全承认原住民现存的对土地的传统权利。

2）将传统使用权转换为社区和/个体的所有权。

（2）如果依照国家法律以上两种选择都不可行，原住民计划可以制定相应计划，以得到法律上的永久或长期内可延长的保管或使用权。

（3）此外，对有可能影响原住民的项目，借款人/客户要保证就直接影响原住民利益的事项与他们进行有效协商，帮助他们在充分了解情况后参与，如拟定的减缓措施、分享项目收益（的机会）和实施安排。

B. 受影响原住民社区的同意

（1）当项目包括以下活动时，原住民可能尤其处于弱势：①对原住民的文化资源和传统进行商业开发；②把原住民从他们传统或习惯居住的土地上迁走；③在原住民时代居住的土地上对其正在使用的自然资源进行商业开发，可能会影响他们的生计或决定原住民文化特征和群体完整性的文化、礼仪及信仰等方面。在这种情况下要决定该项目是否进行下去，借款人/客户应征得原住民群体的同意。

（2）对政策执行来说，受影响的原住民的同意指受影响的原住民社区的整体意见，通过个人和/或他们公认的代表表示对项目活动的支持，个别人或个别群体的反对并不能否认这种广泛支持的存在。

（3）如果确认项目得到了广泛的支持，借款人/客户要编制文件，详细说明与原住民及其组织的协商过程和结果，包括：①社会影响评价结果；②与受影响的原住民群体进行有效协商的过程；③其他措施减缓对原住民的负面影响并提供符合其文化传统的项目收益的措施，包括修改项目设计；④对在项目实施、监测和评估过程中与原住民群体进行有效协商并争取他们参与的建议；⑤任何与原住民群体、原住民组织达成的正式协议的内容。借款人/客户要将说明协商过程的文件提交亚行审查和调查，以证实项目活动的确得到了广泛支持。如果没有这种支持，亚行将不为项目提供融资。

（4）如果借款人/客户和受影响的原住民在项目设计、原住民计划，或对原住民文化资源的商业开发、原住民的搬迁、对自然资源的商业开发方面有重大分歧，借款人/客户应抱着诚意进行协商，以解决分歧。

（5）对原住民文化资源的商业开发。如果项目涉及对原住民的文化资源进行商业开发，借款人/客户要保证告知受影响人群以下信息：①法律和传统赋予他们对这些资源的权利；②商业开发的范围和性质，以及对开发感兴趣或参与的主体；③这种开发对原住民的生活方式、环境和对这些资源的使用的潜在影响。原住民计划中要反映协议的性质和内容，并作出相应安排，以保证原住民能以符合其文化传统的方式，从商业开发产生的收益中得到公平的份额。

（6）原住民的搬迁。借款人/客户应尽最大可能使项目设计方案不会导致原住民的搬迁，从而保护他们的身份特征、文化和生活方式。在个别情况下，如果搬迁不可避免，借款人/客户要制定一个综合的原住民和移民计划。该综合计划需符合原住民的文化偏好，并且安置策略应以土地为基础。如果导致原住民搬迁的因素已不存在，有可能的话，要使原住民能回到他们传统上使用和占有的土地。在必要时应包括恢复这类土地的条款。

（7）对自然资源进行商业开发。如果项目对位于原住民习惯使用的土地上的自然资源进行商业开发（如矿产、油气、森林、河流、野生动物或渔业资源），借款人/客户要保证通知受影响群体以下信息：①法律和传统赋予他们对这些资源的权利；②商业性开发的范围和性质，以及对开发感兴趣和参与开发的主体；③对原住民生活方式、环境和对这些资源的使用的潜在影响。借款人/客户在原住民计划中要作出相应安排，使原住民以符合他们文化传统的方式在商业开发产生的收益中得到公平的份额。它至少应获得相当于其他受影响的土地所有者的利益或者更高。

C．原住民和发展

除了达到使原住民获益的目的，发展中成员体可以要求亚行为他们的发展计划和减贫战略中的一些行动提供融资支持，例如：

1）加强地方立法，建立一个法律程序确认原住民在对土地的传统权利。

2）促进原住民参与发展过程，并把他们的观点纳入发展项目设计和减贫战略；通过政策和司法改革、能力培养、有效协商、参与和赋权，为他们提供更充分地从发展项目中受益的机会。

3）通过政府与原住民合作开发的项目，支持原住民优先发展；

4）处理存在于许多原住民中的性别和代际问题，包括原住民妇女、青年和儿童的特殊需要。

5）了解原住民的概况，编制有关他们的文化、人口结构、性别和代际关系、社会组织、制度、生产体系、宗教信仰和资源利用方式的文件。

6）加强原住民群体和组织制定、实施、监测和评估开发项目的制度能力。

7）加强负责向原住民提供开发服务的政府机构的能力。

8）保存和尊重原住民的知识，包括保护他们的知识产权。

9）加强政府、原住民组织、民间组织和私营部门之间的合作，推动原住民的发展项目。

原住民计划纲要

本纲要是保障原住民要求的一部分。所有影响到原住民的项目都必须提交原住民计划。其详细和综合程度取决于对原住民产生的影响。本纲要可指导原住民计划的制定工作，但顺序可以调整。

A．原住民摘要

本节详细说明重要事实，重大发现和建议采取的行动。

B．项目说明

本节对项目进行概括说明，研究可能影响原住民的项目的组成部分和活动，并确认项目的地点。

C．社会影响评价

本节的主要内容包括：

（1）在项目范围内评估适用于原住民的法律和制度框架。

（2）提供受影响原住民群体的人口、社会、文化和政治特点的基底信息；他们传统上拥有、使用或占有的土地，以及他们赖以生存的自然资源。

（3）参考项目的基底数据，确认项目的主要利益相关方，并在项目筹备和实施过程中的各个阶段精心组织符合原住民文化传统和性别敏感的有效协商。

（4）在与和原住民群体进行有效协商的基础上，评估项目对他们的负面和正面潜在影响。确定潜在负面影响的关键，是对受影响的原住民脆弱性和面临的风险进行性别敏感的分析；这些原住民生活的环境特殊，与土地和自然资源有非常紧密的联系，而且与所在地区和国家的其他社会群体相比，他们缺乏发展机会。

（5）就原住民对项目的理解以及项目对他们的社会、经济和文化状况的影响，进行性别敏感的评估。

（6）在与受影响原住民群体有效协商的基础上，确认和建议必要的措施避免负面影响，如果负面影响无法避免，应采取措施减少、缓解负面影响并/或给予补偿，以保证原住民能按照符合自己文化传统的方式从项目中受益。

D．发布信息，协商和参与

本节的主要内容包括：

（1）说明向原住民群体发布信息，与原住民协商和鼓励原住民参与项目的过程，这项工作应在项目准备阶段进行。

（2）概述原住民对社会影响评价结果的意见，识别在协商时提出的问题，以及如何在项目设计中解决这些问题。

（3）如果项目活动需要得到社区的广泛同意，应将与受影响的原住民协商的过程和结果，以及通过协商就项目活动和保障措施达成的协议，编制成书面文件。

（4）陈述在项目实施过程中采用的协商和参与机制，以保证原住民在项目实施阶段的参与。

（5）确定向原住民群体公布原住民计划草案和最终稿。

E．受益措施

本节具体说明如何保证原住民以符合其文化传统和性别敏感的方式获得社会和经济利益。

F．减缓措施

本节具体说明避免对原住民产生负面影响的措施；如影响不可避免，说明减轻、缓解负面影响和向所有受影响的原住民提供补偿的措施。

G．能力建设

本节说明如何采取措施，在社会、司法和技术方面加强以下能力的建设：（a）项目区政府各部门处理原住民问题的能力；（b）项目区的原住民组织更有效地代表受影响原住民的能力。

H．申诉机制

本节说明处理受影响原住民群体申诉的程序；同时，解释原住民如何运用这些程序，以其如何符合原住民的文化传统并考虑了性别敏感因素。

I．监测、报告和评估

本节说明适合监测和评估原住民计划实施的机制和基准，明确规定受影响的原住民参与监测和评估报告的准备和提交过程的安排。

J．机构安排

本节说明为实施原住民计划的各项措施而制定的机构安排的责任和机制。同时也说明联合有关地方组织和非政府组织实施原住民计划的过程。

K．预算和融资

本节给出所有原住民计划活动的具体预算。

移民框架纲要

A．导言

本节简要说明项目、其子项目和/或其组成部分，以及上述项目可能导致到的非自愿移民问题，并解释为什么有些子项目的移民计划不能在项目评估前完成。

B．目标、政策框架和权利

本节的主要内容包括：

（1）列出与亚行政策要求一致的指导移民计划准备和实施工作的原则和目标。并考察适用的国家法律、条例和《保障政策声明》，协调政策差别。

（2）说明筛选子项目和/或项目组成部分的标准，包括避免和减少非自愿移民的措施。

（3）估计受影响人群的人数，及搬迁和实行经济转型的移民的影响分类。

（4）说明确认移民身份的资格标准。

C．社会经济信息

本节的主要内容包括：

（1）说明进行社会经济调查、人口统计、估计财产损失和评估土地损失的方法。

（2）解释对受影响财产估价的方法。

（3）说明计算征用资产重置费用的方法。

D．协商、参与和发布信息

本节的主要内容包括：

（1）简要说明在项目移民计划的准备、实施和监测时，采用何种机制与受影响人群进行有效协商，并鼓励他们充分了解情况后参与项目。

（2）简要说明机构责任。

（3）说明信息发布的安排，如需要发布的信息和发送方法。

E．补偿、恢复收入水平和搬迁

本节的主要内容包括：

（1）说明恢复移民收入水平的措施，包括补偿和帮助弱势家庭提高生活水平的特殊措施。

（2）如有计划，解释提供土地重置的措施。

（3）说明对迁入地群众的支持。

F．申诉机制

本节说明在建立本地申诉机制的措施；并简要说明其结构、管辖范围、协商安排、如何保存档案，以及发布信息的方法。

G．机构安排和实施

本节的主要内容包括：

（1）对准备、实施和监测移民计划的机构能力和资源能力进行综合评估，并说明提高机构能力的必要措施，包括其成本。

（2）说明移民实施的组织程序。

（3）说明实施过程，包括把移民的准备、批准和实施，以及与合同授予和项目的土建工程开工的协调。

H．预算和资金来源

本节提供概括性预算，包括资金流向；并确定资金来源和分配、批准和拨付资金的责任，包括预备费的安排。

I．监测和报告

本节确定建立内部和外部监测和报告以及移民安置工作的评估步骤，并为内部和外部监测确定监测指标。

原住民计划框架纲要

A．导言

本节简要说明申请亚行融资的项目、子项目和/或组成部分，并说明为什么有些子项目的原住民计划不能在项目评估前完成。

B．目标和政策框架

本节的主要内容包括：

（1）明确指导原住民计划准备和实施工作的原则和目标，并表明它们和亚洲开发银行的要求一致。

（2）考察适用的国家法律、条例和《保障政策声明》，并说明协调政策差别的措施。

（3）说明梳理和筛选项目组成部分、项目和子项目的标准。

C．确认受影响的原住民

本节的主要内容包括：

（1）说明项目如何应用亚行《保障政策声明》确认原住民群体的标准。

（2）提供最可能受到项目和子项目影响的原住民的信息。

（3）说明项目和子项目对原住民潜在的正面和负面影响。

D．子项目和/或项目组成部分的社会影响评价和原住民计划

本节制定对子项目和/或项目组成部分实行社会影响评价的计划，以及对以下事项的要求和日程安排：①梳理和分类；②制定原住民计划。

E．协商和参与

本节简要说明在准备和实施子项目的各阶段与受影响的原住民进行有效协商的机制和策略。对那些需要得到广泛同意的项目活动，此节还要概述如何将协商过程和机制编制成文件，以确定该项目活动得到了所需的广泛同意。

F．信息发布

本节概述信息发布的安排，如需要向受影响的原住民和公众发布的信息，以及发布信息的方法和形式。

G．申诉机制

本节研究为受影响的原住民提供符合其文化传统和性别敏感的申诉机制。

H．制度和实施安排

本节说明制度安排，包括进行梳理和分类、社会影响评价，以及制定原住民计划和监测等必要的能力建设。

I．监测和报告

本节确认监测和报告的适当机制和基准。

J．预算和资金来源

本节提供概括性预算，确认资金来源，以及分配、批准和拨付资金的责任，包括预备费的安排。

附录 D　世界银行贷款城市交通项目移民安置计划示范案例

D.1　项目及移民概况

本部分重点阐述：①项目的总体描述，对导致征地或拆迁或两者兼备的项目组成部分和建设内容的介绍，并确定项目区；②描述所考虑过的避免征地拆迁或使征地拆迁最小化的比选方案，包括一个定量数据比较表格；③说明安置计划编制的主要目的，简要介绍调查和编制过程；④说明该安置计划编制的依据，项目准备进展及实施安排等。

D.1.1　项目背景及目标

近年来，××市经济社会快速发展，进出口贸易和人员往来都有较大幅度增长，但交通基础设施条件依然较为薄弱。主要表现为老城区人口密度大，现状道路使用年限较长，道路老化、破损严重；与道路相配套的供水、排水、供热、照明、绿化等附属设施不完善，市民的居住环境状况较差；交通标志和公交站台等道路设施不足，人车混行，造成交通混乱拥挤现象，存在交通安全隐患。因此，世行贷款××城市交通项目将通过综合持续地提供和改进城市交通基础设施和服务，拟申请世行贷款和××市地方配套资金来建设本项目。

D.1.2　项目内容

世行贷款××城市交通项目的主要建设内容，包括老城区、东城区和开发区范围内的道路、公共交通运输工程、交通管理和道路安全工程以及机构加强及人员培训。

该项目主要包括以下四个子项目：

（1）市政道路建设及附属工程；

（2）公共交通建设；

（3）交通管理和道路安全工程；

（4）市政交通系统的机构能力建设。

该项目为世界银行贷款项目，项目业主单位为××市建设局。项目建设期为 2011～2014 年。

D.1.3　减少项目负面影响的措施（见附表 D-1）

在项目规划和设计阶段，为尽可能减少征地造成拆迁影响，设计单位和项目业主应该采取有效措施优化项目设计。在移民行动计划和实施阶段，当征地拆迁不可避免时，为降低工程建设对当地的影响，也应采取响应措施减少影响。

附表 D-1　　　　　　　　　减缓移民影响的过程及措施

序号	项目内容	方案一		方案二		优选方案及移民减缓效果	
		设计方案	移民影响	设计方案	移民影响	优选方案	移民影响减缓效果
1	GM街延伸段	红线宽度为30.0m，此次修建宽度为16.0m。道路横断面由车行道、人行道及绿化带组成，其中：车行道15.0m，绿化带7.0m，人行道8.0m	拆迁85户，拆迁房屋9930.32m²	延伸段红线宽度为30.0m，此次修建宽度为16.0m，此次仅修建车行道宽度16.0m	不涉及拆迁影响	二	减少85户、9930.32m²房屋拆迁
…	…	…	…	…	…	…	…
…	…	…	…	…	…	…	…

D.2　项目移民影响

本部分主要内容：1）讨论项目潜在的影响。包括项目组成部分或活动的项目区地图或影响区域地图；2）描述征地范围（利用地图），以及为什么这是投资项目所必需的；3）在受影响财产和受影响人方面，概述关键影响，列表说明；4）提供任何公共财产资源的详细资料；5）描述向负责征地和拆迁部门的咨询过程。

本部分需要准备的核心表格：1）项目所有组成部分的征地拆迁安置影响概要；2）按类别和影响的严重程度分类的受影响人概要，包括：受影响人——总户数和总人数；影响类型——土地、建筑物、生意、作物与树木损失，社区财产资源和其他种类的损失；影响的严重性——永久或临时；全部（100%）或部分（不超过 10%，不超过 50%）失去建筑物/土地，包括需要搬迁的人数；按照土地权属和土地利用类别（农业、商业、宅基地、公共森林等）分类的受影响土地概要；3）按建筑物类型、材料和数量分类的受影响建筑物的用地性质概要。

D.2.1　项目影响范围及移民影响调查

对项目影响范围内土地征收、临时占地、居民房屋拆迁、非住宅拆迁等实物量进行 100% 的详细调查，同时移民安置计划编制工作小组对受征地拆迁影响的乡镇和家庭户的社会经济状况进行了调查。在进行本项目征地拆迁影响实物量的调查时，受影响人均参与了调查工作。调查组在调查过程中还听取了农户、企事业单位对征地拆迁和移民安置的意见，同时进行了广泛的协商。

D.2.1.1　项目影响范围

世界银行贷款××城市交通项目征地拆迁涉及××市 x 个乡镇的 y 个村。

D.2.1.2　影响调查内容

社会经济调查的范围涵盖所有项目红线范围内的土地、房屋等财产以及受影响的家庭和人口。

本次调查内容可以分为三大部分，分别是：

1．征地拆迁实物量的调查与登记

2．受影响家庭经济状况与安置意愿调查

3．政策法规资料与文献调查

D.2.1.3　调查步骤和程序

调查小组在项目影响区实地进行征地拆迁调查，调查的步骤和程序如下：

（1）在××市世行项目办提供的 1/2000 地形图上确定出调查范围。

（2）对地形图上调查范围涉及的土地及建筑物进行实地测量，根据土地及建筑物的权属确定受影响户、受影响单位，并进行详细登记。

（3）如果被征地拆迁影响的财产属于私人所有，则对受影响家庭户的基本情况和家庭经济状况进行调查，并在每个家庭户内选取一名 15 岁以上的家庭成员来进行安置意愿的调查或访谈。

（4）如果被占用的土地和建筑物属于集体或者企事业单位，则对受影响企事业单位经营状况和受影响程度以及安置意愿进行调查。

（5）对被征用的土地，在村小组干部的指导下确定类型与所有者，以村小组为单位进行汇总登记，并统计所涉及的家庭户数和人数。

（6）对受影响的公共设施，确定产权所有者并进行登记。

在调查的同时，还开展了社会经济调查和公众咨询活动。

D.2.2　项目影响主要实物指标

D.2.2.1　永久征收集体土地影响

本项目永久征收土地由道路工程和公交场站建设引起。根据调查统计，本项目征地影响涉及××市辖内的 x 个乡镇的 y 个村。本项目共计永久征收集体土地 x 亩，其中耕地 x 亩、林地 x 亩、园地 x 亩、宅基地 x 亩。本项目征收集体土地共影响 x 户、x 人。本项目征收农村集体土地明细详见附表 D-2。

附表 D-2　　　　　　　　　　**项目永久征收集体土地情况表**

| 子项目名称 | 乡镇 | 村 | 永久征收集体土地（亩） | | | | | 征收农用地影响人口 | | 备注 |
			耕地	林地	园地	宅基地	小计	户数	人口	
××道路工程	HB 乡	BSK 村	××	××	××	××	××	××	×	××
		...	...	...	...	...	...	...	...	...
		...	...	...	...	...	...	...	...	...
	小计									

D.2.2.2　永久占用国有土地影响

本项目在建设过程需要永久占用 x 亩国有土地。永久占用国有土地影响的详情见附表 D-3。

附表 D-3　　　　　　　　　　**项目占用国有土地影响**

序号	乡镇	国有道路、绿化用地	国有建设用地
1	HB 乡	××	××
...	...	...	...
	合计		

D.2.2.3　临时占地影响

本项目在建设过程中的砂石料场、混合料拌和场、取弃土场、施工期生产生活区及施工临时道路等可能涉及到临时占地。

D.2.2.4　住宅房屋拆迁影响

本项目的道路工程涉及农村住宅拆迁，其农村住房房屋拆迁影响涉及××市 x 个乡镇的 y 个村。农村房屋拆迁面积合计，供影响人口 x 户、y 人。

（1）商业店铺拆迁

本项目总计需要拆迁店铺 x 家，总拆迁面积 xm^2，影响经营者和从业人员共 x 人。

（2）企业拆迁

本项目还涉及 x 家企业拆迁，其中国有土地上 x 家，集体土地上 x 家。国有土地上企业拆迁共计 xm^2，集体土地上企业拆迁共计 xm^2。企业拆迁影响明细表见附表 D-4。

附表 D-4　　　　　　　　　　　企 业 拆 迁 影 响 表

| 编号 | 路名 | 企业名称 | 地址 | 法人代表 | 拆迁面积（m²） | | | | | 建设用地（m²） |
					砖混	砖木	土木	简易	合计	
1	DL街	××××仓库	DL街×号	×××	××			××	××	××
…	…	…	…	…	…	…	…	…	…	…
合计										

D.2.2.5　项目影响人口

D.2.2.5.1　征地拆迁直接影响人口

经过调查统计，本项目中受征地拆迁影响人口共计有 x 户、x 人；其中，征地影响 x 户、x 人，拆迁影响 x 户、x 人，既拆房又征地的 x 户、x 人，拆迁商铺影响 x 户、x 人，既拆住房又拆商铺影响 x 户、x 人。

D.2.2.5.2　受影响少数民族人口

在本项目影响的人口中有少数民族 x 人。

D.2.2.5.3　受影响弱势群体

本项目所指的脆弱群体具体包括贫困户、残疾人、低保户和独居老人。

D.2.2.5.4　附属物影响

根据调查统计，项目影响各类地面附属物包括大门、厕所、水井等。

D.3　项目区及受影响人社会经济概况

本部门要根据社会经济学调查以及相关数据，分析项目区、受影响人的社会经济特点，生计模式，以及项目对受影响人生计模式的影响进行详细的分析/影响评估。同时，对弱势群体、妇女及少数民族等需特别关注。主要内容包括：①界定、确认受影响的人的社会经济特点及生计模式；②描述土地和财产征收对受影响人带来可能的影响，考虑社会、文化和经济因素；提供明细表格；③讨论项目对穷人、少数民族和其他脆弱群体带来的影响；④确定性别与安置影响。确定妇女的社会经济状况、影响、需求和优先考虑的事宜。

D.3.1　项目区的社会经济概况

D.3.1.1　××市的社会经济概况

××市是 YL 自治州的首府，也是 YL 河谷的政治、经济、文化、交通中心。××市总面积 675.5 平方公里，中心城区位于××市域东南部，Y 河北岸，共辖 8 个街道办事处、1 镇、8 乡，有 49 个村委会。规划城区面积 57.7km²，现状建成区面积约 45km² 左右。目前，××市已成为边贸为主导的集商贸、旅游为一体的沿边开放城市，以发展农、牧畜产品深加工为主的轻工业城市。××市的主要工业有毛纺、皮革、印染、食品加工、酿酒、造纸、亚麻、电力、建材以及小型手工业等。

D.3.1.2　项目影响村的社会经济概况

在项目区中涉及村庄，各村落的资源条件和社会经济发展状况见附表 D-5。

受影响村落生产情况

村	村民小组（个）	土地面积（亩）	耕地面积（亩）	年末总牲畜数（头、只）	农村经济总收入（万元）	劳动力转移收入（万元）	村办企业收入（万元）	农民人均收入（元）
YAY村	4	5486	2466	1484	3204	188	105	6071
…	…	…	…	…	…	…	…	…
…	…	…	…	…	…	…	…	…

D.3.2 受影响样本家庭的社会经济状况

为分析本项目移民户的社会经济特征，移民安置计划编制单位以 15%的比例对移民户进行了抽样调查。

1. 家庭基本情况

（1）性别结构

在本次抽样调查的 x 户征地移民家庭中，总人口为 y 人，男性、女性人口分别为 x 人和 x 人，分别占总数的 x% 和 x%。

（2）年龄结构

在调查的 x 户 y 人中，0～15 岁人口占 x%，16～65 岁人口占 x%，66 岁以上年龄段的占 x%。66 岁以上和 15 岁以下的人口总和占总样本为 x%。

（3）民族构成

在调查的 x 户 y 人中，维吾尔族人口占 x%，汉族人口占 x%，回族人口占 x%，哈萨克族人口占 x%。

（4）受教育程度。

在调查的 x 户 y 人中，小学及以下文化水平的占 x%；初中文化水平的占 x%；高中及以上文化水平的占 x%。

2. 土地资源状况

从调查的情况看，被调查的 x 户征地移民人均耕地面积为 y 亩。

3. 移民收入与支出状况

根据调查统计分析，被调查的 x 户、y 人在收入方面，年家庭人均总收入为 x 元。

D.3.3 受影响商铺的概况

本项目总共需要拆迁 x 家店铺，影响商业从业人员 x 人。各村受影响商铺概况的汇总情况见附表 D-6。

受拆迁影响商铺概况汇总表

编号	村	户数（户）	员工人数（人）				货币安置	产权调换	年营业收入（元）	户均年营业收入（元）
			总人数	男	女	平均员工				
1	DL村	6	22	9	13	3.7	0	6	284000	47333
…	…	…	…	…	…	…	…	…	…	…
	总计									

D.3.4 受影响企业单位的概况

本项目共计影响 x 家企业，其中 x 家属于国有土地上的企业。受影响企业基本情况的明细表详见附表 D-7。

附表 D-7 受拆迁影响企业概况一览表

编号	企业名称	职工人数（人）			土地产权		企业性质			年收入（万元）	安置意愿	
		总数	男	女	国有	集体	国有	集体	私营		货币	实物
1	××××仓库	21	18	3	1		1			60	1	0
…	…	…	…	…	…	…	…	…	…	…	…	…
	合计											

D.4 安置法律和政策框架

本部分主要：①描述适用于项目的国家与地方法律与政策；②对已经鉴别不同类别的项目影响的原则、法律与政策性承诺。在财产、收入和生计的重置价估价与补偿标准确定方面的原则与具体方法。补偿与协助的资格标准以及补偿的支付方式与时间；③描述征地过程，并制作一个满足关键程序要求的时间表。

本部分需要准备的核心表格/流程图：①法律要求差距分析；②表明产出活动和时间线段的征地过程流程图。

为了实现本项目移民安置目标，切实做好世行贷款××市城市交通项目的征地拆迁及移民安置工作，保障受影响人和单位的合法权益，使项目得以顺利实施，依据中华人民共和国、省及××市人民政府征地拆迁的有关法规和世界银行 OP4.12 非自愿移民安置政策规定制定本项目移民安置政策框架。

D.4.1 移民安置相关的政策法规

世行贷款××城市交通项目适用的政策框架包括国家与中央部委、省及××市制订的相关征地拆迁和移民安置的相关法律法规和政策文件，以及世界银行非自愿移民业务政策和银行程序。具体政策框架详见附表 D-8。

附表 D-8 项目移民安置政策框架

级别	政 策 文 件	生效时间
国家与中央部委	《中华人民共和国土地管理法》	2004 年 8 月 28 日
	《中华人民共和国农村土地承包法》	2002 年 8 月 29 日
	《国有土地上房屋征收与补偿条例》（国务院令第 590 号）	2011 年 1 月 21 日
	《国务院关于深化改革严格土地管理的决定》（国发〔2004〕28 号）	2004 年 10 月 21 日
	《关于完善征地补偿安置制度的指导意见》（国土资发〔2004〕238 号）	2004 年 11 月 3 日
	《国有土地上房屋征收评估办法》（建房〔2011〕77 号）	2011 年 6 月 7 日
自治区	《×自治区实施〈中华人民共和国土地管理法〉办法》（自治区人大〔1999〕9-13 号）	1999 年 10 月 1 日
××市	《××市城乡房屋拆（搬）迁安置管理办法（试行）》（政办〔2010〕188 号）	2010 年 3 月 15 日
	《××市国有土地上房屋征收补偿补助奖励办法（试行）》（政办〔2011〕788 号）	2011 年 11 月 15 日
	《关于印发××市被征地农民社会保障实施办法（试行）的通知》政办〔2011〕697 号）	2011 年 8 月 29 日

级别	政 策 文 件	生效时间
世界银行	业务政策 OP4.12《非自愿移民》及其附件	2002 年 1 月 1 日
	世行程序 BP4.12《非自愿移民》及其附件	2002 年 1 月 1 日
	业务政策 OP4.10《少数民族》及其附件	2005 年 7 月 1 日
	世行程序 BP4.10《少数民族》及其附件	2005 年 7 月 1 日

D.4.2 本项目的移民安置政策

D.4.2.1 农村集体土地征收及安置政策

本项目土地征收补偿及移民安置的补偿原则、补偿标准、土地征用程序及监督机制主要依据《中华人民共和国土地管理法》、《土地管理法实施条例》、《国土资源部关于进一步做好征地管理工作的通知》（2010 年 6 月）和××市相关政策制定。

根据××市政府《××市征用土地补偿标准》（政办〔2011〕111 号），本项目征收农村集体土地的补偿政策如下：

1. 土地补偿费

××市土地补偿费按 8 倍计算，每亩土地补偿费为 12000 元。其中 3000 元直接支付被征地村集体经济组织，其余资金由市农经部门负责监督管理，资金的使用由村集体经济组织提出使用方案，乡（镇）政府审查报市人民政府批准后，专款使用。

2. 安置补助费

依照新国土资发（2011）19 号文件规定，补偿基数 1500 元/亩，安置补助费按以下标准执行。

耕地：耕地补偿标准为：39000 元/亩。

园地：园地补偿标准为：48000 元/亩。

林地：征用林地的，比照征用耕地的安置补偿费标准执行。

3. 青苗补偿费和地上附着物补偿费按照计价房（2001）500 号文件执行。

安置补助费和青苗及地上附着物补偿费将直接支付给受征地影响的农户。

D.4.2.2 国有土地永久占用政策

对于占用通过市场方式获得使用权的国有土地，本项目按照第三方评估公司依据市场评估价作出的评估报告为基准进行补偿，有偿收回的该国有土地的使用权。本项目中占用国有土地，其使用权将在国有土地上房屋征收评估过程中一并考虑给予补偿。

D.4.2.3 农村住宅房屋拆迁补偿安置政策

本批项目的农村住宅拆迁将依照国家及省市的各项法规政策，在与受影响家庭户进行充分沟通协商的基础上，拟定农村住宅拆迁补偿标准和安置方案。本项目农村住宅房屋拆迁安置方式包括：①货币补偿；②产权调换。

D.4.2.4 非住宅房屋拆迁及安置政策

（1）国有土地上非住宅房屋补偿政策。

本项目涉及的国有土地上企事业单位房屋拆迁均是属于门房、仓库、办公用房等附属房屋拆迁，不对生产经营产生实质性影响，不需要异地搬迁重建。因此，本项目将对受影响的国有土地上的房屋进行一次性货币补偿，按照市场评估价对其资产损失进行补偿，并提供国有土地使用权的补偿。

（2）集体土地非住宅房屋补偿政策。

本项目涉及的农村集体土地上企事业单位房屋拆迁均是属于门房、仓库、办公用房等附属房屋拆迁，不对生产经营产生实质性影响，剩余的土地能够维持原有的生产经营活动，不需要异地搬迁重建。因此，本项目将对受影响的集体土地上的房屋进行一次性货币补偿，按照市场评估价对其资产损失进行补偿，并提供建设用地使用权的补偿，补偿标准将参照农村集体土地征收补偿标准执行。

（3）商业店铺拆迁安置政策。

本项目商业店铺拆迁采用产权调换和货币补偿两种安置方式，供受拆迁影响的商铺业主自愿选择。商业用房选择房屋产权调换的，按被征收房屋正房建筑面积 1:1 的比例，在相同区位的同楼层商铺给予调换；选择货币补偿的，将按照市场评估价进行一次性货币补偿。对于商铺的停车停业损失，本项目将提供每户 6000 元的补助费。

D.4.2.5　弱势群体的扶持政策

本项目涉及的弱势群体主要包括四类：特困户、低保户、残疾人士以及独居老人家庭，全部为农村居民。弱势群体在安置过程中将获得优先选择的权利，并同时获得各项扶持政策。

D.4.2.6　附属物补偿政策

受项目影响的地面附属物将根据完全重置价对其所有权人进行货币补偿，由产权人自行复建。

D.5　补偿标准

本部分要根据制定的本项目政策，确定受影响人的资格与权利；尤其要保证受影响能获得足额的补偿，以重建生产及生活；因此，补偿标准需基于重置价分析。

根据本批项目使用的法律政策框架的规定，结合项目影响区的实际情况，制订本项目各类影响补偿标准。

D.5.1　征收农村集体土地补偿标准

根据《中华人民共和国土地管理法》、《关于完善征地补偿安置制度的指导意见》及受影响市相关法规政策，与受影响人协商后，结合项目影响区的实际情况，本项目拟定的征地补偿标详见附表 D-9。

附表 D-9　　　　　　　　　　　征收集体土地补偿标准

地类	拟定统一年产值（元/亩）	土地补偿费			安置补助费			合计
		拟定倍数	本项目采用倍数	金额（元/亩）	拟定倍数	本项目采用倍数	金额（元/亩）	
耕地	1500	8	8	12000	17～20	26	39000	51000
园地	1500	8	8	12000	17～20	32	48000	60000
林地	1500	8	8	12000	17～20	26	39000	51000

D.5.2　永久占用国有土地补偿

本项目占用的国有土地主要涉及受影响企事业单位的国有土地，以及已经完成征收储备的国有空地。在收回国有土地使用权的过程中，本项目将在市场评估过程中考虑土地的市场价值，即房屋补偿价格中将包含国有土地使用权的补偿，故此处不单列占用国有土地补偿标准。

D.5.3 拆迁住宅房屋补偿标准

依据《中华人民共和国土地管理法》、《土地管理法实施条例》、《××市国有土地上房屋征收补偿补助奖励办法（试行）》（市政办〔2011〕788号）等相关的政策法规，本项目房屋拆迁将按照市场评估价（不考虑折旧）进行补偿，并将不低于本项目制定的拆迁补偿基准价格。项目影响拆迁户除获得房屋拆迁补偿外，还将获得搬迁补助费和临时安置补助费。住宅房屋拆迁补偿补助标准详见附表 D-10。

附表 D-10 农村住宅房屋拆迁补偿基准价格

类别	结构类型	单位	补偿基准价格	备 注
住宅拆迁补偿费（分结构）	砖混	元/m²		实际标准以市场评估价值（不考虑折旧）确定，并将不低于基准价格
	砖木	元/m²		
	土木	元/m²		
其他补助费	临时安置补助费	元/户		选择货币补偿的过渡期为 x 个月，选择产权调换的从搬迁之日起至回迁之日止
	搬迁补助费	元/户		一次性提供，能够满足 x 次搬迁费用
	提前搬迁奖励费	元		被拆迁户在规定的搬迁期限内提前搬迁并自行拆除完毕的，给予提前搬迁奖励

D.5.4 拆迁非住宅房屋补偿标准

（1）国有土地上非住宅房屋拆迁补偿标准。

本项目拆迁国有土地上非住宅房屋的补偿标准将通过市场评估确定，但将不低于本项目拟定的补偿基准价格。

（2）集体土地上非住宅房屋拆迁补偿标准。

本项目拆迁集体土地上企业，其房屋的补偿标准将通过市场评估确定，但将不低于本项目拟定的补偿基准价格。

（3）受影响商铺拆迁补偿标准。

本项目拆迁集体土地上企业，其房屋的补偿标准将通过市场评估确定，但将不低于本项目拟定的补偿基准价格。

（4）附属物补偿标准。

依照计价房（2001）500号文件规定，附属物影响依照实际损失给予补偿。项目影响各类附着物补偿标准见附表 D-11。

附表 D-11 附 属 物 补 偿 标 准

树种 项目	单位	树木规格（胸径、厘米）	补偿标准（元）
果树	棵	5cm 以下	20～40
	棵	5～15cm	40～60

项目 树种	单位	树木规格（胸径、厘米）	补偿标准（元）
果树	棵	15～30cm	60～100
	棵	30cm 以上	120
...	...	...	...

D.5.5　其他税费标准

征地管理和税费要根据当地相关规定严格执行。

D.6　移民生产与生活恢复方案

本部分主要包括两方面内容。

一是对于土地影响，需要：1）确定生计风险，根据人口数据和生计来源制定分类表格；2）描述收入恢复计划——包括恢复所有生计类型的多种选择。例如：①项目的利益共享；②收益共享安排；③资产入股，比如土地；④讨论可持续性与安全网络；3）通过社会保险/项目特别基金建立起社会安全网络；4）支持脆弱群体的特殊措施；5）社会性别需要考虑的事项；6）应当对通过技能分析和需求评估而安排的培训活动给予支持。

该部分需要准备的核心表格：①生计恢复计划，逐项列出预算并提供多种选择；②受影响人的偏好和培训活动列表；③就业机会。

二是对于拆迁影响，需要：

（1）描述住宅与其他建筑物的搬迁选择方案，包括住房置换、重置价现金补偿、和/或自主选择。确保妇女关注的事宜以及对脆弱群体的帮助得以确认并在制定住房重置计划时纳入其中。

（2）描述所考虑的备选搬迁安置地点，所开展的社区咨询以及选定搬迁安置地点的理由，包括具体的地点、当地的环境评估和发展需求。

（3）搬迁安置地点准备与迁移时间表。帮助迁移和在新地点安家立业的措施。

（4）使土地权属合法化以及为搬迁者（财产）资格过户的法律安排，包括（丈夫与妻子）联合资格以及相关的为成年子女分配土地的规定。

（5）应当尽量提供现房，以便避免过渡住房的安排。

（6）协助搬迁和在新地点安家立业的措施。

（7）确保对具体（安置）地点给予充分考虑，使生计通过公共服务的可利用性而得到保护（比如，在开发安置地点时，该地点的位置不应当阻碍搬迁人员的生计活动）。

（8）提供民用基础设施的计划（这里的民用基础设施包括学校、医院/保健中心/诊所、公共市场、公园和运动娱乐场所、通水通电、环卫设施、道路和通信）。

（9）被安置人员与安置区人口的融合。

D.6.1　移民安置目标及其原则

本项目移民安置目标为：

（1）移民家庭年人均纯收入恢复到安置前的水平，在此基础上按地区经济发展速度进一步有所提高。

（2）拆迁户居住房屋综合水平恢复到安置前的水平，随着项目施工的完成，逐步有一定的提高和改善。

（3）移民享受的公用事业、基础设施、文教卫生、自然环境等都与安置前相当或比安置前有所改善。

本项目移民安置规划的原则包括：

（1）移民安置规划以征地拆迁实物指标为基础；以征地拆迁补偿、补助标准为依据进行。

（2）移民安置与当地基础设施建设、资源开发、经济发展、环境保护结合起来。从实际出发，因地制宜制定恢复和发展移民生产生活切实可行的措施，并为移民自我发展创造必要条件。

（3）按照"有利生产，方便生活"的原则，合理制定移民的规划布局。

（4）移民安置的建设规模和建设标准，以恢复原规模、原标准为原则。结合地区发展，扩大规模，提高标准以及远景规划所需投资，应由当地政府和有关部门自行解决。

D.6.2　集体土地征收影响及安置方案

本项目永久征收集体土地 x 亩，其中耕地 x 亩，占 x%；林地 x 亩，占 x%；园地 x 亩，占 x%；宅基地 x 亩，占 x%。项目征收集体土地共影响 x 户、x 人。

D.6.2.1　征收农村集体土地影响分析

在集体土地征收中，本项目永久征收耕园地，征收影响涉及××市 5 个乡镇的 10 个村，共计征收耕地园地 x 亩，共影响 x 户、x 人。

1. 土地资源损失分析

根据社会经济调查，对受影响村组征地前后的耕地等状况作了对比分析，在受影响的 10 个村中，土地损失率均在 5% 以下。

2. 农业收入损失分析

通过对本项目受征地影响农户民的年收入损失进行测算，结果表明本项目受影响人口的户均年农业收入损失为 2853.1 元，由于 DL 村、BYD 村、FZ 村的户均征地面积较大，户均年农业收入损失为 3782.73 元，其余村受影响家庭的户均年农业损失均低于 3000 元。

3. 家庭经济收入损失率分析

在征地受影响村组中，受影响农业人口的人均收入损失率最高的是 FZ 村，达到 34.98%；其次是 DL 村，受影响农户的人均纯收入损失为 16.21%；其余各村受影响农业人口的人均纯收入损失率均在 15% 以下。本项目征地对受影响村的经济收入影响较小。

D.6.2.2　被征地农民的安置与收入恢复措施

由于每个村的社会经济发展状况不同，项目建设征地对各村影响的程度也各不相同。因此，被征地农民的安置与收入恢复方案需要基于影响程度、各村的实际特点和受影响人员的意愿制订。基于上述安置意愿，经过在社会经济调查时与村民委员会和移民代表的充分协商，确定了不同的移民安置和收入恢复方案。具体的安置方式和恢复措施如下：

D.6.2.2.1　货币补偿及分配

本项目将对受征地影响的村组和受影响农户提供货币补偿，其中城市规划区范围内的耕地和林地征地补偿标准为 51000 元/亩（不含青苗费），园地补偿标准为 60000 元/亩（不含青苗费）。

在征地补偿费中，安置补偿费和青苗、地上附着物补偿费均直接支付给被征地农户。

受征地影响的农户按照上述分配方案获得货币补偿后，可以在政府的协助下自行开展以下各项农业发展和非农经济活动等生计恢复措施。

D.6.2.2.2　农业安置措施

××市世行办在充分听取当地乡镇政府的意见后，为本项目确定了以下农业安置措施：

1. 土地流转政策与方案

在本项目征地影响家庭中，被征地农民希望继续从事农业生产活动，需要农用地的，可以按照《农村土地承包经营权流转管理办法》（农业部令第 47 号）通过土地流转方式获得生产经营所需的农用地。

2. 种植业发展计划与措施

本项目在征地后，多数受影响家庭仍然还拥有大部分土地，可以继续从事农业生产活动，失地较多的农户，可以通过土地流转途径，继续发展农业种植经营。

根据《××市种植业发展规划（2012－2015）》，××市在"十二五"期间，将重点发展设施农业、设施园艺、露地蔬菜、有机水稻、特色种植、休闲观光农业六大产业，并加快农业的生产基地、示范工程和支撑体系建设步伐。

3. 养殖业发展计划与措施

养殖业作为项目区少数民族人口的传统农业活动，不仅具有较好的收益，而且也与当地的气候条件、自然资源、生产经验、饮食习俗等高度契合，具有良好的发展前景，发展养殖业对受影响人口的收入恢复具有十分重要的作用。

本项目在安置过程中高度重视养殖业的发展计划和促进措施，包括××市养殖小区提升改造计划、养殖户合作经营模式、奶牛养殖托管收益分析，可根据影响区实际情况编制具体发展计划。

D.6.2.2.3　就业安置措施

根据《××市被征地农牧民就业安置管理办法》（市政办〔2011〕112 号），××市将为本项目被征地农户按照正常规定办理《被征地农牧民登记证》。本项目并不会导致农户全部失地，受影响农户将有资格参与政府公益性岗位安置、用地工业企业用工岗位安置等就业安置方式，由被征地农民自行选择其中的一种安置方式。

具体安置方式包括：

（一）政府公益性岗位安置

（二）用地工业企业提供岗位安置及继续从事农业生产安置

（三）工资水平与就业合同

经过调查了解，本项目可用于就业安置的工作容量及愿意参与就业安置的农户的详情见附表 D-12。

附表 D-12　　　　　　　　　　　　非农安置容量及安置意愿汇总表

乡镇	政府公益性岗位可安置人数（人）	用地工业企业提供岗位可安置人数（人）	村	影响户数（户）	参与就业安置户数（户）	比例（%）
BYD 镇	90	150	BYD 村	20	7	35.0
…	…	…	…	…	…	…
总计						

D.6.2.2.4 小额担保贷款措施

根据《××市小额担保贷款管理细则》（伊市政办〔2011〕768 号），本项目受影响家庭在符合政策条件的情况，可以申请小额担保贷款，以解决创业创收过程中的资金困难。

D.6.2.2.5 技能培训措施

培训形式主要采取职业技能培训、单项能力培训和岗位培训三种方式。职业技能培训由劳动保障行政部门主管，各类教育培训机构、行业和用人单位开展培训，重点是农业技术、畜牧养殖、林业种植为主；单项能力培训是针对性和实用性较强的一种培训形式，培训者在三年内可享受不超过 3 次的单项技能培训，主要以服务业为主；岗位培训主要针对那些技术复杂、技能要求高、操作规范严格，直接关系到产品质量和消费者健康以及安全生活的行业和工种。

D.6.2.2.6 社会保障措施

根据《关于印发××市被征地农民社会保障实施办法（暂行）的通知》（市政办〔2011〕697 号），社会保障对象为依法全部征收土地的人员，即在××市城镇规划区内和城镇规划区外因政府统一征收农村集体土地而失去土地，且在征地时处于劳动年龄人员（年满 16 周岁以上，不满 60 周岁的男性和女性人员）；与所在村委会签订有《家庭土地承包合同书》，持有《农村土地承包经营权证》；在农村集体经济组织范围内自愿调剂后不再占有农用地且政府无法给予异地移民安置，征地时年满 16 周岁并享受第二轮承包经营权的在册农业人口；已与村委会签订协议不需要统一安置的。2011 年 7 月×自治区新型农村社会养老保险实行全覆盖，失去部分土地的农民按照有关政策纳入新型农村社会养老保险范围。

D.6.3 住宅房屋拆迁安置方案

本项目拆迁农村住宅房屋面积 xm^2（包括简易房屋在内），影响 x 户、x 人。经过调查了解，本项目拆迁户的安置意愿见附表 D-13。

附表 D-13　　　　　　　　　　　　被拆迁户安置意愿

乡镇	村	总拆迁户数	安置意愿（户）	
			产权调换	货币安置
KED 乡	YAY 村	36	33	3
...	...	...	...	...
合计				
比例（%）				

基于上述意愿调查，经过公众参与和与相关政府部门的协商，本项目农村住宅房屋拆迁安置方式包括：①货币补偿；②产权调换；③移民交换平台安置。

D.6.3.1 货币补偿

本项目拆迁房屋的市场评估价格将不低于拟定的基准价 1200 元/m²（含地价，详细标准见章节 D.5.3），补偿款全部支付给受影响户。被拆迁户获得补偿款后，可以自行建设（部分家庭剩余的宅基地满足重建房屋的需求）或购买安置房。

D.6.3.2 产权调换

对于选择产权调换的被拆迁家庭，根据《××市城乡房屋拆（搬）迁安置管理办法（试行）》（市政办〔2010〕188 号），被拆（搬）迁人可选择××市人民政府统一建设的农（牧）民安居房或保障性住房进行产权调换。按被拆（搬）迁正房实际建筑面积 1:1.2 的范围内，以安居房或保障性住房进行调换，具体调换方式如下：

（1）按 1:1.2 比例调换后的安居房或保障性住房，面积不足 80m^2 的，按 80m^2 调换。

（2）按 1:1.2 比例调换后的安居房或保障性住房，面积超过 200m^2 的，按 200m^2 给予调换。对原房屋超出调换比例建筑面积部分按照当年或上一个年度的房屋市场重置建造价格给予补偿。

（3）按产权调整后的安居房或保障性住房的实际建筑面积给予 150 元/m^2 的补助。

为方便拆迁户就近安置，避免破坏原先的社会关系，项目办需要为各村组的拆迁户提供具体的安置小区。

D.6.3.3 移民交换平台安置

为满足部分农村移民保持原有生产生活方式的需求，××市世行办制定了《世行贷款 Y 城市交通项目移民安置交换平台实施方案》并提供扶持政策。

经过调查统计，可供本项目用于安置交换的家庭户数见附表 D-14，本项目部分希望保持原有庭院式生活居住传统的家庭可以通过移民交换平台购置临近地区庭院式房屋，××市政府将按照政策协助办理户口迁移手续。

附表 D-14   **移民安置交换信息**

序号	乡、镇、场	村	可交换户数	备注
1	×	×村		
…	…	…	×	
…	…	…		

附表 D-15   **农村拆迁安置去向平衡表**

乡镇	村	总拆迁户数	产权调换方式				货币补偿方式				备注
			完全调换安置楼（剩余宅基地低于0.2亩）		调换后原址重建（剩余宅基地高于0.2亩）		补偿后原址重建（剩余宅基地高于0.2亩）		补偿后异地购房安置（剩余宅基地低于0.2亩）		
			选择户数	安置去向（安置小区名称）	选择户数	安置去向（后靠重建的基础条件）	选择户数	安置去向（调地重建，社区可调地户数、面积）	选择户数	安置去向（社区可购房源数）	
KED乡	YAY村			NH 路安置小区和 GY 街安置小区		NH 路安置小区和 GY 街安置小区		YAY 村		/	
×乡	×村	…	…	…	…	…	…	…	…	…	…
	…	…	…	…	…	…	…	…	…	…	…
合计											

D.6.4 非住宅房屋拆迁安置方案

（1）商业店铺的安置方案。

根据《××市国有土地上房屋征收补偿补助奖励办法（试行）》（市政办〔2011〕788 号）

规定，本项目商业用房选择房屋产权调换的，按被征收房屋正房建筑面积 1:1 的比例，在相同区位同楼层给予调换。本项目应制定具体的失地农民再就业市场，并为受影响商铺提供必要信息以及扶持政策。

（2）国有土地上企事业单位房屋补偿安置方案。

本项目影响的国有土地上的非住宅房屋主要是企事业单位，由于影响的均是小部分房屋或者附属物，并不对其生产经营活动产生实质性影响，不需要异地重建安置，因此在与受影响企事业单位协商的基础上，确定对其资产和土地使用权的影响采用一次性货币补偿的方式进行安置。

货币补偿的金额将通过协商确定；协商不成的，通过市场评估（不考虑折旧）确定。

（3）集体土地上企事业单位房屋补偿安置方案。

本项目影响的集体土地上的非住宅房屋主要是企事业单位，由于影响的均是小部分房屋或者附属物，并不对其生产经营活动产生实质性影响，不需要异地重建安置，因此在与受影响企事业单位协商的基础上，确定对其资产和土地使用权的影响，采用一次性货币补偿的方式进行安置。

货币补偿的金额将通过协商确定；协商不成的，通过市场评估（不考虑折旧）确定。

D.6.5 妇女发展措施

在本项目移民安置过程中，将充分尊重妇女的权益，并重视发挥妇女在社会经济活动和移民安置过程中的重要作用。本项目采取的具体的促进妇女发展的措施主要为：妇女小额担保贷款措施。

为帮助符合小额贷款条件的城乡妇女申请小额担保贷款，落实小额担保贷款财政贴息政策，解决妇女创业就业发展的资金，YL 州财政局、妇联等单位转发了《财政部人力资源社会保障部中国人民银行中国全国妇女联合会关于完善小额担保贷款财政贴息政策推动妇女创业就业工作的通知》。由于本项目涉及一定数量的征地，在家庭土地减少后，妇女可以有更多的时间和精力进行创业，并可以优先申请小额贷款，促进自身的就业和发展。妇女在移民安置方案中拥有参与发言和决策的平等权利。

为保障妇女在移民安置活动中的平等权益，发挥妇女在安置活动的重要作用，本项目在公众咨询过程中，以及召开与移民安置方案讨论相关的村民大会、村民小组大会时，都将赋予妇女平等的参与发言和决策权利，大会代表中的妇女比例应不低于 30%。

D.6.6 少数民族发展计划

本项目受影响人口绝大部分是少数民族人口，上述安置方案均是在于他们进行充分协商的基础上制定的，因此能够满足少数民族人口安置和恢复的需求。为更好地维护少数民族的权益，有效促进少数民族人口的恢复和发展，本项目编制了《少数民族发展计划》，各项发展计划和措施安排详见本项目《少数民族发展计划》。

D.6.7 弱势群体恢复措施

在实际操作中，××市世行项目办还将与××市民政局等相关部门相互合作，共同做好对于弱势群体的生产生活的扶助工作。为促进弱势群体的收入和生产生活恢复，主要的帮扶措施包括：

（1）在安置措施中赋予弱势群体优先权。

（2）为符合条件的弱势群体优先纳入城乡最低生活保障体系。

（3）为符合条件的弱势群体提供城乡医疗救助。

D.6.8 地面附属物补偿方案

受项目影响的地面附属物将根据完全重置价对其所有权人进行货币补偿，由产权人自行复建。

D.7 组织机构及实施进度

本部分主要包括：1）描述负责安置准备、实施和监测的各团体的主要任务和职责，包括工作人员的技能和人员数量；2）对这些机构的能力进行评估，对包括技术支持（若需要）在内的事宜做出安排，包括办公条件、财务、人员和其他必要的硬件；3）民间组织的作用（若涉及），以及在安置规划与管理过程中的受影响人团体，妇女组织在安置规划、管理与运作过程中的介入，增加就业与创收，安置机构聘用女性工作人员与妇女一起工作并在安置活动的所有方面帮助妇女的安排，包括收入恢复计划的规划与实施。

本部分要准备的核心表格：1）介入安置规划与实施的政府机构和其他组织的作用与职责矩阵表；2）包括一个针对所有关键安置和恢复活动的详细的、具有时间范围的实施计划（该进度表应当与项目土建工程的施工进度表同步）；3）包括安置监督里程碑（关键事件），并定期更新；4）实施进度表，与中标后土建工程的施工同步、涵盖安置活动的所有方面；5）征地程序与时间线路流程图——甘特图（用图表设计的图）。

D.7.1 组织机构及职责

在项目实施中，对××市城市道路和公共设施建设项目移民安置活动的计划、管理、实施和监测负责的机构有：

（1）××市利用世行贷款项目移民安置领导小组。

（2）××市利用世行贷款项目移民安置办公室。

（3）××市建设局拆迁管理办公室。

（4）××市国土资源管理局征地拆迁办公室。

（5）××市经济合作区拆迁管理办公室。

（6）各受影响乡\镇人民政府。

项目影响的村配备有 1~2 名主要领导负责协助移民安置工作。移民组织管理机构详见附图 D-1。

D.7.2 人员与设备配备

为使移民安置工作得以顺利进行，项目各级移民机构均配备了专门的工作人员，形成了上下畅通的信息传输渠道。各级移民机构主要由行政管理人员和专业技术人员组成，人员为 3~6 人不等，均具备一定的专业水平及管理素质，并有丰富的征地拆迁移民安置工作经验。

本项目市、区级移民机构配置均利用现有资源，已经配备了基本的办公设备、交通设备和通讯设备，包括办公桌椅、电脑、打印机、电话、传真机、交通工具等设备资源。

D.7.3 培训计划

培训目的：对与本项目征地拆迁有关的管理人员、技术人员进行培训，使其了解并掌握有关的征地拆迁内容，保证项目的征地拆迁行动计划得到全面落实。培训内容主要包括项目概况及背景，有关法律法规，项目移民安置行动计划的细节、管理、汇报程序、费用管理、监测评估、报告、申诉的处理等。

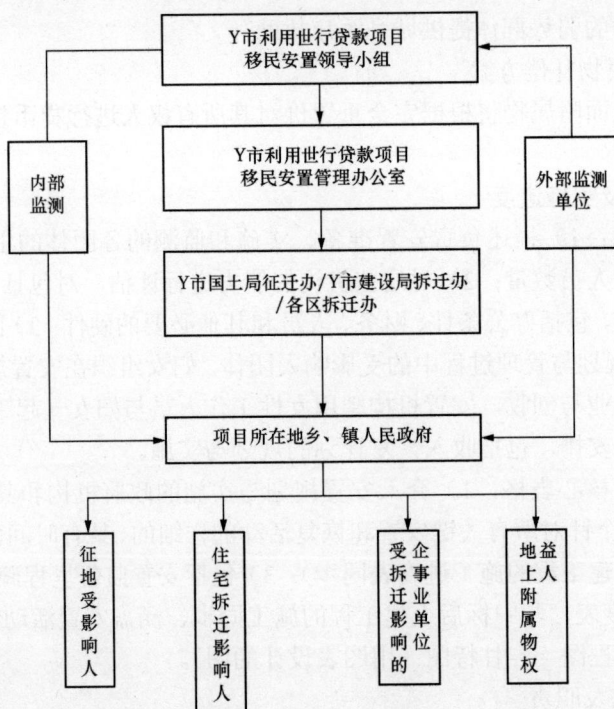

附图 D-1　移民组织管理机构框图

D.7.4　实施进度

根据项目实施进度的计划安排，本项目征地拆迁移民安置进度计划将与项目建设计划安排相衔接，征地拆迁与移民安置的主要工作计划从 201×年×月至 201×年×月结束。

根据项目建设征地拆迁与移民安置准备与实施活动进度，拟定本项目移民安置总进度计划。具体实施时间可能会因项目整体进度有偏差而作适当调整，需制定移民实施进度表。

D.8　信息公开和公众参与、协商

本部分要点：①确定项目的利益相关者，特别是主要利益相关者；②描述在项目周期不同阶段要开展的咨询活动的机制；③描述信息发布所开展的活动；④总结向受影响人（包括受影响社区或安置社区）咨询的结果，并讨论关注和建议的事宜是如何在安置报告中得以解决的；⑤确认安置计划草稿向受影响人公布，并包括随后要公布的任何计划的所有安排。

本部分需要准备的核心表格：1）公众咨询与信息公布计划；2）按利益相关者群体分类的、在咨询过程中提出的关注事宜及其建议的总结。

依据国家、自治区、××市有关征地拆迁安置政策和法规，为维护移民和被拆迁单位的合法权益，减少不满和争议，完善移民安置计划，以实现妥善安置移民的目标，在项目准备和实施期间开展公众参与和协商具有十分重要的作用。项目移民安置办公室充分征求了各级地方政府及广大移民代表对移民安置及补偿政策处理的意见，并在各级地方政府的协助下完成了本《移民安置计划（RAP）》的编制。在项目实施阶段，各级移民安置机构将进一步鼓励群众参与移民安置及生产恢复和重建工作。

D.8.1　公众参与的途径与措施

D.8.1.1　参与途径

在开展调查工作之前，编制了工作大纲，对调查内容、方法、要求等，听取当地政府的意见，并由当地政府派员参加调查组，共同进行工作。在进行普遍调查期间，邀请乡、村、组负责人及移民代表参与调查工作，并向他们宣传有关工程建设的必要性、工程效益、工程影响、补偿原则及移民安置进度等，共同商讨移民安置可能去向。在移民规划阶段，移民安置规划工作人员同区、镇各级领导共同商讨，听取意见、要求及存在的问题，选择安置区。实地调查时，均有当地群众及有关部门的工作人员参与选点工作，这些协商将对移民安置计划的顺利实施具有积极意义。

根据有效性和可操作性的原则，移民公众参与活动以下列多种形式展开：

（1）焦点小组（focus group）访谈。

（2）结构性问卷调查。

（3）座谈会和个别访谈。

D.8.1.2 参与和协商措施

公众参与和协商主要采取了座谈会和移民意愿抽样调查两种方式。在移民实施阶段，仍将采取座谈会和移民意愿抽样调查的形式，收集移民信息，调查移民意愿，进一步完善移民安置方案。同时，群众可以通过向村委会和各级安置部门、监测评估单位反映抱怨、意见和建议，安置办公室按照处理程序，反馈处理意见。为确保受影响地区的移民和当地政府充分了解移民安置计划详情，以及本项目补偿和安置计划，本项目将从项目一开始至移民安置实施全过程，通过公众参与（座谈会等形式）或通过当地新闻媒介（如电视）等途径。增加移民安置工作的透明度，以获得这两个群体对移民安置工作的支持和信任，确保安置工作的顺利进行。

D.8.2 项目准备期间的公众参与

从 201×年×月份以来，在技术援助咨询专家的指导下，××市世行项目管理办公室已经组织开展了一系列的社会经济调查及公众意见咨询。具体的公众参与和协商活动内容包括：

1. 项目准备阶段的公众参与

A 在进行社会经济调查、征地拆迁实物指标调查、安置点选择等过程中，与市政府（移民安置领导小组）以及市土管、交通、城建等部门进行了充分协商，方案的制定得到了地方政府的协助与认可。

B 市政府有关部门和项目办先后组织征地拆迁涉及乡、镇、村、街道办事处的有关干部及居民代表召开座谈会，在工程建设的必要性及移民安置政策等方面进行了宣传。

2.《移民安置行动计划》准备过程的公众参与

移民安置办公室及各级移民机构还将通过各种措施加强移民政策宣传和积极鼓励群众参与：

——张榜公布补偿政策

——张榜公布财产

——编制移民信息册

——召开会议

随着工程准备和实施工作的不断推进，设计单位、××市世行项目办及区、乡镇移民办还将开展进一步的公众参与，并制定本项目的公众参与计划表。

D.9 移民安置资金和预算

本部分主要内容：①对安置的所有活动逐项列出预算，包括安置单位的预算，人员培训，监测与评价，以及在贷款实施过程中提交安置报告的预算；②描述资金流动。年度安置预算应当显示关键科目的按时间进度的预算支出；③包括一个计算补偿标准、其他费用估计（考虑工程不可预见费和价格不可预见费）和重置价计算时做出的所有假定的理由说明；④包括关于安置预算资金来源的信息。

本部分需要准备的核心表格：1）所有安置活动的详细费用估计和预算；2）流程图：资金流动，特别是在（符合）法律要求的背景下，显示出资金来源和时间安排。

D.9.1　移民安置预算

在征地和移民安置过程中所发生的费用列入本项目总预算。按照 201×年上半年价格，本项目移民费用总计×××X万元，见附表 D-16。

附表 D-16　　　　　　　　　Y 城市交通项目移民安置补偿投资概算表

序号	费用类别	单位	补偿标准（元/单位）	项目		合计		比例（%）
				实物量	费用预算（万元）	实物量	费用预算	
1	移民基本费用	万元	/	×	×	/	×	×
1.1	永久征地补偿费	万元		…	…	…	…	…
1.1.1	耕地	亩	51000	…	…	…	…	…
1.1.2	园地	亩	60000	…	…	…	…	…
1.1.3	林地	亩	51000	…	…	…	…	…
1.1.4	宅基地	亩	0					
1.1.5	永久占用国有土地	亩	0	…	…	…	…	…
1.2	住房拆迁补偿	万元						
1.3	非住宅拆迁补偿	万元						
1.3.1	商铺拆迁							
1.3.2	企事业单位附属房屋拆迁							
1.4	地面附着物补偿费	万元						
2	管理费（基本费用的2%）	万元						
3	移民规划监测费用	万元						
4	培训费用（基本费用的0.5%）	万元						
5	征地有关税费	万元						
6	不可预见费（总费用的10%）	万元						
7	合计	万元						
8	比例	%					100.00	

D.9.2　年度投资计划

项目移民资金来源全部为地方配套资金和世界银行贷款资金。在项目建设前或实施过程中，为了不影响受征地农户生产和生活条件，投资计划分阶段进行，移民投资计划详见附表 D-17。

附表 D-17 移民投资年度计划

年　份	2012	2013
投资（万元）	××××	××××
比例（%）	×	×

D.9.3　资金来源和资金流

本项目资金来源和资金流如附图 D-2 所示。

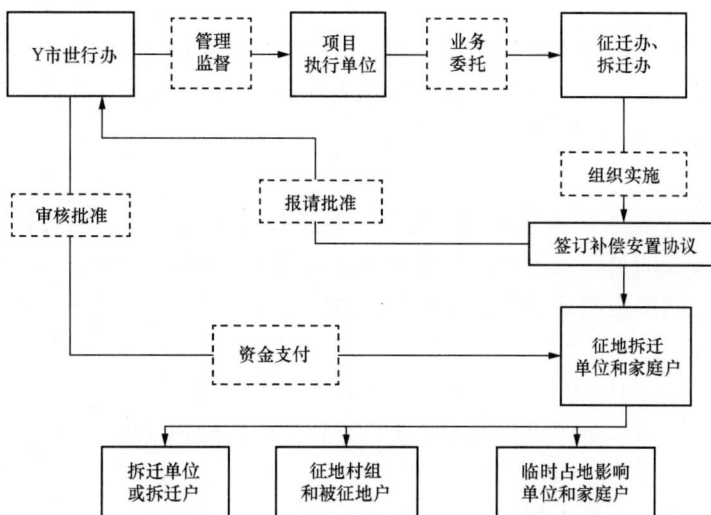

附图 D-2　征地拆迁补偿资金流向图

D.10　监测评估安排与抱怨申诉处理

本部分要阐述内部监测与评价，对安置实施进行监测的具体安排，描述机构安排、后勤、人员配备、技能、时间和预算分配；外部监测与评价，需要聘请一个外部监测机构的具体安排。确保受影响人在内部与外部监测与评价中的参与。描述（外部评价机构的）资格、报告体系安排与提交时间。包括：1）冲突解决机制以及申诉程序；2）描述抱怨事项的解决框架（正式和非正式的），该框架由项目支持者确立，陈述关于征地拆迁安置的申诉解决机制与时间框架。

监测评估从××年 6 月开始,至移民安置活动完成且移民生计得到有效恢复后半年结束,根据××城市交通项目的工程建设进度及移民安置进度，每半年定期向世行递交内部监测与外部监测报告。

D.10.1　内部监测

××市项目管理办公室将建立内部监测运行机制来检查移民安置活动。项目管理办公室均建立征地拆迁与移民安置资料数据库，并利用其编制移民安置计划和对所有移民户及拆迁单位进行监测，对移民安置准备和实施的全过程进行内部监督检查。

D.10.1.1　实施程序

在实施期间，项目单位根据监测样本，采集记录关于实施移民安置的信息，并向项目管理办公室及时传递现时活动记录，以此保持连续的关于实施的监测。项目管理办公室将对实施情况实行定期检查。

D.10.1.2　监测内容

（1）支付移民和被拆迁单位的补偿金。

（2）货币化安置房源的落实。

（3）产权调换安置房的建设。

（4）移民机构人员配备、培训、工作时间表及其办事效率。

（5）移民抱怨与申诉的登记与处理。

D.10.1.3　内部监测报告

每半年由各项目实施单位编写一期内部监测报告，报其项目管理办公室。各项目管理办公室每年年末汇总，报××市世行贷款项目管理办公室及世界银行。

D.10.2　外部独立监测

D.10.2.1　目的与任务

外部监测评估主要是从安置机构外部对征地拆迁与移民安置活动进行定期的监测与评估，以评价移民安置的目标是否达到。通过外部监测评估工作，对移民安置的全过程及移民生产生活水平恢复状况提出评估意见及建议，为工程管理部门提供预警系统，为移民意见提供反映渠道。

D.10.2.2　独立监测机构

××城市交通项目将按照世行的要求委托有资质的机构担任独立的外部监测评估机构。监测步骤及内容

（1）编制监测评估工作大纲。

（2）编制调查大纲、调查表格和受影响居民、典型企事业单位记录卡。

（3）抽样调查方案设计样本规模。

（4）基底调查。

（5）建立监测评估信息系统。

（6）监测评估调查。

（7）监测资料的整理，建立数据库。

（8）对比分析。

（9）按照监测计划编写监测评估报告。

D.10.2.3　监测指标

监测评估的主要指标

（1）进展：包括土地征收、住房拆迁和移民安置的准备和实施。

（2）质量：包括安置措施的实施效果和移民安置对象的满意程度。

（3）投资：包括分配和资金使用情况。

监测与评估在勘测设计院和移民安置实施机构所提供的调查数据基础上进行。在对情况取得全面的了解后，评估将以重点对象访谈及农村快速评估的方式进行。

通常，外部监测和评估机构将会实行下列各项工作。

（1）进行公众咨询。

（2）收集沿线村民的意见。

（3）其他职责。

374

独立监测机构向移民安置办公室就移民安置计划的制定提供建议并将监测下列各项移民实施活动的落实。

D.10.2.4　外部监测报告

外部监测机构基于观察和调查所得到的资料，编写外部监测报告，并独立地向××市世行项目办和世界银行报告。

1. 周期

监测评估从 201×年 6 月开始，至移民安置活动完成且移民生计得到有效恢复后半年结束。按世界银行要求，自移民安置实施开始，外部监测每年进行 2 次。

2. 内容

（1）移民的基底调查。

（2）征地拆迁与移民安置进度。

（3）生产安置与恢复。

（4）移民房屋拆迁与重建安置。

（5）专项设施的实施进度。

（6）移民生活水平。

（7）移民资金落实与运用。

（8）移民搬迁安置实施机构的运转与效率评价。

（9）对弱势群体的支持。

（10）移民安置实施机构的职能。

（11）存在的问题及建议。

D.10.3　抱怨与申诉处理程序

在征地拆迁安置过程中，应采取下列措施以减少移民的抱怨与申诉：1）广泛宣传征地拆迁移民安置政策，项目实施单位、拆迁机构和当地政府部门通过会议、座谈和入户调查等形式，向影响人群详尽解读项目的征地拆迁移民安置政策，尽可能让移民能够了解征地拆迁移民安置的原则、相关规定和安置补偿标准等；2）加大信息公开的力度，通过相关媒体和公告栏等，尽可能向影响人群公开有关损失的数据、安置协议的签订、安置补偿费的发放、安置房屋建设进展、拆迁安置机构有关情况等相关的信息，接受移民的监督；3）加强与移民的沟通与协商。项目实施单位、拆迁机构和当地政府部门应认真听取移民的意见与要求，与他们进行真诚的沟通与协商，及时帮助解决他们在拆迁安置过程中遇到的困难和问题，尽可能满足他们的合理要求，将矛盾化解在萌芽之中。

移民可以针对移民安置的任何方面提出申诉，包括补偿标准等。上述申诉途径，将通过会议和其他方式告知移民，使移民充分了解自己具有申诉的权利。同时将利用传媒工具加强宣传报道，并将各方面对移民工作的意见和建议整理成信息条文，由各级移民机构及时研究处理。各机构将免费接受受影响人的抱怨和申诉，由此发生的合理费用将从移民的不可预见费中支付。××市世行项目办受理移民申诉的热线电话为：×××××，联系人：×××××××××××。

D.11　移民权益表

主要包括权益矩阵表，需包括项目影响、权益人资格及享有的主要权益。

按照世行贷款××市城市交通项目移民安置计划所确定的受影响人口或组织的权利矩

阵见附表 D-18。

附表 D-18　　　　　　　　　　　移 民 权 利 表

损失的类型	应用	有权利的人/组	补偿政策	补偿权利	补偿标准
永久失去土地	位于本批项目用地范围之内的耕地。本项目永久征收集体土地 x 亩，其中耕地 x 亩，林地 x 亩，园地 x 亩，宅基地 x 亩	承包土地的村组和农户，涉及 5 个乡镇 13 个行政村，影响 x 户、x 人	安置补助费发放到户；同时提供农业安置措施、就业安置措施等	对于受项目征地影响的村组和农户提供货币补偿。获得多样化的安置措施，保障生产生活水平得到稳定的恢复	耕地、林地 51000 元/亩（其中安置补助费 39000 元/亩），园地 60000 元/亩（其中安置补助费 48000 元/亩）
失去住房和附着物	在项目用地范围内或受用地范围影响的住房和附属物。项目拆迁农村住宅房屋面积 xm²	房屋的拥有者，农村住宅房屋拆迁影响 x 户、x 人	1．产权调换 2．货币补偿	选择货币补偿方式的，对房屋按市场评估价格补偿，且将不低于项目制定的基准价，不计折旧，能利用被拆除房屋的旧材料。提供搬迁补助费、临时过渡费	1．产权调换：按被拆（搬）迁正房实际建筑面积 1:1.2 的范围内调换 80～200 m² 安居房或保障性住房 2．货币补偿：对房屋按市场评估价格补偿，且将不低于项目制定的基准价（1200 元/m²），不计折旧，能利用被拆除房屋的旧材料。提供搬迁补助费、临时过渡费
商业店铺拆迁	在项目用地范围内或受用地范围影响的商业店铺。项目影响 x 家店铺，共拆迁 xm²	受拆迁影响店铺 x 家、x 人	1．产权调换：选择房屋产权调换的，按被征收房屋正房建筑面积 1:1 的比例，在相同区位同楼层给予调换。 2．货币补偿：对店铺按市场评估价格补偿，且将不低于项目制定的基准价（1200 元/m²），不计折旧，能利用被拆除房屋的旧材料 提供停产停业损失补助费	选择货币补偿方式的，对房屋按市场评估价格补偿，且将不低于项目制定的基准价，不计折旧，能利用被拆除房屋的旧材料 提供停产停业损失补助费	1．产权调换：选择房屋产权调换的，按被征收房屋正房建筑面积 1:1 的比例，在相同区位同楼层给予调换。 2．货币补偿：对店铺按市场评估价格补偿，且将不低于项目制定的基准价（1200 元/m²），不计折旧，能利用被拆除房屋的旧材料 提供停产停业损失补助费 6000 元/户
企事业单位拆迁	在项目用地范围内或受用地范围影响的企事业单位。项目影响企事业单位 x 家，其中企业 x 家，拆迁 xm²；事业单位 x 家，拆迁 xm²	其中企业 x 家，事业单位 x 家，由于无需异地搬迁重建，不计影响人口	对被拆迁房屋和附属物按完全重置原则进行一次性货币补偿。对土地使用权进行补偿	对被拆迁房屋和附属物按完全重置原则进行货币补偿。对土地使用权进行补偿，确保正常的生产经营和运行不受影响	货币补偿：对店铺按市场评估价格补偿，且将不低于项目制定的基准价（砖混 780 元/m²，砖木 680 元/m²，土木 400 元/m²，简易 300 元/m²），不计折旧，能利用被拆除房屋的旧材料
弱势群体	项目影响人口中的弱势群体	特困户、低保户、残疾户、独居老人家庭，共 x 户、x 人	赋予优先得到安置的权利，提供各项补助、救助政策进行帮扶	优先安置，并将优先获得城乡最低生活保障、城乡居民医疗救助等政策的帮扶	优先安置，并将优先获得城乡最低生活保障、城乡居民医疗救助等政策的帮扶

损失的类型	应用	有权利的人/组	补偿政策	补偿权利	补偿标准
地面附着物	各种地面附属物	权属人	由项目单位向权属人按照完全重置原则进行补偿	由项目单位向权属人按照完全重置原则进行补偿	
所有受影响类型	项目用地范围内	所有受影响人口/单位	受影响者提出征地拆迁安置问题的申诉所涉及到的各种费用及管理费应予以免交	受影响者提出拆迁安置问题的申诉所涉及到的各种费用及管理费应予以免交	

参 考 文 献

[1] 迈克尔·M. 塞尼（Michael M. Cernea）. 移民与发展 [M]. 南京：社会科学文献出版社，1996.

[2] 迈克尔·M. 塞尼（Michael M. Cernea）. 移民·重建·发展 [M]. 南京：社会科学文献出版社，1998.

[3] 施国庆. 移民权益保障与政府责任 [M]. 长春：吉林人民出版社，2009.

[4] 王松江. 城市供水工程项目移民安置监测评估研究 [M]. 北京：科学出版社，2012.

[5] 世界银行. 发展项目移民规划与实施手册 [M]. 北京：中国计划出版社，2007.

[6] 王家红，陈绍军，汤子贵，等. 移民安置政策·实施·管理 [M]. 南京：河海大学，2007.

[7] 施国庆. 移民迁建与发展 [M]. 南京：河海大学，2012.

[8] 吴宗法. 基于可持续发展规划的工程移民规划探讨. 河海大学学报（自然版）[J]. 2001（2）：30～33.

[9] 吴宗法. 工程移民规划体系研究. 红水河 [J]. 2001（3）：80～82.

[10] 施国庆，荀厚平，吴宗法. 水库移民系统规划理论与应用 [M]. 南京：河海大学出版社.

[11] 蔡希然. 抓住规划这个"龙头". 村镇建设 [J]. 1998（4）：4～5.

[12] 王爱军. 中心村规划的思考. 村镇建设 [J]. 1998（9）：7～9.

[13] 丘伟安. 浅谈对中心村规划设计的几点思考. 村镇建设 [J]，1998（10）：12.

[14] 陈亦清，沈清基. 县域规划理论与实践 [M]. 上海：同济大学出版社，1998.

[15] 陈勇. 农村分权发展规划：一种新型的农村可持续发展规划. 中国农村经济 [J]，1999（8）：43～47.

[16] 张坤民. 可持续发展论 [M]. 北京：中国环境科学出版社，1997.

[17] 孙久文. 区域经济规划 [M]. 北京：商务印书馆，2004.

[18] Cernea，M，1998. 发展项目中的非自愿移民：世界银行资助项目的政策和指南，第一册. 华盛顿特区：世界银行. 技术论文80.

[19] Pearce，D. W.，1999. 非自愿移民项目经济分析过程中的方法问题. 收于 M. Cernea 等，《非自愿移民经济学：问题和挑战》一书中。华盛顿特区：世界银行.

[20] 业务评价局，1998.《非自愿移民的近期经验》. 华盛顿特区：世界银行.

[21] Cernea，M，1999. 为什么经济分析是移民安置的关键：一位社会学家的观点. 收于 M. Cernea 等，《非自愿移民经济学：问题和挑战》一书中.

[22] Devaraja，S. Squire，L. 和 Suthiwart-Narueput，S.，1995.《世界银行恢复项目评估》. 华盛顿特区：世界银行.

[23] 吴宗法. 水利水电工程水库移民监理探讨. 人民长江 [J]，1999（8）：34～36.

[24] 祁宁春，乌云娜. 工程建设监理概论 [M]. 北京：中国水利水电出版社，1993.

[25] 刘志田. 水库移民监理探讨. 水利经济 [J]，1997（1）.

[26] 张道军，崔武，杨松林. 工程建设监理的实践和前瞻 [M]. 郑州：黄河水利出版社，2000.

[27] 杨建设，姚松岭. 工程移民监理的理论与实践 [M]. 郑州：黄河水利出版社，1998.

[28] 段岳芳. 水库移民补偿理论与实证研究 [M]. 武汉：武汉出版社，2005.

[29] 廖蔚. 水库移民经济论 [M]. 北京：中国财政经济出版社，2006.

[30] 傅秀堂. 论水库移民 [M]. 武汉：武汉大学出版社，2001.

[31] 傅秀堂. 水利水电工程移民安置规划 [M]. 北京：中国水利水电出版社，2011.

[32] 钟水映，等. 工程性移民安置理论与实践［M］. 北京：科学出版社，2003.

[33] 杨文健. 中国水库农村移民安置模式研究［M］. 昆明：云南美术出版社，2004.

[34] 杨建设. 水利水电工程移民监理［M］. 北京：中国水利水电出版社，2007.

[35] 张绍山. 水利水电工程移民政策法规［M］. 北京：中国水利水电出版社，2007.

[36] 石学厚. 水利水电工程建设移民监督评估概论［M］. 北京：中国水利水电出版社，2008.

[37] 范云，等. 南水北调东线征地移民安置规划设计与实施［M］. 北京：中国水利水电出版社，2010.

[38] 耿福明，等. 南水北调工程征地移民实施与管理［M］. 北京：中国水利水电出版社，2007.

[39] 李文义. 水利水电工程移民监测评估［M］. 北京：中国水利水电出版社，2007.

[40] 秦朝钧，肖平. 水库移民研究与评价［M］. 武汉：华中科技大学出版社，2011.

[41] 陈建西，何明章，刘鞠林. 工程移民项目管理［M］. 成都：西南财经大学出版社，2006.

[42] 曾肇京. 水利水电工程专业案例-工程规划与工程移民篇［M］. 成都：黄河水利出版社，2006.

[43] 刘哲夫，邓玉梅. 工程移民概论［M］. 武汉：中国地质大学出版社，2002.

[44] 徐乘，等. 水利水电工程移民监督评估［M］. 郑州：黄河水利出版社，2008.

[45] 朱东恺，施国庆. 水利水电移民制度研究［M］. 北京：社会科学文献出版社，2011.